DER SAMMLER Curt Glaser

VOM VERFECHTER DER MODERNE ZUM VERFOLGTEN

Deutscher Kunstverlag

kunstmuseum basel

DER SAMMLER Curt Glaser

VOM VERFECHTER DER MODERNE ZUM VERFOLGTEN

Herausgegeben von
Anita Haldemann und Judith Rauser

Mit Beiträgen von
Joachim Brand
Anita Haldemann
Max Koss
Judith Rauser
Lynn Rother
Andreas Schalhorn
Noemi Scherrer
Joachim Sieber
Jennifer Tonkovich
und Felix Uhlmann

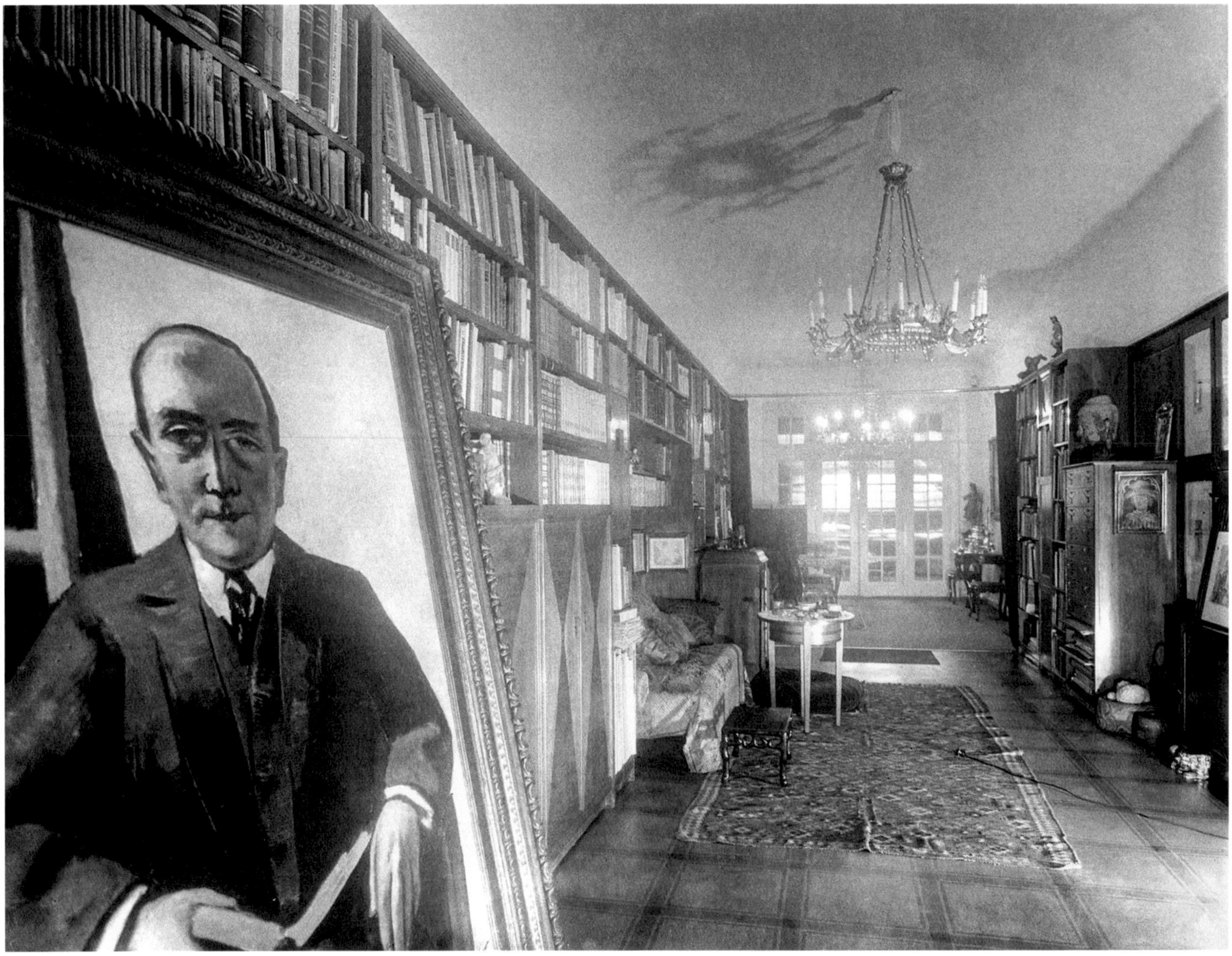

Abb. 1
Bibliothek in der Wohnung von Curt und Elsa Glaser mit Max Beckmanns *Bildnis Curt Glaser* (Kat. 226), **um 1930**
Landesarchiv Berlin

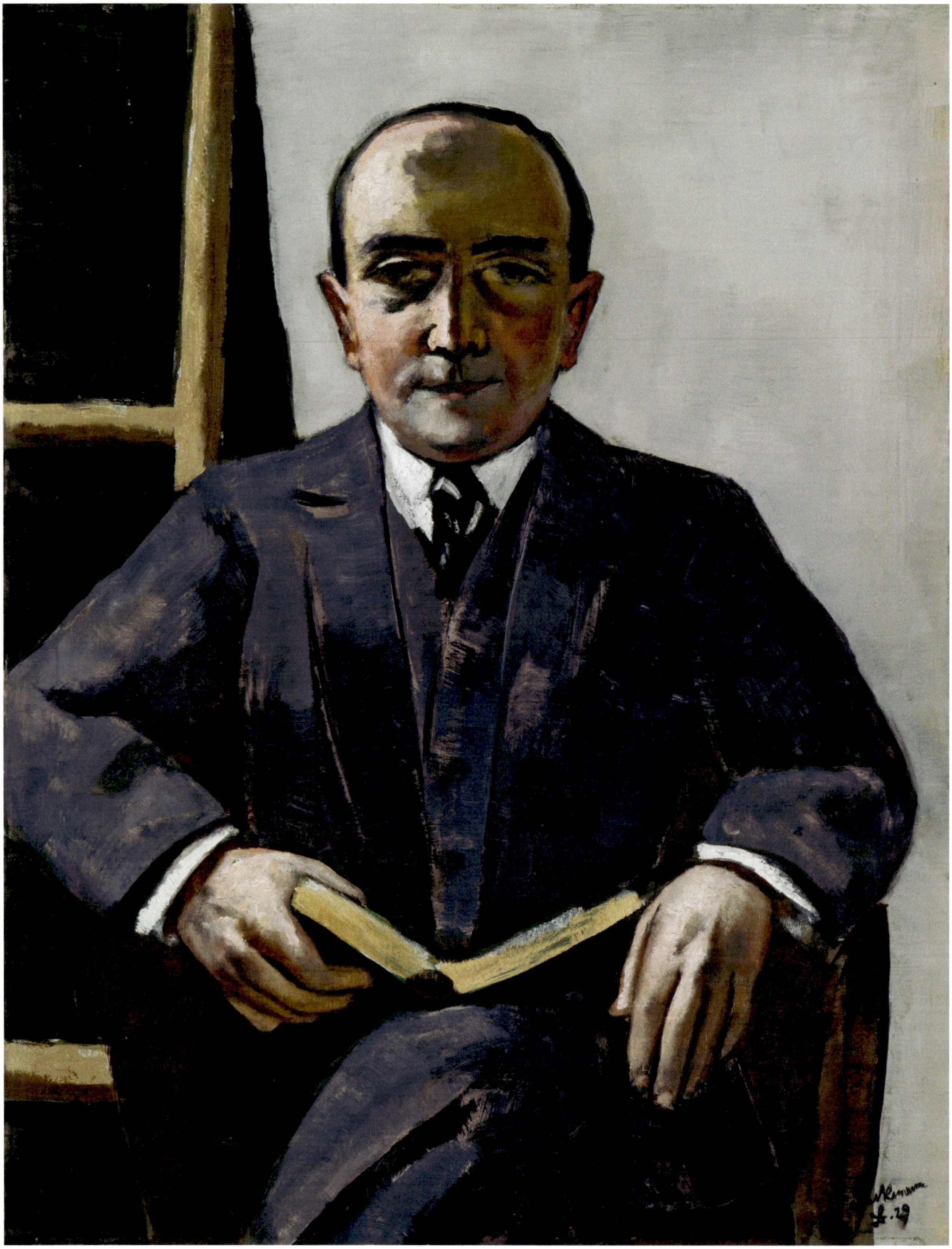

Kat. 226
Max Beckmann
Bildnis Curt Glaser
1929
Saint Louis Art Museum, Bequest of Morton D. May

VORWORT

Das Kunstmuseum Basel hat im Mai 1933 bei einer Auktion in Berlin 200 Zeichnungen und druckgraphische Werke aus der Sammlung Curt Glaser (1879–1943) für das Kupferstichkabinett erstanden. Infolge der Machtübernahme durch die Nationalsozialisten wurde dieser wegen seiner jüdischen Herkunft als Direktor der Kunstbibliothek in Berlin entlassen. Seine Berufskarriere war damit in Deutschland beendet. Deshalb entschied er sich, im Mai 1933 den grössten Teil der umfangreichen Kunstsammlung, die er mit seiner im Jahr zuvor verstorbenen Frau Elsa Glaser geb. Kolker (1878–1932) aufgebaut hatte, versteigern zu lassen. Im Sommer desselben Jahres emigrierte er mit seiner zweiten Frau Maria Glaser geb. Milch (1901–1981) in die Schweiz. 1941 zog das Paar weiter in die USA, wo Glaser bereits 1943 verstarb.

2004 kontaktierten die Erben nach Curt Glaser erstmals das Kunstmuseum Basel und erhoben bald darauf Anspruch auf die 200 Werke. Im März 2020 haben sie sich mit dem Kanton Basel-Stadt im Sinne der Washington Principles (Washington Conference Principles on Nazi-Confiscated Art) auf eine «gerechte und faire Lösung» geeinigt. Im Zuge dieser Lösung behielt das Museum die Kunstwerke, kompensierte aber den Anspruch der Erben durch eine finanzielle Entschädigung; zudem verständigten sich beide darauf, das Schicksal Glasers in einer umfangreichen Ausstellung zu thematisieren. Diese Ausstellung hat der Regierungsrat des Kantons Basel-Stadt grosszügig unterstützt.

Eine Darstellung des historischen Sachverhalts des «Falls Glaser» und seiner Einordnung in die Washington Principles ist dauerhaft auf der Homepage des Kunstmuseums abrufbar. Dennoch ist es uns wichtig, die Ausstellung mit einer umfangreichen Publikation zu ergänzen, um so ein bleibendes Zeichen gegen das Vergessen zu setzen. Als privater Sammler, Kunsthistoriker, Kritiker, Kurator am Berliner Kupferstichkabinett und späterer Direktor der dortigen Kunstbibliothek war Curt Glaser einer der profiliertesten und einflussreichsten Akteure der Kunstwelt der Weimarer Republik; trotzdem gerieten seine Leistung und sein Schicksal in der Nachkriegszeit in Vergessenheit. Ausstellung und Katalog rufen die Verfolgung durch die Nationalsozialisten und das Exil in der Schweiz und später in New York in Erinnerung und würdigen Glasers Beitrag zur Kunstgeschichte. Soweit rekonstruierbar wird zudem der Rolle der beiden Ehefrauen Rechnung getragen. Gleichzeitig ist die Ausstellung auch der Geschichte der umfangreichen und bedeutenden Sammlung von Curt und Elsa Glaser gewidmet, die heute auf viele Museen und private Eigentümer verteilt ist. Das Kupferstichkabinett des Kunstmuseums Basel besitzt mit 200 Arbeiten auf Papier die grösste zusammenhängende Werkgruppe aus Glasers ehemaliger Sammlung. Mit diesem Konvolut ist die Öffentliche Kunstsammlung Basel auf besondere Art und Weise für immer mit dem Schicksal von Glaser verbunden und ihm zu Dank verpflichtet.

Als die Werke 1933 erworben wurden, gab es das Gebäude des Kunstmuseums am St. Alban-Graben noch nicht, doch war der Bau in Planung. Otto Fischer, der 1928 die Leitung der Öffentlichen Kunstsammlung Basel übernommen hatte, sollte die Institution aus den beengten Räumen in der Augustinergasse auf dem Münsterhügel unter respektvoller Berücksichtigung der langen Tradition in die Moderne führen. So war das Erwerben moderner, insbesondere zeitgenössischer Kunst ein grosses Desiderat, das zu intensiven Diskussionen führte.

Dieser Kontext für den Ankauf aus Glasers Sammlung zu einer Zeit, als die Preise relativ niedrig waren, ist Teil der Geschichte der Öffentlichen Kunstsammlung Basel, die es zu erzählen gilt. Die Aufarbeitung des historischen Sachverhalts fand statt, als das Kunstmuseum Basel noch keine Abteilung für Provenienzforschung hatte, sondern lediglich auf Unterstützung vom Bundesamt für Kultur für die Aufarbeitung der Sammlungszugänge der Jahre 1933 bis 1945 zählen konnte. Der Entscheidung, den Sachverhalt im Haus zu erarbeiten, lag die Motivation zugrunde, die Geschichte unserer Institution und die Entwicklung der Sammlung mit all ihren grossartigen, aber auch problematischen Aspekten aufzuarbeiten, zu verstehen und die gewonnenen Erkenntnisse nachhaltig in der Institution zu verankern.

In diesem Zusammenhang sei auch die von Eva Reifert (Kuratorin 19. Jahrhundert und Klassische Moderne) und Tessa Rosebrock (Leiterin Provenienzforschung) verantwortete Ausstellung *Zerrissene Moderne. Die Basler Ankäufe «entarteter» Kunst* erwähnt, die zeitgleich mit der Ausstellung zu Curt Glaser im Kunstmuseum Basel zu sehen ist. Diese ist Georg Schmidt, dem Nachfolger von Otto Fischer, und seinen Ankäufen moderner Kunst 1939 gewidmet, die von den Nationalsozialisten als «entartet» diffamiert und zwangsweise aus deutschen Museen entfernt worden war. Auch in dieser Ausstellung wird ein wichtiges Kapitel der Basler Sammlungsgeschichte in allen Facetten und erstmals in dieser Tiefe der Öffentlichkeit präsentiert.

Das Kunstmuseum Basel und die von Felix Uhlmann präsidierte Kunstkommission erachten den Entscheid und die Einigung als wesentliches Bekenntnis des Hauses zur Provenienzforschung und zu den Washington Principles. Die Publikation des Berichts, der die juristische und historische Herleitung des Entscheids beinhaltet, wurde im schweizerischen und internationalen Kontext als Best-Practice-Beispiel positiv rezipiert. Nicht zuletzt aufgrund der Erfahrungen mit dem «Fall Glaser» konnte mit viel hausinternem Engagement und mit finanzieller Unterstützung der Ernst Göhner Stiftung sowie des Kantons Basel-Stadt in den letzten drei Jahren sukzessiv eine Abteilung für Provenienzforschung mit der entsprechenden Kompetenz aufgebaut werden.

Allen voran danken wir den Mitgliedern der Erbengemeinschaft, insbesondere Valerie Sattler und Bettina Meyer Basanow für die grosszügige Unterstützung unserer Recherchen, sei es durch ihre erhellenden Berichte zu familiengeschichtlichen Zusammenhängen, sei es durch die Bereitstellung wertvollen Photomaterials aus dem Familienarchiv, das bei der Erstellung des Berichts 2018 noch nicht zugänglich war. Zudem kann erstmals Edvard Munchs Doppelporträt von Elsa und Curt Glaser in Basel ausgestellt werden. Curt und Maria Glaser hatten es im Kunstmuseum Basel deponiert und es ist noch heute Eigentum der Erbengemeinschaft.

Wir danken zahlreichen Provenienzforscher:innen und kuratorisch tätigen Kolleg:innen in Europa und den Vereinigten Staaten, die mit Rat und Tat sowie konkreten Informationen dazu beigetragen haben, das Wissen um Glasers Biographie und Schicksal zu erweitern und mit dem historischen Sachverhalt die entscheidende Basis für die Erarbeitung eines Entscheids zu liefern. Zudem wurde unsere Forschung tatkräftig unterstützt von Noemi Scherrer (ehemals wissenschaftliche Assistentin am Kupferstichkabinett), Rainer Baum (Leiter Archiv und Bibliothek), Joanna Smalcerz (ehemals wissenschaftliche Mitarbeiterin der Abteilung Provenienzforschung), Tessa Rosebrock, Ralph Ubl (Universität Basel), Felix Uhlmann (Präsident der Kunstkommission des Kunstmuseums Basel), Gunhild Pörksen (Archiv Ita Wegman Institut für anthroposophische Grundlagenforschung, Arlesheim), Niklaus Hottinger (Archiv Sonnenhof, Arlesheim) und Rebecca Birrer (wissenschaftliche Mitarbeiterin, Kunsthalle Basel, Archiv und Photoarchiv).

Ganz besonders sind wir unseren Partnerinstitutionen zu Dank verpflichtet, die den vorliegenden Ausstellungskatalog mit Beiträgen und Forschungsergebnissen unterstützt sowie uns für die Ausstellung wertvolle Leihgaben anvertraut haben. Allen voran seien die Berliner Wirkungsorte von Glaser erwähnt: Dagmar Korbacher und Andreas Schalhorn, Kupferstichkabinett, Staatliche Museen zu Berlin – Preußischer Kulturbesitz; Moritz Wullen und Joachim Brand, Kunstbibliothek, Staatliche Museen zu Berlin – Preußischer Kulturbesitz. Auch folgenden Leihgeber:innen und Autor:innen sei herzlich gedankt: James Rondeau, The Art Institute of Chicago; Alexander Klar und Andreas Stolzenburg, Hamburger Kunsthalle; Yilmaz Dziewor, Museum Ludwig, Köln; Deborah Swallow, Alexandra Gerstein und Ketty Gottardo, The Courtauld, London; Lynn Rother und Max Koss, Leuphana Universität Lüneburg; Katherine Crawford Luber, Minneapolis Institute of Art; Mary Ceruti, Walker Art Center, Minneapolis; Colin Bailey, John Marciari und Jennifer Tonkovich, The Morgan Library & Museum, New York; Deborah Diemente, Smith College Museum of Art, Northampton; Min Jung Kim, Saint Louis Art Museum; Christoph Becker, Philippe Büttner und Joachim Sieber, Kunsthaus Zürich.

Wir danken Kathleen Herfurth und Luzie Diekmann vom Deutschen Kunstverlag für die hervorragende Zusammenarbeit, Michael Konze für das umsichtige Lektorat und Verena Gerlach für die gelungene graphische Gestaltung der Publikation.

Im Haus danken wir allen Kolleg:innen, die intensiv an diesem Ausstellungsprojekt und der Publikation mitgearbeitet haben, allen voran Judith Rauser, Assistenzkuratorin am Kupferstichkabinett, die als Co-Kuratorin mit Anita Haldemann zusammen die Ausstellung verantwortet, und der wissenschaftlichen Praktikantin Amanda Kopp.

Josef Helfenstein

Direktor Kunstmuseum Basel

Anita Haldemann

Leiterin Kunst & Wissenschaft
und stellvertretende Direktorin,
Leiterin Kupferstichkabinett

Anita Haldemann
Noemi Scherrer

CURT GLASER – AUS DER MITTE DER BERLINER KUNSTWELT IN DIE EMIGRATION

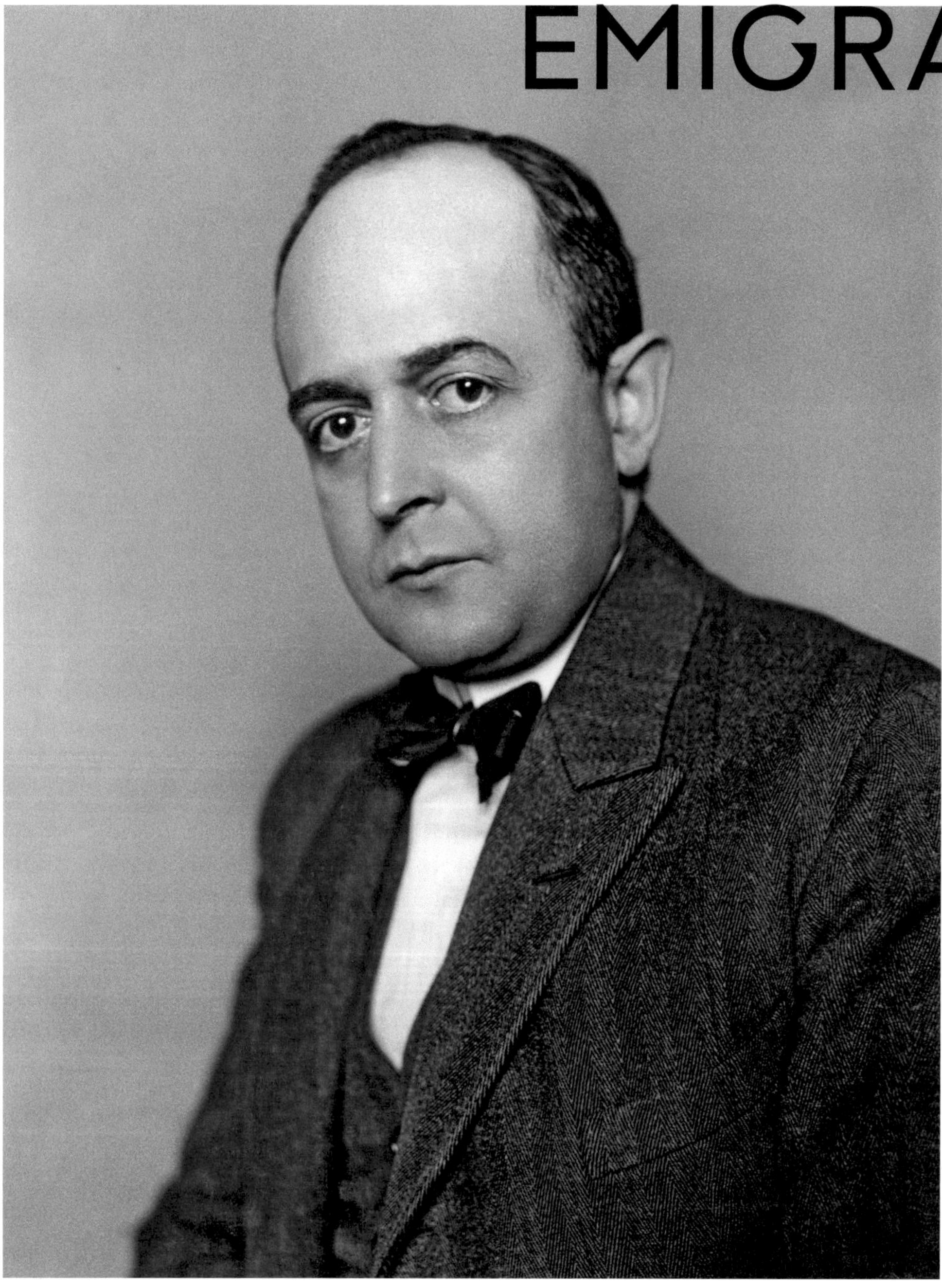

Abb. 2
Curt Glaser, Direktor der Staatlichen Kunstbibliothek Berlin, um 1932

Am 25. November 1943 erschien in der *New York Times* ein Nachruf mit dem Titel: «Dr. Curt Glaser, Art Authority, 64. German Refugee, Ex-Director of State Art Library of Berlin Museums, Dies Up-State».[1] Der deutsch-jüdische Kunsthistoriker Curt Glaser (1879–1943) war zehn Jahre zuvor, nach der Machtübernahme der Nationalsozialisten, als Direktor der Berliner Kunstbibliothek entlassen worden (Abb. 2). Er hatte seinen Haushalt aufgelöst und seine gemeinsam mit seiner ersten Ehefrau Elsa Kolker (1878–1932) aufgebaute immense Kunstsammlung und seine Bibliothek im Mai 1933 versteigert, um Deutschland für immer zu verlassen. Damit war die Karriere eines der bedeutendsten und profiliertesten Kunsthistorikers der Weimarer Republik beendet. Zwar war dem Witwer mit seiner zweiten Ehefrau Maria Milch (1901–1981) in der Emigration privates Glück vergönnt, doch beruflich konnte er nie mehr Fuss fassen, obwohl er sich auch nach der Übersiedlung nach New York darum bemühte. Was aber Bestand hatte, war sein Ruf als Autorität in Sachen Kunst, der dank seines internationalen Netzwerks und der weit ausstrahlenden Publikationstätigkeit bis in die USA reichte.

In den Jahrzehnten nach seinem Tod geriet Glaser trotz seiner grossen Bedeutung als Kunsthistoriker, Kunstkritiker, Museumsmann und Sammler weitgehend in Vergessenheit. Die späte und lückenhafte Rezeption ist nicht nur der Emigration und dem radikalen Bruch in seiner beruflichen Karriere geschuldet, sondern auch dem Verlust vieler Archivalien während des Krieges. In den 1990er Jahren erwachte das Interesse zunächst an seinem Wirkungsort Berlin. Der Sinologe und Bibliothekar der Staatsbibliothek Berlin, Hartmut Walravens, machte 1990 auf Glasers wissenschaftliche Tätigkeit im Kontext der Kunstgeschichte Ostasiens aufmerksam.[2] Die Biographie von Andreas Strobl, die 2006 vor allem Glasers umfassende Leistung als Kunsthistoriker und -kritiker würdigte, porträtierte ihn erstmals umfassend.[3] 2012 folgte der wichtige Aufsatz von Joachim Brand und Hein-Th. Schulze Altcappenberg im *Jahrbuch Preußischer Kulturbesitz*.[4]

In der Zwischenzeit hat sich das Wissen über Curt Glaser vor allem im Zusammenhang mit der Suche nach «gerechten und fairen» Lösungen für die angemeldeten Entschädigungsansprüche seiner Erbengemeinschaft in vielen Institutionen und bei Provenienzforscher:innen weiterentwickelt. Auch wenn noch grosse Lücken bleiben, bietet sich heute dank intensiver Recherchen und wiederentdeckter Dokumente ein viel umfassenderes Bild von Glasers Leben und Wirken, das in diesem Beitrag gewürdigt werden soll. Das Kunstmuseum Basel hat seine Aufarbeitung des historischen Sachverhalts der Erwerbungen von 200 Kunstwerken aus dem ehemaligen Eigentum Curt Glasers auf seiner Homepage veröffentlicht und im Hinblick auf die vorliegende Publikation nochmals punktuell ergänzen können.[5]

ERSTE BIOGRAPHISCHE STATIONEN

Curt Glaser wurde am 29. Mai 1879 in Leipzig als Sohn einer jüdischen Familie geboren. Seine Eltern, der Kaufmann Simon Glaser (1841–1904) und Emma Glaser geb. Haase (1854–1927)[6], hatten zwei weitere Kinder. Der fünf Jahre ältere Bruder Felix (1874–1931) war Mediziner und starb unerwartet früh im Alter von 57 Jahren. Der jüngere Paul (1885–1946), ein Kunst- und Antiquitätenhändler, verlor sein Leben im Exil in Brasilien.[7]

Nachdem Curt Glaser mit seiner Familie 1886 nach Berlin gezogen war, machte er 1897 am Königlichen Wilhelms-Gymnasium im vornehmen Tiergartenviertel das Abitur. Das anschliessende Medizinstudium in München schloss er 1902 an der Ludwig-Maximilians-Universität mit der Promotion ab. Allerdings sollte er, ausser im Kriegsdienst, nie als Arzt praktizieren. Stattdessen begann Glaser unmittelbar nach dem Medizinabschluss ein Studium der Kunstgeschichte. Diese Entscheidung war mutig, denn die von ihm angestrebte Karriere im preussischen Staatsdienst war ein unsicheres Vorhaben, weil Juden gegenüber Christen massiv benachteiligt wurden. Die medizinische Laufbahn wäre weniger riskant gewesen und hätte gesellschaftliches Ansehen garantiert.[8]

Es ist wahrscheinlich, dass die bevorstehende Heirat mit der gleichaltrigen Cousine Elsa Kolker diesen Schritt durchaus positiv beeinflusst hat (Abb. 10).[9] Aus einer grossbürgerlichen Familie stammend, war sie selbstbewusst, gebildet und intellektuell neugierig. Sie brachte ein beachtliches Vermögen in die am 12. August 1903 geschlossene Ehe ein. Zeitgenossen berichteten, dass Elsa massgeblich für die gesellschaftliche Stellung des Ehepaars verantwortlich war.[10] Zudem wirkte sie ideell und finanziell am Aufbau der gemeinsamen Kunstsammlung mit. Anders ist kaum zu erklären, dass das Paar 1904 bereits ein Gemälde von Vincent van Gogh erwarb, das es 1914 wieder verkaufte, und sich 1912 mit einem Gemälde von Henri Matisse einen weiteren anspruchsvollen Ankauf leisten konnte (Kat. 222).[11]

GLASERS KARRIERE ALS KUNSTHISTORIKER UND PRIVATSAMMLER

Glaser nahm 1902 in Berlin das Studium der Kunstgeschichte auf. Zugleich begann seine Karriere als Autor. Da er sich schon länger mit Kunst befasst hatte, setzte im selben Jahr bereits seine Tätigkeit als Kritiker ein.[12] Bis zum Oktober 1910 schrieb er Berichte über Kunstausstellungen in Berlin für den *Hamburgischen Correspondenten*, ab 1909 für die von Karl Scheffler (1869–1951) herausgegebene Zeitschrift *Kunst und Künstler* sowie für die Beilage der *Zeitschrift für bildende Kunst*, *Kunstchronik* (Leipziger Seemann-Verlag). 1919 wurde er schliesslich deren Berlin-Redakteur und 1922 ihr Herausgeber.[13] 1918 konzipierte er gemeinsam mit Scheffler die Buchreihe *Deutsche Meister* im Insel-Verlag[14] und im November schrieb er als Kunstberichterstatter erstmals für den *Berliner Börsen-Courier*.

Zu Glasers Studium gehörten Aufenthalte in München und Freiburg, wo er bei Karl Voll (Kunstgeschichte) und Adolf Furtwängler (Archäologie) studierte. Er promovierte 1907 in Berlin bei Heinrich Wölfflin (1864–1945), Professor an der Friedrich-Wilhelms-Universität, und publizierte 1908 seine Doktorarbeit über Hans Holbein d. Ä.[15] Im darauffolgenden Jahr begann Glaser seine Museumstätigkeit als «wissenschaftlicher Hilfsarbeiter» im Königlichen Kupferstichkabinett Berlin (bis Ende September 1918).[16]

Während seiner Tätigkeit am Kupferstichkabinett unternahmen Curt und Elsa Glaser 1910 und 1912 Reisen nach Paris sowie 1913 nach Oslo, um erstmals Edvard Munch (1863–1944) zu besuchen (Abb. 9, 11). 1911 bereisten sie von April bis November Japan und wahrscheinlich auch China. Wie Glaser in einem Artikel über Claude Monet 1930 berichtete, hatte er schon 1900 in Paris die japanische Abteilung der Pariser Weltausstellung besucht.[17] In seinen Publikationen über ostasiatische Kunst und Kultur gelang es Glaser dank seiner intensiven Auseinandersetzung und ausgeprägten Sensibilität, sich von der eurozentrischen Perspektive zu lösen und den Besonderheiten der ostasiatischen Kunstgeschichte gerecht zu werden.[18] Auch die kunsthistorisch bedeutsamen europäischen Länder bereisten Glasers in den 1920er Jahren regelmässig, nachdem die kriegsbedingten Mobilitätseinschränkungen nicht mehr bestanden. 1923 unternahmen sie eine Reise mit dem eigenen Automobil durch das «unbekannte Deutschland», worüber Glaser in einem vierteiligen Beitrag im *Berliner Börsen-Courier* berichtete.[19]

Im September 1914 meldete sich Glaser freiwillig zum Kriegsdienst, arbeitete 1915 zunächst in einem Berliner Lazarett, bevor er 1917 als Arzt des Landsturms nach Flandern an die Front geschickt wurde. Für diesen Einsatz wurde ihm das «Eiserne Kreuz» verliehen.[20] Im zivilen Leben trug er den Titel eines «Professors», der jedoch mit keinem Amt verbunden war.[21] Nach dem Krieg setzte er seine Tätigkeit am Kupferstichkabinett fort, wo er bis 1920 Assistent und anschliessend bis 1924 als Kustos angestellt war. Dass Glaser erst nach rund zehn Jahren die prestigeträchtigere Kuratorenstelle erhielt, hat wohl mit der Unterbrechung seiner Museumstätigkeit infolge des Krieges zu tun, aber vermutlich auch mit einer antisemitischen Haltung gegenüber jüdischen Angestellten. Elsa Glaser äusserte sich 1911 in Japan entsprechend. Die Tatsache, dass ihr Mann sich 1911 oder 1914 protestantisch taufen liess, deutet wohl darauf hin, dass er sich dadurch bessere berufliche Chancen im Staatsdienst erhoffte.[22]

Spätestens ab 1912 betreute Curt Glaser im Kupferstichkabinett die «Neue Abteilung», die Sammlung der modernen und zeitgenössischen Kunst. Neben seiner speziellen Expertise im Bereich der modernen Graphik zeichneten ihn seine gute gesellschaftliche Vernetzung sowie sein äusserst aktives publizistisches Schaffen für diese Stellung besonders aus.[23]

Während seiner Tätigkeit in der Graphiksammlung verfasste er seine wichtigsten wissenschaftlichen Publikationen. 1916 sind die Überblicksdarstellung zur deutschen Malerei des 14. bis 16. Jahrhunderts und Künstlermonographien zu Lucas Cranach d. Ä. (1921) und Hans Holbein d. J. (1924) erschienen. In der Zwischenzeit verfasste Curt Glaser *Die Graphik der Neuzeit. Vom Anfang des XIX. Jahrhunderts bis zur Gegenwart* (1922), sein bekanntestes und gleichzeitig umfangreichstes Werk, das sich als Standardwerk der neueren Kunstgeschichte etablierte und bereits im folgenden Jahr eine Druckauflage von 10'000 Exemplaren erreichte.

Im Oktober 1924 wurde Curt Glaser Direktor der Kunstbibliothek in Berlin.[24] Er war froh, das Angebot, als Nachfolger Max Lehrs' (1855–1938) Direktor des Dresdner Kupferstichkabinetts zu werden, ausschlagen und in Berlin bleiben zu können.[25] Infolge der Hyperinflation des Jahres 1923 sah er sich in dieser Zeit gezwungen, Teile seiner Sammlung zu verkaufen.[26] Im Juli 1925 bezogen Glasers eine Wohnung im Gebäudekomplex Prinz-Albrecht-Strasse 8, in dem sich auch sein Arbeitsort befand (Abb. 45).[27]

Parallel zu seiner Tätigkeit an der Kunstbibliothek blieb Glaser als Kunstkritiker und Publizist aktiv, unternahm ausgedehnte Reisen, über die er ausführlich berichtete, so etwa 1930 nach Nordafrika und 1931 nach Spanien, Griechenland und in die Türkei.[28] Zudem pflegte er in Europa und den USA Kontakt mit Fachkolleg:innen an Museen und Universitäten, mit Sammler:innen, Kunsthändlern und Künstler:innen, insbesondere Henri Matisse, Max Beckmann und Ernst Ludwig Kirchner, für die er sich auf vielfältige Weise engagierte. Gerade mit Edvard Munch, den er mehrmals in Oslo besuchte und auch in seiner Wohnung in Berlin empfing (1929), verband ihn über viele Jahre eine besondere Beziehung, dokumentiert durch einen Briefwechsel.[29] Auch zeugen die kurz vor dem Ersten Weltkrieg entstandenen Glaser-Porträts von Munch und Matisse vom engen Kontakt, den er zu den Künstlern pflegte (Kat. 202, 214, 229). Glasers Privatleben war eng mit seinem beruflichen Engagement verbunden. Mit seiner Ehefrau baute er nicht nur die eigene umfangreiche Sammlung auf,[30] sondern war unter anderem auch für seinen Schwiegervater Hugo Kolker (1845–1915), seine Mutter und seinen Bruder Paul als Vermittler und Einkäufer tätig.[31]

DER GROSSE UMBRUCH 1933

Als Direktor der Kunstbibliothek war Glaser Anfang der 1930er Jahre nicht nur auf dem Höhepunkt seiner Laufbahn, sondern auch eine Person des öffentlichen Interesses. Kein anderer im Berliner Kulturleben vereinte derart viele Aktivitäten und Talente auf sich wie Glaser. Laut der *Kunstauktion* war er 1929 eine der «bekanntesten und geschätztesten Persönlichkeiten im Berliner Kunstleben», die als Kustos die Abteilung für moderne Graphik des Kupferstichkabinetts so «musterhaft» verwaltet habe, dass «man sie heute die beste deutsche Sammlung graphischer Kunst des 19. und 20. Jahrhunderts nennen kann».[32] In den fast 30 Jahren seiner publizistischen Tätigkeit schrieb Curt Glaser über 1000 Artikel. Damit war er aktiv an den aktuellen Diskussionen über Ausstellungen, Architektur und Stadtentwicklung sowie der preussischen Kulturpolitik beteiligt. Er war ein «tonangebender» Chronist, Kritiker und Publizist, der klar Stellung bezog.[33]

Mit dem Tod seiner Frau im Alter von nur 54 Jahren am 10. Juli 1932 erfuhr Glasers Leben eine jähe Zäsur.[34] Noch im Frühling war das Ehepaar auf einer gemeinsamen Reise in den USA gewesen, wo Glaser zwei Vorträge am Fogg Art Museum der Harvard University und einen in New York gehalten hatte.[35] Da die «Kunst und ihre Aneignung durch Reisen, Schauen, Sammeln, Vergleichen, Diskutieren, Kritisieren und Schreiben im Mittelpunkt des Ehelebens von Elsa und Curt Glaser»[36] standen und Elsa für «ihren Mann [...] ein unschätzbarer Kamerad» gewesen war, wie sein Mentor Karl Scheffler schrieb,[37] musste der Verlust umso schmerzhafter sein. Wohl Anfang 1933 schrieb Munch Glaser zum Tod von Elsa: «Lieber Freund Glaser / Sie haben boser Tagen gehabt / Ich weisz was Sie verloren haben / und was Sie leiden muzsen – Trost / hilft nicht – [...] Ja wie ware es einmal hier in / Aasgaardstrand zu kommen? Noch kann / ich nicht bestimmt der Zeit sagen. Vieleicht / wurde es Ihnen zerstreuen / Mit herzlichsten Gruzse Ihr alter Edvard Munch / Auf mein Wand hangt eine Karte von Ihnen aus / Amerika – Die liebe Verstorbene schieckt mir ein schone Gruzs – Wie lebend –».[38] Zu ihrem Andenken stiftete Glaser der Berliner Nationalgalerie am 18. Oktober 1932 Edvard Munchs Gemälde *Musik auf der Karl Johan Strasse* von 1889 (Kat. 227).[39]

Schon früher hatte sich eine weitere einschneidende Wendung in Glasers Leben angebahnt. Der NS-Sympathisant Hermann Schmitz (1882–1946), der später Glasers Nachfolger als Direktor der Kunstbibliothek werden sollte, hatte ihm in seinem Buch zur preussischen Kulturpolitik der Weimarer Republik 1931 seine Bevorzugung bei der Stellenbesetzung der Kunstbibliothek vorgeworfen und die Vergabe der Wohnung in der Prinz-Albrecht-Strasse an ihn aufgrund von guten Beziehungen zur preussischen Kulturverwaltung kritisiert.[40]

1933 nahmen die expliziten Angriffe auf Glaser zu. Am 11. Januar etwa erschien im *Völkischen Beobachter* ein von Wilhelm Pinder (1878–1947) verfasster Artikel gegen den jüdischen Professor für Kunstgeschichte an der Berliner Universität, Adolph Goldschmidt (1863–1944). Dieser wurde zu den «führenden Köpfen» der Montagssalons im Hause Glaser gezählt und in dem Beitrag als «Hauptschuldiger für die Missstände in der preussischen Kunstverwaltung und insbesondere in der Leitung der staatlichen Museen» bezeichnet.[41] Der nationalsozialistische Autor hielt zwar fest, dass Glaser «politisch neutral», «gutherzig» und frei von Intrigen sei, doch hob auch er, wie viele seiner Kollegen, explizit hervor, dass er Jude sei.[42]

Die Ereignisse von 1933, die schliesslich zur Entlassung Curt Glasers führten, sind bekannt:[43] Auf der Grundlage von §48 der Weimarer Reichsverfassung unter dem Vorwand der notwendigen «Abwehr kommunistischer staatsgefährdender Gewaltakte» wurde am 28. Februar die «Verordnung des Reichspräsidenten zum Schutze von Volk und Staat» verabschiedet, wodurch die wichtigsten Grundrechte der Weimarer Verfassung ausser Kraft gesetzt wurden. Die Verordnung bildete die Grundlage für die antidemokratische Gesetzgebung der NS-Zeit. Mit den Reichstagswahlen vom 5. März setzten die Nationalsozialisten dank der Koalition mit der ultrakonservativen Deutschnationalen Volkspartei die Verabschiedung des «Ermächtigungsgesetzes», dem «Gesetz zur Behebung der Not von Volk und Reich», durch. Am 24. März war der Weg zur nationalsozialistischen Diktatur geebnet und der Antisemitismus der NSDAP zur Staatsdoktrin erklärt. Damit erreichte der Reichskanzler uneingeschränkte legislative und exekutive Vollmacht. Am 1. April fand der reichsweite «Judenboykott» statt, der bislang umfassendste Boykott jüdischer Geschäfte, Unternehmen, Arztpraxen und Anwaltskanzleien, der die Verdrängung der jüdischen Bevölkerung aus dem Wirtschaftsleben zum Ziel hatte.

Nur wenige Tage später, am 7. April 1933, wurde das «Gesetz zur Wiederherstellung des Berufsbeamtentums»[44] erlassen, infolgedessen Curt Glaser in den einstweiligen Ruhestand versetzt wurde.[45] Bereits am 4. April war unter dem Titel «Herr Glaser geht in Urlaub» ein diffamierender Bericht in der *Deutschen Zeitung* mit der zynischen Behauptung erschienen, Glaser sei auf eigenen Antrag beurlaubt worden.[46] Am 7. April bestätigten Presseberichte seine «Beurlaubung».[47] Auch im Ausland nahm man davon Kenntnis. Am 9. Mai berichteten die *Basler Nachrichten*: «Wie gemeldet wird, hat Kulturminister Rust den Direktor der staatlichen Kunstbibliothek Prof. Dr. Curt Glaser sowie den Kustos dieser Bibliothek Dr. Wolfgang Hermann mit sofortiger Wirkung beurlaubt. Glaser ist seit vielen Jahren im deutschen Museumsdienst tätig und hat die Leitung der staatlichen Kunstbibliothek nach dem Tode Peters Jessens übernommen. Er leitete zugleich die grossen Ausstellungen im Lichthof des benachbarten Kunstgebäudemuseums und veranstaltete wertvolle Vortragszyklen im Hörsaal der Bibliothek. Als Schriftsteller ist er besonders mit einem Werk über Edvard Munch hervorgetreten.»[48]

Die Gefahr, aufgrund der jüdischen Herkunft entlassen zu werden, war bereits des Öfteren in Glasers Kollegenkreis thematisiert worden.[49] So schrieb beispielsweise Max Sauerlandt (1880–1934), Direktor des Museums für Kunst und Gewerbe in Hamburg, am 11. März 1933 seiner Frau Alice Folgendes: «In Berlin ist hingegen die Parole ausgegeben, dass die Museen sich ganz lautlos verhalten

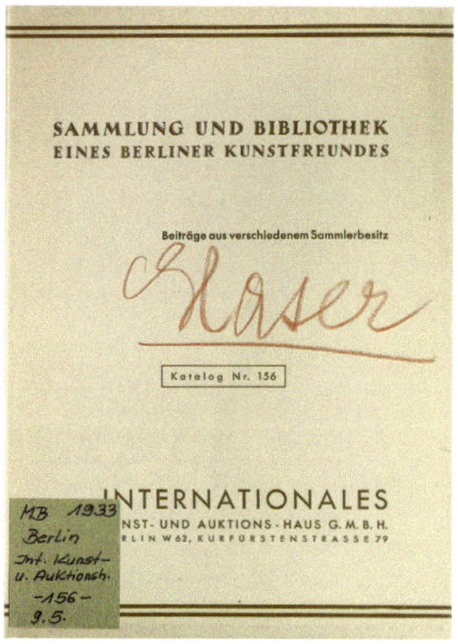
SAMMLUNG UND BIBLIOTHEK
EINES BERLINER KUNSTFREUNDES

Beiträge aus verschiedenem Sammlerbesitz

Glaser

Katalog Nr. 156

INTERNATIONALES
KUNST- UND AUKTIONS-HAUS G. M. B. H.
BERLIN W 62, KURFÜRSTENSTRASSE 79

Abb. 3
Auktionskatalog des Internationalen Kunst- und Auktions-Hauses Berlin, 9. Mai 1933
Kunstbibliothek, Staatliche Museen zu Berlin – Preußischer Kulturbesitz

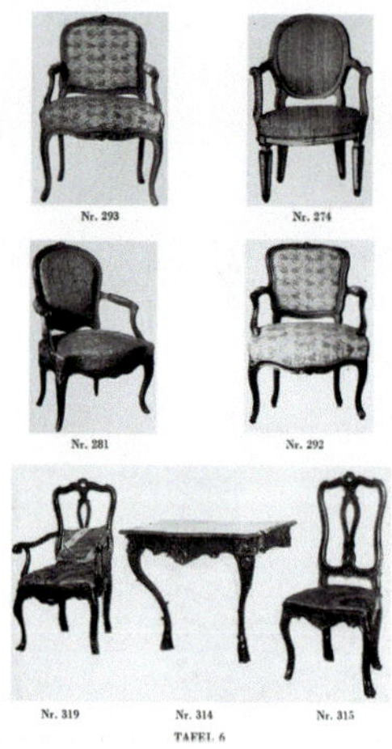

Abb. 4
Tafel 6 aus dem Auktionskatalog des Internationalen Kunst- und Auktions-Hauses Berlin, 9. Mai 1933
Kunstbibliothek, Staatliche Museen zu Berlin – Preußischer Kulturbesitz

sollen wegen der vielen Juden an leitenden Stellen: Glaser, Friedländer und so weiter. Sie sollen sich in die Schutzfarbe der Unsichtbarkeit kleiden und so tun, als ob sie gar nicht existieren.»[50] Das aufgrund seiner Definition der jüdischen Abstammung grundlegende Gesetz vom 7. April diente der Umgestaltung der gesamten Regierungsbürokratie, um deren Loyalität gegenüber dem neuen Regime zu gewährleisten. Zwei Millionen staatlicher und städtischer Beschäftigter waren betroffen, vor allem Kommunist:innen und Juden bzw. Jüdinnen.[51] Seine Wohnung hatte Glaser schon vor der Beurlaubung räumen müssen. Sie wurde im April 1933 Teil des Dienstsitzes des Geheimen Staatspolizeiamts.[52]

Am 27. September 1933 wurde Glaser unter Berufung auf das «Gesetz zur Wiederherstellung des Berufsbeamtentums» endgültig aus dem Staatsdienst entlassen. Für die Dauer von drei Monaten nach der Entlassung wurden ihm die bisherigen Bezüge ausbezahlt. Danach erhielt er drei Viertel des Ruhegeldes.[53]

DAS ENDE EINER KARRIERE: «ICH BIN AUS ALLEM AUSGESCHALTET»

Am 9. Mai 1933 liess Glaser unter dem Titel «Sammlung und Bibliothek eines Berliner Kunstfreundes» im Internationalen Kunst- und Auktions-Haus Berlin einen grossen Teil seines Haushalts sowie einige Kunstwerke versteigern (Abb. 3, 4, 5).[54] Im Angebot waren Möbel und Beleuchtungen des 18. Jahrhunderts sowie komplette Speise-, Schlaf- und Ankleidezimmer, Plastiken, Gemälde alter und neuer Meister, orientalisches und ostasiatisches Kunstgewerbe sowie die kostbare Kunstbibliothek. In dieser Auktion kamen zudem weitere Lose aus verschiedenem Sammlerbesitz zum Verkauf.[55] Als nicht der Glaserschen Sammlung zugehörig ist bisher allein die *Landschaft mit der Flucht nach Ägypten* eines Nachfolgers von Tobias Verhaecht (1561–1630) belegt, das sich heute in der Hamburger Kunsthalle befindet. Es stammte aus dem Besitz von Hanns Emil Fischer (1894–nach 1957), einem Berliner Anwalt, mit dessen Schwägerin Curt Glaser zu jener Zeit zusammenlebte.[56]

Am 18. und 19. Mai folgte die Auktion Nr. 180 bei Max Perl in Berlin, bei der Bücher, Handzeichnungen, Gemälde, Graphiken, Skulpturen und kunsthandwerkliche Gegenstände des 16. bis 20. Jahrhunderts aus dem Besitz Glasers aufgerufen wurden (Abb. 21, 22).[57] Auch wenn sein Name nicht in den Katalogen erwähnt wird, war er doch bereits vor der Auktion nicht nur Insidern wie dem Kunsthistoriker Ludwig Burchard (1886–1960) und dem Direktor der Öffentlichen Kunstsammlung Basel Otto Fischer (1886–1948) bekannt;[58] auch aufmerksame Leser:innen der Auktionsankündigungen wussten, dass hier ein grosser Teil der Sammlung des «Ehepaars Glaser» zum Verkauf angeboten wurde.[59]

Am zweiten Tag dieser Auktion fasste Curt Glaser in einem Brief an Munch zusammen, wie seine Welt seit dem Tod von Elsa im vorherigen Jahr «Stück um Stück zusammengebrochen» sei und er sich von seinem «alten Besitz frei gemacht» habe; «alles, was mich belastete, musste schwinden.»[60] Das Wort ‹Belastung› hat hier gewiss eine mehrfache Bedeutung, denn die Wohnung hatte er mit der verstorbenen Elsa Glaser bewohnt und die Sammlung gemeinsam aufgebaut. Von diesem Lebensabschnitt hatte er sich zwangsläufig verabschieden müssen. Dass er allerdings den Haushalt und die Sammlung allein aus solcherart persönlichen Motiven radikal aufgelöst hätte, ist kaum vorstellbar. Die Bibliothek war seine Arbeitsgrundlage, die er bestimmt nur aus schwerwiegenden Gründen zu veräussern bereit gewesen war (Abb. 16). Die Auflösung des Haushalts und der Verkauf seines Besitztums geschahen im Hinblick auf seine bevorstehende Emigration, die er frühzeitig ins Auge gefasst hatte.

Glaser hat die Auktionen in weiser Voraussicht zu einem Zeitpunkt durchgeführt, zu dem er noch frei entscheiden konnte, mit welchen Auktionshäusern er zusammenarbeiten wollte, was er verkaufen bzw. was er in der Emigration behalten wollte.[61] Zudem hat er den Erlös der Auktionen, auch wenn er niedriger als erhofft war, vollumfänglich erhalten.

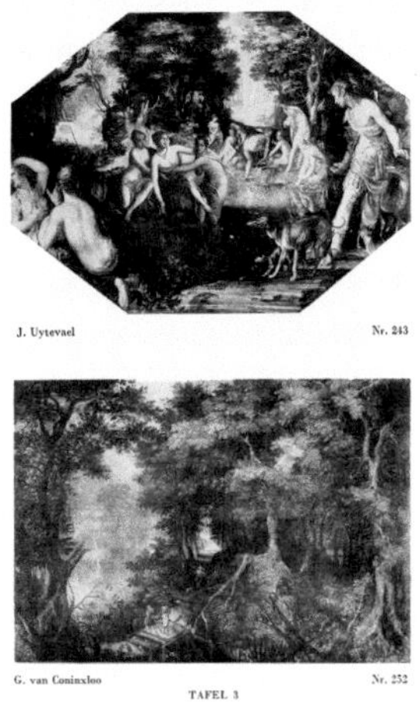

Abb. 5
Tafel 4 aus dem Auktionskatalog des Internationalen Kunst- und Auktions-Hauses Berlin, 9. Mai 1933
Kunstbibliothek, Staatliche Museen zu Berlin – Preußischer Kulturbesitz

An Glasers Entschluss zu einem radikalen Neuanfang dürfte auch seine neue Lebenspartnerin Maria Milch einen entscheidenden Anteil gehabt haben; an Munch schrieb er am 19. Mai 1933:[62] «Ich lebe seit einiger Zeit wieder mit einer Frau, die sehr viel jünger ist als ich, aber mir sehr eng verbunden ist. Ich hätte nie geahnt, dass es so kommen könnte, und ich habe nichts dazu getan, dass es so kam. Aber ich bin wohl nicht für das Alleinsein geschaffen, und heut, wo es mir besonders schwer sein würde, die Schläge des Schicksals ohne die Hilfe und die Liebe eines anderen Menschen zu tragen, bin ich doppelt froh, dass ich die Frau gefunden habe.»[63] «Seit einiger Zeit» kann ungefähr drei bis vier Monate bedeuten und damit ist es möglich, dass er – schon vor dem Verlust der Wohnung und des Amtes – plante, sich im Hinblick auf die Neugründung eines gemeinsamen Haushalts mit Maria Milch zu «verkleinern». Doch spätestens mit der Beurlaubung und dem Wohnungsverlust drängten sich äussere Zwänge in den Vordergrund und führten zu dem umfassenden Verkauf, der sich wohl kaum mit einer «Verkleinerung» im Hinblick auf die Zusammenführung zweier Haushalte vergleichen lässt.

EMIGRATION

Am 30. Mai heiratete Curt Glaser Maria Milch in Berlin, als ständigen Wohnsitz gab er die Rauenthaler Strasse 5 in Berlin-Wilmersdorf an.[64] Die exakte Chronologie der Ereignisse der folgenden Monate lässt sich nur lückenhaft nachvollziehen. Maria Glaser berichtete diesbezüglich 1962: «Unmittelbar nach der Heirat fuhren wir in unserem Wagen nach einem Zwischenaufenthalt am Starenberger See [sic] nach der Schweiz. Anfangs wussten wir nicht, wo wir uns aufhalten wuerden. Schliesslich mieteten wir in der zweiten Haelfte des Jahres 1933 ein moebliertes Haus in Ronco bei Ascona.»[65] Dorthin liess Glaser 14 grosse Kisten seines verbliebenen Besitzes an Möbeln, Kunst und anderen wertvollen Gütern schicken.[66]

Am 7. Juni ist sein letzter Artikel aus Berlin im *Berliner Börsen-Courier* und am 13. Juni ein weiterer aus Nürnberg erschienen. Gut möglich, dass das frisch vermählte Paar anschliessend den erwähnten Halt am Starnberger See machte, um dann zunächst in die Schweiz oder direkt nach Paris zu reisen. Am 26. Juni schrieb Glaser aus Paris an Herbert Ihering, Redakteur des *Berliner Börsen-Couriers,* und es wurden noch drei Ausstellungsberichte von ihm aus Paris publiziert (5. und 22. Juli, 2. August).[67] Am 15. Juli schickte Glaser seinem Bruder Paul wieder – oder noch immer – aus Paris einen Brief und beauftragte ihn, fünf Gemälde, die sich als Leihgabe aus seinem Besitz in der Nationalgalerie Berlin befanden, abzuholen. Am 27. Juli bestätigte Paul den Erhalt der Bilder.[68]

Bereits im Spätsommer waren die Glasers im Tessin angekommen, wie ein Brief vom 24. August 1933 belegt, den Glaser aus Ascona nach Berlin geschickt hat, um mitzuteilen, dass er fortan nicht mehr für den *Berliner Börsen-Courier* arbeiten werde.[69] Dazu nutzte Glaser Briefpapier des Hotels *Monte Verità.* Am 6. November 1933 schickte Glaser aus Ronco Munch die ersten Zeilen seit dem 19. Mai: «Lieber alter Freund! Ein Brief an Sie ist seit langem fällig, und er wird demnächst abgehen. Für heut nur ein Gruß aus unserem Winterquartier, in dem ich wenigstens die Sonne genieße, nachdem ich in Berlin doch nichts mehr zu tun habe. Es ist eine merkwürdige Zeit, in der wir leben.»[70] Die Postkarte zeigt Glaser mit Schirmmütze und hochgekrempeltem weissem Hemd zusammen mit seiner Frau Maria auf der Terrasse eines Gasthauses (Abb. 23, 24).

Einen Monat später, am 9. Dezember, berichtete Glaser Munch ausführlicher über seine Situation, diesmal wieder aus Paris: «Ich bin aus allem ausgeschaltet, ich bin nicht mehr Beamter und nicht mehr Schriftsteller. Ich bin ein simpler Privatmann, der irgendwo auf Reisen in der Welt seine Tage verbringt, und wenn ich Ihnen nun zu Ihrem Geburtstage meine Wünsche sende, so geschieht es nicht mehr unter den Augen der Öffentlichkeit, sondern in aller Stille von Mensch zu Mensch und von Freund zu Freund. Vielleicht ist es besser so. Ich habe lange genug in der Öffentlichkeit gestanden. [...] Ich bin jetzt für kurze Zeit hier [in Paris] [...]

Fürs erste kehre ich jetzt nach Ronco zurück. Ich bewohne dort mit meiner Frau ein kleines Häuschen hoch über dem Lago Maggiore, mit herrlicher Aussicht, in absoluter Ruhe und Weltabgeschiedenheit. Wie wunderbar man dort lebt, empfinde ich doppelt hier in dem tollen Trubel der Großstadt. Wir wollen bis zum Frühjahr dort bleiben, und ich hoffe, auch etwas zur Arbeit zu kommen. Aber dann werde ich wohl allmählich in die Welt zurückkehren, da ich mich nicht alt genug fühle, mich ganz von ihr ausschalten zu lassen. Die Jahre allein tun es ja nicht.»[71]

DAS «ZWEITE DASEIN» IN ASCONA

Dass Glaser Ascona wählte, war naheliegend. Der Ort war um 1900 Anziehungspunkt für Lebensreformer:innen aus allen Himmelsrichtungen geworden und während der beiden Weltkriege ein Zufluchtsort für Emigrant:innen. Auf Empfehlung der russischen Malerin Marianne von Werefkin kaufte der deutsche Baron Eduard von der Heydt (1882–1964) 1926 den Monte Verità oberhalb von Ascona. Als Bankier, Kunstsammler und Mäzen machte er ihn zum Treffpunkt von Persönlichkeiten aus Kunst, Politik und Gesellschaft und konnte sich später gut an Curt und Elsa Glaser erinnern.[72] Das Paar hatte ihn 1928 im Tessin besucht und ist im Gästebuch verzeichnet.[73]

Glasers finanzielle Situation in der Schweiz ist zwar schwer zu fassen, doch können wir davon ausgehen, dass Glaser zu diesem frühen Zeitpunkt die Emigration auch ohne die Einnahmen aus den Auktionen finanzieren konnte. Zudem wurde ihm die Reichsfluchtsteuer erst ein paar Jahre später abverlangt. Glaser war vermögend, nicht nur aufgrund der Ehe mit Elsa, sondern auch basierend auf seinem Jahreseinkommen als Direktor der Kunstbibliothek von jährlich 11'500 RM plus Wohnungsgeldzuschuss von 1440 RM. Hinzu kamen Autorenhonorare von über 3000 RM pro Monat.[74] Nach der Kündigung erhielt er bis Ende 1933 das Gehalt weiter, vom Ruhegehalt wurde ihm als Jude ein Viertel abgezogen, übrig blieben ab 1934 knapp 5000 RM. Wie er im Ausland Zugriff auf sein Gehalt und seine Bankguthaben hatte, lässt sich nicht im Detail eruieren. Während die Ausfuhr von Devisen schon stark eingeschränkt war, konnte Umzugsgut 1933 noch normal verzollt und ausgeführt werden. Eine wichtige Quelle sind die Dokumente des Wiedergutmachungsamtes in Berlin. Der Anwalt Hanns Fischer, der seit 1926 mit Maria Glasers Schwester Ellen Milch (1896–1983) verheiratet war, unterstützte Glaser im Zusammenhang mit Aufenthaltsbewilligungen und finanziellen Dingen als Bevollmächtigter von Berlin aus, bis er 1939 nach Brasilien emigrierte.

Anfang Juli 1933 hatte sich Glaser in Berlin «in Richtung Paris» abgemeldet.[75] Die Abmeldung des Ehepaars erfolgte rückwirkend im März 1934 durch die Polizei. Während seines Aufenthalts in der Schweiz behielt Glaser den amtlichen Wohnsitz an der Rauenthaler Strasse 5 in Berlin und erhielt eine offizielle Erlaubnis für einen Auslandsaufenthalt zwecks Urlaub und Studienreisen sowie aus gesundheitlichen und beruflichen Gründen. Auf diese Weise konnte er sich die Auszahlung der Rente sichern, vielleicht hoffte er auch, dass es nur ein vorübergehender Auslandsaufenthalt würde. Diese Genehmigung wurde zwischen April 1934 und September 1941 mehrfach verlängert,[76] wodurch sich erklären lässt, warum Maria und Curt Glaser weder im Tessin noch bei der eidgenössischen Fremdenpolizei Spuren in den Archiven hinterlassen haben, obwohl sie zwischen 1933 und 1941 verschiedene Häuser in Ronco und Ascona mieteten. Hätten die beiden offiziell mit Flüchtlingsstatus in der Schweiz gelebt, wäre nur ein vorübergehender, kein acht Jahre dauernder Aufenthalt möglich gewesen, denn bereits im Frühling 1933 führte die Schweiz eine restriktive Einwanderungspolitik ein und definierte sich als sogenanntes «Transitland».[77]

Im Tessin stand Glaser unter Beobachtung der Nationalsozialisten: Als am 11. September 1935 die Genehmigung für seinen Aufenthalt in der Schweiz verlängert wurde, verlangte die zuständige Behörde von der deutschen Auslandsvertretung eine Bescheinigung, dass dem Aufenthalt von Curt Glaser in der Schweiz «vom deutschen Standpunkt aus keine Bedenken entgegenstehen.»[78] Diese Bescheinigung war laut des Deutschen Konsulats in Lugano jedoch zu verweigern, denn wie der NSDAP-Ortsgruppenleiter Julius Ammer nach Berlin berichtete, verkehre «Curt Glaser fast ausschliesslich in den jüdisch kommunistischen Emigrantenkreisen. Während er bisher bei dem Judenschützer Alexander Rapp wohnte, ist er jetzt in das Haus eines der intensivsten Feinde des neuen Deutschlands, des jüdischen Kommunisten Architekt Schmuklerski, gezogen, mit dem ihn engere Freundschaft verbindet. Bei einer kürzlich in Ascona stattgefundenen Veranstaltung zum Besten der Emigrantenkinder, bei der Emil Ludwig aus seinen Werken vorlas, wirkte die Frau des Dr. Glaser als Sängerin mit. Auch hieraus geht hervor, dass sich das Ehepaar den Emigraten [sic] eng verbunden fühlt. [...] Dr. Glaser erhält, ohne darauf pekuniär angewiesen zu sein – er ist vermögend und soll aus seinen kunsthistorischen Arbeiten über französische Kunst gute Einkünfte haben – eine Pension nach der Schweiz überwiesen (Mk. 600 oder Fr. 600?) Dr. Glaser hat aber nur Spott und Hohn für dieses Entgegenkommen. Denn wie ich von zuverlässiger Seite weiss, macht er sich darüber lustig, dass ihm die deutschen Behörden so brav und regelmässig jene Zahlungen zukommen lassen.»[79]

Das «zweite Dasein» in Ascona bescherte Curt Glaser auch neues Glück: Am 22. Juli 1935 kam die Tochter Eva Renate Gertrud zur Welt (Abb. 6). Er berichtete Munch über «das sehr lebendige Symbol eines neuen und zweiten Daseins, das ich dankbar hinnehme, da das erste mir zerbrochen wurde.»[80] Als die in Berlin lebende Ellen Fischer, die Schwester von Maria Glaser, vermutlich im Sommer 1936 die jungen Eltern im Tessin besuchte, entstanden Familienphotos

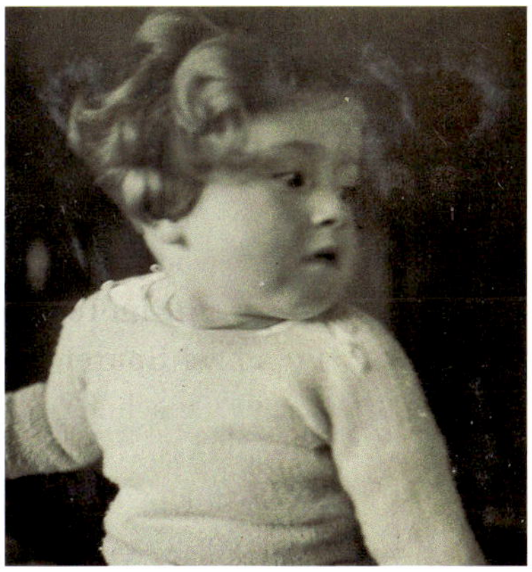

Abb. 6
Eva Renate Gertrud Glaser, 1936

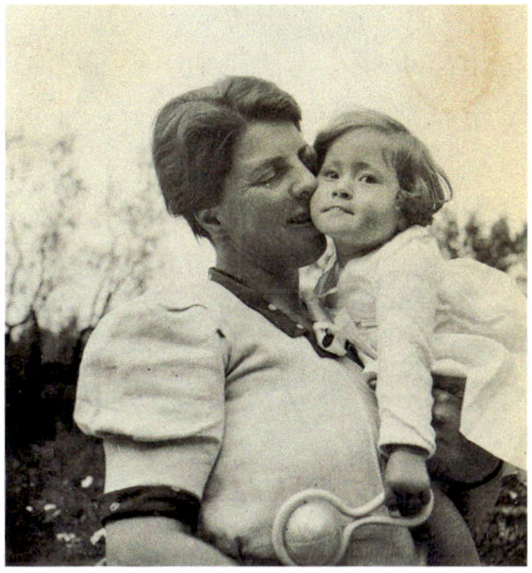

Abb. 7
Eva Glaser auf dem Arm ihrer Tante Ellen Fischer im Tessin, 1936

mit dem kleinen Mädchen (Abb. 7, 60). Die Porträts lassen erahnen – und dies wird mündlich in der Familie von Maria Milch erzählt –, dass Eva Trisomie 21, auch bekannt als Down-Syndrom, hatte. Sie wurde am 10. September 1938 in das anthroposophisch geführte Kinderpflegeheim La Motta in Brissago eingewiesen. Spätestens 1940 befand sich Eva im Sonnenhof, einem «Heim für seelenpflege-bedürftige Kinder, Abteilung des Klinisch-Therapeutischen Instituts» in Arlesheim in der Nähe von Basel. Beide Heime hatte die Ärztin Ita Wegman (1876–1943), eine zentrale Figur der anthroposophischen Medizin und enge Vertraute von Rudolf Steiner, gegründet.[81]

Zwischen 1933 und 1941 war Glaser immer wieder auf Reisen, so mehrfach in Zürich, im Oktober 1936 in Wien und im Sommer 1937 in Bad Gastein und in Paris. Auch hielt er sich zwischen 1936 und 1939 mehrfach für längere Zeit in Florenz auf und arbeitete an einer Geschichte der Renaissance, deren Manuskript «Materialien zu einer Kunstgeschichte des Quattrocento in Italien» erhalten ist.[82] Sein Kollege Scheffler betrachtete dies als hoffnungsvollen Versuch, «doch eine grosse Tätigkeit zu haben.»[83] 1934 hatte Glaser Munch noch von einem Roman berichtet, der weder autobiographisch noch ein Schlüsselroman sei, aber doch angelehnt an bekannte Persönlichkeiten.[84]

Glaser versuchte, seine Kontakte so gut wie möglich zu pflegen; so traf er 1938 Max Beckmann in Zürich, seit 1935 hatte er wieder Kontakt zu Wilhelm Wartmann (1882–1970), dem Direktor des Kunsthauses Zürich; Robert Musil besuchte er in dessen Schweizer Exil. Im Zentrum von Ascona war das von dem Architekten Max Schmuklerski (1905–1995) neu gestaltete Caffè Verbano ein beliebter Treffpunkt für frisch Zugezogene.[85] In Florenz traf sich Glaser oft mit dem Maler Hans Purrmann (1880–1966), mit dem er schon lange freundschaftlich verbunden war. Purrmann war 1935 aufgrund der NS-Verfolgung nach Italien geflohen und hatte die ehrenamtliche Leitung der Villa Romana in Florenz übernommen. Dank ihm war diese Institution ein Treffpunkt für aus Deutschland geflüchtete Künstler:innen und Kunstinteressierte.[86]

Glasers Wunsch, im Frühling 1934 «allmählich in die Welt zurück[zu]kehren», erfüllte sich insofern nicht, als es ihm nicht gelang, eine neue Anstellung zu finden. So bewarb er sich im Sommer 1938 für die Leitung der Öffentlichen Kunstsammlung Basel, nachdem Otto Fischer sein Amt zum 1. August 1938 vorzeitig niedergelegt hatte. Im Verzeichnis der Bewerber endet der knappe Lebenslauf von Glaser mit der Information: «Jetzt in Jtalien [sic] zum Studium der Florentiner Sammlungen und Bibliotheken.»[87] Im Protokoll der Kunstkommission vom 9. September 1938 wird er als Bewerber genannt, es wird aber auch festgehalten, dass man einen Schweizer Kandidaten zu finden hofft.[88] Zudem kann man aus den Protokollen schliessen, dass auch ein jüdischer Bewerber nicht die Mehrheit der Stimmen erhalten hätte. Aus einem Schreiben der Kunstkommission vom 15. Dezember 1938 an die Leitung der Universität Basel geht die Anzahl der Bewerber hervor (elf Deutsche, zwei Franzosen und zehn Schweizer) sowie die Bestätigung, dass nur Schweizer berücksichtigt werden sollen, obwohl sich sehr gut qualifizierte ausländische Fachleute beworben hätten. Es wäre «unter den heutigen Verhältnissen für weiteste Kreise unverständlich […], wenn die Leitung des grössten und wichtigsten schweizerischen Kunstmuseums einem Ausländer anvertraut würde.»[89] Glasers Freund Karl Scheffler schrieb in einem Brief an Purrmann vom 17. August 1939 eher beiläufig über Glasers Bemühungen, eine Stelle zu finden: «Ich fürchte, er hat die Zeit verpasst im Ausland zu einer ausfüllenden Tätigkeit zu kommen.»[90]

ÜBER HAVANNA NACH NEW YORK

Möglicherweise wusste Glaser am 18. Dezember 1938 bereits, dass er die Direktorenstelle in Basel nicht erhalten würde, als er Munch von seinen Ausreiseplänen in Richtung Amerika berichtete. Es brauche aber Zeit, diesen Plan umzusetzen, fügte er hinzu.[91] Dokumentiert sind diesbezügliche Schritte für das Jahr 1940: Am 14. März liess Glaser die acht Gemälde (davon sechs von Munch, ein Heckel und ein Kleinschmidt), die er im Kunsthaus Zürich deponiert hatte, einer Transportfirma

übergeben, um sie in die USA verschiffen zu lassen, was allerdings aufgrund von Problemen mit dem Zoll nicht gelang.[92]
Am 10. Oktober 1940 bat der New Yorker Anwalt Leo S. Gutmann im Namen von Curt Glaser dessen Kollegen Paul J. Sachs, einen profilierten Professor für Kunstgeschichte an der Harvard University in Cambridge, um ein Empfehlungsschreiben für Glasers Visum für die USA. Um die Dringlichkeit zu unterstreichen, fügte er hinzu: «May I add the fact, which is also of importance for the immigration authorities, that Prof. Glaser was dismissed from his job on the first of April 1933, because his conception of art-policy did not agree with the new art-principles of the Nazi regime. If Switzerland should come under the influence of Germany or the Nazi sympathizers, Dr. Curt Glaser would be placed in a very dangerous position. It would probably be helpful, if this fact could be mentioned too.»[93] Fünf Tage später sandte Sachs Gutmann die gewünschte schriftliche Empfehlung und lieferte damit einen entscheidenden Beitrag für die Einwanderungsbewilligung.[94]
Curt und Maria Glaser mussten sich zudem um die Zukunft der Tochter Eva kümmern, die inzwischen in Arlesheim in Pflege war. Für körperlich und geistig beeinträchtigte Menschen war es aufgrund entsprechend restriktiver Einreisebestimmungen schwierig, in die USA zu emigrieren, aber vor allem scheint ihr eine lange Schiffsreise in die USA mit längerem Aufenthalt in Kuba wohl aus gesundheitlichen Gründen nicht zuzumuten gewesen zu sein.[95] Maria Glaser besuchte am 18. November spontan ihre Tochter und erwähnte den bevorstehenden Umzug nach Zürich sowie den Plan ihres Mannes, möglichst bald in die USA zu ziehen. Sie kündigte einen weiteren Besuch im Dezember an.[96] Am 22. November erkundigte sich Ita Wegman nach der Sicherstellung der Zahlungen,[97] Curt Glaser antwortete am 25. November aus Ascona: «Selbstverständlich habe ich, für den Fall dass unsere Amerika-Pläne sich noch verwirklichen sollten, was allerdings sehr fraglich scheint, an die Finanzierung von Evas weiterem Verbleiben in Ihrer Obhut gedacht und bereits Massregeln getroffen, die auf alle Fälle die monatlichen Zahlungen sicherstellen werden. Aber es ist ebenso selbstverständlich, dass wir nicht abreisen würden, ohne zuvor in Arlesheim gewesen zu sein, um uns zu verabschieden und alles nötige noch zu besprechen.»[98]
Parallel dazu suchte Glaser eine Lösung für die Gemälde, die er im Kunsthaus Zürich deponiert hatte. In einem Brief an den dortigen Direktor Wilhelm Wartmann vom 9. Dezember 1940 klang er verzweifelt ob der Tatsache, dass er das Gemälde *Musik auf der Karl Johan Strasse* von Munch, das ihm so am Herzen lag, nicht in die USA schicken lassen konnte (Kat. 227).[99] Er hatte das Gemälde aufgrund der Nichteinhaltung der Schenkungsbedingungen von der Nationalgalerie Berlin zurückverlangt und in die Schweiz bringen lassen.[100] Zur eigenen Situation hielt er fest: «Ob ich selbst Europa noch werde verlassen können, steht dahin. Ich zweifle sehr daran, dass es möglich sein wird. Die Bilder aber werden jedenfalls hier bleiben müssen, – auf die eine oder andere Weise. Sie drückten mir in einem ihrer Briefe Ihr Bedauern aus, dass sie Europa verloren gehen sollten. Ich lege das Schicksal der Bilder nun in Ihre Hand.»[101] Das Gemälde, das er 1932 zur Erinnerung an seine erste Ehefrau Elsa der Nationalgalerie geschenkt und erst 1939 nach Zürich geholt hatte, wurde vom Kunsthaus gekauft. Es scheint ihm besonders wichtig gewesen zu sein, denn er war auch erleichtert darüber, dass die Gefahr eines möglichen Verlustes bei Verschiffung «eines so bedeutenden, unersetzlichen Kunstwerkes» nicht mehr bestand und schätzte sich glücklich, weil «das Bild in Ihrer Sammlung einen dauernden Platz finden könnte.»[102] Die anderen sechs Werke liess Glaser als Depositum im Kunsthaus, um etwaige «pekuniäre Verpflichtungen in der Schweiz zu erfüllen», womit sicher die Kosten für die Unterbringung der Tochter in Arlesheim gemeint waren.[103]
Am 2. Januar 1941 teilte Glaser Max J. Friedländer (1867–1958) seine Abreise mit. Am 14. Januar schrieb ihm der ehemalige Kollege, der 1933 ebenfalls als Direktor der Staatlichen Gemäldegalerie Berlin entlassen worden und 1939 in die Niederlande geflohen war, aus Den Haag zurück: «Mit Ihrer Karte vom 2.1. haben Sie mich sehr erfreut. [...] Also auch Sie auf dem Sprunge. Hoffentlich erreicht dieser Gruss Sie noch – mit meinen Wünschen, dass Ihre Hoffnungen sich erfüllen.»[104]
Am 26. Februar 1941 nahmen Glasers in Arlesheim Abschied von ihrer Tochter. Wegman berichtete Werner Pache, dem Leiter des Heims: «Mittwoch werden Herr und Frau Prof. Glaser nach Arlesheim kommen, um Eva Renate zu besuchen. Ich war auf ihrem Abschiedsabend in einem Konzert. Auch war sie einmal hier auf einem Musikabend. Sie waren recht freundlich und viel offener, als sie jemals waren, und es wurde mir dann klar, auch weil es von der Frau ausgesprochen wurde, dass sie eigentlich von mir erwartet hatte, von uns eine Einladung zu bekommen, in der Casa zu singen, und als diese nicht kam, glaubte sie, dass wir keinen Verkehr mit ihnen haben wollten. Es hat mir ausserordentlich leid getan, weil ich fühlen konnte, wie diese Menschen hinter allem etwas suchen aus den jetzt bestehenden Verhältnissen heraus den Juden gegenüber. – Sie waren recht erfreut darüber, dass Fräulein Eisenmenger [Sonderpflegerin] bei Eva Renate bleiben wird, und sie haben das grösste Vertrauen zu uns, sodass ich das Gefühl habe, dass man gut miteinander auskommen würde, wenn auch von Ihnen aus ein freundlicher Empfang stattfindet. Ich hörte, dass sie doch Geld haben, und vielleicht ist es möglich, für die Eva Renate eine Vorauszahlung zu bekommen. Ich habe mich auch gefreut zu hören, dass Fräulein Eisenmenger bleibt. Es wäre recht schwer für die Glasers, wenn sie weggegangen wären mit dem Bewusstsein, dass das Kind ohne Frl. Eisenmenger zurückbleiben müsste.»[105]

Die Formulare für die «Ueberseeische Auswanderung im Jahre 1941» halten fest, dass sie beide im Ruhestand und zuletzt in Ascona wohnhaft waren. Die Abreise aus der Schweiz wird für Februar 1941 angegeben und zwar mit dem Dampfer Magallanes vom Hafen in Vigo an der Nordwestküste Spaniens nach Havanna. Ihr Reisestatus war «émigrant/e» und der Pauschaltransportpreis pro Person kostete CHF 1643,20 (Abb. 27, 29). Der Stempel auf den Dokumenten aus dem Jahr 1941 ist ein Nachweis dafür, dass Glasers Speditionsware mit ins Exil genommen haben. Ohne Vermögensnachweis wäre der Zwischenaufenthalt in Kuba nicht möglich gewesen.[106]

Einer eidesstattlichen Erklärung vom 16. Oktober 1941 ist zu entnehmen, dass die Glasers am 13. Mai mit der SS Monterey aus Havanna in New York eingereist sind (Abb. 28, 30). Mit dem Ablauf der Frist am 30. September 1941 war kurz zuvor die Zahlung von Glasers Versorgungsbezügen aus Berlin eingestellt worden und am 30. November 1941 verlor er entsprechend der Elften Verordnung zum Reichsbürgergesetz zudem die deutsche Staatsangehörigkeit.[107] Gemäss Strobl wurde das Ehepaar Glaser in der Zeit seines Exils als «vermögend» bezeichnet.[108] Offenbar suchte Glaser auch in New York eine Stelle, trotz der Tuberkulose, die ihn bereits plagte,[109] wie wir einem Brief vom 11. Januar 1942 von Goldschmidt an Glaser entnehmen: «Sie sind in der guten Lage, dass Sie sich dort ein hübsches Heim bilden konnten, ohne Andere dafür in Anspruch zu nehmen, und werden dort gut arbeiten können. Sie haben ja 4 gute Bibliotheken zur Verfügung.»[110] Goldschmidt ermutigte ihn und gab ihm verschiedene Hinweise für berufliche Kontakte, obwohl es für Immigrant:innen schwierig sei, eine Stelle in der Lehre zu finden; er sei ja auch für eine «Museumsstellung» zu gebrauchen.

Aber auch in den USA gelang es Glaser nicht, beruflich wieder Fuss zu fassen, obwohl er erst Anfang 60 war. Am 23. Februar 1943 starb seine Tochter im Alter von siebeneinhalb Jahren an «Herzlähmung».[111] Gleichzeitig war seine Krankheit fortgeschritten und er erlag ihr noch im gleichen Jahr am 23. November im Alter von 64 Jahren in der Klinik von Lake Placid (New York).[112]

Von den ihm verbliebenen Kunstwerken scheint Glaser nur Zeichnungen mit in die USA gebracht zu haben.[113] Erst nach Glasers Tod wird seine Witwe am 14. März 1947 zwei der in Zürich eingelagerten Werke von Munch durch seinen Treuhänder, den Kunsthändler Charles Albert de Burlet (1882–1956) aus dem Kunsthaus abholen und im Kunstmuseum Basel deponieren lassen.[114] Glaser konnte offenbar noch zwei weitere Gemälde in die Schweiz retten, deren Aufbewahrungsort aber unbekannt ist–bis zu dem Zeitpunkt, als sie seine Witwe 1954 bzw. 1958 durch die Kunsthandlung Walter Feilchenfeldt in Zürich verkaufen liess. Möglicherweise waren sie dort schon länger deponiert: Max Beckmanns *Selbstbildnis mit Saxophon* (Abb. 46) und dessen *Bildnis Curt Glaser* (Kat. 226).[115]

Am 6. Oktober 1947 berichtete Purrmann in einem Brief an Scheffler, dass er Maria Glaser, die einen Buchladen in New York betreibe, im Tessin getroffen habe: «Ich empfand es traurig, dass man von ihrem Mann nur noch in Erinnerung sprechen konnte. Kaum einen Menschen hätte ich einmal wieder so gern gesehen als ihn.»[116]

1 *The New York Times*, 25.11.1943, S. 26. Der vorliegende Beitrag basiert im Wesentlichen auf dem historischen Sachverhalt, wie er vom Kunstmuseum Basel 2018 vorgelegt wurde: *Entscheid der Kunstkommission in Sachen Curt Glaser* vom 21.11.2018, verfügbar unter kunstmuseumbasel.ch/curtglaser, im Folgenden zitiert als Entscheid Basel 2018.
2 Walravens 1990a, Walravens 1990b, siehe auch Walravens 2012.
3 Strobl 2006, ferner Strobl 2012.
4 Brand/Schulze Altcappenberg 2014.
5 Entscheid Basel 2018.
6 Wenn nichts anderes angegeben ist, stammen die biographischen Angaben aus Strobl 2006 und Brand/Schulze Altcappenberg 2014.
7 Pauls Einreisegesuch nach Liechtenstein wurde 1939 abgelehnt (Fürstentum Liechtenstein, Amt für Kultur, Landesarchiv, LI LA RF 184/270/001 und LI LA RF 184/270/004; e-archiv.li/textDetail.aspx?backurl=editionSuche.aspx?eid=1&etID=41920&eID=1).
8 Brand/Schulze Altcappenberg 2014, S. 370.
9 Zu ihrer Biographie und Rolle in Glasers Leben siehe den Beitrag von Lynn Rother und Max Koss.
10 Brand/Schulze Altcappenberg 2014, S. 370, betonen Elsa Glasers zentrale Rolle in diesem Zusammenhang; siehe auch Entscheid Basel 2018, S. 11–12, sowie den Beitrag von Lynn Rother und Max Koss, S. 43–44.
11 Entscheid Basel 2018, S. 114. Zur Sammlung Glaser siehe den Beitrag von Judith Rauser.
12 Strobl 2006, S. 12.
13 Ebd., S. 13. Glaser war mit Gustav Kirstein und Hans Tietze als Herausgeber tätig, bis die Beilage im März 1926 aus wirtschaftlichen Gründen wieder mit der *Zeitschrift für bildende Kunst* zusammengelegt wurde.
14 Ebd., S. 15. Der erste Band ist erst 1920 erschienen.
15 Glaser 1908.
16 Entscheid Basel 2018, S. 13; siehe auch den Beitrag von Andreas Schalhorn, S. 49–50.
17 Curt Glaser, «Claude Monet», in: *Hamburgischer Correspondent*, Nr. 119, 12.3.1903.
18 Brand/Schulze Altcappenberg 2014, S. 372; siehe auch Strobl 2006, S. 70–81, und Kuwabara 2012.
19 Strobl 2006, S. 25.
20 Brand/Schulze Altcappenberg 2014, S. 382.
21 *Kunstchronik*, NF 28, 1916/1917, Nr. 43 (21.9.1917), Sp. 519.
22 Brand/Schulze Altcappenberg 2014, S. 373; siehe auch das Zitat von Elsa Glaser in: Kuwabara 2012, S. 84. Ob auch Elsa konvertierte, ist nicht bekannt.
23 Brand/Schulze Altcappenberg 2014, S. 382; siehe auch den Beitrag von Andreas Schalhorn.
24 Siehe dazu den Beitrag von Joachim Brand.
25 Curt Glaser an Edvard Munch, 10.11.1923, Munchmuseet, Oslo, MM K 2346.
26 Ebd.: «Unseren Kunstbesitz im ganzen Umfange zu erhalten, bin ich nicht mehr in der Lage. So hat sich in der Wohnung einiges verändert.»
27 Es handelte sich nicht um eine Dienstwohnung, die Glaser automatisch als Direktor der Kunstbibliothek mieten konnte. Vgl. Entscheid Basel 2018, S. 31–40. Dieser «Wohnflügel» wurde auch «Professorenanbau» genannt. Mit herzlichem Dank für den Hinweis an Ulrich Tempel, Berlin, vgl. auch Topographie des Terrors 2008, S. 8–27.
28 Zu seinen Reiseberichten siehe Strobl 2006, S. 95–97.
29 Siehe dazu den Beitrag von Joachim Sieber.
30 Zur Privatsammlung des Ehepaars Glaser siehe Strobl 2006, S. 22–26, und den Beitrag von Judith Rauser.
31 Curt Glaser an Edvard Munch, 7.9.1913, Munchmuseet, Oslo, MM K 2270.
32 «Personalien. Curt Glaser», in: *Die Kunstauktion. Deutsches Nachrichtenblatt des gesamten Kunstmarktes und Buchmarktes*, 3, 1929, Nr. 22, 2.6.1929, S. 12.
33 Brand/Schulze Altcappenberg 2014, S. 375. Glasers umfangreiche Publikationsliste ist abgedruckt in: Strobl 2006, S. 236–284.
34 Zur Todesursache siehe den Beitrag von Lynn Rother und Max Koss, S. 46, Anm. 19.
35 *Bulletin of the Fogg Art Museum*, Bd. 1, Nr. 4, Mai 1932, S. 78. Die Reiseberichte dieses Aufenthalts erschienen in Buchform mit dem Titel *Amerika baut auf!*
36 Brand/Schulze Altcappenberg 2014, S. 470.
37 Scheffler 1946, S. 218.
38 Edvard Munch an Curt Glaser, [1933?] Munchmuseet, Oslo, MM K 2244.
39 Zur weiteren Geschichte des Gemäldes siehe den Beitrag von Joachim Sieber, S. 138–140.
40 Schmitz 1931, S. 164–165.
41 Zit. n. Entscheid Basel 2018, S. 41.
42 Ebd., S. 42.
43 Entscheid Basel 2018, S. 19–24, Walk 1981, Friedländer 1998.
44 Walk 1981, S. 12.
45 Zur Aktenlage siehe Entscheid Basel 2018, S. 24, bes. Anm. 100.
46 «Herr Glaser geht in Urlaub», in: *Deutsche Zeitung*, Nr. 80, 4.4.1933.
47 Entscheid Basel 2018, S. 26.
48 *Basler Nachrichten*, 89, 1933, Nr. 126.
49 Zum Thema «Kunsthistoriker im Exil» siehe Wendland 1998.
50 Sauerlandt 1957, S. 415.
51 Friedländer 1998, S. 40.
52 Ebd., S. 31–40, siehe auch den Beitrag von Joachim Brand, S. 73.
53 Entscheid Basel 2018, S. 27–28.
54 Aukt.-Kat. Berlin 1933a.
55 Entscheid Basel 2018, S. 43.
56 Zu Restitution und Rückkauf des Gemäldes durch die Hamburger Kunsthalle siehe die Mitteilung der Hamburger Behörde für Kultur und Medien vom 30.7.2018 (hamburg.de/pressearchiv-fhh/11449606/restitution-landschaftsgemaelde-rueckkauf-kunsthalle/).
57 Aukt.-Kat. Berlin 1933b.
58 Siehe den Beitrag von Anita Haldemann, S. 105.
59 Entscheid Basel 2018, S. 46–47, 50.
60 Curt Glaser an Edvard Munch, 19.5.1933, Munchmuseet, Oslo, MM K 2387.
61 Zur Erwerbung von 200 Werken durch die Öffentliche Kunstsammlung Basel siehe den Beitrag von Anita Haldemann.
62 Siehe dazu auch den Beitrag von Lynn Rother und Max Koss, S. 44.
63 Curt Glaser an Edvard Munch, 19.5.1933, Munchmuseet, Oslo, MM K 2387.
64 Entscheid Basel 2018, S. 39, bes. Anm. 184.
65 Sie tat dies in Form einer eidesstattlichen Versicherung im Rahmen des Entschädigungsverfahrens für NS-verfolgungsbedingte Verluste, siehe Entscheid Basel 2018, S. 89 mit Anm. 466.
66 Ebd., S. 83.
67 Ebd., S. 86–87.
68 Ebd., S. 87–88 mit Anm. 459.
69 Curt Glaser an Herbert Ihering vom *Berliner Börsen-Courier*, 24.8.1933, Archiv der Akademie der Bildenden Künste Berlin, Signatur Ihering 1336: «Nach reiflicher Überlegung scheint es mir richtig, wenn ich mich von der ständigen Kunstberichterstattung zurückziehe. Ich sehe voraus, dass ich mich in einem ständigen schweren Gewissenskonflikt befinden würde. [...] Als entlassener Beamter und als Jude würde ich in eine sehr schiefe Situation geraten.»
70 Curt Glaser an Edvard Munch, 6.11.1933, Munchmuseet, Oslo, MM K 2388.
71 Curt Glaser an Edvard Munch, 9.12.1933, Munchmuseet, Oslo, MM K 2389.
72 Von der Heydt/von Rheinbaben 1958, S. 74: «Ich nenne den bekannten Curt Glaser mit seiner ersten Frau Elsa, der in den künstlerischen Kreisen Berlins eine grosse Rolle spielte und häufig interessante Empfänge gab, wo man alles künstlerisch Interessante in guter Zusammenstellung traf.»
73 Curt Glaser, «Reise im Auto. III. Von Basel über die Alpenpässe nach dem Süden», in: *Berliner Börsen-Courier*, Nr. 443, 21.9.1928, und «Ascona», in: *Berliner Börsen-Courier*, Nr. 447, 23.9.1928; siehe auch Illner 2013, S. 242–243.
74 Für Details zu Glasers finanzieller Lage, Pension und Kompensationsforderungen siehe Entscheid Basel 2018, S. 94–107.
75 Zit. n. Strobl 2006, S. 19, Anm. 32.
76 Siehe Details und Quellen in Entscheid Basel 2018, S. 104–105.
77 Unabhängige Expertenkommission Schweiz–Zweiter Weltkrieg 2001, S. 283, und Entscheid Basel 2018, S. 90–91.
78 Zit. n. Entscheid Basel 2018, S. 101.
79 Zit. n. ebd., S. 101–102.
80 Curt Glaser an Edvard Munch, 22.7.1935, Munchmuseet, Oslo, MM K 2391.
81 Siehe Entscheid Basel 2018, S. 93–94.
82 Abgedruckt in: Walravens 2012, S. 85–387.
83 Karl Scheffler an Hans Purrmann, 6.5.1940, zit. n. Billeter/Kennedy/Matelowski 2021, S. 100.
84 Curt Glaser an Edvard Munch, 10.12.1934, Munchmuseet, Oslo, MM K 2390.
85 Zu Schmuklerski siehe archiv.gta.arch.ethz.ch/nachlaesse-vorlaesse/max-schmuklerski-19051995.
86 Zur Villa Romana siehe Ausst.-Kat. Bonn 2013.
87 Kunstmuseum Basel, Archiv, G12-02_1938.
88 Protokoll der Sitzung der Kunstkommission vom 9.9.1938, Kunstmuseum Basel, Archiv: B1/16-Protokolle der Kunstkommission, S. 134–135; siehe auch Entscheid Basel 2018, S. 129–130.
89 Brief der Kommission zur Öffentlichen Sammlung an den Präsidenten der Universität Basel, Prof. Dr. M. Gerwig vom 15.12.1938, Kunstmuseum Basel, Archiv, E07-03.
90 Billeter/Kennedy/Matelowski 2021, S. 90.
91 Curt Glaser an Edvard Munch, 18.12.1938, Munchmuseet, Oslo, MM K 2394.
92 Siehe den Beitrag von Joachim Sieber, S. 138–139.
93 Brief von Leo S. Gutmann an Paul J. Sachs, 10.10.1940. Paul J. Sachs Papers (HC 3), folder 724. Harvard Art Museums Archives, Harvard University, Cambridge, MA.
94 Brief von Paul J. Sachs an Leo S. Gutmann, 15.10.1940, ebd.
95 Irmo Marini und Mark A. Stenicki (Hrsg.), *Psychological and Social Impact of Illness and Disability*, New York 2017, S. 3–13. Eine Gewichtskurve von Kindern im «Sonnenhof» vom September 1940 bis Mai 1941 zeigt, dass Evas Gewicht sehr gering war, siehe Archiv Ita Wegman Institut, Archiv Sonnenhof, Arlesheim. Sie starb zwei Jahre später, siehe Anm. 111.
96 Werner Pache (Leiter des «Sonnenhofs») an Ita Wegman, 18.11.1940: «Frau Glaser war

unangemeldet ganz plötzlich hier und hat bei Evchen hineingeschaut, wollte aber nicht, dass man Jemanden von uns holte. Sie hat dabei en passant zu Fräulein Eisenmenger gesagt, dass sie jetzt bald nach Zürich übersiedelten und ihr Mann sobald wie möglich nach Amerika wollte, wenn sie nur noch zurecht kämen. Evchen dachten sie natürlich hier zu lassen; denn sie sei ja gut aufgehoben; sie käme noch einmal im Dezember hierher. Wir meinen, dass es doch nötig wäre, vor einer eventuellen Abreise der Eltern mit diesen die Situation von Evchen für Eventualfälle durchzusprechen. Es könnte sonst finanzielle und andere Schwierigkeiten geben. Allerdings sind Glasers ehrenwerte Leute und ich denke dass sie schon daran gedacht haben werden, dass Evchen sichergestellt sein muss. Wäre es Ihnen nicht möglich, ein Gespräch mit Glasers herbeizuführen, bevor diese Ascona verlassen?», Archiv Ita Wegman Institut, Archiv Sonnenhof, Arlesheim. Mit herzlichem Dank an Tessa Rosebrock für die Erschliessung dieser Quelle und Gunhild Pörksen sowie Niklaus Hottinger für die Archivauszüge.

97 Ita Wegman an Curt Glaser, 22.11.1940, Archiv Ita Wegman Institut, Archiv Sonnenhof, Arlesheim.

98 Curt Glaser an Ita Wegman, 25.11.1940, ebd.

99 Curt Glaser an Wilhelm Wartmann, 9.12.1940, Archiv Zürcher Kunstgesellschaft/Kunsthaus Zürich, eingehende Korrespondenz Archiv 10.30.30.067; siehe auch den Beitrag von Joachim Sieber, S. 139–140.

100 Siehe den Beitrag von Joachim Sieber, S. 138–139.

101 Siehe Anm. 99.

102 Curt Glaser an Wilhelm Wartmann, 12.12.1940, Archiv Zürcher Kunstgesellschaft/Kunsthaus Zürich, eingehende Korrespondenz Archiv 10.30.30.067.

103 Ebd.

104 Max J. Friedländer an Curt Glaser (Ascona), 14.1.1941, zit. n. Walravens 1990a, S. 111–112 (Original im Leo Baeck Institute, New York).

105 Brief von Ita Wegman an Werner Pache (Ascona), 8.2.1941, Archiv Ita Wegman Institut, Archiv Sonnenhof, Arlesheim.

106 Mit freundlichem Dank an Tessa Rosebrock für diesen Hinweis; siehe Krohn 1998, und Heimat und Exil 2006.

107 Ebd., Anm. 574.

108 Strobl 2006, S. 21.

109 Zum Leben Glasers im Exil in den USA siehe den Beitrag von Jennifer Tonkovich, S. 158.

110 Adolph Goldschmidt (Basel) an Curt Glaser (New York), 11.1.1942, zit. n. Walravens 1990a, S. 109–110 (Original im Leo Baeck Institute, New York).

111 Eintrag in den Akten des «Sonnenhofs», Archiv Ita Wegman Institut, Archiv Sonnenhof, Arlesheim. Strobl 2006, S. 20 mit Anm. 40, gibt das Todesdatum 10.2.1935 an, das wohl in der Entschädigungsakte falsch vermerkt worden war; siehe Entscheid Basel 2018, S. 93, Anm. 500.

112 Strobl 2006, S. 20–21.

113 Siehe den Beitrag von Jennifer Tonkovich, S. 158.

114 Kunstmuseum Basel, Archiv, Depositenbuch, Eintrag vom 23.8.1947: «Depositum von Frau Maria Glaser, 27 West 96th St. New York 25, N.Y[.]»; siehe Entscheid Basel 2018, S. 122–123.

115 Freundliche Auskunft Walter Feilchenfeldt vom 15.5.2018.

116 Hans Purrmann an Karl Scheffler, 6.10.1947, siehe Billeter/Kennedy/Matelowski 2021, S. 133.

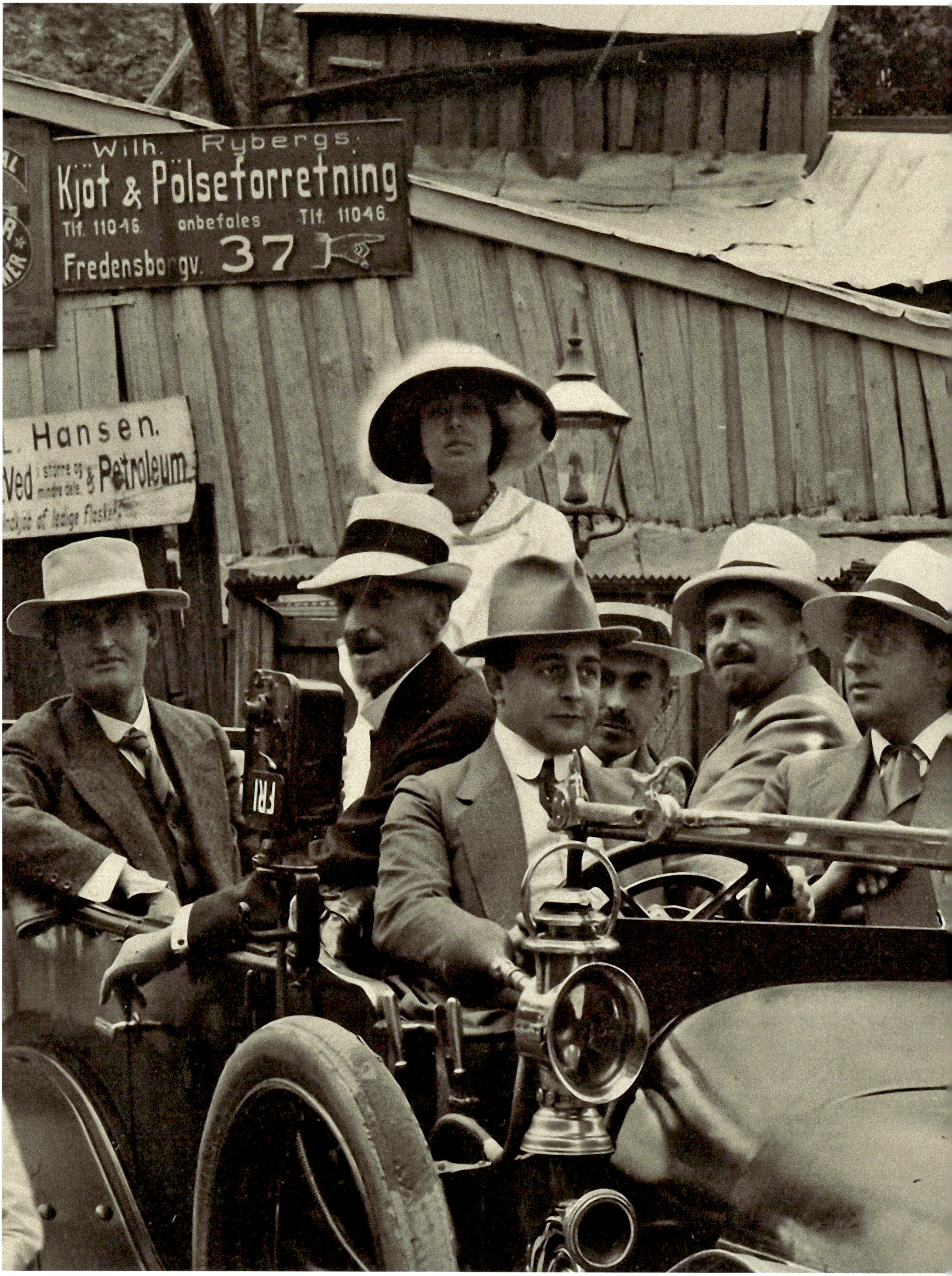
Wilh. Rybergs
Kjöt & Pölseforretning
Tlf. 110-16. anbefales Tlf. 11046.
Fredensborgv. 37
L. Hansen.
Ved & Petroleum
FRI

CURT GLASERS LEBEN IN DOKUMENTEN UND BILDERN

Abb. 8
Elsa und Curt Glaser in einem Auto zusammen mit Edvard Munch, Ludvig O. Ravensberg, Jappe Nilssen, Albert Kollmann und Christian Gierloff in Fredensborgveien, Kristiana (Oslo), August 1913 (Detail, Abb. 11)
Munchmuseet, Oslo

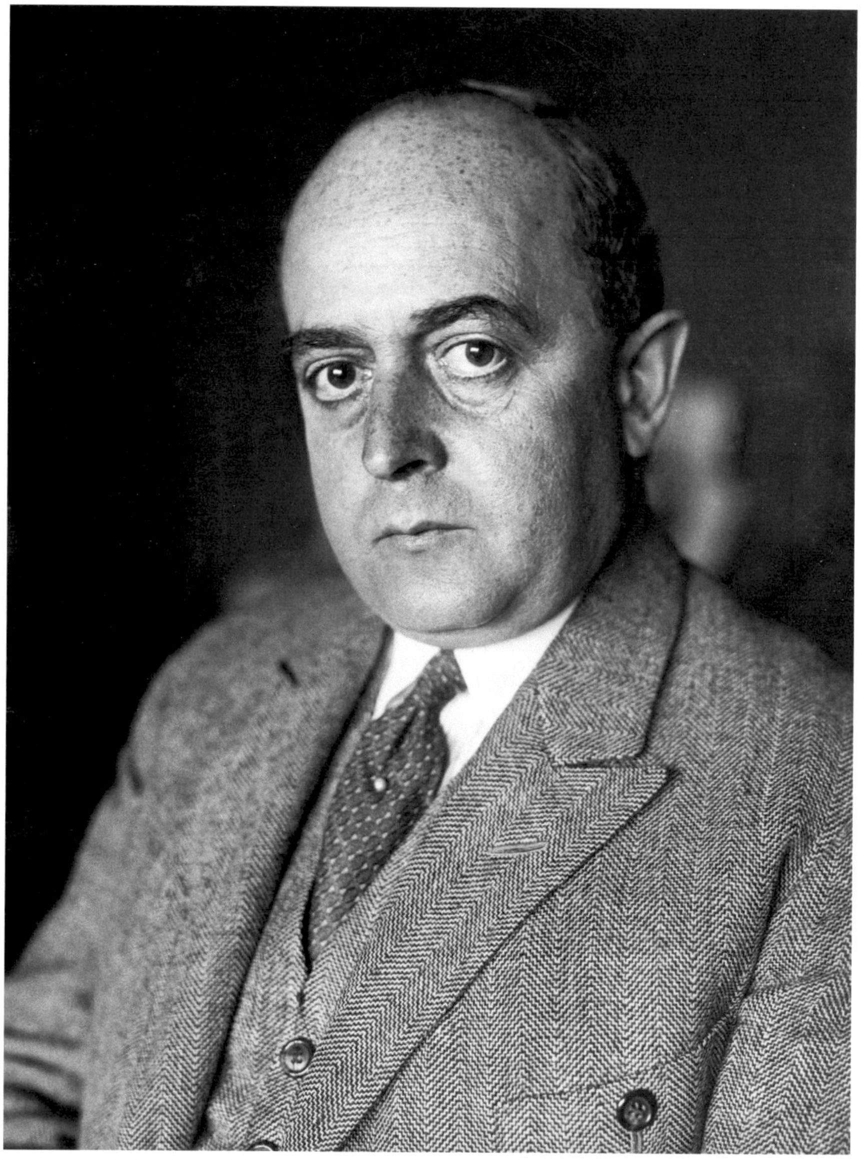

Abb. 9
Curt Glaser, Direktor der Staatlichen Kunstbibliothek, 1929
Kunstbibliothek, Staatliche Museen zu Berlin – Preußischer Kulturbesitz

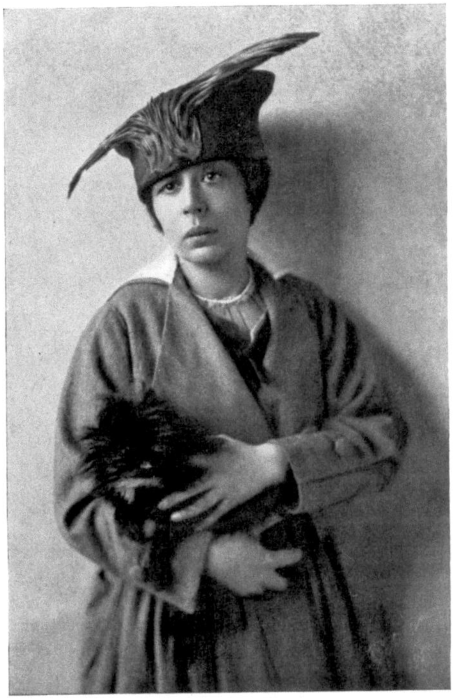

ELSA GLASER FOTO RUDOLF DÜHRKOOP, BERLIN 1915

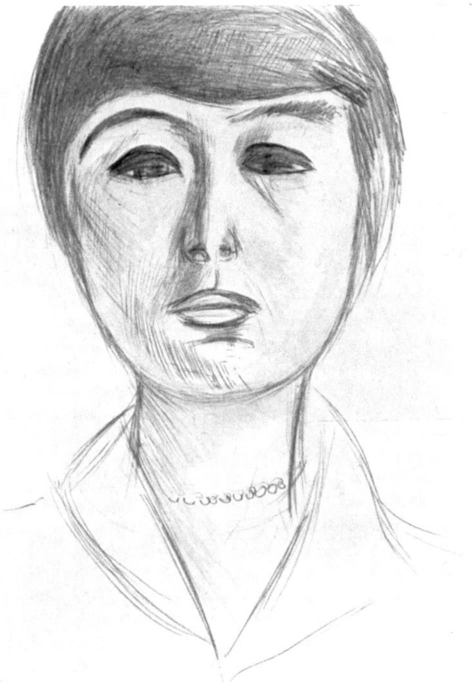

Genehmigung d. D. A. A. (Flechtheim)
ZEICHNUNG VON HENRI MATISSE. 1914

Abb. 10
Elsa Glaser, photographiert von Rudolf Dührkoop (1915) und gezeichnet von Henri Matisse (1914) (Kat. 214), **zusammen abgebildet in *Das Kunstblatt*, 14, 1930, Heft 2, S. 50**

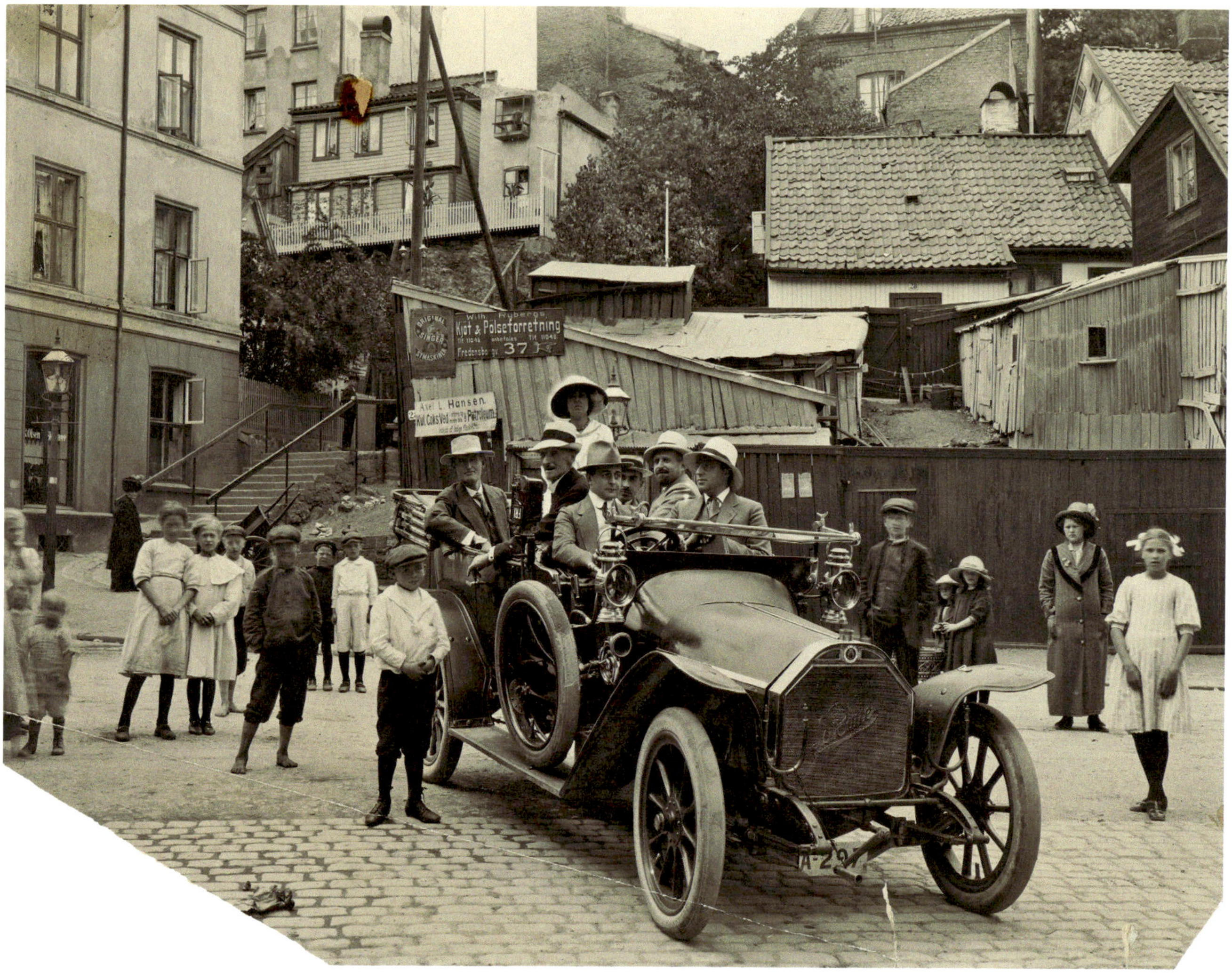

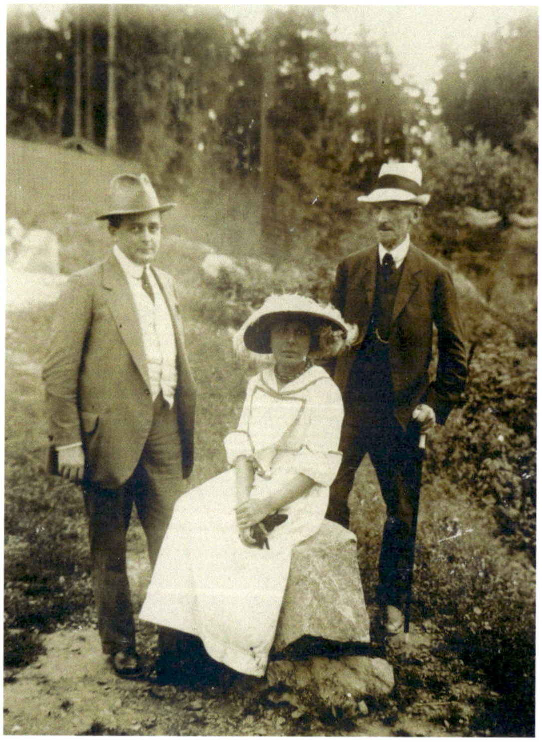

Abb. 12
Elsa und Curt Glaser mit Albert Kollmann, 1914
Munchmuseet, Oslo

Abb. 11
Elsa und Curt Glaser in einem Auto zusammen mit Edvard Munch, Ludvig O. Ravensberg, Jappe Nilssen, Albert Kollmann und Christian Gierløff in Fredensborgveien, Kristiana (Oslo), August 1913
Munchmuseet, Oslo

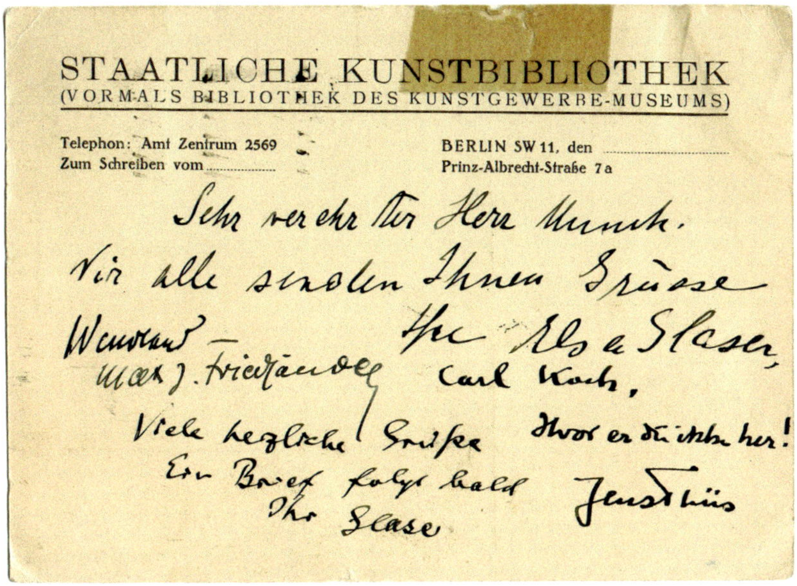

STAATLICHE KUNSTBIBLIOTHEK
(VORMALS BIBLIOTHEK DES KUNSTGEWERBE-MUSEUMS)

Telephon: Amt Zentrum 2569
Zum Schreiben vom ....

BERLIN SW 11, den ....
Prinz-Albrecht-Straße 7a

Sehr verehrter Herr Munch.
Wir alle senden Ihnen Grüsse
Wendland – Ihre Elsa Glaser,
Max J. Friedländer Carl Koch.
Viele herzliche Grüsse
Ein Brief folgt bald
Ihr Glaser
Jens Thiis

Abb. 13
Karte von Curt und Elsa Glaser, [?] Wendland, Max J. Friedländer, Carl Koch und Jens Thiis an Edvard Munch, nicht datiert
Munchmuseet, Oslo

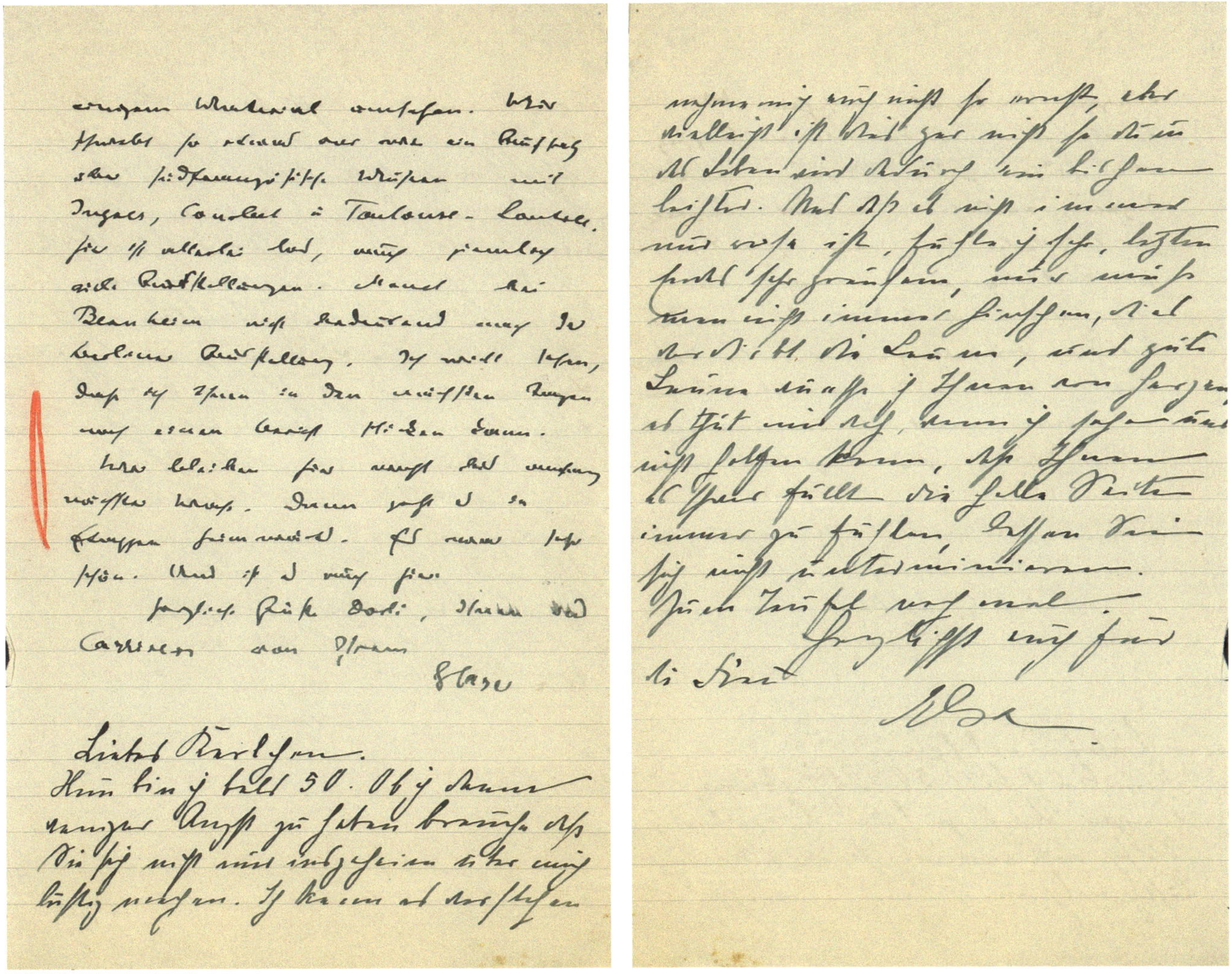

Abb. 14
Elsa Glasers handgeschriebene Notiz an Karl Scheffler vor ihrem 50. Geburtstag
Akademie der Künste, Berlin, Karl-Scheffler-Archiv

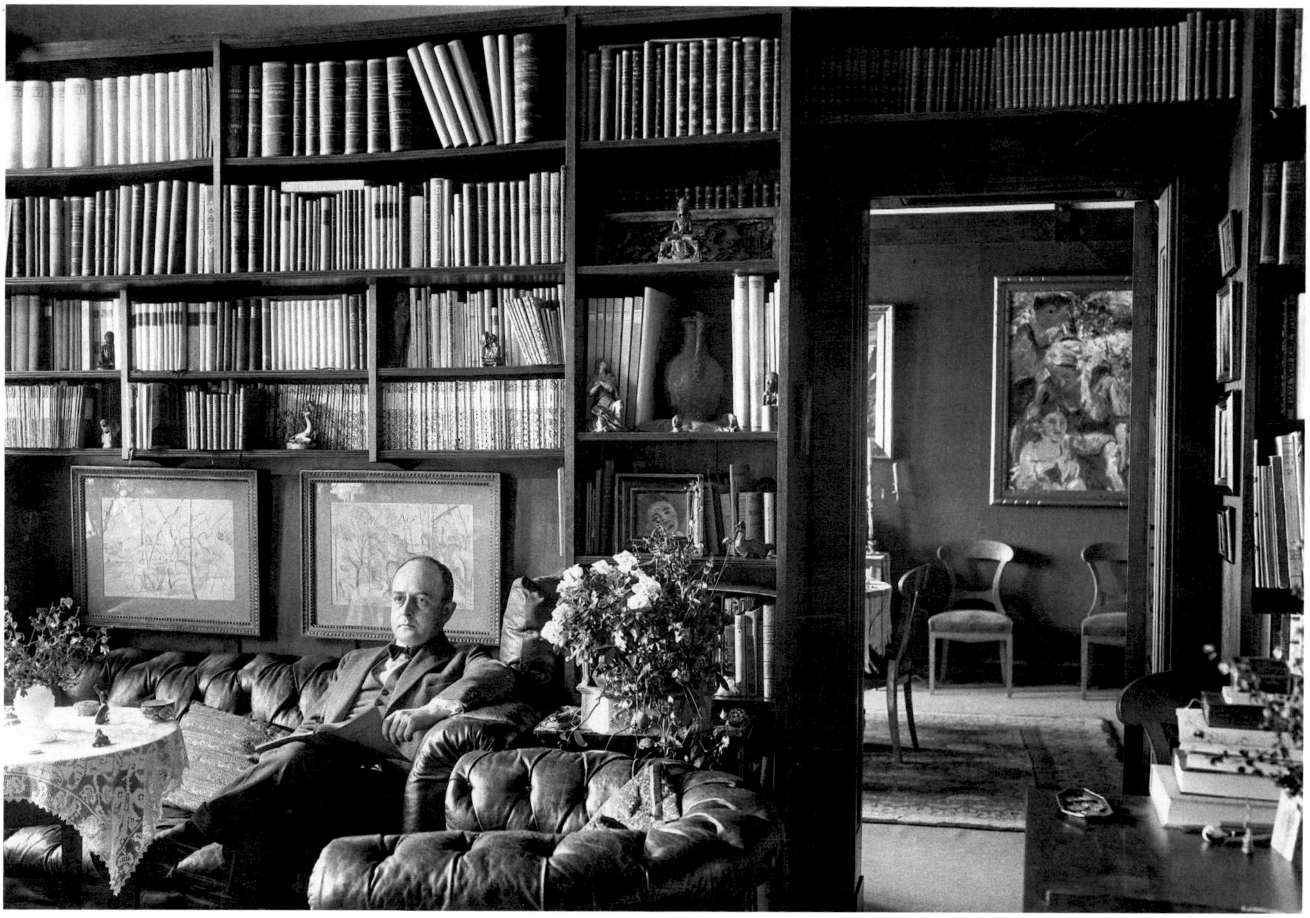

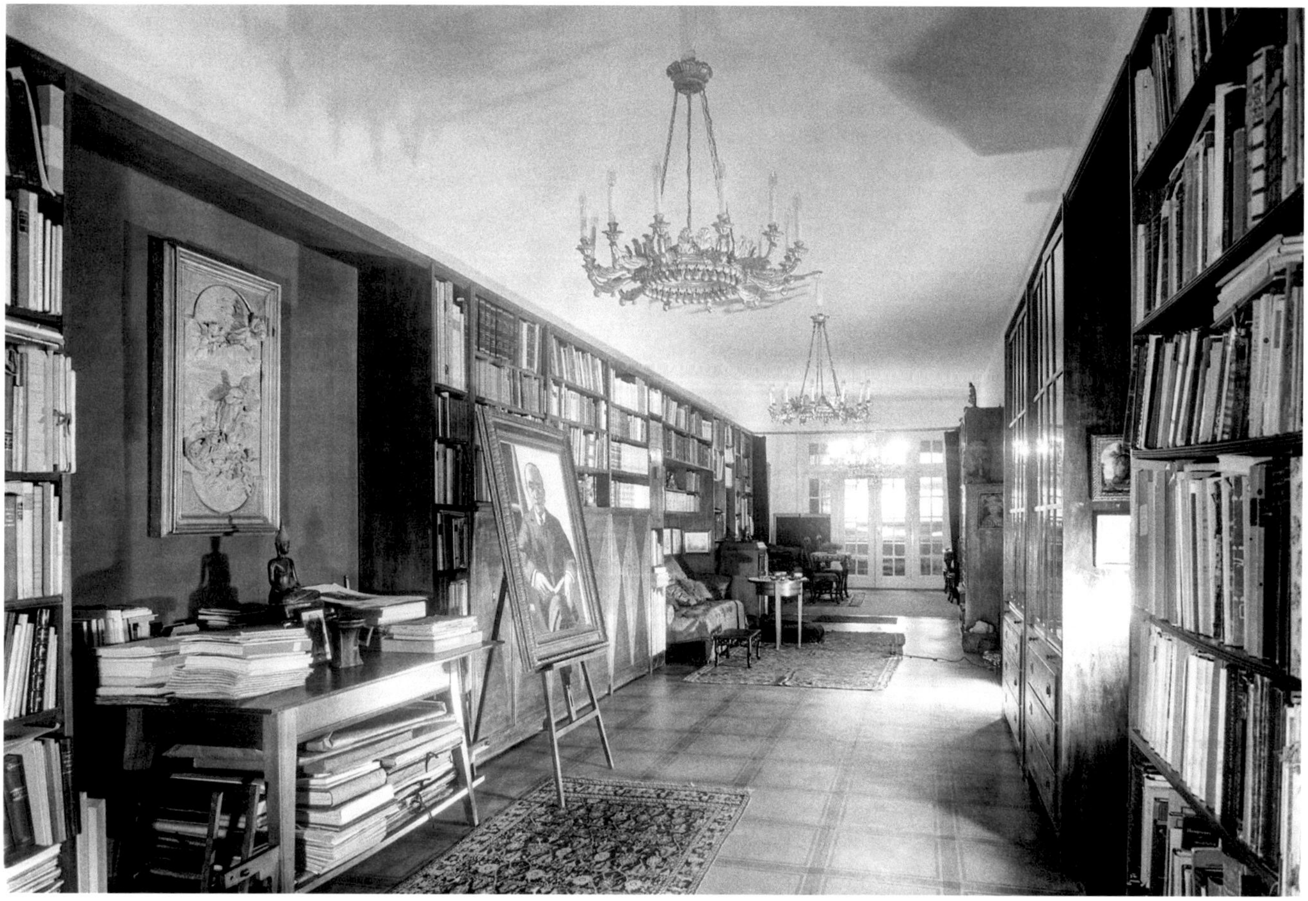

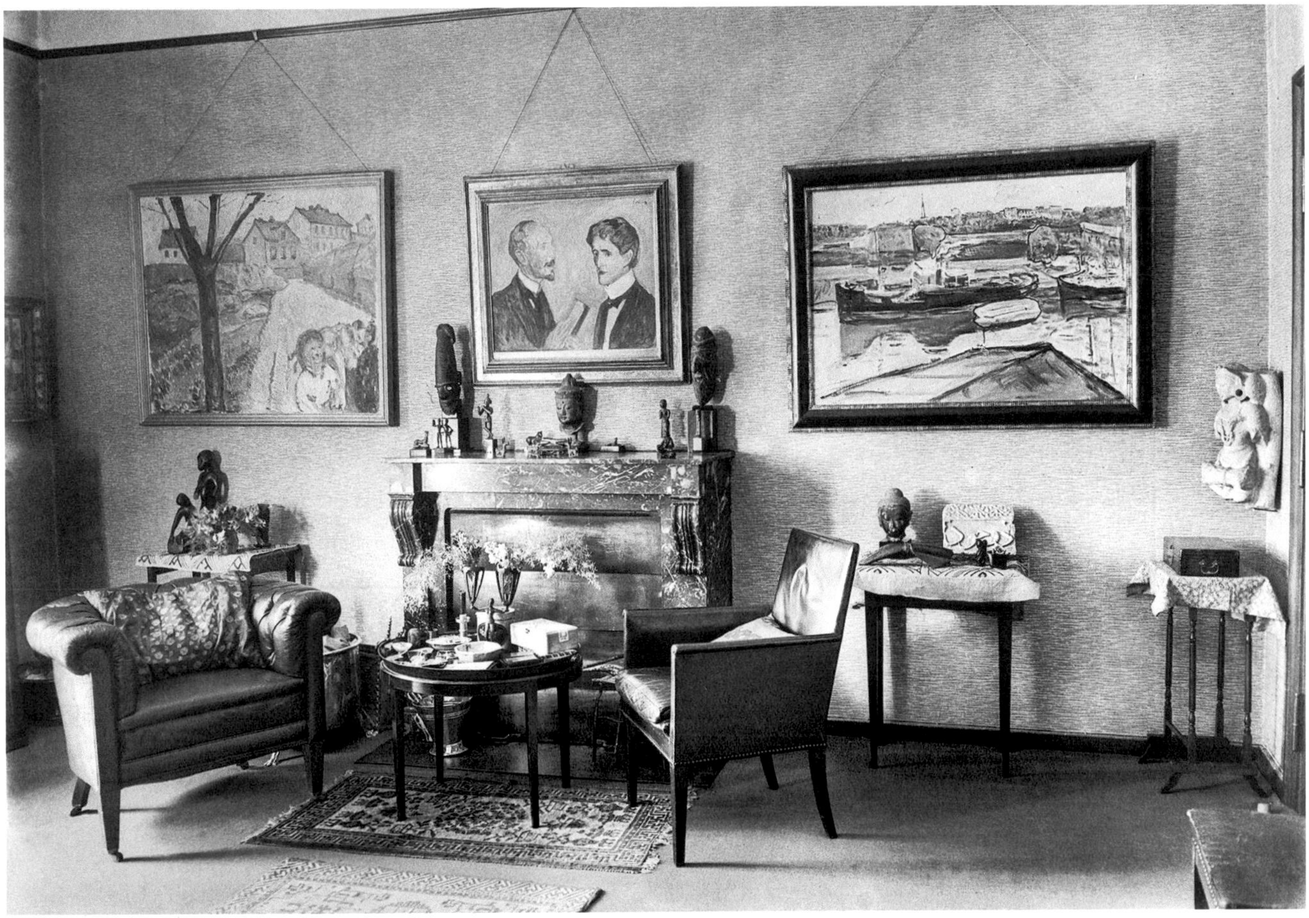

Abb. 17
Arbeitszimmer mit Gemälden von Edvard Munch (*Strasse in Kragerø*, *Albert Kollmann und Sten Drewsen* [Abb. 57] **und *Hafen von Lübeck*** [Kat. 230]**), Wohnung von Curt und Elsa Glaser, Prinz-Albrecht-Strasse 8, Berlin, um 1930**
Landesarchiv Berlin

↖
Abb. 15
Curt Glaser in seiner Berliner Wohnung, 1923

← Abb. 16
Bibliothek in der Wohnung von Curt und Elsa Glaser, Prinz-Albrecht-Strasse 8, Berlin, um 1930
Landesarchiv Berlin

4

BERLINER SALONS:

Ein Haus der KUNST

Aufnahmen: Käte Witkower

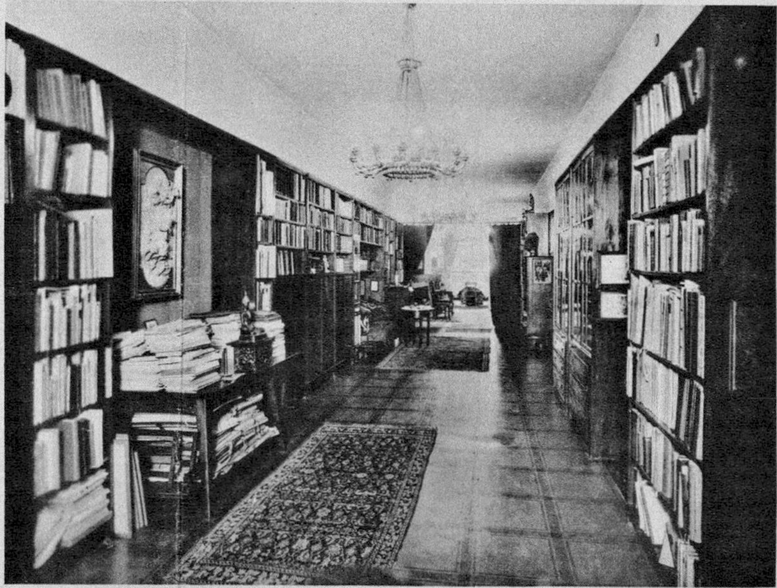

Die Bibliothek

Montagsempfang

beim Direktor der Staatlichen Kunstbibliothek Professor Curt Glaser

Wer das Glück hat, im Hause des Direktors der Staatlichen Kunstbibliothek Professor Curt Glaser die „Montagsempfänge" mitzumachen, die sich unmittelbar an die Vorträge im Hörsaal der Bibliothek anschliessen, der wird das Gefühl mit nach Hause nehmen, Geselligkeit in bestem Sinne genossen zu haben: ein Begriff, der in der Unrast des modernen Lebens immer mehr verlorengeht.

Vor dem Hintergrunde erlesener Kunstobjekte, vor vielen und ausgewählten Büchern versammeln sich Künstler, Kunstkritiker, Kunstsammler; man sitzt an kleinen Tischen, trinkt Tee und Liköre, plaudert und tanzt: Dinge, die man bei jedem Empfang tut, aber die hier von einem Fluidum persönlichen Lebens durchpulst sind.

Dass Kunst in dem Hause des Direktors der Staatlichen Kunstbibliothek gepflegt wird, dass jede Neuerscheinung auf künstlerischem und literarischem Gebiete offene Augen und Ohren findet, versteht sich von selbst, aber in wenigen Räumen ist wie hier Kultur des Sammelns so eng verknüpft mit Kultur des Wohnens; es ist die starke Individualität der Bewohner, die aus den verschiedensten Formen und Erscheinungen, unabhängig von Stilgebundenheit an bestimmte historische Epochen, ein einheitliches Bild schafft und dem Besucher das Gefühl einer harmonisch abgestimmten Atmosphäre gibt.

Die Einstellung zur Kunst ist durchaus universell; Professor Glaser, der sich in die altdeutsche wie in die neuere Zeit vertieft hat, ist der Typ des modernen Kunsthistorikers. Er war einer der Pioniere der ostasiatischen Forschung, ist Vorstandsmitglied der Gesellschaft für ostasiatische Kunst, war der erste, der die stilgeschichtliche Bedeutung von Edvard Munch erkannte und in einem wichtigen Buche behandelte. Curt Glaser besitzt u. a. bedeutende niederländische Manieristen, süddeutsches Rokoko, hervorragende Werke ihm nahestehender Maler, unter den Modernen wertvolle Gemälde von Munch, späte Corinths, Bilder von Hans Purrmann, Rudolf Grossmann, Ernst Ludwig Kirchner.

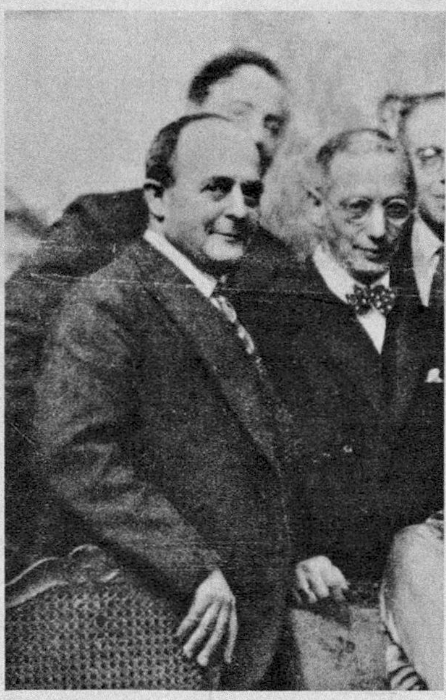

Links:

Professor Curt Glaser (links) und Dr. William Cohn,

der bekannte Erforscher ostasiatischer Kunst

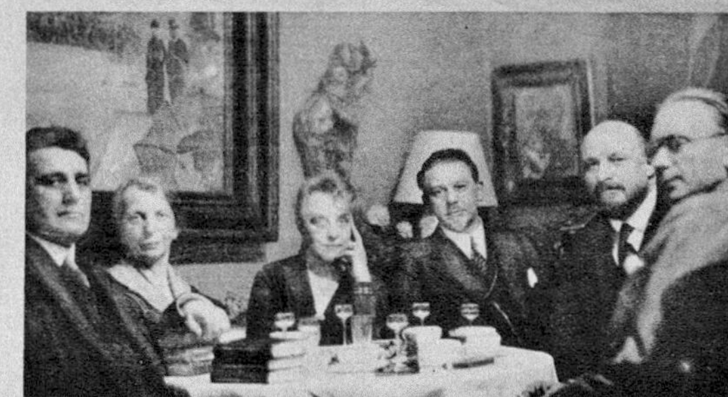

Am Montagabend . . .

Von links nach rechts: Bruno Cassirer und Frau, Herr und Frau Carl Scheffler, die Maler Professor Hans Purrmann und Rudolf Grossmann

Bezeichnend für den Geist dieses Hauses sind der grosse Freundeskreis, der aus den verschiedensten Lagern sich zusammenfindet, und die Fühlungnahme mit dem jungen Nachwuchs; wohl nirgends sonst ist jungen Künstlern und Kunsthistorikern eine so günstige Gelegenheit geboten, mit namhaften Persönlichkeiten bekannt zu werden, wie an den „Montagabenden". Je nach dem Thema der Vorträge (in diesem Jahre stand das Problem „Berlin, architektonisch gesehen" auf dem Programm) wechseln die Gäste. Häufig trifft man den Generaldirektor der Museen Geheimrat Waetzold, Geheimrat Max J. Friedländer, der jetzt die Nachfolge Bodes antreten wird, Universitätsprofessor Geheimrat Adolf Goldschmidt, Ministerialrat Dr. Gall, den Geh. Legationsrat Prof. Sievers, den Reichskunstwart Dr. Redslob, den Direktor der islamischen Abteilung der staatlichen Museen Professor Sarre, den Direktor der plastischen Abteilung des Kaiser-Friedrich-Museums Dr. Demmler. Zu den häufigsten Gästen gehören: Dr. Carl Koch, der Freund und Mitarbeiter Professor Glasers an der Staatlichen Kunstbibliothek, der Ostasiate Dr. William Cohn, der Kunstkritiker Carl Scheffler, der soeben seinen 60. Geburtstag feierte, die Maler Professor Hans Purrmann und Rudolf Grossmann, der Bildhauer Professor Scharf, der Architekt Mies van der Rohe, der bekannte Führer des „Ring", Bruno Cassirer, der grosse Verleger und Kunstfreund. Unter den Gästen, die ab und zu auftauchen, trifft man u. a. die Architekten Professor H. Tessenow, Ministerialrat Dr. Walther Curt Behrend, den Dramaturgen an der Staatsoper Dr. Hans Curjel, ein Musiker und Kunsthistoriker zugleich.

Mit einem Wort, hier ist ein Salon, der Stil hat, der auf den Grundpfeilern echter Geselligkeit sich aufbaut: Kultur, Gastlichkeit, Grosszügigkeit und Geschmack.

Dr. Augusta von Oertzen

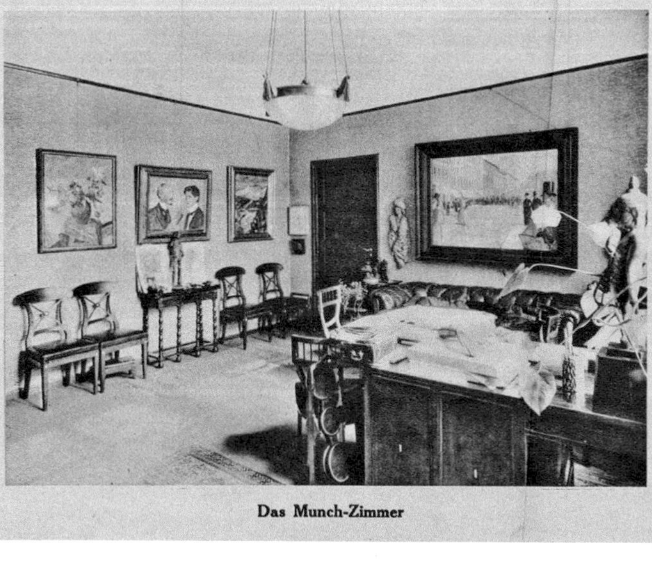

Das Munch-Zimmer

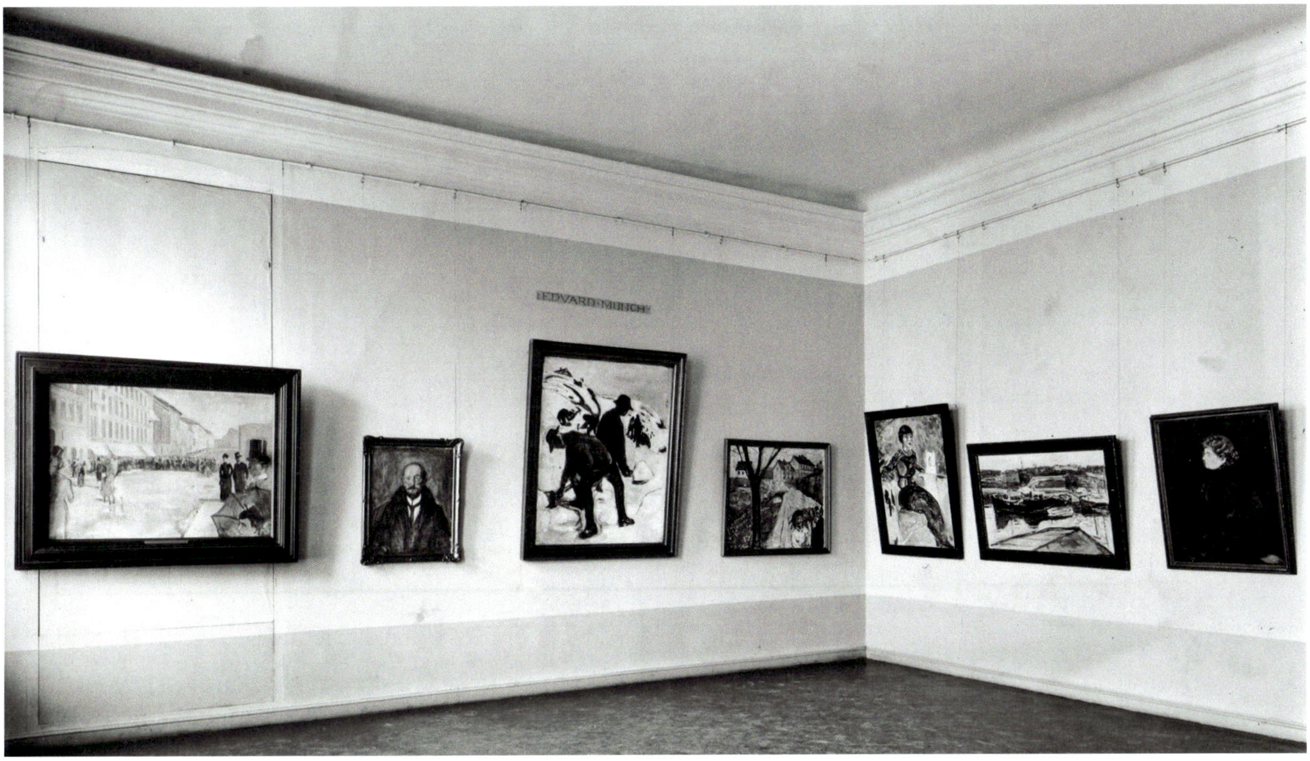

Abb. 19
Munch-Saal im Kronprinzenpalais, Berlin, Neue Abteilung der Nationalgalerie, 1933; von links nach rechts: Munchs *Musik auf der Karl Johan Strasse* (Kat. 227), ***Bildnis Albert Kollmann*** (Kat. 228), ***Schneeschipper*, *Strasse in Kragerø*, *Bildnis Elsa Glaser*** (Kat. 229), ***Hafen von Lübeck*** (Kat. 230) **und *Selma Fontheim***
Zentralarchiv der Staatlichen Museen zu Berlin – Preußischer Kulturbesitz

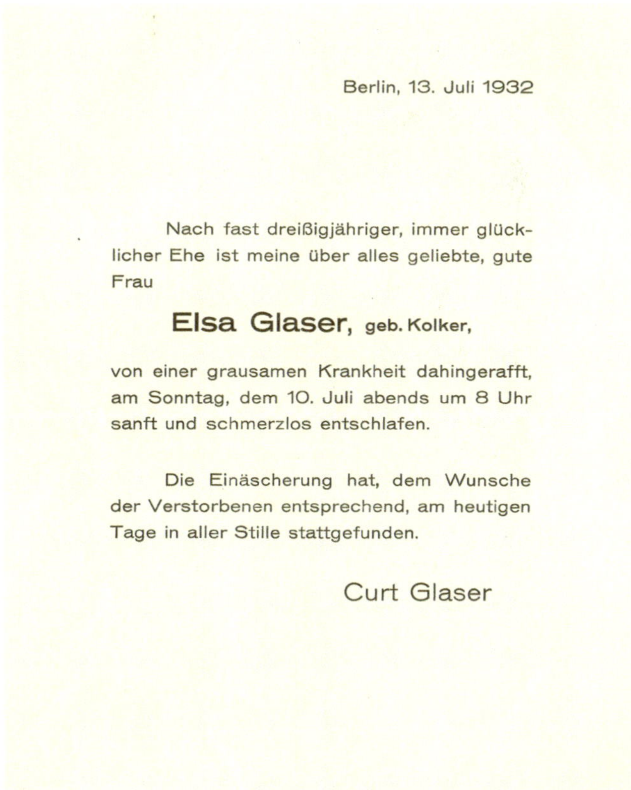

Berlin, 13. Juli 1932

Nach fast dreißigjähriger, immer glücklicher Ehe ist meine über alles geliebte, gute Frau

Elsa Glaser, geb. Kolker,

von einer grausamen Krankheit dahingerafft, am Sonntag, dem 10. Juli abends um 8 Uhr sanft und schmerzlos entschlafen.

Die Einäscherung hat, dem Wunsche der Verstorbenen entsprechend, am heutigen Tage in aller Stille stattgefunden.

Curt Glaser

Abb. 20
Todesanzeige Elsa Glaser, 13. Juli 1932
Munchmuseet, Oslo

←
Abb. 18
Illustrierter Artikel von Dr. Augusta von Oertzen über die Montagsempfänge bei den Glasers im «Weltspiegel»-Supplement des *Berliner Tageblatts*, 31. März 1929
Staatsbibliothek zu Berlin – Preußischer Kulturbesitz

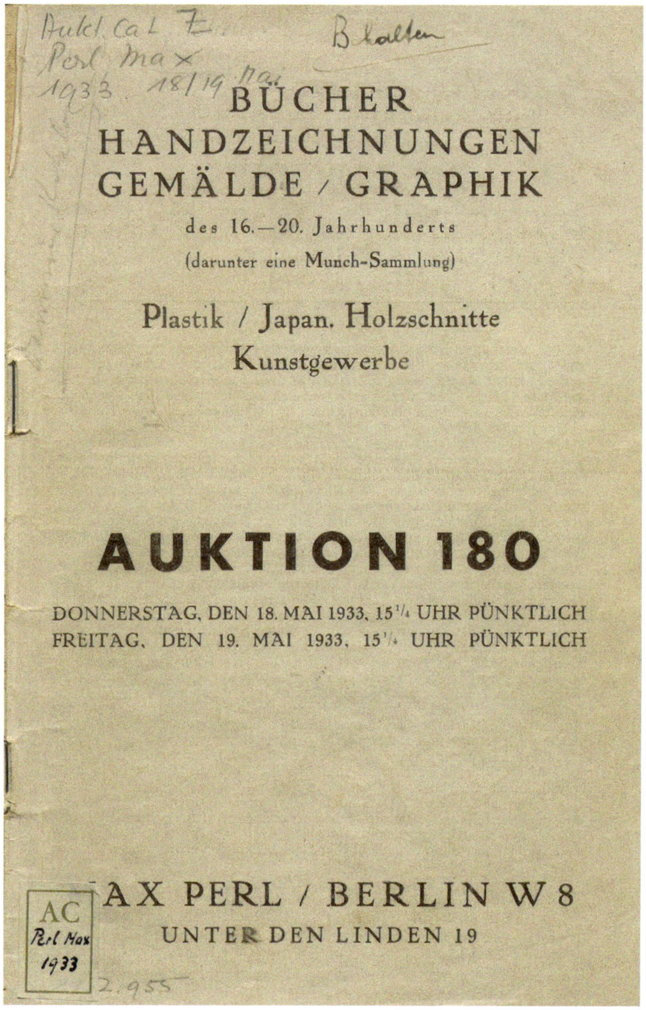

BÜCHER
HANDZEICHNUNGEN
GEMÄLDE / GRAPHIK
des 16.–20. Jahrhunderts
(darunter eine Munch-Sammlung)
Plastik / Japan. Holzschnitte
Kunstgewerbe

AUKTION 180

DONNERSTAG, DEN 18. MAI 1933, 15¼ UHR PÜNKTLICH
FREITAG, DEN 19. MAI 1933, 15¼ UHR PÜNKTLICH

AX PERL / BERLIN W 8
UNTER DEN LINDEN 19

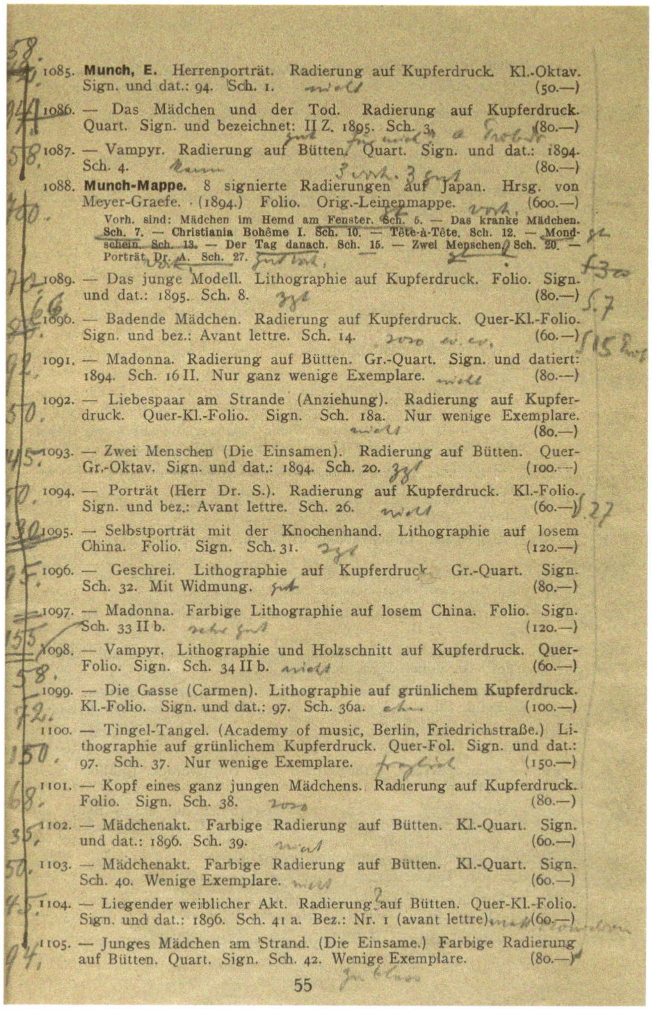

1085. **Munch, E.** Herrenporträt. Radierung auf Kupferdruck. Kl.-Oktav. Sign. und dat.: 94. Sch. 1. (50.—)

1086. — Das Mädchen und der Tod. Radierung auf Kupferdruck. Quart. Sign. und bezeichnet: II Z. 1895. Sch. 3. (80.—)

1087. — Vampyr. Radierung auf Bütten. Quart. Sign. und dat.: 1894. Sch. 4. (80.—)

1088. **Munch-Mappe.** 8 signierte Radierungen auf Japan. Hrsg. von Meyer-Graefe. (1894.) Folio. Orig.-Leinenmappe. (600.—)
Vorh. sind: Mädchen im Hemd am Fenster. Sch. 5. — Das kranke Mädchen. Sch. 7. — Christiania Bohême I. Sch. 10. — Tête-à-Tête. Sch. 12. — Mondschein. Sch. 13. — Der Tag danach. Sch. 15. — Zwei Menschen. Sch. 20. — Porträt Dr. A. Sch. 27.

1089. — Das junge Modell. Lithographie auf Kupferdruck. Folio. Sign. und dat.: 1895. Sch. 8. (80.—)

1090. — Badende Mädchen. Radierung auf Kupferdruck. Quer-Kl.-Folio. Sign. und bez.: Avant lettre. Sch. 14. (60.—)

1091. — Madonna. Radierung auf Bütten. Gr.-Quart. Sign. und datiert: 1894. Sch. 16 II. Nur ganz wenige Exemplare. (80.—)

1092. — Liebespaar am Strande (Anziehung). Radierung auf Kupferdruck. Quer-Kl.-Folio. Sign. Sch. 18a. Nur wenige Exemplare. (80.—)

1093. — Zwei Menschen (Die Einsamen). Radierung auf Bütten. Quer-Gr.-Oktav. Sign. und dat.: 1894. Sch. 20. (100.—)

1094. — Porträt (Herr Dr. S.). Radierung auf Kupferdruck. Kl.-Folio. Sign. und bez.: Avant lettre. Sch. 26. (60.—)

1095. — Selbstporträt mit der Knochenhand. Lithographie auf losem China. Folio. Sign. Sch. 31. (120.—)

1096. — Geschrei. Lithographie auf Kupferdruck. Gr.-Quart. Sign. Sch. 32. Mit Widmung. (80.—)

1097. — Madonna. Farbige Lithographie auf losem China. Folio. Sign. Sch. 33 II b. (120.—)

1098. — Vampyr. Lithographie und Holzschnitt auf Kupferdruck. Quer-Folio. Sign. Sch. 34 II b. (60.—)

1099. — Die Gasse (Carmen). Lithographie auf grünlichem Kupferdruck. Kl.-Folio. Sign. und dat.: 97. Sch. 36a. (100.—)

1100. — Tingel-Tangel. (Academy of music, Berlin, Friedrichstraße.) Lithographie auf grünlichem Kupferdruck. Quer-Fol. Sign. und dat.: 97. Sch. 37. Nur wenige Exemplare. (150.—)

1101. — Kopf eines ganz jungen Mädchens. Radierung auf Kupferdruck. Folio. Sign. Sch. 38. (80.—)

1102. — Mädchenakt. Farbige Radierung auf Bütten. Kl.-Quart. Sign. und dat.: 1896. Sch. 39. (60.—)

1103. — Mädchenakt. Farbige Radierung auf Bütten. Kl.-Quart. Sign. Sch. 40. Wenige Exemplare. (60.—)

1104. — Liegender weiblicher Akt. Radierung auf Bütten. Quer-Kl.-Folio. Sign. und dat.: 1896. Sch. 41 a. Bez.: Nr. 1 (avant lettre). (60.—)

1105. — Junges Mädchen am Strand. (Die Einsame.) Farbige Radierung auf Bütten. Quart. Sign. Sch. 42. Wenige Exemplare. (80.—)

55

Abb. 21
Von Otto Fischer annotiertes Exemplar des Auktionskatalogs Max Perl, 18./19. Mai 1933
Kunstmuseum Basel, Bibliothek

Abb. 22
Innenseite des Auktionskatalogs Max Perl, Lose von Edvard Munch, darunter *Zwei Menschen (Die Einsamen)* (Kat. 211), ***Selbstporträt mit der Knochenhand*** (Kat. 177) **und *Madonna*** (Kat. 178)
Kunstmuseum Basel, Bibliothek

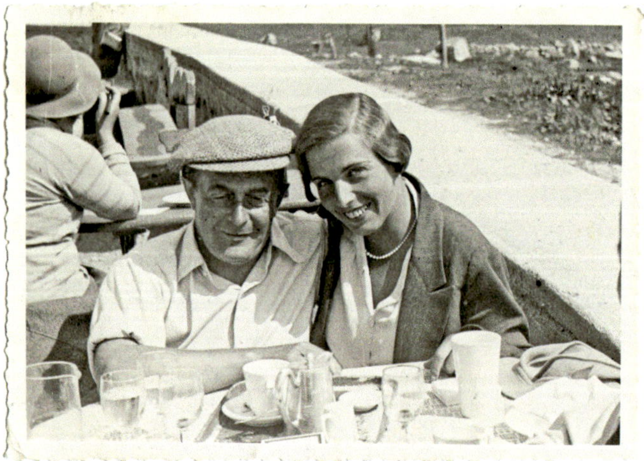

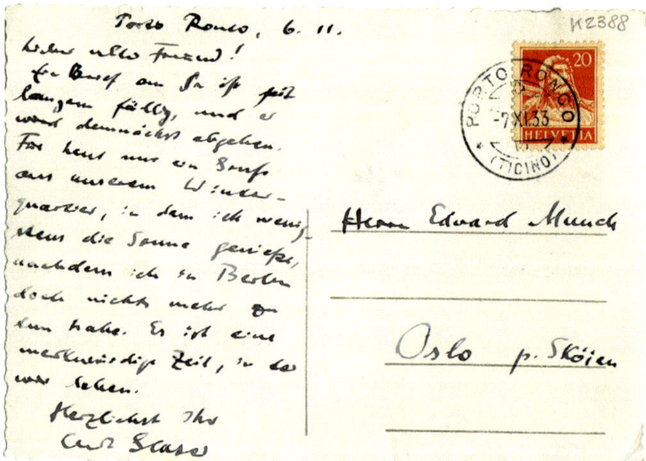

Porto Ronco, 6. 11.
Lieber alter Freund!
Ein Brief an Sie ist seit langem fällig, und er wird demnächst abgehen. Für heut nur ein Gruß aus unserem Winterquartier, in dem ich wenigstens die Sonne genieße, nachdem ich in Berlin doch nichts mehr zu tun habe. Es ist eine merkwürdige Zeit, in der wir leben.
Herzlichst Ihr
Curt Glaser

Herrn Edvard Munch
Oslo p. Sköien

Abb. 23
Maria und Curt Glaser, Postkarte von Curt Glaser an Edvard Munch, 6. November 1933
Munchmuseet, Oslo

Abb. 24
Rückseite der Postkarte von Curt Glaser an Edvard Munch, 6. November 1933
Munchmuseet, Oslo

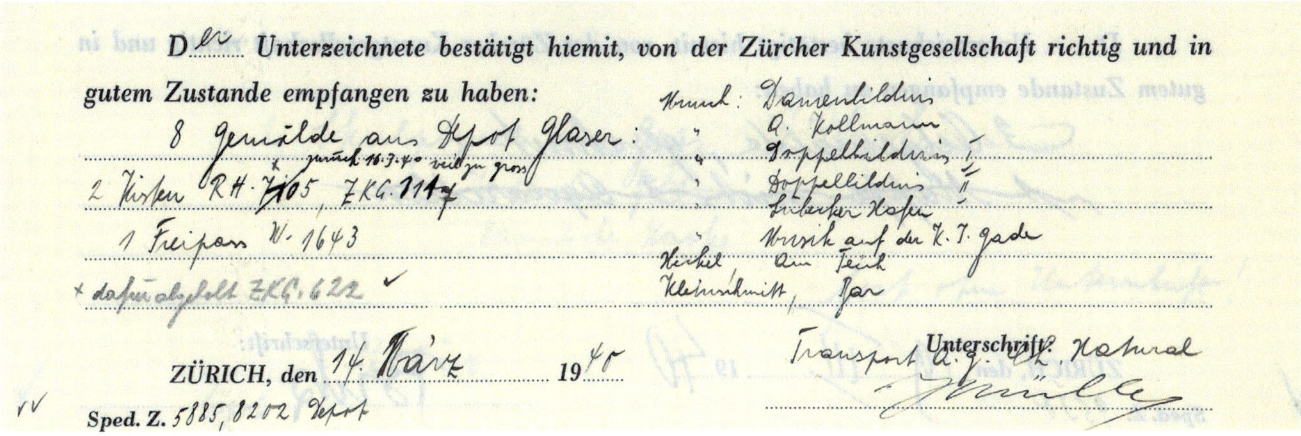

Der Unterzeichnete bestätigt hiemit, von der Zürcher Kunstgesellschaft richtig und in gutem Zustande empfangen zu haben:

8 Gemälde aus Depot Glaser: Munch: Damenbildnis / " A. Kollmann / " Doppelbildnis / " Doppelbildnis / " Lübecker Hafen / " Musik auf der K. J. Gade / Heckel Am Teich / Kleinschmidt, Bar

2 Kisten RH. 7105, ZKG. 1117 (zurück 16.3.40 viel zu gross)

1 Freipass N. 1643

x dafür abgeholt ZKG. 622

ZÜRICH, den 14. März 1940

Unterschrift: Transport A.G. Chs. Natural

Sped. Z. 5885, 8202 Depot

Abb. 25
Empfangsbescheinigung ausgestellt von der Zürcher Kunstgesellschaft für die Firma Transport AG. Chs. Natural zur Übernahme der acht Gemälde im «Depot Glaser» vom 14. März 1940
Kunsthaus Zürich, Archiv

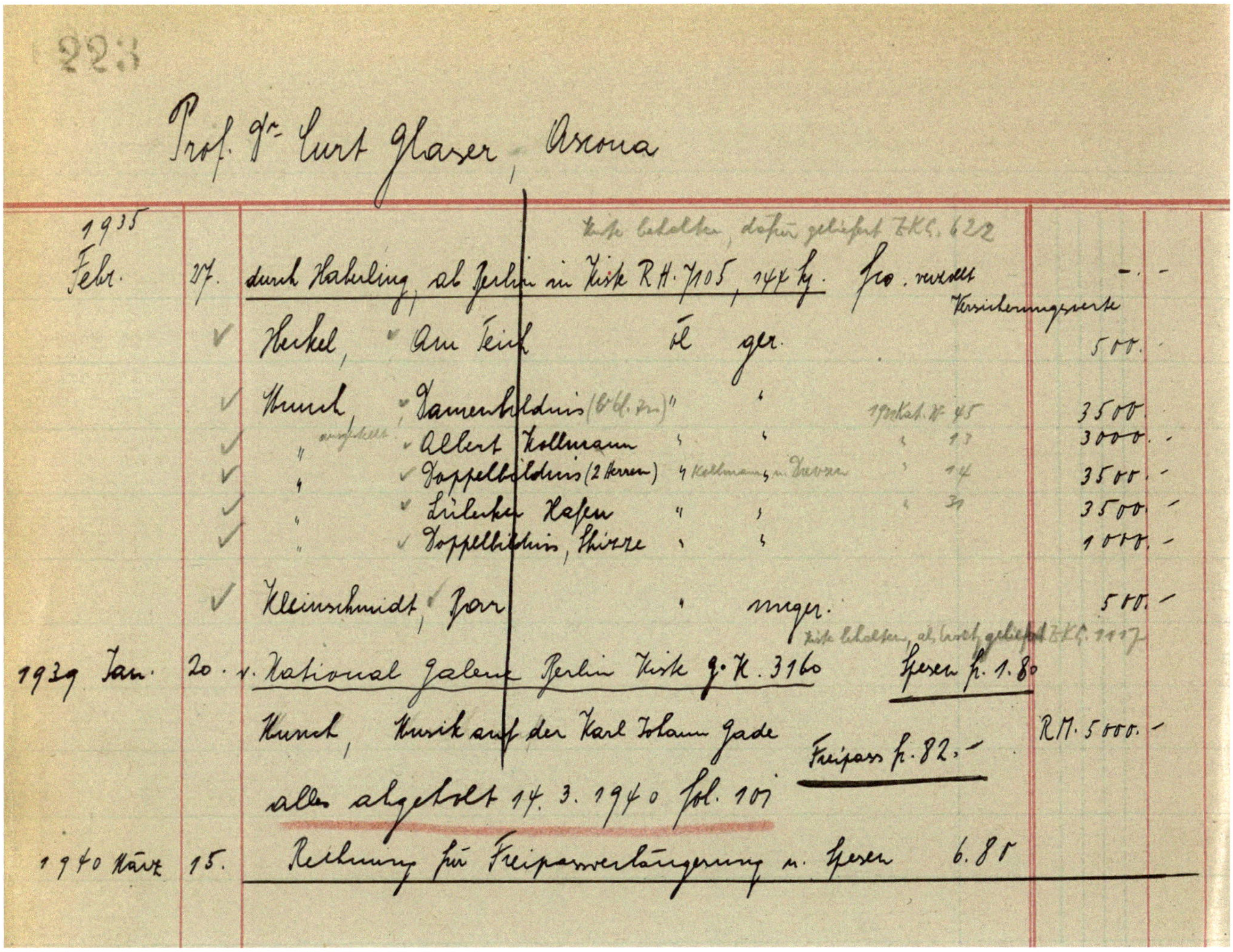

223

Prof. Dr. Curt Glaser, Ascona

1935 Febr. 27. durch Haberling, ab Berlin in Kiste RH. 7105, 144 kg. Fro. verzollt — Versicherungswerte

Heckel, Am Teich öl gem. 500.-

Munch, Damenbildnis 3500.-

" Albert Kollmann 3000.-

" Doppelbildnis (2 Herren) 3500.-

" Lübecker Hafen 3500.-

" Doppelbildnis, Skizze 1000.-

Kleinschmidt, Bar 500.-

1939 Jan. 20. v. National Galerie Berlin Kiste G.K. 3160 Spesen fr. 1.80

Munch, Musik auf der Karl Johann Gade RM. 5000.-

Freipass fr. 82.-

alles abgeholt 14. 3. 1940 fol. 101

1940 März 15. Rechnung für Freipassverlängerung u. Spesen 6.80

Abb. 26
Depotbuch ab 1919, Kunsthaus Zürich, S. 223
Kunsthaus Zürich, Archiv

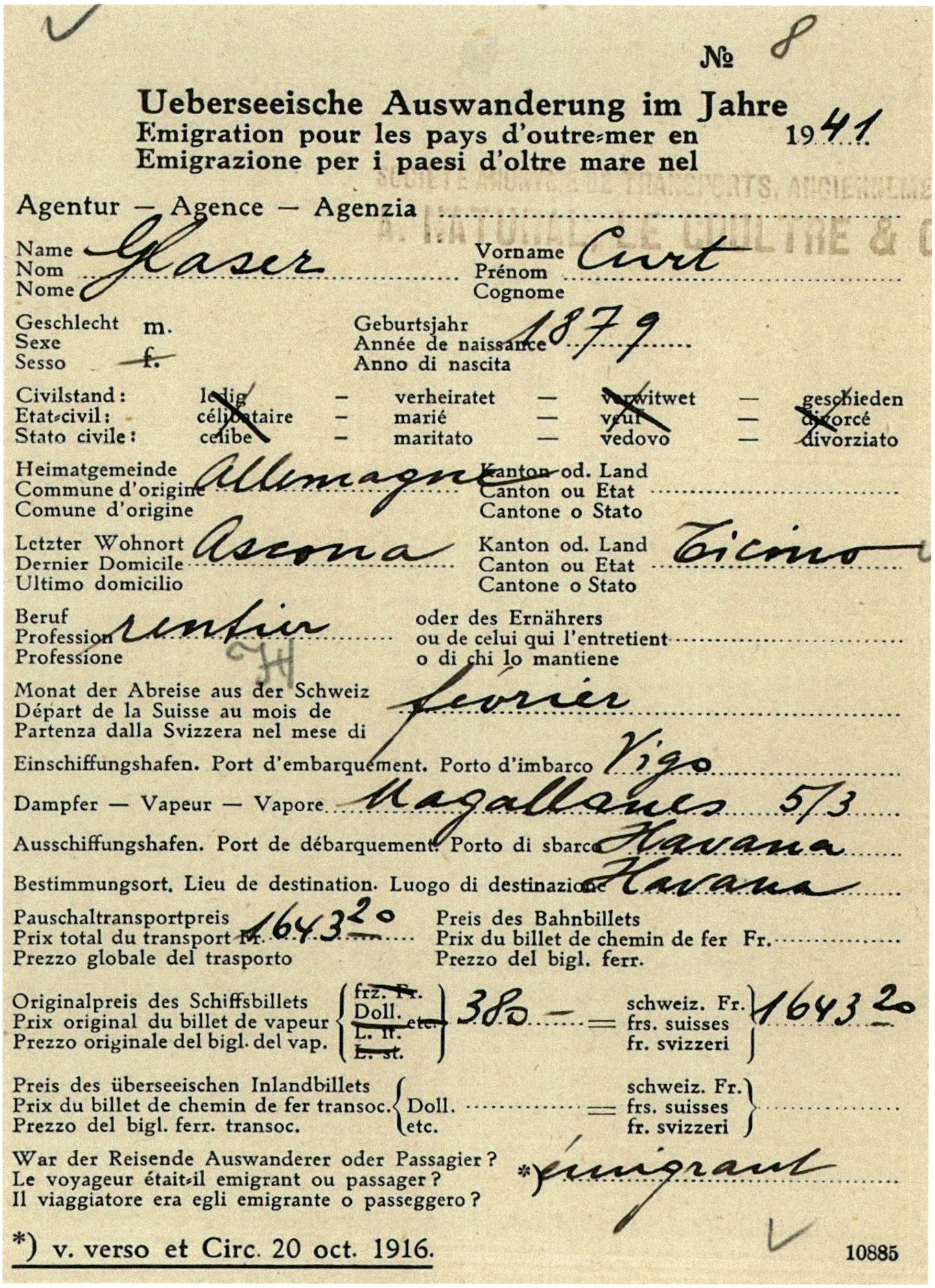

№ 8

Ueberseeische Auswanderung im Jahre
Emigration pour les pays d'outre-mer en 1941
Emigrazione per i paesi d'oltre mare nel

Agentur — Agence — Agenzia A. NATURAL LE COULTRE & C

Name / Nom / Nome: Glaser — Vorname / Prénom / Cognome: Curt

Geschlecht / Sexe / Sesso: m. ~~f.~~ — Geburtsjahr / Année de naissance / Anno di nascita: 1879

Civilstand: ~~ledig~~ — verheiratet — ~~verwitwet~~ — ~~geschieden~~
Etat-civil: ~~célibataire~~ — marié — ~~veuf~~ — ~~divorcé~~
Stato civile: ~~celibe~~ — maritato — vedovo — divorziato

Heimatgemeinde / Commune d'origine / Comune d'origine: Allemagne — ~~Kanton~~ od. Land / Canton ou Etat / Cantone o Stato

Letzter Wohnort / Dernier Domicile / Ultimo domicilio: Ascona — Kanton od. Land / Canton ou Etat / Cantone o Stato: Ticino

Beruf / Profession / Professione: rentier — oder des Ernährers / ou de celui qui l'entretient / o di chi lo mantiene

Monat der Abreise aus der Schweiz / Départ de la Suisse au mois de / Partenza dalla Svizzera nel mese di: février

Einschiffungshafen. Port d'embarquement. Porto d'imbarco: Vigo

Dampfer — Vapeur — Vapore: Magallanes 5/3

Ausschiffungshafen. Port de débarquement. Porto di sbarco: Havana

Bestimmungsort. Lieu de destination. Luogo di destinazione: Havana

Pauschaltransportpreis / Prix total du transport Fr. / Prezzo globale del trasporto: 1643.20 — Preis des Bahnbillets / Prix du billet de chemin de fer Fr. / Prezzo del bigl. ferr.

Originalpreis des Schiffsbillets / Prix original du billet de vapeur / Prezzo originale del bigl. del vap. (~~frz. Fr.~~ / Doll. / ~~etc.~~ / ~~L. it.~~ / ~~L. st.~~) 380.— = schweiz. Fr. / frs. suisses / fr. svizzeri 1643.20

Preis des überseeischen Inlandbillets / Prix du billet de chemin de fer transoc. / Prezzo del bigl. ferr. transoc. (Doll. etc.) = schweiz. Fr. / frs. suisses / fr. svizzeri

War der Reisende Auswanderer oder Passagier? / Le voyageur était-il emigrant ou passager? / Il viaggiatore era egli emigrante o passeggero? *émigrant

*) v. verso et Circ. 20 oct. 1916. — 10885

Abb. 27
Formular für überseeische Auswanderung von Curt Glaser, 1941
Überseeische Auswanderungen aus der Schweiz, 1910–1953, Schweizerisches Bundesarchiv, Bern

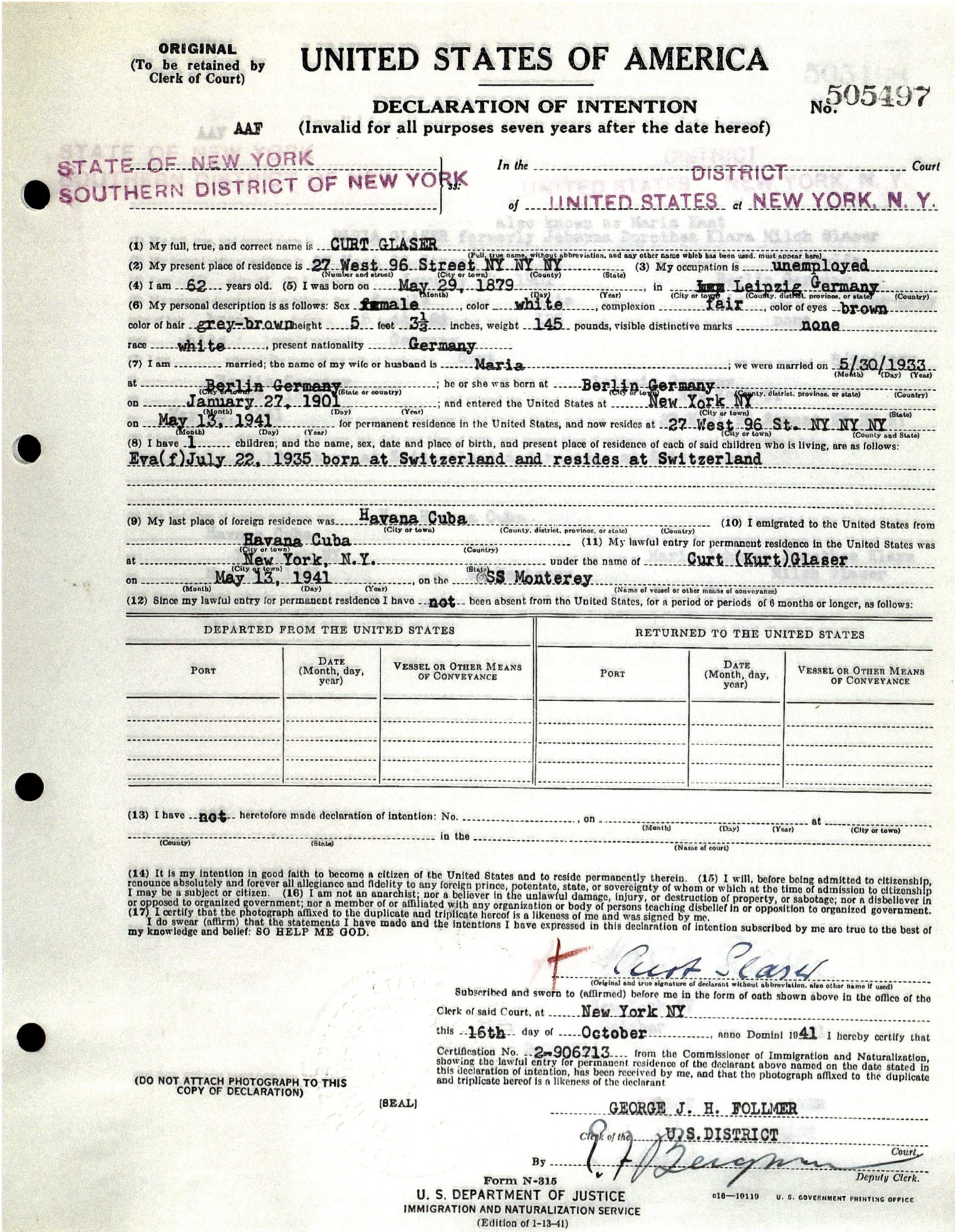

ORIGINAL
(To be retained by Clerk of Court)

UNITED STATES OF AMERICA

DECLARATION OF INTENTION

No. 505497

AAF (Invalid for all purposes seven years after the date hereof)

STATE OF NEW YORK
SOUTHERN DISTRICT OF NEW YORK ss:

In the DISTRICT Court of UNITED STATES at NEW YORK, N. Y.

(1) My full, true, and correct name is CURT GLASER (Full, true name, without abbreviation, and any other name which has been used, must appear here)

(2) My present place of residence is 27 West 96 Street NY NY NY (Number and street) (City or town) (County) (State) (3) My occupation is unemployed

(4) I am 62 years old. (5) I was born on May 29, 1879 (Month) (Day) (Year) in Leipzig Germany (City or town) (County, district, province, or state) (Country)

(6) My personal description is as follows: Sex female, color white, complexion fair, color of eyes brown

color of hair grey-brown, height 5 feet 3½ inches, weight 145 pounds, visible distinctive marks none

race white, present nationality Germany

(7) I am married; the name of my wife or husband is Maria; we were married on 5/30/1933 (Month) (Day) (Year)

at Berlin Germany (City or town) (State or country); he or she was born at Berlin Germany (City or town) (County, district, province, or state) (Country)

on January 27, 1901 (Month) (Day) (Year); and entered the United States at New York NY (City or town) (State)

on May 13, 1941 (Month) (Day) (Year) for permanent residence in the United States, and now resides at 27 West 96 St. NY NY NY (City or town) (County and State)

(8) I have 1 children; and the name, sex, date and place of birth, and present place of residence of each of said children who is living, are as follows:

Eva(f)July 22, 1935 born at Switzerland and resides at Switzerland

(9) My last place of foreign residence was Havana Cuba (City or town) (County, district, province, or state) (Country) (10) I emigrated to the United States from Havana Cuba (City or town) (Country) (11) My lawful entry for permanent residence in the United States was at New York, N.Y. (City or town) (State) under the name of Curt (Kurt)Glaser

on May 13, 1941 (Month) (Day) (Year), on the SS Monterey (Name of vessel or other means of conveyance)

(12) Since my lawful entry for permanent residence I have not been absent from the United States, for a period or periods of 6 months or longer, as follows:

Departed from the United States: Port	Date (Month, day, year)	Vessel or Other Means of Conveyance	Returned to the United States: Port	Date (Month, day, year)	Vessel or Other Means of Conveyance

(13) I have not heretofore made declaration of intention: No. ..., on ... (Month) (Day) (Year) at ... (City or town) ... (County) (State) in the ... (Name of court)

(14) It is my intention in good faith to become a citizen of the United States and to reside permanently therein. (15) I will, before being admitted to citizenship, renounce absolutely and forever all allegiance and fidelity to any foreign prince, potentate, state, or sovereignty of whom or which at the time of admission to citizenship I may be a subject or citizen. (16) I am not an anarchist; nor a believer in the unlawful damage, injury, or destruction of property, or sabotage; nor a disbeliever in or opposed to organized government; nor a member of or affiliated with any organization or body of persons teaching disbelief in or opposition to organized government. (17) I certify that the photograph affixed to the duplicate and triplicate hereof is a likeness of me and was signed by me.
I do swear (affirm) that the statements I have made and the intentions I have expressed in this declaration of intention subscribed by me are true to the best of my knowledge and belief: SO HELP ME GOD.

Curt Glaser
(Original and true signature of declarant without abbreviation, also other name if used)

Subscribed and sworn to (affirmed) before me in the form of oath shown above in the office of the Clerk of said Court, at New York NY this 16th day of October, anno Domini 1941. I hereby certify that Certification No. 2-906713 from the Commissioner of Immigration and Naturalization, showing the lawful entry for permanent residence of the declarant above named on the date stated in this declaration of intention, has been received by me, and that the photograph affixed to the duplicate and triplicate hereof is a likeness of the declarant.

(DO NOT ATTACH PHOTOGRAPH TO THIS COPY OF DECLARATION)

[SEAL]

GEORGE J. H. FOLLMER
Clerk of the U.S. DISTRICT Court.
By [signature] Deputy Clerk.

Form N-315
U. S. DEPARTMENT OF JUSTICE
IMMIGRATION AND NATURALIZATION SERVICE
(Edition of 1-13-41)

16—10110 U. S. GOVERNMENT PRINTING OFFICE

Abb. 28
Immigrationsformular der USA von Curt Glaser, 16. Oktober 1941
The National Archives at Philadelphia, Pennsylvania

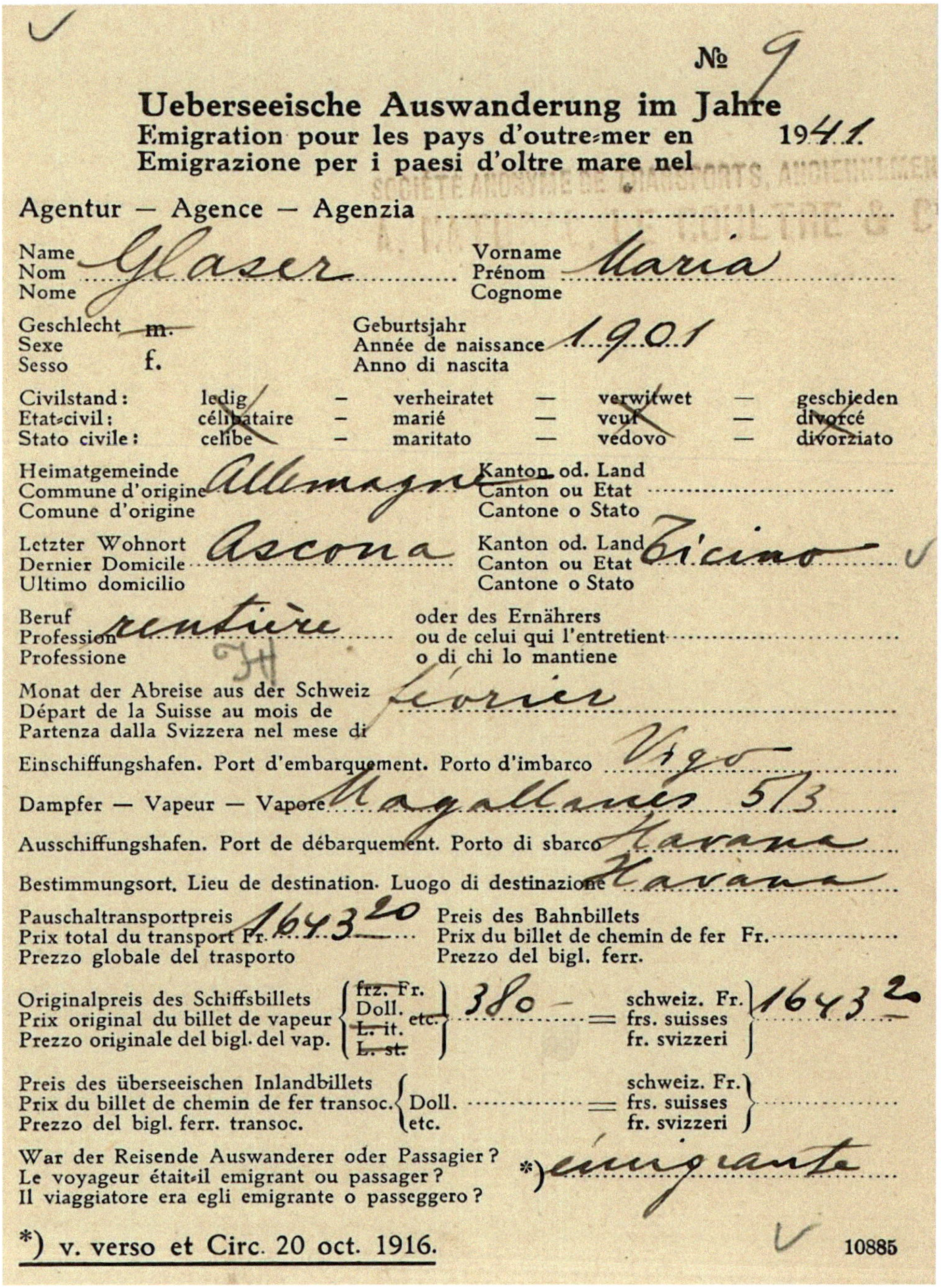

№ 9

Ueberseeische Auswanderung im Jahre 1941
Emigration pour les pays d'outre-mer en
Emigrazione per i paesi d'oltre mare nel

Agentur — Agence — Agenzia

Name / Nom / Nome: Glaser
Vorname / Prénom / Cognome: Maria

Geschlecht / Sexe / Sesso: ~~m.~~ f.
Geburtsjahr / Année de naissance / Anno di nascita: 1901

Civilstand: ledig — verheiratet — verwitwet — geschieden
Etat-civil: célibataire — marié — veuf — divorcé
Stato civile: celibe — maritato — vedovo — divorziato

Heimatgemeinde / Commune d'origine / Comune d'origine: Allemagne
Kanton od. Land / Canton ou Etat / Cantone o Stato

Letzter Wohnort / Dernier Domicile / Ultimo domicilio: Ascona
Kanton od. Land / Canton ou Etat / Cantone o Stato: Ticino

Beruf / Profession / Professione: rentière
oder des Ernährers / ou de celui qui l'entretient / o di chi lo mantiene

Monat der Abreise aus der Schweiz / Départ de la Suisse au mois de / Partenza dalla Svizzera nel mese di: février

Einschiffungshafen. Port d'embarquement. Porto d'imbarco: Vigo

Dampfer — Vapeur — Vapore: Magallanes 5/3

Ausschiffungshafen. Port de débarquement. Porto di sbarco: Havana

Bestimmungsort. Lieu de destination. Luogo di destinazione: Havana

Pauschaltransportpreis / Prix total du transport Fr. / Prezzo globale del trasporto: 1643.20
Preis des Bahnbillets / Prix du billet de chemin de fer Fr. / Prezzo del bigl. ferr.

Originalpreis des Schiffsbillets / Prix original du billet de vapeur / Prezzo originale del bigl. del vap. (~~frz. Fr.~~ Doll. etc. ~~L. it.~~ ~~L. st.~~) 380.– = schweiz. Fr. / frs. suisses / fr. svizzeri 1643.20

Preis des überseeischen Inlandbillets / Prix du billet de chemin de fer transoc. / Prezzo del bigl. ferr. transoc. (Doll. etc.) = schweiz. Fr. / frs. suisses / fr. svizzeri

War der Reisende Auswanderer oder Passagier? / Le voyageur était-il emigrant ou passager? / Il viaggiatore era egli emigrante o passeggero? *) emigrante

*) v. verso et Circ. 20 oct. 1916.

10885

Abb. 29
Formular für überseeische Auswanderung von Maria Glaser, 1941
Überseeische Auswanderungen aus der Schweiz, 1910–1953, Schweizerisches Bundesarchiv, Bern

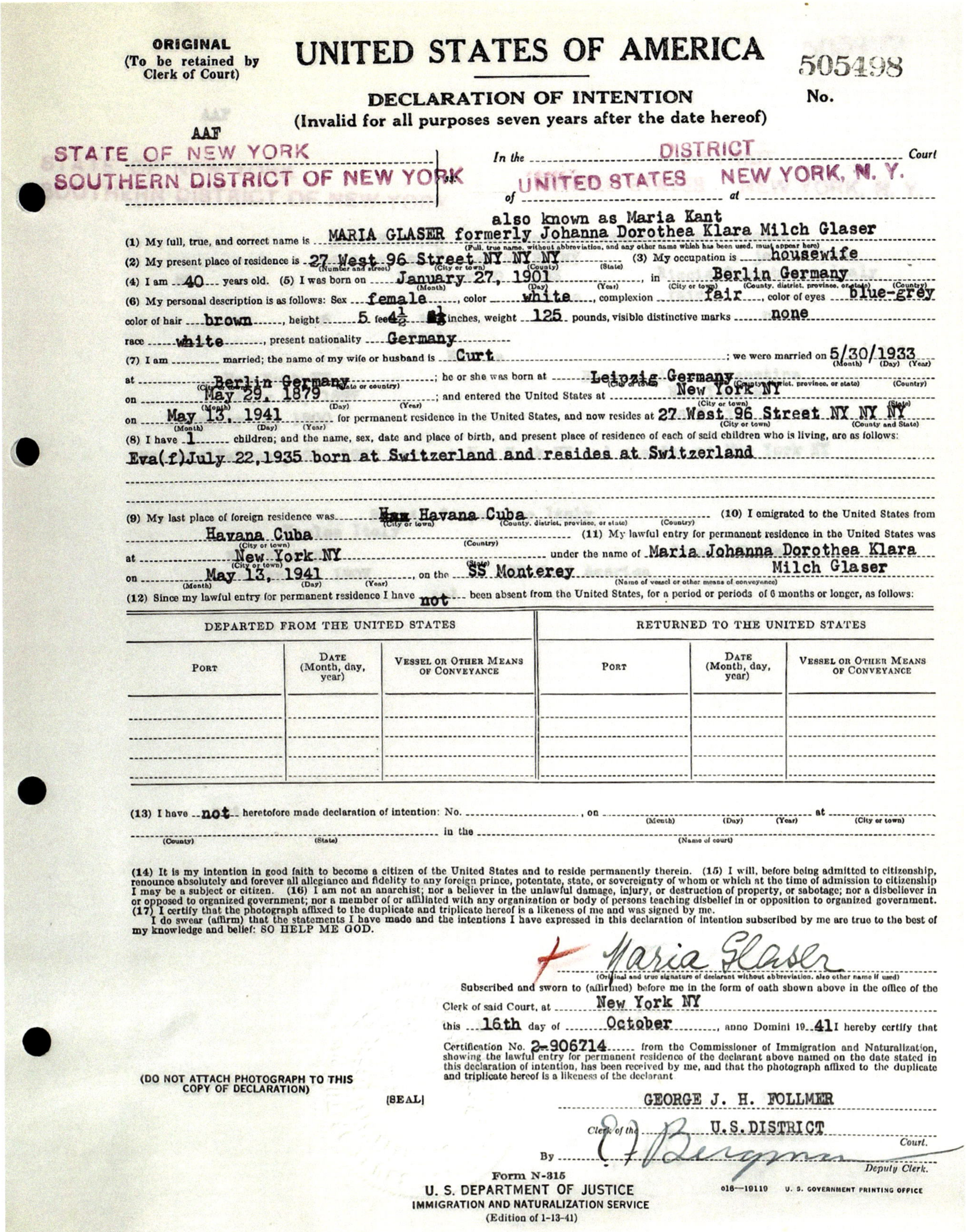

ORIGINAL
(To be retained by Clerk of Court)

UNITED STATES OF AMERICA

No. 505498

DECLARATION OF INTENTION
(Invalid for all purposes seven years after the date hereof)

AAF
STATE OF NEW YORK
SOUTHERN DISTRICT OF NEW YORK

In the DISTRICT Court of UNITED STATES at NEW YORK, N. Y.

(1) My full, true, and correct name is MARIA GLASER formerly Johanna Dorothea Klara Milch Glaser also known as Maria Kant
(Full, true name, without abbreviation, and any other name which has been used, must appear here)

(2) My present place of residence is 27 West 96 Street NY NY NY (Number and street) (City or town) (County) (State) (3) My occupation is housewife

(4) I am 40 years old. (5) I was born on January 27, 1901 (Month) (Day) (Year), in Berlin Germany (City or town) (County, district, province, or state) (Country)

(6) My personal description is as follows: Sex female, color white, complexion fair, color of eyes blue-grey

color of hair brown, height 5 feet 4½ inches, weight 125 pounds, visible distinctive marks none

race white, present nationality Germany

(7) I am married; the name of my wife or husband is Curt; we were married on 5/30/1933 (Month) (Day) (Year)

at Berlin Germany (City or town) (State or country); he or she was born at Leipzig Germany (City or town) (County, district, province, or state) (Country)

on May 29, 1879 (Month) (Day) (Year); and entered the United States at New York NY (City or town) (State)

on May 13, 1941 (Month) (Day) (Year) for permanent residence in the United States, and now resides at 27 West 96 Street NY NY NY (City or town) (County and State)

(8) I have 1 children; and the name, sex, date and place of birth, and present place of residence of each of said children who is living, are as follows:

Eva(f)July 22,1935 born at Switzerland and resides at Switzerland

(9) My last place of foreign residence was ~~Hav~~ Havana Cuba (City or town) (County, district, province, or state) (Country) (10) I emigrated to the United States from

Havana Cuba (City or town) (Country) (11) My lawful entry for permanent residence in the United States was

at New York NY (City or town) (State) under the name of Maria Johanna Dorothea Klara Milch Glaser

on May 13, 1941 (Month) (Day) (Year), on the SS Monterey (Name of vessel or other means of conveyance)

(12) Since my lawful entry for permanent residence I have not been absent from the United States, for a period or periods of 6 months or longer, as follows:

DEPARTED FROM THE UNITED STATES			RETURNED TO THE UNITED STATES		
PORT	DATE (Month, day, year)	VESSEL OR OTHER MEANS OF CONVEYANCE	PORT	DATE (Month, day, year)	VESSEL OR OTHER MEANS OF CONVEYANCE

(13) I have not heretofore made declaration of intention: No. ______, on ______ (Month) (Day) (Year) at ______ (City or town) ______ (County) (State) in the ______ (Name of court)

(14) It is my intention in good faith to become a citizen of the United States and to reside permanently therein. (15) I will, before being admitted to citizenship, renounce absolutely and forever all allegiance and fidelity to any foreign prince, potentate, state, or sovereignty of whom or which at the time of admission to citizenship I may be a subject or citizen. (16) I am not an anarchist; nor a believer in the unlawful damage, injury, or destruction of property, or sabotage; nor a disbeliever in or opposed to organized government; nor a member of or affiliated with any organization or body of persons teaching disbelief in or opposition to organized government. (17) I certify that the photograph affixed to the duplicate and triplicate hereof is a likeness of me and was signed by me.
I do swear (affirm) that the statements I have made and the intentions I have expressed in this declaration of intention subscribed by me are true to the best of my knowledge and belief: SO HELP ME GOD.

Maria Glaser
(Original and true signature of declarant without abbreviation, also other name if used)

Subscribed and sworn to (affirmed) before me in the form of oath shown above in the office of the Clerk of said Court, at New York NY this 16th day of October, anno Domini 1941 I hereby certify that Certification No. 2-906714 from the Commissioner of Immigration and Naturalization, showing the lawful entry for permanent residence of the declarant above named on the date stated in this declaration of intention, has been received by me, and that the photograph affixed to the duplicate and triplicate hereof is a likeness of the declarant

(DO NOT ATTACH PHOTOGRAPH TO THIS COPY OF DECLARATION)

[SEAL]

GEORGE J. H. FOLLMER
Clerk of the U.S.DISTRICT Court.
By E. J. Bergman Deputy Clerk.

Form N-315
U. S. DEPARTMENT OF JUSTICE
IMMIGRATION AND NATURALIZATION SERVICE
(Edition of 1-13-41)

16—19110 U. S. GOVERNMENT PRINTING OFFICE

Abb. 30
Immigrationsformular der USA von Maria Glaser, 16. Oktober 1941
The National Archives at Philadelphia, Pennsylvania

Dr. Curt Glaser
New York. 27 west 96th
2. Dez. 41

Lieber Herr Dr. Wartmann,

Sie haben nicht viel von mir gehört, nachdem wir im Februar die Schweiz verlassen hatten. Eine Ansichtskarte von unserem Sommeraufenthalt an der See war, glaube ich, alles, und es war jedenfalls unrecht, daß ich so lange Zeit vergehen ließ, ehe ich Ihnen einen Brief schrieb. Nur für die letzten Wochen bin ich entschuldigt, da ich an einer Lungenentzündung krank lag. Noch immer bin ich an unsere Wohnung gefesselt, aber doch wenigstens den größten Teil des Tages außer Bett und auch wieder an meinem Schreibtisch.

Ich hoffe, daß Sie an dem Bilde von Munch, das Sie von mir kauften, auch weiterhin Freude haben, und daß es als eine schöne Bereicherung Ihrer Sammlung empfunden wird. Ich denke daran zurück mit dem leisen Schmerz des Rekonvaleszenten, der hinter vergangenes einen Strich gezogen hat und langsam die Kräfte wiederkommen fühlt, ärmer, aber auch wieder frei eine neue Existenz zu beginnen. In eine Wohnung, wie wir sie jetzt hier haben, hoch über der Stadt, hell und luftig, würde sich ein so anspruchsvolles Bild nicht mehr schicken. Selbst mit den anderen Bildern von Munch, die noch Ihre Gastfreundschaft genießen, nachdem sie schon einmal für die Amerikafahrt vorbereitet waren, wüßte ich jetzt hier schwerlich etwas anzufangen - eine Anzahl alter und moderner Zeichnungen, die ich im Koffer mitnehmen konnte, sind gerade der rechte Schmuck für die weißen Wände unserer Zimmer - und so hoffe ich, Sie werden die Bilder weiter für mich verwahren. Was einmal aus ihnen werden wird, ahne ich heut nicht. Vielleicht werde ich einmal versuchen müssen, über das eine oder andere zu disponieren, wenn es noch schwerer werden sollte, als es heut schon ist, von hier aus pekuniäre Verpflichtungen in der Schweiz zu erfüllen.

Das Leben in der Schweiz, das, als wir abreisten, ja noch einigermaßen normal war, hat sich hoffentlich inzwischen nicht erheblich zum ärgeren verändert. Manches hören wir ja auch hier von dortigen Freunden, aber man macht sich doch schwer eine Vorstellung, wenn man selbst in so anderen Verhältnissen lebt wie wir nun auf der anderen Seite des großen Wassers, wo trotz der täglich drohenden Nähe des Krieges kein Mensch noch sich eine rechte Vorstellung von der Wirklichkeit der Ereignisse zu machen scheint. - A ber das ist ein weites Feld - -

Zum neuen Jahre wünsche ich Ihnen persönlich wie Ihrem Lande alles beste. Mögen Sie vor allem von dem Schicksal des Krieges verschont bleiben. - Mit freuhdlichen Grüßen

Ihr

Curt Glaser

Abb. 31
Brief von Curt Glaser an Wilhelm Wartmann, 2. Dezember 1941
Kunsthaus Zürich, Archiv

Lynn Rother
Max Koss

«OH, SIE SIND EINE WISSENSCHAFTLERIN!» ELSA GLASER UND DIE KUNSTGESCHICHTE

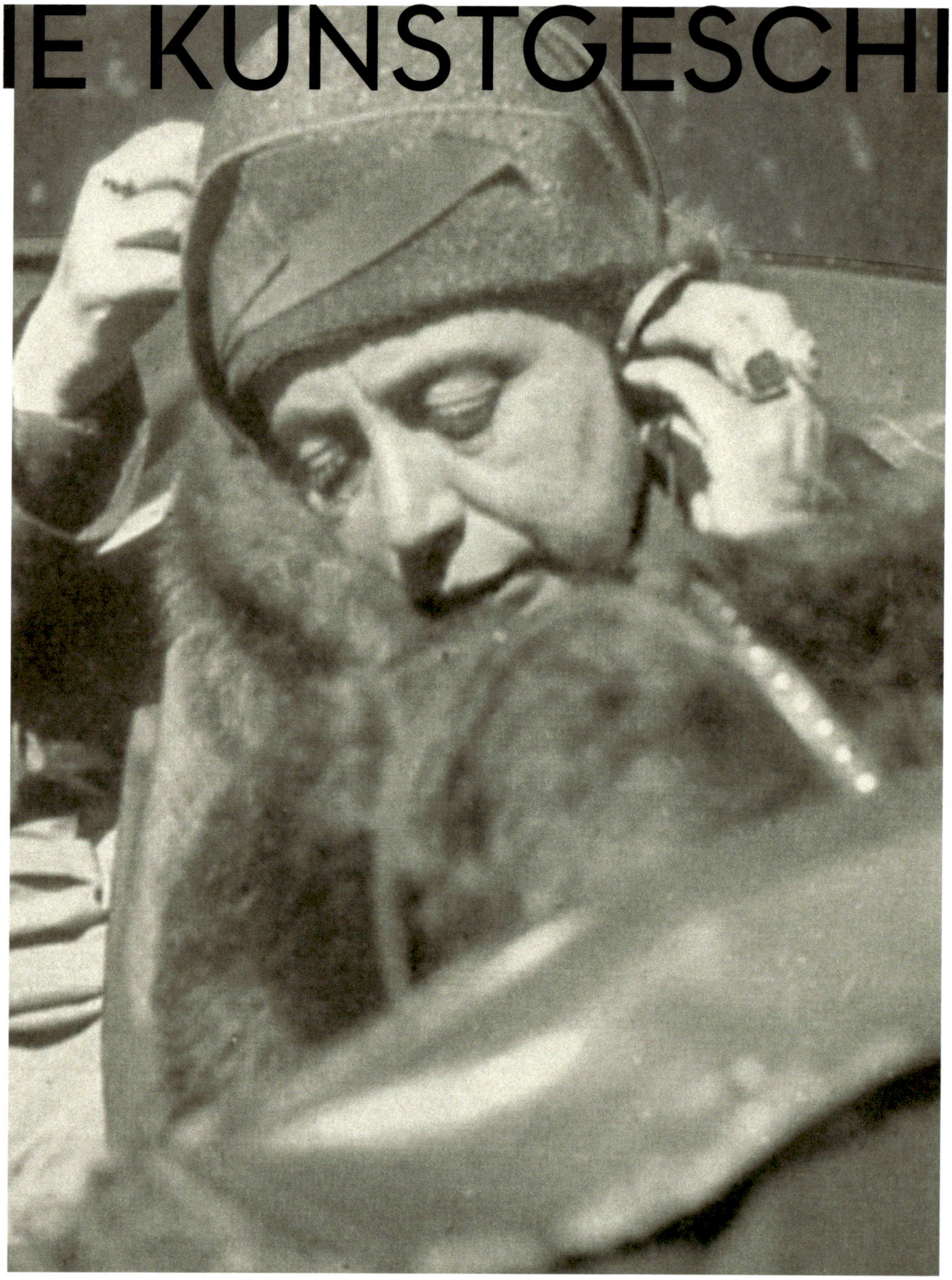

Abb. 32
Elsa Glaser, Aufnahme aus den späten 1920er oder frühen 1930er Jahren, veröffentlicht zusammen mit Karl Schefflers Grabrede 1932
(Detail, Abb. 34)
Deutsches Literaturarchiv Marbach

Im Oktober 1932, wenige Monate nach Elsa Glasers frühem Tod im Alter von 54 Jahren, schenkte ihr Witwer Curt der Berliner Nationalgalerie ein Gemälde aus ihrer gemeinsamen Kunstsammlung. Es handelte sich um Edvard Munchs *Musik auf der Karl Johan Strasse* (Kat. 227). Glaser legte dabei fest, dass das Bild dauerhaft neben einer Gedenktafel für seine geliebte Frau ausgestellt werden sollte.[1] Dieses Erinnern wurde jedoch im Laufe der Zeit von den Institutionen vernachlässigt.[2] Mit dem allmählichen Verschwinden von Elsa, die für Curt nicht nur eine Ehefrau, sondern fast 30 Jahre lang auch eine intellektuelle Partnerin war, bleiben von ihrem Leben nur mehr fragmentarische Eindrücke übrig. Viel ist seither über Curt Glaser geschrieben worden, sowohl über seine Tätigkeit als Kunsthistoriker und Sammler als auch über sein Schicksal als Opfer nationalsozialistischer Verfolgung. In der Medienberichterstattung, aber auch in der wissenschaftlichen Literatur wird Elsa da und dort erwähnt, allerdings immer nur am Rande und in den Fussnoten. Elsa Glaser ist somit fast in Vergessenheit geraten, obwohl ihre Zeitgenoss:innen in ihr eine bemerkenswerte Persönlichkeit sahen.

In seiner auf das intellektuelle Schaffen abzielenden Biographie Curt Glasers schreibt Andreas Strobl über Elsa: «Wie sehr sie Curt Glaser in seiner Arbeit unterstützte, lässt sich nicht mehr abschätzen.»[3] Die archivarischen und dokumentarischen Überlieferungen zu Elsa Glaser sind sehr lückenhaft. Dies erschwert letztgültige Aussagen über ihre Persönlichkeit und ihr Wirken, insbesondere ihre intellektuelle Arbeit. Strobls Aussage scheint zu implizieren, dass bei Auffinden weiterer Quellen Elsa allenfalls als Randfigur der Karriere ihres Mannes plastischer erfassbar wäre. Dieses Bild von Elsa Glaser spiegelt somit eine geschlechtsspezifische Trennung von Arbeit und Leben wider. Eine solche Annahme steht im Widerspruch zu der engen Beziehung, die Elsa und Curt Glaser in den meisten Lebensbereichen, einschliesslich der Arbeit, augenscheinlich gehabt haben, was auch bereits von anderen anerkannt wurde und auf Edvard Munchs Doppelporträt des Paares von 1913 (Kat. 202) bildhaft greifbar wird.[4] Das Leben, das Elsa und Curt Glaser für sich wählten – ein Leben, das ganz der Kunst in all ihren Aspekten gewidmet war –, muss als ein gemeinschaftliches Unterfangen betrachtet werden. Der Glaser-Kosmos drehte sich um zwei Achsen: Curt *und* Elsa Glaser.

Es ist daher an der Zeit, einen ganzheitlichen Blick auf Elsas Leben zu werfen und zu diesem Zweck bekannte, aber auch neue archivarische und dokumentarische Quellen auszuwerten. Obwohl Elsas Leben und ihre Aktivitäten eng mit denen ihres Mannes verwoben waren, liegt der Schwerpunkt dieser Betrachtung auf Elsas eigenem Handeln, einschliesslich ihrer vielleicht bedeutendsten Rolle als Gastgeberin, insbesondere in der zweiten Hälfte der 1920er Jahre, als sie dazu beitrug, die Wohnung der Glasers zu einem prominenten und zugleich exklusiven Treffpunkt für einen Teil der Berliner Kulturelite zu machen. Ihr Wirkungskreis geht dabei jedoch über diese traditionell geschlechtsspezifischen Aufgaben hinaus und schliesst auch ihre intellektuellen Beiträge zur Kunstgeschichte ein, die schwerer zu fassen sind. Um ein umfassenderes Bild von ihr zu erhalten, müssen wir uns daher zunächst mit den vorhandenen Forschungsergebnissen zu Curt Glaser beschäftigen, um aus diesen Elsas Lebensgeschichte herauszuarbeiten und von der ihres Mannes zu entflechten.

Auch wenn die Herausstellung von Elsas individuellem Handeln und die gleichzeitige Betonung des verflochtenen Lebens der Glasers wie ein Widerspruch erscheinen mögen, sehen wir sie als zwei Seiten derselben Medaille. Die Rekonstruktion weiblichen Handelns erfolgt vor dem Hintergrund geographisch unterschiedlicher und sich diachron entwickelnder Einschränkungen der Rechte von Frauen, insbesondere des Rechts auf Eigentum.[5] Für jüdische Frauen war der Handlungsspielraum noch stärker eingeschränkt, sowohl durch die Regeln des Patriarchats als auch durch weit verbreitete antisemitische Ressentiments.[6] Elsa Glaser war sich, wie noch deutlich werden wird, dieser Einschränkungen durchaus bewusst. Wir können also zudem der Frage nachgehen, ob Elsas Einsatz für die Karriere ihres Mannes als Intellektueller nicht auch eine für sie selbst erfolgreiche Strategie war im Ringen um gesellschaftliche Akzeptanz in einem patriarchalischen System.

Die Rekonstruktion von Elsas Charakter und Wirken durch die Auswertung von Fussnoten und Archivquellen ermöglicht es uns, sie als eine moderne Frau in Erinnerung zu rufen, die das Leben in vollen Zügen geniessen wollte und dies auch tat.

DIE FRÜHEN JAHRE: GLÜCKSELIGKEIT

Elsa Kolker wurde am 7. Mai 1878 als Tochter von Renate «Natalie» Kolker (1852–1921), geborene Glaser, und dem Industriellen und Kunstsammler Hugo Kolker (1845–1915), der es mit einer Erdölraffinerie, einer Chemiefabrik und einer Reihe damit verbundener Unternehmungen zu Wohlstand gebracht hatte, im schlesischen Breslau, das damals zum Deutschen Reich gehörte, geboren.[7] Als sie am 12. August 1903 im Alter von 25 Jahren in ihrer Geburtsstadt ihren Cousin Curt Glaser heiratete, wurde im Heiratsprotokoll vermerkt, dass sie – wenig überraschend für eine Frau ihres Standes – ohne Beruf war.[8] Obwohl ihre Erziehung im wohlhabenden jüdischen Bürgertum sie zu einer gebildeten jungen Frau gemacht hat, war ihr kein realistischer beruflicher Weg vorgegeben – zumal in einer Zeit, in der Frauen an vielen Fachbereichen deutscher Universitäten eine reguläre Einschreibung noch nicht gestattet war.[9]

Da Elsas materielle Bedürfnisse dank der erfolgreichen Geschäfte ihrer Familie gedeckt waren, konnte sie ihre intellektuelle Neugier auf alles richten, was ihr Herz begehrte. Curt hatte 1902 gerade sein Medizinstudium abgeschlossen und konnte sich mit der finanziellen Unterstützung von Elsas Familie einem zusätzlichen Studium der Kunstgeschichte widmen, das er 1907 mit einer Promotion bei Heinrich Wölfflin abschloss. Es ist zu vermuten, dass es Elsa war, die ihn überhaupt erst auf den Weg der Kunstgeschichte brachte.[10] Dies ist insofern plausibel, als sie als Cousine väterlicherseits schon vor der Heirat reichlich Zeit und Gelegenheit hatte, ihre eigenen Interessen mit Curt zu teilen, und ihn somit dazu anregen konnte, eine Karriere als Kunsthistoriker anzustreben, auch wenn dieses Berufsfeld kaum finanzielle Sicherheiten zu bieten vermochte.

Soweit die erhaltenen Zeugnisse eine Bewertung der Ehe der Glasers zulassen, war sie nicht nur für beide Seiten vorteilhaft, sondern scheint auch von Glück und Innigkeit erfüllt gewesen zu sein – und das alles im Streben nach Kunst, kunsthistorischem Wissen und einem gesellschaftlichen Leben, das sich um Intellektuelle und Künstler drehte, nicht nur in Berlin, sondern auch in anderen Teilen der Welt. Die Ehe der Glasers blieb kinderlos, wobei sich nicht mehr feststellen lässt, ob dem eine bewusste Entscheidung zugrunde lag.[11] Ihre Unabhängigkeit nutzten die Glasers für zahlreiche Reisen an verschiedenste Ziele.

Die ausgedehnte Reisetätigkeit der Glasers, die bis zu Elsas Tod andauern sollte, war ein prägendes Merkmal ihrer Ehe. Ihre Reise nach Japan im Jahr 1911 bietet einen aufschlussreichen Einblick in das Leben der Glasers vor Ausbruch des Ersten Weltkriegs, in den letzten Jahren des langen 19. Jahrhunderts. Mokutarô Kinoshitas Bericht über die Besuche der Glasers in einer Reihe privater japanischer Kunstsammlungen stellt in diesem Zusammenhang eine lebendige Beschreibung von Elsa Glasers Persönlichkeit dar. Neben ihrer intellektuellen Neugier fällt vor allem die Tatsache ins Auge, dass sie ihre Gastgeber vor Ort nicht nur mit ihren japanischen Sprachkenntnissen, sondern auch mit ihrem fundierten Wissen über die japanische Kunst- und Kulturgeschichte, einschliesslich der Feinheiten japanischer Teezeremonien, immer wieder beeindruckte.[12] Dies veranlasste eine der Gastgeberinnen zu der Bemerkung: «Oh, Sie sind eine Wissenschaftlerin!»[13]

Aus Kinoshitas Text spricht seine Bewunderung für den unabhängigen Geist der Glasers, ihre Neugier und Bereitschaft, die gemeinsamen Erfahrungen in Japan intellektuell zu verarbeiten. In diesem Zusammenhang ist es bezeichnend, dass Kinoshita Elsas Klage über die soziokulturellen und beruflichen Barrieren wiedergibt, mit denen sie und ihr Mann als nichtchristliche Gläubige in Deutschland zu kämpfen hatten.[14] Vielsagend ist zudem seine Betonung von Elsas paradox anmutender Aussage, dass sie und Kinoshita ein vorurteilsfreies, kulturübergreifendes Gespräch führen könnten – gerade weil sie einander fremd gewesen seien. Es gibt also bereits 1911 Hinweise darauf, dass für Elsa und Curt Glaser das Schaffen von Gesprächsräumen als Orte der Geselligkeit und des gegenseitigen Verständnisses ein wesentlicher Bestandteil ihrer gemeinsamen intellektuellen Praxis war.[15]

Der Beginn des Interesses der Glasers an Edvard Munch lässt sich auf das Jahr 1910 datieren;[16] drei Jahre später, als ihre Munch-Sammlung bereits als eine der herausragenden in Deutschland gilt,[17] findet die erste persönliche Begegnung statt: Die Glasers reisen nach Norwegen, um den Künstler zu besuchen, und bei Gelegenheit dieses Besuchs entstehen zwei Porträts von Elsa. Zudem tritt das Ehepaar auch als Vermittler zwischen Munch und Hugo Kolker in Erscheinung, der mit Hilfe der Glasers ebenfalls eine Kunstsammlung aufbaute. Der Besuch in Norwegen ist auch auf einem Photo dokumentiert, das die Glasers zusammen mit Munch und einigen anderen Personen in einem Automobil zeigt (Abb. 8, 11). Elsa ist die einzige Frau in der Gruppe, sie sitzt in erhöhter Position neben Munch im hinteren Teil des Wagens.

Die beiden nahezu identischen Porträtgemälde zeigen Elsa sitzend, ihr wacher Blick ist dem Betrachter zugewandt (Kat. 229). Die Förmlichkeit der Porträtpose und ihr auf einen neugierigen und unkonventionellen Geist hindeutender alerter Gesichtsausdruck vermitteln Spannung und Wachsamkeit, ein Eindruck, den der gewählte Bildausschnitt noch unterstreicht, indem ihr rechter Ellbogen und die Füsse bis zum Bildrand reichen. Ihr Kopf und ihr Gesicht sind die am stärksten artikulierten Elemente des Bildes. Sie scheinen einer Büste nachempfunden, was durch die farblichen Akzente, welche die orangefarbenen Schulterstücke ihres ansonsten schlichten, aber eleganten violetten Kleides setzen, hervorgehoben wird. Die die Figur umgebende Bildfläche wird von Flecken, unscharfen Konturen und einer gewissen Formlosigkeit beherrscht. So lässt sich beispielsweise nicht feststellen, ob das Bild einen Innen- oder einen Aussenraum zeigt, und das helle Rechteck neben Elsas linkem Arm könnte ein Spiegel oder ein Kunstwerk sein. Diese Unbestimmtheit der Umgebung macht Elsas Präsenz umso eindrucksvoller.

Ihr Esprit und ihre Intelligenz kommen in einem ebenso ergreifenden Porträt zum Vorschein, das Henri Matisse im Juni 1914 während eines Besuchs der Glasers in Paris von ihr zeichnete, nur wenige Wochen bevor Europa in den Krieg stürzte und das gemeinsame Leben der Glasers in eine neue Phase eintrat (Kat. 214). Die elegante Graphitzeichnung von Elsas Gesicht, das von ihrer bemerkenswerten Frisur umrahmt wird, nimmt die Direktheit des Munch-Porträts auf. In Frontalansicht wird Elsas Vitalität durch ihre Augen eingefangen, die das dunkelste und am differenziertesten wiedergegebene Element der Zeichnung sind. Gleichzeitig schaffen deren abstrahierende Eigenschaften eine Distanz zum Betrachter, die wiederum der Porträtierten eine gewisse Unnahbarkeit verleiht. Die Matisse-Zeichnung und eine Photographie von Elsa aus dem Jahr 1915, auf der sie in modischer Kleidung und mit ihrem kleinen Hund auf dem Arm zu sehen ist, tauchen gegen Ende ihres Lebens im Jahr 1930 wieder auf. Sie wurden in der Ausstellung «Gezeichnet oder geknipst» gezeigt, die der Kunstkritiker und Verleger Paul

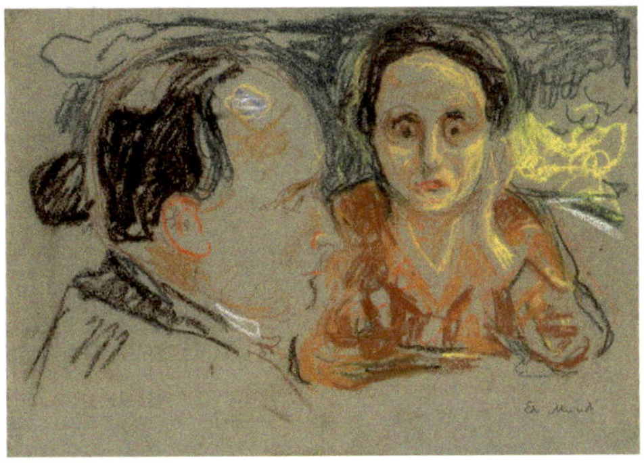

Abb. 33
Edvard Munch
Elsa und Curt Glaser
1913 (?)
Pastell, 23,5 × 33,7 cm
National Gallery of Art, The Epstein Family Collection, Washington, D.C.

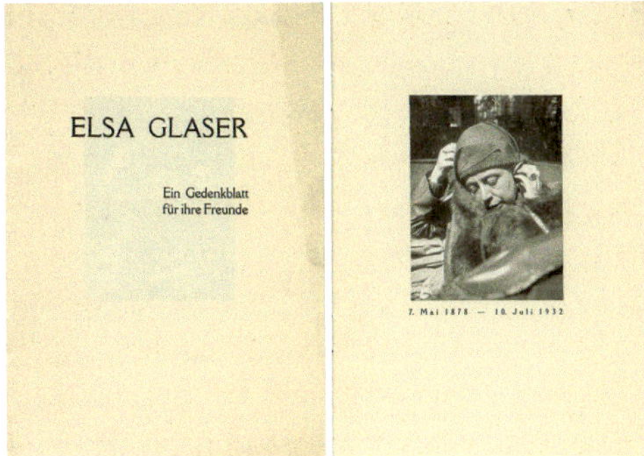

ELSA GLASER

Ein Gedenkblatt für ihre Freunde

7. Mai 1878 – 10. Juli 1932

Abb. 34
Karl Schefflers Grabrede für Elsa Glaser, privat veröffentlicht für den Kreis ihrer Freunde, 1932
Deutsches Literaturarchiv Marbach

Westheim im Reckendorfer Verlagshaus organisierte. Ihre beiden Porträts wurden anschliessend von Westheim im *Kunstblatt* (Abb. 10), einer führenden Kunstzeitschrift der Weimarer Republik, nebeneinander veröffentlicht.[18]

Als die Matisse-Zeichnung entstanden ist, waren Elsa und Curt Glaser auf dem Höhepunkt ihrer gemeinsamen Abenteuer – ein Moment, der durch den Ausbruch des Ersten Weltkriegs auch eine Zäsur darstellte. Das prominente Wiederauftauchen der Zeichnung und ihre Verbreitung 15 Jahre später können als eine Erinnerung an die Person gesehen werden, die Elsa in glücklicheren Zeiten gewesen war.

DIE SPÄTEREN JAHRE: EIN OFFENES HAUS

Die Jahre nach dem Ersten Weltkrieg bis zu Elsas frühem Tod im Jahr 1932 waren sowohl von Kontinuitäten als auch von Brüchen geprägt.[19] In diese Zeit fällt die stetig voranschreitende Karriere von Elsas Mann, der vier Jahre nach seiner Beförderung zum Kurator am Berliner Kupferstichkabinett im Jahr 1924 die Stelle des Direktors der Kunstbibliothek erhielt.[20] Trotz der langsamen Entfaltung von Curts erfolgreicher beruflichen Laufbahn sahen sich die Glasers, neben finanziellen Schwierigkeiten aufgrund der wirtschaftlichen Umwälzungen der 1920er Jahre, einschliesslich der bis 1923 andauernden Inflation, mehr und mehr mit Elsas gesundheitlichen Problemen konfrontiert.[21] Deren sichtbare Folgen hat Munch in einem Doppelporträt der Glasers eindrucksvoll ins Bild gesetzt (Abb. 33).[22] Elsas Hörschwierigkeiten, die sich bereits vor dem Krieg ankündigten, wurden mit den Jahren immer grösser und spiegeln sich in den Wahrnehmungen und Schriften der Menschen in ihrer Umgebung wider.[23] Als Kinoshita, ihr vertrauter Freund und Begleiter aus Japan, die Glasers im Herbst 1922 besuchte, erkannte er sowohl die finanziellen Schwierigkeiten des Paares als auch Elsas sich verschlechternden Gesundheitszustand.[24] In einem Brief aus dem Jahr 1965 erinnerte sich Mathilde «Quappi» Beckmann, die Witwe von Max Beckmann, an ein Treffen mit Elsa um 1928, als sich ihr Gesundheitszustand deutlich verschlechtert hatte: «Die arme Frau war fast taub, als ich sie kennenlernte, und sie trug diese schrecklichen Hörgeräte aus dieser Zeit, hielt eine Hörkapsel vor sich, während sie ihren Mann ständig mit scharfer, lauter Stimme unterbrach, wenn er am Esstisch sass und mit Max sprach, mit ‹Was hat er gesagt?›. Ich habe sie als sehr intelligent in Erinnerung, aber es war immer eine peinliche, jämmerliche Situation am Esstisch, als ob sie in ständigem Misstrauen leben würde.»[25]

Dies steht im Gegensatz zu der Einschätzung von Karl Scheffler, dem Freund und Mentor der Glasers, der schrieb, dass Elsa trotz der Tatsache, dass sie ihren «Apparat» benutzen musste, «ganz frei [...] von dem mit diesem Übel oft verbundenen Misstrauen» gewesen sei.[26] In seiner Grabrede auf Elsa (Abb. 34) erinnerte Scheffler jedoch auch an ihre komplexe Persönlichkeit, die sich «zwischen tiefer Melancholie und jähem Aufschwung» bewegt habe, und lobte gleichzeitig ihre leidenschaftlichen Ansichten, ihre Missachtung von Konventionen, ihre Brillanz und Intelligenz sowie ihre schier endlose Begeisterungsfähigkeit.[27]

Ungeachtet ihres sich verschlechternden Gesundheitszustands nahm Elsa in der zweiten Hälfte der 1920er Jahre eine wichtige Rolle im sozialen Gefüge der Berliner Kulturszene ein. Es deutet vieles darauf hin, dass sie schon seit Begründung eines eigenen Hausstandes aus der ihr eigenen Neugier heraus eine Politik der offenen Tür pflegte. Nachdem Curt mit der Ernennung zum Direktor der Kunstbibliothek 1924 das Privileg genoss, eine geräumige Wohnung im Nachbargebäude mieten zu können, überführte Elsa ihre sporadische Gastgeberschaft eines offenen Hauses ab 1925 in regelmässig stattfindende Montagabend-Empfänge. Diese als exklusiv geltenden gesellschaftlichen Ereignisse in der mit Kunst und Büchern gefüllten Wohnung hatten einen nicht zu unterschätzenden öffentlichkeitswirksamen Einfluss in der Kunst- und Kulturwelt Berlins und darüber hinaus.[28] Ihre Bedeutung lässt sich aus einem Artikel über eines der Treffen in der «Weltspiegel»-Beilage einer der damals führenden liberalen Zeitungen Deutschlands, dem *Berliner Tageblatt*, ablesen, der von der Kritikerin Augusta von Oertzen verfasst wurde, einer der wenigen promovierten Frauen ihrer Zeit. Photographiert wurde der Abend von Käte Witkower, der Schwester des Kunsthistorikers Rudolf Witkower. Von Oertzen beginnt den Text mit dem Hinweis, wie «glücklich» man sich schätzen könne, an den Treffen teilnehmen zu dürfen (Abb. 18).[29]

Dass Elsa und Curt Glaser, die weltgewandten Reisenden und Sammler von Kunst und Freundschaften, die Gästeliste mit Bedacht zusammenstellten, ist keine Überraschung.[30] Tatsächlich kann eine genauere Betrachtung der Art und Weise, wie die Glasers die Zusammenkünfte inszenierten, eine weitere Perspektive auf ihre Selbstdarstellung sowie auf die möglichen soziokulturellen Ahnenreihen, in die sie sich einfügen wollten, eröffnen. Auf einem der dem Artikel beigefügten Photos sieht man die Ehepaare Else und Bruno Cassirer und Dora und Karl Scheffler sowie die Maler Hans Purrmann und Rudolf Grossmann um einen Tisch im intim anmutenden Salon des Hauses sitzen.[31] Hinter ihnen, inmitten einer Auswahl ethnographischer Skulpturen, ist Edvard Munchs grossformatige *Musik auf der Karl Johan Strasse* (Kat. 227) zu sehen, das frühe Gemälde, das Curt Glaser, wie eingangs erwähnt, später der Berliner Nationalgalerie zu Ehren Elsas schenkte. Es ist das schnappschussartige Bild einer Strassenszene, in der eine Blaskapelle spielt und verschiedene Menschen ihren Geschäften nachgehen, ohne, wie es scheint, der Musik dabei grosse Beachtung zu schenken. Es ist ein etwas widersprüchliches, intellektuell herausforderndes Bild, bei dem die imaginäre Musik der Kapelle durch die Leere einer grossen Strasse, die Spiegelung einer Pfütze und Menschen, die zwischen Aufmerksamkeit und Ablenkung gefangen scheinen, unterlaufen wird.

Das Publikum im Hause Glaser hingegen traf sich meist nach den – mit Blick auf Themen und Vortragenden sicherlich anregenden – Veranstaltungen der Vortragsreihe, die Curt Glaser in der Kunstbibliothek etabliert hatte. Es war also ein ebenso vielfältiges wie exklusives Publikum und umfasste sowohl Museumsfachleute und Schriftsteller wie Robert Musil als auch Künstler wie Max Beckmann. Die Anwesenheit des Verlegers Bruno Cassirer, Mitinhaber der 1898 gegründeten, einflussreichen Kunst- und Verlagsanstalt Cassirer, und die Gemälde von Edvard Munch an den Wänden verweisen auf die Anfänge der modernen Kunst im Berlin der frühen bis mittleren 1890er Jahre. Munch gehörte damals zur Bohème der Stadt um den schwedischen Dramatiker August Strindberg und den sogenannten Schwarze Ferkel-Kreis.[32] Elsas Porträt von Munch aus dem Jahr 1913 im Salon zu haben, erinnerte nicht nur an diese Anfänge, sondern unterstrich auch explizit die persönliche und geistige Verbundenheit der Glasers mit dieser internationalen Künstler-Bohème.

Ein früher Treffpunkt der künstlerischen Moderne in Berlin war auch der berühmte Salon von Cornelie Richter (1842–1922). Die junge Cornelie konvertierte vom Judentum zum Protestantismus, wie später auch Curt Glaser.[33] Als die Glasers Jahrzehnte später mit ihren eigenen formellen Abendveranstaltungen begannen, waren die Gastfreundschaft und die Salons, durchdrungen vom Geist des langen neunzehnten Jahrhunderts, wie sie auch in vielen jüdischen grossbürgerlichen Häusern gepflegt wurden, zwar noch lebendig, aber doch schon im Abklingen begriffen.[34] Begonnen hatte diese Tradition um 1800 mit Zusammenkünften etwa bei Rahel Varnhagen von Ense (1771–1833) oder Henriette Herz (1764–1847). Zur Zeit der Glasers war es unter anderem die am Pariser Platz lebende Marianne Goldschmidt-Rothschild (1892–1973), eine der reichsten Frauen Deutschlands, die mit ihren Salons und extravaganten Bällen Finanzmagnaten, Diplomaten und Kulturschaffende anzog. Andere, wie Lotte Fürstenberg-Cassirer (1879–1969), setzten diese Tradition in einem kleineren, aber nicht weniger anspruchsvollen Rahmen fort.[35] Elsa Glaser stellte sich als Gastgeberin der Montags-Soirées selbstbewusst in die Tradition dieser Frauen.

Auf den Montagsempfängen dominierte intellektuelle Exklusivität über den pompösen Luxus vergleichbarer Veranstaltungen ihrer Zeit. Es mag dahingestellt bleiben, wie avantgardistisch diese Veranstaltungen wahrgenommen wurden im Vergleich zu anderen, beispielsweise den Abenden des Strindberg-Kreises in den frühen 1890er Jahren oder den öffentlichen Abenden von Herwarth und Nell Walden in der Sturm-Galerie in den Jahren vor dem Ersten Weltkrieg.[36] Über die Atmosphäre der Glaser-Abende schrieb Scheffler: «Elsa Glaser gab sich spontan, unkonventionell und konnte unhemmbar bis zur Grenze des Möglichen sein, doch war sie in einem seltenen Masse begeisterungsfähig und begabt. Ihr Herz trug sie immer in den Händen vor sich her, und sie machte sich nichts daraus Fehler zu begehen und sie einzugestehen wie ein Kind. Im Grunde war sie allen Gästen etwas unbequem, doch liessen sich die meisten von ihr gern in Bewegung setzen.»[37]

Elsas Tod 1932 markierte das Ende der Montagsempfänge im Hause Glaser. Diese Zäsur wirkt wie ein Spiegel jener Zeit. Mit der kurz danach einsetzenden Machtübernahme der Nationalsozialisten endet die Geschichte berühmter Salons des jüdischen Grossbürgertums, die seit Ende des 19. Jahrhunderts in voller Blüte stand. Das aufkommende illiberale Klima erstickte ebenso die auch nach dem Ersten Weltkrieg weiter blühenden kulturellen Veranstaltungen der Moderne, in deren Atmosphäre vor allem der Expressionismus gedeihen konnte. Das von Max Beckmann geschaffene Porträt Curt Glasers (Kat. 226) hatte einen Ehrenplatz auf einer Staffelei in dessen privater Bibliothek. In der Rückschau kann sein eine gewisse Melancholie ausstrahlender Gesichtsausdruck nicht nur als Vorahnung der Witwerschaft gelesen werden, sondern auch als spätes Bilddokument einer stolzen jüdischen bürgerlichen Kultur in Berlin, die über die Kunst in der Gesellschaft heimisch wurde.

DAS VERMÄCHTNIS VON ELSA GLASER: LEERSTELLEN DER GESCHICHTE

Bis heute ist nur ein einziges längeres Archivdokument bekannt, in dem Elsa mit eigener, unmittelbarer Stimme spricht (Abb. 14): eine handschriftliche Notiz, die sie einem Brief ihres Mannes an Karl Scheffler beifügte.[38] Allein die Tatsache jedoch, dass sie von zwei Künstlern wie Matisse und Munch – führenden Vertretern der modernen europäischen Kunst – porträtiert wurde, sicherte ihr einen Platz in den Geschichtsbüchern. Zweifellos hätten wir noch geringere Spuren von Elsas Leben als ohnehin schon, wenn sie in eine weniger begüterte Familie hineingeboren worden wäre. Das Gleiche gilt, wenn das Ansehen und die Karriere ihres Mannes nicht dank der vielfältigen Unterstützung, die sie ihm zukommen liess, gediehen wären – was wir daher auch als ihren Weg lesen sollten, sich ihres eigenen Ansehens in der Gesellschaft zu versichern. In diesem Sinne garantierte ihre gesellschaftliche Stellung, dass sie der Nachwelt in Erinnerung bleiben würde.

Elsas Persönlichkeit verleitete ihre Zeitgenossen dazu, sie zu malen und zu zeichnen, zu photographieren sowie in Briefen und Memoiren zu erwähnen. Während diese Quellen den Einfluss, den sie auf Menschen ausübte, deutlich machen, bleibt es doch schwierig, Elsas eigenes Handeln und Subjektivität sowie ihre intellektuelle Verortung besser zu verstehen.

Tatsächlich ist ihr intellektuelles Schaffen möglicherweise präsenter in der historischen Überlieferung als bisher angenommen. Elsas Übersetzung von Joachim Gasquets Buch über Cézanne, das 1921 erstmals auf Französisch erschien, wurde 1930 von Bruno Cassirer herausgegeben, der durch Anzeigen in der *Weltkunst* und anderen Zeitschriften dafür warb. Rosa Schapire (1874–1954), eine der ersten promovierten Kunsthistorikerinnen in Deutschland und selbst Sammlerin expressionistischer Kunst, schrieb in ihrer Rezension des Buches: «Die gute Übersetzung und die vorzügliche Ausstattung des Buches entsprechen seiner Bedeutung.»[39] Bevor Elsas Übersetzung in einer limitierten Ausgabe mit 48 Lichtdrucktafeln von Cézannes Werken erschien, waren zwei Auszüge davon als Vorabdrucke in Cassirers *Kunst und Künstler* veröffentlicht worden, jener Zeitschrift also, die wie keine andere für eine Verbindung zu den Anfängen der Moderne in Berlin um 1900 stand.[40] Neben der Gasquet-Übersetzung veröffentlichte Elsa Glaser mindestens eine weitere Übersetzung unter ihrem Namen. Dieser Text, eine Übersetzung eines Auszugs aus Christian Zervos' Aufsatz über die Kunst von Raoul Dufy, erschien Anfang 1930 ebenfalls in *Kunst und Künstler*.[41]

Curt Glaser wurde so etwas wie ein «Hausautor» des Verlags von Bruno Cassirer, vor allem für *Kunst und Künstler*.[42] Die Liste seiner Veröffentlichungen – nicht nur in dieser, sondern auch in anderen Zeitschriften – ist beeindruckend. Gleichzeitig ist bis heute – neben ihren Übersetzungen – kein einziger von Elsa verfasster und veröffentlichter eigenständiger Text bekannt. Dies ist umso bemerkenswerter, als es Zeitgenossen wie Kinoshita gab, die ihre eingehende Beschäftigung mit Kunst und Kultur beschrieben haben.

Dass Curt sein erstes Buch über ostasiatische Kunst Elsa gewidmet hat, ist sicher nicht nur eine Würdigung ihrer Reisebegleitung. Wir sollten vielmehr die Möglichkeit in Betracht ziehen, dass die Widmung hier auch als ein mittelbares Zeichen intellektueller Co-Autorenschaft steht. Es scheint daher durchaus plausibel, dass Elsa zu einer ganzen Reihe von Texten beigetragen haben könnte, die Curt Glaser zugeschrieben werden, nicht zuletzt, weil sie bei bestimmten Ausstellungen oder Reisen, über die er Berichte veröffentlichte, anwesend war. So sind einige der Artikel, die allgemein als von ihm verfasst gelten, nur mit einem «G.» oder «Glaser» unterzeichnet. Das ist zwar eine gängige Praxis, sollte uns aber im Fall der Glasers zu denken geben. Yvonne Höfliger, deren Beobachtungen sich auf Zeugenaussagen stützen, geht so weit festzuhalten, dass Elsa Glaser als Mitautorin angesehen wurde.[43]

***

Elsa Glaser war eine Frau, die bei den Menschen, denen sie begegnete, einen bleibenden Eindruck hinterliess. Sie war ein intellektueller Motor, eine extrovertierte, neugierige Person, die der Welt und den Menschen zugewandt war. Als solche, nicht nur als «die Frau von», verdient sie einen gebührenden Platz in den Annalen der Kunstgeschichte.

Abschliessend möchten wir die Worte aus Elsas oben erwähntem Brief an Karl Scheffler wiedergeben, die sowohl ihren unbeugsamen Geist als auch das Leiden, das ihr späteres Leben kennzeichnete, widerspiegeln (Abb. 14):

Liebes Karlchen,

Nun bin ich bald 50. Ob ich dann weniger Angst zu haben brauche daß Sie sich nicht nur insgeheim über mich lustig machen. Ich kann es verstehen. Nehme mich auch nicht so ernst, aber vielleicht ist das gar nicht so dumm das Leben wird dadurch ein bisschen leichter. Nur daß es nicht immer nur rosa ist, fühle ich sehr, letzten Endes sehr grausam, nur muß man nicht immer hinschauen, das verdirbt die Laune, und gute Laune wünsche ich Ihnen von Herzen es thut mir weh, wenn ich sehen und nicht helfen kann, daß Ihnen es schwer fällt die halbe Seite immer zu füllen, lassen Sie sich nicht unterminieren. Zum Teufel noch mal.

Herzlichst auch für die Frau

Elsa[44]

Die Autoren danken Allison Morehead und Peter Sproule für ihre aufschlussreichen Kommentare zu einer früheren Version dieses Aufsatzes und Judith Rauser für die Herstellung des Kontakts.

1 Strobl 2006, S. 17; siehe auch den Brief von Curt Glaser an Munch vom 17.10.1932, einen Tag vor der Abholung des Gemäldes durch die Nationalgalerie (Munchmuseet, Oslo, MM K 2385), in dem er den Künstler über die Schenkung informiert.
2 Heute befindet sich das Gemälde im Kunsthaus Zürich. In der Provenienz des Werkes, die auf der Website des Kunsthauses veröffentlicht ist, heisst es: «Die ‹Musik auf der Karl Johan Strasse› (1889) schenkte Glaser Anfang 1933 der Berliner Nationalgalerie zur Erinnerung an seine erste Gemahlin, Elsa Glaser.» (collection.kunsthaus.ch/de/collection/item/5240/).
3 Strobl 2006, S. 12.
4 Siehe etwa Höfliger 1977.
5 Sonja Niederacher spricht in diesem Zusammenhang von «Eigentumsstrukturen als Geschlechterfrage», Niederacher 2012, S. 9.
6 Nach einem Besuch der Glasers im September 1930 schrieb Ernst Ludwig Kirchner am 16.10.1930 in einem Brief an Gustav Schiefler: «Sie waren durch die politischen Wirren in Deutschland völlig verstört, besonders sie. Aus der früher eleganten Frau ist eine richtige Mühlendammjüdin geworden, deformiert, ordinär, laut», zit. n. Henze 1990, S. 649. «Mühlendamm» bezeichnete ein kleines Kaufmannsviertel in Berlin; der Ausdruck impliziert negative Eigenschaften, die jüdischen Kaufleuten in der antisemitischen Polemik zugeschrieben wurden; siehe Heid/Paucker 1992, S. 14–15.
7 In den Breslauer Adressbüchern der 1890er und 1900er Jahre finden sich unterschiedliche Beschreibungen des Unternehmens Gebrüder Kolker, das Hugo Kolker mit Unterstützung anderer Familienmitglieder betrieb; siehe z. B. *Adress- und Geschäftshandbuch der königlichen Haupt- und Residenzstadt Breslau für das Jahr 1891*, Breslau 1891, S. 275.
8 Standesamt Breslau, «Heiratsregister, Breslau IV, Krs. Breslau, Nr. 404», 1903, Landesarchiv Berlin, S Rep. 100.
9 Chichester/Sölch 2021, S. 11–12.
10 Walravens 2012, S. 7.
11 Elsa Glaser wird mit den Worten zitiert: «Ich kann keine Kinder bekommen.» Da die Glasers Cousins ersten Grades waren, ist nicht klar, ob ihre Aussage auf biologische Ursachen oder soziale Gebote Bezug nahm; siehe Kinoshita 2012, S. 81.
12 Mokutarô Kinoshita war das Pseudonym von Ôta Masao, einem Dermatologen und Schriftsteller, den die Glasers wahrscheinlich über den Künstler Fritz Rumpf kennenlernten; siehe Kuwabara 2012, S. 69.
13 Kinoshita 2012, S. 81.
14 Ebd., S. 84.
15 Kinoshita notiert in seinem Tagebuch, dass die Glasers am 21.5.1911 eine Reihe von Künstlern und Intellektuellen, darunter Kinoshita, den Arzt Satta Kotoji, den Schriftsteller Nagata Mikihiko und den Schriftsteller und Kritiker Seki Nyroai, zu einem abendlichen Beisammensein in ihr Hotelzimmer einluden. Verschiedene Ausflüge in Restaurants oder ins Theater wurden in Gruppen von mehreren Personen unternommen; siehe Kuwabara 2012, S. 70.
16 Strobl 2006, S. 30-34.
17 Siehe die Beiträge von Judith Rauser und Joachim Sieber sowie Schmidt-Burkhardt 1988. Für eine prägnante Beschreibung der Gemälde siehe Höfliger 1977.
18 Westheim 1930. Dank an Judith Rauser für die Informationen.
19 Über die Krankheit, die zu Elsas Tod führte, ergibt sich kein klares Bild, nur dass sie ihre Persönlichkeit zunehmend beeinträchtigt haben muss. Während einerseits die Alzheimer-Krankheit vermutet wird, spricht Höfliger, die von einem Hirntumor als Todesursache Elsas ausgeht, auch von einer damit verbundenen «geistigen Umnachtung», einem unspezifischen Begriff für Wahnsinn oder Unzurechnungsfähigkeit. Siehe Höfliger 1977, S. 75.
20 Siehe den Beitrag von Joachim Brand.
21 Hugo Kolker, Elsas Vater, war schon 1915 gestorben. Ihre Mutter starb 1921. Ein etwaiges Erbe Elsa Glasers, dessen Umfang uns aber nicht bekannt ist, würde daher auch durch die Hyperinflation 1921–1923 gelitten haben.
22 Das Werk, heute Teil der Epstein Family Collection in der National Gallery of Art in Washington, D.C., ist undatiert. Das Munchmuseet in Oslo, das einen Online-Katalog aller Werke Munchs führt, datiert es spekulativ auf das Jahr 1913, womit es zu den Werken gehören würde, die während der frühen Reisen der Glasers zu Munch entstanden. Der düstere Ton des Bildes und die Tatsache, dass Elsa ihre linke Hand ans Ohr hält, während ihre Augen geradeaus starren, lassen sich jedoch als Anspielung auf ihre zunehmende Taubheit deuten. Auch das gelichtete Haar von Curt deutet auf ein späteres Entstehungsdatum hin.
23 Kinoshita schrieb bereits 1911, dass er für Elsa Glaser bestimmte Dinge wiederholen musste, «als ob ich eine taube Begleiterin hätte». Siehe Kinoshita 2012, S. 80.
24 Kuwabara 2012, S. 73.
25 Mathilde Beckmann an Harold Joachim, 17.11.1965, The Art Institute of Chicago, Kuratorische Akte 1964.1. Dank an Jamie Gabbarelli für seine Hilfe bei der Beschaffung des Dokuments.
26 Scheffler 1946, S. 218.
27 Scheffler 1932.
28 Höfliger, die sich auf Augenzeugenberichte stützt, weist darauf hin, dass Elsa höchstwahrscheinlich die treibende Kraft hinter den Empfängen war. Siehe Höfliger 1977, S. 72.
29 Augusta von Oertzen, «Berliner Salons: Ein Haus der Kunst», in: *Berliner Tageblatt*, 3.3.1929 («Weltspiegel»-Beilage), S. 4.
30 Für eine Analyse des jüdischen Sammelns in Deutschland während dieser Zeit als Strategie der bürgerlichen Selbstwerdung siehe Weber 2008.
31 Für eine ausführlichere Beschreibung der Räumlichkeiten siehe Senger 1996. Die Autorin erwähnt die relativ geringe Grösse des Salons, in dem die Zusammenkünfte stattfanden, im Vergleich zu der viel geräumigeren, langgestreckten Bibliothek der Wohnung.
32 Für eine Einführung in den Kreis um das Schwarze Ferkel siehe Heller 1993. Strobl weist auch auf die Verwandtschaft Glasers mit Scheffler und der Generation älterer Kritiker wie Julius Meier-Graefe hin, mit dem die Glasers ebenfalls bekannt waren; siehe Strobl 2006, S. 151.
33 Zu den Beweggründen Richters für ihre Konversion von 1858, die sie unter anderem in Richters Drang nach gesellschaftlicher Anerkennung finden, siehe Uebe/Bossmann 2004, S. 134. Dass es für die Glasers ebenso eine Frage der gesellschaftlichen Anerkennung war, ergibt sich auch durch die bereits erwähnte Unterhaltung Elsas mit Kinoshita zu dieser Frage.
34 Botstein 2005, S. 159.
35 Augustin 2018, S. 354–356.
36 Für eine aktuelle Diskussion, insbesondere über die Geschlechterdynamik zwischen Herwarth und Nell Walden, siehe Anger 2018, S. 31–76. Für eine Diskussion über die Beziehung zwischen Herwarth Walden und Curt Glaser siehe Strobl 2006, S. 145–150.
37 Scheffler 1946, S. 218.
38 Unter den erhaltenen Briefen von Curt Glaser an Edvard Munch, die im Munchmuseet in Oslo aufbewahrt werden, befinden sich einige wenige sehr kurze Notizen von Elsa, die meist neben der Unterschrift ihres Mannes Grüsse übermitteln.
39 Schapire 1930, S. 712. Ein anderer Rezensent, Fritz Novotny, schreibt in ähnlichem Sinne: «Das Buch Gasquets, das seit einiger Zeit auch in einer gut übersetzten deutschen Ausgabe vorliegt, hat ausnahmslos beifällige oder sogar überschwängliche Aufnahme gefunden», in: Novotny 1932, S. 268.
40 Die beiden Auszüge sind «Aus dem Leben Cézannes» und «Cézanne: Anekdoten und Aussprüche», Gasquet 1929 und Gasquet 1930b. Curt Glaser hatte 1927 in *Kunst und Künstler* einen zweiteiligen Artikel über Gasquets Buch veröffentlicht, die Auszüge in diesem Text wurden allerdings von Margarete Mauthner übersetzt, die regelmässig als Übersetzerin für Bruno Cassirer und *Kunst und Künstler* tätig war und selbst eine prominente Sammlerin war, siehe Glaser 1927.
41 Zervos 1930.
42 Walravens 2012, S. 12.
43 Höfliger 1977, S. 72.
44 Elsa Glaser an Karl Scheffler, o. D. [vor Mai 1928], Scheffler 368. Akademie der Künste Berlin, Karl-Scheffler-Archiv.

Andreas Schalhorn

CURT GLASER UND DIE ZEITGENÖSSISCHE KUNST IM BERLINER KUPFERSTICHKABINETT

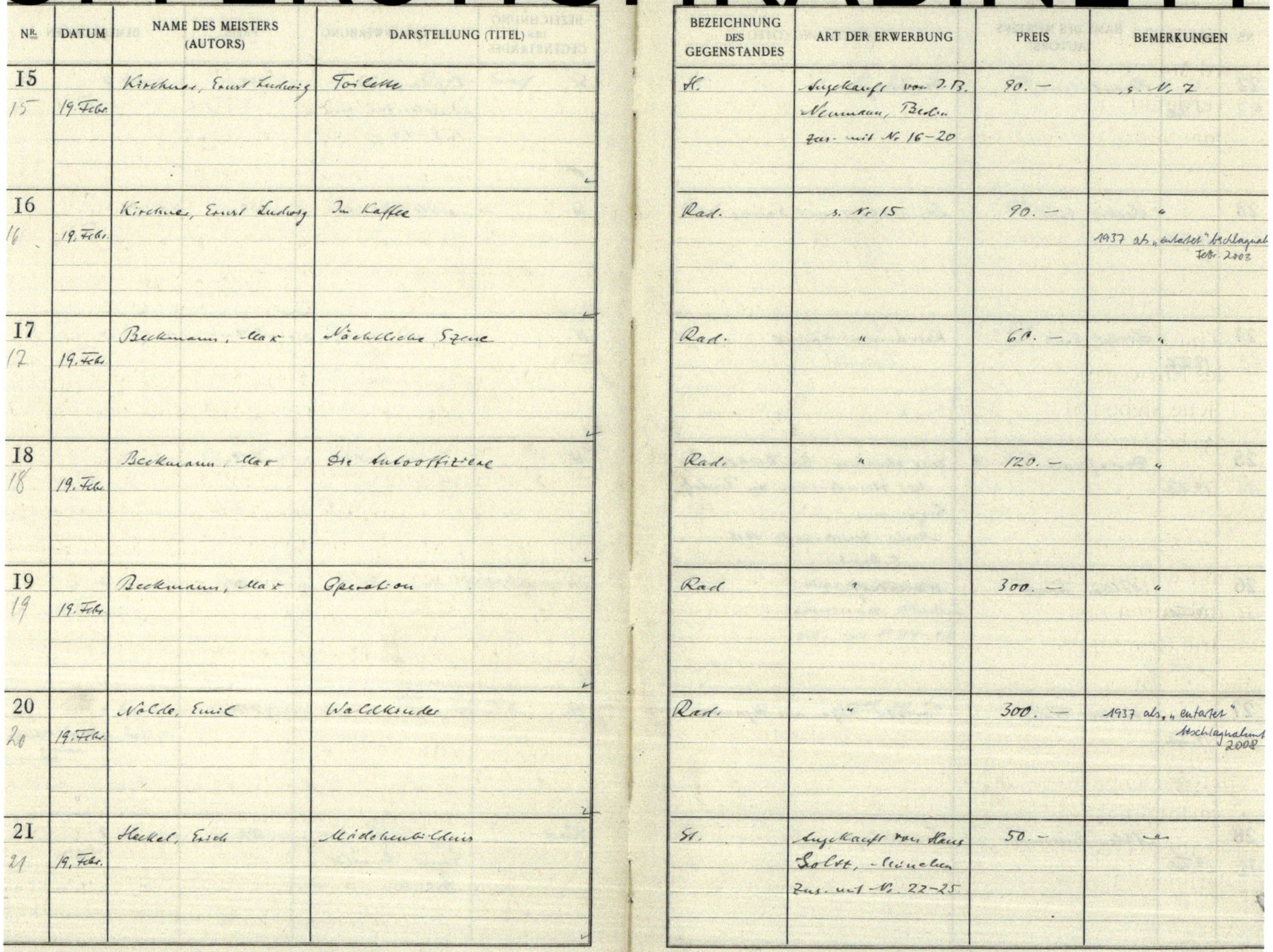

Nr.	DATUM	NAME DES MEISTERS (AUTORS)	DARSTELLUNG (TITEL)	BEZEICHNUNG DES GEGENSTANDES	ART DER ERWERBUNG	PREIS	BEMERKUNGEN
15	19. Febr.	Kirchner, Ernst Ludwig	Toilette	H.	Angekauft von J. B. Neumann, Berlin zus. mit Nr. 16–20	90.–	s. Nr. 7
16	19. Febr.	Kirchner, Ernst Ludwig	Im Kaffee	Rad.	s. Nr. 15	90.–	" 1937 als „entartet" beschlagnahmt Febr. 2003
17	19. Febr.	Beckmann, Max	Nächtliche Szene	Rad.	"	60.–	"
18	19. Febr.	Beckmann, Max	Die Autooffiziere	Rad.	"	120.–	"
19	19. Febr.	Beckmann, Max	Operation	Rad.	"	300.–	"
20	19. Febr.	Nolde, Emil	Waldkinder	Rad.	"	300.–	1937 als „entartet" beschlagnahmt 2008
21	19. Febr.	Heckel, Erich	Mädchenbildnis	St.	Angekauft von Hans Goltz, München zus. mit Nr. 22–25	50.–	"

Abb. 35
Inventarbuch des Kupferstichkabinetts Berlin aus dem Jahr 1920, Neuzugänge von Ernst Ludwig Kirchner, Max Beckmann, Emil Nolde und Erich Heckel, eingetragen von Curt Glaser

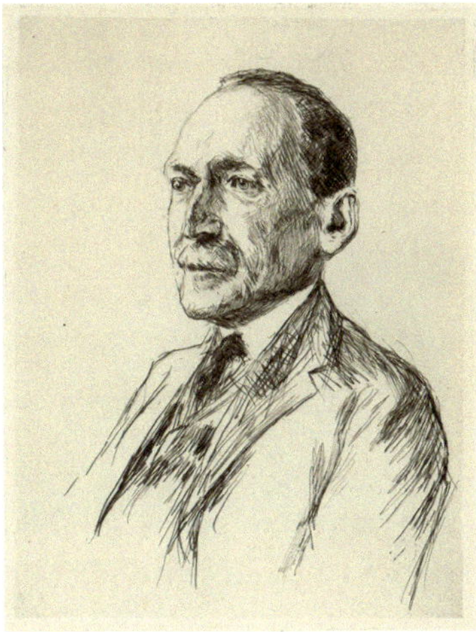

Abb. 36
Max Liebermann
Porträt Max J. Friedländer
1927
Radierung und Kaltnadel
25,9 × 19,7 cm (Platte)
Kupferstichkabinett, Staatliche Museen zu Berlin – Preußischer Kulturbesitz

Curt Glasers Wirken am Berliner Kupferstichkabinett zwischen 1909 und 1924 wird heute vor allem mit zahlreichen Erwerbungen moderner, damals zeitgenössischer Druckgraphik in Verbindung gebracht – vornehmlich jener von Edvard Munch und Ernst Ludwig Kirchner. Seiner Tätigkeit verdankt sich zudem der Erwerb von Werken Max Beckmanns und einiger französischer Künstler (Abb. 35).[1]
Von Munch waren zwar bereits 1903 vier Werke als direkte Erwerbungen vom Künstler in die Sammlung gelangt, darunter das auch im Kupferstichkabinett des Kunstmuseums Basel befindliche *Selbstbildnis (frontal)* (Kat. 177). Zwischen 1909 und 1913 kamen nun ganze 100 Werke hinzu, allein 61 im Jahr 1912. Bis 1936 sollten noch 135 weitere Graphiken des Norwegers ans Haus gelangen. Zu diesen gehörten auch jene sieben Munch-Blätter aus Glasers Privatbesitz, die 1933 bei Max Perl in Berlin versteigert und dem Kupferstichkabinett Berlin durch einen ungenannten Gönner zusammen mit fünf Werken Kirchners, unter ihnen *Frauen am Potsdamer Platz* und *Kopf des Kranken* (Kat. 207), geschenkt wurden. 2012 wurden im Rahmen einer «gerechten und fairen Lösung» im Sinne der Washington Principles drei Graphiken von Munch und eine von Kirchner an die Erben Curt Glasers restituiert, während unter anderem Munchs Holzschnitt *Zwei Menschen (Die Einsamen)* von 1899 (Kat. 211) am Kupferstichkabinett verblieb.[2] Auch wenn 1937 sieben Munch-Werke aus dem Kupferstichkabinett verfolgungsbedingt entfernt wurden und zwei weitere seit 1945 verschollen sind, zählt die Munch-Sammlung des Berliner Kupferstichkabinetts noch immer zu den grössten weltweit.[3]
Munch wie Kirchner gehörten bekanntlich zu jenen Künstlern, deren Werke Curt Glaser und seine erste Frau Elsa auch privat sammelten.[4] Dies gilt ferner für Max Beckmann, Lovis Corinth und Hans Purrmann. Von diesen Künstlern, zu denen Glaser einen persönlichen, teilweise freundschaftlichen Kontakt pflegte, erwarb das Kupferstichkabinett ab 1919 und mit einer gewissen Regelmässigkeit eine grosse Zahl an Graphiken.

DIE RAHMENBEDINGUNGEN FÜR CURT GLASERS ARBEIT AM KUPFERSTICHKABINETT

Doch wie sah das Profil des Museums als Hort der Gegenwartskunst in jenen Jahren überhaupt aus? Wann und wie hatte es sich zu einem solchen entwickelt? Gerne wird bei der oft pauschalen Betonung der Verdienste Curt Glasers um den Ausbau der Sammlung damals zeitgenössischer Druckgraphik am Berliner Kupferstichkabinett vergessen, dass er innerhalb eines institutionellen Rahmens agierte, bei dem die Freiheiten, die er als Privatsammler und Kunstkritiker genoss, keineswegs von vornherein gegeben waren.
Den wesentlichen Faktor für Glasers eben nur scheinbar autonomes Agieren stellte der Direktor des Kupferstichkabinetts dar: Von 1908 bis 1930 war dies Max J. Friedländer (1867–1958), der von 1924 bis 1933 auch das Amt des Direktors der Gemäldegalerie innehatte und wie Curt Glaser 1933 wegen seiner jüdischen Herkunft gezwungen wurde, sein Amt aufzugeben. Unter Friedländer (Abb. 36), dem angesehenen Fachmann für die altniederländische Malerei und Graphik, begann und endete Glasers Laufbahn am Kupferstichkabinett: 1909 in der untergeordneten Funktion eines «wissenschaftlichen Hilfsarbeiters» eingestellt, wurde er 1918 Direktoral-Assistent und 1920 verbeamteter Kustos der sogenannten Neuen Abteilung, ehe er vier Jahre später als Direktor an die Kunstbibliothek wechselte.[5]
Die intensive Zuwendung zur Graphik der Gegenwart war durchaus das Verdienst von Friedländer, der damit einen, wie noch zu zeigen ist, erst Ende des 19. Jahrhunderts am Kupferstichkabinett etablierten Sammlungsschwerpunkt mit neuem Elan ausbaute. Er wirkte auf diesem Gebiet nachhaltiger als sein Vorgänger Max Lehrs (1855–1938), der nach nur dreieinhalb Jahren das Direktorenamt im Sommer 1908 aufgab und nach Dresden ans dortige Kupferstich-Kabinett zurückging.[6]
Wie genau Friedländer und Glaser in Sachen Ankaufsentscheidungen interagierten, bleibt offen, da entsprechende Quellen fehlen: «In Anbetracht der Vielzahl der in seiner [Friedländers] Zeit zustande gekommenen Erwerbungen

stellt sich die bisher unbeantwortete und kaum noch lösbare Frage, welche davon tatsächlich ihm selbst zuzuschreiben sind und welche auf die Initiative der beiden hochqualifizierten jüngeren Mitarbeiter Curt Glaser [...] und Willy Kurth (1881–1963) zurückgehen, die ihn beim Aufbau der Modernen Abteilung unterstützten.»[7] Dass Glaser mit Friedländer einen Vorgesetzten besass, der ihm beim Erwerb neuer Graphik viele Freiheiten liess, ist offenkundig. Von dieser Haltung profitierte auch Glasers Nachfolger Kurth, der mit eigenen Akzenten die Neue Abteilung weiter ausbaute. So gelang es Kurth, bereits seit 1913 am Museum beschäftigt, noch im Jahr 1936 mehrere Werke von Kirchner anzukaufen, mithin zu einem Zeitpunkt, als die Diffamierung der Moderne bereits integraler Bestandteil der nationalsozialistischen Kunstpolitik geworden war. Ein Jahr später sollte er sich in einer wagemutigen Aktion um die Rettung Hunderter Werke der Moderne, von denen ein Grossteil in der Ära Glaser ans Haus gekommen war, vor verfolgungsbedingtem Entzug verdient machen.[8]

Friedländer selbst erwärmte sich vermutlich keineswegs für die Werke eines Kirchner oder Beckmann, vertraute aber dem Urteil Curt Glasers. Stattdessen hatte er ein Faible für die französische Kunst des Impressionismus (Henri de Toulouse-Lautrec im Besonderen) sowie jene der deutschen Impressionisten Max Slevogt und Max Liebermann. So verfasste er zur Druckgraphik Liebermanns eine kleine Monographie, die 1922, im Jahr des 75. Geburtstags des Künstlers, im Verlag der Dresdner Galerie Ernst Arnold erschien.[9] Glaser wiederum hatte bereits 1910 einen längeren Aufsatz zu Liebermann als Radierer publiziert.[10] Die Arbeiten des Berliner Künstlers, 1898 als Mitgründer der Berliner Sezession einer der Wegbereiter der Moderne in der Reichshauptstadt, stellen rückblickend so etwas wie den Generalbass der Sammlung der Jahre 1900 bis 1930 dar. Unter den zeitgenössischen ausländischen Künstler:innen nahm Munch eine ähnliche Stellung ein. Friedländers Begeisterung für den in seinem erzählerischen Temperament Liebermann entgegengesetzten Slevogt (Kat. 213) lässt sich an weiteren Texten festmachen: In einem vom Verlag Bruno Cassirer veröffentlichten, Anfang der 1920er Jahre publizierten Verzeichnis der illustrierten Bücher und Mappenwerke Slevogts war der Direktor des Kupferstichkabinetts mit zwei Beiträgen vertreten.[11] Zu einer Festschrift zum 50. Geburtstag des Verlegers im Jahr 1922 wiederum trug nicht nur er, sondern auch Glaser einen Text bei.[12] Die Verflechtung des Museums mit einem der wichtigsten Berliner Verleger moderner Graphik, der dem Haus durch Ankäufe und nicht wenige Schenkungen verbunden war, wird hier deutlich.

In Glasers Ära am Kupferstichkabinett (1909–1924) gelangten Werke von über 300 zeitgenössischen Künstlern und kaum mehr als einem Dutzend Künstlerinnen ans Museum, und zwar in Form von Einzelblättern, Mappen, illustrierten Büchern, Reproduktionsgraphik oder auch Exlibris. Die meisten Künstler:innen fanden nur mit wenigen Werken Eingang in die Sammlung, sodass sich hier kaum Strategien hinsichtlich des Sammlungsaufbaus ablesen lassen. Gleichwohl konnte manche Okkasion – 1912 und 1917 die Ankäufe jeweils einer Radierung der amerikanischen Impressionistin Mary Cassatt[13] – punktuell bestehende Schwerpunkte stärken. Andere Gelegenheitserwerbungen basierten vermutlich, wie heute noch, auf teils geduldeten, teils forcierten Schenkungen. Hinzu kamen pflichtgemäss angenommene Überweisungen von Werken wie jene der Freien Vereinigung der Graphiker zu Berlin.[14] Auch die seit 1893 jährlich stattfindende, eher konservativ ausgerichtete Grosse Berliner Kunstausstellung, auf der über eine externe Kommission Ankäufe getätigt wurden, führte quasi zu einem von Amts wegen erfolgenden Zuwachs an neuerer Graphik, die keineswegs dem Gusto Glasers oder Friedländers entsprechen musste.

Das Kupferstichkabinett war erst wenige Jahre vor Friedländers und Glasers Dienstantritt räumlich und konzeptionell auf das Sammeln von Gegenwartskunst ausgerichtet worden. Es befand sich im zweiten Obergeschoss des Neuen Museums, wo es in dem von Friedrich August Stüler (1800–1865) errichteten, mehrere Sammlungen beherbergenden Gebäude 1850 seinen Betrieb aufgenommen hatte.[15] In den ersten Jahrzehnten war es bei Fokussierung auf die alte Kunst auf eine Raumfolge im nördlichen Flügel zu Seiten des zentralen Treppenhauses beschränkt. 1907 kam es nach dem bereits in den 1880er Jahren erfolgten Auszug der Kunstkammer und des Völkerkundemuseums zur entscheidenden Erweiterung: Im südlichen Flügel wurde nach Osten hin ein grosser Ausstellungssaal eingerichtet, der mit der Präsentation einer grossen, kurz zuvor erworbenen Goya-Sammlung feierlich eröffnet wurde.[16] Hinzu kamen auf der Westseite Räume für die Neue Abteilung, darunter ein eigener Ausstellungsraum und ein geräumiger Studiensaal. Hier befand sich die gesamte nach 1800 entstandene Druckgraphik, eingeschlossen die Werke der Zeitgenoss:innen.

Zehn Jahre zuvor hatte Friedrich Lippmann (1838–1903), Direktor von 1876 bis 1903, die Neue Abteilung ins Leben gerufen, nachdem ihm 1896 in einem ebenso klugen wie forschen Schachzug die Übernahme der gesamten neueren deutschen Druckgraphik von der damals führungslosen Nationalgalerie gelungen war.[17] Hugo von Tschudi (1851–1911), der wie Lippmann gegen den Willen des Kaisers auf die französische Kunst des Impressionismus setzte, konnte nach Amtsantritt als Direktor der Nationalgalerie diesen umstrittenen Schritt nicht mehr revidieren.[18] 1897 als Gründungsjahr der Neuen Abteilung war wohl als Hommage an Max Liebermann zu begreifen, der in diesem Jahr seinen 50. Geburtstag feierte. Und er war auch einer der ersten, damals trotz aller Erfolge noch umstrittenen

Gegenwartskünstler, von dem Lippmann – neben englischen und französischen Künstlern – Werke erwarb.[19]
Ab 1907, zwei Jahre vor Glasers Eintritt ins Kupferstichkabinett, musste der in der Materie unerfahrene Johannes Sievers als Volontär bzw. als wissenschaftlicher Hilfsarbeiter die Neue Abteilung nicht nur betreuen, sondern aufbauen.[20] Diese war eigentlich das Aufgabengebiet von Otto Walther Gensel. Seit 1903 Direktoralassistent am Kupferstichkabinett, fiel er wegen Krankheit oft aus und verstarb 1910 im Alter von nur 39 Jahren.[21] Sievers war bei dieser Aufgabe weitgehend auf sich allein gestellt, «denn die mir zur Unterstützung beigegebenen Volontäre mußten ja zunächst die Handhabung des technischen Apparates selber lernen, wenn sie auch wie meine Studienfreunde Curt Glaser und Eduard Plietzsch auf wissenschaftlichem Gebiet ausgezeichnete Kenntnisse besaßen.»[22]
Der Direktor war in Sievers' ersten beiden Dienstjahren der schon erwähnte Max Lehrs. Wie zuvor in Dresden machte er sich vor allem um den Aufbau der Kollwitz-Sammlung am Berliner Kupferstichkabinett verdient, an deren Gedeihen bald darauf auch Johannes Sievers grossen Anteil hatte.[23] Blieb der in vielem konservative Lehrs in Sachen Ausbau der Neuen Abteilung in Berlin eher glücklos, gelang es ihm 1908 immerhin, ein 97 Werke umfassendes Konvolut von Werken Liebermanns für die Sammlung zu erwerben, was in jenen Jahren ebenso wie der Ankauf von Kollwitz-Graphiken weiterhin ein mutiges Unterfangen darstellte.[24]
Dass beim Ausbau der Neuen Abteilung die Haltung des Direktors entscheidend war, erfuhr Johannes Sievers im Fall von Max Slevogt: Da die Besucher des Kupferstichkabinetts immer wieder nach Werken des wie Liebermann der Berliner Secession angehörenden Künstlers fragten, dieser aber mit keiner einzigen Arbeit in der Sammlung vertreten war, bat Sievers Lehrs um die Erlaubnis, 15 Lithographien des Künstlers anzukaufen, die günstig angeboten wurden.[25] «Lehrs schlug meine Bitte mit dem Bemerken rundweg ab, solange er Direktor wäre, würde von Slevogt nichts gekauft werden.»[26] Wenige Jahre später änderte sich die Situation unter Lehrs' Nachfolger Max J. Friedländer. Dieser «machte nur zur Bedingung, die Fühlungnahme mit dem in Berlin lebenden Künstler solle durch mich erfolgen – im übrigen ließe er mir volle Freiheit, in Gemeinschaft mit dem Künstler das mir geeignet Erscheinende für das Kabinett auszuwählen.»[27]
Der Name Slevogt, dem das Museum 1919 eine Ausstellung widmete,[28] sollte in der Ära Glaser regelmässig und mit über 300 Werken quantitativ herausragend in den Inventaren auftauchen. Dies gilt auch für einen weiteren Protagonisten des deutschen Impressionismus, Lovis Corinth (Kat. 204), um den Lehrs gleichfalls einen grossen Bogen gemacht hatte. Von ihm wurden 1909 erstmals zwei Werke erworben, zudem ehrte man den Künstler 1921 und 1924 (ein Jahr vor seinem Tod) mit Ausstellungen.[29] Die Liebermann-Sammlung wiederum erlebte im Direktorat Friedländers ihre Blütezeit – bis 1930 gelangten 352 Blatt ans Museum.[30] Der Künstler wurde also systematisch gesammelt. Dabei wird eine damals wie heute praktizierte Ankaufsstrategie deutlich: Reguläre Erwerbungen wurden durch Preisnachlässe oder Schenkungen vonseiten des Künstlers oder seiner Förderer, Verleger und Galeristen ergänzt. Dass die Ankaufsmittel des Museums alleine einen kontinuierlichen Sammlungsaufbau (etwa im Hinblick auf die Komplettierung der Graphik einzelner Künstler:innen) nicht stemmen konnten, wird aus einem Brief von Slevogt an Sievers vom 11. Januar 1923 deutlich, in dem auch der Name Curt Glaser fällt: «Mit dem Kupferstichkabinet [sic] (Dr. Glaser) habe ich sowieso gelegentlich im Café über den Punkt des Weitersammelns gesprochen, u. / ich / stehe / dabei / principiell auf dem Standpunkt, dem Staate, der dafür keine Mittel bewilligen zu können glaubt, nicht entgegenzukommen. Das Kabinet [sic] ist – traurig aber wahr – nunmehr darauf angewiesen, sich's vom Verleger und Künstler schenken zu lassen.»[31] Trotz der harschen Worte verzichtete freilich auch Slevogt in der Folge nicht auf Schenkungen.
Es ist zu vermuten, dass Glaser Sievers vertrat, als letzterer im Sommer 1909 mit seiner Frau zu einer Weltreise aufbrach, von der er erst im Mai 1910 zurückkehrte.[32] Denn genau in jene Phase fiel der Erwerb von zehn Werken Munchs,[33] einem Künstler, der unter dem noch der Radierkunst eines Max Klinger verhafteten Lehrs nicht gesammelt worden war. Spätestens mit dem Wechsel von Sievers ins Referat für Kunstangelegenheiten im preussischen Kultusministerium im Jahr 1912 wird die Bedeutung Glasers hinsichtlich des Erwerbs neuerer Kunst deutlich, wie seine Zeilen an Munch vom 17. Dezember desselben Jahres bezeugen: «Ihre Graphik habe ich für das Kupferstichkabinett hier sehr viel gekauft, seitdem ich die neue Abteilung zu leiten habe.»[34] Auch wenn Glaser noch keine der zwei Kustodenstellen innehatte, zeugt sein Brief von Selbstbewusstsein und Selbständigkeit hinsichtlich seiner Sammlungstätigkeit für das Kupferstichkabinett. 1912 gelangte zudem ein grosses Konvolut französischer Druckgraphik als Schenkung eines Ungenannten ans Museum. Die Arbeiten stammten überwiegend aus dem späten 19. Jahrhundert, mengenmässig dominiert von Lithographien Honoré Daumiers. Das Konvolut enthielt zudem Pablo Picassos Radierung *Die Armen (Les Pauvres)* von 1904/05 (Abb. 37) – das erste vom Kupferstichkabinett erworbene Werk des Spaniers überhaupt.[35] Mit dieser Akzentuierung der französischen Kunst, im selben Jahr von einer Ausstellung der Graphik von Daumier und Toulouse-Lautrec flankiert,[36] operierten Glaser und Friedländer abweichend von der damaligen bzw. damals möglichen offiziellen Ankaufspolitik der Nationalgalerie unter Ludwig Justi (1876–1957), der 1909 als Nachfolger des von

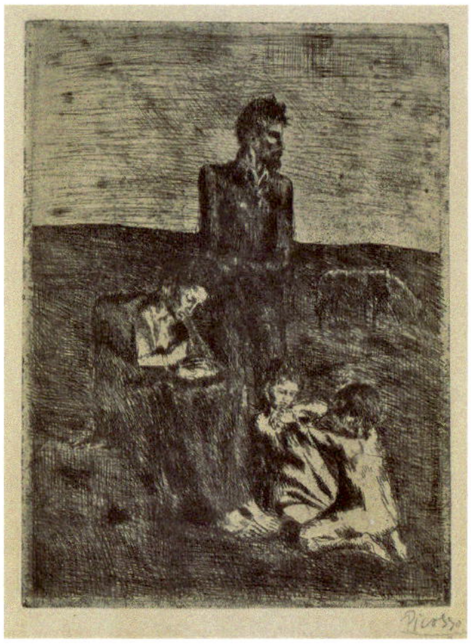

Abb. 37
Pablo Picasso
Die Armen (Les Pauvres)
1904/05
Radierung, 23,6 × 18 cm (Platte)
Kupferstichkabinett, Staatliche Museen zu Berlin – Preußischer Kulturbesitz

Wilhelm II. aus dem Amt gedrängten Hugo von Tschudi Direktor geworden war und bei Erwerbungen vor allem auf deutsche Künstler:innen setzte.

Im Ersten Weltkrieg erfuhr Glasers Sammlungsengagement erhebliche Einschränkungen, ab 1915 bedingt durch seine freiwilligen Einsätze als Arzt in einem Berliner Lazarett und vor allem in den Jahren 1917 und 1918 als Arzt des Landsturms in Flandern.[37] An den Ankauf internationaler, und das hiess hier vor allem französischer Kunst, war in diesen Zeiten ohnehin nicht zu denken. Erst nach dem Ende des Krieges und dem des Deutschen Kaiserreichs konnte die Sammlung auf diesem Gebiet ausgebaut werden. So gelangten zwischen 1919 und 1924 Werke von Toulouse-Lautrec, Camille Pissarro, Maurice Denis, Pierre Bonnard und Henri Matisse ans Kupferstichkabinett.[38] Bereits 1919 kam *Der ruhende Gaukler (Le Saltimbanque au repos)* als zweite Graphik von Pablo Picasso in die Sammlung. Das Werk war ein Geschenk von Hugo Perls (1886–1977), einem Cousin Glasers, der als Kunsthändler zudem in enger Verbindung zu Friedländer stand.[39]

DIE ERWEITERUNG DER SAMMLUNG NACH DEM ERSTEN WELTKRIEG

Die Druckgraphik der ehemaligen Mitglieder der in Berlin 1913 aufgelösten Künstlergruppe «Die Brücke» gelangte erst ab 1919 in grösserem Umfang ans Museum.[40] Der erste Expressionist, von dem zuvor zwei Radierungen als Schenkungen von Unbekannt Eingang in die Sammlung gefunden hatten, war 1913 Emil Nolde – kein Künstler, dem Glaser als Kunstkritiker und Privatsammler besonders gewogen war.[41] Als Schenkung freilich wurden die Werke akzeptiert, die durch einige spätere Ankäufe ergänzt wurden. 1916 erwarb man einen Holzschnitt von Erich Heckel (über 50 Werke folgten zwischen 1919 und 1924), ehe ein Jahr später Galerie und Verlag Fritz Gurlitt fünf Werke von Max Pechstein stifteten. Dieser hatte sich durch sein besonderes kunstpolitisches Engagement als Brücke-Künstler im Berliner Ausstellungswesen, das Glaser als Kritiker intensiv verfolgte, eine exponierte Stellung erarbeitet.[42]

Wie zahlreiche Ankäufe und Schenkungen verdeutlichen, verlor Glaser erst nach Ende des Ersten Weltkriegs seine lange gehegte Reserve den Expressionisten gegenüber. Diese war wohl begründet durch sein Misstrauen dem avantgardistisch-offensiven Impetus Herwarth Waldens (1878–1941) gegenüber, in dessen Galerie «Der Sturm» viele der Brücke-Künstler in den 1910er Jahren ausgestellt worden waren.[43]

Beim Aufbau der Sammlung zeitgenössischer Graphik, der im Hinblick auf die Kunst der Brücke deutlich zeitverzögert intensiviert wurde, wobei ja erst jetzt die generellen konservativen Leitlinien der kaiserlichen Kunstpolitik entfallen waren, nutzten Friedländer und Glaser nun die Mittel des beim Kultusministerium angesiedelten Landeskunstfonds, die seit den Zeiten Lippmanns für Erwerbungen für die Neue Abteilung vergeben wurden. Dabei erfolgte die Entscheidung über Ankäufe durch die «Spezialkommission für [den] Ankauf von Werken der graphischen Kunst aus Mitteln des Landeskunstfonds».[44] Friedländer war als Direktor des Kupferstichkabinetts Vorsitzender dieser Kommission, die jährlich mehrfach tagen konnte.[45] Für die Ära Glaser sind 20 Sitzungen dokumentiert.[46] Die Angebote kamen von Künstler:innen, Privatleuten, Galerien und Kunsthändlern in ganz Deutschland. Glaser nahm offiziell erstmals 1919 als Protokollführer an einer Sitzung teil – ein Amt, das er bis zu seinem Wechsel an die Kunstbibliothek bekleidete.[47] Der Kommission gehörten ferner Delegierte aus dem Ministerium für Wissenschaft, Kunst und Volksbildung an,[48] zudem Kunsthistoriker von den Berliner Museen oder anderen Institutionen sowie ein oder zwei Künstler, die im Bereich der Druckgraphik tätig waren. Die Künstler konnten (wie etwa Arthur Kampf) bisweilen eher konservativ sein, eine dadurch begründete Verhinderung bestimmter Ankäufe lässt sich aber nicht feststellen. An vielen Sitzungen nahm Ludwig Justi als Direktor der Nationalgalerie teil. Hinzu kamen Persönlichkeiten des akademischen Kunstbetriebs wie Wilhelm Waetzoldt, August Grisebach oder Adolph Goldschmidt.[49]

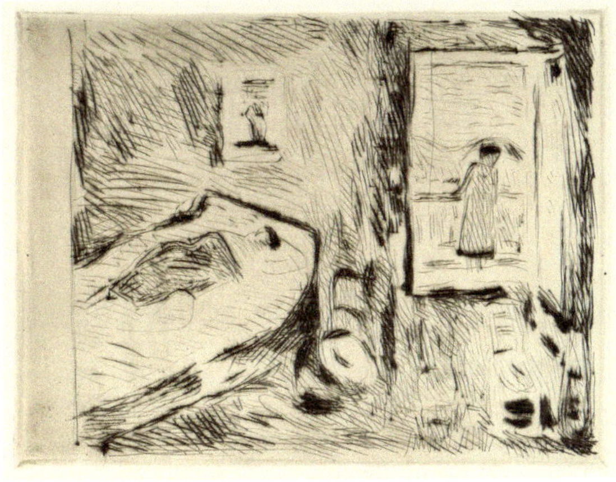

Abb. 38
Hans Purrmann
Raum nach Matisse (II)
1915
Kaltnadel (Probedruck)
8,5 × 11,3 cm (Platte)
Kupferstichkabinett, Staatliche Museen zu Berlin – Preußischer Kulturbesitz

Am 5. Dezember 1919 war bei der LIX. Sitzung der Spezialkommission, die beispielhaft erwähnt sei, da hier neue Impulse des Sammelns sichtbar werden, als Künstler der von Glaser geschätzte Hans Purrmann anwesend. Zu den weiteren prominenten Kommissionsteilnehmern gehörte der Kunsthistoriker, Schriftsteller und Sammler Johannes Guthmann (1876–1956), dessen Gutshaus in Neu-Cladow damals Treffpunkt der Kunstszene um Liebermann und Slevogt war.
Als es auf der Sitzung um den letztendlich bewilligten Ankauf von neun Radierungen Purrmanns für maximal 1000 Mark ging, zu denen auch der Probedruck *Raum nach Matisse* gehörte (Abb. 38), enthielt sich der Künstler. Die Ankaufssumme entsprach einem Dreizehntel der in der Sitzung ausgegebenen Gesamtsumme. Erworben wurden zudem Werke von Kollwitz, Wilhelm Lehmbruck, Corinth, Nolde, Otto Mueller, Hans Thoma, Karl Schmidt-Rottluff und anderen. Slevogt, der in diesem Jahr eine Ausstellung am Kupferstichkabinett bekommen hatte, erhielt für ein von ihm erworbenes Graphik-Konvolut von Radierungen zu Mozarts «Zauberflöte» mit 4500 Mark den grössten Posten, während von Max Beckmann, der nun intensiver gesammelt wurde, drei Radierungen (Angebot von Israel Ber Neumann) für 480 Mark angekauft wurden.
Viele der von Glaser 1919 initiierten Erwerbungen wurden von ihm in Form von Artikeln der Öffentlichkeit vorgestellt.[50] Seit 1902 war er in Berlin als Kunstkritiker für den *Hamburgischen Correspondenten* im Einsatz, ab 1910 für die *Kunstchronik*.[51] 1918 wurde er zudem Berichterstatter des *Berliner Börsen-Couriers* und damit zum «kritisierenden Museumsbeamten»[52] – einer damals nur noch wenig verbreiteten, heute undenkbaren Kombination beruflicher Tätigkeitsfelder.
Einige der neu erworbenen Werke flossen zudem in den für die damalige Zeit bemerkenswerten, von Friedländer forcierten Ausstellungsbetrieb des Kupferstichkabinetts ein, in den Glaser häufig als Assistenz des Direktors eingebunden war.[53] 1915 zeigte das Museum ab Ende März in einer Ausstellung skandinavischer Künstler in grösserem Umfang Munch-Graphik,[54] 1919 wurden die Neuerwerbungen zeitgenössischer deutscher Graphik präsentiert,[55] ein Jahr später arbeitete Glaser, durch sein Studium in der alten Kunst bestens bewandert, an einer Ausstellung zur Geschichte des Holzschnitts seit 1500 mit. Zu ihr verfasste er eine von Bruno Cassirer verlegte kleine Publikation, deren letzte Seiten, mit einer Abbildung von Munchs Holzschnitt *Der Urmensch* (1905) illustriert, neben dem Norweger auch viele deutsche Graphiker der Gegenwart (von Kirchner bis Ernst Barlach) anführen.[56] Die Ausstellung gehörte zu einer von Friedländer initiierten, sich über mehrere Jahre erstreckenden Reihe zu den graphischen Techniken bis hin zur im 19. Jahrhundert etablierten Lithographie. Dieser wurde 1922 eine Ausstellung gewidmet, in der auch Munch vertreten war.[57] 1923 zeigte man graphische Werke von Munch in einer Einzelausstellung.[58]
Neben den bereits erwähnten deutschen Künstlern, die häufig in den Inventaren der frühen 1920er Jahre erscheinen (von Liebermann über Beckmann bis Purrmann), findet sich auch der stilistisch eigenwillige Rudolf Grossmann (Kat. 206). Zu ihm wie zu Paul Kleinschmidt (Kat. 209) hatte Glaser auch als Privatsammler eine grosse Affinität.[59] Noch wenig gezielt gelangten gleichzeitig erstmals jüngere Künstler mit einzelnen Werken in die Sammlung, nämlich Otto Dix und George Grosz, Künstler mithin, die den sozialen Missständen ihrer Zeit in ihrem Werk einen breiteren Raum gaben. Im Unterschied zu vielen 1937 verfolgungsbedingt entzogenen Werken befindet sich die 1917 im Malik-Verlag erschienene *Kleine Grosz-Mappe*, eine Schenkung I. B. Neumanns, noch heute im Haus.[60] Die Protagonisten des Russischen Konstruktivismus, des Dadaismus oder des Bauhauses – man denke nur an Paul Klee und Wassily Kandinsky –, die allesamt im Berliner Ausstellungsbetrieb der Zeit vertreten waren, hinterliessen in den Inventaren noch keine Spuren. Von Conrad Felixmüller wurden nur zwei Werke erworben, wohingegen von dem 1916 gefallenen Franz Marc posthum immerhin 14 Graphiken in die Sammlung gelangten, aus dem Kreis des Blauen Reiters zudem

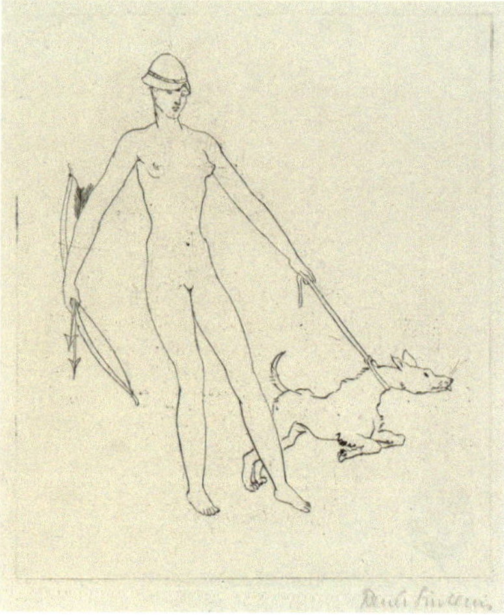

Abb. 39
Renée Sintenis
Diana
Kaltnadel, 17 × 14,8 cm (Platte)
Kupferstichkabinett, Staatliche Museen zu Berlin – Preußischer Kulturbesitz

einige Blätter von Alexej Jawlensky. Zwischen zehn und dreissig Werke kamen von Heinrich Nauen, Oskar Kokoschka und Ernst Barlach ans Museum. Als Galeristen und Verleger von illustrierten Büchern tauchen die Namen der Cassirers, von I. B. Neumann, des Euphorion-Verlags, des Propyläen-Verlags, von Gurlitt und Alfred Flechtheim besonders häufig auf. Letzterer vertrat auch Karl Hofer, von dem 1921 erstmals Arbeiten ans Museum kamen (bis 1924 wurden 15 Werke erworben).

Zu den wenigen Künstlerinnen, die mit mehreren Werken ab 1919 Eingang in die Sammlung fanden – von Kollwitz abgesehen –, gehört Renée Sintenis (Abb. 39), deren Zeichnungen erst ab 1927 von der Nationalgalerie gesammelt wurden.[61] 1922 erwarb das Museum zwei Arbeiten der von Glaser wenig geschätzten Paula Modersohn-Becker.[62] Hervorzuheben ist auch die französische Dichterin und Malerin Marie Laurencin, langjährige Muse des Dichters Guillaume Apollinaire. 1922 war sie auf einer von Glaser rezensierten Ausstellung von Künstlerinnen in der Berliner Dependance der Galerie Alfred Flechtheim vertreten. Von Letzterem erhielt das Kupferstichkabinett in den Jahren 1921 bis 1924 neun Druckgraphiken der Künstlerin geschenkt (Kat. 210). Zwei Jahre zuvor hatte die Nationalgalerie bei Flechtheim ein Aquarell Laurencins gekauft.[63] An der entsprechenden Sitzung der von Ludwig Justi geleiteten Sachverständigen-Kommission (28. Dezember 1920), bei der über den Ankauf von Zeichnungen und Skulpturen entschieden wurde, nahm auch Glaser teil.[64] Dies bezeugt seine Vernetzung und seinen Einfluss über das Kupferstichkabinett hinaus.

Sieht man von «Sonderfällen» wie der offensichtlich von Flechtheim forcierten Marie Laurencin einmal ab, spielten Erwerbungen von Künstlerinnen (mit Kollwitz als Ausnahme) keine grosse Rolle.[65] Immerhin hatte Glaser 1913 einen kurzen Artikel über die in Berlin-Charlottenburg lebende Erna Frank (1861–1931) verfasst.[66] Vier Jahre zuvor hatte das Kupferstichkabinett von der Künstlerin, die der englischen Radiertradition des späten 19. Jahrhunderts verhaftet war, drei Arbeiten erworben.

Die zweifelsohne fortschrittlichere Laurencin kann stellvertretend stehen für die Integration von Werken, die von Künstler:innen mit französischen Wurzeln stammten. Dazu gehörten neben dem zumeist in Paris lebenden, 1930 den Freitod wählenden Bulgaren Jules Pascin (geb. 1885), von dem 1919 ein Konvolut von zehn Werken erstanden wurde (Abb. 40), der heute ebenso wenig bekannte Charles Crodel. Von ihm wurden in den Jahren 1923 und 1924 17 Werke erworben.[67] 1922 hatte der Künstler mit Glaser als Vermittler von einer besonderen finanziellen Förderung profitiert, die Munch infolge von Weltwirtschaftskrise und Inflation notleidenden deutschen Künstlern zukommen liess.[68] In Berlin wurde Crodel, der vermutlich auch von Glaser als künstlerische Hoffnung angesehen wurde, von Ferdinand Möller vertreten, der dem Museum 1923 drei Werke schenkte.[69] Während in *Figuren in Winterlandschaft* (Kat. 205) Crodels stilistische Nähe zu Kirchner deutlich wird, gibt es andere Werke, die den Einfluss von Munch erkennen lassen.

Wie Andreas Strobl feststellte, orientierte sich Glaser allein in seiner Eigenschaft als Kunstkritiker in «seinem Geschmack und in der Auswahl seiner Berichte [...] durchgehend nach Frankreich, wie dies typisch war [für] die Generation, die den Impressionismus in Deutschland durchzusetzen half.»[70] In diesem Zusammenhang sei an die frankophile Ausrichtung der Neuen Abteilung unter Lippmann erinnert, die noch für Friedländer und Glaser Gültigkeit besass.[71] So kann es kaum verwundern, dass es vor allem französische oder stilistisch verwandte Künstler waren – man denke an den Matisse-Schüler Purrmann als einen der «Deutschen in Paris»[72] –, die bei Ankäufen die Konzentration auf deutsche bzw. in Berlin ansässige Künstler aufbrachen. Ausnahmen sind daher umso bemerkenswerter: So kamen in Glasers letzten beiden Dienstjahren am Kupferstichkabinett 16 Werke Marc Chagalls als Geschenke von Paul Cassirer ans Haus (1937 allesamt verfolgungsbedingt entzogen).[73] Der Künstler war 1922 aus Witebsk nach Berlin gekommen und arbeitete dort im Auftrag Cassirers an den Radierungen zu *Mein Leben*, die 1931 als Buch publiziert

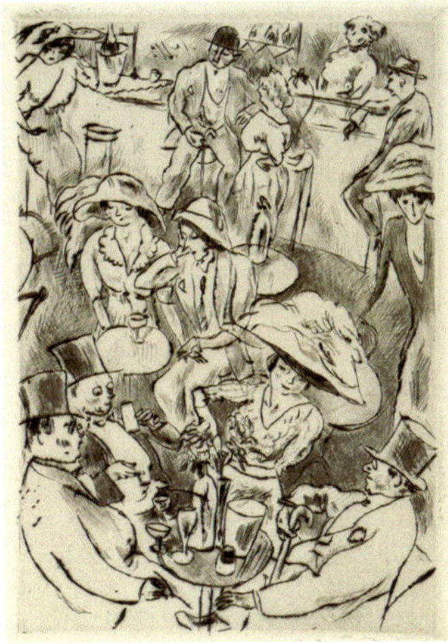

Abb. 40
Jules Pascin
Im Café
1910
Kaltnadel, 15,2 × 11 cm (Platte)
Kupferstichkabinett, Staatliche Museen zu Berlin – Preußischer Kulturbesitz

wurden. 1923 zog er weiter nach Paris. Glaser widmete in jenem Jahr einer Ausstellung von Gemälden Chagalls bei Lutz & Co. in Berlin eine längere, durchaus wohlwollende Rezension,[74] nachdem er ihn wenige Jahre zuvor in einer Ausstellung in der Sturm-Galerie, so der Vorwurf des Galeristen Walden, «für ein kleines Talent erklärt»[75] hatte.
Insgesamt, so lässt sich abschliessend feststellen, ging es Glaser im Rahmen des von Friedländer praktizierten Laisser-faire in Sachen Moderne-Ankäufe weniger um avantgardistische Akzente noch unbekannter Künstler:innen als um die Sicherung und den Ausbau vielfach bereits in Ausstellungen, im Handel oder in Sammlerkreisen etablierter Positionen.[76] «Risikokapital» in grösserem Sinne ist nicht zu erkennen, Keime für Neues (neben Dix, Grosz, Hofer, Sintenis wäre auch der Bildhauer Jussuf Abbo zu nennen) oder heute neu zu Würdigendes (Laurencin, Crodel, Grossmann) finden sich auch dank vieler Schenkungen gleichwohl. Dass Glasers Nachfolger Willy Kurth dessen Arbeit fortsetzen und in neuer Justierung forcieren konnte, ohne die von Glaser für das Museum gesammelten Hauptkünstler (Munch, Kirchner) zu vernachlässigen, stellt dabei einen Glücksfall dar.

1 Brand/Schulze Altcappenberg 2014, S. 373–374.
2 Thielecke 2014, S. 389–391.
3 Ausst.-Kat. Berlin 2003, S. 247–248 (Anhang).
4 Zu Curt Glaser und seiner privaten Kunstsammlung siehe den Beitrag von Judith Rauser, zudem Strobl 2006, bes. S. 22–32.
5 Zur Karriere Glasers bei den Staatlichen Museen zu Berlin siehe Strobl 2006, S. 13–15, sowie Brand/Schulze Altcappenberg 2014, S. 372–373.
6 Zu Friedländer und seinem Einsatz für die Neue Abteilung siehe Achenbach 2022, S. 111–112, 116–117, zu Curt Glaser siehe S. 117 u. 123, Anm. 79. Wie Glaser sollte auch Max J. Friedländer, allerdings erst 1939, den Weg in die Emigration wählen.
7 Achenbach 2022, S. 117. Dass, wie Andreas Strobl (Strobl 2006, S. 14–15) vermutet, Glaser Friedländer dazu angeregt haben soll, zeitgenössische Graphik zu erwerben, ist vor diesem Hintergrund wenig wahrscheinlich.
8 Achenbach 2022, S. 123, Anm. 84; zu Willy Kurth ist eine von der Ferdinand-Möller-Stiftung initiierte und geförderte Publikation von Anita Beloubek-Hammer (Berlin) in Arbeit, in der die ebenso komplexe wie wagemutige Rettungsaktion von 1937 ausführlich untersucht wird.
9 Friedländer 1922.
10 Achenbach 2022, S. 123, Anm. 79 (Quelle: Curt Glaser, «Liebermann als Radierer», in: *Nord und Süd*, 35, 1910, Bd. 135, S. 276–289).
11 Friedländer 1924, S. 5–7 bzw. 7–9.
12 Beiträge von Max J. Friedländer und Curt Glaser in dem Privatdruck *Kunst und Verleger. Bruno Cassirer zu seinem 50. Geburtstag am 12. Dezember 1922 von Künstlern und Autoren des Verlages,* Leipzig 1922.
13 Mary Cassatt, *Kleines Mädchen mit Katze*, Radierung (Inv. 552-1912) und *Mädchenbildnis*, Radierung (Inv. 18-1917) als Ankäufe von Charles Hessèle, Paris, bzw. auf der 59. Auktion bei Max Perl, Berlin.
14 Über sie gelangten 1921 zum Beispiel zwei Radierungen von Amy Löwenstein und Waldemar Blohm in die Sammlung (Inv. 588-1921 und 589-1921).
15 Siehe hierzu Altcappenberg 2009, S. 224–231, hier S. 227–228.
16 Brand/Schulze Altcappenberg 2014, S. 376.
17 Dieses Datum findet sich in Bock 1930, S. 56.
18 Achenbach 2022, S. 101. Da zwischen 1876 und 1878 rund 5000 Handzeichnungen des 19. Jahrhunderts an die Nationalgalerie überwiesen worden waren, wo sie den Grundstock für die Sammlung der Zeichnungen bildeten, kam es zu einer bis in die Zeit der deutschen Wiedervereinigung andauernden Trennung von Zeichnung und Druckgraphik.
19 Achenbach 2022, S. 100.
20 Sievers 1966, S. 121, 127. Zu Sievers siehe auch Achenbach 1995, S. 10 u. 19, Anm. 21.
21 Gensel publizierte zwischen 1902 und 1906 unter anderem zu Gustave Corot, Constant Troyon und Constantin Meunier. Siehe de.wikipedia.org/wiki/Walther_Gensel.
22 Sievers 1966, S. 125.
23 Dies bezeugen nicht nur zahlreiche Schenkungen und Ankäufe (alleine im Jahr 1912 gelangten 50 Werke ans Museum), sondern auch die Fortführung des ersten, von Max Lehrs bereits 1903 veröffentlichten Kollwitz-Werkverzeichnisses der Druckgraphik, die 1913 in einer Publikation mündete. Zum Kollwitz-Bestand des Kupferstichkabinetts siehe Achenbach 1995.
24 Achenbach 2022, S. 108.
25 Sie erschienen 1907 als Mappenwerk unter dem Titel *Achill. 15 Lithographien zur Ilias* im Verlag Albert Langen, München.
26 Sievers 1966, S. 124. Von Lehrs hingegen zeichnet der Autor kein sehr positives Bild: «Auf dem mich im engeren Rahmen meiner Arbeit besonders angehenden Gebiet der Moderne, auf dem es sich weniger um Kenntnisse als um Qualitätsgefühl handelte, versagte aber Lehrs erheblich. Von Dresden her in vielfacher persönlicher Beziehung zu Künstlern, kaufte er oft genug Arbeiten, die, so hübsch sie im Augenblick auch erschienen, einen bleibenden musealen Wert nicht besaßen. Ich konnte solche Erwerbungen natürlich nicht verhindern und mußte schweigen, bis es wegen Slevogt zu einem Zusammenstoß kam.» Ebd. Siehe auch Achenbach 2022, S. 109.
27 Sievers 1966, S. 230. Sievers bezeichnet Friedländer als «taktvoll-vornehm», «gütig» und «großzügig», ebd, S. 125, 127.
28 Strobl 2006, S. 248 (Quelle: Curt Glaser im *Berliner Börsen-Courier*, 7.3.1919).
29 Ebd., S. 253 (Quelle: Curt Glaser im *Berliner Börsen-Courier*, 15.12.1921).
30 Achenbach 2022, S. 113.
31 Mönig 2018, S. 408.
32 Sievers 1966, S. 226: «Innerhalb meiner Arbeitsstätte, dem Kupferstichkabinett, hatte sich nichts verändert. Der Direktor Geheimrat Max J. Friedländer, übergab mir wieder die Verwaltung der modernen Abteilung, in der in meiner Abwesenheit einige Volontäre tätig gewesen waren.» Curt und Elsa Glaser sollten ein Jahr später ebenfalls eine mehrmonatige Reise mit Ziel Ostasien unternehmen; siehe dazu den Beitrag von Lynn Rother und Max Koss sowie Strobl 2006, S. 13.
33 Inv. 396-1912 bis 399-1912 (Geschenke eines Ungenannten) und Inv. 258-1910 bis 264-1910 (ohne Inv. 261-1910, Ankäufe von der Galerie Ernst Arnold, Dresden).
34 Curt Glaser an Edvard Munch, 17.12.1912, Munchmuseet, Oslo, MM K 2257; freundlicher Hinweis von Judith Rauser (betrifft auch Anm. 54 und 57). Siehe auch Strobl 2006, S. 13.
35 Brand/Schulze Altcappenberg 2014, S. 373. Die Schenkung (Inv. 323-1912 bis 420-1912) umfasste neben Werken von Félicien Rops, Henri de Toulouse-Lautrec, Paul Gauguin, Vincent van Gogh und Pierre Puvis de Chavannes ein grosses Konvolut an Daumier-Graphik. (Fast alle Werke wurden von Glaser selbst ins Inventar eingetragen.) Möglicherweise bezieht sich hierauf folgende Stelle bei Strobl 2006, S. 15: «[Der Kunsthändler Hugo] Perls berichtet zum Beispiel, dass Glaser bereits vor 1914 in Paris gleichzeitig für das Kupferstichkabinett und sich selbst Graphik der Impressionisten und Zeitgenossen erworben habe.»
36 Strobl 2006, S. 243 (Quelle: Curt Glaser im *Berliner Börsen-Courier*, 1.11.1912).
37 Ebd., S. 13.
38 Zu Elsa und Curt Glaser als Sammler von Matisse-Graphik siehe Strobl 2006, S. 22–23, 26.
39 Ausst.-Kat. Berlin 2003, S. 11 u. 13, Anm. 17. Die angloamerikanische Radierkunst von James McNeill Whistler bis Joseph Pennell verlor als Sammelgebiet stark an Bedeutung. Zahlenmässig traten die Werke der alten Kunst sowie der hohe Anteil an Reproduktionsgraphik nach alten Meistern (etwa von Emil Orlik) ebenso zurück wie Arbeiten von Symbolisten wie Max Klinger oder Otto Greiner.
40 Siehe Kunz 2005; zu Glasers Teilnahme an der Spezialkommission des Landeskunstfonds siehe ebd., S. 337–338.
41 Inv. 149-1913 und 150-1913. Von Emil Nolde gelangten bis 1923 insgesamt dreizehn Werke ans Haus, von Otto Mueller zwischen 1919 und 1921 nur sechs. Laut Strobl 2006, S. 26, stand Glaser beiden Künstlern als Kritiker «eher ablehnend» gegenüber.
42 Daemgen 2005, S. 329.
43 Strobl 2006, S. 26.
44 SMB ZA, I/KK 27. Für Hilfe und Rat danke ich Beate Ebelt-Borchert vom Zentralarchiv der Staatlichen Museen zu Berlin.
45 Kunz 2005, S. 338: «Jetzt waren kostspielige Erwerbungen aus dem Kunsthandel möglich, vor allem aus dem Graphischen Kabinett des Kunsthändlers Israel Ber Neumann am Kurfürstendamm.»
46 Sitzung XLIII datiert vom 6.4.1909, Sitzung LXIV vom 25.10.1924 (nach Glasers Wechsel an die Kunstbibliothek).
47 Seine Vorgänger in diesem Amt waren Walther Gensel und Jaro Springer. Ein in Glasers Handschrift angefertigtes Protokoll zur LV. Sitzung am 17.6.1916 lässt darauf schliessen, dass er auch hier bereits teilnahm und für den Vorsitzenden Max J. Friedländer das Protokoll anfertigte.
48 Bis 1918 hiess es «Ministerium der geistlichen, Unterrichts- und Medizinalangelegenheiten».
49 Zu Adolph Goldschmidt siehe den Beitrag von Anita Haldemann und Noemi Scherrer, S. 13, 19.
50 Die entsprechenden Angaben für die Jahre 1909–1924 finden sich in der Bibliographie bei Strobl 2006, S. 240–260.
51 Ebd., S. 88–91.
52 Ebd., S. 15.
53 Ebd., S. 14.
54 So Curt Glaser in einem Brief an Edvard Munch, 20.3.1915, Munchmuseet, Oslo, MM K 2239.
55 Brand/Schulze Altcappenberg 2014, S. 375–367.
56 Glaser 1920, S. 50–52 (der Holzschnitt wird bei Glaser mit dem Titel *Männerkopf* angeführt; genannt werden ferner Erich Heckel, Max Pechstein, Franz Marc und Emil Nolde).
57 So Curt Glaser in einem Brief an Edvard Munch, 24.3.1922, Munchmuseet, Oslo, MM K 2333.
58 Strobl 2006, S. 256 (Quelle: Curt Glaser im *Berliner Börsen-Courier*, 17.2.1923).
59 Ebd., S. 24–25. Von ihm besass Glaser das Gemälde *Bar* (1931), zudem lobte er ihn seit den ersten öffentlichen Präsentationen 1923 (ebd.).
60 Inv. 583-1921. Unter Inv. 582-1921 ist das Grosz-Blatt *Der Delinquent* (Geschenk von Paul Cassirer) aufgeführt, das 1937 ebenso verfolgungsbedingt entzogen wurde wie fünf Graphiken von Otto Dix (erworben 1923/24).
61 1923/24 wurden von ihr elf Werke erworben (Veräusserer: Galerie Alfred Flechtheim, Berlin, und Verlag Fritz Gurlitt, Berlin).
62 Strobl 2006, S. 228–229.
63 *Mädchen mit Pudel und Tauben,* ohne Jahr (SZ Laurencin 1; Inv. F II 975). Eine zweite Zeichnung der Künstlerin gelangte erst 1935 an die Sammlung der Zeichnungen bei der Nationalgalerie (SZ Laurencin 2; Inv. F II 2473).
64 SMB-ZA, I/NG 467. Unter den Kommissionsteilnehmern waren als Künstler Erich Heckel, Max Slevogt, August Gaul und Georg Kolbe. Bei den von der Kommission bewilligten Zeichnungserwerbungen fällt rein

quantitativ der Ankauf von zwanzig Werken von Wilhelm Lehmbruck und acht Werken von Christian Rohlfs auf – beides Künstler, die zu jener Zeit auch vom Kupferstichkabinett gesammelt wurden.

65 Zur ignoranten Haltung Glasers Künstlerinnen gegenüber siehe Strobl 2006, S. 228.

66 Strobl 2006, S. 244 (Quelle: Rezension in der *Zeitschrift für bildende Kunst. Neue Folge*, 24, 1913, S. 25). Zu Erna Frank siehe Volker Frank, Artikel «Erna Frank», in: *Allgemeines Künstlerlexikon*, Bd. 44, München, Leipzig 2005, S. 33–34.

67 Erst 1935 sollte die Nationalgalerie eine erste Zeichnung Crodels erwerben, die ihr bereits zwei Jahre später verfolgungsbedingt entzogen wurde.

68 Strobl 2006, S. 33.

69 Zehn Werke schenkte wiederum 1924 der Euphorion Verlag.

70 Strobl 2006, S, 228–229.

71 Siehe hierzu sowie zur Fortführung der Sammlung unter Max Lehrs Achenbach 1996.

72 Curt Glaser zählte neben Purrmann (im Kreis der Künstler des Café du Dôme) hierzu auch Rudolf Grossmann und Jules Pascin, siehe Glaser 1922, S. 533–536.

73 Inv. 351-1923 bis 357-1923 und Inv. 232-1924 bis 240-1924. 1924 kamen mit der Schenkung des Verlags Paul Cassirer weitere Werke von Georg Kolbe in die Sammlung.

74 Strobl 2006, S. 353–354 (Quelle: Besprechung im *Berliner Börsen-Courier*, 7.1.1923).

75 Ebd., S. 146 (Quelle: Herwarth Walden, «Nachrevolutionäre. Der Kunstglaser», in: *Der Sturm*, 9, 1919, Heft 12, S. 150.

76 Vermutlich deckt sich Glasers Reserve gegenüber neueren, noch «unsicheren» Tendenzen mit seiner Haltung, die er als Kunstkritiker im Hinblick auf die Bestrebungen Ludwig Justis an den Tag legte, das Kronprinzenpalais als Ausstellungsort für junge Kunst («Galerie der Lebenden») zu etablieren; siehe Strobl 2006, S. 109–112.

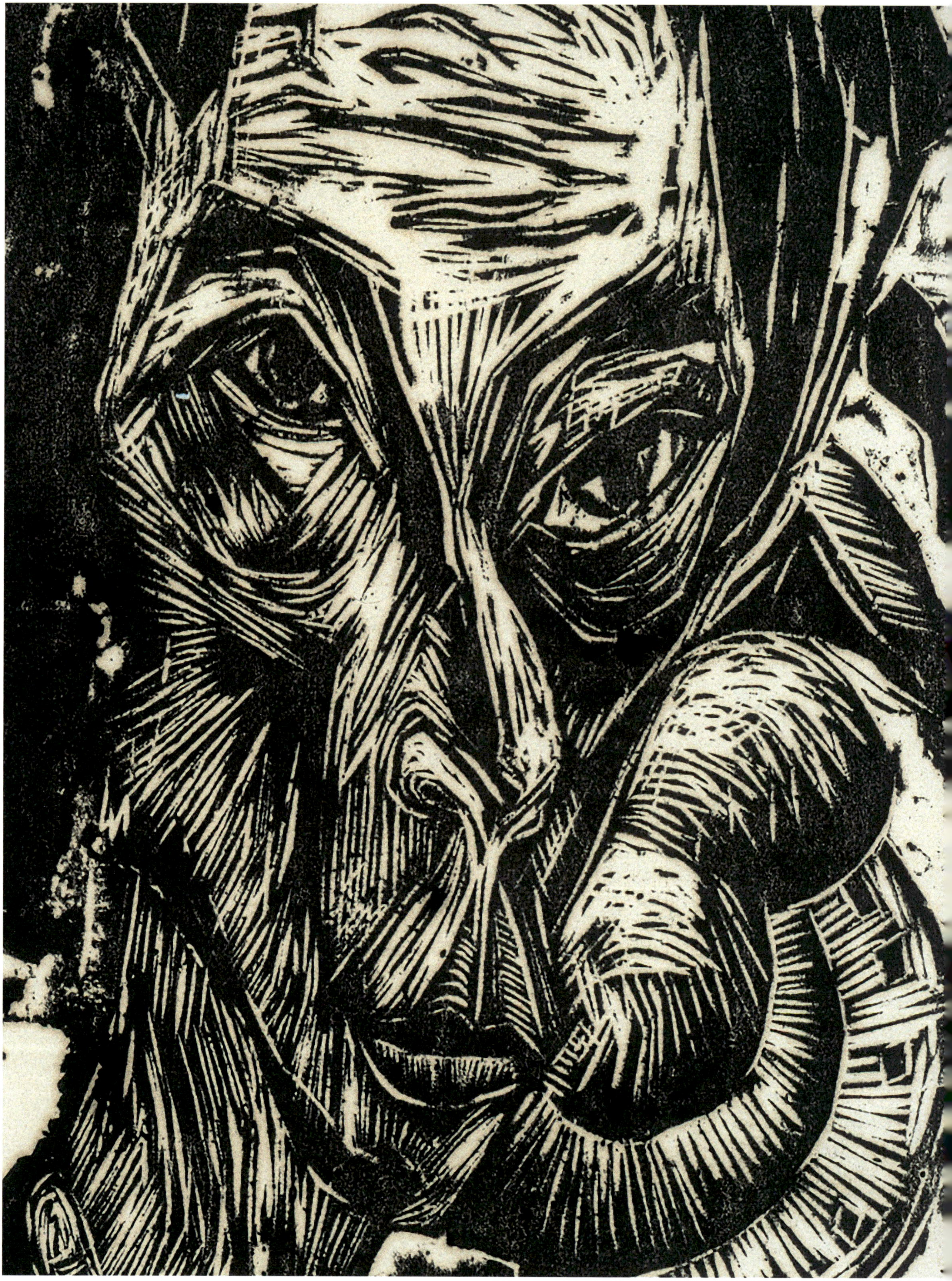

WERKE AUS DEM KUPFERSTICH-KABINETT BERLIN

Kat. 207
Ernst Ludwig Kirchner
Kopf des Kranken (Selbstbildnis) (Detail)
1917
Kupferstichkabinett, Staatliche Museen
zu Berlin – Preußischer Kulturbesitz

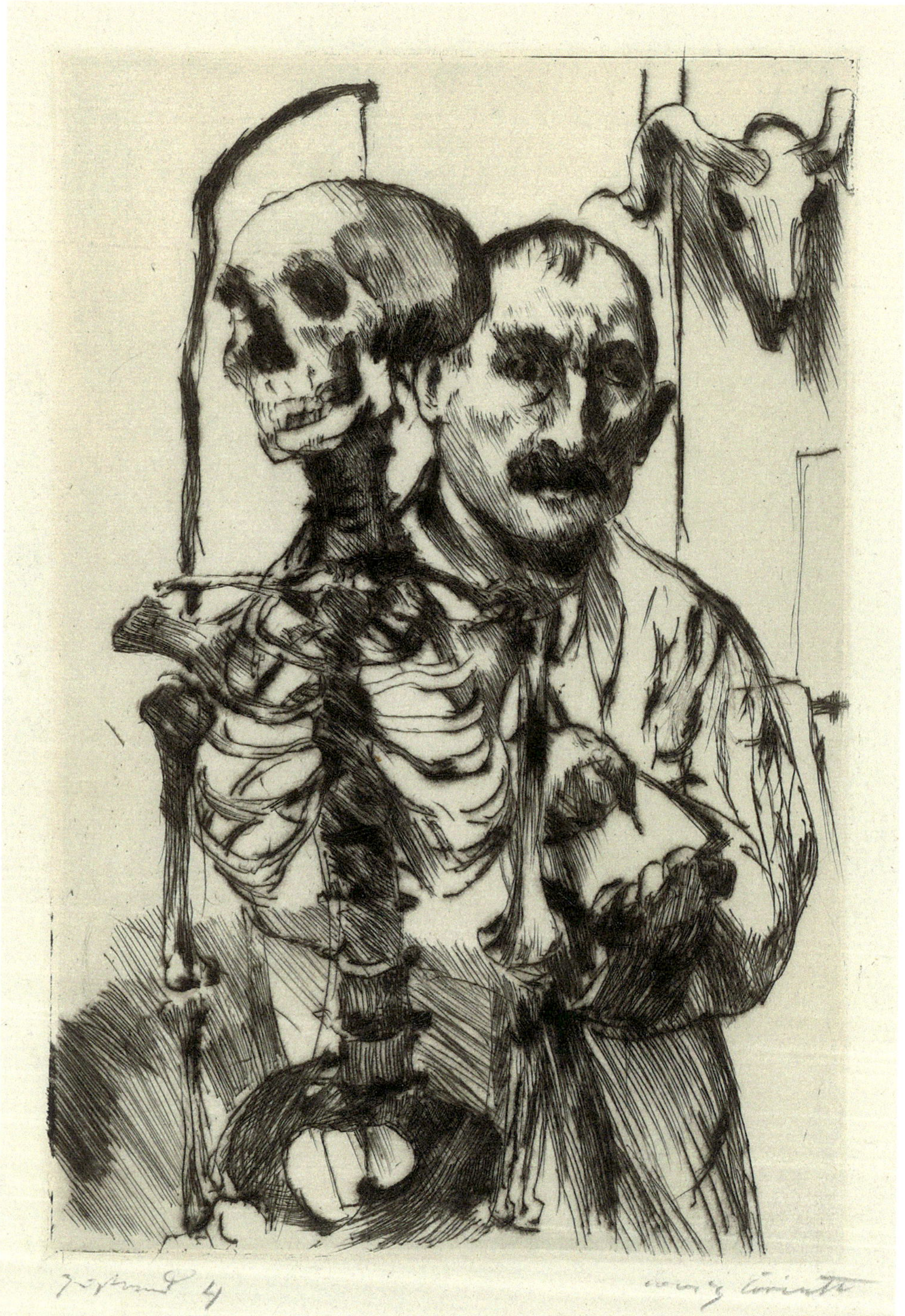

Kat. 204
Lovis Corinth
Der Künstler und der Tod II
1916
Kupferstichkabinett, Staatliche Museen zu Berlin – Preußischer Kulturbesitz

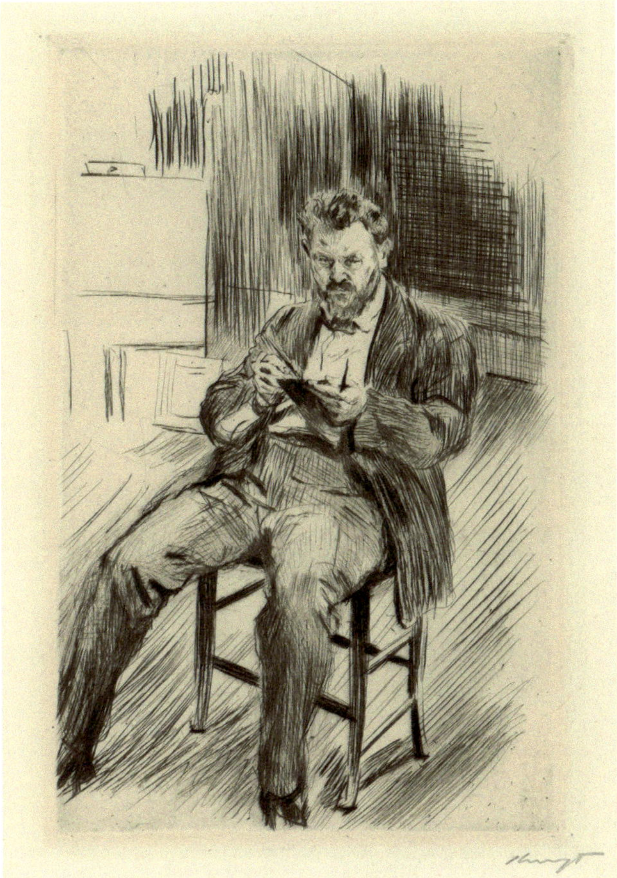

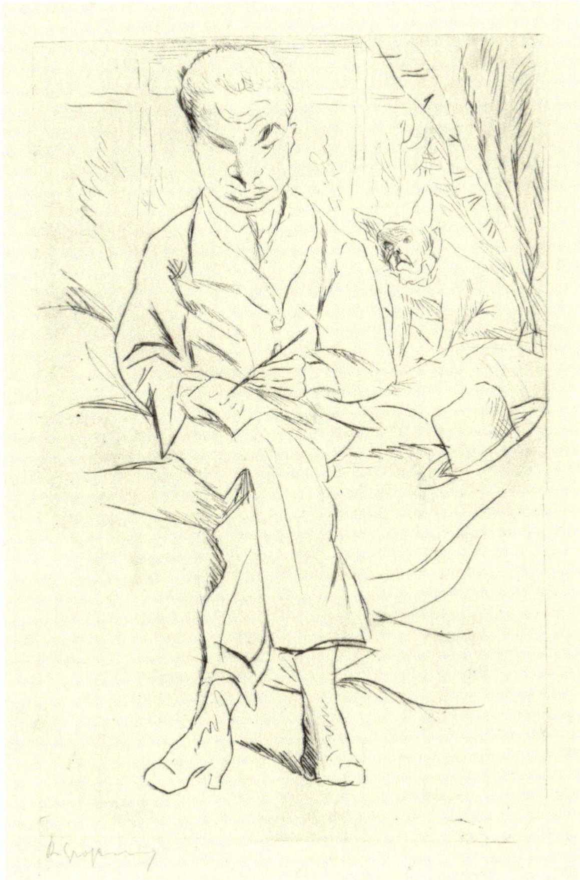

Kat. 213
Max Slevogt
Selbstbildnis, im Atelier radierend
1911
Kupferstichkabinett, Staatliche Museen zu Berlin – Preußischer Kulturbesitz

Kat. 206
Rudolf Wilhelm Walther Grossmann
Der Dichter (Kasimir Edschmid)
1918
Kupferstichkabinett, Staatliche Museen zu Berlin – Preußischer Kulturbesitz

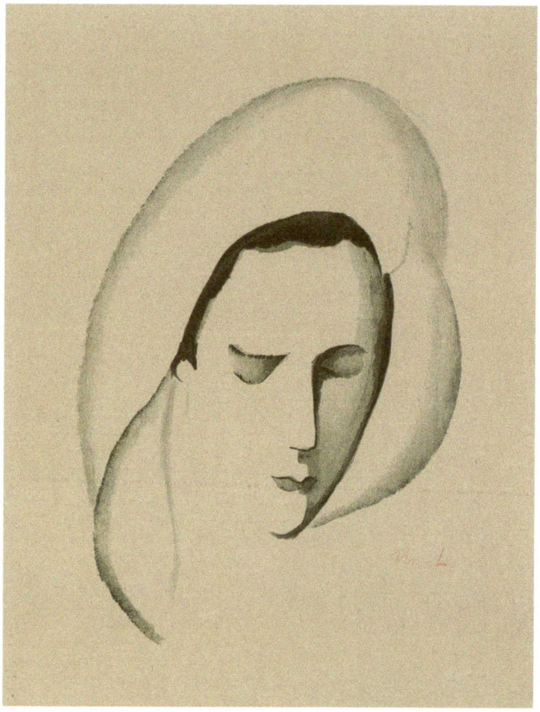

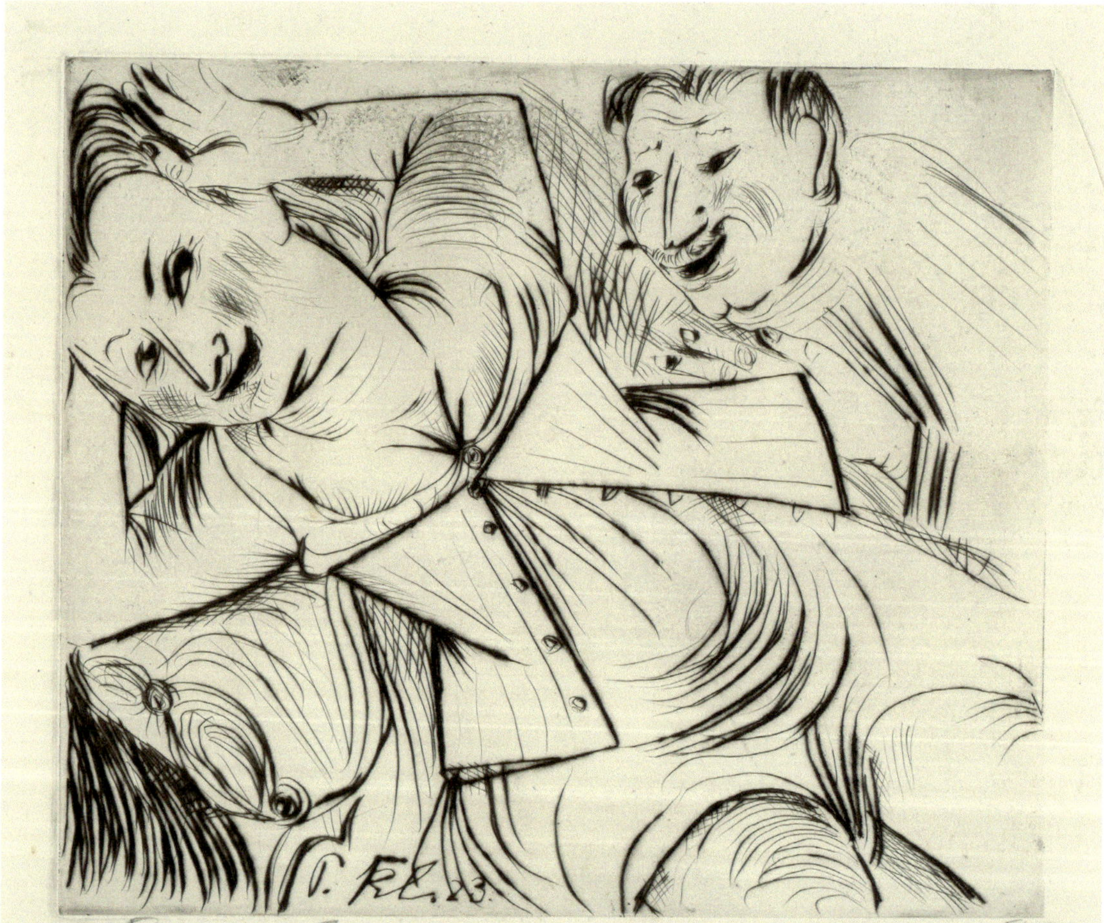

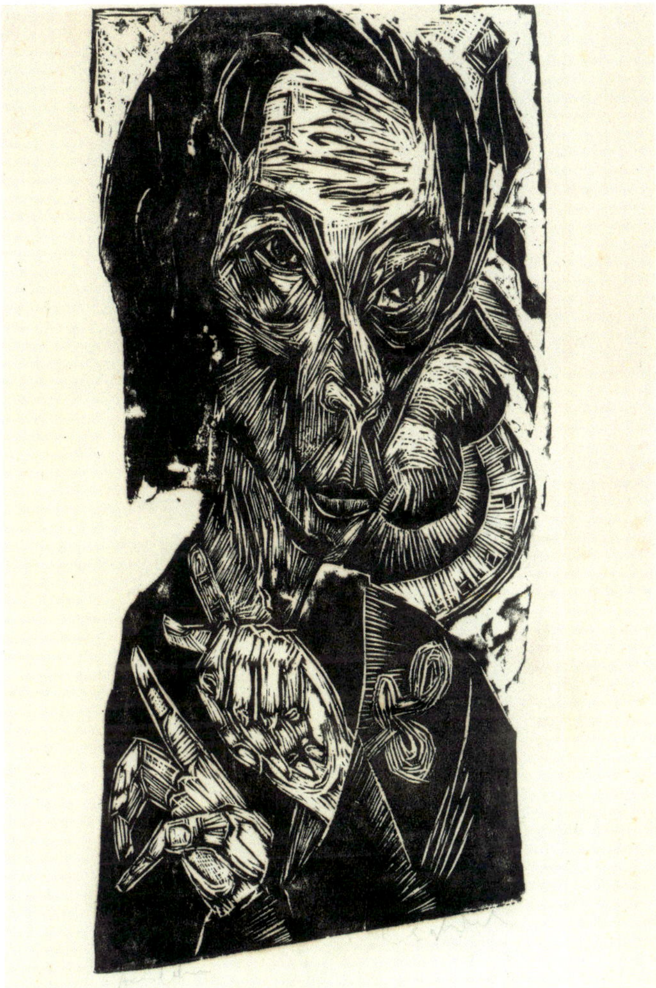

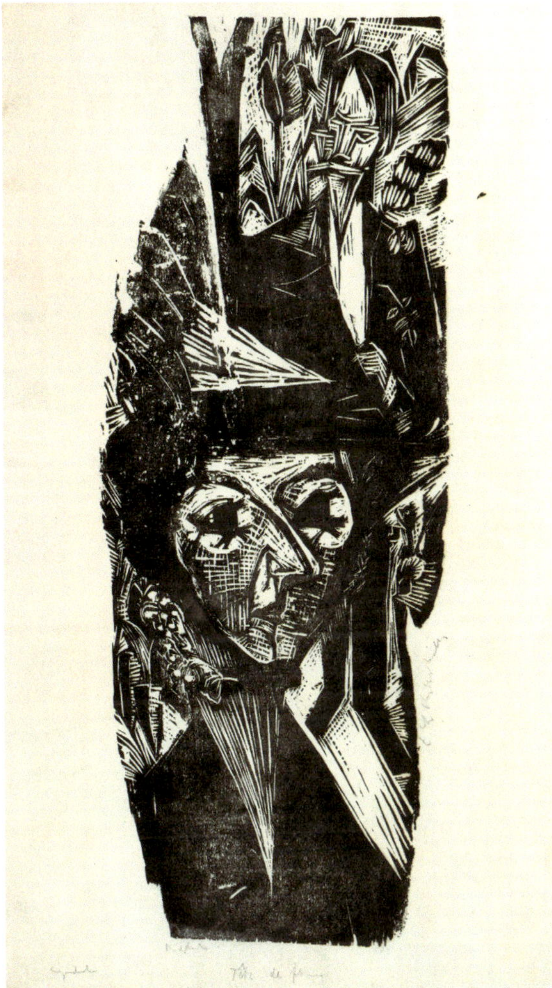

↖
Kat. 210
Marie Laurencin
Frauenkopf (Selbstbildnis)
um 1921
Kupferstichkabinett, Staatliche Museen zu Berlin – Preußischer Kulturbesitz

←
Kat. 209
Paul Kleinschmidt
Überfall
1923
Kupferstichkabinett, Staatliche Museen zu Berlin – Preußischer Kulturbesitz

Kat. 207
Ernst Ludwig Kirchner
Kopf des Kranken (Selbstbildnis)
1917
Kupferstichkabinett, Staatliche Museen zu Berlin – Preußischer Kulturbesitz

Kat. 208
Ernst Ludwig Kirchner
Porträt Frau Marie-Luise Binswanger
1917
Kupferstichkabinett, Staatliche Museen zu Berlin – Preußischer Kulturbesitz

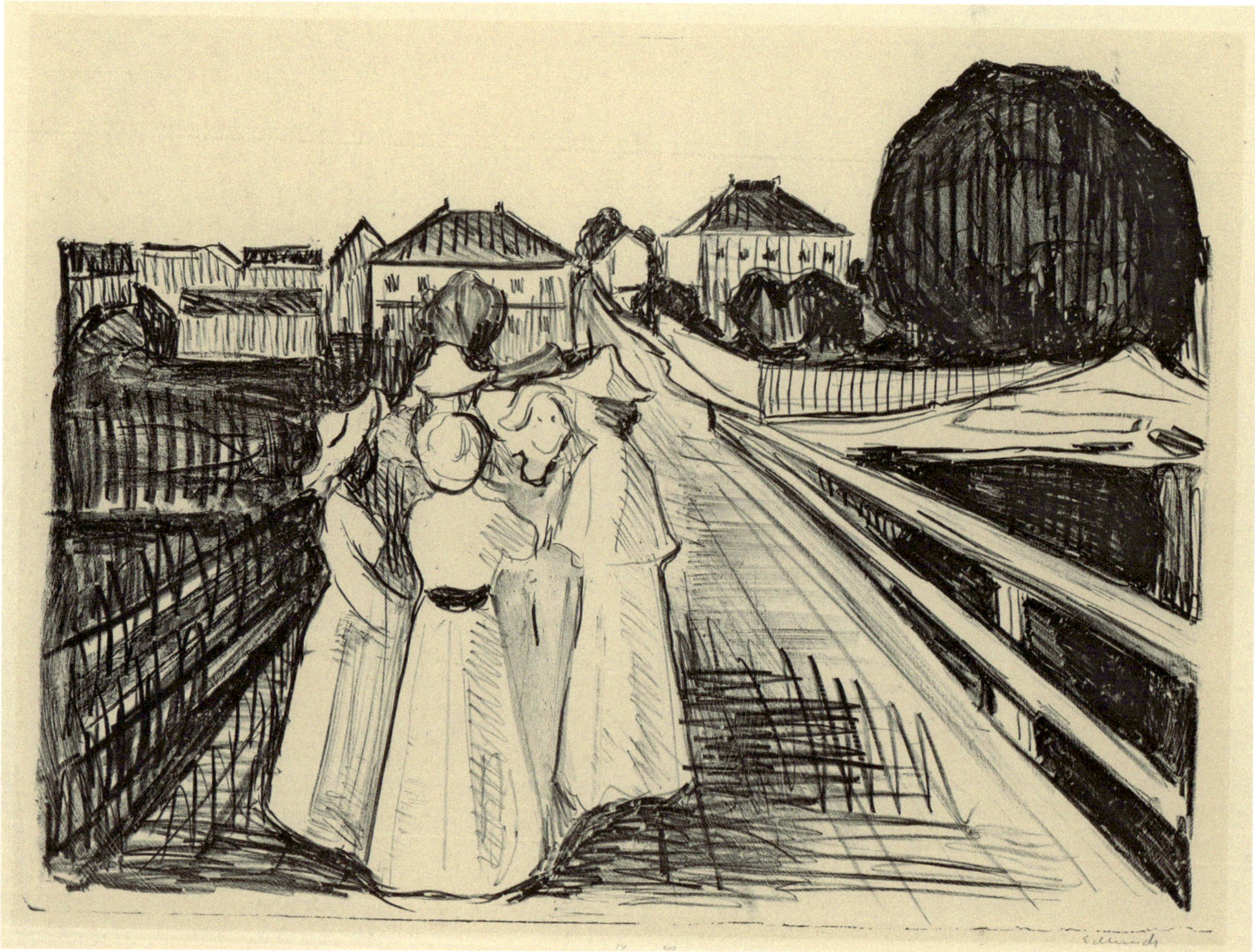

Kat. 212
Edvard Munch
Auf der Brücke
1912/13
Kupferstichkabinett, Staatliche Museen zu Berlin – Preußischer Kulturbesitz

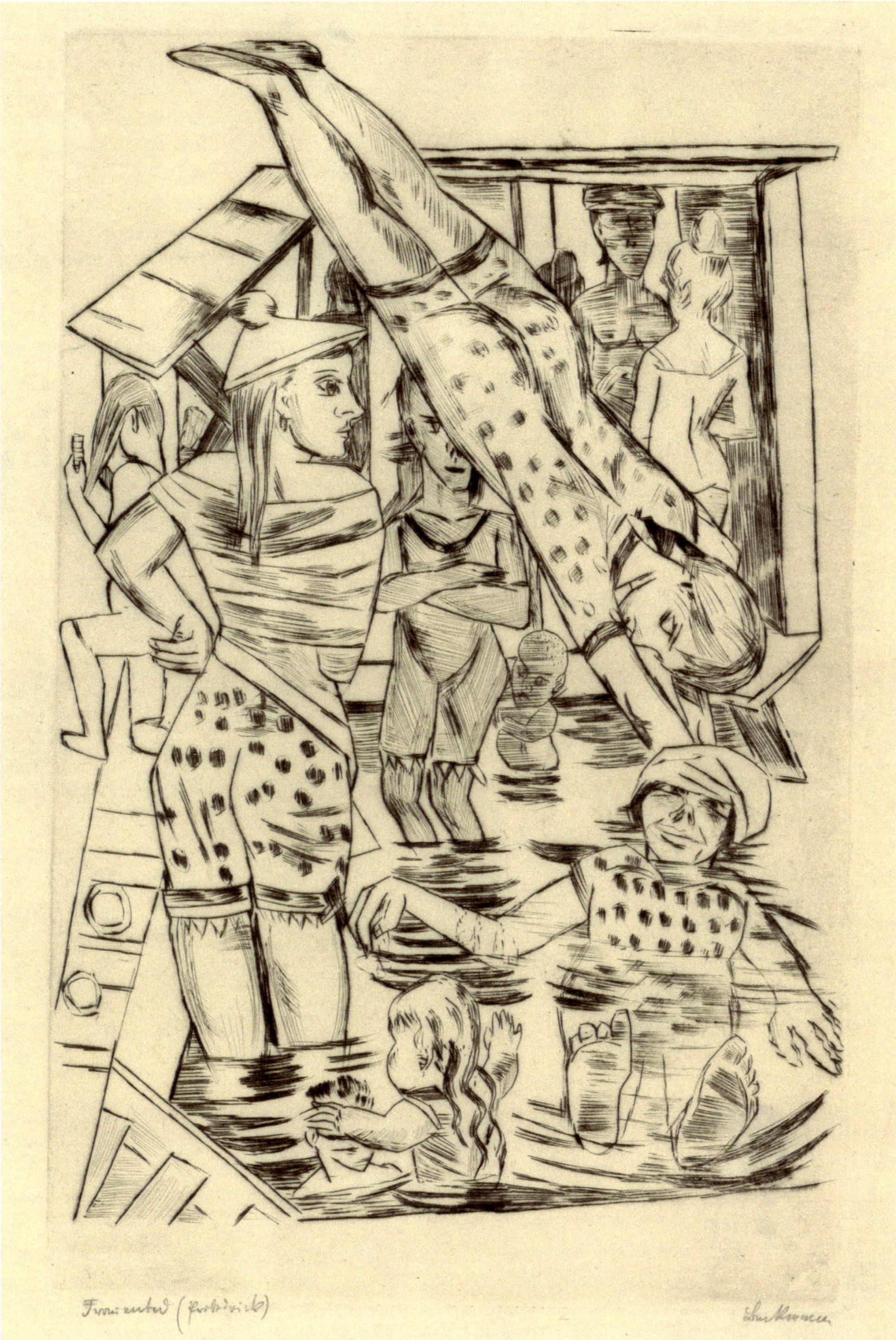

Kat. 203
Max Beckmann
Frauenbad
1922
Kupferstichkabinett, Staatliche Museen
zu Berlin – Preußischer Kulturbesitz

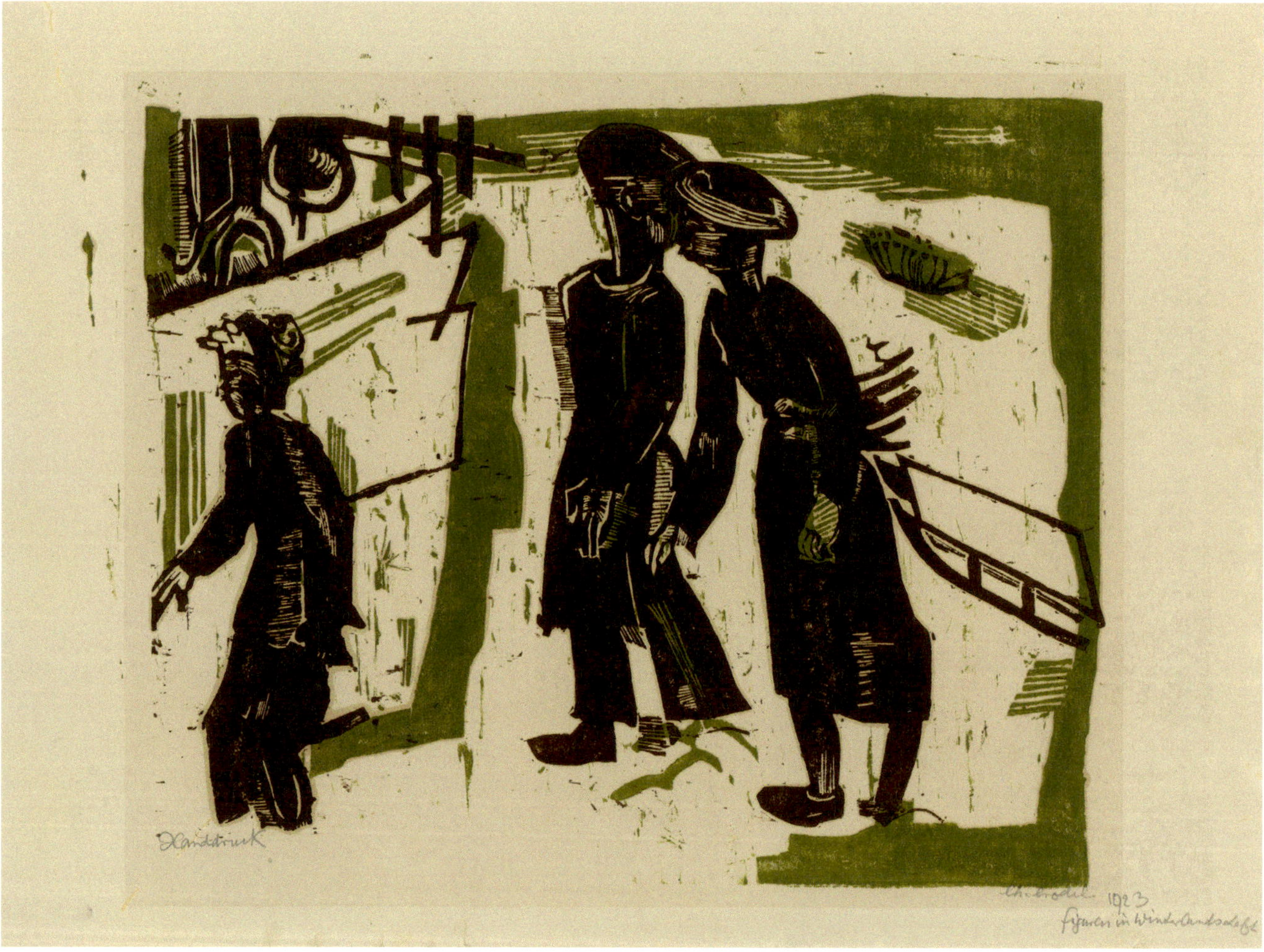

Kat. 205
Charles (Carl Fritz David) Crodel
Figuren in Winterlandschaft
1923
Kupferstichkabinett, Staatliche Museen zu Berlin – Preußischer Kulturbesitz

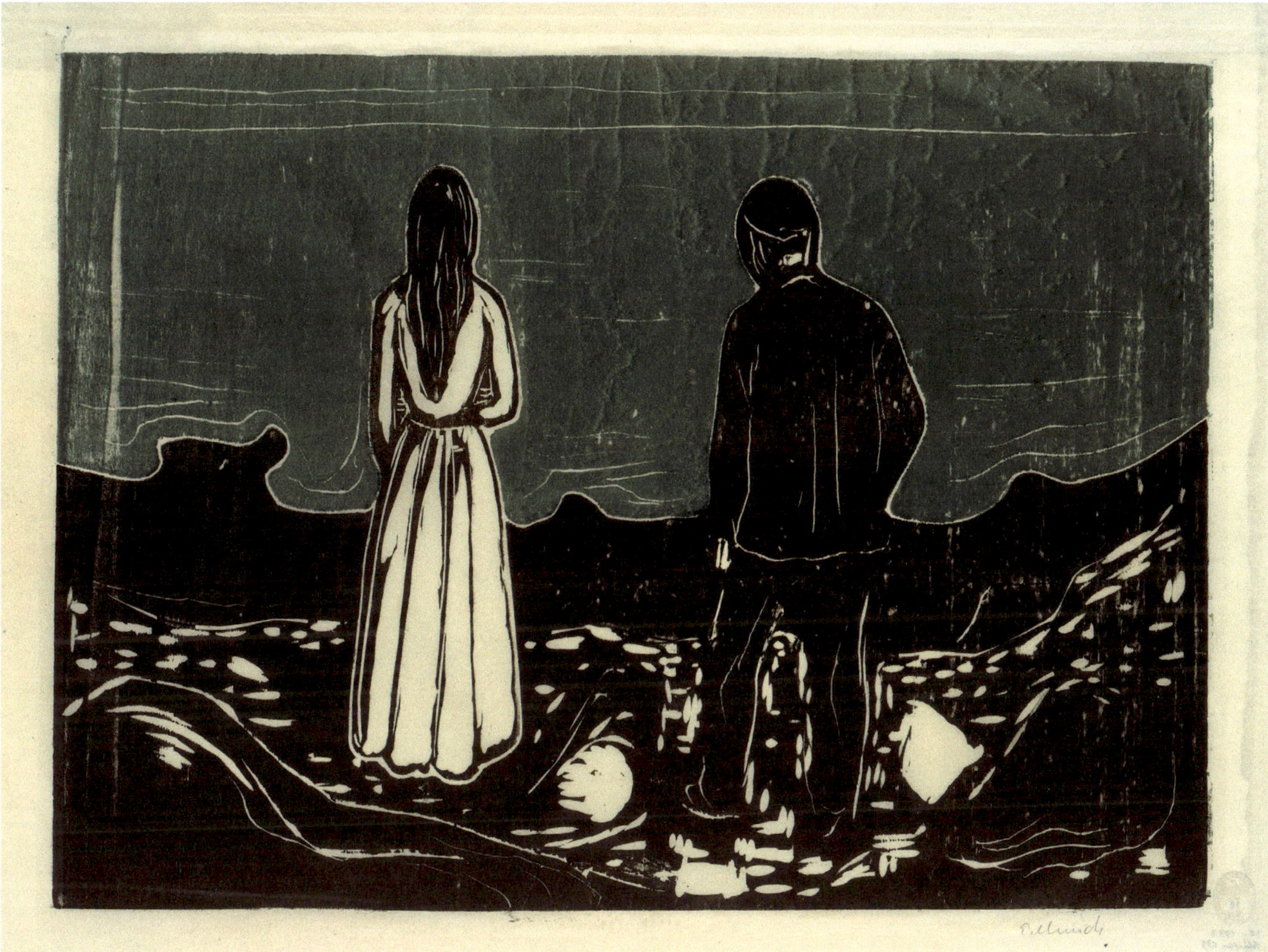

Kat. 211
Edvard Munch
Zwei Menschen (Die Einsamen)
1895
Kupferstichkabinett, Staatliche Museen
zu Berlin – Preußischer Kulturbesitz

Joachim Brand

CURT GLASER – DIREKTOR DER STAATLICHEN KUNSTBIBLIOTHEK VON 1924 BIS 1933

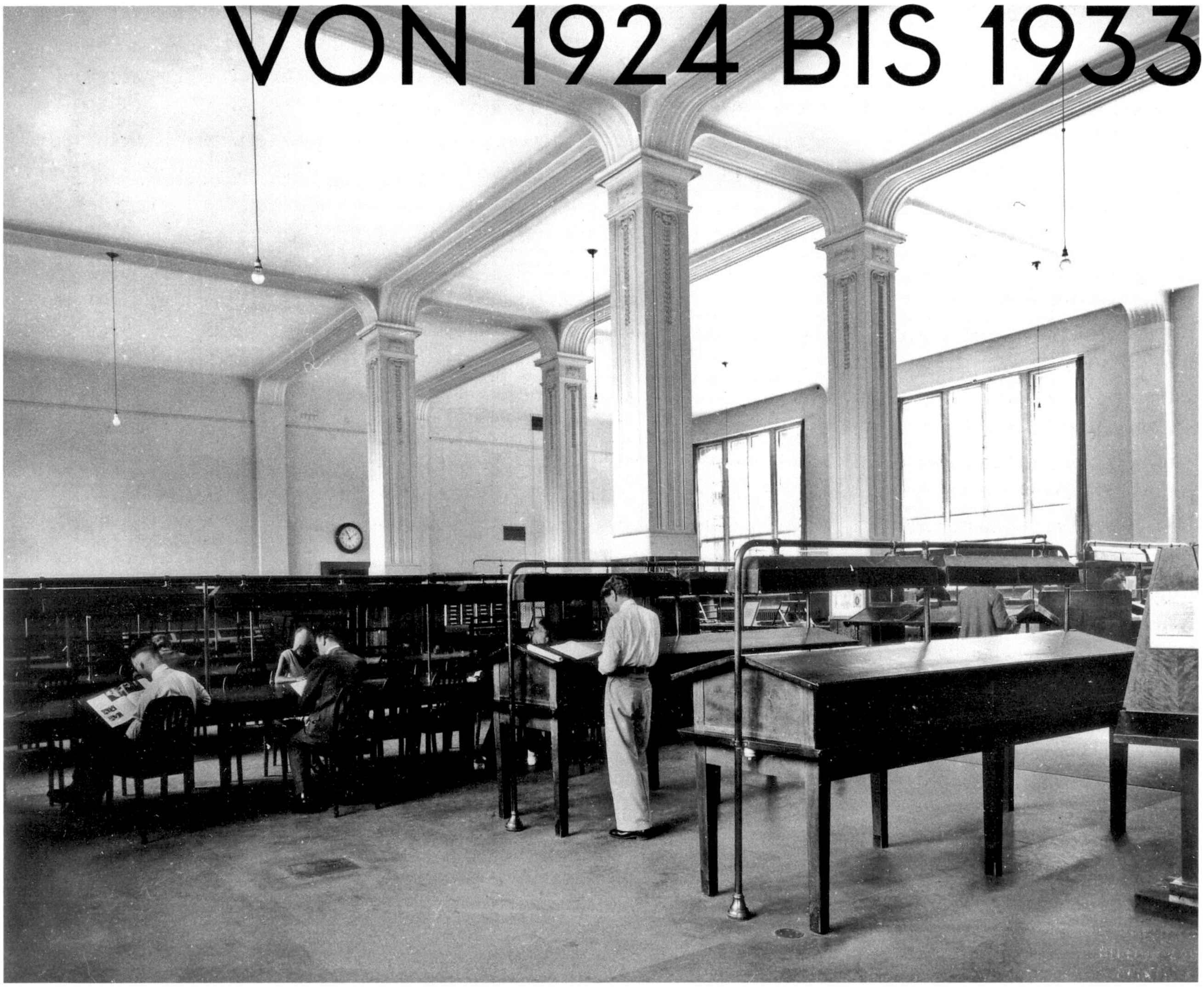

Abb. 41
Lesesaal der Kunstbibliothek Berlin nach der Renovierung 1928
Archiv der Kunstbibliothek, Staatliche Museen zu Berlin – Preußischer Kulturbesitz

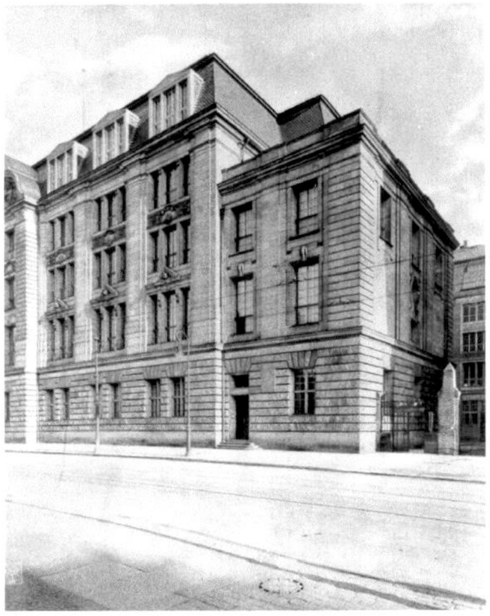

Abb. 42
Prinz-Albrecht-Strasse 7a, Fassade des Nordflügels der Unterrichtsanstalt mit dem Trakt der Kunstbibliothek, Aufnahmedatum unbekannt
Archiv der Kunstbibliothek, Staatliche Museen zu Berlin – Preußischer Kulturbesitz

Die *Berliner Museen* berichteten im Herbst 1924 knapp über zwei für die Kunstbibliothek bedeutsame Ereignisse: «Die Bibliothek des Kunstgewerbemuseums führt gemäß Erlass des Kultusministeriums vom 27. Mai 1924 fortan die Bezeichnung Staatliche Kunstbibliothek (vormals Bibliothek des Kunstgewerbemuseums). Der Kustos am Kupferstichkabinett Professor Dr. Curt Glaser wurde am 1. Oktober 1924 zum Direktor bei den Staatlichen Museen ernannt und mit der Leitung der Staatlichen Kunstbibliothek beauftragt.»[1]

Die Umsetzung und Beförderung Glasers markierte den Höhepunkt seiner preussischen Beamtenkarriere. In der Berliner Presse war bereits im Dezember 1923 über die Personalie berichtet worden: «Glaser hatte kürzlich einen Ruf als Direktor des Kupferstichkabinetts am Dresdner Museum erhalten, hat ihn aber mit Rücksicht auf seine Berufung an Jessens Stelle abgelehnt.»[2] Glaser äusserte sich im Dezember 1924 in einem Brief an Edvard Munch über seine neue Aufgabe: «Ich selbst habe nun im Oktober ein neues Amt übernommen. Das Kupferstichkabinett habe ich verlassen und bin jetzt Direktor der Kunstbibliothek, in der ich ein ganz neues Sammelgebiet zu pflegen habe. Es ist interessant und voller Leben, und ich freue mich, einmal eine andere Tätigkeit zu haben und vor allem in meiner Selbständigkeit in keiner Weise mehr beschränkt zu sein.»[3] Der letzte Punkt hatte für Glaser grosse Bedeutung. Er konnte seine publizistische Tätigkeit als Kunstkritiker beim *Berliner Börsen-Courier* auch als Beamter und Museumsdirektor mit einem beeindruckenden Output beibehalten. Sie begründete seine Stellung als einer der tonangebenden Chronisten, Kritiker und Publizisten im Berliner Kunstleben der zwanziger Jahre. Die Arbeit im und am lebendigen Kunstgeschehen besass für Glaser während seines gesamten Berufslebens den gleichen Stellenwert wie seine wissenschaftliche und administrative Tätigkeit als Museumsbeamter und sie prägte massgeblich sein Bild in der Öffentlichkeit.

Curt Glaser übernahm im Herbst 1924 ein Haus mit 51'500 Bänden, 192'000 Einzelblättern und 15 Beschäftigten (Abb. 42). Die Belegschaft bestand neben ihm aus den Kustoden Hans Loubier und Carl Koch, einem Bibliotheksobersekretär, vier Bibliotheksverwaltern, einem Oberaufseher und sieben Bibliotheksaufsehern.[4] Die vormalige Bibliothek des Kunstgewerbemuseums war seit 1905 gemeinsam mit der Unterrichtsanstalt in einem repräsentativen Bau in der Prinz-Albrecht-Strasse 7a direkt neben dem Museum untergebracht. Der Bibliothekstrakt umfasste etwa ein Fünftel der Gesamtfläche des Gebäudes. Seine Raumdisposition war wie ein architektonischer Massanzug auf die Bedürfnisse der Bibliothek ausgerichtet. Im Erdgeschoss befand sich der 420 Quadratmeter grosse Saal der Lipperheideschen Kostümbibliothek. Im ersten Geschoss (Abb. 43) war der ebenso grosse Lesesaal (Abb. 41) mit einem angrenzenden Ausstellungsraum von 73 Quadratmeter untergebracht. Im zweiten Stockwerk lagen die Büros des Direktors und des Assistenten, zwei Büros der Bibliotheksverwalter sowie die Sammlungsräume der Ornamentstichsammlung und der Sammlung der Photographien. Die Büchermagazine befanden sich im dritten und vierten Stock. Die Magazine und Lesesäle waren durch Bücheraufzüge und eine Rohrpostanlage miteinander verbunden.

Curt Glaser übernahm die Leitung der Kunstbibliothek in einer kritischen Phase ihrer Entwicklung. Nach über 50 Jahren eines kontinuierlichen Aufbaus unter Peter Jessen musste die Bibliothek des Kunstgewerbemuseums zu Beginn der zwanziger Jahre eine neue Rolle finden. Die Namensänderung war der äussere Ausdruck und die Folge der notwendig gewordenen Neuausrichtung. Nach dem Umzug des Kunstgewerbemuseums ins Berliner Stadtschloss 1921 und dem Auszug der Unterrichtsanstalt, die 1924 zur Realisierung von Einsparungen im Staatshaushalt mit der Hochschule für die Bildenden Künste fusionierte,[5] verblieb nur die Staatliche Kunstbibliothek in ihrem Seitentrakt im Nordflügel in der Prinz-Albrecht-Strasse 7a. Die restlichen Teile des Gebäudekomplexes wurden zwischen 1925 und Ende März 1933 vermietet.[6] Die Umnutzungen ermöglichten es Elsa und Curt Glaser im Sommer 1925, eine grosszügige Beamtenwohnung im sogenannten Gartenhaus zu

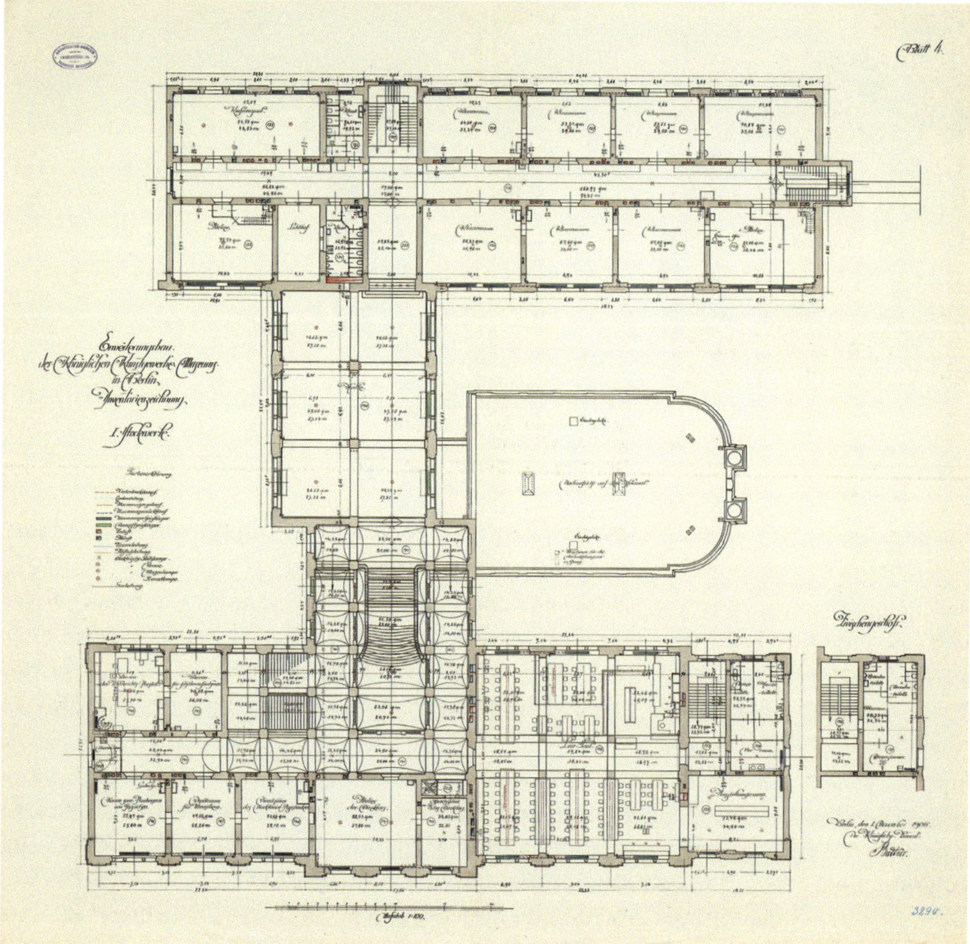

Abb. 43
Oskar Hossfeld, Unterrichtsanstalt des Kunstgewerbemuseums Berlin, Erweiterung
Architekturmuseum der Technischen Universität Berlin

mieten, einem um 1912 von Bruno Paul am Südflügel der Unterrichtsanstalt errichteten Annexbau (Abb. 44). Nach dem Umzug aus Zehlendorf in eine zentrale Innenstadtlage konnte Glaser Leben und Arbeiten in idealer Weise verbinden.[7] Er musste aus seiner Wohnung mit der umfangreichen Privatbibliothek (Abb. 1, 16) und der Kunstsammlung fortan nur wenige Schritte um das Gebäude herumgehen, um in sein Dienstzimmer zu gelangen. Aus der Kunstbibliothek konnte er fussläufig in 15 Minuten das Tiergartenviertel erreichen, wo sich mit der Galerie Paul Cassirer und weiteren Kunsthandlungen und Auktionshäusern das Zentrum des modernen Kunstbetriebs in der Hauptstadt befand.
Die räumliche Trennung der drei gemeinsam unter dem Dach des Kunstgewerbemuseums aufgebauten Abteilungen Museum, Unterrichtsanstalt und Bibliothek besiegelte eine längere Entwicklung. Glaser beschrieb den Wandel bei der Trauerfeier für seinen Vorgänger Peter Jessen 1926: «Die Grenzen zwischen der sogenannten angewandten und der freien Kunst begannen sich zu lockern. Alte Unterscheidungen galten nicht mehr. Der Zusammenhang, in dem die Bibliothek des Kunstgewerbemuseums entstanden und groß geworden war, zerfiel. [...] Die Bibliothek blieb allein zurück, und notwendig mußte auch sie den Weg gehen, den die beiden Schwesterinstitute gegangen waren, den Weg von der Kunstgewerbebibliothek zur Kunstbibliothek.»[8]
Die programmatische Neuorientierung war die Hauptaufgabe von Glaser im neuen Amt. Hierbei stand der bereits von Jessen eingeleitete Wandel von einer kunstgewerblichen Vorlagensammlung für die Handwerkerausbildung zu einer kunstwissenschaftlichen Bibliothek mit einem allgemein volksbildnerischen Anspruch im Zentrum.[9] Man darf davon ausgehen, dass das preussische Kultusministerium bei der Berufung des bekannten Kunstkritikers und Publizisten Curt Glaser dessen Bezugnahme auf den Kontext des Bildungskonzeptes und die Popularisierungsaktivitäten der republikanischen Kunstpolitik erwartete.[10]
Sein Programm zur Neuausrichtung der Kunstbibliothek umfasste vier zentrale Punkte: 1. Die Neudefinition des Literaturversorgungsauftrags im Kontext des Bibliothekswesens an den Staatlichen Museen. 2. Die Profilierung der Kunstbibliothek als kunsthistorische Dokumentations- und Forschungseinrichtung. 3. Anpassungen des Erwerbungsprofils der Sammlungen und des Ausstellungsprogramms an die veränderten Aufgaben. 4. Die Positionierung der Kunstbibliothek als Knotenpunkt des Berliner Kunstbetriebs mit der Aufnahme aktueller Debatten und Entwicklungen. Glaser konnte seine ambitionierte Agenda für die Weiterentwicklung der Kunstbibliothek

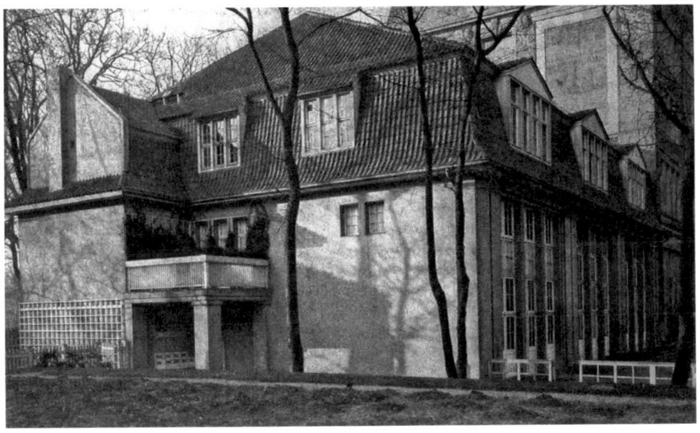

Abb. 44
Annexbau am Südflügel der Unterrichtsanstalt des Kunstgewerbemuseums, um 1916

aufgrund der schwierigen Rahmenbedingungen in seiner achteinhalbjährigen Amtszeit als Direktor nur teilweise umsetzen.

Ihre neue Bestimmung als kunstwissenschaftliche Forschungsbibliothek brachte die Kunstbibliothek hinsichtlich ihres Literaturversorgungsauftrags in direkte Konkurrenz zur wesentlich älteren Museumsbibliothek der Staatlichen Museen zu Berlin. Im Zusammenhang mit der wirtschaftlichen Not der Nachkriegs- und Inflationszeit wurde damit ein seit Langem bestehendes strukturelles Problem des mehrschichtigen Bibliothekswesens an den Staatlichen Museen mit einem hohen Anteil redundanter Erwerbungen offenbar. Die von Glaser im Hinblick auf eine Optimierung des Einsatzes finanzieller und personeller Ressourcen vorgeschlagene Strukturreform einer Zusammenlegung der Museumsbibliothek mit der Kunstbibliothek,[11] die für letztere einen erheblichen Bedeutungszuwachs mit sich gebracht hätte, wurde von den Abteilungsleitern der Staatlichen Museen 1927/1928 abgelehnt.[12]

Auch der zweiten grundlegenden organisatorischen Massnahme in Glasers Amtszeit zur Profilierung der Kunstbibliothek als Dokumentations- und Forschungseinrichtung war kein dauerhafter Erfolg beschieden. Auf Initiative Glasers wurde 1930 mit Hilfe des Freundeskreises der Kunstbibliothek ein deutsches Bildarchiv an der Kunstbibliothek begründet, das als zentrale Sammelstelle von Aufnahmen deutscher Kunstdenkmäler dienen sollte.[13] Glaser ging von der Überlegung aus, dass kunsthistorische Forschungsarbeiten direkten Zugang zu adäquatem Bildmaterial der behandelten Kunstwerke und Denkmäler benötigen. Zu einem kunsthistorischen Forschungsinstitut gehörte daher nach seiner Einschätzung eine Bilddokumentation zwingend dazu, wie sie die deutschen kunsthistorischen Institute in Italien mit ihren Bildarchiven besassen. Eine Konzentration auf deutsche Kunstdenkmäler sah Glaser sowohl als praktische wie als kulturpolitische Notwendigkeit.[14] Nach beachtlichen Erwerbungen in der Anfangszeit erlangte das Bildarchiv nach der Entlassung Curt Glasers nicht die ihm zugedachte Bedeutung und wurde nach dem Zweiten Weltkrieg nicht weitergeführt.

Das Ausstellungsprogramm und das Erwerbungsprofil der Sammlungen der Kunstbibliothek erfuhren unter Curt Glaser eine behutsame Erweiterung in Richtung der zeitgenössischen Werbung, Typographie und Photographie. Insbesondere beim Thema Photographie gelangen unter Glaser hochkarätige Erwerbungen und spektakuläre Ausstellungen wie *Film und Foto* 1929 und *Fotomontage* 1931. Die hergebrachten Schwerpunkte der Kunstbibliothek wurden gleichzeitig sowohl bei den Erwerbungen wie auch bei den Ausstellungen beibehalten. Die wirtschaftlichen Probleme im Gefolge der Weltwirtschaftskrise von 1929 wirkten sich negativ auf den Erwerbungsetat der Kunstbibliothek aus, sodass Glaser seine Vorstellungen nur begrenzt verwirklichen konnte.

Eine bedeutende Leistung Curt Glasers war die Einführung von Vortragszyklen im grossen Hörsaal mit 450 Plätzen. Das Aufgreifen aktueller Themen und Debatten mit einer Vielzahl prominenter Referenten machte die Kunstbibliothek in seiner Amtszeit zu einer zentralen Adresse des Berliner Kunstbetriebs mit erheblicher Strahlkraft sowohl auf die bibliothekarischen Aktivitäten als auch hinsichtlich des Ausbaus der Sammlungen. Das übergreifende Thema der Vortragsreihen der Jahre 1926 bis 1929 waren Fragen der architektonischen und städtebaulichen Entwicklung der modernen Grossstadt, deren verbindender Hintergrund die Entwicklung Berlins nach der 1920 vollzogenen Bildung von Gross-Berlin war. 1926 führten sieben Vorträge in das *Wesen der Neuen Baukunst* ein. Referenten waren u. a. Hugo Häring, Peter Behrens, Hans Poelzig und Heinrich Tessenow. 1927 war der Vortragszyklus dem Thema *Weltstädte* gewidmet. 1928 fanden vom 16. Januar bis 27. Februar wiederum sieben Vorträge über Fragen der neueren Baukunst statt; es sprachen u.a. Henry van de Velde, Erich Mendelssohn, Ludwig Mies van der Rohe und Martin Mächler. 1929 begann am 4. Februar eine Vortragsreihe über die zukünftige bauliche Gestaltung Berlins. 1930 widmete sich die Kunstbibliothek unter dem Titel *Wege zur Kunst* dem Thema Kunsterziehung, u.a. mit Vorträgen von Johannes Itten und Josef Albers. 1931 standen im Januar und Februar *Probleme der heutigen Malerei* auf dem Vortragsprogramm. 1932 veranstaltete die Kunstbibliothek im Anschluss an die Ausstellung *Ergebnisse des neuen Zeichen- und Werkunterrichts an höheren Schulen* eine Vortragsreihe zum Thema *Ziel und Wesen des Zeichen- und Werkunterrichts*. Im Januar und Februar 1933 befassten sich die Vorträge unter dem Titel *Wesen-Grenzen-Aufgaben* mit dem Thema Photographie.

Im Zusammenhang mit den Vortragsreihen veranstalteten Elsa und Curt Glaser regelmässige Abendgesellschaften, die in einem 1928 erstmals erschienenen Band zur Berliner Gesellschaft der Weimarer Republik Erwähnung fanden,[15] im *Berliner Tageblatt* am 31. März 1929 mit einer Photostrecke illustriert (Abb. 18) und 1931 von Glasers späterem Nachfolger Hermann Schmitz in dessen Buch zur preussischen Kulturpolitik der Weimarer Republik in gehässiger Weise kommentiert wurden.[16] Hierzu fanden sich nach den Vorträgen Künstler, Kunstschriftsteller, Kunsthändler und Wissenschaftler in der Wohnung der Glasers ein.

Zu seinem 50. Geburtstag am 29. Mai 1929 wurde Glasers Wirken als Wissenschaftler, Museumsdirektor und Publizist ausführlich gewürdigt. «Mit der Vielseitigkeit seiner Interessen, mit dem Geschick und Geschmack, die den Kunstschriftsteller und den Museumsmann Glaser auszeichnen, gehört er zu den bekanntesten und geschätztesten Persönlichkeiten im Berliner Kunstleben. [...] Selten findet sich so, wie bei ihm, wissenschaftliche Exaktheit und Forscherkraft, die ästhetische Einstellung auf höchste Qualität und der Sinn für die Entwicklung der schöpferischen Kräfte zusammen, durchdrungen und umfaßt von menschlicher Urbanität.»[17] Das Jahr 1929 markiert den Höhe- und gleichzeitigen Wendepunkt von Glasers öffentlichem Ansehen. Im Gefolge der Wirtschaftskrise nach dem Börsenzusammenbruch im Oktober 1929 vollzog sich der Aufstieg des Nationalsozialismus mit der Vergiftung des Meinungsklimas und der gezielten Verunglimpfung jüdischer Bürger:innen in herausgehobenen und einflussreichen Positionen. Im fortan aufgeheizten und polarisierten Kulturgeschehen war Glaser zunehmend nationalistischer Propaganda und antisemitischen Unterstellungen ausgesetzt. Neben Angriffen auf seine fachlichen Positionen[18] richtete sich die Agitation insbesondere auf seine Zugehörigkeit zu einem einflussreichen Netzwerk[19] und auf seine enge Verbindung mit dem Kunstmarkt und der Presse.[20] Hermann Schmitz hatte 1931 die argumentative Grundlage bereitet,[21] auf der die nationalsozialistische Presse Glaser und andere prominente Vertreter der republikanischen Kunstpolitik in den Kontext einer als snobistisch, dekadent, entartet und zersetzend apostrophierten Kunstanschauung stellen konnte.[22] Es erscheint insofern fast als zwangsläufig, dass Glaser im Frühjahr 1933 eines der ersten Opfer der nationalsozialistischen Säuberungswelle an den Staatlichen Museen zu Berlin wurde. Nach einer Meldung der *Frankfurter Zeitung* erfolgte seine Beurlaubung am 5. April.[23] Am 7. April trat das «Gesetz zur Wiederherstellung des Berufsbeamtentums» in Kraft, das die sogenannte Gleichschaltung des öffentlichen Dienstes im Deutschen Reich auf eine einheitliche rechtliche Grundlage stellte. Die formale Entlassung Glasers aus dem preussischen Staatsdienst wurde am 27. September 1933 vollzogen.

Unter dem zynischen Titel «Herr Glaser geht in Urlaub» war am 4. April 1933 eine Generalabrechnung mit Glasers Wirken als Direktor der Kunstbibliothek erschienen, die in geschickter Weise bestehende Narrative aufgriff und offensichtlich auch auf Informationen von Mitarbeitern beruhte. In dem Artikel wurde behauptet, dass Glaser seine Berufung auf den ihm fachfremden Direktorenposten allein der Protektion der Ministerialbürokratie verdanke. Die von der Sache her notwendige Neuausrichtung der Kunstbibliothek wurde als rücksichtslose Umstrukturierung dargestellt: «Professor Glaser begann seine Tätigkeit mit einer gewaltsamen Reform und einer kaum verschleierten, durchsichtigen Personalpolitik. Ueber die Köpfe der alten Mitarbeiter hinweg versuchte er, die Staatliche Kunstbibliothek von ihrem sachlichen Aufgabenkreis fortzuführen. Aus einer in erster Linie der Pflege des Kunsthandwerks dienenden Fachbibliothek sollte eine umfassende und allgemeine kunstgeschichtliche Zentralbibliothek werden. Nach dem Urteil Dr. Bernoullis ist es nur dem ausgezeichneten Stamm mittlerer und unterer Beamten aus der Zeit Jessens und Loubiers zu verdanken, wenn die Ordnung und praktische Bedeutung der Staatlichen Kunstbibliothek nicht noch schwereren Schaden erlitt.»[24] Neben Kritik an der strategischen Ausrichtung der Kunstbibliothek durch Glaser fand sich auch der Vorwurf der Vernachlässigung dienstlicher Aufgaben.[25] Der Kern der Agitation gegen Glaser richtete sich gegen seine Zugehörigkeit zur als korrupt, «verjudet» und marxistisch diffamierten Kulturelite der Weimarer Republik. «Als Kunstkritiker des ‹Berliner Börsencourier›, als Vorstandsmitglied der kunstgeschichtlichen Gesellschaft im Salon Paul Cassirer, als Mitarbeiter in der Sammlungskommission der Staatlichen Museen, als Verbindungsmann zwischen dem Berliner und Pariser Kunsthandel gehörte Professor Glaser zu jener allmächtigen Gruppe Cassirer, Perls, Flechtheim und Hugo Simon, die das deutsche Kunstleben in dem letzten Jahrzehnt zu einem volksfremden und einfeltigen Modebetrieb entstellt und entwürdigt hat. [...] Glaser hat zu seinem Teil mit dazu beigetragen, dass der Berliner Kunstbetrieb innerlich so volksfremd, leblos und morsch wurde. Während man in Glasers Dienstsalon über die Schlagworte und Moden einer Zeitkunst von Berlin bis Paris sprach und plauderte, wurden die Ausstellungen immer leerer, unvolkstümlicher und unfruchtbarer.»[26]

Ungefähr zeitgleich mit seiner angeordneten Beurlaubung musste Curt Glaser seine Beamtenwohnung verlassen. Der Komplex der ehemaligen Unterrichtsanstalt sollte zum Dienstsitz des im Frühjahr 1933 neu gegründeten Geheimen Staatspolizeiamts (Gestapa) ausgebaut werden. Glasers Mietvertrag war im Hinblick auf eine mögliche andere behördliche Nutzung des Gebäudes auf fünf Jahre bis zum 30. Juni 1930 befristet und verlängerte sich anschliessend automatisch um jeweils ein halbes Jahr, konnte dann aber mit einer Frist von drei Monaten durch die preussische Bau- und Finanzdirektion gekündigt werden. Glaser und die übrigen Mieter mussten ausziehen und das Gebäude vor der Übergabe an das Gestapa im April/Mai 1933 räumen.

Die Beurlaubung und die Aufgabe der Wohnung trafen Glaser in einer für ihn sehr schwierigen Zeit. Seine Frau Elsa war am 10. Juli 1932 nach einer schweren Krankheit gestorben. Die Folgen dieses persönlichen Schicksalsschlages und die staatliche Repression kulminierten im Frühjahr 1933 und veränderten sein Leben von Grund auf. Er schilderte den Verlauf dieser Lebenskrise in einem Brief an Munch vom 19. Mai 1933: «[...] seit dem Tode meiner Frau [ist] die ganze Welt meiner Vergangenheit Stück um Stück zusammengebrochen [...] bis auch nichts mehr davon übrig blieb. Es begann scheinbar mit einer Kleinigkeit, mit dem Tod meines Hundes. Es war mir ein Signal, dem alles andere folgte. Ich mußte meine Wohnung aufgeben, ich habe mein Amt verloren. Da ich es sinnlos fand, jetzt eine neue große Wohnung zu mieten, habe ich mich von all meinem Besitz frei gemacht, um irgendeinmal wieder ganz neu anzufangen.»[27]

Am 29. Juni 1933 trat Hermann Schmitz sein Amt als neuer Direktor an und sorgte im Anschluss für die Gleichschaltung der Kunstbibliothek. Glaser verliess Berlin im Sommer 1933 und emigrierte in die Schweiz. In die Kunstbibliothek und in sein altes Leben kehrte er nicht zurück.

1 Anonym 1924, S. 64.
2 «Wechsel in Berliner Museumsleitungen», in: *Deutsche Allgemeine Zeitung. Ausgabe für Groß-Berlin*, Abendblatt vom 14.12.1923, S. 2.
3 Curt Glaser an Edvard Munch, 9.12.1924, Munchmuseet, Oslo, MM K 2351.
4 *Jahrbuch der deutschen Bibliotheken*, 16, 1925, S. 16.
5 Spode 1994.
6 Tuchel/Schattenfroh 1987.
7 «Wir wohnen jetzt Prinz Albrechtstrasse 8, also ganz nahe am Potsdamer Platz, aber unsere Wohnung geht nach einem großen Park hinaus und ist ganz ruhig. Wir werden, glaube ich, sehr zufrieden sein, wenn wir erst einmal in Ordnung gekommen sind.» Curt Glaser an Edvard Munch, 2.7.1925, Munchmuseet, Oslo, MM K 2352.
8 Gedenkreden 1926, S. 9.
9 Im Juni 1924 meldete die *Berliner Börsen-Zeitung*, dass die Staatliche Kunstbibliothek künftig in erweitertem Umfang neben dem Kunstgewerbe auch die Literatur der freien Künste und die einschlägigen Anschauungsmittel pflegen werde, soweit sie der Kunstbildung und Kunstpflege diene; *Berliner Börsen-Zeitung*, Nr. 273, 13.6.1924, S. 4.
10 Kratz-Kessemeier 2008, S. 441.
11 «Damit zusammen hängt auch eine Vereinheitlichung des Kunstbibliothekwesens. Es ist unnötig, daß in der Museumsbibliothek und in der Kunstbibliothek dieselben Bücher oft doppelt angeschafft werden, daß zwei Verwaltungen nebeneinander bestehen. Das Wünschenswerte wäre eine Zentralkunstbibliothek in einem genügend großen Hause.» Scheffler 1927, S. 285.
12 Brand 2004, S. 91–96.
13 «Das Deutsche Bildarchiv für Berlin», in: *Berliner Börsen-Zeitung*, Nr. 117, 11.3.1930, S. 8.
14 «Eine Zentralstelle, die in der Lage ist, die Denkmäler deutscher Kunst in ihrer ganzen überwältigenden Fülle auszubreiten, die auch den Ausländern das Studium deutscher Kunst hiermit erleichtern, ja eigentlich erst ermöglichen wird, kann nicht verfehlen, eine außerordentlich werbende Kraft zu üben. Neben dem Deutschen Museum, das seiner Fertigstellung entgegengeht, soll das deutsche Bildarchiv ebenso der Forschung wie dem Ruhme deutscher Kunst dienen.» Glaser 1930, S. 18.
15 «Weit intimer sind die Montagabende, die Herr und Frau Glaser geben. Sie finden nach den vom Hausherren eingerichteten kunstgeschichtlichen Vorträgen statt. Snobs und Salönchenjäger freilich sind nicht zugelassen [...]»; von Reibnitz 1928, S. 202.
16 Schmitz porträtierte Glaser unter Bezugnahme auf den Artikel im *Berliner Tageblatt* in ironischem Ton als führendes Mitglied einer «nachnovemberlichen Prominenz im Berliner Kunstleben» und unterstellte ihm eine Bevorzugung bei der Besetzung des Direktorenamtes der Kunstbibliothek und bei der Vergabe seiner Beamtenwohnung aufgrund seiner guten Beziehungen zur preussischen Kulturverwaltung; Schmitz 1931, S. 164–165.
17 «Personalien. Curt Glaser», in: *Die Kunstauktion. Deutsches Nachrichtenblatt des gesamten Kunstmarktes und Buchmarktes*, Nr. 22, 2.6.1929, S. 12.
18 «Der Kampf um den neuen Stil in der bildenden Kunst», in: *Der Führer. Das badische Kampfblatt für nationalsozialistische Politik und deutsche Kultur*, 6.8.1931, S. 4.
19 Siehe hierzu die Artikel im *Völkischen Beobachter* über Adolph Goldschmidt vom 11.1.1933 und über die Beurlaubungen leitender Mitarbeiter der Staatlichen Museen vom 6.7.1933, in denen auf den «Montagssalon» im Hause Glaser verwiesen wird, in dem «alle Fäden pariserisch, galizischer Kunstpolitik zusammenliefen».
20 «Die Kunstpolitik des Preußen von 1918 bis 1933 ist gekennzeichnet durch jene unglückselige Herrschaft blutleerer Literaten und Dogmatiker im Geiste Glasers, Osborns, Deris u.a.m., die als Knechte eines internationalen Kunsthandels nur die Aufgabe von Reklamechefs hatten, die den Anreißer bilden mußten für das Geschäft.» Wendland 1933, S. 1.
21 Schmitz 1931, S. 157–178.
22 Kratz-Kessemeier 2008, S. 591–593.
23 *Frankfurter Zeitung*, Nr. 261–262, 7.4.1933.
24 «Herr Glaser geht in Urlaub», in: *Deutsche Zeitung*, Nr. 80, 4.4.1933.
25 Anonym 1933, S. 14–15.
26 «Herr Glaser geht in Urlaub», in: *Deutsche Zeitung*, Nr. 80, 4.4.1933.
27 Curt Glaser an Edvard Munch, 19.5.1933, Munchmuseet, Oslo, MM K 2387.

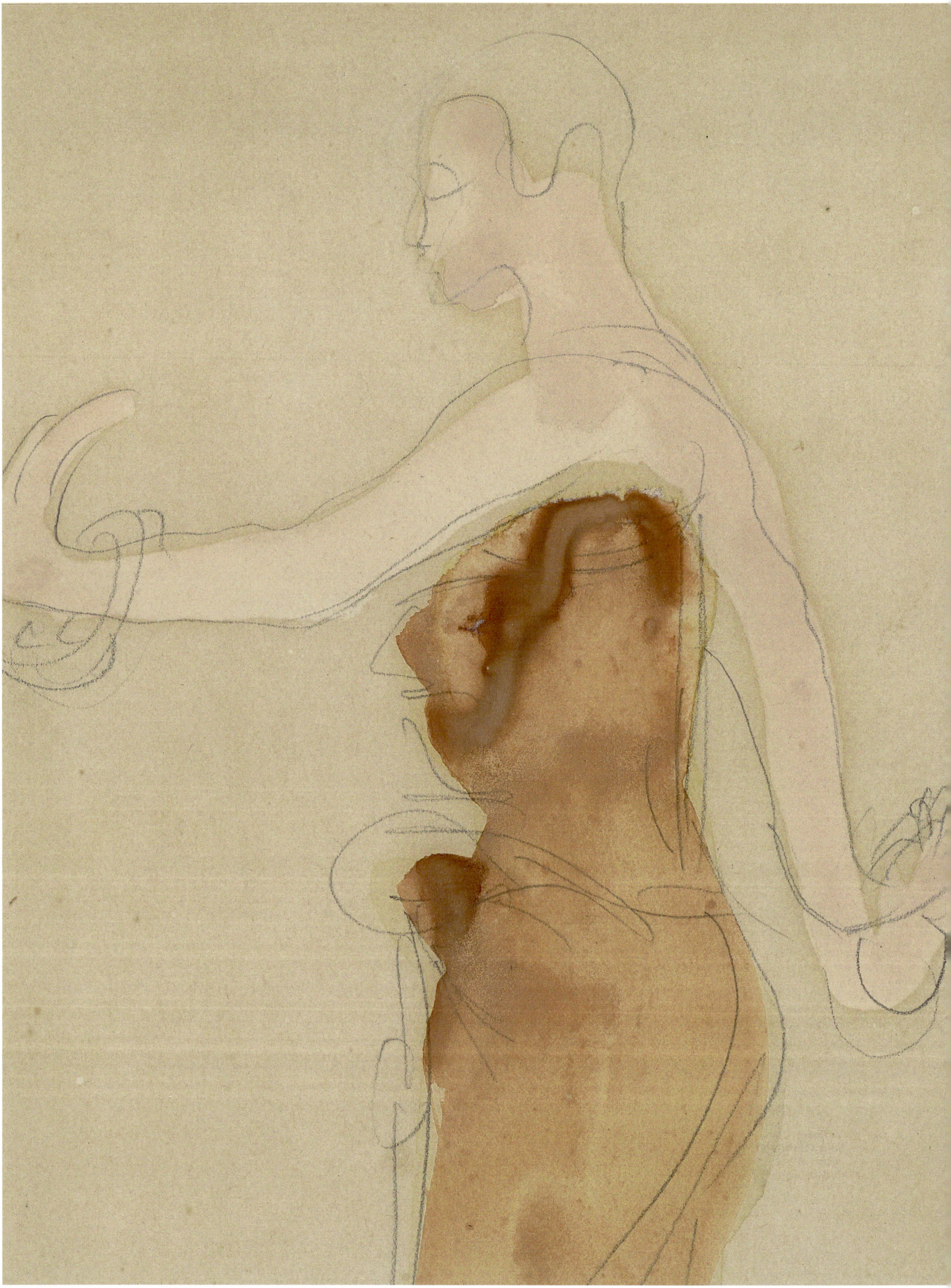

KÜNSTLER DER MODERNE AUS FRANKREICH

FRANZ MARC

Kat. 189
Auguste Rodin
Nach links schreitende Tänzerin mit etruskisch bewegten Armen und Händen (Detail)
1908
Kunstmuseum Basel, Kupferstichkabinett, Ankauf 1933

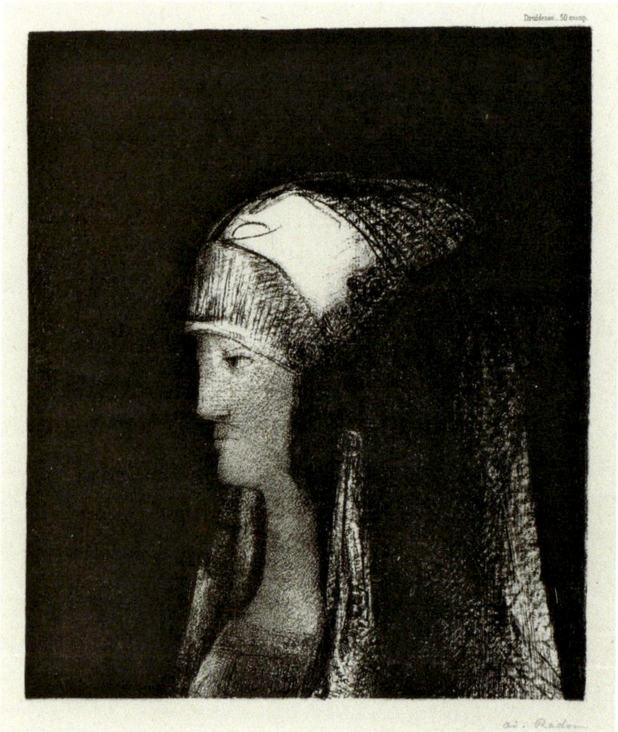

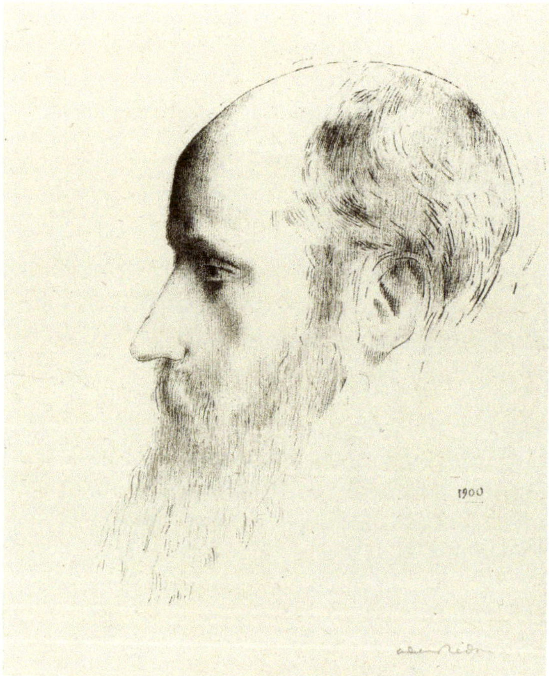

Kat. 186
Odilon Redon
Druidesse
1892
Kunstmuseum Basel, Kupferstichkabinett, Ankauf 1933

Kat. 187
Odilon Redon
Édouard Vuillard
1900
Kunstmuseum Basel, Kupferstichkabinett, Ankauf 1933

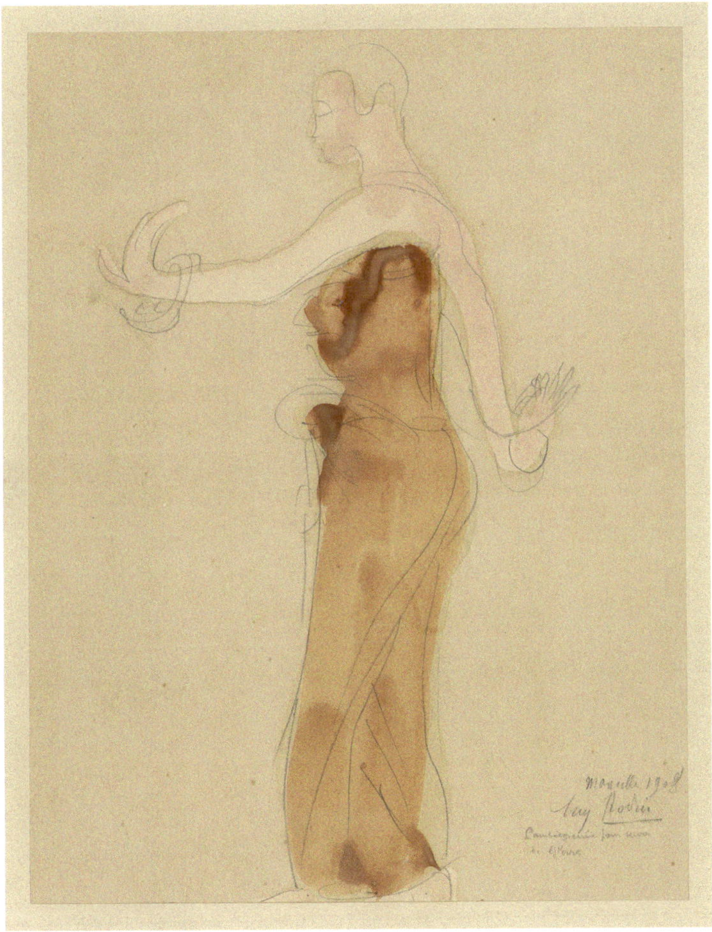

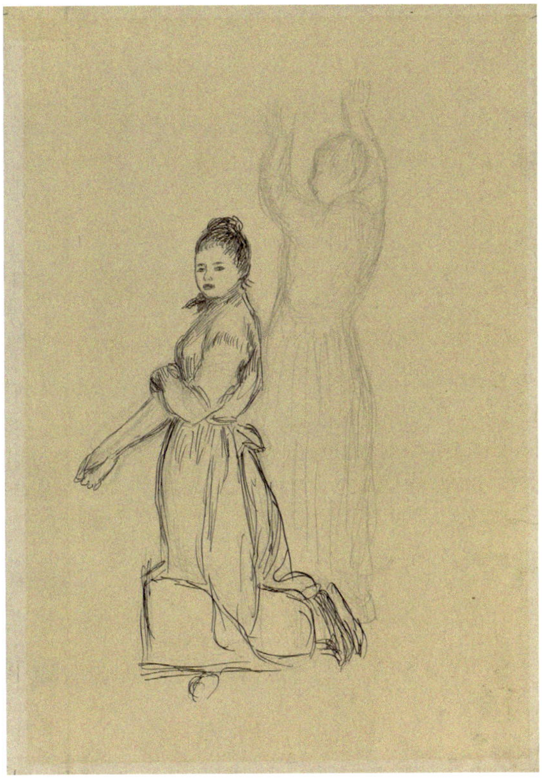

Kat. 189
Auguste Rodin
Nach links schreitende Tänzerin mit etruskisch bewegten Armen und Händen
1908
Kunstmuseum Basel, Kupferstichkabinett, Ankauf 1933

Kat. 220
Pierre-Auguste Renoir
Wäscherinnen
1885–89
The Courtauld, London (Samuel Courtauld Trust)

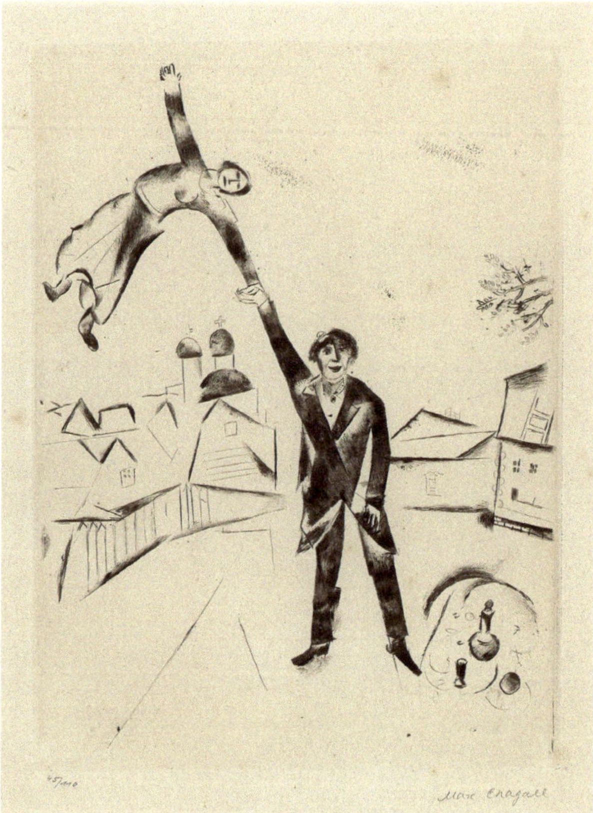

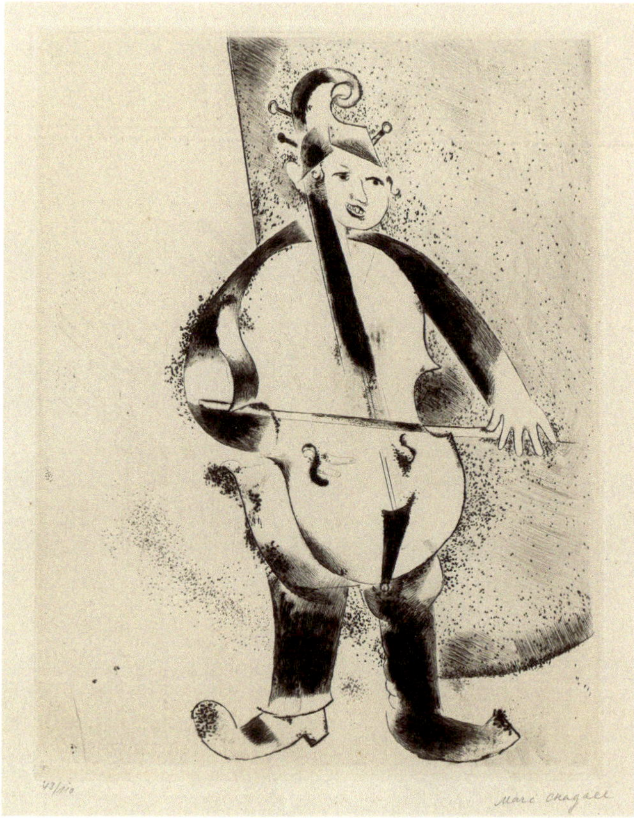

Kat. 29
Marc Chagall
Spaziergang I
1922
Kunstmuseum Basel, Kupferstichkabinett, Ankauf 1933

Kat. 28
Marc Chagall
Der Musiker
1922
Kunstmuseum Basel, Kupferstichkabinett, Ankauf 1933

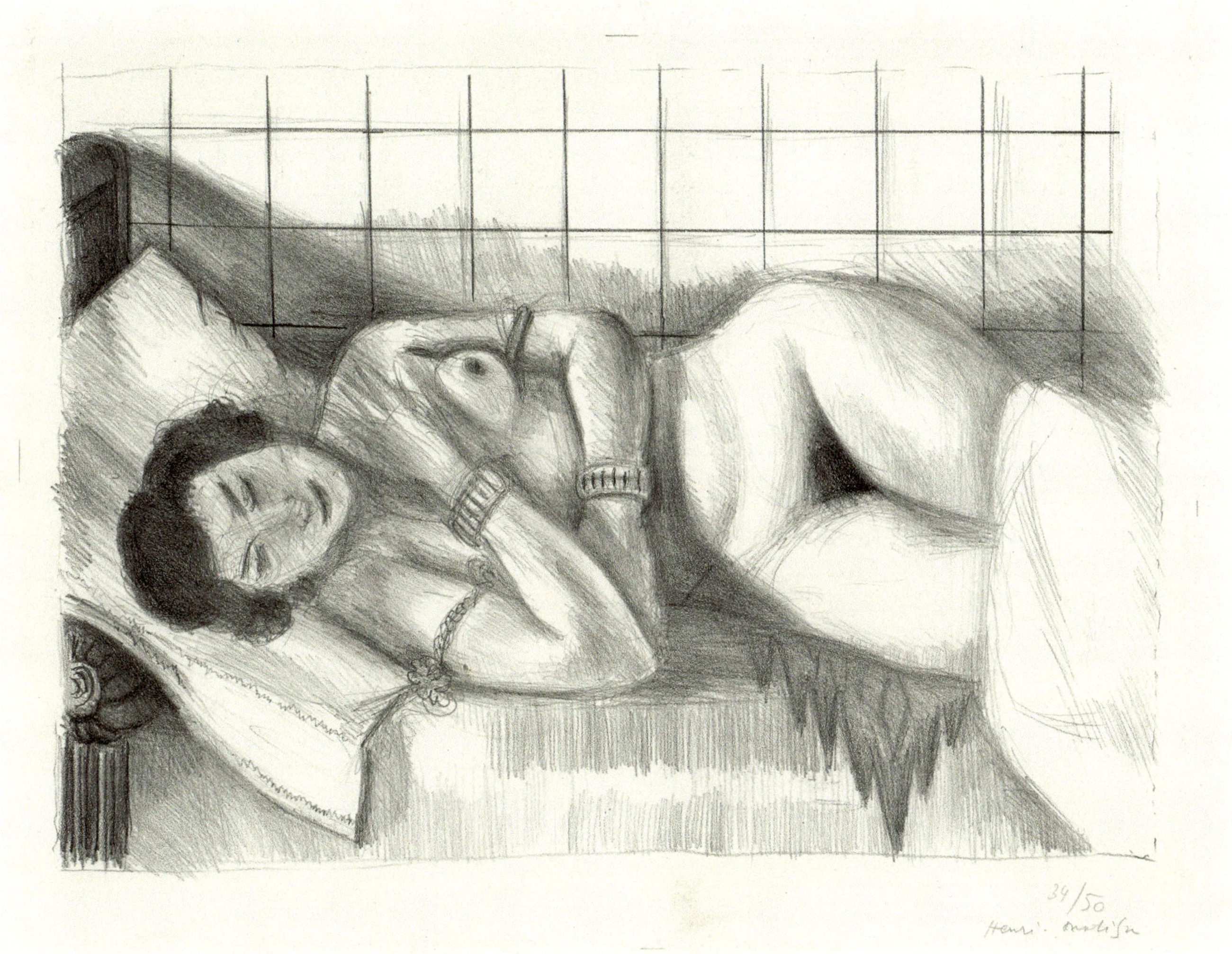

Kat. 168
Henri Matisse
Liegender Frauenakt
1929
Kunstmuseum Basel, Kupferstichkabinett,
Ankauf 1933

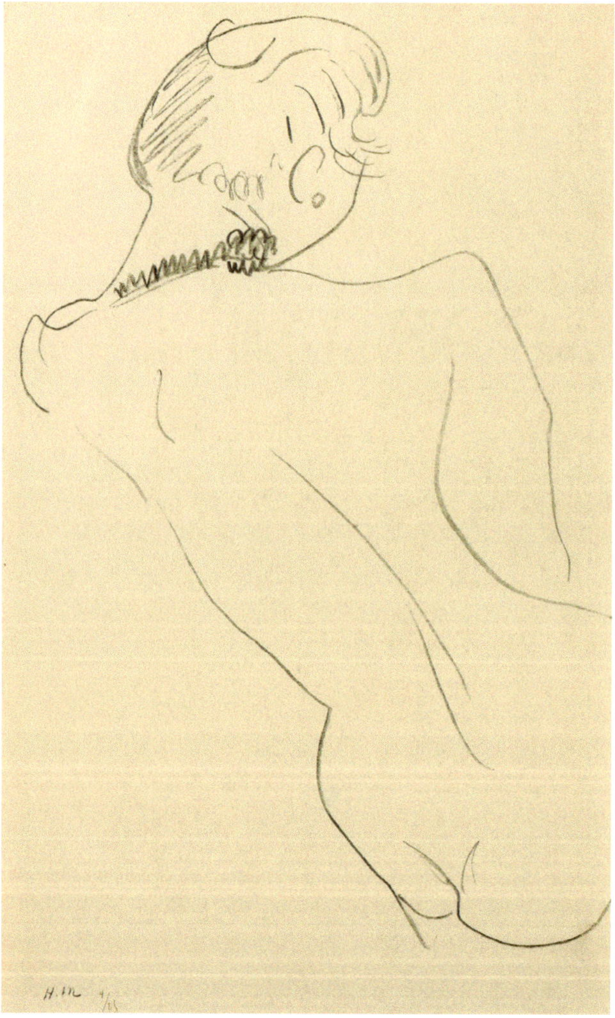

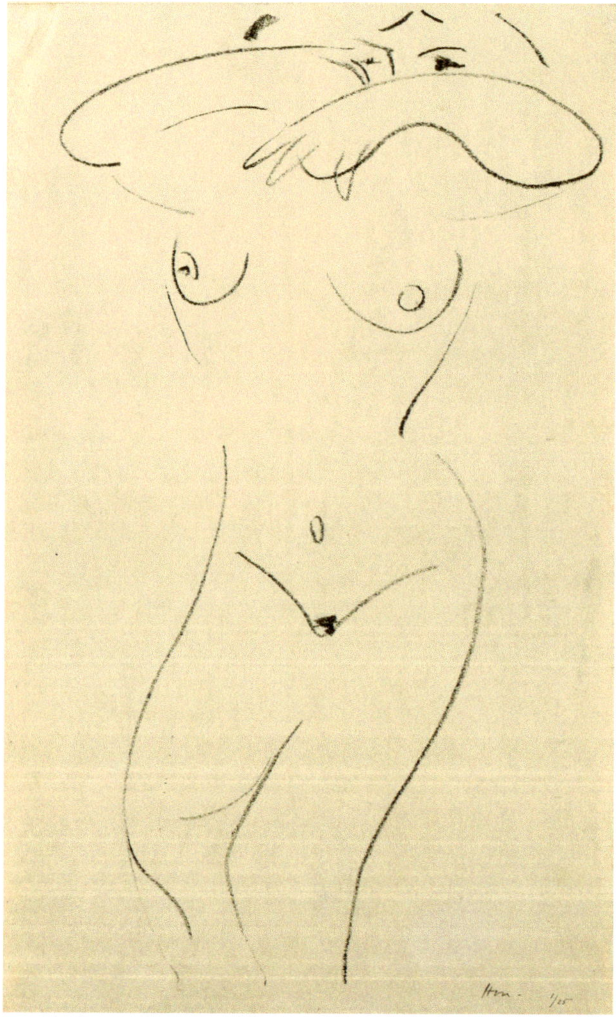

Kat. 167
Henri Matisse
Rückenakt einer sitzenden Frau
1906
Kunstmuseum Basel, Kupferstichkabinett, Ankauf 1933

Kat. 166
Henri Matisse
Frontaler Frauenakt mit hochgehobenen, das Gesicht teilweise verdeckenden Armen
1906
Kunstmuseum Basel, Kupferstichkabinett, Ankauf 1933

→
Kat. 214
Henri Matisse
Porträt Elsa Glaser
1914
The Art Institute of Chicago, Margaret Day Blake Collection, 1964.1

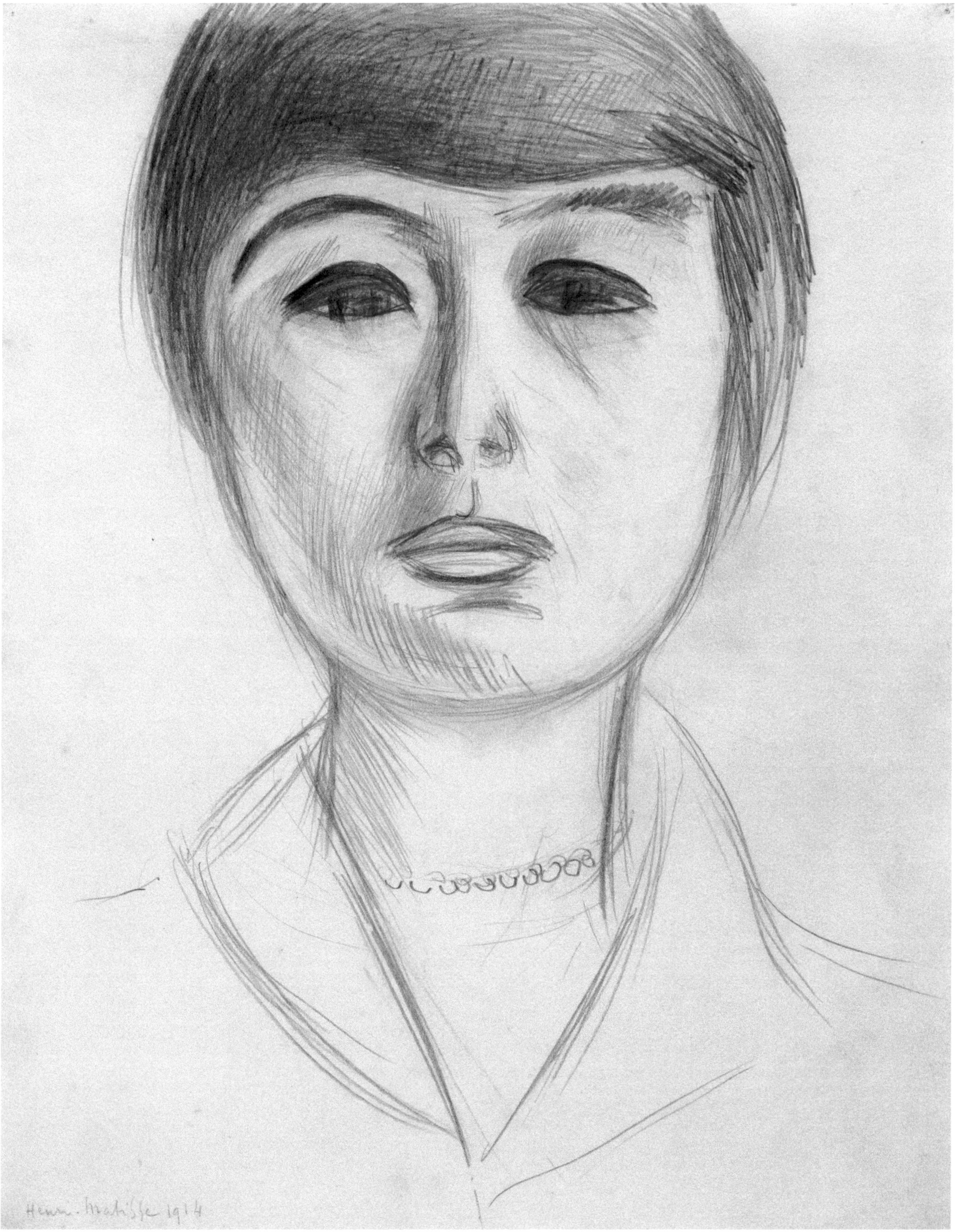
Henri-Matisse 1914

Kat. 222
Henri Matisse
Junge mit Schmetterlingsnetz
1907
Minneapolis Institute of Art, The Ethel Morrison Van Derlip Fund

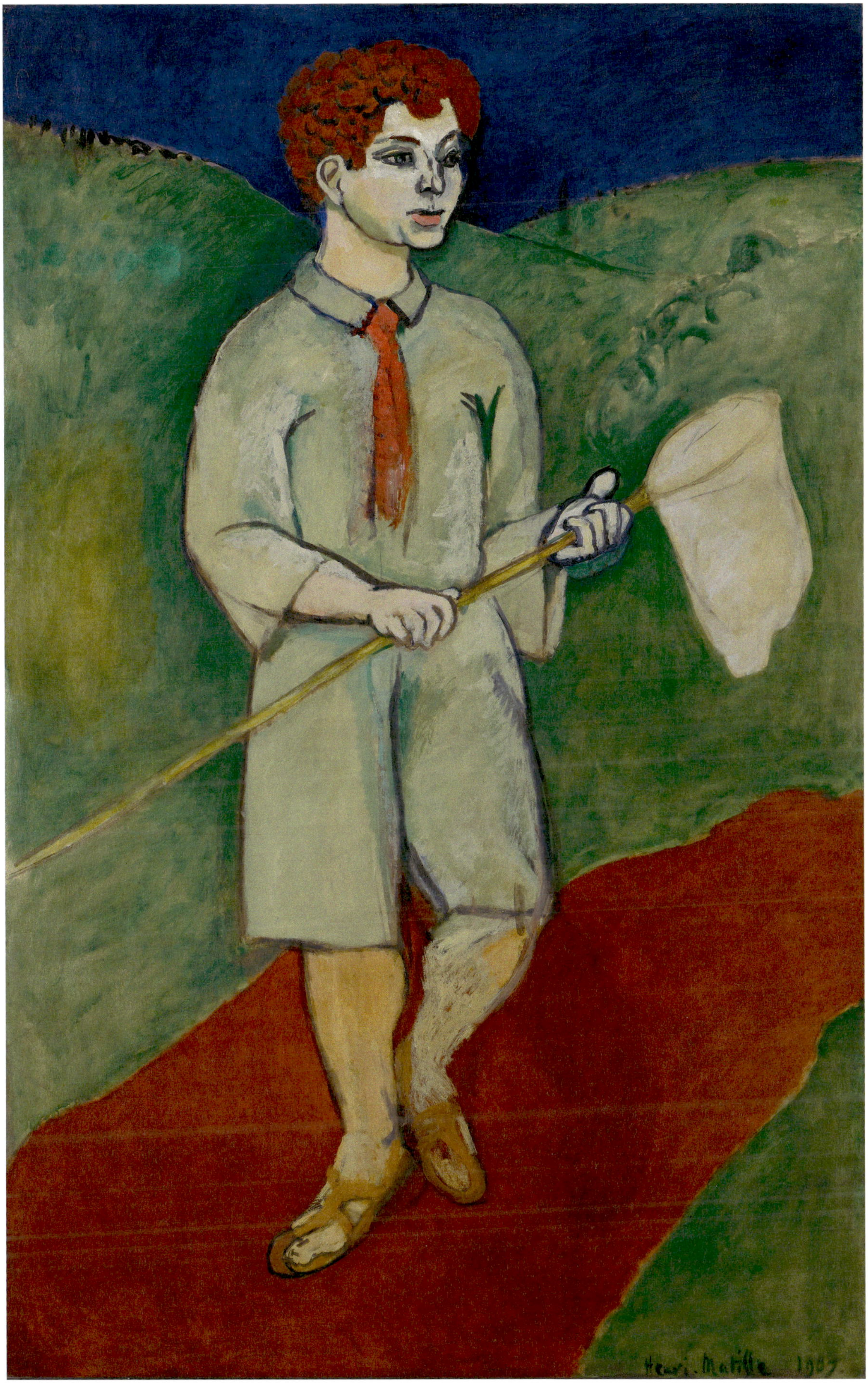
Henri-Matisse 1907

Kat. 221
Franz Marc
Die grossen blauen Pferde
1911
Collection Walker Art Center, Minneapolis, Gift of the T. B. Walker Foundation, Gilbert M. Walker Fund, 1942

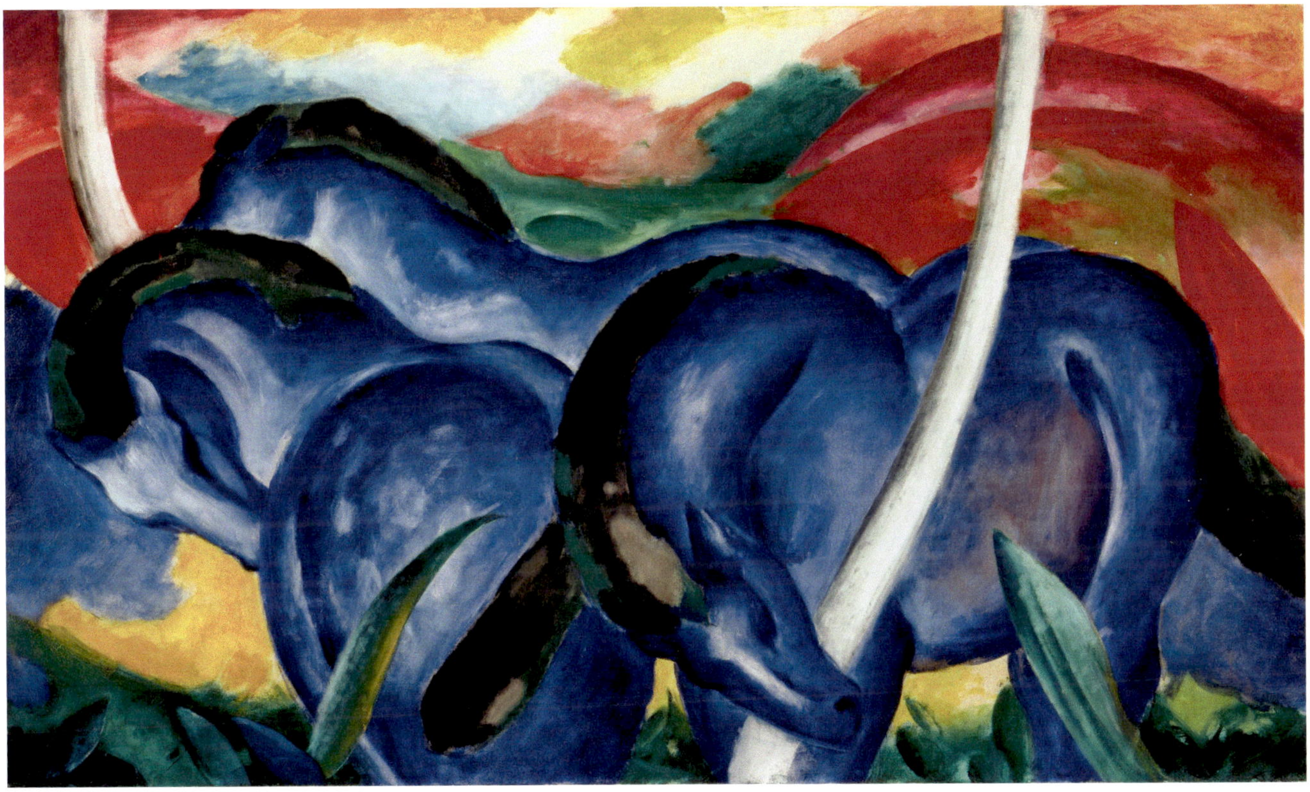

Judith Rauser

DIE SAMMLUNG VON CURT UND ELSA GLASER

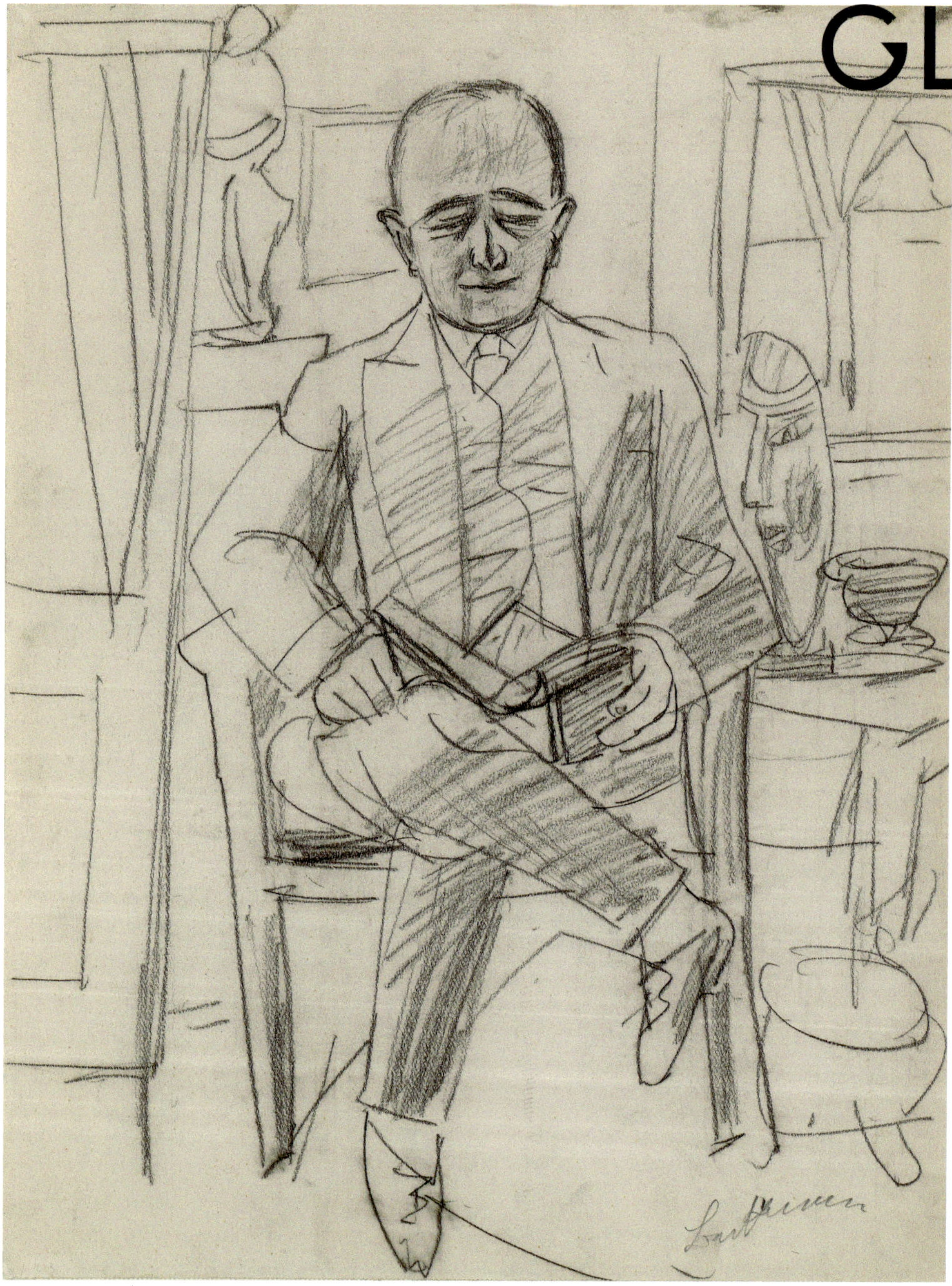

Abb. 45
Max Beckmann
Skizze zum Bildnis Curt Glaser
1929
Kohle, 49 × 37 cm
Staatliche Graphische Sammlung, München

«SO AUSGESPROCHEN VIELSEITIG IST DIESE IN KEINEM SINN LANDLÄUFIGE SAMMLUNG.»

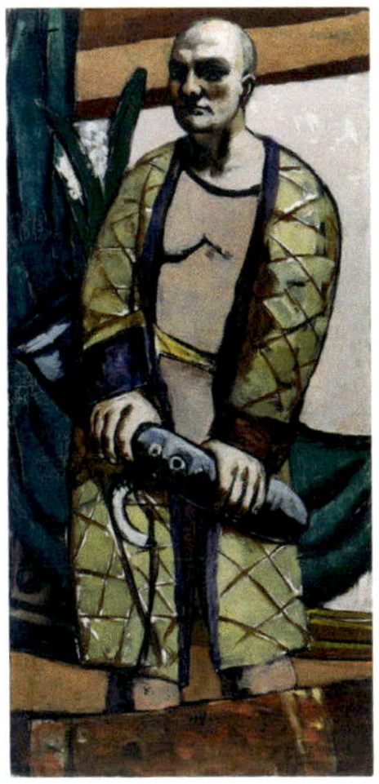

Abb. 46
Max Beckmann
Selbstbildnis mit Saxophon
1930
Öl auf Leinwand, 140 × 69,5 cm
Kunsthalle Bremen

Die «in keinem Sinn landläufige»[1] Privatsammlung Curt und Elsa Glasers ist aus mehreren Gründen, unter denen die Zerstreuung der Sammlung im Zuge der Auktionen im Mai 1933 nur der augenfälligste ist,[2] nicht leicht zu beschreiben und einzuordnen. In der jüngeren Forschungsliteratur zu Curt Glaser spielt das private Sammeln – auch in Hinblick auf die oft betonte Verschränkung seiner Tätigkeitsbereiche – eine wiederkehrende Rolle, und so haben sich einige Autoren über Glaser zumindest kursorisch und mit Blick auf einzelne Künstler und deren Verhältnis zu ihm geäussert.[3] Eine konzentrierte Untersuchung zur Privatsammlung Curt und Elsa Glaser steht jedoch aus und würde den Gegenstand einer umfassenden Forschungsarbeit liefern. Weder die Recherchen zum «Fall Glaser» noch die hiesige Ausstellung konnten sich die vollständige wissenschaftliche Aufarbeitung der Sammlung Glaser zum Ziel setzen. Stattdessen soll hier der Versuch unternommen werden, die Heterogenität der Sammlung, einschliesslich der Leerstellen im bisherigen Kenntnisstand, unter verschiedenen Aspekten aufzufächern und mit den bisherigen Perspektiven auf Glaser zu korrelieren. Die Schwierigkeiten, Elsas Rolle und Anteil am «Erfolgsmodell Glaser» zu fassen, zeigen sich auch in Bezug auf Entwicklung und Gestaltung der Sammlung;[4] wenn im Folgenden von der Sammlung Glaser die Rede ist, schliesst dies ausdrücklich ihre Person und Position mit ein.

UMRISSE

Trotz seiner enormen publizistischen Aktivität scheint Curt Glaser auf den ersten Blick die schriftliche Dokumentation des Kunstbestands in seinem Privathaushalt nicht als prioritäres Anliegen betrachtet zu haben; gegenwärtig ist zumindest keine Quelle bekannt, die einem Inventar, einer ausführlichen Darstellung seiner Sammlung oder ihrer Prinzipien entspräche. Äusserungen in Briefen beziehen sich zumeist auf konkrete Werke, seltener auf Konvolute oder gar die gesamte Sammlung (den Brief an Edvard Munch am Tag der Versteigerung ausgenommen, in dem es heisst, er habe sich von der Belastung seines alten Besitzes freigemacht[5]). Vor diesem Hintergrund sind es die beiden Auktionskataloge des Internationalen Kunst- und Auktions-Hauses (Abb. 3, 4, 5) und der Auktion Max Perl (Abb. 21, 22), die einem Inventar am nächsten kommen. Sie bilden zwar nicht die eigentliche Genese, die neu hinzukommenden und wieder ausscheidenden Werke in einer mehr als 20 Jahre andauernden Sammlungstätigkeit,[6] deren Herkunft oder Preise ab, wohl aber eine Momentaufnahme nahezu des gesamten Bestands im Frühjahr 1933. Davon ausgenommen sind die Gemälde, an deren Besitz Glaser so lange wie möglich festhielt, darunter sein Porträt (Kat. 226) und das *Selbstbildnis mit Saxophon* (Abb. 46) von Max Beckmann, die Gemälde Munchs, Paul Kleinschmidts und Erich Heckels, die er als Depositum im Kunsthaus Zürich aufbewahren liess,[7] sowie die Kunstgegenstände, über deren Verschickung in die Schweiz in den 14 Kisten Umzugsgut von Curt und Maria Glaser nur spekuliert werden kann.[8]

Für die Einordnung der Frage, wann Curt Glaser die Entscheidung zum Verkauf der Sammlung getroffen haben könnte, wurde unter anderem die geschätzte Zeitdauer herangezogen, die benötigt wurde, um den Auktionskatalog zu erstellen.[9] Das Zeitfenster, in dem die Vorbereitungen des Verkaufs einsetzten, lag wohl zwischen Januar und April 1933, lässt sich aber nicht genauer eingrenzen. In der Kürze der Zeit bis zu den Mai-Auktionen hätte sich ein derart umfangreicher, heterogener Bestand umso effizienter aufnehmen und katalogisieren lassen, wenn auf eine vorgängige Erfassung hätte zurückgegriffen werden können. Es ist durchaus denkbar, dass diese auf der Expertise des Eigentümers basierte, denn Glaser musste schliesslich ein Interesse daran haben, gerade die weniger bekannten und leicht identifizierbaren Objekte adäquat in die Auktion einzubringen. Dass Details wie der Erhaltungszustand und vereinzelte Beschädigungen genannt wurden, spricht ebenfalls für die Beteiligung einer mit der Sammlung vertrauten Person.[10] Glasers Kenntnisse und Auskünfte werden wohl eine wichtige Quelle gewesen sein und im ersatzweisen

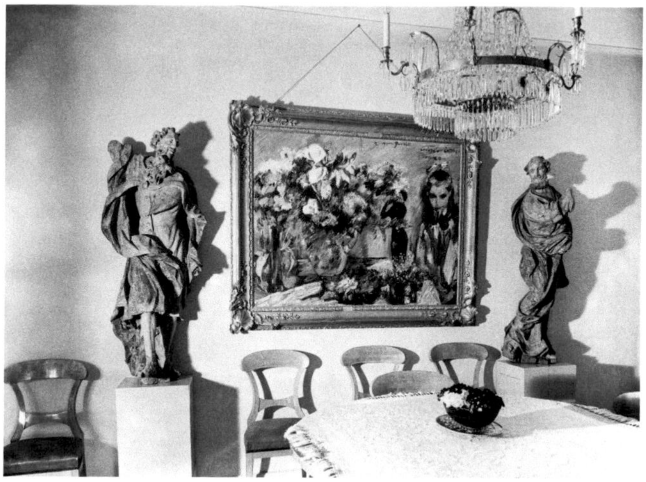

Abb. 47
Speisezimmer in der Wohnung von Curt und Elsa Glaser, Prinz-Albrecht-Strasse 8, Berlin, mit Lovis Corinths *Blumen und Tochter Wilhelmine*, um 1930
Landesarchiv Berlin

«Inventar» der Auktionskataloge indirekt zutage treten, sodass diese als wichtige Dokumente mit kunsthistorischer Aussagekraft zu betrachten sind.

Für die quantitative Einordnung der versteigerten Werke geben die Kataloge konkrete Auskünfte: Der Katalog des Internationalen Kunst- und Auktions-Hauses listet unter dem Haupttitel «Sammlung und Bibliothek eines Berliner Kunstfreundes»[11] von Los 1 bis 364 die verschiedensten Ausstattungsobjekte eines gehobenen, mit zahlreichen antiken Möbeln ausgestatteten Interieurs (Los 268–364, darunter Louis XV-, Louis XVI- und Biedermeier-Möbel); weiterhin zahlreiche Positionen Silber, Porzellan, Fayencen und Glas, die auf einen grossbürgerlichen, auch für grosse Einladungen bestens ausgestatteten Haushalt schliessen lassen. Wie ebenso die wenigen überlieferten Innenaufnahmen der Wohnung (Abb. 15–17, 55) zeigen, scheinen die reformerischen Neuansätze der Innenarchitektur seit Jahrhundertbeginn in Glasers persönlicher Umgebung keinen Niederschlag gefunden zu haben. Die historischen Möbel bildeten den Rahmen für Kunstobjekte aus verschiedensten Ländern und Epochen, die im Auktionskatalog ohne eine erkennbare Ordnung aufeinander folgen: Chinesische, japanische, indische, javanische, siamesische und burmesische Bildwerke, Skulpturen und Objekte wechseln sich ab mit afrikanischen, persischen, ägyptischen, «hellenischen», «altrömischen», pompejischen und etruskischen Objekten, um von einem einzigen modernen Gegenstand, dem «Telefunken Radio mit Lautsprecher» (Los 62) unterbrochen zu werden. Die fundierte kunsthistorische Einordnung dieser Werke steht noch aus.

Eine weitere Gruppe bilden europäisches Kunstgewerbe, Skulptur und Malerei der alten Kunst, darin vertreten etwa Majoliken und Terrakotten oder über 20 Holzskulpturen in Gestalt von süddeutschen Christus- und Madonnenfiguren, Heiligen und Aposteln zwischen dem 16. und 18. Jahrhundert.[12] Dass all diese Objekte nicht nach Herkunft, Entstehungszeit oder Gattungen getrennt, sondern in sicherlich wohlüberlegten, aber erst seit kurzer Zeit in progressiven Ausstellungen und Diskursen etablierten Kombinationen präsentiert wurden, zeigt die Aufnahme des Arbeitszimmers mit Munchs Gemälden und afrikanischen, asiatischen und persischen Plastiken auf Kaminsims und Beistelltischen (Abb. 17). Auch in einer Zeichnung Beckmanns (Abb. 45) aus dem Entstehungszusammenhang des Porträtgemäldes (Kat. 226) sitzt Glaser neben einer afrikanischen Maske, die anstelle seiner niedergeschlagenen Augen den Blickkontakt aufnimmt, und zwischen einer vermutlich afrikanischen Kleinplastik einer stehenden Figur zu seiner Rechten und Munchs *Strasse in Kragerø*[13] mit dem auffällig verzweigten kahlen Baum – flankiert also von drei Repräsentanten seiner Sammlungsgebiete. Deren gemeinsame Präsentation lässt an zeitgenössische kunsttheoretische Diskussionen um Formensprache und Ausdruckswerte aussereuropäischer Kunst denken, etwa in Wilhelm Worringers *Abstraktion und Einfühlung* (1907) oder Carl Einsteins *Negerplastik* (1915, eine der Publikationen unter Los 676). In einer Rezension von Einsteins Text kritisiert Glaser zwar den Versuch einer kunstwissenschaftlichen Systematisierung ohne die für ihn zentrale kunst*historische* Einordnung, anerkennt aber einen «Weg zur künstlerischen Würdigung eines Materials, das bisher kaum noch von einem anderen als dem rein ethnologischen Standpunkte angesehen worden ist.»[14] Eine unauffälligere, aber nicht weniger interessante Zusammenstellung dokumentiert die Ansicht der Bibliothek mit Beckmanns Glaser-Bildnis (Abb. 16). Dort wurde über dem mit Büchern und Mappen beladenen Tisch ein gerahmtes Relief platziert, mit den halbrunden Abschlüssen des Bildfeldes möglicherweise ein Deckenbildentwurf für eine himmlische Szene mit zwei Heiligen.[15] Auf dem Tisch vor diesem Relief thront eine bronzene Buddha-Figur, die die Grössenverhältnisse der aus dem Bildfeld hervorragenden Figuren aufgreift und zugleich deren Bewegung kontrastiert und mit ihren im Schoss ruhenden Händen wiederum eine subtile Beziehung zu Glasers hieratischer Erscheinung im Gemälde herstellt. Eine ästhetische Analogie über Gattungsgrenzen hinaus bildet auch die Kombination des späten,

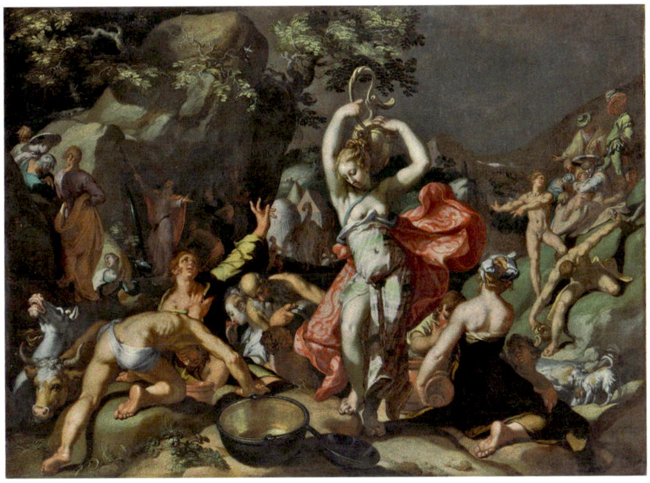

Abb. 48
Abraham Bloemaert
Moses schlägt Wasser aus dem Felsen
1596
Öl auf Leinwand, 79,9 × 108 cm
The Metropolitan Museum of Art, New York, Purchase, Gift of Mary V.T. Eberstadt, by exchange, 1972

expressiven Blumenstilllebens von Lovis Corinth[16] mit zwei flankierenden, ebenfalls ausdrucksstark bewegten, aber barocken Apostelfiguren[17] (Abb. 47) im Speisezimmer. In einer solchen Konstellation finden Fragen nach dem «Charakter» von Barock und Manierismus und ihrer Verbindung zu einer expressiven bzw. expressionistischen Bildsprache einen Widerhall, eine kunsttheoretische Diskussion, an der etwa Glasers Doktorvater Heinrich Wölfflin sowie Wilhelm Worringer und Max J. Friedländer teilhatten.[18]

Einen weiteren durch die Auktion dokumentierten Teil der Sammlung bildeten die Gemälde unter den Nummern 226 bis 267. Es handelte sich mit Ausnahme der *Campagna-Landschaft*[19], zweier Aquarelle von Corinth (Los 264–266) sowie des Mittelbildes aus dem *Reinhardt-Fries* von Munch (Los 267) um altmeisterliche Werke auf Leinwand, Malpappe, Kupfer, Holz und Pergament. Unter diesen lassen sich deutliche Gruppen ausmachen: Dies sind süddeutsche und österreichische Künstler des 18. Jahrhunderts mit sakralen Werken (darunter Josef Ignaz Mildorfer[20] [1719–1775] und Franz Maulbertsch [1724–1796]), italienische Historien, darunter zwei Werke des Tiepolo-Umkreises mit biblischen Themen und eine grosse Leinwand mit der *Anbetung der Hirten* von Giuseppe Maria Crespi (1665–1747; Los 251).[21] Bildnisse erscheinen nur in Form eines Mailänder Porträts eines Edelmanns (Los 238) und je zweier Pendants mit Bettler- und Bauerndarstellungen (Los 229–230, 257–258). Am umfangreichsten vertreten waren holländische und flämische Landschaften und Historiengemälde aus der zweiten Hälfte des 16. und des 17. Jahrhunderts, die einerseits die ausgewogene Malerei des Goldenen Zeitalters in Gestalt von teils preziösen kleinen Landschaften auf Holz in die Sammlung brachten. Andererseits war die Sammlung auf die exzentrische Bewegtheit, bunte Farbigkeit und erotisierende Körperbetonung in manieristischen Werken ausgerichtet, etwa in den Historiengemälden mit biblischen und mythologischen Themen von Abraham Bloemaert (1564–1651; Abb. 48; Los 241) und Bartholomäus Spranger (1546–1611; Los 231)[22] sowie Joachim Wtewael (1566–1638; Abb. 5, 49).[23]

Die Altmeister-Gemälde der Sammlung müssen ihrer Zahl und teils repräsentativen Grösse wegen einen Gegenpart zur zeitgenössischen Malerei eingenommen haben, wenngleich die Inszenierung der Wohnung in den Innenaufnahmen den Fokus auf letztere richtete.

Wenig Aufmerksamkeit hat bisher auch die enorme Bibliothek der Sammlung Glaser erhalten, deren Status über den eines blossen Arbeitsinstruments weit hinausging und eher einem eigenen Sammlungsgebiet entsprach. Unter den Losen 482 bis 699 wurde im Internationalen Kunst- und Auktions-Haus ein Teil der «kostbare[n] Kunst-Bibliothek»[24] angeboten, ein weiterer Teil unter den Positionen 1 bis 325 kurze Zeit später im Auktionshaus Max Perl. Hinter den Nummern verbargen sich oft umfangreiche Konvolute vor allem aus den Bereichen europäischer und aussereuropäischer Kunstgeschichte, Philosophie, Geschichte und Literatur, topographisch, nach Autor:innen, Epochen und Kunstgattungen zusammengestellt und oft mehrere Dutzend Bücher umfassend.

Glasers scheinen ebenso Sammler bibliophiler Schätze gewesen zu sein, denn es finden sich im Katalog des Internationalen Kunst- und Auktions-Hauses neben modernen Ausgaben – darunter vielen Schriften von Kunsthistorikern aus dem Umfeld – auch Erst- und Originalausgaben aus vorherigen Jahrhunderten und Raritäten wie etwa Sebastiano Serlios *Tutte l'Opere d'Architettura* in der Ausgabe von 1584 (Los 619), Joachim Sandrarts *Teutsche Academie* in einer Folio-Prachtausgabe von 1675–80 (Los 517) oder Fritz Kuglers *Geschichte Friedrichs des Grossen* mit den Holzschnitt-Illustrationen Adolph Menzels in einer Erstausgabe (Los 579), aber auch künftige Klassiker wie der Almanach des Blauen Reiters (Los 647). In der Bibliothek spiegelten sich also nicht nur die vielfältigen Interessensgebiete wider; in ihr zeigte sich auch der Übergangsbereich zwischen künstlerischen Arbeiten in der Buchkunst und der eigenständigen Druckgraphik, den Glaser beispielsweise in seiner Beschäftigung mit dem Holzschnitt aufnahm.[25]

Neben Büchern wurde im Auktionshaus Max Perl europäisches, japanisches und chinesisches Kunstgewerbe

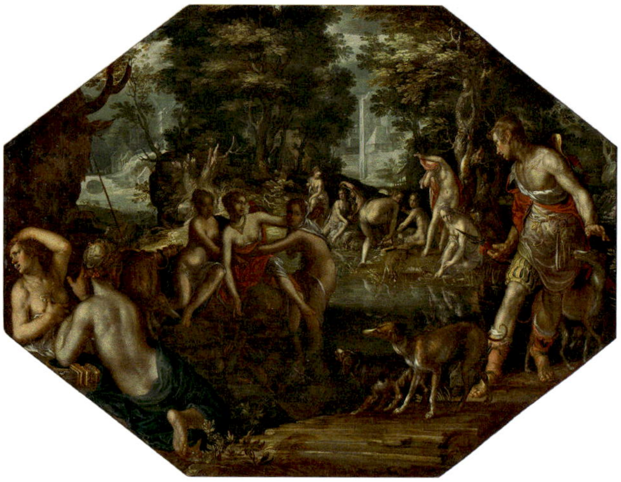

Abb. 49
Joachim Wtewael
Aktäon beobachtet Diana und ihre Nymphen beim Bade
1612
Öl auf Holz, 56,5 × 75,9 cm
Museum of Fine Arts, Boston, Abbott Lawrence Fund

angeboten;[26] doch wird es sich bei diesen wenigen Arbeiten eher um Nachzügler gehandelt haben. Unter den knapp 1000 Positionen alter und moderner Kunst verteilten sich die beiden Schwerpunkte der Graphik in der Sammlung Glaser auf rund 300 Altmeister-Werke (Los 362–689) und knapp 600 auf das 19. und 20. Jahrhundert einschliesslich japanischer Holzschnitte (Los 723–1333). Dass Glaser als Verfechter der Moderne gilt, verdankt sich nicht nur seinem publizistischen Schaffen, sondern auch seinem professionellen und privaten Sammeln. Dabei haben die modernen Werke auch deshalb mehr Aufmerksamkeit erhalten, weil sie meist einfacher und ohne Zuschreibungsfragen zu identifizieren sind. Zudem konzentriert sich der moderne Part der Sammlung viel stärker auf einzelne Künstler. Hier überwogen druckgraphische Blätter gegenüber einzelnen, aber teils hervorragenden Zeichnungen. Werke von Munch (Los 1081–1196) und Corinth (Los 745–839) sind mit grossem Abstand am umfangreichsten vertreten; von diesen sowie von Beckmann (Los 732–735, Konvolute von zehn bis zwölf Druckgraphiken) und Heckel (Los 877–909) waren auch bis nach 1933 Gemälde in der Sammlung vertreten, was deren Œuvre zusätzliches Gewicht verlieh. Ausserdem zählten Ernst Ludwig Kirchner (Los 953–974), Oskar Kokoschka (Los 987–1005), Max Liebermann (Los 1020–1040)[27], Henri Matisse als einziger französischer Künstler (Los 1054–1070) und Hermann Pechstein (Los 1207–1240) zu den intensiv gesammelten Künstlern. Im Verhältnis zu Altmeister-Werken lässt sich die stärkere Fokussierung der persönlichen Verbindung, die sich anhand von Quellen fassen lässt, aber ebenso pragmatischen Gründen der (Markt-)Verfügbarkeit der Werke zuschreiben. Wie bei der zeitgenössischen zeigt sich auch bei der alten Kunst das Muster, sowohl Zeichnungen als auch Gemälde derselben Künstler zu sammeln, etwa im Fall Abraham Bloemaerts (Los 402–407), Bartholomäus Sprangers (Los 643), Roelandt Saverys (1576–1639; Los 634, Los 245 Internationales Kunst- und Auktions-Haus) oder Joachim Wtewaels (Los 669 und 670). Als Glanzlichter sind ebenso die Zeichnungen Pieter Bruegels d. Ä. (um 1526/30–1569; Los 417–419), die Tuschzeichnung mit einer Flusslandschaft von Claude Lorrain (1604/05–1682; Los 482), ein Blatt von Palma Giovane (um 1548–1628; Los 600), zwei Zeichnungen von Salvator Rosa (1615–1673; Los 26 und 27) und zwei aus der Hand Giovanni Battista Tiepolos (1696–1770; Los 662–663) sowie die Druckgraphik Rembrandts (1606–1669; Los 613–619) anzusehen.

Wenn sich der Bestand der Altmeister-Graphik weniger über die grossen Namen fassen lässt, die hier nicht in gleichem Umfang die Sammlung der niederländischen, italienischen und deutschen Kunst bestimmen, ist er durch Gattungen, Themenfelder und Motivpräferenzen zu charakterisieren. Diese überwiegen gleichermassen unter den modernen und zeitgenössischen Werken und ermöglichen epochenübergreifende Vergleiche. Damit präsentiert sich die Sammlung der bildenden Kunst als zwar vielfältig, aber keineswegs beliebig: Mythologie und biblische Historie, jedoch keine Darstellungen aus der Geschichte der Neuzeit (Menzels Illustrationen ausgenommen), stattdessen oftmals Themen, die Anlass für erotische Szenen bieten; eine verschwindende Zahl von Genredarstellungen und Stillleben; neben den Porträts aus der Hand Matisses, Beckmanns und Munchs kaum Bildnisse, sondern Darstellungen von (Akt-)Figuren, die nicht der dargestellten Individuen wegen gesammelt wurden; und schliesslich Landschaften aller Epochen. Die auffälligste Lücke in der Sammlung zeitgenössischer Kunst im Jahr 1933 ist das Fehlen ungegenständlicher Werke. So war Wassily Kandinsky (1866–1944) mit einem einzigen Blatt – bezeichnenderweise einem Holzschnitt mit der Darstellung einer *Frau in alter Tracht* (Los 949) – in der Sammlung vertreten, während sich Glasers überaus kritische Haltung zu Kandinsky und die Ablehnung der Abstraktion in seinen Besprechungen spiegelt, in denen er etwa die abstrakten Werke des Avantgardisten als «Phantome einer Idee, Gehäuse ohne Inhalt, gerahmte Tapeten» herabsetzte und bis in die 1930er Jahre mit dem vernichtenden Urteil des Dekorativen belegte.[28]

Eine das Sammeln alter und zeitgenössischer Kunst verbindende Klammer findet sich in dem Anliegen wieder, das

Glaser im Zusammenhang mit der aufsehenerregenden «van Gogh-Affäre» um fälschlicherweise als Originale publizierte Gemälde des Niederländers formulierte: «Wir möchten es begrüssen, [...] wenn statt des grösseren Geldbeutels wieder das bessere Kunstverständnis beim Kaufen entscheiden wird. Denn der echte Kunstfreund wählt das Stück und fragt nach dem Namen des Künstlers erst in zweiter Reihe.»[29]
Übertragen auf das Profil der Sammlung Glaser ist auch dort das ästhetische Urteilen herausgefordert, und das in mehrfacher Weise: In der alten Kunst im Erkennen von Qualität in Werken, die nicht mit einem gesicherten «Künstlerlabel» versehen sind. In Bezug auf die zeitgenössische Kunst ist das sichere ästhetische Urteil gefragt, da sich die Einschätzung ihrer Güte noch nicht auf eine kanonisierte Bewertung stützen kann. Und nicht zuletzt basiert das Urteilsvermögen beim Sammeln aussereuropäischer Werke auf einem noch viel breiteren Wissenshorizont, der das Sammlerpaar umso faszinierender erscheinen lässt.

VERÄNDERUNGEN

Anhand einiger Beispiele lässt sich zeigen, welche Umstände und Intentionen Veränderungen innerhalb der Sammlung Glaser motivierten. Diese relativieren die Vorstellung einer stetigen Akkumulation wie im musealen Sammeln, zeigen aber auch die Dynamiken, Freiheiten und Risiken privaten Sammelns auf, derer sich Glaser angesichts seiner Einbindung in die komplexe Struktur der Berliner Sammlungen sicher bewusst war.[30]
Seine Tätigkeit als Kunstkritiker machte ihn mit den neuesten Entwicklungen in der Kunst seiner Gegenwart vertraut, und er war es gewohnt, diese Positionen bei ihrem Auftreten einzuordnen. Aus dem Grunde überrascht nicht, dass Glaser jüngst entstandene Werke in Galerien, Ausstellungen oder direkt vom Künstler erwarb. Exemplarisch für derartige Erwerbungen ist der Kauf der Gemälde von Henri Matisse, die über die Galerie Bernheim-Jeune in Paris Eingang in die Sammlung Glaser fanden,[31] oder Franz Marcs Gemälde *Die grossen blauen Pferde* (Kat. 221). Das 1911 entstandene Grossformat wurde in der ersten Ausstellung der Künstlergruppe Der Blaue Reiter im Jahr 1912 präsentiert und wohl auf der Berliner Ausstellungsstation durch Glaser erworben.[32] Obwohl sich dieser Kauf aus heutiger Perspektive wie ein Coup zeitgenössischen Sammelns ausnimmt, schwand Glasers Überzeugung von Marcs künstlerischer Bedeutung innerhalb weniger Jahre. Anlässlich der Gedächtnisausstellung nach dem Tod des Künstlers an der deutsch-französischen Front im Ersten Weltkrieg stellte Glaser 1916 die Frage: «Gehört Marc wirklich zu den wenigen Begnadeten, die in vorbildlichem Schaffen einer Epoche die Wege weisen [...]? [...] Die blauen Pferde, die gelben Kühe, die roten Hunde, und wie die Bilder des neuen Marc sonst heissen mögen, geben jedem Zweifel Recht.»[33] Mit der entschiedenen Revision seiner zunächst positiven Haltung verkaufte Glaser die *Blauen Pferde* an die 1913 in München gegründete Galerie Caspari.[34] Obwohl sich der genaue Verkaufszeitpunkt nicht belegen lässt, ist es unwahrscheinlich, dass Glaser 1916 eine Bewertung des Œuvres als «Dekoration»[35] und «heiteren Wandschmuck»[36] vorgenommen haben könnte, dessen Wirkung kurzfristig andere Werke übertönt, aber keinen Bestand hat, ohne noch die Konsequenz gezogen und die *Blauen Pferde* veräussert zu haben.
Dass in anderen Fällen nicht eine grundsätzlich geänderte Haltung zum Künstler, wohl aber zu einzelnen Werken einen Verkauf motivierte, zeigt sich anhand der Gemälde van Goghs und Matisses aus der Sammlung Glaser: So begründeten Zweifel an der Echtheit eines in frühen Jahren erworbenen van-Gogh-Werks dessen baldigen Verkauf – eine Problematik, die Jahre später im Zuge der «van-Gogh Affäre» erneut virulent wurde.[37] An Glasers Wertschätzung von Matisse, von dem 1912 drei Gemälde,[38] darunter *Junge mit Schmetterlingsnetz* (Kat. 222), in die Sammlung eingingen, veränderte sich über die Jahre wenig.[39] Doch auch von dessen Gemälden trennte er sich und behielt nur Zeichnungen wie das markante Porträt Elsas (Kat. 214) und Druckgraphik. Die Auseinandersetzung mit seinem Werk, erste Ankäufe und der Aufbau einer persönlichen Beziehung fiel in dieselbe kurze Zeitspanne, in der Glasers auch die Verbindung zu Munch etablierten und ihr Augenmerk – und ihre finanziellen Mittel – bald auf sein Werk konzentrierten. Ihr Anliegen war es, ihre Munch-Sammlung auszubauen und gezielt ihre Qualität zu verstärken, was Verkäufe oder Tauschgeschäfte zugunsten des Erwerbs besserer Arbeiten explizit einschloss,[40] wie der stolze Eigentümer dem Künstler berichtete: «Das neueste ist, dass wir Ihr Bild ‹Musik auf der Strasse› [Kat. 227], das Moll besass, erworben haben. Es ist sehr schön, und wir sind sehr zufrieden, es zu besitzen. Ich konnte es gegen einen van Gogh eintauschen, sonst wäre es mir wohl zu teuer gewesen.»[41]
Neben sammlungsimmanenten Interessen waren aber auch äussere materielle Zwänge, die der unsicheren wirtschaftlichen Lage der Weimarer Jahre geschuldet waren, der Auslöser von Verkäufen. So schildert Glaser Munch 1923, er sei nicht mehr in der Lage, «[u]nseren Kunstbesitz im ganzen Umfange zu erhalten», und im Jahr 1926, er habe «durch den Verlust meines Vermögens auch meine Bewegungsfreiheit verloren.»[42] Vermutlich motivierten diese Umstände im Folgejahr auch den Verkauf von 13 Munch-Blättern aus der Privatsammlung an das Kupferstichkabinett Berlin, dessen Bestand durch Glaser geprägt worden war, hatte er doch stets wohlüberlegt entschieden, welches Werk im Museum, welches in seiner Kollektion oder – im Falle der Druckgraphik je ein Abzug – an beiden Orten Platz finden sollte. Obwohl für die Privatsammlung nie ein durchgängiges Sammlerzeichen oder ein Eigentumsvermerk geführt wurde, belegen sechs dieser Blätter, unter ihnen *Auf der Brücke* (Kat. 212), durch die Bezeichnung «Gl» bzw. «Glaser»

in der charakteristischen Handschrift Curts ihre Herkunft. Während Glaser von Beckmanns Druckgraphik zahlreiche Blätter in je einem Exemplar für das Museum und für die Privatsammlung erwarb,[43] ging dem Kupferstichkabinett Berlin mit Kirchners 1933 versteigertem *Kopf des Kranken* (Kat. 207) wiederum eine Ergänzung zu, die die vorgängige Aufteilung in privat und museal zurücknahm: Aus derselben Werkgruppe, die während Kirchners Sanatoriumsaufenthalts in Kreuzlingen 1917/18 entstand, kamen unter Glasers Ägide 1922 die Blätter *Porträt Frau Marie-Luise Binswanger* (Kat. 208), das rückseitig als «Geschenk an das Kupferstichkabinett Berlin» bezeichnet und als Geschenk des Künstlers dokumentiert ist,[44] und *Kopf Dichter Frank I*[45] ins Kabinett. Hingegen erwarb der Sammler mit dem expressiven Selbstbildnis des *Kranken* das eindringlichste Blatt für sich – ein Moment, in dem die Überschneidung seiner Interessen aufscheinen mag, und der das spätere Geschenk des Selbstbildnisses aus der Auktion an das Kupferstichkabinett durch einen Ungenannten besonders glücklich erscheinen lässt. Blätter wie *Madonna* (Kat. 178), die er von Munch 1912 «alz Erinnerung um die verflossene Berliner Zeit alz Geschenck»[46] anlässlich seiner gelungenen Ausstellungsbesprechung erhalten hatte, müssen Glaser eigentlich als unveräusserlich gegolten haben, fanden aber dennoch Eingang in die Auktion. Von anderen, markanten Stücken trennten sich die Eigentümer wohl bereits vor 1933: von den weiterhin nicht identifizierten drei Zeichnungen Édouard Manets, die 1922 in einer Faksimile-Mappe publiziert wurden,[47] oder den Aquarellen Paul Cézannes, die auf einer Aufnahme Glasers hinter ihm hängen (Abb. 15), sowie von den Gemälden Kirchners und Heckels, die als Leihgaben Glasers Ende der 1920er Jahre in Ausstellungen dokumentiert sind.[48]

ORIENTIERUNGEN

So verlockend die Vorstellung erscheint, über die private Sammlung auch den Menschen Curt und Elsa Glaser näherzukommen, bleibt das Sammeln im historischen, sozialen und kulturellen Kontext verankert. Gerade in der vielfältigen Sammlerkultur der Hauptstadt und angesichts von Glasers Netzwerk zwischen Kurator:innen, Kritiker:innen, Künstler:innen und privaten Sammler:innen liegen wechselseitige Einflüsse auf der Hand. Mit den grössten und bedeutendsten Berliner Sammlungen moderner, insbesondere französischer Kunst mitzuhalten, die wie diejenigen von Carl und Felicie Bernstein, Eduard Arnhold, Rudolf Mosse, Harry Graf Kessler oder Max Liebermann (mit dem Glaser auch die Vorlieben für Honoré Daumiers Graphik und japanische Holzschnitte teilte) bereits vor Glasers Einstieg ins Sammeln etabliert worden waren und auch auf andere finanzielle Mittel zurückgreifen konnten,[49] war trotz Glasers bester Verbindungen nicht möglich. In der überaus bewegten Phase der 1910er und 1920er Jahre scheint sich die Sammlung Glaser von diesen durch ein fein differenziertes Sammlungsprofil mit einem Fokus auf die Graphik und die zeitgenössische deutsche, die französische Kunst rezipierende Moderne abzusetzen.

Mit Beckmann begann Glaser nochmals einen Künstler publizistisch zu fördern und zu sammeln, der eine ähnlich markante, zunehmend bedeutende Position einzunehmen versprach wie Munch. Die beiden Gemälde Beckmanns, die 1929 und 1930 Eingang in die Sammlung fanden und dort eine neue Wegmarke darstellten – nur fünf seiner Arbeiten befanden sich seinerzeit in Berliner Privatbesitz[50] –, sprechen wohl am stärksten für das Bedürfnis nach Repräsentation: Das *Bildnis Curt Glaser* (Kat. 226) scheint nach Munchs Gemälden von Elsa und dem Paar (Kat. 229, 202) das einzige weitere Auftragswerk zu sein und ist das einzige Porträtgemälde Glasers überhaupt, das dessen Persönlichkeit in einer künstlerischen Interpretation einzufangen versucht. Die dazugehörige Zeichnung (Abb. 45) rückt durch die afrikanische Maske Glasers Person in die Nähe Eduard von der Heydts, in dessen Selbstinszenierung seine aussereuropäischen Sammlungsobjekte ebenfalls eine prominente Rolle einnahmen und mit dem Glaser nicht nur als langjährigem Gönner des Kupferstichkabinetts, sondern auch durch Besuche auf dem Monte Verità bekannt war.[51] Das Gemälde hingegen ist mit seiner Konzentration auf das verschattete, zugleich enigmatische und ausdrucksstarke Gesicht und ein einziges Attribut dem *Selbstbildnis mit Saxophon* verwandt. Dieses Gemälde ist nach gegenwärtigem Wissensstand das letzte Werk, das durch einen Ankauf in die Sammlung Curt und Elsa Glasers gelangte, bevor deren Sammlungstätigkeit durch den Einbruch der politischen Ereignisse in Glasers Leben ein jähes Ende fand.

Dass «Glasers [...] ständig ihre Werke verkauften»[52], ist zwar eine retrospektive, von schwankendem Wohlwollen gegenüber Glaser gefärbte Einschätzung Hans Purrmanns, trifft aber einen wesentlichen Punkt: Die Sammlung Glaser war eine dynamische, vor allem aber eine «gelebte» Sammlung. Sie bot Curt und Elsa, ihren Freunden und Gleichgesinnten den unerschöpflichen Gegenstand von Gesprächen und Diskussionen, bedeutete eine ständige Auseinandersetzung und schloss die Arbeit an ihrer Gestaltung ein, die sie jeder Gefahr der «Landläufigkeit» enthob. Das Profil der Sammlung wie auch Glasers Profil als Wissenschaftler kennzeichnete eine Art Mehrfachstrategie, zugleich – und nicht sukzessive – ein Verfechter der Moderne, aber eben nicht nur Parteigänger dieser Fraktion zu sein. Alte, zeitgenössische und aussereuropäische Künste bildeten einen produktiven Gegenpart. So spiegelten all die konkreten Objekte rund um Glaser seine Verankerung in der wissenschaftlichen Auseinandersetzung und zugleich eine *longue durée*-Perspektive, die im Alten wie im Zeitgenössischen das sich gegenseitig Erhellende und das Bleibende zu erkennen versucht.

1 P. Wescher (?), in: *Pantheon*, 6, 1933, Heft 3, S. XXII, zit. n. Entscheid Basel 2018, S. 45.
2 Siehe den Beitrag von Anita Haldemann und Noemi Scherrer, S. 14.
3 Schmidt-Burkhardt 1988; Ausst.-Kat. Berlin 2003, S. 10–11; Strobl 2006, S. 22–26; Strobl 2012; Brand/Schulze Altcappenberg 2014, S. 370–375; Entscheid Basel 2018, S. 113–125; sowie den Beitrag von Jennifer Tonkovich, S. 161–162.
4 Siehe den Beitrag von Lynn Rother und Max Koss.
5 Curt Glaser an Edvard Munch, 19.5.1933, Munchmuseet, Oslo, MM K 2387.
6 Zum Beginn des Sammelns siehe den Beitrag von Anita Haldemann und Noemi Scherrer, S. 11, Schmidt-Burkhardt 1988, S. 63, Ausst.-Kat. Berlin 2003, S. 10, Strobl 2006, S. 22–23 sowie Brand/Schulze Altcappenberg 2014, S. 370.
7 Siehe den Beitrag von Joachim Sieber, S. 138–139; Erich Heckel, *Badende*, 1911, Öl auf Leinwand, 101×125 cm, Staatliche Kunsthalle Karlsruhe, Inv. 2306; Paul Kleinschmidt, *Bar*, 1931, Öl auf Leinwand, gegenwärtiger Aufbewahrungsort unbekannt; zu Kleinschmidt siehe Strobl 2006, S. 24–25.
8 Wenige Zeichnungen, die Glaser bis nach New York begleiteten und die sich heute im Besitz der Morgan Library & Museum sowie des Art Institute of Chicago befinden, scheinen als Umzugsgut in den 14 Kisten in die Schweiz verbracht worden zu sein. Siehe die Beiträge von Anita Haldemann und Noemi Scherrer sowie von Jennifer Tonkovich, S. 15 und 157–158.
9 Entscheid Basel 2018, S. 78–85.
10 Ebd., S. 79.
11 Aukt.-Kat. Berlin 1933a. Die nachfolgend aus dieser Auktion genannten Objekte werden mit der Losnummer im Text genannt.
12 Eine Ausnahme ist Los 144, eine dornenbekrönte spanische Christusfigur aus dem 16. Jahrhundert.
13 Edvard Munch, *Strasse in Kragerø*, 1912, Öl auf Leinwand, 96,5×122 cm, Privatsammlung, Südamerika.
14 Glaser 1915/16, S. 141.
15 Womöglich handelt es sich um Los 216, «Zwei Heilige und Engel, Holz, achtteilig. Süddeutsch, 18. Jahrhundert. (Auf braunem Samt appliziert)».
16 Lovis Corinth, *Blumen und Tochter Wilhelmine*, 1920, Öl auf Leinwand, 111×150 cm, Kunstmuseum Basel, angekauft mit einem Sonderkredit der Basler Regierung 1939. Das zwischen 1929 und 1931/32 in Glasers Besitz befindliche Gemälde, dessen Verkaufsumstände an das Nassauische Landesmuseum nicht bekannt sind, wurde dort 1937 als «entartet» beschlagnahmt und gelangte 1939 über die Auktion «Gemälde und Plastiken moderner Meister aus deutschen Museen» der Galerie Fischer in Luzern durch Ankauf an das Kunstmuseum Basel.
17 Bei den beiden Skulpturen handelt es sich – in geschätzter Relation zur Höhe der Leinwand mit 111 cm – wohl um Los 177 und 178, «Ein Paar Barock-Holzskulpturen: Apostel, Linde, mit alter Polychromie. Süddeutsch, 18. Jahrh. 140 cm hoch.»
18 Engel 2018.
19 Die *Campagna-Landschaft* erbte Curt Glaser aus dem Besitz seines 1931 verstorbenen Bruders, siehe Dormann 2008, S. 57.
20 Joseph Ignaz Mildorfer, *Abschied der Apostel Petrus und Paulus*, um 1760, Öl auf Leinwand, 54,8×35,3 cm, Germanisches Nationalmuseum, Nürnberg, GM 1294; daneben aus der Sammlung Glaser im Bestand des Germanischen Nationalmuseums, das die Erben Glasers für den Verbleib der Werke im Museum entschädigte: Joseph Heintz d. Ä. (Kopie nach), *Diana und Aktäon*, Tempera auf Pergament, 10,5×16,5 cm, Germanisches Nationalmuseum, Nürnberg, GM 1296; Friedrich Brentel d. Ä., *Landschaft mit Galathea, Acis und Polyphem*, 1631–1651, Aquarell, 10,6×16,5 cm, Germanisches Nationalmuseum, Gm 1295.
21 Giuseppe Maria Crespi, *Anbetung der Hirten*, um 1710–25, Öl auf Leinwand, 97,5×76,5 cm, Seattle Art Museum, Inv. 49.130.
22 Das Gemälde wurde aus Privatbesitz an die Erben Glasers restituiert und in der Auktion «Christie's Old Masters Evening Sale», London, 7.12.2017, verkauft.
23 Drei weitere Werke des Künstlers in Glasers Besitz waren *Hephästus Mars und Venus überraschend* (Los 244), *Urteil des Paris* (Los 250) sowie *Taufe Christi* (Los 263).
24 Aukt.-Kat. Berlin 1993a, S. 3.
25 Glaser 1920.
26 Aukt.-Kat. Berlin 1933b. Die nachfolgend aus dieser Auktion genannten Objekte werden mit der Losnummer im Text genannt; siehe auch Entscheid Basel 2018, S. 43–50.
27 In der Korrespondenz des Kunsthauses Zürich zur dortigen Liebermann-Ausstellung 1923 ist eine Leihgabe Glasers dokumentiert, eine Zeichnung mit dem Titel «Haus hinter Bäumen»; Wilhelm Wartmann an Curt Glaser, 21.5.1923, Archiv ZKG/KHZ, Ausstellung, Kopienbücher der ausgehenden Post, Archiv 2001/002:023, S. 276–279. Die Zeichnung taucht im begleitenden Katalog in der Rubrik «Aus verschiedenem Besitz» als Nr. 155 und verkäuflich gekennzeichnet auf; siehe Ausst.-Kat. Zürich 1923, S. 13. Ob ein Verkauf zustande kam, ist ungewiss; im Auktionskatalog Max Perl erscheint unter Los 1020 eine Kohlezeichnung Liebermanns, die auf ein ähnliches Sujet hindeutet, «Landhaus im Walde». Es ist jedoch nicht auszumachen, ob es sich dabei um dasselbe Blatt gehandelt haben könnte. Mit Dank an Joachim Sieber für die Auskünfte zur Korrespondenz Glasers und Wartmanns.
28 Glaser 1922; Glaser 1931; siehe Strobl 2006, S. 196–198.
29 Glaser 1929, S. 134.
30 Siehe dazu den Beitrag von Andreas Schalhorn.
31 Perls 1962, S. 56–59; Schmidt-Burkhardt 1988, S. 63; Strobl 2006, S. 22.
32 Hoberg/Jansen 2004, S. 178–179, Nr. 159.
33 Glaser 1916, Sp. 57–58.
34 Hoberg/Jansen 2004, S. 178, Nr. 159.
35 Glaser 1916, Sp. 58.
36 Ebd., Sp. 59.
37 Schmidt-Burkhardt 1988, S. 66–67; Strobl 2006, S. 22.
38 Strobl 2006, S. 22.
39 Strobl 2012, S. 236–238.
40 Strobl 2006, S. 30–32.
41 Curt Glaser an Edvard Munch, 13.6.1916, Munchmuseet, Oslo, MM K 2309.
42 Curt Glaser an Edvard Munch, 10.11.1923 und 23.2.1926, Munchmuseet, Oslo, MM K 2346 und MM K 2354.
43 Zu den Blättern, die sowohl unter den Zugängen im Kupferstichkabinett Berlin zwischen 1921 und 1924 als auch in der Privatsammlung Glaser auftauchen, um schliesslich über die Auktion in den Basler Bestand zu gelangen, zählen *Selbstbildnis* (Kat. 7), *Grosses Selbstbildnis* (Kat. 11), *Minette* (Kat. 20), *Der Zeichner in Gesellschaft* (Kat. 19), *Löwenpaar* (Kat. 13), *Eislauf* (Kat. 16), *Sarika mit Zigarette* (Kat. 18), *Frau mit Halskette (Frau Parcus)* (Kat. 14), *Bildnis Reinhard Piper* (Kat. 12), *Tanzendes Paar* (Kat. 17), *Liegende Frau (Bildnis Johanna Loeb)* (Kat. 15), *Sylvester* (Kat. 22), *Bildnis einer Rumänin II* (Kat. 24).
44 Ausst.-Kat. Berlin 2004, S. 9.
45 Ernst Ludwig Kirchner, *Kopf Dichter Frank I*, 1917, Holzschnitt, 54,8×41 cm (Blatt), 40×27,8cm (Druck), Kupferstichkabinett, Staatliche Museen zu Berlin – Preußischer Kulturbesitz, Ident.-Nr. 79-1922.
46 Edvard Munch an Curt Glaser, 1912, Munchmuseet, Oslo, MM N 3423.
47 Manet 1922, Nr. II, VIII, XV.
48 Ausst.-Kat. Berlin 1928a; als Leihgaben Dr. Kurt [sic] Glasers: «22 Erich Heckel, Am Teich, 1911»; «52 Ernst Ludwig Kirchner, Unter Bäumen (Fehmarn), um 1911»; «65 Ernst Ludwig Kirchner, Frankfurt, um 1915/16.»
49 Teeuwisse 1987; Pophanken/Billeter 2001; Ausst.-Kat. Berlin 2013.
50 Ludwig Justi bedauerte in einem Vorwort eines Ausstellungskatalogs, in dem Glaser als Leihgeber eines Werks von Purrmann erscheint, die geringe Zahl von Werken Beckmanns in Privatsammlungen; Ausst.-Kat. Berlin 1928b, S. 7; Bambi 2015, S. 75.
51 Tisa Francini 2013; Brand/Schulze Altcappenberg 2014, S. 372 und Anm. 23.
52 Hans Purrmann an Alfred J. Barr, 1951, in: *Leben und Meinungen des Malers Hans Purrmann, an Hand seiner Schriften, Erzählungen und Briefe*, zusammengestellt von Barbara und Eberhard Göpel, Wiesbaden 1961, S. 250, zit. n. Strobl 2006, S. 22.

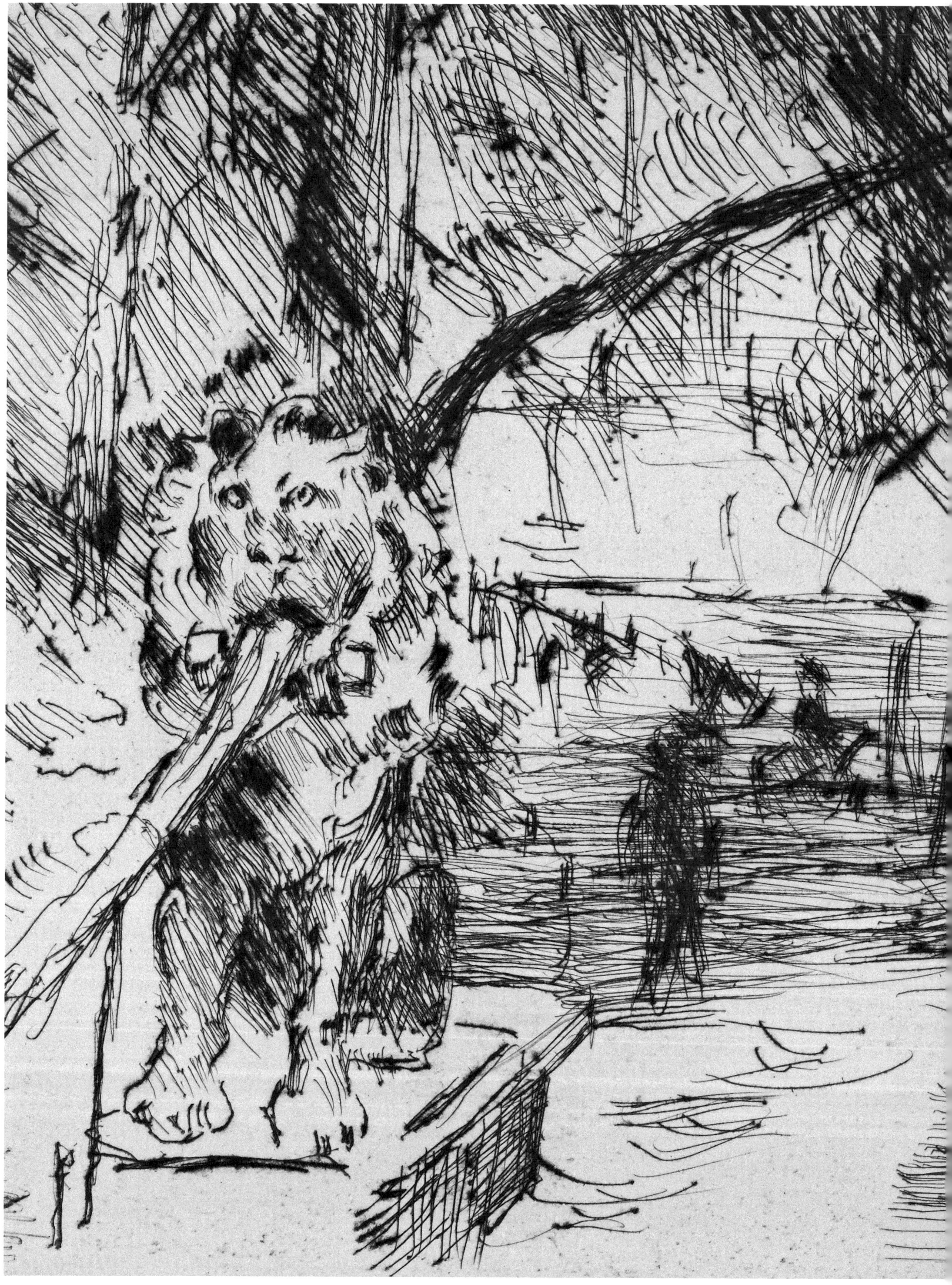

WERKE DER BERLINER MODERNE

Kat. 41
Lovis Corinth
Die Löwenbrücke im Tiergarten (Detail)
1920/21
Kunstmuseum Basel, Kupferstichkabinett, Ankauf 1933

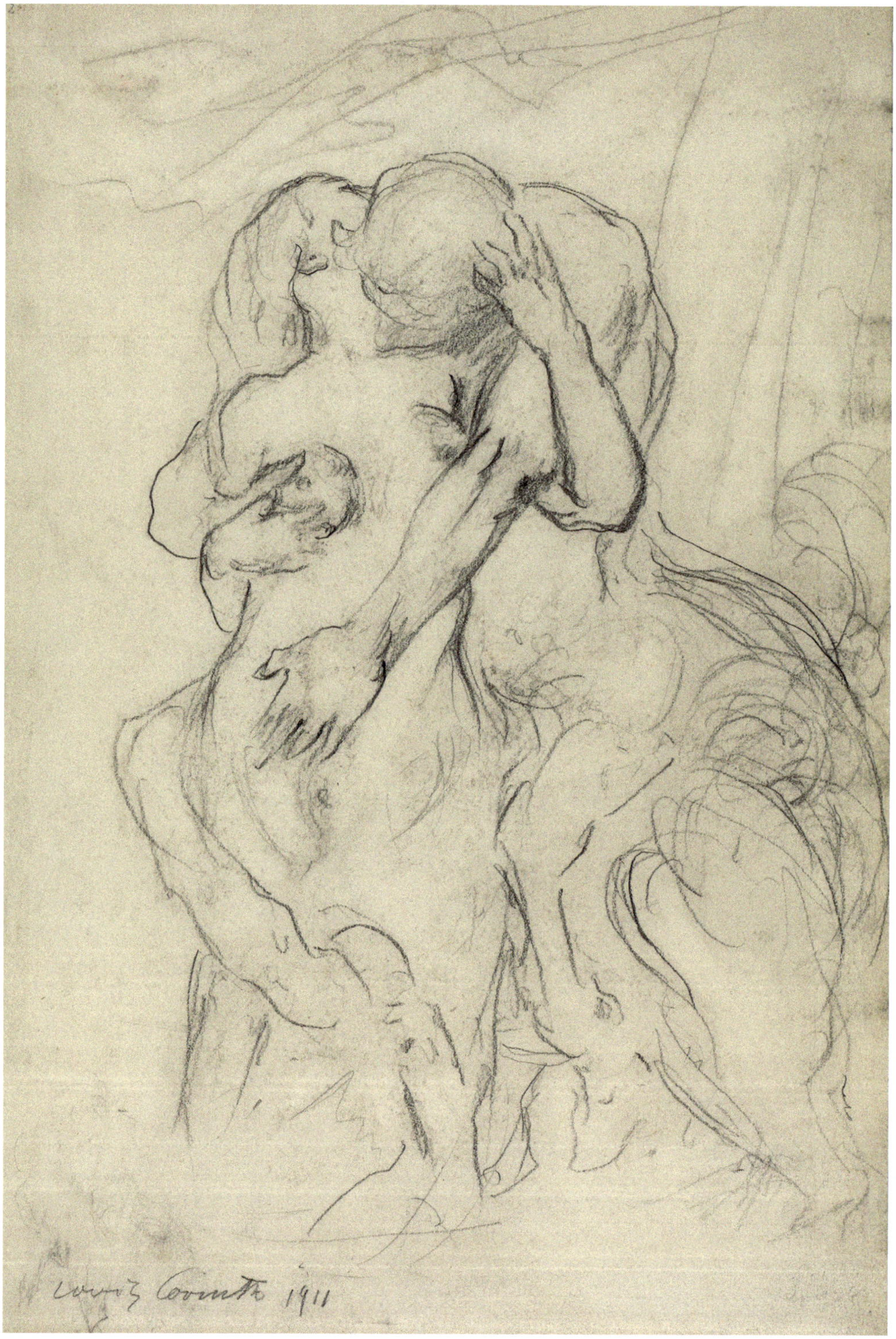

Kat. 218
Lovis Corinth
Sich umarmende Kentauren
1911
The Courtauld, London (Samuel Courtauld Trust)

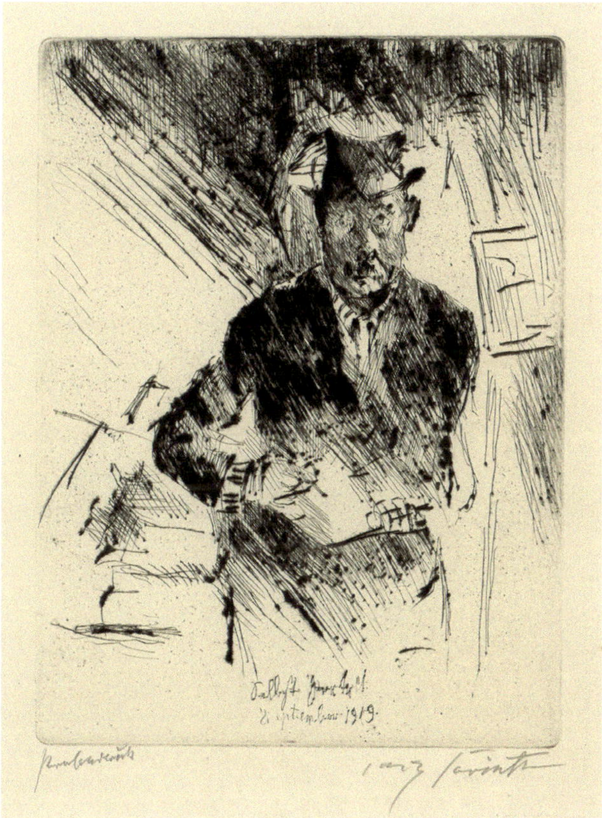

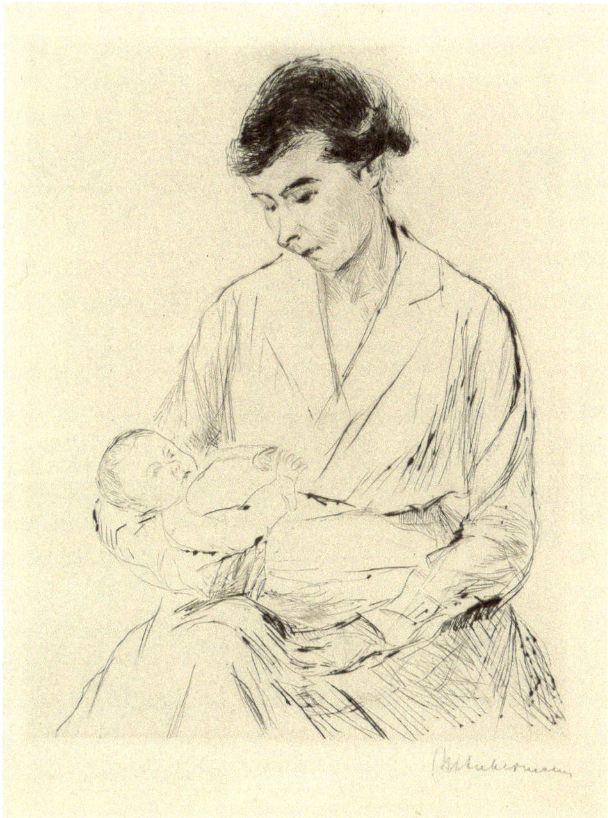

Kat. 37
Lovis Corinth
Selbstbildnis
September 1919
Kunstmuseum Basel, Kupferstichkabinett, Ankauf 1933

Kat. 164
Max Liebermann
Mutter und Kind
Kunstmuseum Basel, Kupferstichkabinett, Ankauf 1933

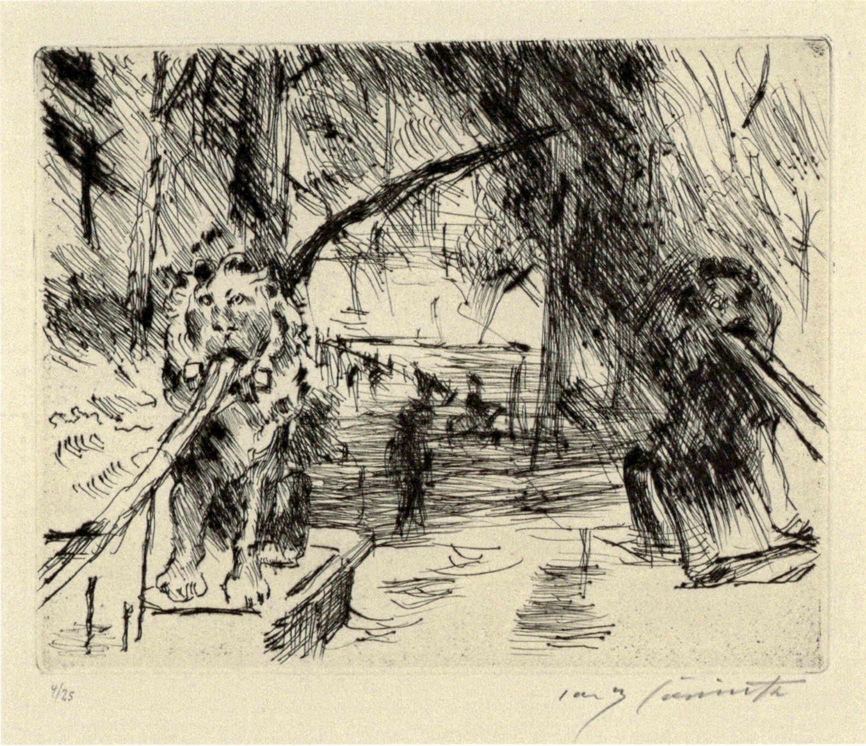
4/25

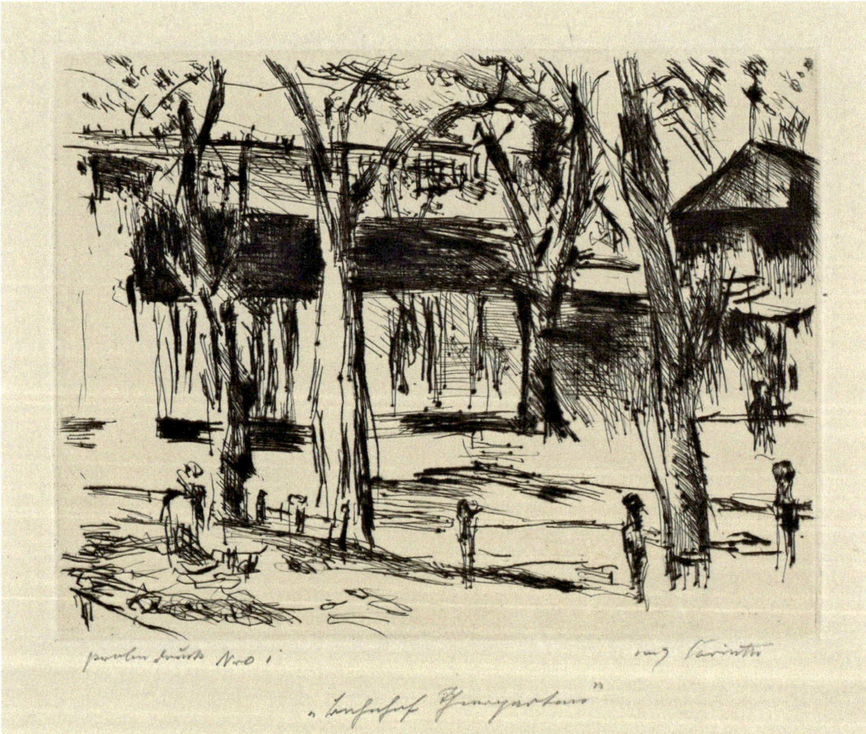

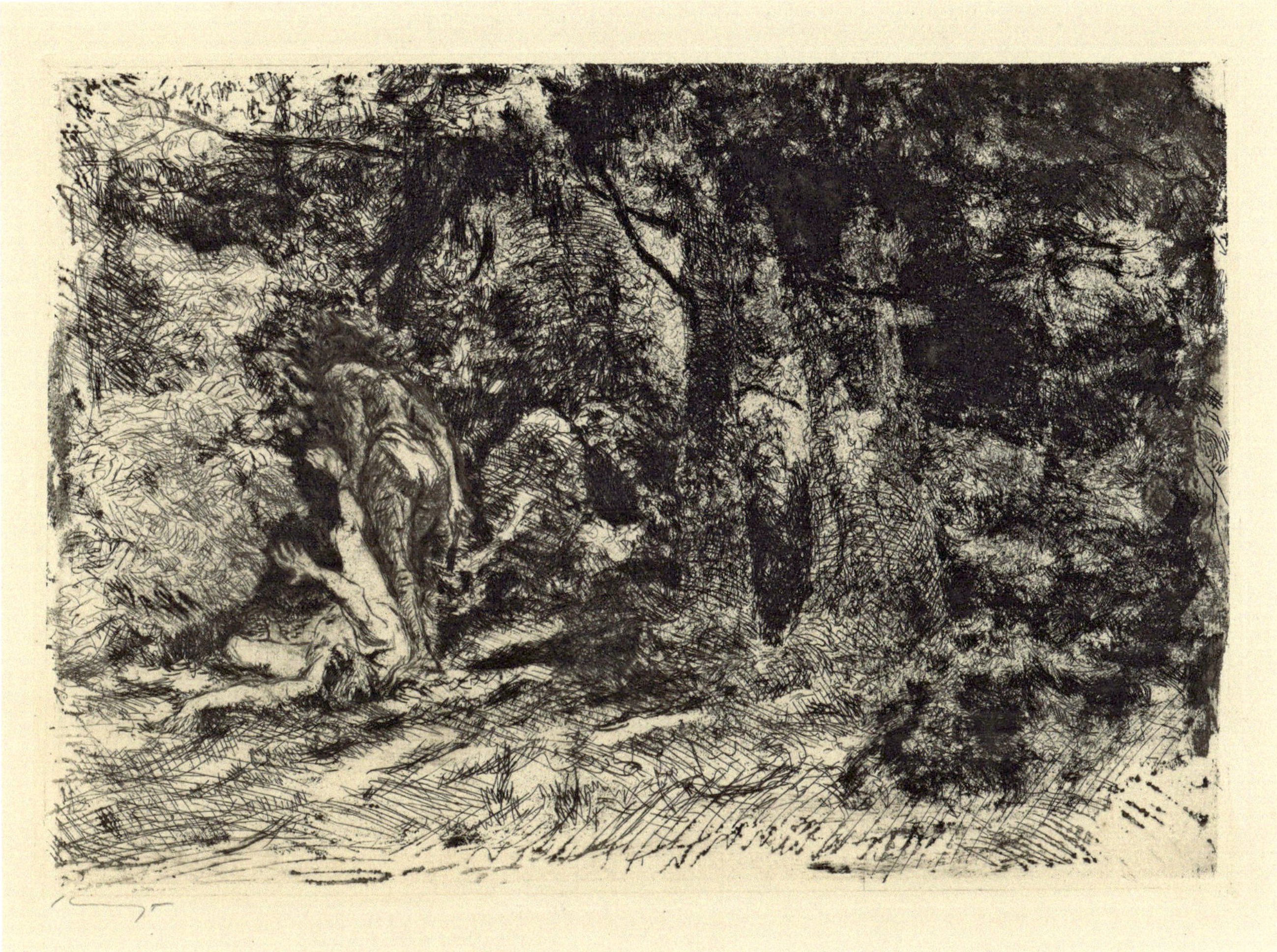

↖
Kat. 41
Lovis Corinth
Die Löwenbrücke im Tiergarten
1920/21
Kunstmuseum Basel, Kupferstichkabinett,
Ankauf 1933

←
Kat. 40
Lovis Corinth
Bahnhof Tiergarten zu Berlin
1920/21
Kunstmuseum Basel, Kupferstichkabinett,
Ankauf 1933

Kat. 193
Max Slevogt
Überfall im Wald
1923
Kunstmuseum Basel, Kupferstichkabinett,
Ankauf 1933

Kat. 31
Lovis Corinth
Weihnacht
1917
Kunstmuseum Basel, Kupferstichkabinett,
Ankauf 1933

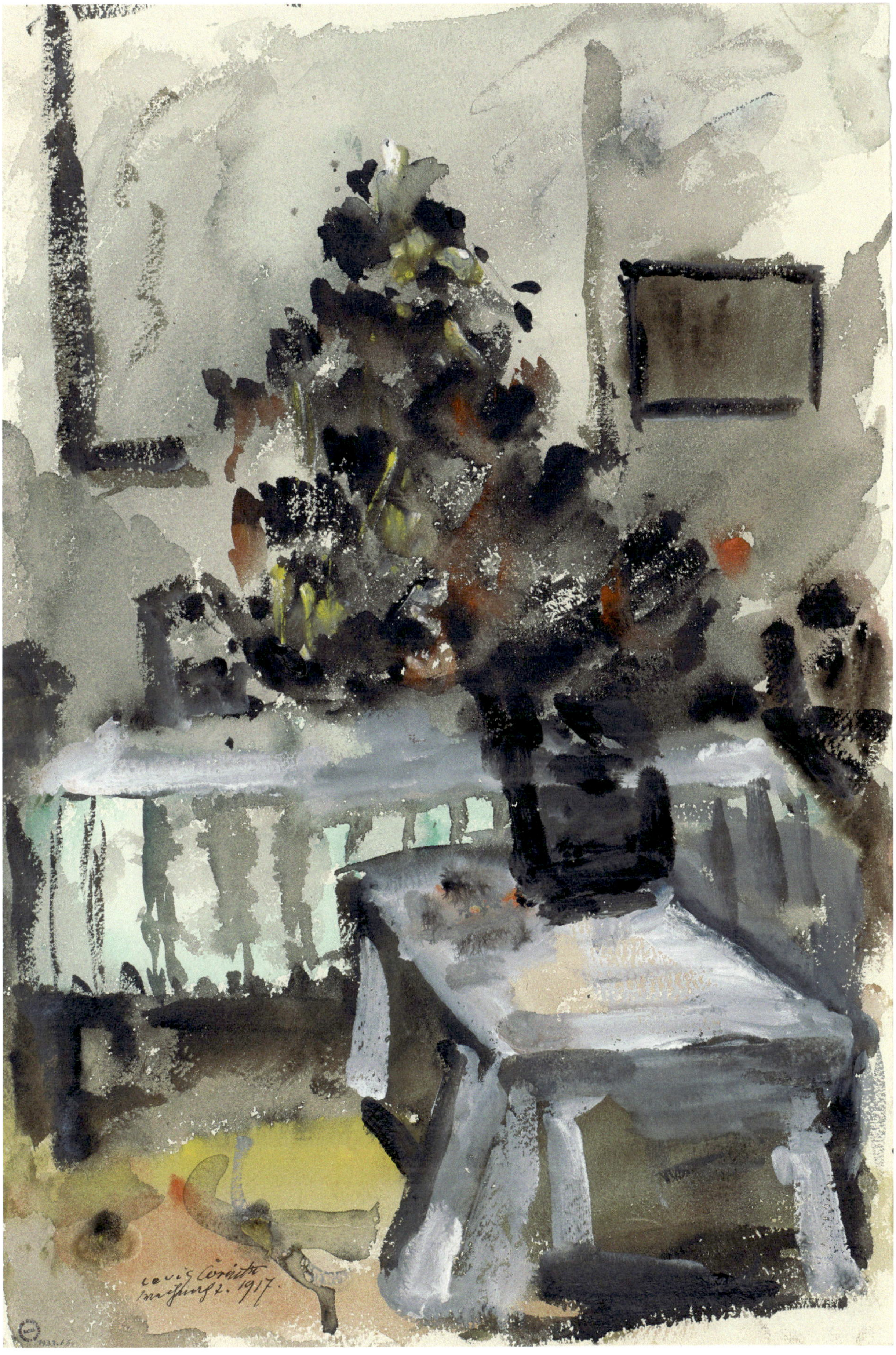

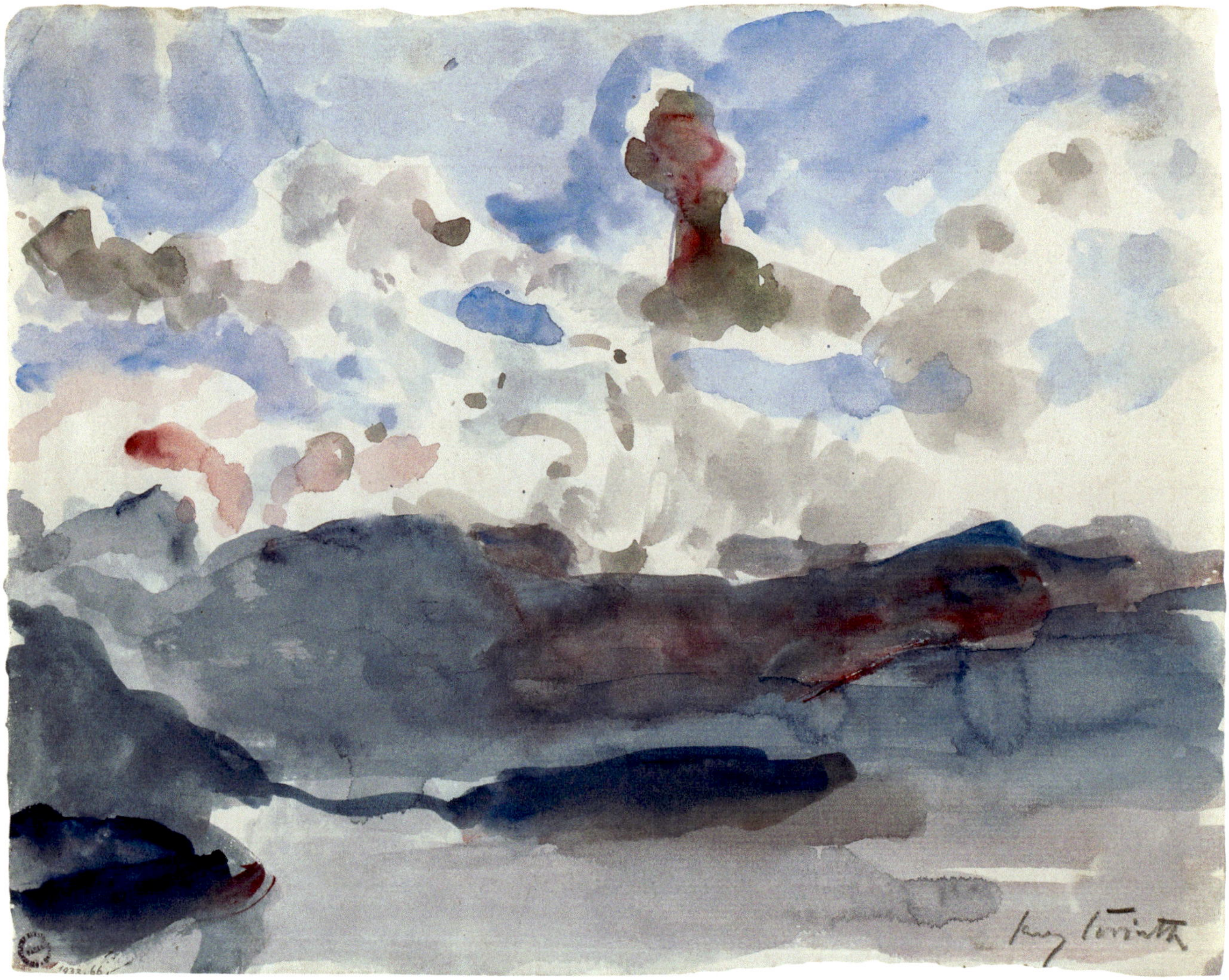

Kat. 32
Lovis Corinth
Bergsee
Kunstmuseum Basel, Kupferstichkabinett,
Ankauf 1933

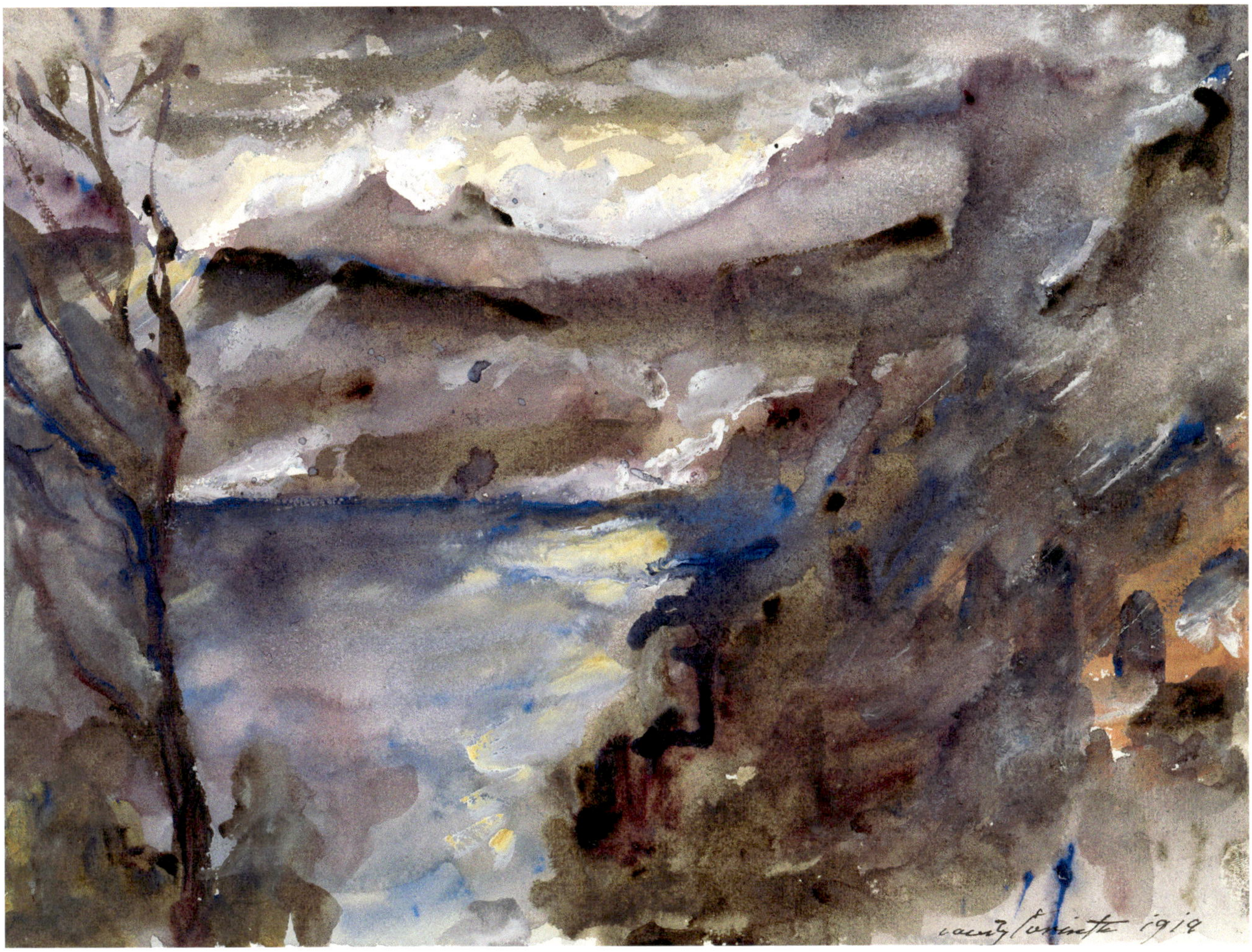

Kat. 215
Lovis Corinth
Walchensee
1919
Hamburger Kunsthalle, Kupferstichkabinett

Anita Haldemann

OTTO FISCHERS ANKAUF AUS DER SAMMLUNG GLASER FÜR DAS BASLER KUPFERSTICHKABINETT 1933

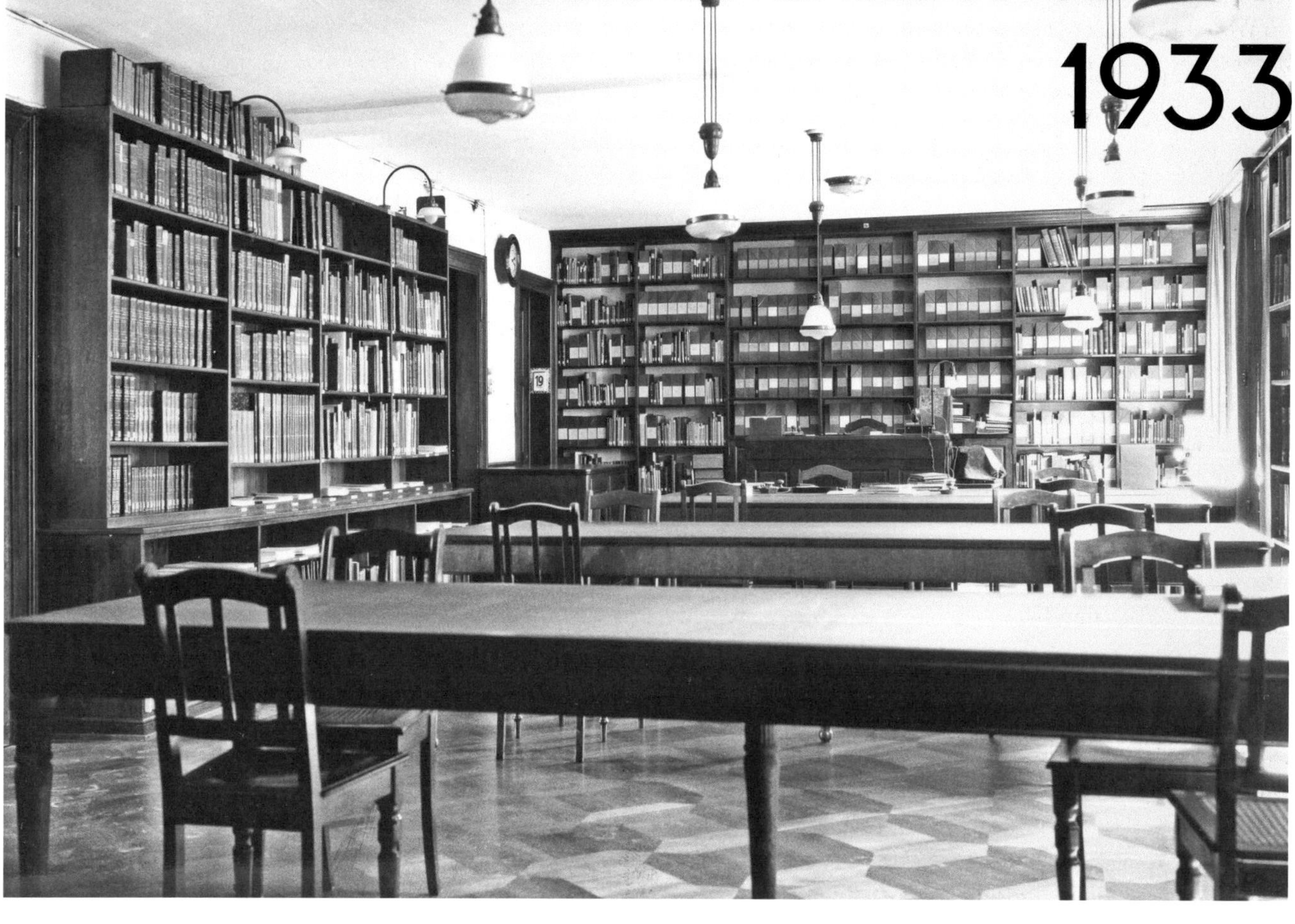

Abb. 50
Studienraum des Basler Kupferstichkabinetts im ersten Stock des Augustinerhofs in Basel, von 1922 bis 1936
Kunstmuseum Basel, Photoarchiv

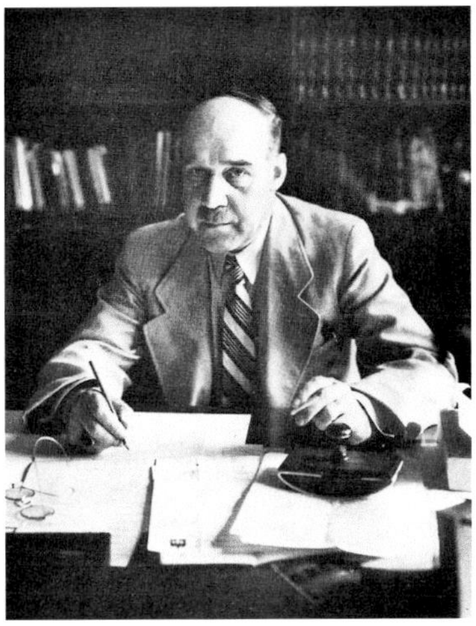

Abb. 51
Otto Fischer, Konservator des Kunstmuseums Basel von 1927 bis 1938

DER ANKAUF IM MAI 1933

Am 18. und 19. Mai 1933 ersteigerte die Öffentliche Kunstsammlung Basel bei der Auktion 180 von Max Perl in Berlin 200 Werke auf Papier aus der Sammlung von Curt und Elsa Glaser (Abb. 21, 22, Kat. 1–200).[1] Zehn Tage zuvor hatte sich Otto Fischer (1886–1948), der seit 1928 Konservator (die dem heutigen Direktor äquivalente Position) der Öffentlichen Kunstsammlung Basel war (Abb. 51), beim befreundeten Kunsthistoriker Ludwig Burchard (1886–1960) in Berlin nach der Auktion erkundigt: «Dieser Tage bekam ich den Katalog einer Auktion die am 18. und 19. Mai bei Perl stattfindet. Es scheint da manches Verlockende zur Versteigerung zu kommen, besonders an Handzeichnungen und Aquarellen aus dem 16. bis 20. Jahrhundert, wie an moderner Graphik. Falls Sie die Sachen gesehen haben oder sehen werden, wäre ich [I]hnen dankbar für eine Mitteilung, ob Sie es der Mühe wert hielten deshalb nach Berlin zu fahren, die Preise werden ja wohl billig sein?»[2]

Spätestens durch den Antwortbrief von Burchard vom 14. Mai wusste Fischer, dass es sich bei der Auktion um die Sammlung Glaser handelte. Dieser Brief enthielt einen detaillierten Bericht zu ausgewählten Blättern im Auktionsangebot, den Burchard auch dem vermögenden Wiener Kunsthistoriker und Sammler Antoine Edward Graf von Seilern und Aspang (1901–1978) in einer Abschrift zukommen liess: «Hier die Ergebnisse meiner Durchsicht der Bestände, die bei Max Perl am 18.V. (Nrs. 1–681) und 19.V. (Nrs. 690–1373) nachm. 3 1/4 versteigert werden. Die Schätzpreise des I. Vente Glaser wurden nur bei begehrenswerten Dingen z.T. überschritten, erwiesen sich aber sonst als richtig angesetzt. Diesmal wird's wohl ebenso gehen.»[3] Das Preisniveau verglich er mit der Auktion 156 vom 9. Mai 1933 im Internationalen Kunst- und Auktions-Haus in Berlin («I. Vente Glaser»), wo Glaser bereits einen Teil seiner Kunstwerke und des Haushalts verkauft hatte.[4]

Burchard, der später als Rubens-Forscher bekannt wurde, hatte in den Jahren 1913 und 1914 zeitgleich mit Glaser als unbezahlter Hilfsarbeiter im Berliner Kupferstichkabinett gearbeitet. Er scheint die Sammlung und die Wohnung von Glaser gut gekannt zu haben, da er mehrfach darauf verweist, wo bestimmte Werke in dessen Wohnung gehangen hatten (Abb. 16, 17).[5]

Nach Burchards Brief musste Fischer rasch handeln. Am 16. Mai erhielt er von der Kunstkommission eine Carte blanche für die Auktion in Berlin, die bereits zwei Tage später stattfand: «Die Kommission ist damit einverstanden, dass der Konservator auf der Auktion der Handzeichnungen und Graphik aus der Sammlung Glaser und auf den Auktionen von alter Graphik und Daumier bei Boerner günstige Erwerbungen zu machen sucht und später darüber berichtet.»[6] Das Protokoll der Sitzung vom 8. Juni hält Fischers Erfolg fest: «Der Konservator berichtet über die Auktion der Glaser-Sammlung in Berlin. Das Interesse und die Beteiligung waren lebhaft, die Preise waren nicht gerade Schleuderpreise, doch hielten sie sich auf dem an sich niedrigen Niveau der Schätzungspreise. Die Gelegenheit war günstig, aus der vorzüglich gewählten Sammlung Manches zu erwerben, was für uns von besonderem Interesse schien. Der Konservator hat sich berechtigt geglaubt, dies zu tun. Er hat einige alte Handzeichnungen und graphische Blätter, ferner eine grössere Anzahl Drucke zu billigen Preisen gekauft, ausserdem aber Aquarelle und Handzeichnungen von Corinth (2 Aquarelle), Guys, Kokoschka (2 frühe Zeichnungen), Maillol, Rodin (1 Aquarell, 1 Zeichnung), Schwind und Wilke, sowie seltene graphische Hauptwerke von Kirchner (3) Matisse (3) und Munch (2). Die Blätter werden besichtigt und finden den Beifall der Kommission. Die Gesamtsumme dieser Käufe beträgt etwa Fr. 3130.– Der Konservator bittet, ihn für die Preise der Hauptwerke im Betrage von Fr. 2300.– zu entlasten, und möchte die übrigen Blätter im Betrag von Fr. 830.– auf seinen Dispositionsfonds übernehmen, der bis jetzt mit etwa Fr. 1500.– belastet ist. Der Präsident und Herr Staechelin sind in Anbetracht der schönen und günstigen Ankäufe für die Gewährung dieses Wunsches. Die Kommission ist damit einverstanden.»[7]

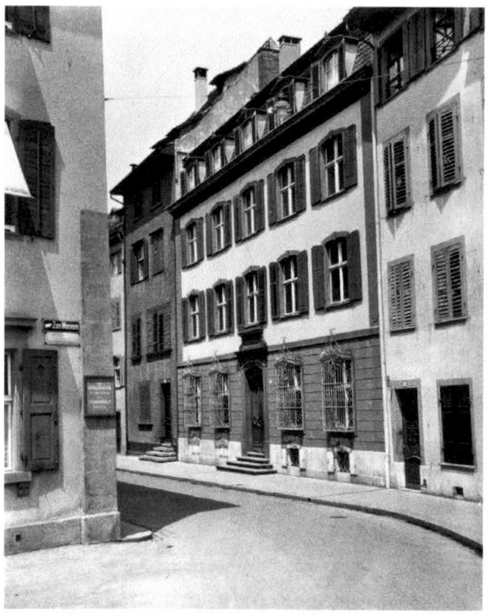

Abb. 52
Augustinerhof in der Augustinergasse 19 in Basel, Sitz des Basler Kupferstichkabinetts von 1922 bis 1936
Kunstmuseum Basel, Photoarchiv

Es wurde in der Sitzung zudem entschieden, diese und sonstige Neuerwerbungen des Kupferstichkabinetts nach den Sommerferien auszustellen, was der Adjunkt und Kustos des Kupferstichkabinetts, Hans Koegler, dann auch unter dem Titel *Die Neuerwerbungen von Handzeichnungen aus den Jahren 1927–1933* vom 14. Oktober bis 12. November tat.[8] Seit 1922 bis zum Umzug der Öffentlichen Kunstsammlung in den Neubau am St. Alban-Graben im Jahre 1936 hatte das Kupferstichkabinett seinen Studienraum im ersten und die Ausstellungsräume im zweiten Stock des Augustinerhofs (Abb. 50, 52), während für die Gemälde- und Skulpturensammlung seit 1927 aufgrund der beengten Platzverhältnisse Ausstellungsräume in der Kunsthalle am Steinenberg zugemietet wurden.[9] Dort präsentierte Fischer seine Erwerbungen von Gemälden der letzten sechs Jahre.[10]

Dass die 200 Werke aus der Sammlung von Curt und Elsa Glaser erworben wurden, wird nur in den beiden zitierten Protokollen der Kunstkommissionssitzungen erwähnt. Weder im Zusammenhang mit der Ausstellung noch im Jahresbericht taucht der Name Glaser auf. Offenbar schien den Akteuren diese Tatsache für die Öffentlichkeit nicht wichtig und man hatte keine Bedenken, Werke aus der aufgelösten Sammlung eines in Berlin aufgrund seiner jüdischen Herkunft entlassenen Kollegen zu erwerben. Auch wenn dies in der Kunstkommission möglicherweise ausser Protokoll angesprochen worden sein könnte, so scheint die Gelegenheit im Vordergrund gestanden zu haben, aus einer qualitativ hochstehenden Sammlung zu attraktiven Preisen Werke zu erwerben, um die Sammlung des Kupferstichkabinetts entsprechend der aktuellen Strategie weiterzuentwickeln.

Es gibt keinen Zweifel, dass Fischer von Glasers Entlassung Kenntnis hatte, da am 9. Mai auch die *Basler Nachrichten* berichteten, dass dieser seines Amtes enthoben worden war: «Glaser ist seit vielen Jahren im deutschen Museumsdienst tätig und hat die Leitung der staatlichen Kunstbibliothek nach dem Tode Peter Jessens übernommen. Er leitete zugleich die grossen Ausstellungen im Lichthof des benachbarten Kunstgebäudemuseums und veranstaltete wertvolle Vortragszyklen im Hörsaal der Bibliothek.»[11] Im Brief an Burchard vom 8. Mai hatte Fischer Bezug genommen auf die Tatsache, dass bereits viele Menschen aus Berlin in Richtung Paris geflüchtet waren. Damit muss er die politische Situation und die Verfolgung von Juden gemeint haben, spielt aber die Situation herunter: «Es würde mich sehr freuen bald einmal von Ihnen zu hören, was Sie treiben und wie es Ihnen geht. Ich hoffe Sie haben keine Veranlassung gehabt zu flüchten, wie manche törichte Leute denen ich in Paris begegnet bin.»[12] Burchard war wie Glaser evangelisch, aber jüdischer Abstammung. Er emigrierte 1935 wegen der Verfolgung durch die Nationalsozialisten mit seiner Familie nach England, wo er durch Antoine von Seilern finanziell unterstützt wurde.[13]

Fischer war nicht jüdischer Herkunft und hat deshalb keine Verfolgung durch das NS-Regime erlebt. Hingegen sah er sich an seinem früheren Wirkungsort in den Staatlichen Kunstsammlungen in Stuttgart mit dem wachsenden Einfluss der NS-Ideologie konfrontiert, als es heftige Widerstände gegen bestimmte zeitgenössische Kunst und ihre Verfechter gab. So wurde er 1924 als Kurator zu einer «entarteten und volksfremden Literatur- und Virtuosengesellschaft» gezählt, als er in der *Ausstellung Neuer Deutscher Kunst* 400 Gemälde, Plastiken und Werke auf Papier von Max Beckmann über Karl Schmidt-Rottluff und Paula Modersohn-Becker bis Oskar Schlemmer ausgestellt hatte.[14] Während Fachleute die Ausstellung lobten, gab es aus rechtskonservativen Kreisen heftige Kritik. Fischer wurde gerügt und in seiner kuratorischen Freiheit eingeschränkt.[15] Diese Umstände haben ihn vielleicht auch dazu bewogen, 1927 die Stelle in Basel anzutreten.[16]

Wie im Protokoll der Kunstkommission festgehalten wurde, waren die Preise, die die Basler Kunstsammlung für die bei Perl ersteigerten Werke bezahlte, «nicht gerade Schleuderpreise, doch hielten sie sich auf dem an sich niedrigen Niveau der Schätzpreise».[17] Viele Museen profitierten seit der Wirtschaftskrise 1929 von sinkenden Preisen, da sich zahlreiche Sammler:innen von ihren Werken trennen mussten, aber inwiefern auch die zunehmende Emigration sich auf den Markt auswirkte – zum Beispiel durch die Schliessung von Kunsthandlungen und Auktionshäusern, die Auflösung vieler Haushalte usw. –, ist ein sehr komplexes Thema, dem man nur durch eine differenzierte Betrachtung gerecht werden kann, etwa durch die Unterscheidung zwischen älterer und zeitgenössischer Kunst.[18] Fakt ist, dass das Preisniveau für Kunst niedrig war. Auch der Direktor des Germanischen Nationalmuseums in Nürnberg, Ernst Heinrich Zimmermann (1886–1971) schrieb am 22. Mai dem Kollegen Ludwig Baldass (1887–1963) am Kunsthistorischen Museum Wien, wie beglückt er über preiswerte Anschaffungen war: «Bei der Auktion Glaser habe ich die Skizze von Müldorfer [sic] zu dem grossen Bild im Barockmuseum gekauft und einige Handzeichnungen und Aquarelle, alles spottbillig, wie ja überhaupt die Preise angenehm heruntergehen.»[19] Die Protokolle der Kunstkommission des Kunstmuseums Basel belegen, wie sich die Verantwortlichen angesichts der beschränkten Mittel für Erwerbungen und den hohen Ansprüchen an die Sammlungsentwicklung um möglichst niedrige Preise bemühten. Zusätzliche Mittel für ambitionierte Ankäufe mussten mit Geschick zusammengetragen werden wie im Falle der Skizzenbuchblätter von Paul Cézanne 1934 und 1935.[20]

Die Schätzpreise im Katalog der Glaser-Auktion bei Perl waren dem aktuellen Markt entsprechend eher tief angesetzt. Die erzielten Preise lassen sich nur durch handschriftliche Notizen in Auktionskatalogen erschliessen, weil das Archiv des Auktionshauses nicht erhalten ist (Abb. 22).[21] Die 200 von Basel ersteigerten Werke wurden im Katalog mit der Summe von 2555 Reichsmark veranschlagt, erzielten aber nur einen Gesamtpreis von 2296 RM, also 10 Prozent weniger. Berücksichtigt man die gesamte Auktion von 1333 Losen, hinter denen sich deutlich mehr Werke in Konvoluten verstecken, ist die Abweichung zwischen Schätz- und Zuschlagpreisen deutlich höher.[22] Wie Burchard richtig prognostizierte, erzielten besondere oder seltene Blätter höhere Preise, so auch die beiden wichtigsten Werke, die durch das Kunstmuseum ersteigert wurden, die beiden Hauptwerke von Edvard Munch. Die Farblithographie *Madonna* (Kat. 178) stieg auf den Preis von 155 RM, anstatt der geschätzten 120 RM, fast ein Drittel mehr, und das *Selbstbildnis* (Kat. 177) auf 130 RM anstatt 120 RM.

KONSEQUENZEN AUS DEM KAUF

Die Werke aus der Sammlung Glaser sind heute über viele Sammlungen in Europa und den USA verstreut. Ein Konvolut von Zeichnungen alter Meister, das Glaser 1941 mit nach New York nehmen konnte, vermachte seine Witwe Maria Glaser-Ash der Pierpont Morgan Library in New York (Kat. 223–225; Abb. 62, 63).[23] Über den gegenwärtigen Aufbewahrungsort der Mehrzahl der Werke ist nichts bekannt. Die Öffentliche Kunstsammlung Basel – kurz Kunstmuseum Basel – ist die Institution, die heute mit 200 Werken das grösste Konvolut an Werken aus der Sammlung von Curt und Elsa Glaser besitzt.[24] Das Museum und seine Kunstkommission erkannten im Rahmen einer auf den Washington Principles basierenden gerechten und fairen Lösung mit den Erben von Curt Glaser und seiner zweiten Frau Maria eine moralische Verantwortung an.[25] Diese Lösung in Form einer finanziellen Entschädigung und einer Ausstellung, die den vorliegenden Katalog einschliesst, ist Ausdruck der Anerkennung von Glasers Schicksal als von den Nationalsozialisten verfolgter jüdischer Kunsthistoriker. Eine Restitution erfolgte nicht, weil Glaser im Frühling 1933 noch relativ frei entscheiden konnte, was er in welchem Auktionshaus verkaufen wollte, die Lose auf zwei Häuser aufteilte und den Erlös aus der Auktion erhielt. Einen kleinen, aber bedeutenden Teil seiner Sammlung (beispielswiese die Gemälde von Munch) sowie einen Teil seines Haushaltes überführte er in die Schweiz. Weil er so vorausschauend, früh und geschickt handelte, kam er einer Enteignung bei der Emigration zuvor und konnte in der Schweiz seinen Lebensunterhalt von seinem Vermögen und den reduzierten Rentenzahlungen bestreiten.

Von 2007 bis 2018 haben mehrere deutsche Museen, das Rijksmuseum Amsterdam sowie zwei private Sammler für Werke aus den Auktionen vom 9. sowie 18. und 19. Mai 1933 mit den Erben von Glaser individuelle Lösungen gefunden, teilweise Werke restituiert oder Entschädigungen gezahlt.[26] Glasers Verfolgungssituation sowie die Umstände des Verkaufs des grössten Teils seiner Sammlung im Mai 1933 wurden bisher sehr unterschiedlich eingeschätzt, so auch ursprünglich in Basel, als sich 2008 der Regierungsrat des Kantons Basel-Stadt gegen eine Rückgabe der Werke entschieden hatte.[27] Das UK Spoliation Advisory Panel gab am 24. Juni 2009 mit der Veröffentlichung seines Entscheids im Zusammenhang mit einem Restitutionsbegehren der Erben von Glaser bekannt, dass das Courtauld Institute of Art in London die acht Zeichnungen aus Glasers Sammlung nicht restituieren müsse (Kat. 218–220).[28] Die Werke hatte das Courtauld 1978 aus dem Nachlass von Antoine von Seilern erhalten, der sie nach der Beratung durch Burchard im Mai 1933 in Berlin ersteigert hatte. Das britische Entscheidungsgremium argumentierte, dass Glaser zu der Auktion nicht gezwungen gewesen sei, sie vielmehr aus persönlichen Gründen – vor allem wegen dem Tod seiner ersten Frau Elsa 1932 – habe durchführen lassen; zudem hätten die erzielten Preise dem damaligen Markt entsprochen und seien damit fair gewesen.

Ganz anders entschied die niederländische Restitutionskommission, die dem Rijksmuseum in Amsterdam empfahl, das Gemälde von Jan van de Velde II an die Erben zu restituieren.[29] So haben 2018 auch die Stadt Bamberg und die Museen der Stadt Bamberg eine Zeichnung vom Ostchor des Doms an die Erben restituiert.[30]

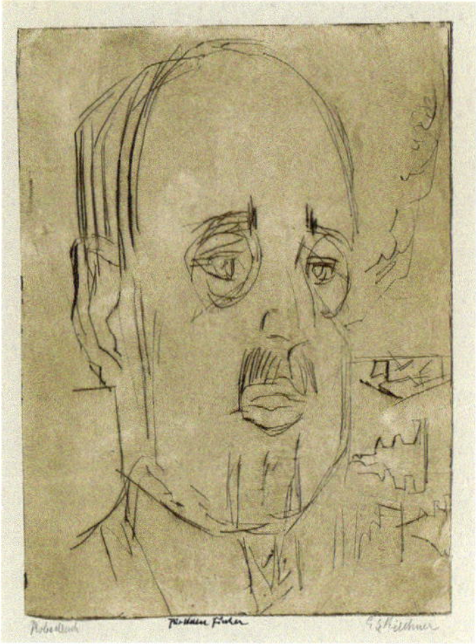

Abb. 53
Ernst Ludwig Kirchner
Porträt Dr. Otto Fischer
1924
Radierung, 42,7 × 28,4 cm (Blatt)
Staatsgalerie Stuttgart, Graphische Sammlung, erworben 2005

In den USA, wo sich zahlreiche Werke von Glaser in Sammlungen befinden, wurden bisher keine Restitutionen durchgeführt oder öffentlich bekannt. Einzig das Museum of Fine Arts in Boston weist auf seiner Homepage im Zusammenhang mit einem Gemälde von Joachim Wtewael (Abb. 49) aus der Sammlung Glaser darauf hin, dass dessen Erben die Restitution von Werken aus den Auktionen von 1933 forderten, ohne auf eine konkrete Forderung von Seiten der Erben hinzuweisen. Sie nehmen die Argumentation des UK Spoliation Advisory Panel auf und lehnen eine Restitution in diesem Fall grundsätzlich ab.[31]

OTTO FISCHER UND CURT GLASER

Lediglich vier knappe und sachliche Briefe aus dem Jahr 1929 im Archiv des Kunstmuseums Basel belegen den Kontakt zwischen Glaser und Fischer, die derselben Generation deutscher Kunsthistoriker angehörten. Gegenstand ist eine Photobestellung von Gemälden von Konrad Witz, die Glaser offenbar nach Basel geschickt hatte.[32] Angesichts der vielen Parallelen, die ihre Biographien aufweisen, müssten sie eigentlich in einem intensiveren Austausch gewesen sein. Beide promovierten 1907 bei Heinrich Wölfflin in Berlin in Kunstgeschichte und waren auf altdeutsche Malerei spezialisiert. Zumindest in diesem Kontext müssen sie sich begegnet sein.[33] Sie teilten zudem die Forschungs- und Publikationstätigkeit im Gebiet der noch jungen Kunstgeschichte Ostasiens, wofür sie auch längere Reisen unternahmen.[34] Fischer hatte sich 1912 an der Universität Göttingen mit einer Schrift über chinesische Malerei habilitiert, diese später umfassend überarbeitet und 1923 publiziert.[35] In Basel war er parallel zu seiner Tätigkeit an der Öffentlichen Kunstsammlung ausserordentlicher Professor für die Kunstgeschichte Ostasiens und unterrichtete, wenn es die Museumsarbeit erlaubte. Zudem intensivierte er seine Forschungen zur chinesischen Kunst nach dem Umzug nach Ascona infolge seiner Frühpensionierung 1938.[36] Im kleinen Ascona, wo Glaser mit seiner zweiten Frau von 1933 bis 1941 überwiegend lebte, müssen sich die beiden (wieder) begegnet sein.

Ferner sammelte Fischer wie Glaser privat Kunst. So besass er beispielsweise Alexej von Jawlenskys Gemälde *Bagatelles* (um 1904) und Franz Marcs *Liegender roter Stier*.[37] Belegt ist Fischers Sammlungstätigkeit auch im Zusammenhang mit dem Vermächtnis an das Museum Rietberg[38] und für die Glaser-Auktion bei Perl, wie einem Brief an den Auktionator entnommen werden kann: «Die Bücher und graphischen Blätter sind in gutem Zustande angekommen, jedoch war bei einem der beiden Porzellanfässchen Nr. 700 ein Stück ausgebrochen und zwar offenbar bereits vor oder während der Verpackung, da das fehlende Stück in einem Seidenpapier beigelegt war. Ich bitte um Mitteilung was Sie oder Ihre Versicherung mir für den Schaden der mich persönlich trifft, vergüten will.»[39]

DIE SAMMLUNGSPOLITIK DER ÖFFENTLICHEN KUNSTSAMMLUNG BASEL

Eine weitere Gemeinsamkeit mit Glaser war Fischers Engagement für zeitgenössische Kunst. Wie es ihr Doktorvater Wölfflin empfohlen hatte, legten beide Wert darauf, sich in der persönlichen Begegnung mit Künstler:innen mit deren Werk auseinanderzusetzen. So gab es beispielsweise von beiden Kontakte mit Beckmann, Max Liebermann und Ernst Ludwig Kirchner (Abb. 53). Während sich Glaser im Berliner Kupferstichkabinett und dann in der Kunstbibliothek für die Moderne einsetzte, war Fischer in zwei Museen dafür verantwortlich, dass überhaupt begonnen wurde, Kunst der Moderne systematisch für die Sammlung zu erwerben: von 1921 bis 1927 als Hauptkonservator und dann Direktor der Staatlichen Kunstsammlungen in Stuttgart und von 1927 bis 1938 als Konservator der Öffentlichen Kunstsammlung Basel.

In Stuttgart hatte Fischer als Hauptkonservator der Staatsgalerie mit Werken von Beckmann, Lovis Corinth, Otto Dix, Karl Hofer, Kirchner, Paul Klee, Otto Mueller und Emil Nolde eine Sammlung der Moderne aufgebaut, musste aber hart dafür kämpfen und wurde immer wieder von der Museumskommission in seine Schranken verwiesen. So musste er den

Ankauf eines Gemäldes von Oskar Kokoschka rückgängig machen.[40] Als Fischer 1927 sein Amt in Basel antrat, war er als energischer Verfechter der Moderne bekannt. Er wurde über alle Kommissionen hinweg von Fritz Hauser (1884–1941), dem sozialdemokratischen Regierungsrat des Kantons Basel-Stadt, gewählt.[41] Fischers Kompetenz als erfahrener Museumsmann und seinem Mitwirken bei der Planung war es zu verdanken, dass das Kunstmuseum am St. Alban-Graben bei der Eröffnung 1936 allen modernen technischen Anforderungen entsprach.

Bis Ende des 19. Jahrhunderts war die Öffentliche Kunstsammlung Basel, die seit ihren Anfängen zum Eigentum der Universität gehört, gänzlich auf die Generierung eigener Mittel angewiesen (Legate, Eintrittsgelder usw.). Erst 1899 hat die Kunstkommission unter der Leitung von Heinrich Wölfflin einen Antrag gestellt, fortan einen festen jährlichen Betrag für die Verwaltung zu erhalten. 1901 bewilligte der Kanton Basel-Stadt einen Regierungsbeitrag, der unter anderem die Entlohnung von Assistent:innen enthielt. 1917 kam ein Beitrag für die Anstellung eines Konservators (Museumsleiters) hinzu, 1919 für die Stelle eines Kustos des Kupferstichkabinetts. Damit begann die Professionalisierung der Sammlungspflege, insbesondere der wissenschaftlichen Bearbeitung der Werke, und es wurde eine Basis für die Weiterentwicklung der Sammlung geschaffen, die auch zukünftig stark von privaten Zuwendungen abhängig blieb.[42] Zentral blieb das Stärken und Ergänzen der historisch gegebenen Schwerpunkte der Sammlung des 15. und 16. Jahrhunderts. Die Bemühungen, mit ausgewählten Werken des 17. und 18. Jahrhunderts die Brücke zum 19. zu bilden, waren ebenfalls erfolgreich gewesen. Die grösste Erweiterung erfuhr die Schweizer Kunst des 19. und beginnenden 20. Jahrhunderts. Hier war man mit Werken von Giovanni Segantini, Ferdinand Hodler, Giovanni Giacometti und Cuno Amiet bereits im 20. Jahrhundert angekommen.

Schon 1927, bevor Fischer nach Basel kam, hatte man zwei Gemälde von Munch erworben, worauf im Jahresbericht zurecht stolz als «Vorstoss in die führende zeitgenössische Kunst» hingewiesen wurde.[43] 1930 gelang Fischer mit dem Erwerb von Werken von Nolde und James Ensor sowie 1931 von Klee und einem weiteren Munch der schrittweise Ausbau der zeitgenössischen internationalen Sammlung. Dies mag ein «zögernder» Ausbau der Sammlung gewesen sein, doch muss man auch berücksichtigen, dass die Geldmittel knapp und die konservativen Kräfte in Basel stark waren, und, wie heute, jeder Ankauf von der Kunstkommission bewilligt werden musste.[44] Vor diesem Hintergrund kann man auch festhalten, dass Fischer trotz schwieriger Umstände beständig und gar hartnäckig am Ausbau der modernen Sammlung des 20. Jahrhunderts arbeitete und eine Basis schuf, auf der sein Nachfolger Georg Schmidt (1896–1965) aufbauen konnte.

KOEGLER UND FISCHER

Fischer hatte mit Hans Koegler (1874–1950), der seit 1927 Kustos des Kupferstichkabinetts war, einen Mitstreiter für moderne Graphik in der Öffentlichen Kunstsammlung.[45] Mit dem Ankauf eines aussergewöhnlichen Konvolutes von Skizzenblättern von Paul Cézanne setzten sie mit vereinten Kräften wichtige Schwerpunkte.[46] Obwohl Koegler Holbein-Experte war, setzte er sich engagiert für zeitgenössische Kunst ein, unter anderem mit Ausstellungen im Augustinerhof und Führungen, die er dazu nutzte, Gelder für Ankäufe zu generieren.[47] Hilfreiche Unterstützung wurde auch durch den 1912 gegründeten Förderverein «Freunde des Kupferstichkabinetts» geboten, der später zum Verein der Freunde des Kunstmuseums Basel wurde.[48]

Eine Durchsicht des erworbenen Konvoluts aus Glasers Sammlung ergibt eine heterogene Ansammlung von Werken, die sich aber bestens in die damals aktuelle Sammlungsstrategie einfügten. Die grösste Gruppe bilden 105 Lithographien von Honoré Daumier. Fischer nahm am 23. Mai 1933, also nur ein paar Tage nach der Glaser-Auktion in Berlin, an der Auktion der New Yorker Daumier-Sammlung von Carl O. Schniewind bei C. G. Boerner in Leipzig teil. Er ersteigerte 31 Lithographien.[49] Diesen Schwerpunkt hatte man 1914 mit dem Kauf von 24 Daumiers etabliert und weiter verfolgt. Eine Woche vor dem Entscheid für den Glaser-Ankauf hatte die Kunstkommission am 8. Mai 1933 entschieden, *Le ventre législatif* von 1834, ein Hauptwerk des Künstlers, vom Buchklub Hamburg zu erwerben, was für den stattliche Preis von 216 RM erfolgte.[50]

Den zweiten grossen Schwerpunkt bilden Zeichnungen und Druckgraphiken der Moderne von Beckmann (21) und Corinth (18) sowie kleineren Gruppen von Heckel (5), Kirchner (3), Klee (1), Kokoschka (3), Pechstein (5), Slevogt (2), Thoma (2). Die französische Moderne ist mit Matisse (3) und Rodin (2) vertreten. Während von Corinth (1914), Slevogt (1915), Kirchner (1923) und Thoma (1924) schon vor dem Eintritt von Fischer und Koegler Werke für das Kupferstichkabinett erworben worden waren, begannen die Ankäufe von Beckmann, Heckel und Kokoschka nach dem Stellenantritt von Fischer und Koegler, nämlich 1928; erste Erwerbungen von Klee und Pechstein folgten 1930 und 1931. Im Jahresbericht von 1928 hält Fischer fest, dass «erhebliche» Mittel notwendig seien, um die Sammlungen des 19. und 20. Jahrhunderts auszubauen, zumal aufgrund der höheren Preise für Malerei dieser Erweiterung der Gemäldegalerie enge Schranken gesetzt seien: «so erscheint es umso mehr eine Pflicht, wenigstens im Kabinett danach zu streben, daß die führenden Meister mit bedeutenden Beispielen ihrer Zeichnung und insbesondere ihrer Druckgraphik immer besser vertreten sind. Es ist so versucht worden, manche Unterlassungen der letzten Jahrzehnte wieder gutzumachen.»[51]

Die beiden Lithographien von Munch, die in der Glaser-Auktion ersteigert wurden, sind Hauptwerke des Künstlers

(Kat. 177, 178); sie ergänzten das vorhandene Konvolut von zwölf seit 1923 erworbenen Druckgraphiken und den drei 1927 und 1931 gekauften Gemälden aufs Beste.[52] Zwei Gemälde kamen später hinzu. Der Zufall will es, dass *Strasse in Aasgaardstrand* (1901) von 1913 bis 1923 in der Sammlung Glaser war; Curt Glaser verkaufte es der Staatlichen Kunsthalle in Karlsruhe (damals Badische Kunsthalle) (Kat. 201). 1934 vermittelte Fischer das Gemälde an Fritz (1888–1949) und Sigrid (1887–?) Schwarz von Spreckelsen in Basel. 1979 kam es als Geschenk von Sigrid Schwarz von Spreckelsen und Sigrid Katharina Schwarz ins Kunstmuseum.[53] Als Fischer 1938 das Museum verliess, war das Munch-Konvolut mit 20 Drucken zu einem Sammlungsschwerpunkt angewachsen, den Schmidt und Koeglers Nachfolger Walter Ueberwasser in der Folge weiterentwickelten, sodass sich heute 50 Blätter im Museum befinden. So hat das 200 Nummern umfassende Glaser-Konvolut im Kupferstichkabinett einen wesentlichen Anteil am Aufbau der Sammlung der Moderne im Kunstmuseum Basel.

1 Siehe auch den Beitrag von Anita Haldemann und Noemi Scherrer, S. 14.
2 Otto Fischer an Ludwig Burchard, 8.5.1933, Kunstmuseum Basel, Archiv, F 41-1933-05-08.
3 Ludwig Burchard an Otto Fischer, 14.5.1933, Kunstmuseum Basel, Archiv, F 43-1933-05-14. Der Brief an Antoine von Seilern enthält die Bemerkung: «Manches wird Sie wundern, dass ich's beachtet oder avisiert habe. Dies hier ist aber Abschrift meines Berichtes an Otto Fischer. Daher so manches». Ludwig Burchard an Antoine von Seilern, 16.5.1933, The Courtauld Gallery Archives.
4 Siehe den Beitrag von Anita Haldemann und Noemi Scherrer sowie Judith Rauser, S. 14 und 88–89.
5 Beispielsweise «Matisse. Gerahmt, Hingen allesamt bei Glaser im Vorraum. Gut: 1056. – Hübsch 1061», Ludwig Burchard an Otto Fischer, 14.5.1933, Kunstmuseum Basel, Archiv, F 43-1933-05-14, vgl. Aukt.-Kat. Berlin 1933b, Lose 1054–1070. Siehe auch Entscheid Basel 2018, S. 46–48.
6 Protokoll der Sitzung der Kunstkommission vom 16.5.1933, Kunstmuseum Basel, Archiv, B1/13, S. 51.
7 Protokoll der Sitzung der Kunstkommission vom 8.6.1933, Kunstmuseum Basel, Archiv, B1/13, S. 58.
8 Jahresbericht 1933, S. 10. Seit 1919 gab es einen eigens für das Kupferstichkabinett zuständigen Kustos, der dem Konservator bzw. Direktor der Öffentlichen Kunstsammlung unterstellt war. Siehe Fischer 1936, S. 95.
9 Fischer 1936, S. 110–111; Schmidt 1992, S. 15–16; Meier 2009, S. 31–32.
10 [Otto Fischer,] *Neuerwerbungen der Basler Kunstsammlung*, 1933, Typoskript zur Ausstellung in den Räumen der Kunsthalle Basel (evtl. Pressemitteilung), Kunstmuseum Basel, Archiv, F 001.042.000.000 - A-K.
11 «Entlassungen», in: *Basler Nachrichten*, 89, 1933, Nr. 126.
12 Otto Fischer an Ludwig Burchard, 8.5.1933, Kunstmuseum Basel, Archiv, F41-1933-05-08.
13 Wendland 1998, Bd. 1, S. 77–79.
14 Zit. n. Meier 2012, S. 155.
15 Ebd., S. 152–156.
16 Zum Entscheid Fischers siehe ebd., S. 159–160.
17 Protokoll der Sitzung der Kunstkommission vom 8.6.1933, Kunstmuseum Basel, Archiv, B1/13, S. 58.
18 Zur Angemessenheit der Kaufpreise der Perl-Auktion Nr. 180, zu Preisvergleichen und zum Berliner Kunstmarkt siehe Entscheid Basel 2018, S. 50–78.
19 Gemeint ist Josef Ignaz Mildorfer. Ernst Heinrich Zimmermann an Ludwig Baldass, 22.5.1933, Germanisches Nationalmuseum Nürnberg, Archiv, Alte Registratur, Ankäufe 1933, Karton 125 (zit. n. Gutachten Benz/Königseder 2010, S. 50).
20 Hans 2017.
21 Entscheid Basel 2018, S. 50–54. Siehe auch Transkription Aukt.-Kat. Berlin 1933b, Exemplar im Kunstmuseum Basel, Bibliothek, online unter: kunstmuseumbasel.ch/curtglaser.
22 Entscheid Basel 2018, S. 51–52.
23 Siehe den Beitrag von Jennifer Tonkovich, S. 160–161.
24 Siehe den Beitrag von Anita Haldemann und Noemi Scherrer, S. 11.
25 Siehe kunstmuseumbasel.ch/curtglaser sowie den Beitrag von Felix Uhlmann.
26 Siehe Auflistung mit Quellen im Entscheid Basel 2018, S. 138–144. Zum Kupferstichkabinett Berlin siehe Thielecke 2014 und den Beitrag von Andreas Schalhorn, S. 49.
27 Entscheid Basel 2018, S. 5.
28 Report Courtauld Institute of Art, 24.6.2009, online unter: assets.publishing.service.gov.uk/government/uploads/system/uploads/attachment_data/file/248231/0757.pdf.
29 Das Werk war 1935 durch die Schenkung eines privaten Sammlers ins Rijksmuseum gelangt, siehe Aukt.-Kat. 1933a, Los 233 sowie Entscheid Basel 2018, S. 139.
30 Pressemitteilung vom 1.2.2018, online unter: museum.bamberg.de/allgemeine-informationen/provenienzforschung/restitutionen/.
31 Siehe collections.mfa.org/objects/33583/actaeon-watching-diana-and-her-nymphs-bathing?ctx=c7e83414-1019-4428-b464-6870720b07b5&idx=0. Das Werk wurde 1973 vom Museum aus einer Privatsammlung erworben. Es stammt aus der ersten Auktion vom 8. Mai 1933, siehe Aukt.-Kat. Berlin 1933a, Los 243.
32 Otto Fischer an Curt Glaser, 8.1.1929, 9.1.1929 und 31.1.1929 sowie Curt Glaser an Otto Fischer, 28.1.1929, Kunstmuseum Basel, Archiv, F 23-1929-01-08, F 23-1929-01-29, F 23-1929-01-31 und F 23-1929-01-28.
33 Fischer 1908. Siehe auch den Beitrag von Anita Haldemann und Noemi Scherrer, S. 12.
34 Meier 2012, S. 156–159 und Piechorowski 1986, S. 25–26; zur Reise der Glasers nach Japan siehe den Beitrag von Lynn Rother und Max Koss, S. 42; zur frühen europäischen Kunstgeschichte Ostasiens siehe von Erdberg 1985.
35 Fischer 2010.
36 Meier 2012, S. 181, 192–198.
37 Jawlensky 1991, Nr. 78 und Hoberg/Jansen 2004, Nr. 201.
38 Tacier-Eugster 2019, S. 203–205.
39 Otto Fischer an Max Perl, 7.6.1933, Kunstmuseum Basel, Archiv, F41-1933-06-07.
40 Meier 2012, S. 155–156.
41 Ebd., S. 160–161. Zu Hauser siehe Stirnimann 2021.
42 Fischer 1936, S. 97–98.
43 Jahresbericht 1927, S. 7.
44 Geelhaar 1992, S. 187–189, und Meier 2012, S. 167–181.
45 Meier 2009, S. 31–33.
46 Zu Cézanne siehe Hans 2017.
47 Meier 2009, S. 32–33.
48 Mit zwei Zeichnungen von Anton Graff schenkten die Freunde 1912 dem Kupferstichkabinett erstmals Werke, siehe Inv. 1912.289–1912.290.
49 Siehe Inventar Kupferstichkabinett, Inv. 1933.234–1933.264.
50 Siehe Inv. 1933.31 und Protokoll der Sitzung der Kunstkommission vom 8.5.1933, Kunstmuseum Basel, Archiv, B1/13, S. 39.
51 Jahresbericht 1928, S. 12.
52 Ausst.-Kat. Basel 1985.
53 Woll 2009, Bd. II, Nr. 486. Albert Kollmann (1837–1915), der es vom Künstler erworben hatte, verkaufte es an Glaser, der es wiederum 1929 der Staatlichen Kunsthalle in Karlsruhe verkaufte; siehe Tessa Rosebrock, «Drei Gemälde und ihre Geschichten. Geschichte #1: Edvard Munch, Landstrasse/Strasse in Aasgaardstrand, 1901», 2021, Blogbeitrag online unter: kunstmuseumbasel.ch/de/programm/blog/2020/93.

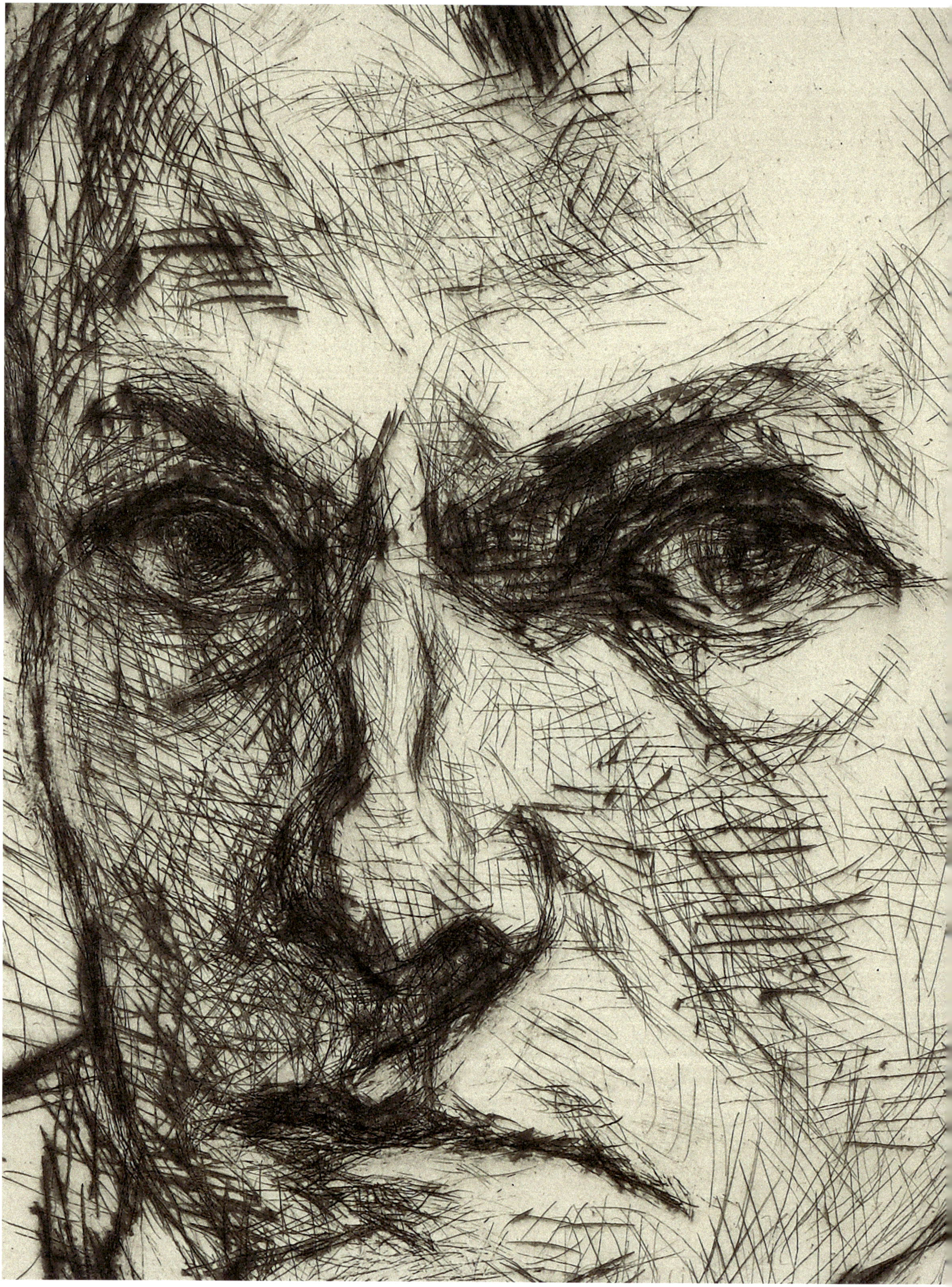

KÜNSTLER DES EXPRESSIONISMUS

MAX BECKMANN

Kat. 7
Max Beckmann
Selbstbildnis (Detail)
1914
Kunstmuseum Basel, Kupferstichkabinett,
Ankauf 1933

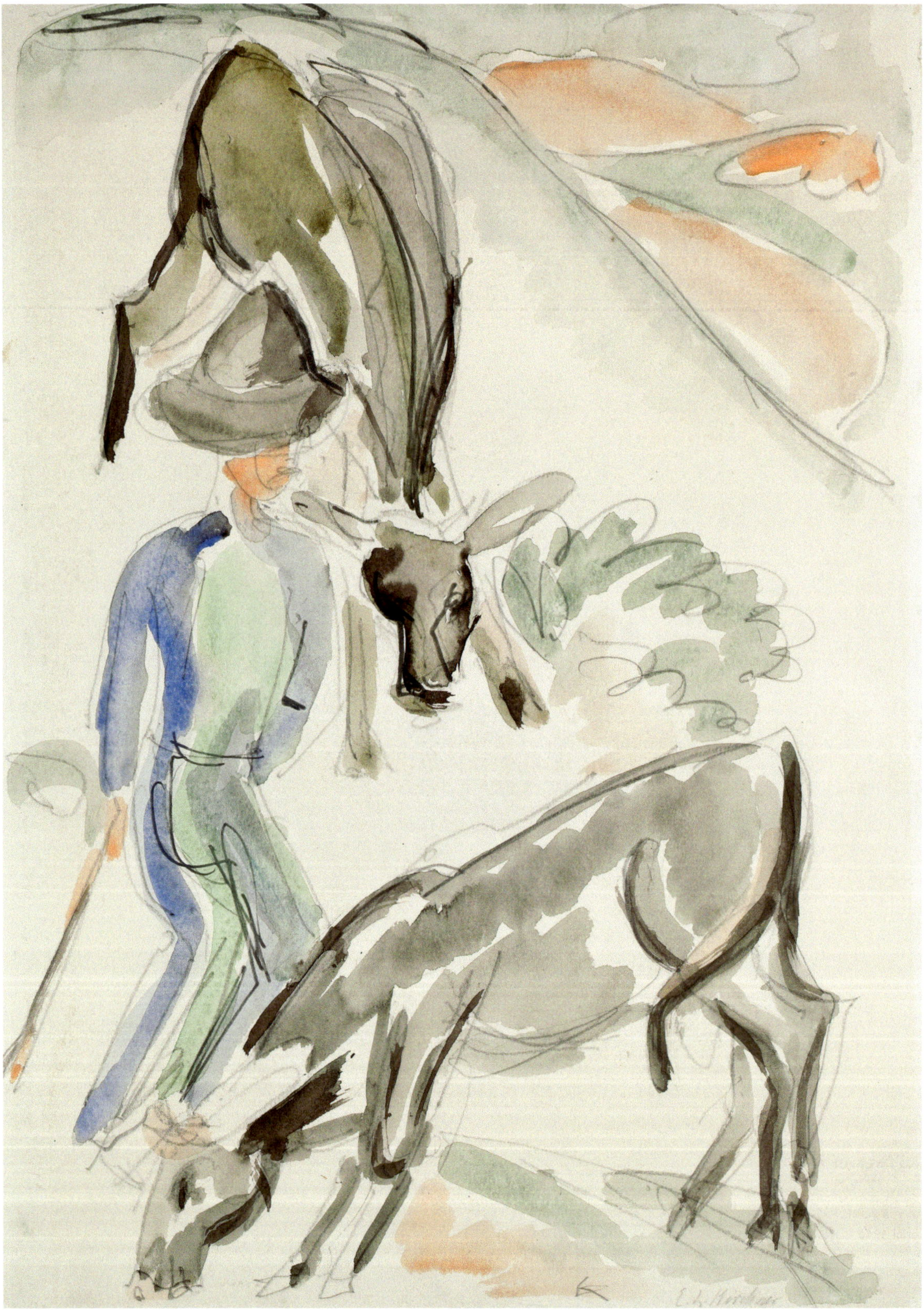

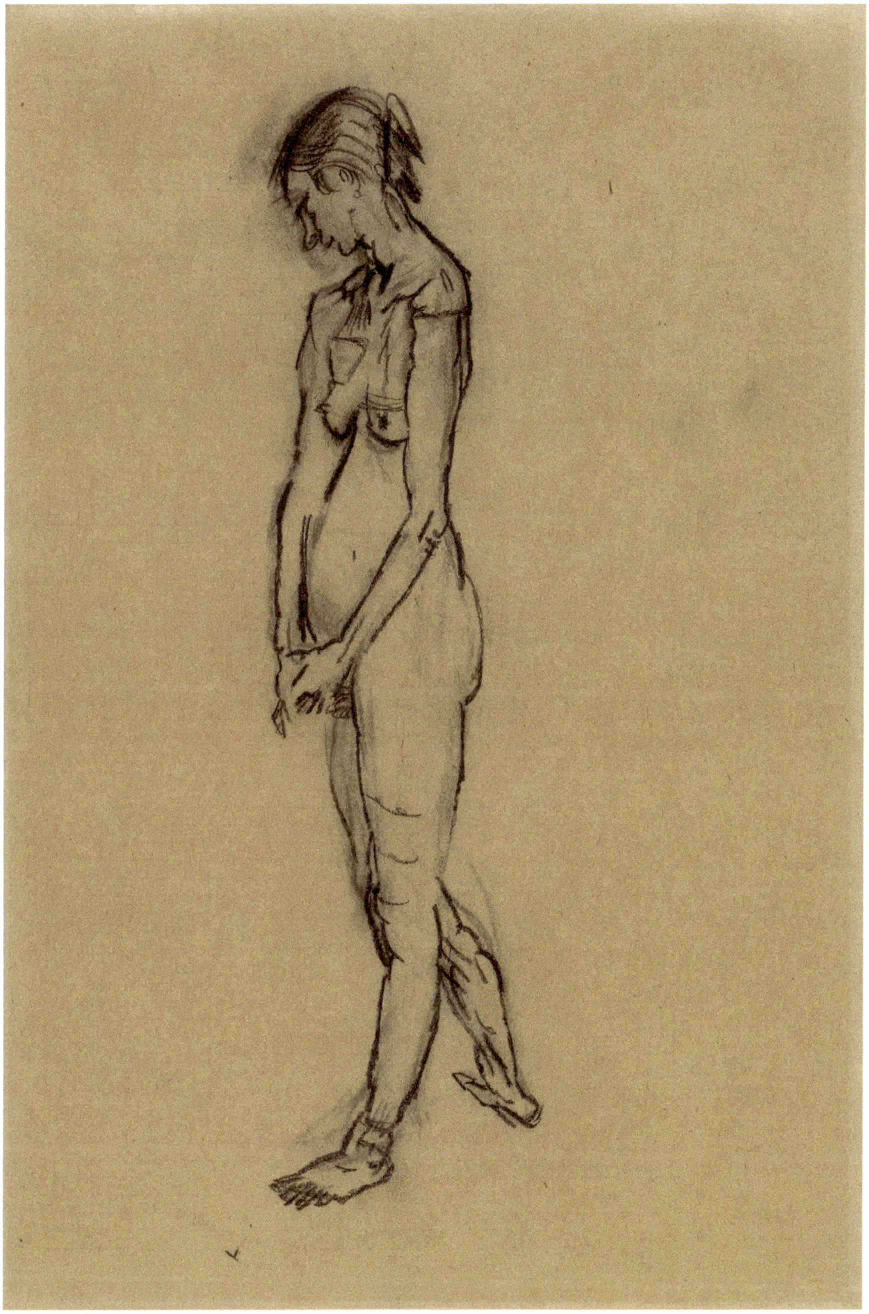

←
Kat. 217
Ernst Ludwig Kirchner
Hirte mit zwei Kälbern
um 1920
Museum Ludwig, Köln,
Stiftung Haubrich 1946
und Ankauf 2013

Kat. 162
Oskar Kokoschka
Weiblicher Akt in Tanzpose
1912
Kunstmuseum Basel, Kupferstichkabinett,
Ankauf 1933

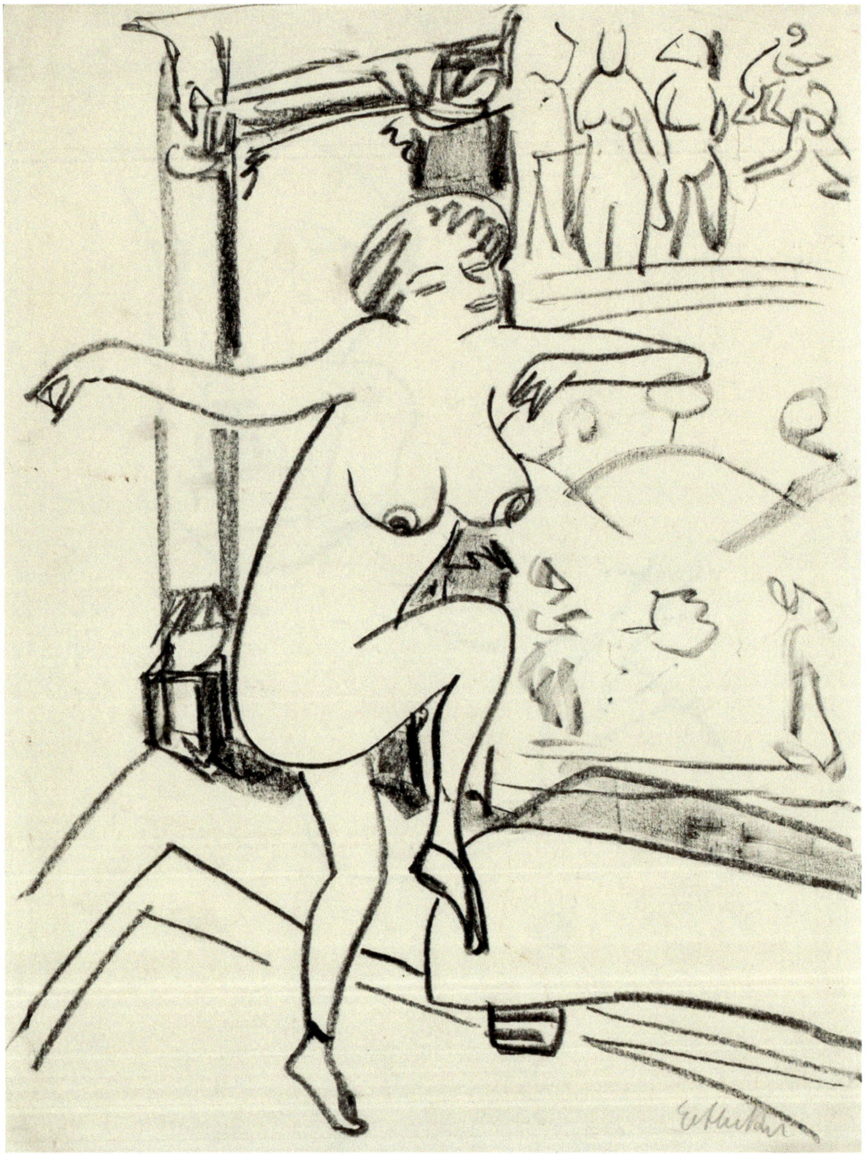

Kat. 216
Erich Heckel
Tanzender Akt
um 1908/10
Museum Ludwig, Köln, Stiftung Haubrich 1946 und Ankauf 2013

→
Kat. 181
Max Pechstein
Sitzender weiblicher Akt
1919
Kunstmuseum Basel, Kupferstichkabinett, Ankauf 1933

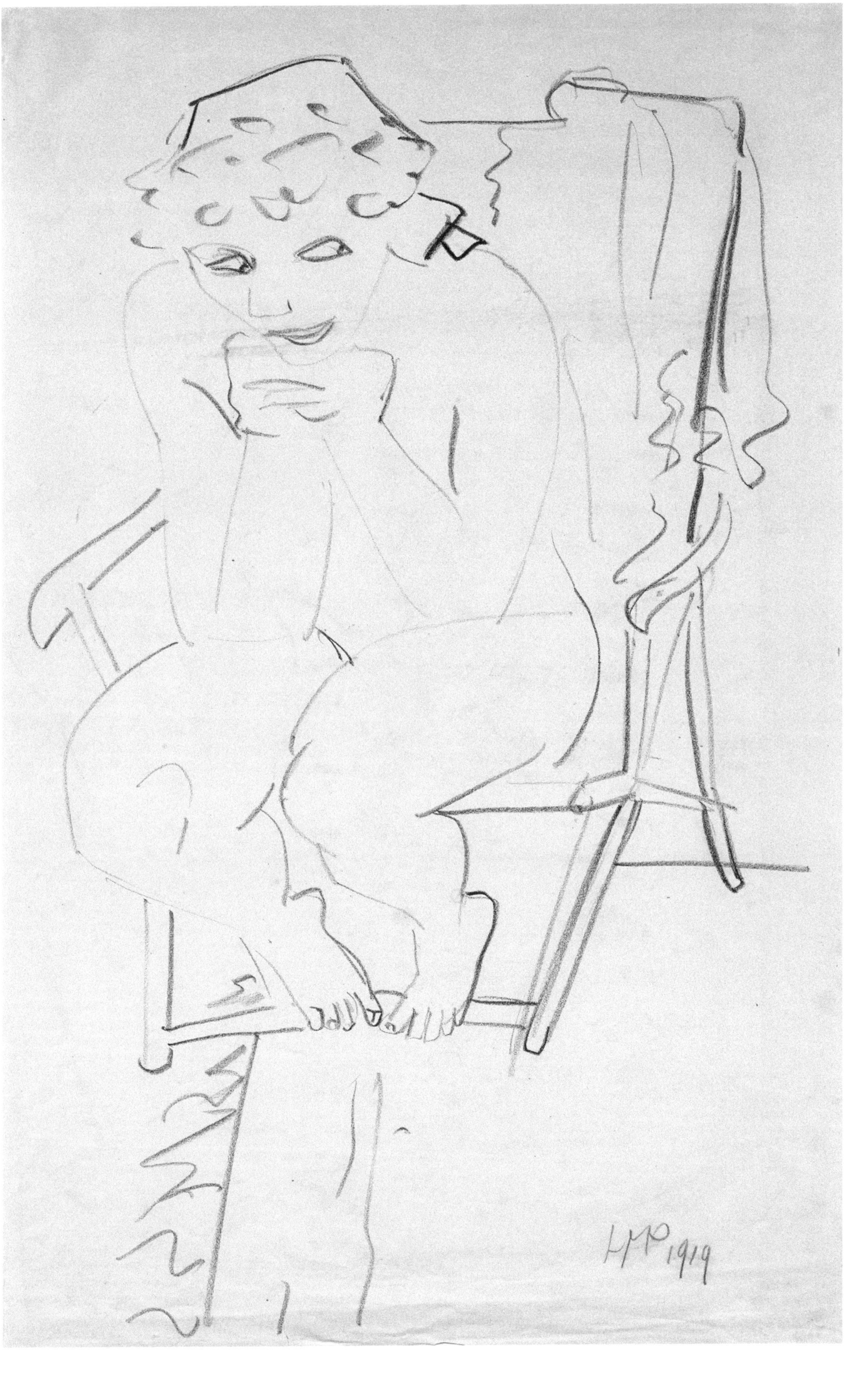
HMP 1919

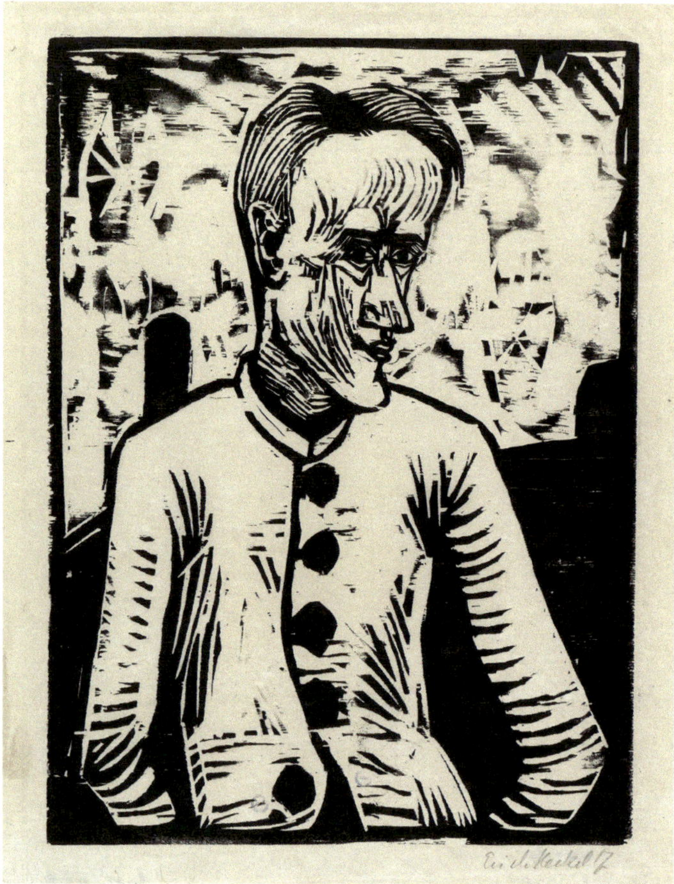

Kat. 152
Erich Heckel
Der Narr (Der Wärter)
1917
Kunstmuseum Basel, Kupferstichkabinett, Ankauf 1933

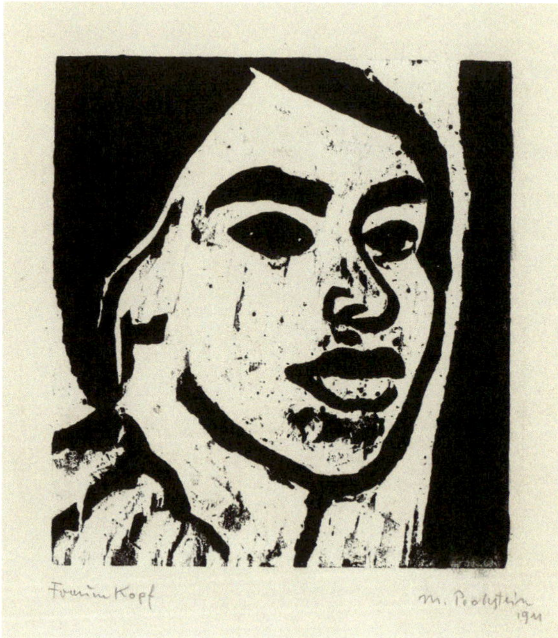

Kat. 184
Max Pechstein
Frauenkopf
1911
Kunstmuseum Basel, Kupferstichkabinett, Ankauf 1933

→
Kat. 180
Max Pechstein
Bildnisstudie eines Mädchens im Profil nach links
1910
Kunstmuseum Basel, Kupferstichkabinett, Ankauf 1933

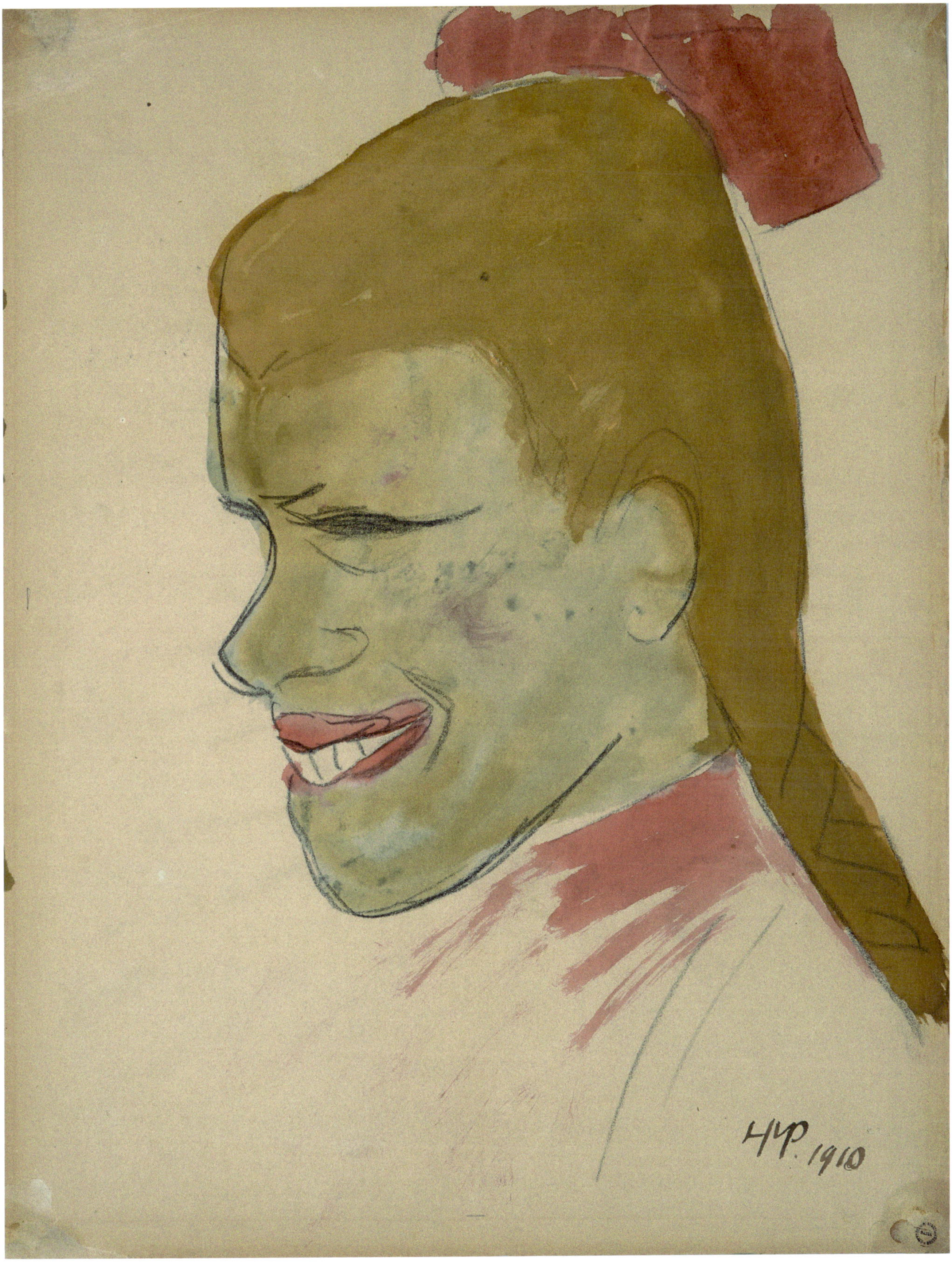
HP. 1910

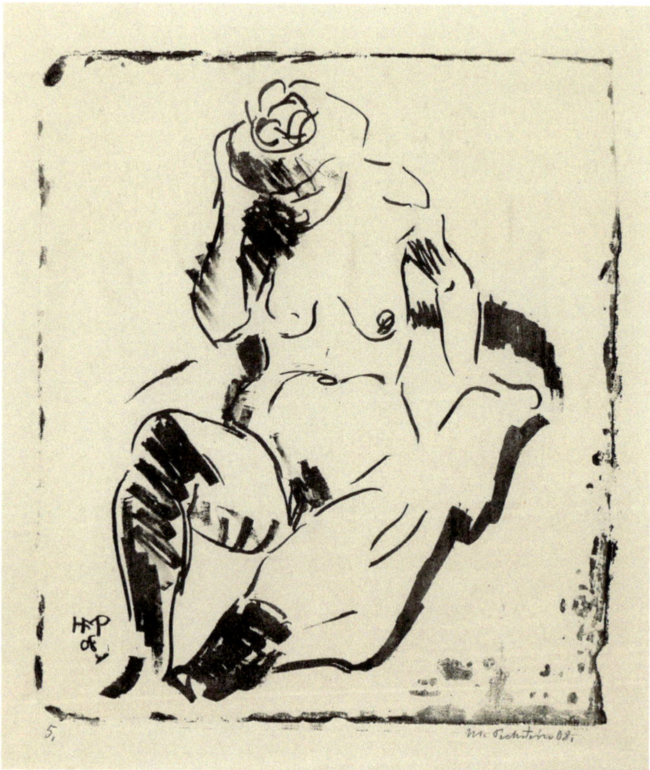

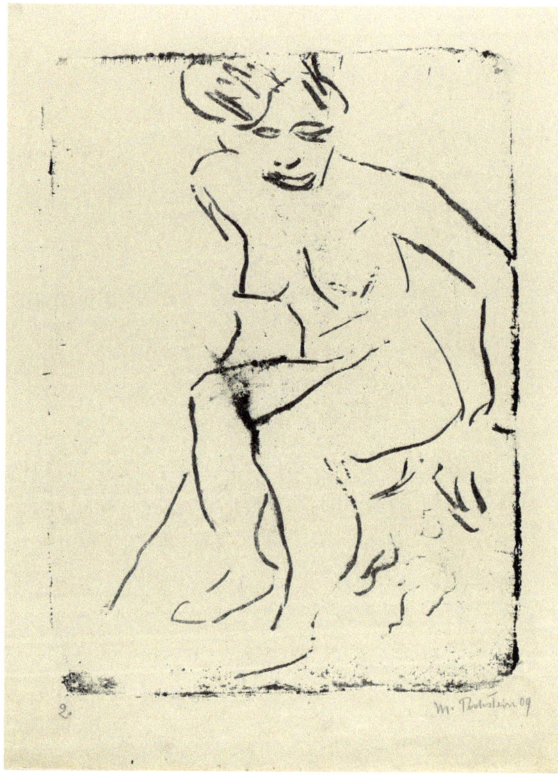

Kat. 183
Max Pechstein
Sitzender Frauenakt
1909
Kunstmuseum Basel, Kupferstichkabinett,
Ankauf 1933

Kat. 182
Max Pechstein
Betrübt
1908
Kunstmuseum Basel, Kupferstichkabinett,
Ankauf 1933

→
Kat. 151
Erich Heckel
Armierungssoldat (Soldatenkopf)
1916
Kunstmuseum Basel, Kupferstichkabinett,
Ankauf 1933

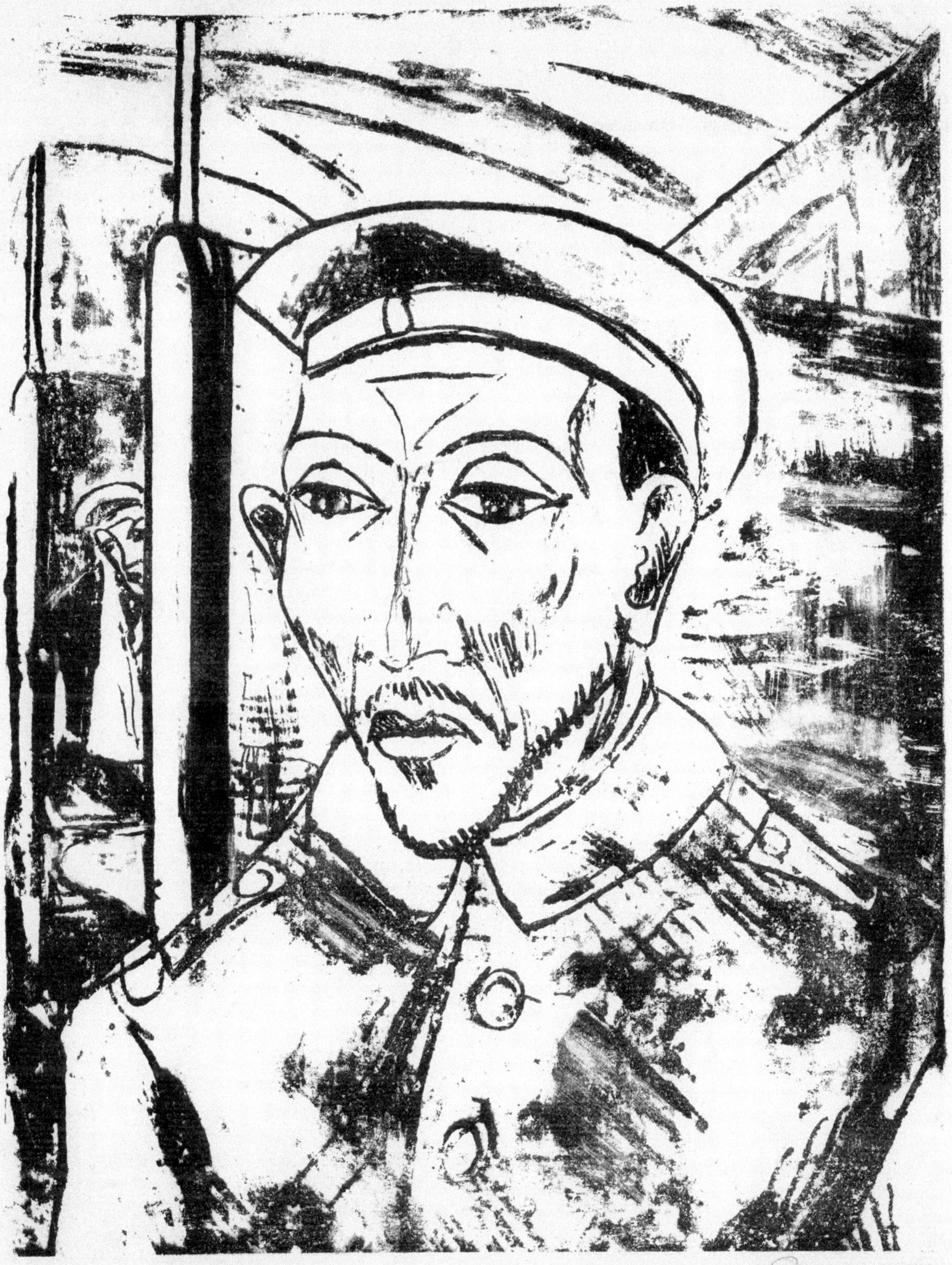

Kat. 149
Erich Heckel
Müde (Müdes Mädchen)
1912/13
Kunstmuseum Basel, Kupferstichkabinett,
Ankauf 1933

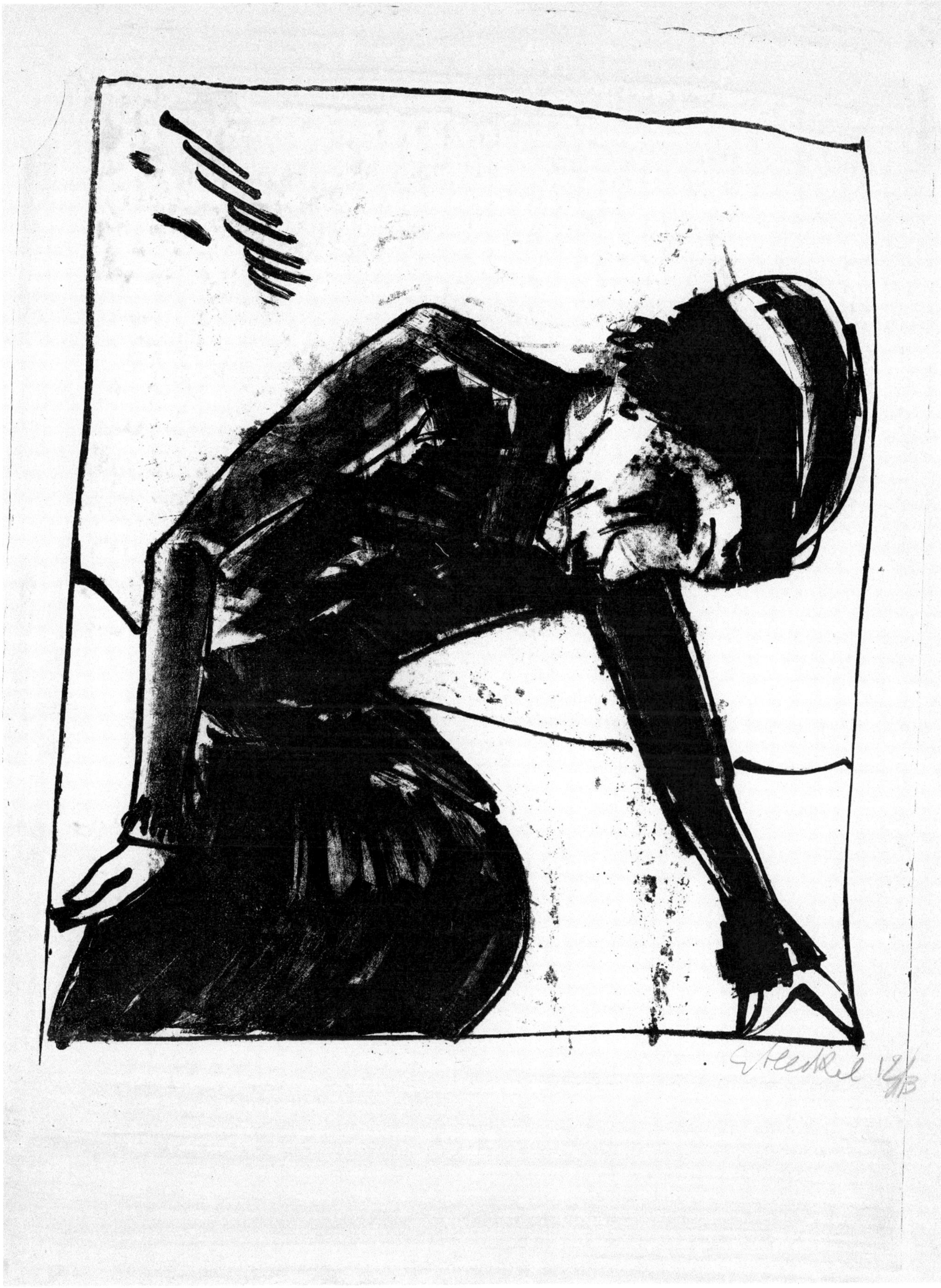

Kat. 155
Ernst Ludwig Kirchner
Musikrestaurant
1914
Kunstmuseum Basel, Kupferstichkabinett, Ankauf 1933

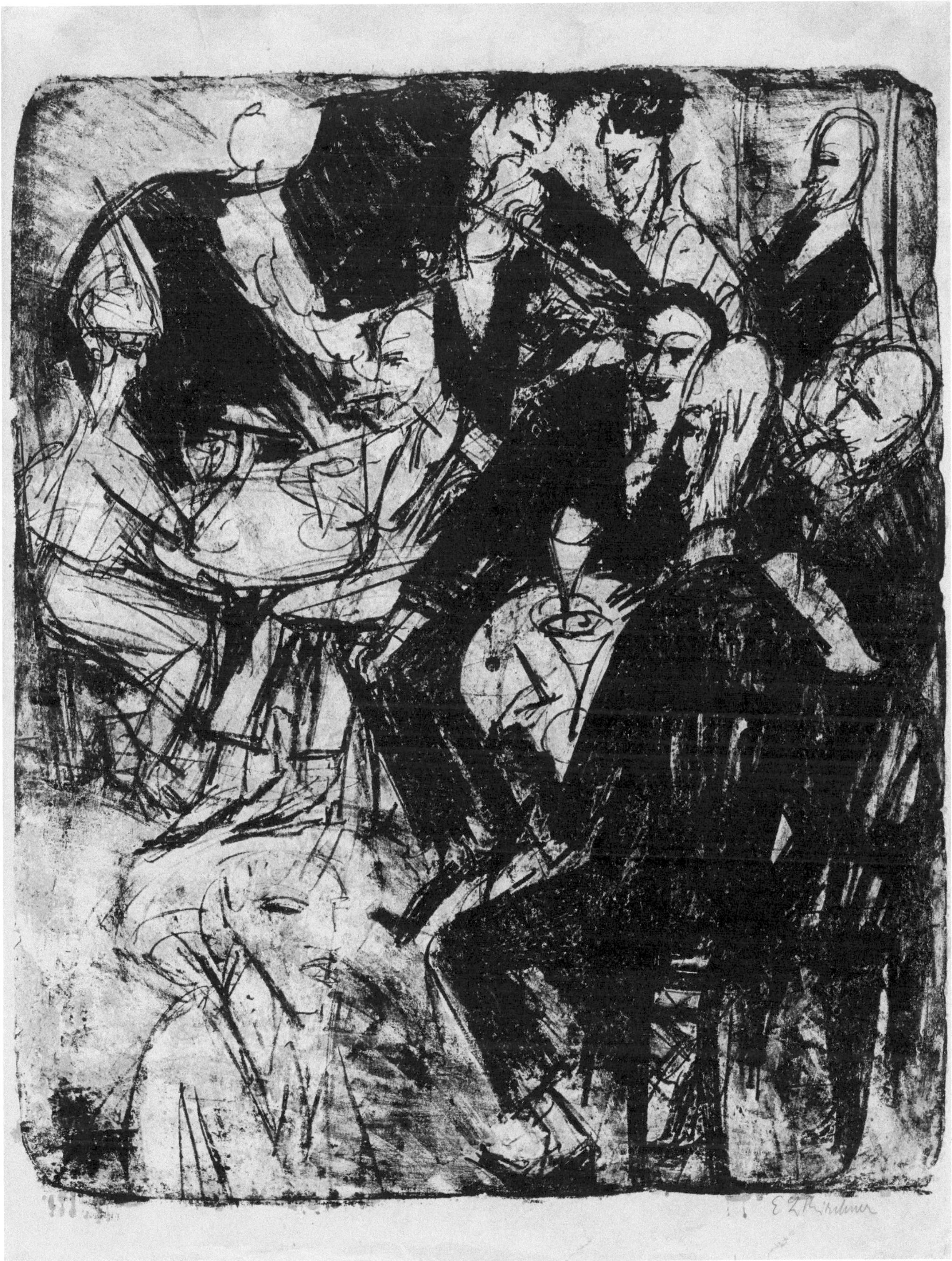

Kat. 156
Ernst Ludwig Kirchner
Porträt Hugo Biallowons
1915
Kunstmuseum Basel, Kupferstichkabinett,
Ankauf 1933

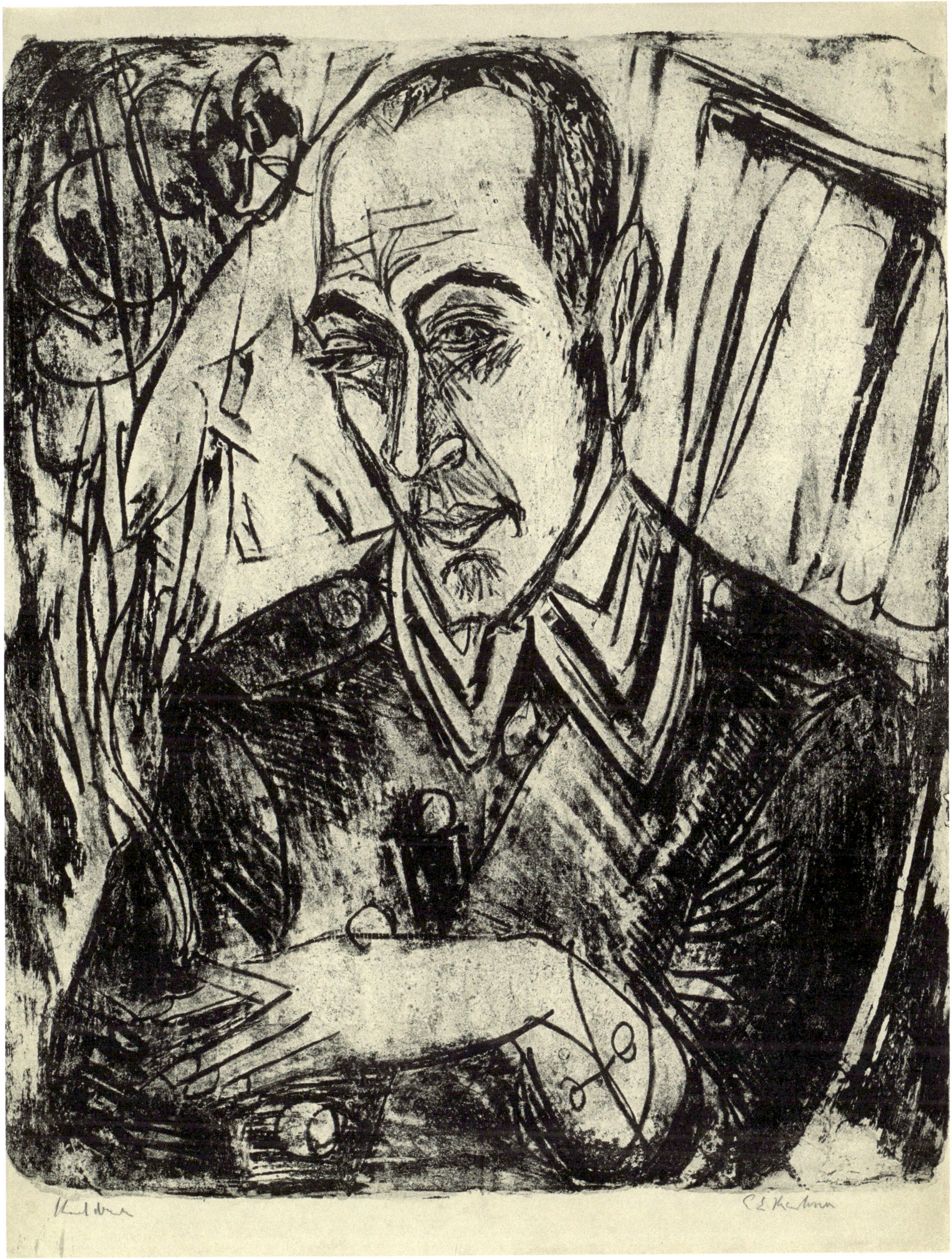

Kat. 163
Oskar Kokoschka
Selbstbildnis von zwei Seiten
1923
Kunstmuseum Basel, Kupferstichkabinett, Ankauf 1933

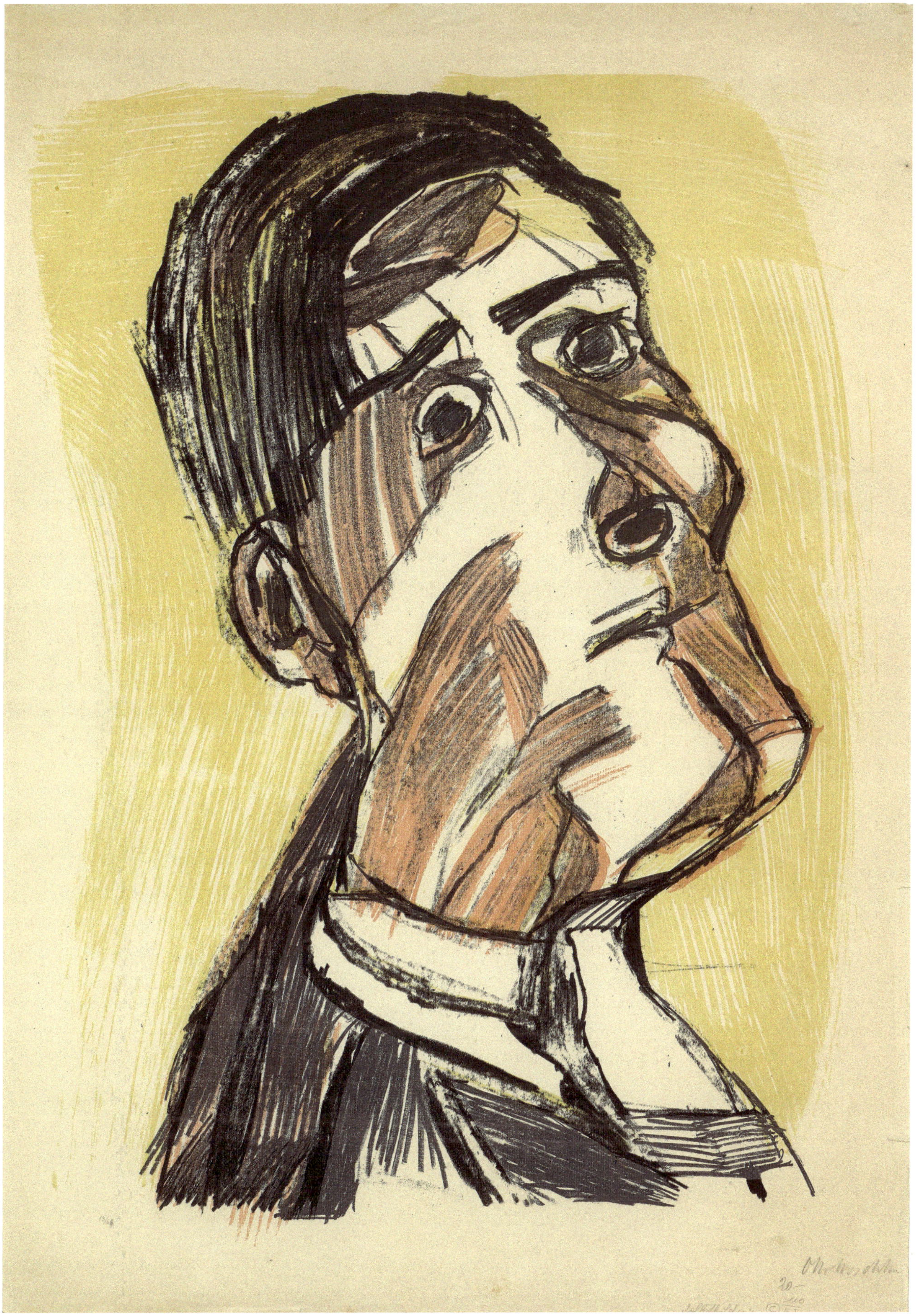

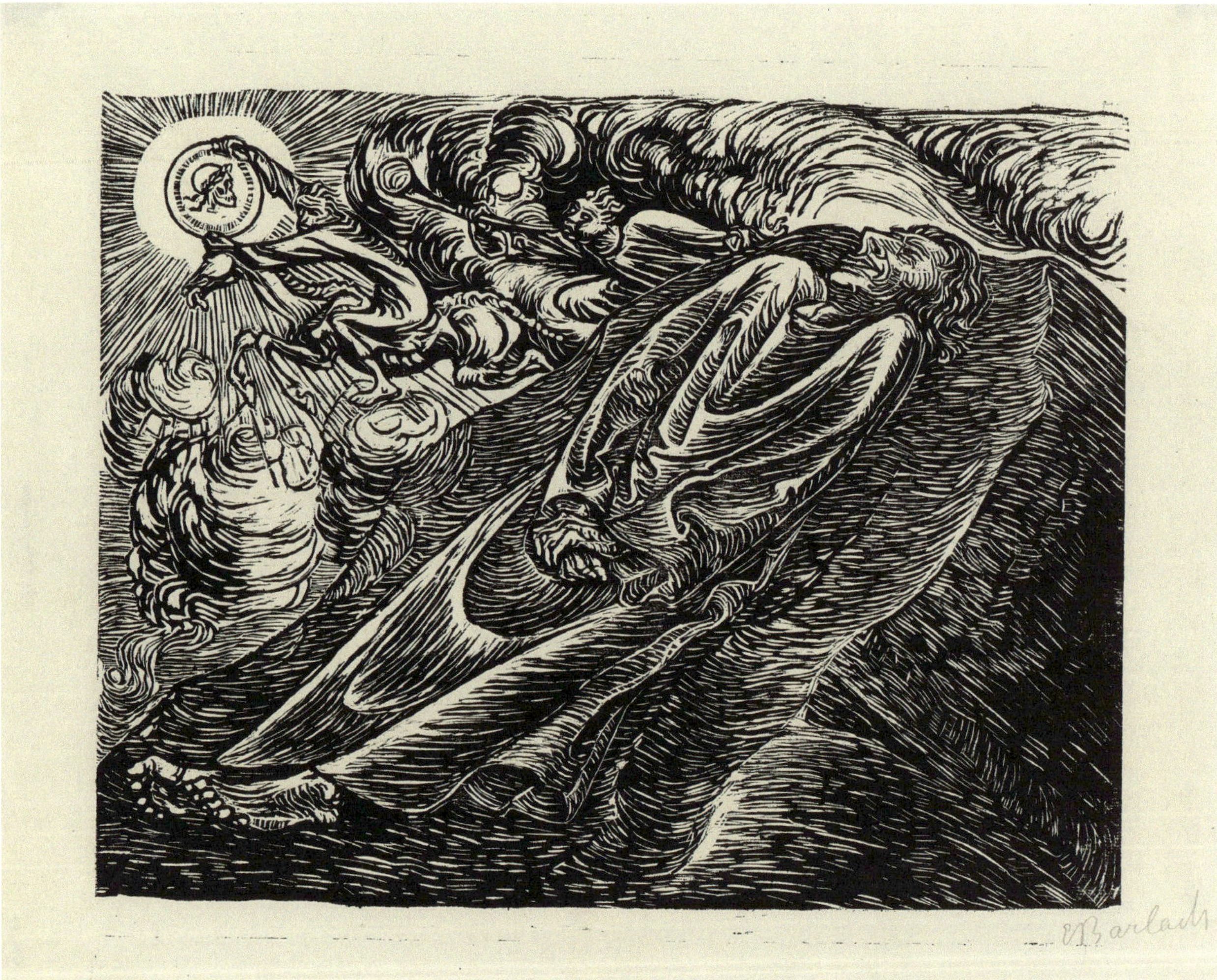

Kat. 4
Ernst Barlach
Mors Imperator
1919
Kunstmuseum Basel, Kupferstichkabinett, Ankauf 1933

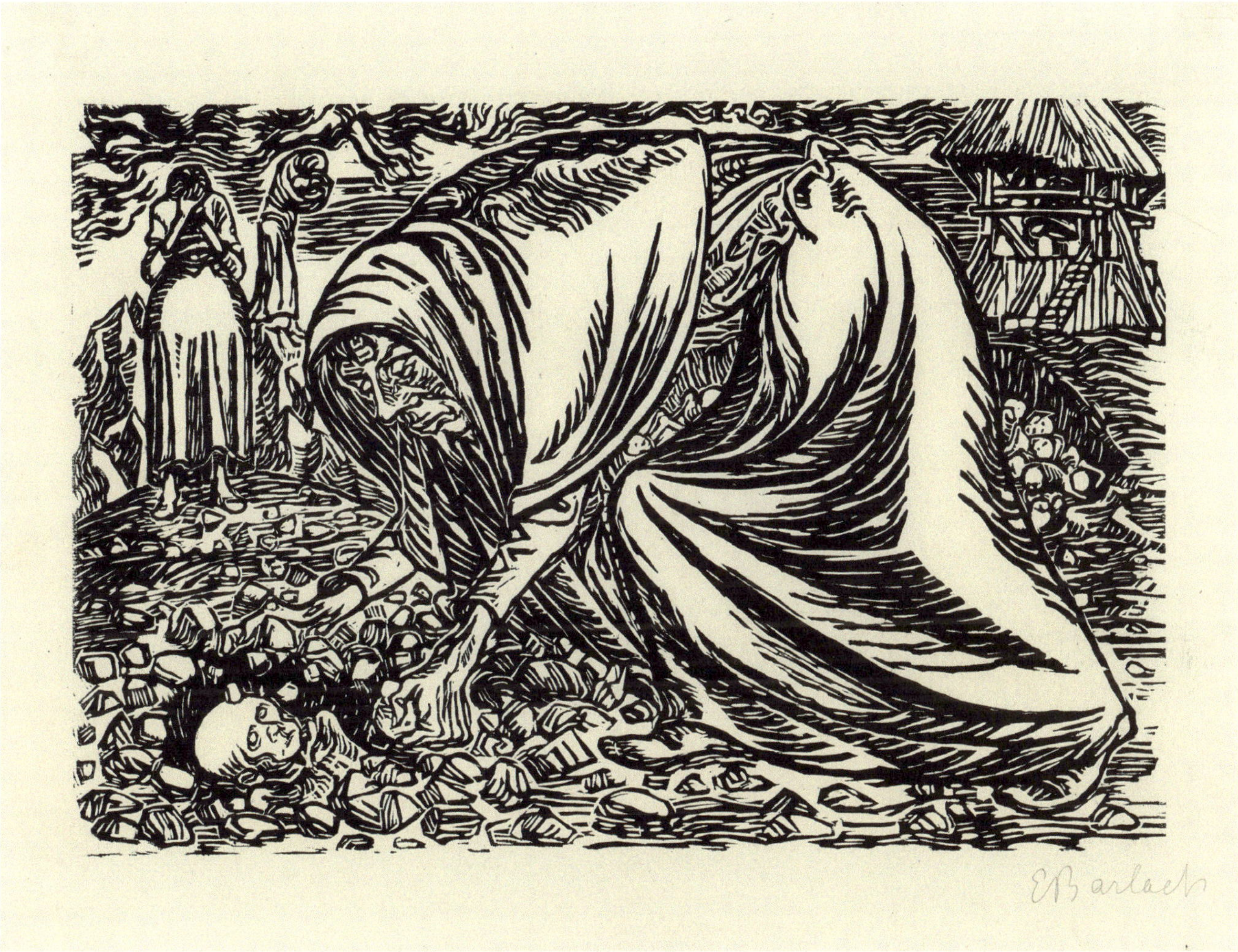

Kat. 3
Ernst Barlach
Kindertod
1919
Kunstmuseum Basel, Kupferstichkabinett,
Ankauf 1933

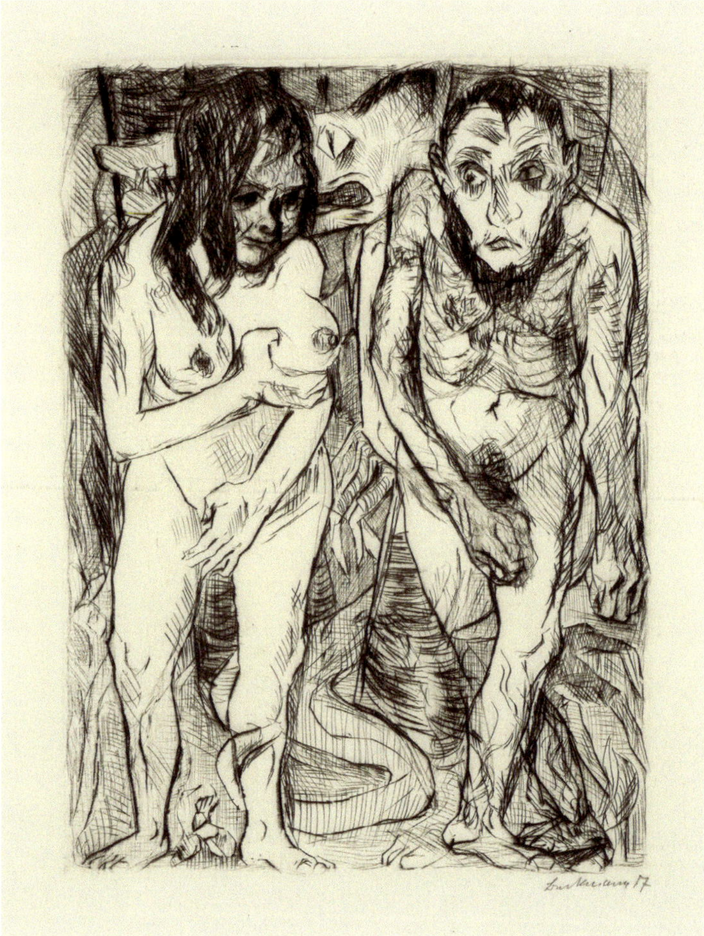

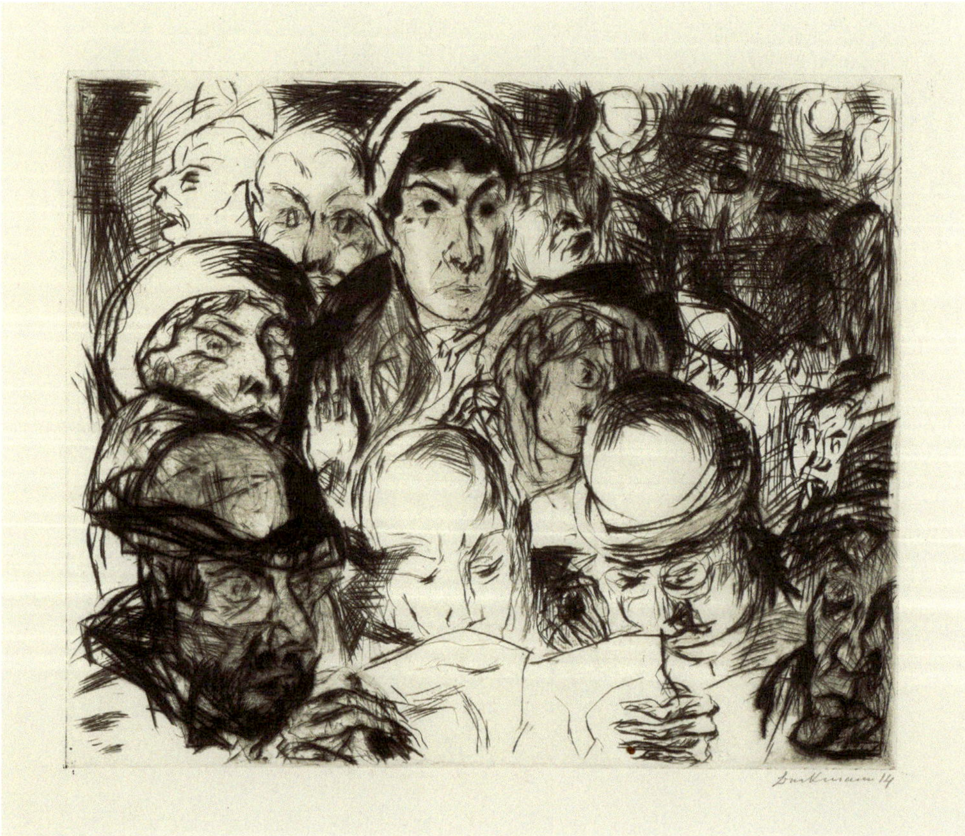

↖ Kat. 10
Max Beckmann
Adam und Eva
1917
Kunstmuseum Basel, Kupferstichkabinett, Ankauf 1933

← Kat. 8
Max Beckmann
Die Kriegserklärung
1914
Kunstmuseum Basel, Kupferstichkabinett, Ankauf 1933

→
Kat. 7
Max Beckmann
Selbstbildnis
1914
Kunstmuseum Basel, Kupferstichkabinett, Ankauf 1933

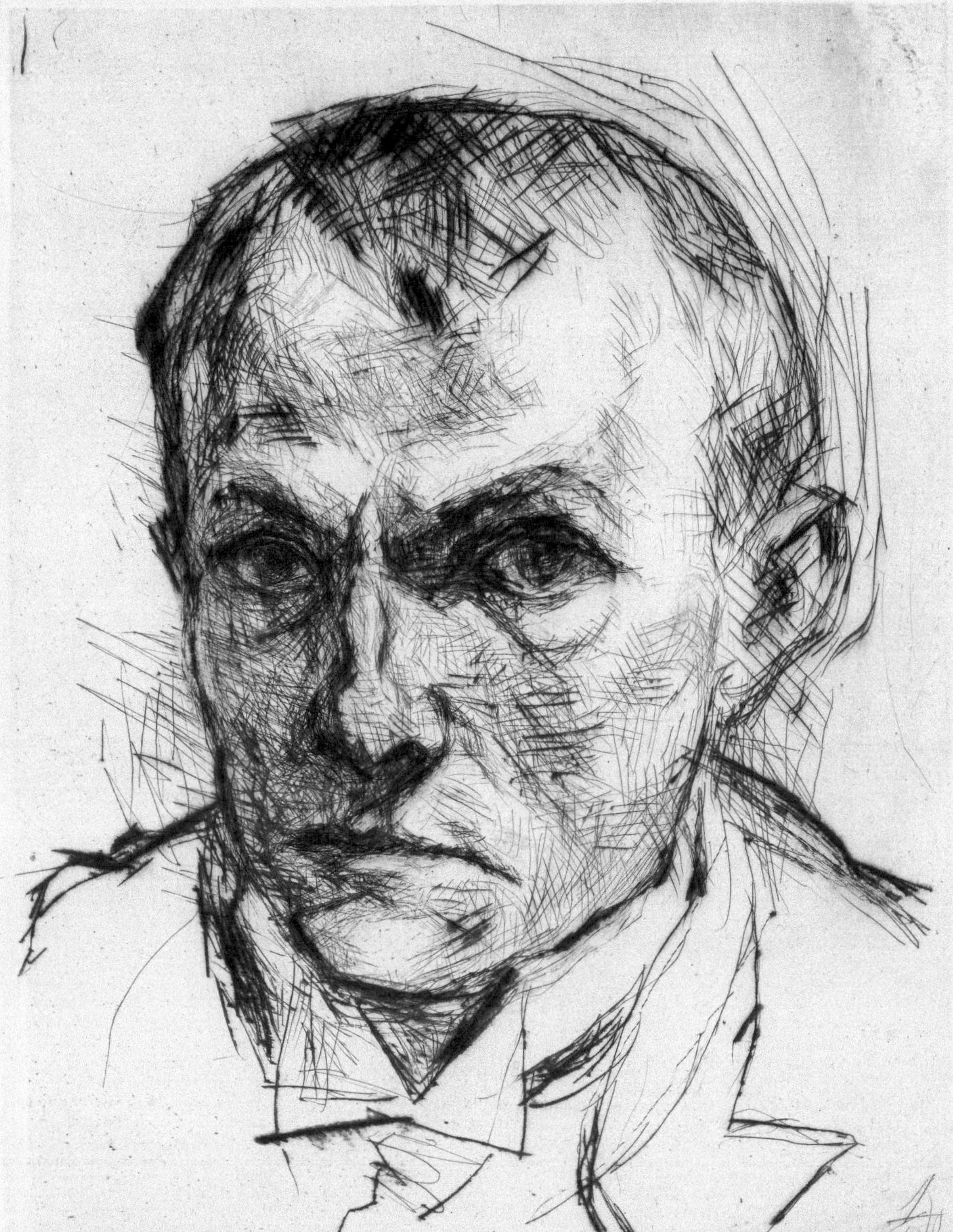

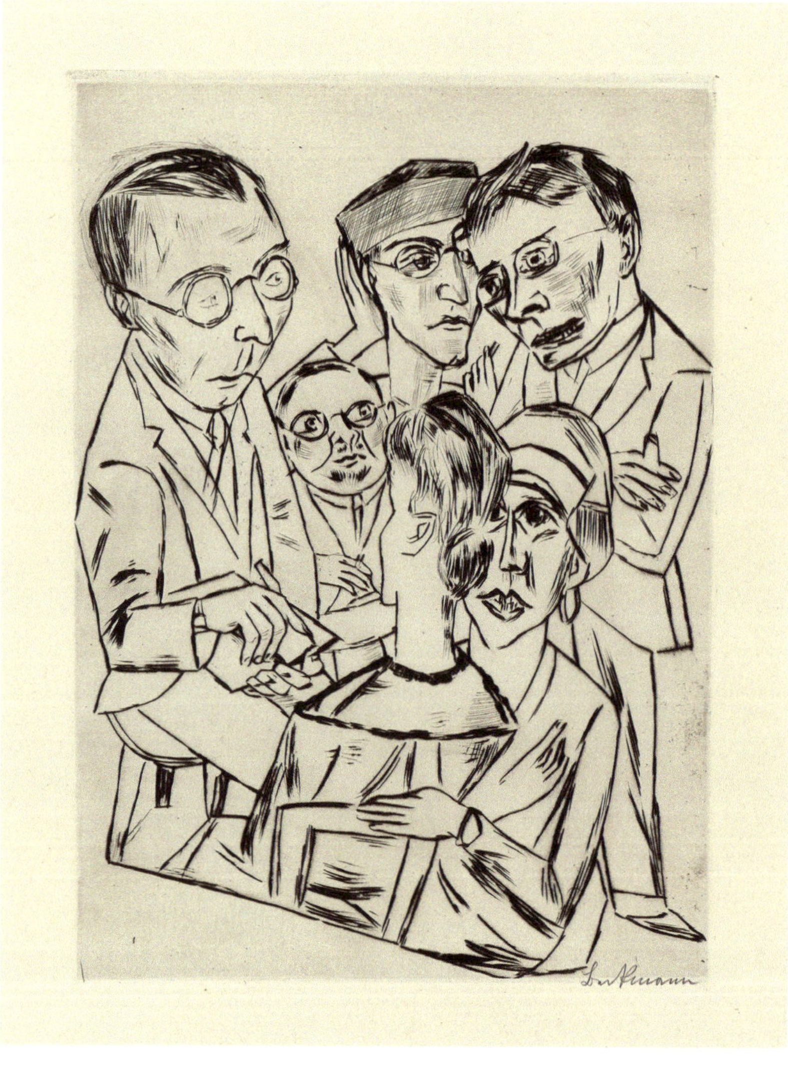

Kat. 19
Max Beckmann
Der Zeichner in Gesellschaft
1922
Kunstmuseum Basel, Kupferstichkabinett,
Ankauf 1933

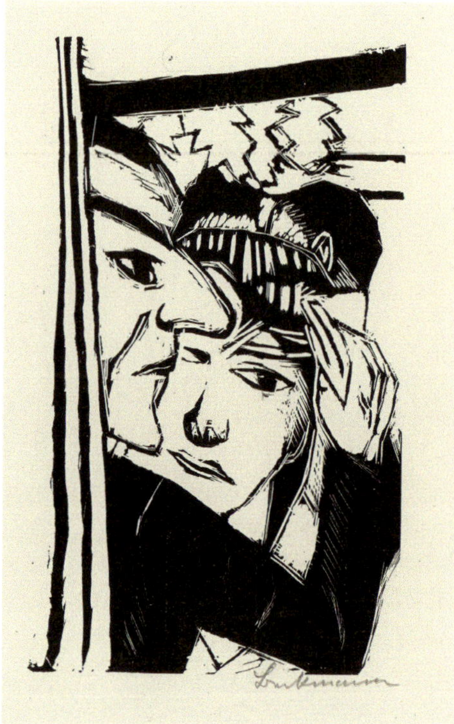

Kat. 17
Max Beckmann
Tanzendes Paar
1922
Kunstmuseum Basel, Kupferstichkabinett,
Ankauf 1933

→
Kat. 11
Max Beckmann
Grosses Selbstbildnis
1919
Kunstmuseum Basel, Kupferstichkabinett,
Ankauf 1933

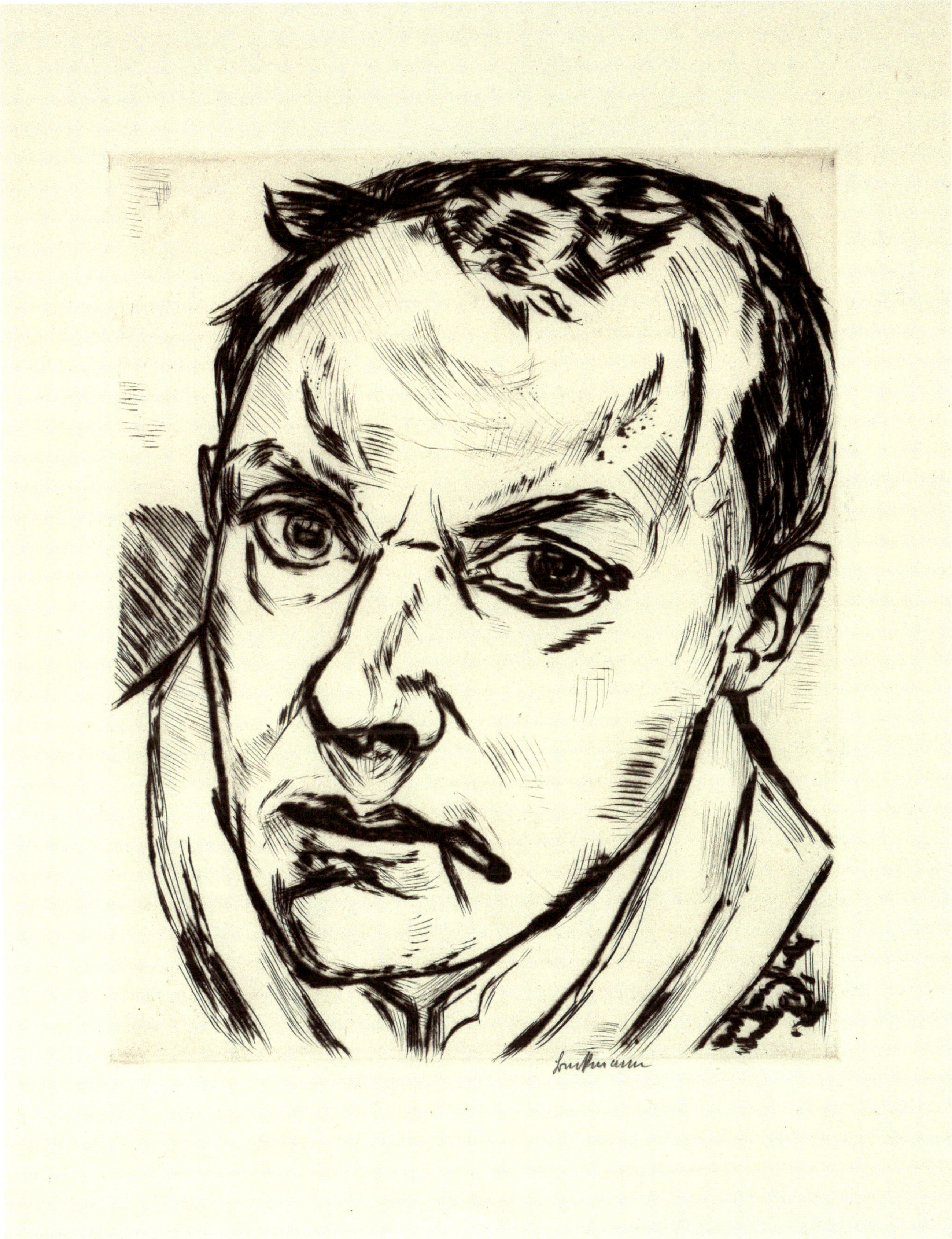

Joachim Sieber

CURT GLASER UND DIE MUNCH-SAMMLUNG AM KUNSTHAUS ZÜRICH

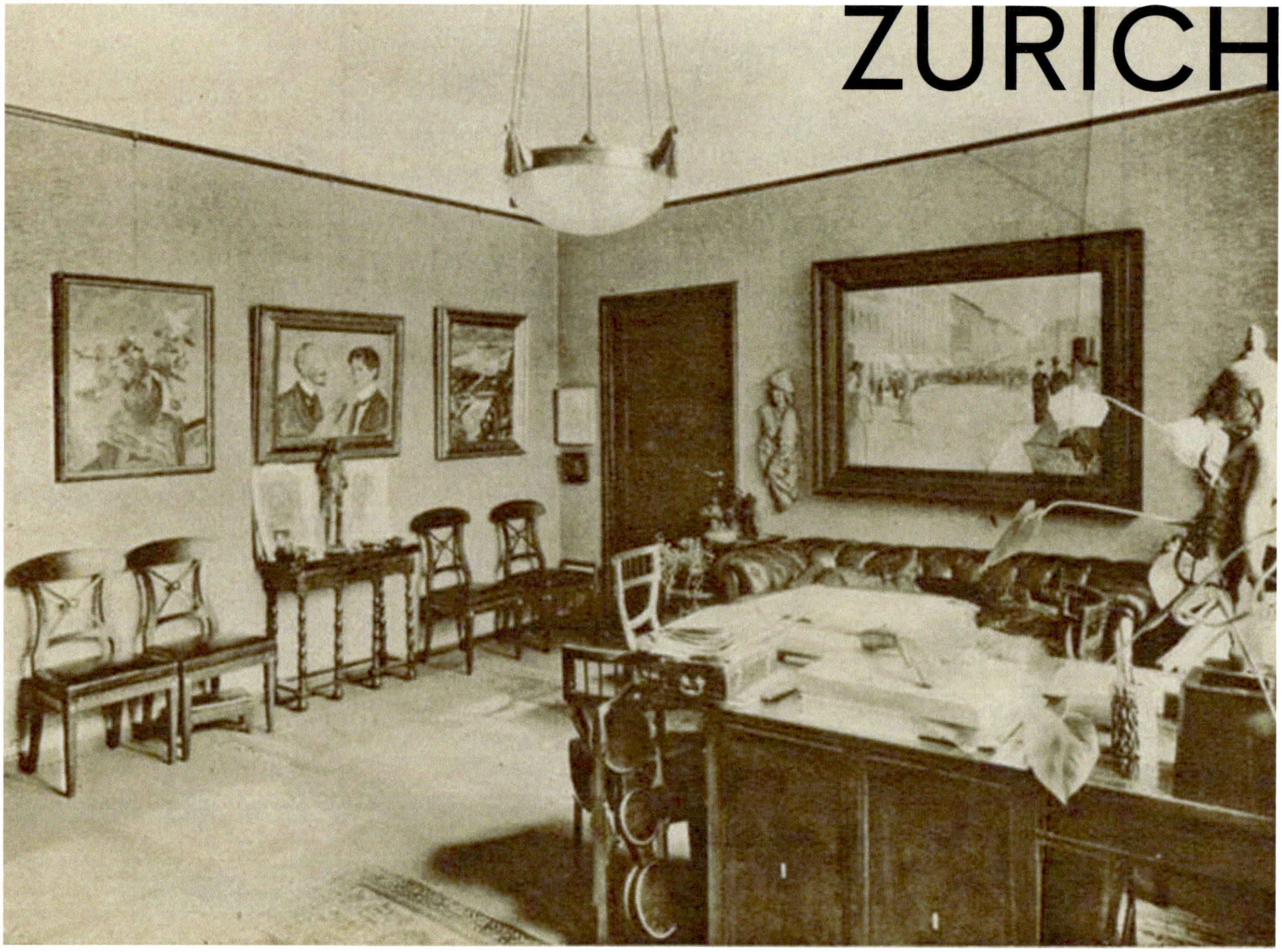

Abb. 54
«Das Munch-Zimmer», Ausschnitt der Photoreportage im «Weltspiegel»-Supplement des *Berliner Tageblatts*, 31. März 1929 (Abb. 18)**, mit Munchs *Musik auf der Karl Johan Strasse* (rechts), heute in der Sammlung des Kunsthauses Zürich** (Kat. 227)

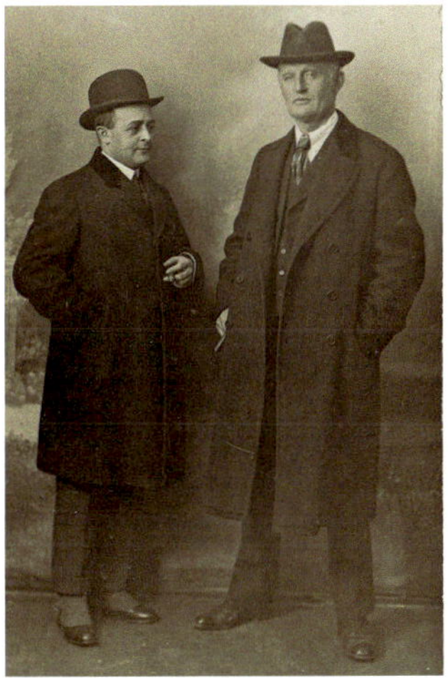

Abb. 55
Curt Glaser und Edvard Munch, 1920er Jahre
Munchmuseet, Oslo

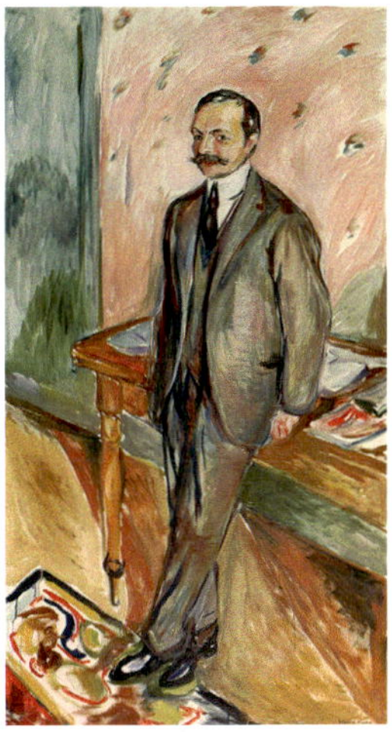

Abb. 56
Edvard Munch
Bildnis Dr. Wilhelm Wartmann
1923
Öl auf Leinwand, 200 × 111 cm
Kunsthaus Zürich,
Geschenk Alfred Rütschi, 1929

«In Zürich bin ich von den verschiedensten Seiten bestürmt worden, auf Sie einzuwirken, daß Ihre Ausstellung dort zustande kommt. Die Herren im ‹Kunsthause› möchten am liebsten eine ganz große Ausstellung […].»[1] Die erste grosse Munch-Ausstellung im Kunsthaus Zürich im Jahre 1922 war der Auftakt einer langjährigen Korrespondenz zwischen Curt Glaser und dem damaligen Direktor des 1910 gegründeten Kunsthauses, Wilhelm Wartmann (1882–1970), eine Korrespondenz, die geprägt ist von hoher gegenseitiger kollegialer Wertschätzung und fast freundschaftlicher Verbundenheit. Ohne die Unterstützung Glasers und dessen Freundschaft mit Edvard Munch wäre es zu Beginn der 1920er Jahre nicht zur ersten Schweizer Munch-Ausstellung gekommen (Abb. 55). Die Tatsache, dass das Kunsthaus heute mit 16 Gemälden, davon sechs Dauerleihgaben, über die umfangreichste Sammlung von Gemälden Munchs ausserhalb von Norwegen verfügt, verdankt sich letztlich dieser Ausstellung. Als die Nationalsozialisten 1933 in Deutschland an die Macht kamen und Curt und Maria Glaser aus Deutschland fliehen mussten, konnten sie auf die Unterstützung des Kunsthauses setzen. Zollschwierigkeiten wurden ausgeräumt und 1935 fanden sieben Werke der Sammlung, darunter fünf Gemälde von Munch, im Museumsdepot einen sicheren Aufbewahrungsort, ein weiteres Munch-Gemälde folgte 1939. Die Werke verblieben bis nach dem Krieg am Kunsthaus, das in den Jahren 1941, 1943 und 1946 insgesamt vier Werke von Edvard Munch aus der Sammlung Glaser erwarb.[2]

1922–1932: GLASER ALS FÜRSPRECHER MUNCHS UND DER DEUTSCHEN GRAPHIK IN ZÜRICH

Curt Glaser, seit 1920 Leiter der Neuen Abteilung – der Sammlung der modernen und zeitgenössischen Kunst – im Kupferstichkabinett in Berlin und späterer Direktor der Kunstbibliothek, verfasste die erste deutsche Monographie zu Munch, die 1917 publiziert wurde.[3] Wenige Jahre später, im November 1921, als das Buch gerade neu aufgelegt wurde, stellte Glaser den Kontakt zwischen dem norwegischen Künstler und dem Direktor Wilhelm Wartmann her. Darauf aufbauend konnte im Folgejahr die erste Einzelausstellung von Munch in der Schweiz am Kunsthaus Zürich realisiert werden.[4] Glaser setzte sich gezielt dafür ein, dass nicht etwa nur neuere Arbeiten des Künstlers gezeigt wurden; da in der Schweiz bisher noch wenige Originale gesehen worden seien, sei es vielmehr «doppelt notwendig, starke Sachen zu zeigen. […] In der Schweiz müßte möglichst ein Überblick über Ihr ganzes Schaffen gegeben werden.»[5] Im Zuge dessen engagierte sich Glaser sodann auch in Berlin und Hamburg dafür, weitere wichtige Werke von Munch aus der eigenen Sammlung und aus Privatbesitz für die Ausstellung in Zürich zusammenzutragen.[6] Trotz angeschlagener Gesundheit versprach Munch, für die Ausstellung 92 Graphikblätter und bis zu zehn grosse Gemälde zur Verfügung zu stellen.[7]

Im Rahmen der Ausstellung reisten Elsa und Curt Glaser einige Wochen nach der Eröffnung nach Zürich, wo letzterer am 6. Juli 1922 im Kunsthaus einen Vortrag über Munch hielt.[8] Die Ausstellung war mit 17'000 Besucher:innen ein grosser Erfolg und setzte für das Kunsthaus den Ausgangspunkt für die Sammlung von Gemälden Munchs. So gelangte neben 15 Graphikblättern,[9] die direkt vom Künstler stammten, im Nachgang der Ausstellung 1922 das Gemälde *Bildnis Ellen Warburg* als Schenkung des langjährigen Zürcher Mäzens Alfred Rütschi (1868–1929) ans Kunsthaus. Die beiden auch in der Ausstellung gezeigten Gemälde *Schiffswerft* und *Apfelbaum*[10] wurden von Rütschi gekauft und einige Jahre später, 1929, dem Kunsthaus geschenkt – zusammen mit dem 1923 entstandenen *Bildnis Dr. Wilhelm Wartmann* (Abb. 56). Dieses Gemälde wäre ohne Glasers Vermittlungsarbeit niemals entstanden. Von Glaser wollte die Sammlungskommission des Kunsthauses das Gemälde *Strasse in Aasgaardstrand* erwerben, aufgrund des vom Sammler vorgeschlagenen Preises von 12'500 Franken wurde jedoch davon abgesehen.[11] Bereits im Sommer 1923 war Glaser erneut im Austausch mit dem Museum, da er als Leihgeber der Liebermann-Ausstellung fungierte, zu der er wiederum einen Vortrag in Zürich hielt.[12]

In den folgenden Jahren gab es nur vereinzelt Korrespondenz zwischen den beiden Kollegen Wartmann und Glaser, die wenigen Briefe betrafen spezifische Kontaktvermittlungen und von Glaser verfasste Rezensionen zu Ausstellungen im Kunsthaus. Es ist davon auszugehen, dass Glaser in einer gewissen Regelmässigkeit in Zürich weilte.[13] 1929 wurde der Kontakt wieder intensiver, da das Kunsthaus sehr kurzfristig die von Glaser konzipierte Ausstellung deutscher Graphik aus Paris übernahm, für die er auch das Vorwort im Katalog beisteuerte.[14] Ausstellungen zeitgenössischer Kunst im Kunsthaus waren immer auch Verkaufsausstellungen, von denen die Institution selbst durch die Provisionen profitierte. Im Nachgang zur Ausstellung gab es zahlreiche Verkäufe resp. Nachbestellungen von ausgestellten Graphikblättern, die Wartmann über Glaser nach Zürich senden liess.[15]

Die zweite Ausstellung von Munch in der Schweiz – zusammen mit Werken von Paul Gauguin – fand im Frühjahr 1932 am Kunsthaus Zürich statt, sie umfasste 43 Gemälde und 74 Graphiken des norwegischen Künstlers.[16] Nachdem Glaser für die 1930 realisierte Beckmann-Ausstellung am Kunsthaus das Gemälde *Selbstbildnis mit Saxophon* (Abb. 46)[17] ausgeliehen hatte, scheint er im Falle der Munch-Gauguin-Ausstellung von 1932 weder in die Konzeption involviert gewesen noch als Leihgeber aufgetreten zu sein. Mit den Gemälden *Winter in Kragerø*,[18] nach der Ausstellung angekauft aus dem Besitz des Künstlers, und *Winternacht*,[19] das 1931 vom Wiener Künstler und Sammler Carl Moll (1861–1945) erstanden wurde, wuchs die Munch-Sammlung am Kunsthaus auf sechs Gemälde, vorwiegend aus dessen späteren Schaffensphasen. Nicht wie bisher in Teilen der Literatur angenommen von Carl Moll, sondern von dessen Namensvetter, dem deutschen Maler und Graphiker Oskar Moll (1875–1947) hatte Curt Glaser 1916 das bedeutende Frühwerk *Musik auf der Karl Johan Strasse* erworben (Kat. 227, Abb. 54). Nachdem es Glaser gelungen war, das Gemälde 1939, also zu einem äusserst späten Zeitpunkt aus NS-Deutschland in die Schweiz auszuführen, wurde es nur wenige Jahre später vom Kunsthaus angekauft. Mit dem Erwerb dieses gewichtigen Frühwerks 1941 wie auch der drei weiteren Gemälde aus der Glaser-Sammlung in den Jahren 1943 und 1946 konnten die bereits bestehenden Munch-Bestände bedeutend erweitert werden.[20]

DIE SAMMLUNG GLASER ALS FLUCHTGUT IN DER SCHWEIZ

Zum Zeitpunkt der Machtergreifung der Nationalsozialisten 1933 war deren Kunstpolitik noch unscharf konturiert. Der Richtungsstreit zwischen einem «nordischen Expressionismus» und einem romantischen Klassizismus wurde im sogenannten Expressionismus-Streit erst mit Hitlers «Kunstrede» im September 1935 endgültig zuungunsten von Künstlern wie Emil Nolde, aber auch Munch entschieden. 1937 wurden 82 Werke des letzteren in Deutschland als «entartete Kunst» beschlagnahmt. Glaser hatte sich für Munch stark gemacht, sodass beispielsweise bis 1933 Leihgaben sowie drei Ankäufe aus Glasers Besitz den Munch-Saal in der Berliner Nationalgalerie im Kronprinzenpalais zierten (Abb. 19).[21] Glaser gelang es jedoch noch früh genug, seine Munch-Werke, die als «entartet» deklariert worden waren, ausser Landes zu bringen und damit auch dem Schicksal zu entziehen, als «entartete» Kunst konfisziert zu werden. Einzig das Gemälde *Musik auf der Karl Johan Strasse* verblieb vorerst in Deutschland; Glaser hatte es im Oktober 1932 der Nationalgalerie gestiftet.[22]

Der Kontakt zwischen Curt Glaser und Wilhelm Wartmann wurde erst 1935 wieder aufgenommen – als sich die Lebensumstände der Glasers dramatisch geändert hatten. Glaser wurde vor dem 5. April 1933 vom Dienst beurlaubt und am 27. September 1933 definitiv entlassen,[23] doch bereits im Sommer 1933 flüchteten Curt und Maria Glaser als frisch verheiratetes Paar über Paris in die Schweiz.[24] Sie liessen sich in Ronco bei Ascona, hoch über dem Lago Maggiore, nieder. Glaser liess sich 14 Kisten Umzugsgut nachsenden, die er in Berlin hinterlassen hatte, worin wohl auch die im Februar 1935 an das Kunsthaus Zürich gesendeten sieben Werke, davon fünf Gemälde von Munch, enthalten waren (Abb. 26).[25] In einem Brief an die Schweizerische Verrechnungsstelle vom 8. März 1935 wies Wilhelm Wartmann darauf hin, dass die Werke regulär als Leihgaben vom Eigentümer Curt Glaser ins Ausland überführt worden seien und keine Verkaufsabsichten bestanden hätten.[26] Wenige Monate später meldete sich die Verrechnungsstelle zur Klärung des Sachverhalts nochmals bei Glaser und sodann auch beim Kunsthaus, da eine Bescheinigung der deutschen Devisenstelle fehle.[27] Sie sah jedoch davon ab, weitere Schritte zu unternehmen, womit es gelungen war, einen wichtigen Teil der Sammlung Glaser dem Zugriff des NS-Regimes zu entziehen.

1939 verlangte Curt Glaser das Gemälde *Musik auf der Karl Johan Strasse*, ein Hauptwerk Munchs, zurück[28] und sendete es zu den übrigen Werken als Leihgabe nach Zürich ins Kunsthaus. Die insgesamt acht Gemälde verblieben bis zum 14. März 1940 am Kunsthaus und wurden anschliessend der Transport AG Chs. Natural in Zürich übergeben,[29] um in die USA überführt zu werden (Abb. 25). Da die Bewilligung für die Ausfuhr nach Amerika laut Glaser jedoch vom englischen Konsulat «so lange hinausgezögert wurde, bis Italien in den Krieg eingetreten und die Verschiffung nach Amerika damit unmöglich gemacht worden war»,[30] gelangten die Werke erst zu Glaser nach Ascona und die Munch-Werke dann wieder zurück ans Kunsthaus.[31] Wartmann hatte im April und nochmals im Mai 1940 Empfehlungsschreiben an den Königlichen Britischen Generalkonsul aufgesetzt, um die Ausfuhr der Gemälde zu ermöglichen, doch diese Bemühungen blieben erfolglos.[32]

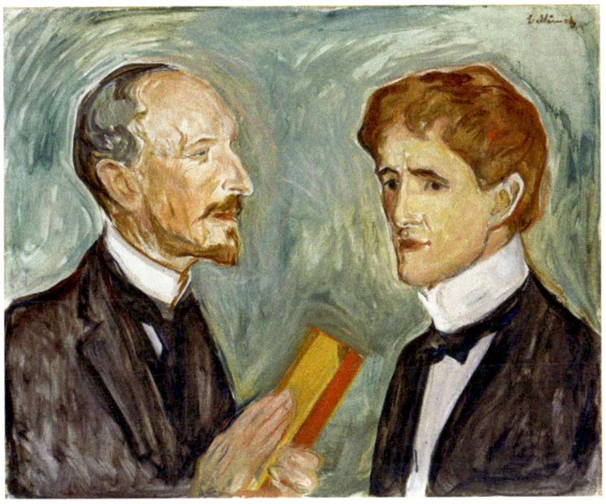

Abb. 57
Edvard Munch
Albert Kollmann und Sten Drewsen
1902
Öl auf Leinwand, 59 x 73,5 cm
Hamburger Kunsthalle

Von den sechs im Museumsdepot verbliebenen Munch-Werken wurden vier in den Folgejahren angekauft, die übrigen zwei – das *Doppelbildnis* (Kat. 202) von Curt und Elsa Glaser und *Albert Kollmann und Sten Drewsen* (Abb. 57) – wurden im Auftrag von Maria Glaser im Februar 1947 an den Basler Kunsthändler Charles Albert de Burlet versendet, der sie im Kunstmuseum Basel einlagern liess.[33]

«ICH LEGE DAS SCHICKSAL DER BILDER NUN IN IHRE HAND.»[34]

Am Beispiel des Gemäldes *Musik auf der Karl Johan Strasse* von Munch lässt sich dank der erhaltenen Korrespondenz zwischen Glaser und Wartmann nachzeichnen, dass diese Erwerbung mit viel Umsicht und Respekt angegangen worden war. Zum Andenken an seine jüngst verstorbene Ehefrau Elsa Glaser – auch in Erinnerung an sie als Sammlerin und Förderin des Werks von Munch – stiftete Glaser das Gemälde am 18. Oktober 1932 der Nationalgalerie. Da dies das wichtigste Werk aus seiner Munch-Sammlung war, trennte er sich nur schwer davon: «Ich wollte, daß ihr Andenken mit einem hervorragenden Werke von Ihnen verbunden bleibt. Das Bild wird mir sehr fehlen. Es hängt heut zum letzten Male in meinem Zimmer. Morgen soll es abgeholt werden. Aber es fehlt ja nun auch anderes hier, was noch schwerer zu entbehren ist.»[35] Als Glaser am 15. Juli 1933 in einem Brief aus Paris an die Nationalgalerie seinen Bruder Paul Glaser (1885–1946) autorisierte, die fünf als Leihgaben deponierten Munch-Werke abzuholen, verblieb das gestiftete Werk vorerst dort.[36]

Da die Vereinbarung der permanenten Präsentation, die mit dem erwähnten Andenken an Elsa erfolgen sollte, unter dem NS-Regime nicht eingehalten wurde, forderte Glaser über seinen Schwager, den Anwalt Hanns Fischer, das Bild zurück. Dieser liess sich von der Nationalgalerie im Januar 1939 bestätigen, dass das Bild Eigentum von Curt Glaser mit Wohnsitz in Florenz sei.[37] Wenige Tage später wurde es in dessen Auftrag ans Kunsthaus Zürich geschickt, wo es als Leihgabe kurzzeitig mit den übrigen bereits seit 1935 eingelagerten Werken der Sammlung zusammenkam. Glaser schrieb am 9. Januar 1939 an Wartman: «Die Versicherung ist auf 5000 Mark festgesetzt worden. Ich hoffe, daß sich hier keine Weiterungen bei der Verzollung oder durch die Clearingstelle ergeben werden. Nötigenfalls bitte ich, das Bild als zeitweise importiert (für Ausstellungszwecke) behandeln zu lassen. Angenehmer wäre es natürlich, wenn hier ein definitiver Zustand geschaffen werden könnte, wobei der Zoll [...] weniger ins Gewicht fallen würde als die Forderung einer Zahlung nach Deutschland, wie sie bei der vorigen Sendung zunächst gestellt und durch Ihr Eintreten dann niedergeschlagen werden konnte.»[38]

Die Übersendung des Gemäldes wurde am 20. Januar 1939 vonseiten des Kunsthauses bestätigt,[39] woraufhin Glaser Wartmann darum bat, seinen Namen nicht zu erwähnen, falls das Werk ausgestellt werde.[40] Es ist anzunehmen, dass möglichst unerkannt bleiben sollte, dass das Gemälde aus seiner Sammlung nun im Kunsthaus Zürich lagerte, da ansonsten die deutsche Steuerbehörde darauf hätte aufmerksam werden können.

Rund ein Jahr später wandte sich Wartmann erneut an Glaser, um abzuklären, ob das Gemälde in die Schweiz eingeführt oder der Freipass um ein weiteres Jahr verlängert werden solle – eine Antwort Glasers blieb jedoch aus.[41] Am 7. Dezember 1940 schrieb Wartmann erneut an Glaser, da das Werk nicht wie geplant von der Transport AG Chs. Natural nach Amerika spediert werden konnte und zwischenzeitlich nach Ascona gebracht worden war. Daher konnte der bei der Einfuhr ausgestellte Freipass nicht gelöscht werden und die Zollbehörde wurde beim Kunsthaus vorstellig. Da sich das Werk jedoch nicht mehr dort befand, musste Wartmann darauf hinweisen, dass der Freipass nicht mehr verlängert werden könne und auch die Devisenfrage mit den deutschen Behörden geklärt werden müsse – in den Dokumenten erschien der deklarierte Wert von 8500 Franken.[42] Glaser reagierte darauf «in Schrecken versetzt» und erkundigte sich, ob Wartmann «sich nicht entschliessen könnte [... ihm] ein Preisangebot zu machen, das [er] heut unter anderem Gesichtspunkt ansehen würde als vor dem Kriege,

der jeden Besitz in einen Gegenstand der Sorge verwandelt hat.»[43]
Wartmann verbindet die Rückfrage, welche Preisvorstellung er denn habe, mit dem Hinweis, dass der Sammlungsfonds beschränkte Mittel aufweise, er aber Glasers prekäre Situation keineswegs ausnutzen wolle.[44] Glaser, interessiert an der Platzierung des Gemäldes in einem Museum, nannte den Betrag von 15'000 Schweizer Franken, den er einst selbst bezahlt hatte. Inzwischen aber war das marktübliche Preisniveau erheblich gesunken und man einigte sich im Zuge der Emigration des Ehepaars Glaser in die USA auf 12'000 Franken: «Ich wäre sehr froh, wenn Sie diese Rechnung [gemeint ist der Preis, Anm. d. Verf.] so auffassen wollten, wie sie gemeint ist, nämlich im Sinne eines dankbaren Entgegenkommens für die vielen Freundlichkeiten, die ich von Ihrer Seite erfahren habe, und gleichzeitig als Ausdruck meiner Zufriedenheit, das Bild, das ich in guten Zeiten einmal fortgeschenkt hatte, um es an würdiger Stelle zu wissen, nun Ihrer Sammlung anvertrauen zu können. Leider kann ich das Bild dieses Mal nicht mehr verschenken. Aber ich möchte gern, dass Sie das Gefühl haben, es genau mit seinem Werte zu bezahlen, und ich bitte Sie, mir ganz offen zu sagen, ob Sie den genannten Preis in diesem Sinne für angemessen erachten.»[45] Damit durfte das Gemälde, wie Glaser sich das gewünscht hatte, «endlich zur Ruhe kommen und [... seinen] würdigen Platz finden [...], den ich ihm einstmals in der Nationalgalerie zu schaffen gehofft hatte.»[46]
Wie vom Kunsthaus initiierte Recherchen in Zusammenarbeit mit dem Munch-Museum in Oslo ergaben, entsprach dieser Preis durchaus den damals handelsüblichen Werten.[47] Er war überdies der höchste Preis, den das Kunsthaus zwischen 1933 und 1945 für das Werk eines lebenden Künstlers bezahlt hatte. Im Neujahrsschreiben von Glaser an Wartmann von 1941 aus New York wird deutlich, dass der Verkauf des Munch-Gemäldes in seinem Sinne gewesen war (Abb. 31). Glaser schrieb, er hoffe, dass «Sie an dem Bilde von Munch, das Sie von mir kauften, auch weiterhin Freude haben und daß es als eine schöne Bereicherung Ihrer Sammlung empfunden wird.» Zu den übrigen Werken, die sich noch als Leihgabe im Kunsthaus befanden, schrieb er weiter: «und so hoffe ich, Sie werden die Bilder weiter für mich verwahren. Vielleicht werde ich einmal versuchen müssen, über das eine oder andere zu disponieren, wenn es noch schwerer werden sollte, als es heut schon ist, von hier aus pekuniäre Verpflichtungen in der Schweiz zu erfüllen.»[48]
Von den weiterhin im Depot des Kunsthaus befindlichen Werken Glasers konnte das Kunsthaus nach dessen Ausreise in die USA 1943 das Munch-Gemälde *Bildnis Albert Kollmann* (Kat. 228) erwerben. In einem Brief an den Vorstand der Zürcher Kunstgesellschaft vom 3. Juli 1943 bestätigte Wartmann, dass die finanzielle Transaktion für den Ankauf des Gemäldes dank der Verhandlungen ihres Treuhänders, der Schweizerischen Kreditanstalt (heute Credit Suisse) möglich sei; der Bank sei es gelungen, eine Befreiung aus dem mit Deutschland abgeschlossenen Clearing-Vertrag zu erwirken.[49] Damit war garantiert, dass die Kaufsumme nicht auf ein Sperrmarkkonto in Deutschland, sondern ohne Abschläge an den NS-Staat in vollem Umfang an das Ehepaar Glaser in die USA transferiert werden konnte.[50]
Nach dem Krieg konnten 1946 mit dem *Bildnis Elsa Glaser* (Kat. 229) und dem *Hafen von Lübeck* (Kat. 230) nochmals zwei Munch-Gemälde von der Witwe Maria Glaser erworben werden. Mittelsmann war dabei der niederländische Kunsthändler Charles Albert de Burlet, der 1934 von Berlin nach Basel emigrierte.[51] Damit bekräftigte Maria Glaser auch nach dem Tod ihres Mannes die bleibende Wertschätzung für das Kunsthaus und sorgte dafür, dass der grösste Teil der Munch-Gemälde Glasers in einer öffentlich zugänglichen Sammlung vereinigt blieb.

AUSBLICK

Vom NS-Regime verfolgt, war das Ehepaar Glaser 1933 gezwungen, von Deutschland in die Schweiz zu fliehen. Das Paar emigrierte 1941 von dort in die USA. Die Ankäufe von vier Gemälden Munchs aus dem Besitz von Glaser bzw. seiner Witwe durch das Kunsthaus in den Jahren 1941 bis 1946 basieren auf der besonderen Beziehung zwischen der Institution und dem Sammlerehepaar und sind entsprechend gut dokumentiert. Wie dies auch für die übrigen Sammlungsbestände mit Handwechseln in den Jahren 1933 bis 1945 gilt, werden ihre Provenienzen durch das Kunsthaus auf der Grundlage der Washingtoner Richtlinien[52] und der Folgeerklärung von Terezin[53] auf das Kriterium «NS-verfolgungsbedingt entzogene Kulturgüter» überprüft.[54]

1 Curt Glaser an Edvard Munch, 22.11.1921, Munchmuseet, Oslo, MM K 2330.
2 Entscheid Basel 2018, S. 119–122.
3 Glaser 1917.
4 Curt Glaser an Edvard Munch, 22.11.1921, Munchmuseet, Oslo, MM K 2330; Strobl 2006, S. 32; Ausst.-Kat. Zürich 1922a; Ausst.-Kat. Zürich 1922b.
5 Curt Glaser an Edvard Munch, 21.3.1922, Munchmuseet, Oslo, MM K 2332.
6 Curt Glaser an Edvard Munch, 7.4.1922, Munchmuseet, Oslo, MM K 2334: «Herrn Dr Wartmann habe ich von meinen Bildern zugesagt, was er braucht, und ich will mich hier auch sonst bemühen, noch einiges zusammenzubekommen.» 14 Werke aus Berliner und fünf aus Hamburger Privatbesitz konnte Glaser für die Ausstellung im Kunsthaus vermitteln, siehe Ausst.-Kat. Zürich 1922a, S. 3–7.
7 Edvard Munch an Curt Glaser, 1922, Munchmuseet, Oslo, MM N 3421; Edvard Munch an Wilhelm Wartmann, 28.3.1922, Kunsthaus Zürich, Archiv Zürcher Kunstgesellschaft/Kunsthaus Zürich (Archiv ZKG/KHZ), Korrespondenz Künstler Archiv 10.30.30.168. munch.19220328.
8 Höfliger 1985, S. 97.
9 Zwölf Holzschnitte und Radierungen von Edvard Munch wurden im August 1922 angekauft (Inv. Gr.1922/0052–Gr.1922/0063), die Lithographie des Ausstellungsplakats sowie die beiden Lithographien *Selbstporträt* (1895, Inv. Gr.1922/0079) und *August Strindberg* (1896, Inv. Gr.1922/0081) sind Schenkungen des Künstlers.
10 Edvard Munch, *Schiffswerft*, 1911, Öl auf Leinwand, 99×110 cm, Kunsthaus Zürich, Schenkung Alfred Rütschi, 1929; Edvard Munch, *Apfelbaum*, 1921, Öl auf Leinwand, 100×130,5 cm, Kunsthaus Zürich, Schenkung Alfred Rütschi, 1929.
11 Wilhelm Wartmann an Curt Glaser, 12.7.1922, Archiv ZKG/KHZ, Ausgehende Korrespondenz, Allgemeine Korrespondenz (AKAK) Archiv 10.30.20.038, S. 294; Wilhelm Wartmann an Curt Glaser, 18.7.1922, Archiv ZKG/KHZ, AKAK Archiv 10.30.20.038, S. 342; Wilhelm Wartmann an Curt Glaser, 27.10.1922, Archiv ZKG/KHZ, AKAK Archiv 10.30.20.039, S. 104; Sitzungsprotokolle der Sammlungskommission, Archiv 10.30.10.40, 11.7.1922; 25.8.1922 I. a.; 26.10.1922.
12 Wilhelm Wartmann an Curt Glaser, 16.7.1923, Archiv ZKG/KHZ, AKAK Archiv 10.30.20.040, S. 395.
13 Curt Glaser verlieh auch das Gemälde *Hafen von Ostende* von Rudolf Grossmann, Ausst.-Kat. Zürich 1925, S. 15, Kat.-Nr. 168.
14 Ausst.-Kat. Zürich 1929.
15 Wilhelm Wartmann an Curt Glaser, 1929, Archiv ZKG/KHZ, Ausgehende Korrespondenz (AKA), Ausstellungen Archiv 10.30.20.243–244.
16 Ausst.-Kat. Zürich 1932.
17 Max Beckmann, *Selbstbildnis mit Saxophon*, 1930, Öl auf Leinwand, 140×70 cm, Kunsthalle Bremen, siehe Max Beckmann, Ausst.-Kat. Zürich, 1930, Nr. 83; Wilhelm Wartmann an Curt Glaser (Frachtbrief), 17.10.1930, Archiv ZKG/KHZ, AKA Archiv 10.30.20.247, S. 90.
18 Edvard Munch, *Winter in Kragerø*, 1925–1931, Öl auf Leinwand, 137×150 cm, Kunsthaus Zürich, 1932.
19 Edvard Munch, *Winternacht*, um 1900, Öl auf Leinwand, 81×121 cm, Kunsthaus Zürich, 1931.
20 Weitere wichtige Munch-Gemälde gelangten erst 1997 und 2016 als Dauerleihgabe der Herbert Eugen Esche-Stiftung ans Kunsthaus, siehe Klemm/Gloor 2016.
21 Strobl 2006, S. 32.
22 Entscheid Basel 2018, S. 18–19; siehe den Beitrag von Lynn Rother und Max Koss, S. 41.
23 Ebd., S. 4.
24 Siehe den Beitrag von Anita Haldemann und Noemi Scherrer sowie Jennifer Tonkovich, S. 15–16 und 157, und Entscheid Basel 2018, S. 87–88.
25 Kunsthaus Zürich, Depotbuch ab 1919, S. 223–224; Maria Glaser-Ash, Eidesstattliche Versicherung, 22.12.1962, in: Landesarchiv Berlin, Entschädigungsakte Dr. Curt Glaser, Reg.Nr. 52785.
26 Wilhelm Wartmann an die Schweizerische Verrechnungsstelle, 8.3.1935, Archiv ZKG/KHZ, Eingehende Korrespondenz (EK) Archiv 10.30.30.67.
27 Wilhelm Wartmann an Curt Glaser, 18.9.1935, Archiv ZKG/KHZ, AKAK Archiv 10.30.20.079, S. 135.
28 Siehe den Beitrag von Lynn Rother und Max Koss, S. 41.
29 Empfangsbescheinigungen, 15.3.1940, Archiv ZKG/KHZ, AKAK Archiv 10.30.20.090, S. 424.
30 Curt Glaser an Wilhelm Wartmann, 9.12.1940, Archiv ZKG/KHZ, EK Archiv 10.30.30.067.
31 Wilhelm Wartmann an Curt Glaser, 7.12.1940, Archiv ZKG/KHZ, AKAK Archiv 10.30.20.092, S. 131. Das Gemälde *Musik auf der Karl Johan Strasse* gelangte am 20.12.1940 «zur Ansicht» ans Kunsthaus, Archiv ZKG/KHZ, AKAK Archiv 10.30.20.092, S. 124. Die übrigen fünf Munch-Gemälde *Bildnis Albert Kollmann*, *Albert Kollmann und Sten Drewsen*, *Hafen von Lübeck*, *Strasse in Kragerø* und *Bildnis Elsa Glaser* gelangten mit einem Versicherungswert von insgesamt 14'500 Franken am 21.2.1941 ans Kunsthaus zurück, Archiv ZKG/KHZ, AKAK Archiv 10.30.20.092, S. 413.
32 Wilhelm Wartmann an den Königlichen Britischen Generalkonsul, 18.4.1940, Archiv ZKG/KHZ, AKAK Archiv 10.30.20.091, S. 20; Wilhelm Wartmann an den Königlichen Britischen Generalkonsul, 18.5.1940, Archiv ZKG/KHZ, AKAK Archiv 10.30.20.091, S. 107.
33 Entscheid Basel 2018, S. 122–123; Wilhelm Wartmann an Charles Albert de Burlet (Ausgangsbestätigung), 19.2.1947, Archiv ZKG/KHZ, AKAK Archiv 10.30.20.107, S. 126.
34 Curt Glaser an Wilhelm Wartmann, 9.12.1940, Archiv ZKG/KHZ, EK Archiv 10.30.30.067.
35 Curt Glaser an Edvard Munch, 27.10.1932, Munchmuseet, Oslo, MM K 2385.
36 SMB-ZA, I/NG 859, 1933/1294; dabei handelt es sich um jene in Fussnote 31 angeführten Gemälde von Edvard Munch, von denen vier 1935 als Leihgabe ins Kunsthaus Zürich kamen, siehe Entscheid Basel 2018, S. 87–88.
37 Brief von Paul Ortwin Rave, kommissarischer Direktor der Nationalgalerie, an Hanns Fischer, 5.1.1939, Archiv ZKG/KHZ, EK Archiv 10.30.30.067.
38 Curt Glaser an Wilhelm Wartmann, 9.1.1939, Archiv ZKG/KHZ, EK Archiv 10.30.30.067. Der Betrag von 5000 Reichsmark entsprach gemäss dem Datenportal der Schweizerischen Nationalbank *Historische Devisenkurse ausgewählter Euro-Mitgliedsländer* für Februar 1939 (100 Mark = 176,83 CHF) einem Betrag von 8841,50 Franken, siehe data.snb.ch/de/topics/ziredev#!/cube/devkuhism.
39 Wilhelm Wartmann an Curt Glaser, 20.1.1939, Archiv ZKG/KHZ, AKAK Archiv 10.30.20.088, S. 74.
40 Curt Glaser an Wilhelm Wartmann, 22.01.1939, Archiv ZKG/KHZ, Akten Sammlungskommission, Archiv 10.30.10.56.
41 Wilhelm Wartmann an Curt Glaser, 7.1.1940, Archiv ZKG/KHZ, AKAK Archiv 10.30.20.090, S. 33.
42 Wilhelm Wartmann an Curt Glaser, 7.12.1940, Archiv ZKG/KHZ, AKAK Archiv 10.30.20.092, S. 131.
43 Curt Glaser an Wilhelm Wartmann, 9.12.1940, Archiv ZKG/KHZ, EK Archiv 10.30.30.067.
44 Wilhelm Wartmann an Curt Glaser, 11.12.1940, Archiv ZKG/KHZ, AKAK Archiv 10.30.20.092, S. 136.
45 Curt Glaser an Wilhelm Wartmann, 12.12.1940, Archiv ZKG/KHZ, EK Archiv 10.30.30.067.
46 Ebd.
47 Ingebjørg Ydstie, Direktorin Munchmuseet, Oslo ans Kunsthaus Zürich, 31.7.2008. Kunsthaus Zürich, Provenienzakten.
48 Curt Glaser an Wilhelm Wartmann, 2.12.1941, Archiv ZKG/KHZ, EK Archiv 10.30.30.068.
49 Wilhelm Wartmann an den Vorstand und die Sammlungskommission der Zürcher Kunstgesellschaft, 3.7.1943, Archiv ZKG/KHZ, Archiv 10.30.30.16.
50 Sitzungsprotokoll der Sammlungskommission, 21.12.1945, Archiv ZKG/KHZ, Archiv 10.30.10.42. Auf S. 2 unter Ziffer II.e werden die von der Witwe Maria Glaser angebotenen Munch-Werke besprochen.
51 Wilhelm Wartmann an Charles Albert de Burlet, 22.12.1945, Archiv ZKG/KHZ, AKAK 10.30.20.104, S. 248.
52 Washington Principles 1998.
53 Terezin Declaration 2009.
54 Das Kunsthaus stand bereits Ende der 2000er Jahre mit Erbenvertretern von Curt Glaser und Maria Glaser-Ash in Verbindung. Ein erneuter Kontakt ergab sich 2017/2018 im Zuge der medialen Debatte um die Ankäufe des Kunstmuseums Basel aus der Auktion Max Perl von 1933. Siehe dazu auch: Georg Kreis, «Der Fall Glaser wird neu aufgerollt», *NZZ*, 13.2.2018, nzz.ch/feuilleton/fall-glaser-raubgutdebatte-reloaded-ld.1353230. Die Einlagerung der Gemälde aus der Sammlung Glaser im Museumsdepot des Kunsthauses Zürich wird der Autor in einem Artikel im Sammelband zur Tagung *Deposita. Verfolgungsbedingte Kulturgutverlagerungen und die Schweizer Museen 1933 bis 1945*, Kunstmuseum Bern – Zentrum Paul Klee, 9.–10. September 2021, publizieren.

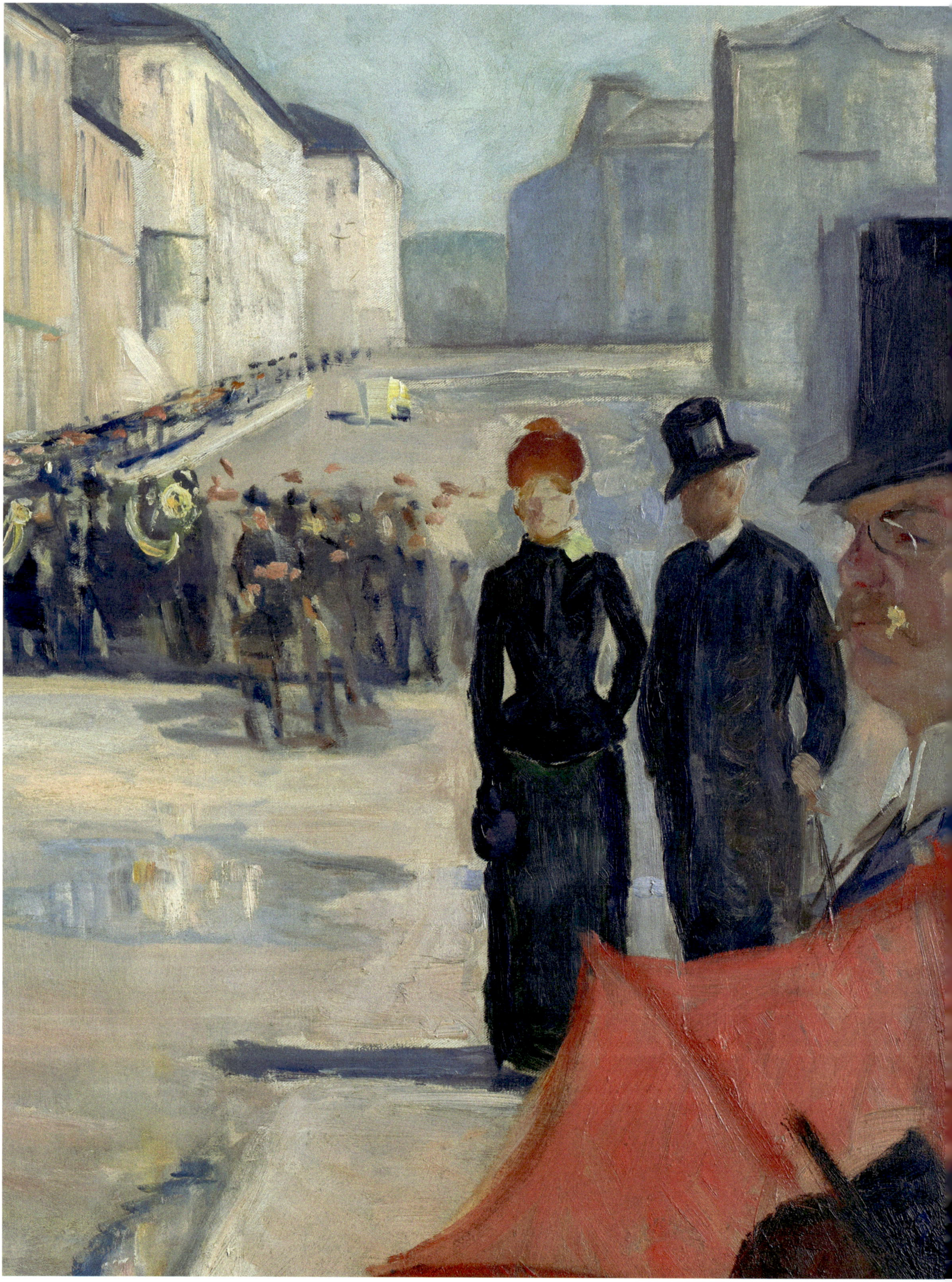

EDVARD MUNCH

Kat. 227
Edvard Munch
Musik auf der Karl Johan Strasse (Detail)
1889
Kunsthaus Zürich, 1941

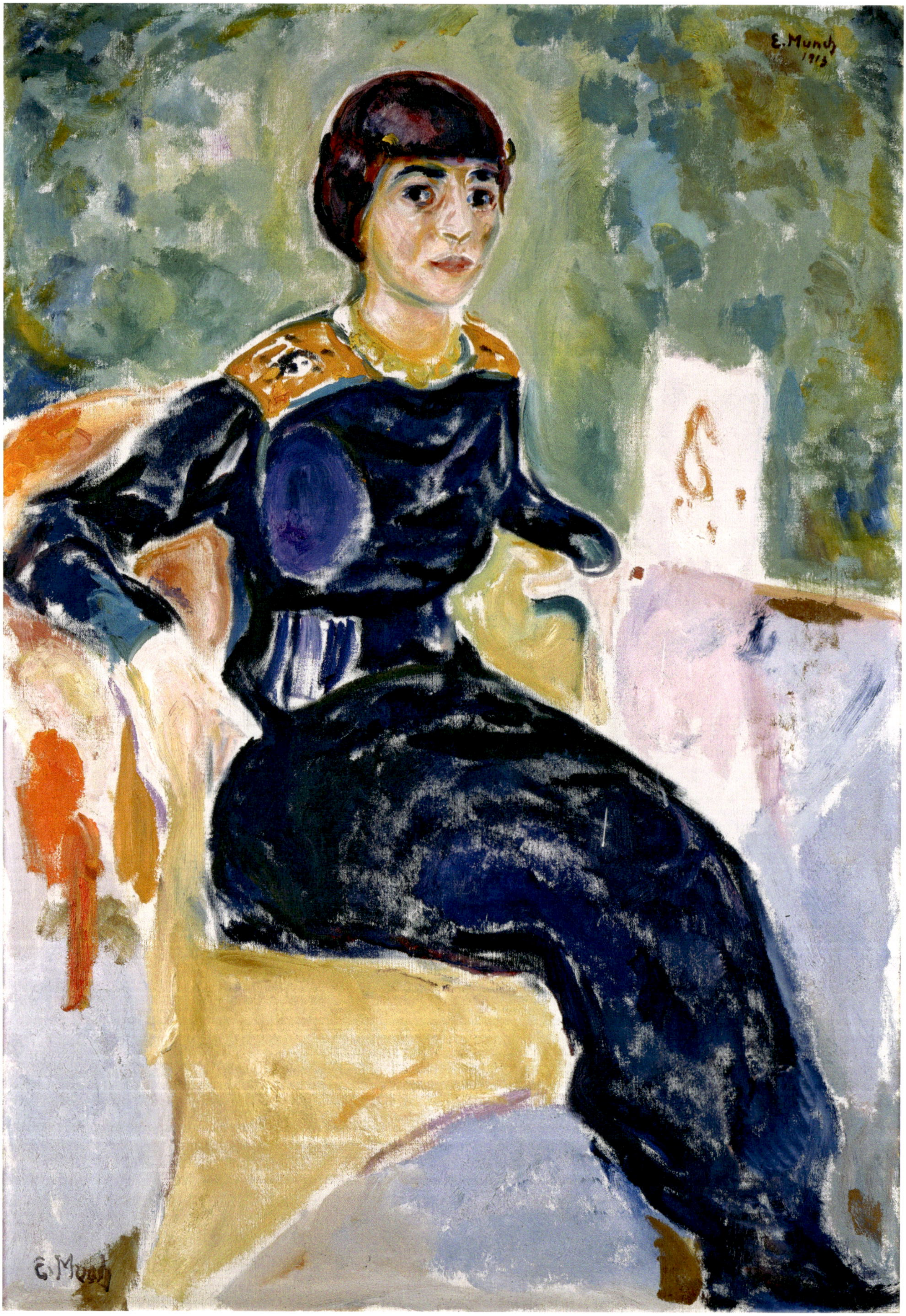
E. Munch
E. Munch

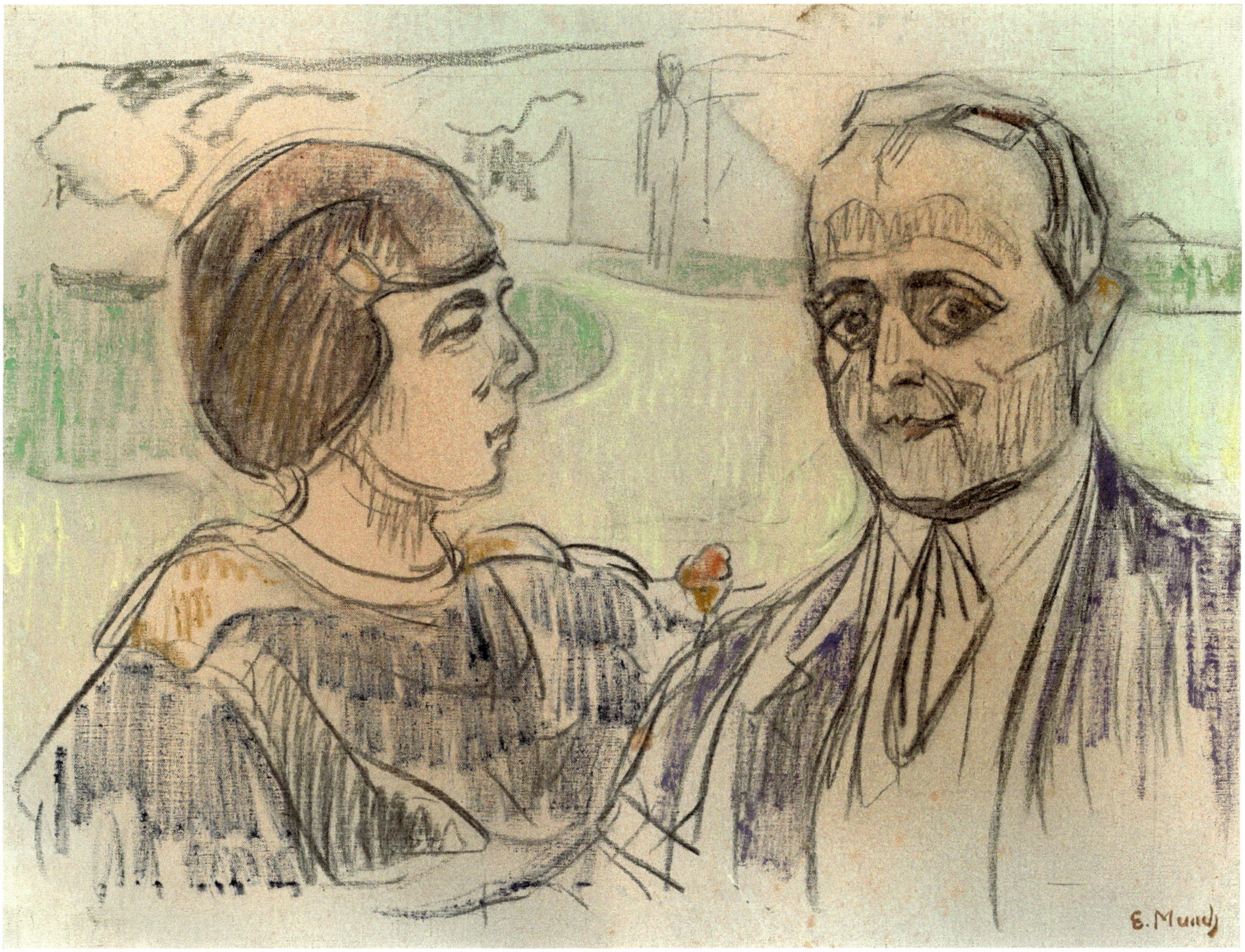

← Kat. 229
Edvard Munch
Bildnis Elsa Glaser
1913
Kunsthaus Zürich, 1946

Kat. 202
Edvard Munch
Elsa und Curt Glaser
1913
Leihgabe der Erben von Ellen Milch Fischer
und Gertrude Milch Meyer

Kat. 227
Edvard Munch
Musik auf der Karl Johan Strasse
1889
Kunsthaus Zürich, 1941

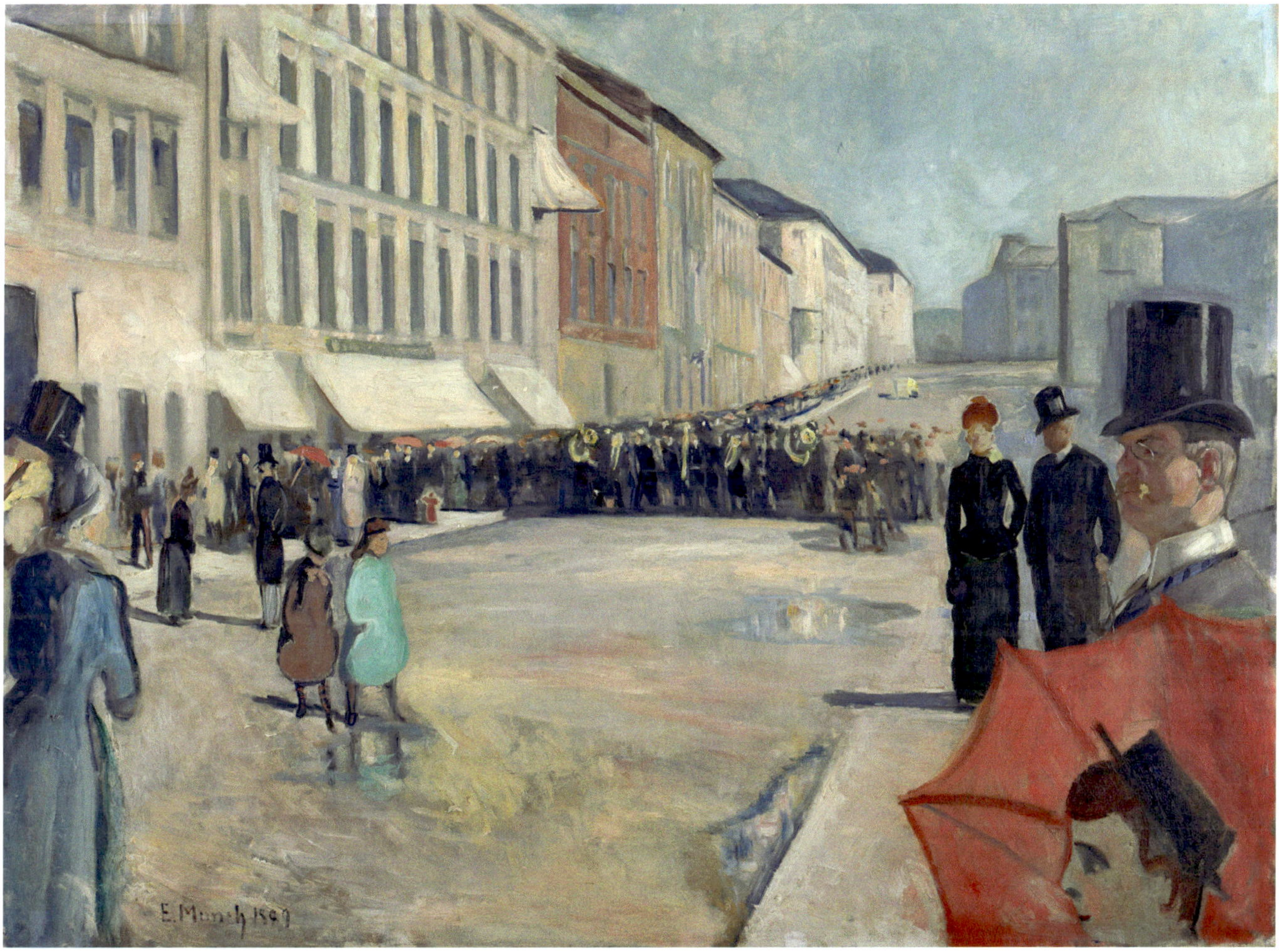
E. Munch 1889

Kat. 201
Edvard Munch
Strasse in Aasgaardstrand
1901
Kunstmuseum Basel, Geschenk von Sigrid Schwarz von Spreckelsen und Sigrid Katharina Schwarz 1979

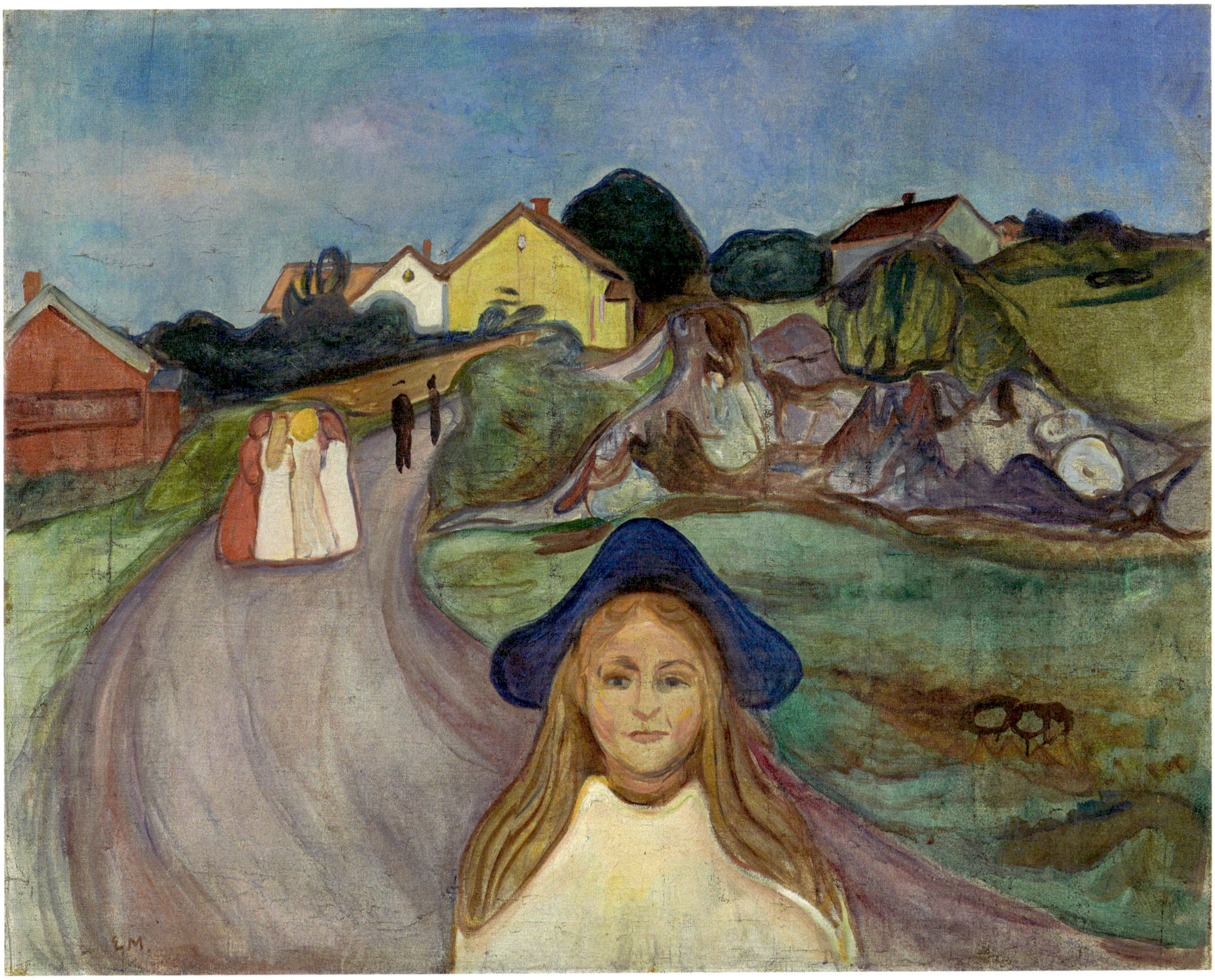

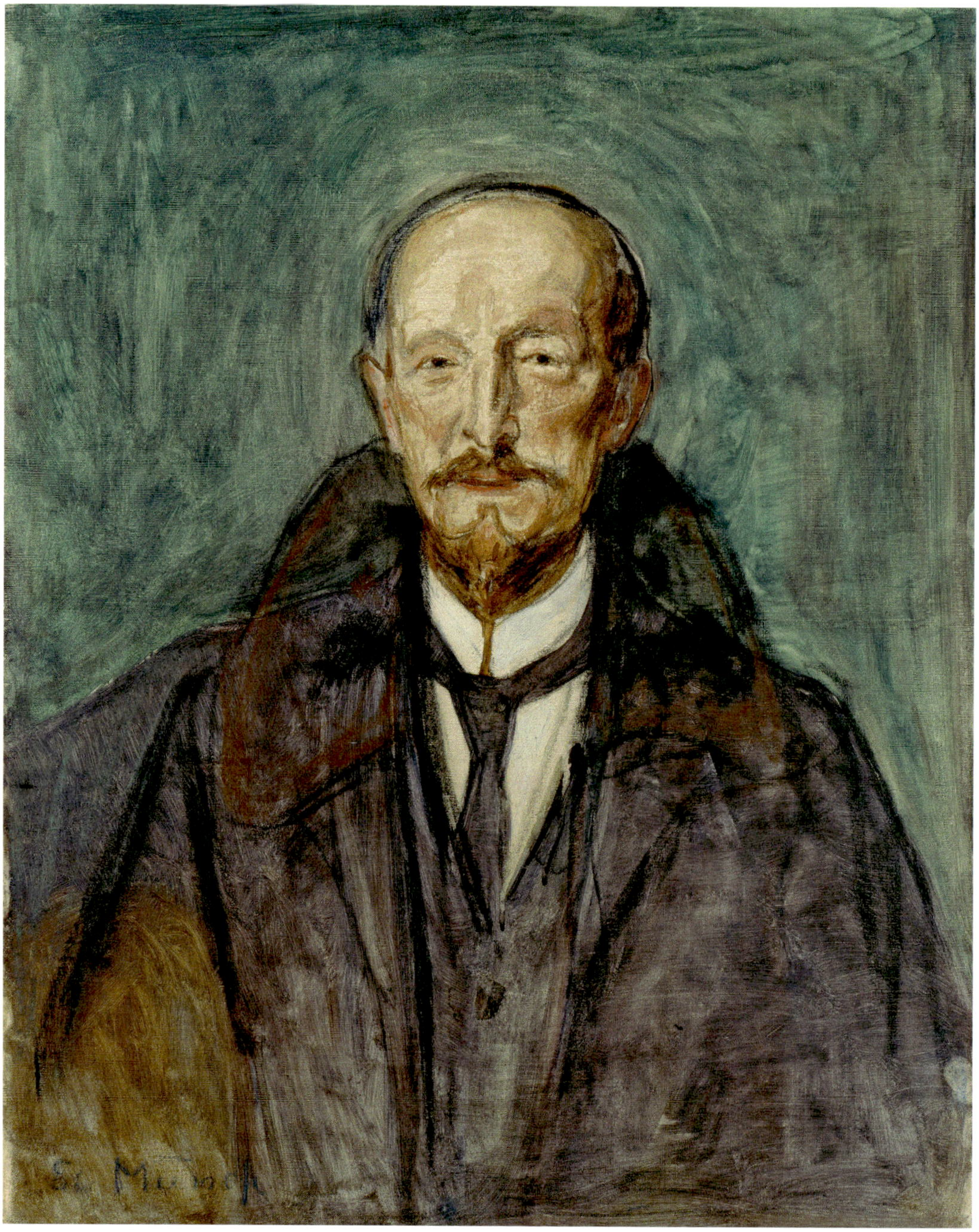

Kat. 228
Edvard Munch
Bildnis Albert Kollmann
um 1901/02
Kunsthaus Zürich, 1943

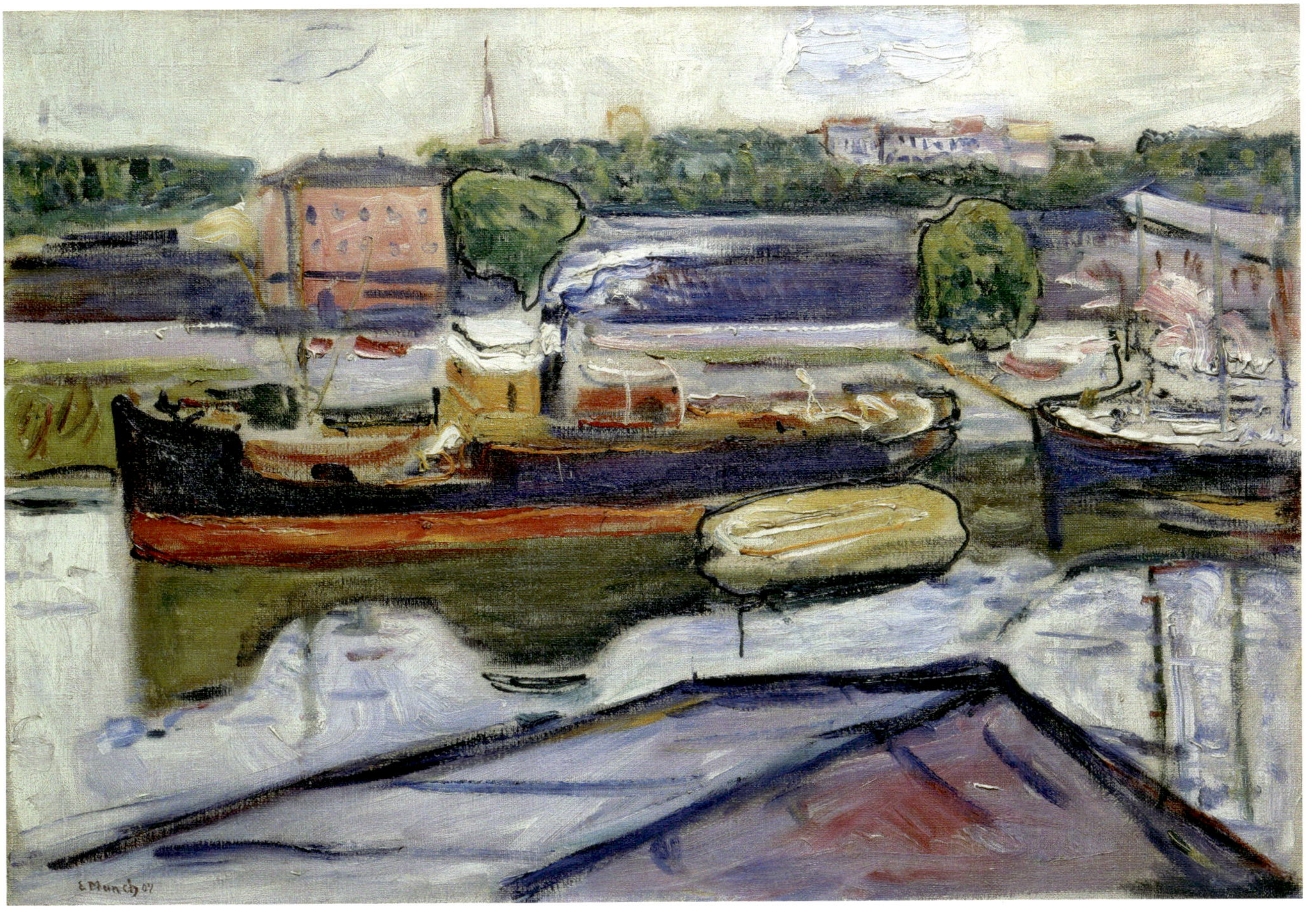

Kat. 230
Edvard Munch
Hafen von Lübeck
1907
Kunsthaus Zürich, 1946

Kat. 177
Edvard Munch
Selbstbildnis (frontal)
1895
Kunstmuseum Basel, Kupferstichkabinett, Ankauf 1933

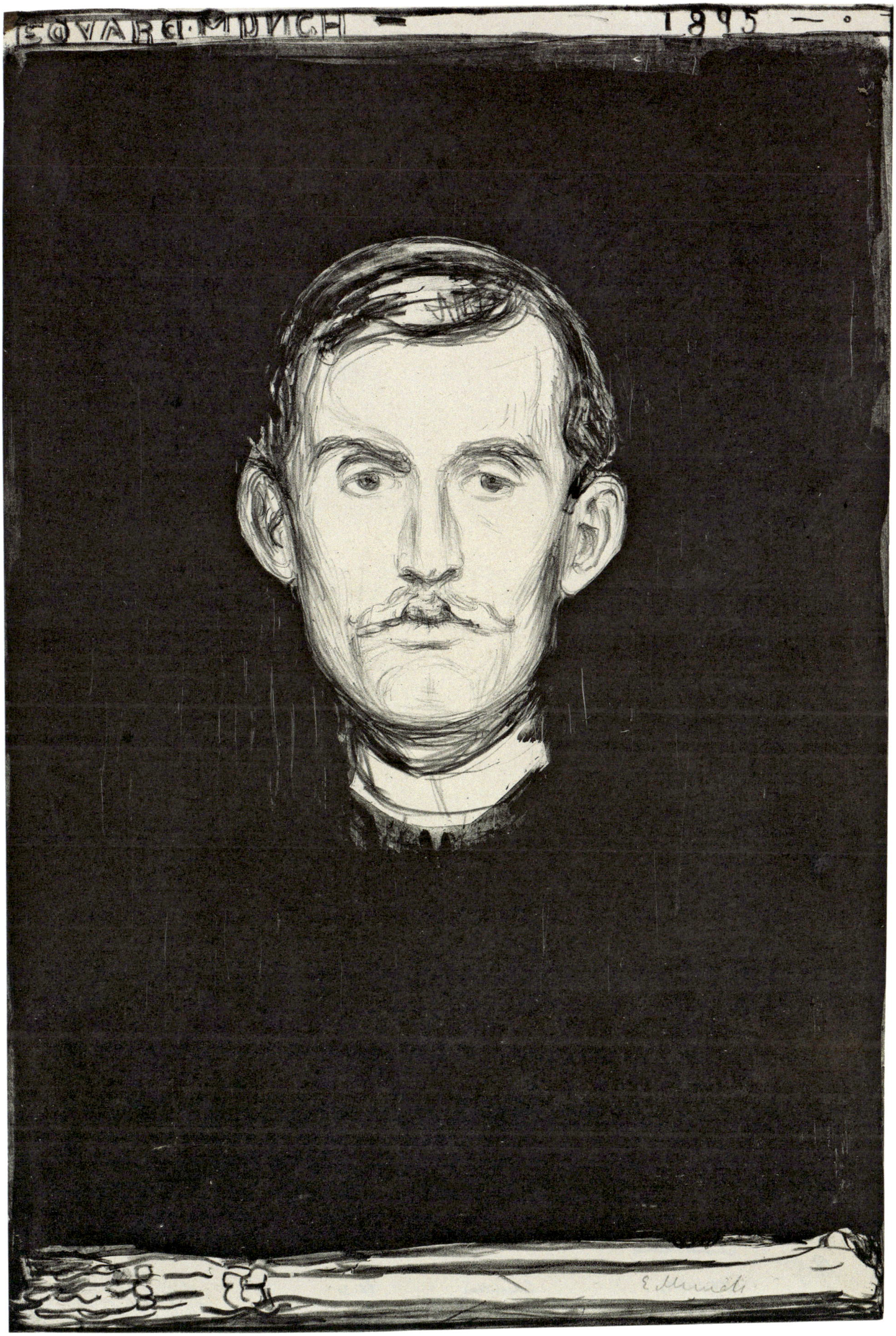
EDVARD·MUNCH 1895
E Munch

Kat. 178
Edvard Munch
Madonna
1895/1902
Kunstmuseum Basel, Kupferstichkabinett,
Ankauf 1933

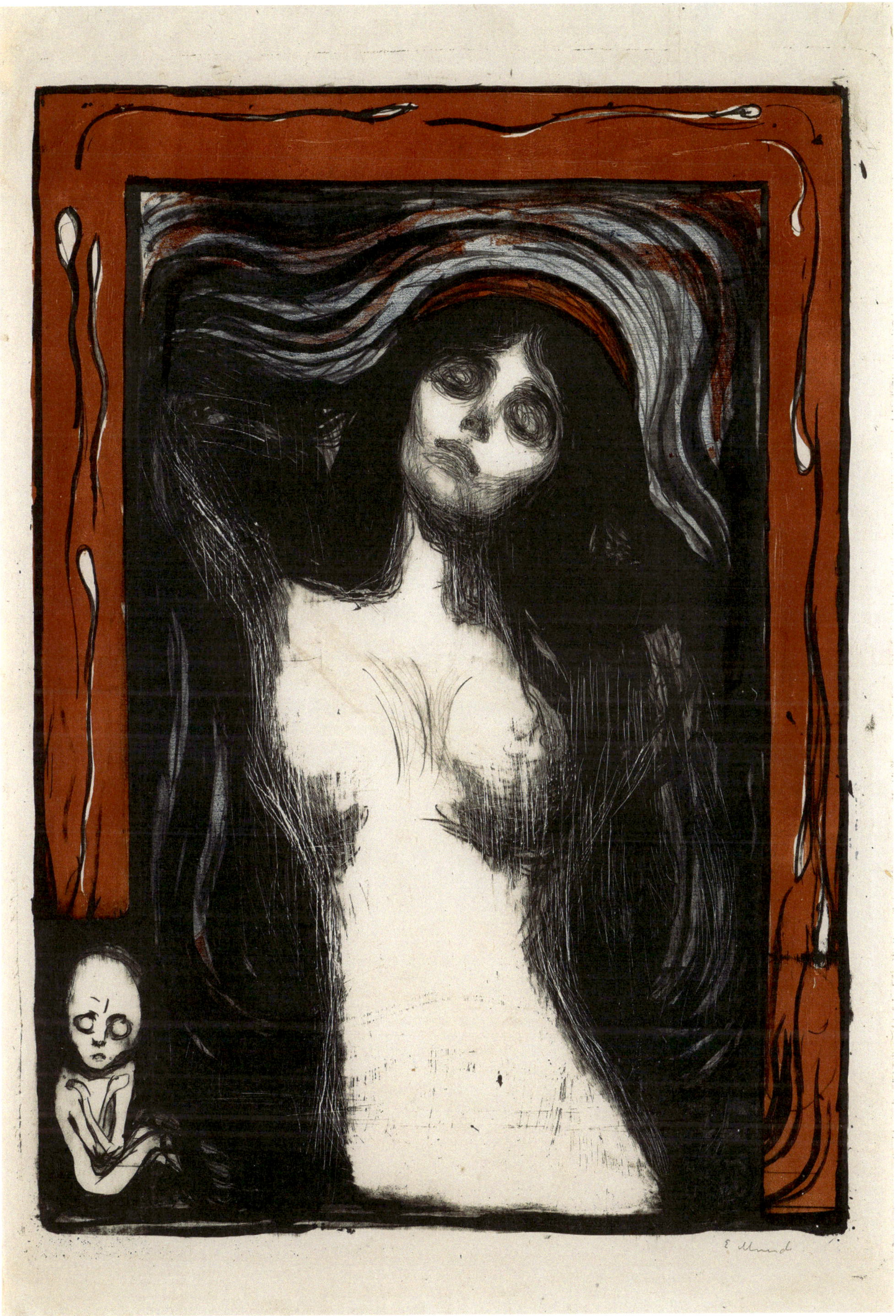

Jennifer Tonkovich

DIE ZEICHNUNGEN ALTER MEISTER VON CURT UND MARIA GLASER – VON BERLIN NACH NEW YORK

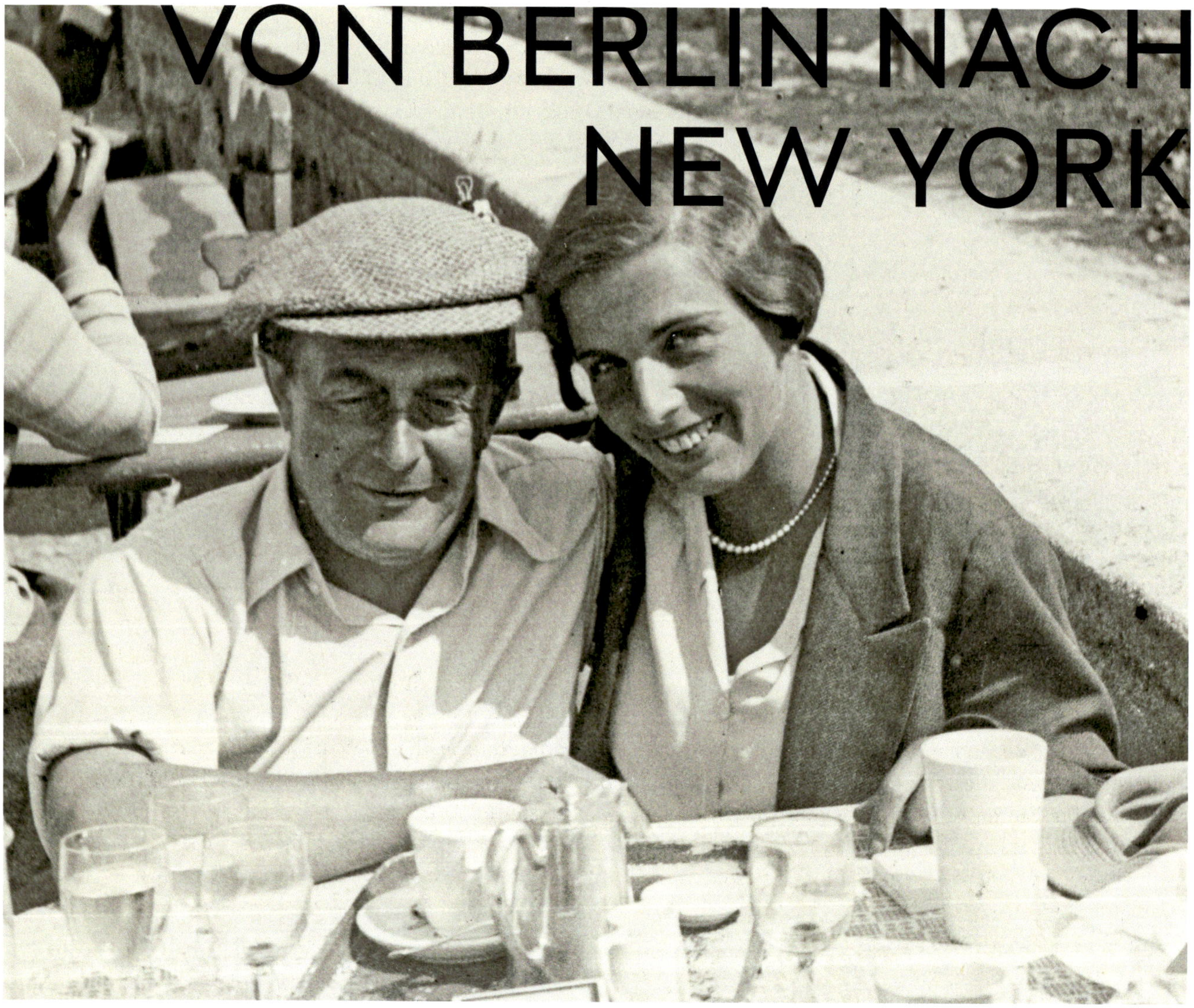

Abb. 58
Maria und Curt Glaser, Postkarte von Curt Glaser an Edvard Munch, 6. November 1933
Munchmuseet, Oslo

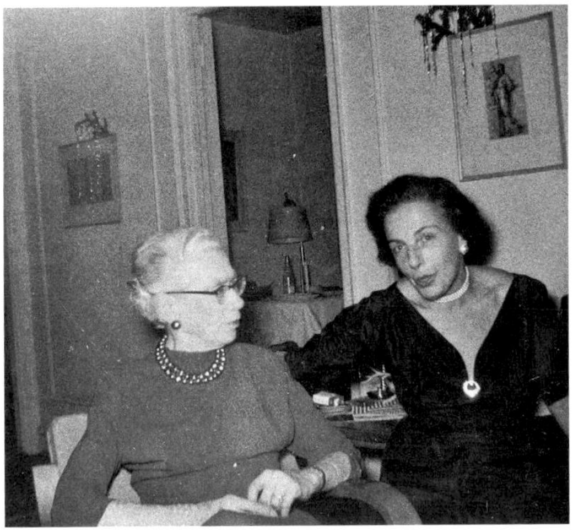

Abb. 59
Maria Glaser-Ash (rechts) mit einer Unbekannten, im Hintergrund die Bartholomäus Spranger zugeschriebene Zeichnung aus der Sammlung Glaser (Kat. 225), **Januar 1957**

Siebzehn Werke auf Papier, von denen ganze drei grösser waren als dieses Buch, befanden sich in Curt Glasers Besitz, als er 1933 Berlin verliess, um niemals zurückzukehren. Diese bescheidenen Studien von überwiegend unbedeutenden Künstlern gehörten zu den Überbleibseln seines von vielfältigen Tätigkeiten erfüllten Lebens als Kunsthistoriker: Als Teil eines begüterten Intellektuellenkreises in Deutschland hatte er sich für Arbeiten auf Papier interessiert, einen damals beschaulichen Winkel des Kunstmarkts.[1] Die Blätter begleiteten Glaser und seine zweite Frau, Maria Milch, in ihr neues Zuhause. Den Umzug nach New York hatte sich Curt vermutlich so nicht vorgestellt, als er 1932 *Amerika baut auf!* verfasste, seine Hommage an den amerikanischen Wolkenkratzer.[2] Wie eine Gruppe von Zeichnungen, welche die Glasers nach Amerika hinüberretten konnten, dauerhaft in die Obhut der New Yorker Morgan Library & Museum gelangte, davon handelt die folgende Geschichte.

MARIA MILCH (1901–1981)

Maria Johanna Dorothea Clara Milch (1901–1981, Abb. 59)[3] kam als drittes Kind von Ludwig Milch (1864–1926) und Else Kantorowicz Milch (1875–1963)[4] zur Welt und wuchs in einer assimilierten und wohlhabenden deutsch-jüdischen Familie auf. Gemeinsam mit ihren älteren Schwestern Lotte (Auguste Antonia Charlotte Barkan, 1894–1968) und Ellen (Ellen Sophie Emma Fischer, 1896–1983) hiess sie 1903 ihren Bruder Ernst (Ernst Moritz Ludwig Milch, 1903–1986) und acht Jahre später eine weitere Schwester, Gertrude (Gertrude Franziska Rosalinde Meyer, 1911–2010), in der Familie willkommen. Die Milchs stammten ursprünglich aus dem preussischen Posen (heute Poznań, Polen), wo Elses Familie einen blühenden Spirituosenhandel führte und die Familie ihres Mannes eine Düngemittelfabrik betrieb. Nachdem Ludwig beschlossen hatte, nicht in den Familienbetrieb einzusteigen, gingen Else und Ludwig Milch um 1900 nach Berlin.[5] Entgegen seiner Ausbildung zum promovierten Chemiker folgte Ludwig seinem Interesse an Maschinen und gründete die Firma Prometheus, die nördlich von BerlinMaschinenteile produzierte. Die Familie Milch liess sich im eleganten Charlottenburg nieder. Trotz ihrer jüdischen Herkunft waren Else und Ludwig nicht religiös und ihre Kinder konfirmierte Mitglieder der evangelischen Gemeinde. Die Geschwister wuchsen mit einer tiefen Wertschätzung für Musik und Kunst auf. Lotte spielte hervorragend Klavier, Gertrude erwarb einen Hochschulabschluss in Musikerziehung und Maria bildete eine wunderschöne Singstimme aus, sang jedoch wegen ihrer Bühnenangst niemals professionell. Ihre Schwester Ellen studierte Hauswirtschaftslehre, was für die Führung eines Haushalts der gebildeten Mittelschicht als unerlässlich galt.

Maria Milch lernte Curt Glaser kennen, als sie regelmässig zu den berühmten Montagssalons eingeladen wurde, die Curt und Elsa Glaser seit 1925 in ihren weitläufigen Wohnräumen in der Prinz-Albrecht-Strasse abhielten. Gelegentlich wurde sie von ihrer Schwester Gertrude begleitet. Man weiss nicht genau, wann oder wie sich Curt und Maria zum ersten Mal begegneten oder ob die Familien Glaser und Milch sich kannten, doch die strahlende junge Frau fand schnell Zugang zu Glasers engerem Kreis. Marias Freundschaft mit Curt vertiefte sich etwa zu der Zeit, als seine Frau Elsa immer schwerer erkrankte, bevor sie 1932 starb.[6] Ihre Verbindung festigte sich in schwierigen Zeiten. Im Mai 1933 musste Glaser bei Versteigerungen über das Internationale Kunst- und Auktions-Haus und das Auktionshaus Max Perl seine Sammlungen verkaufen. Am 30. Mai 1933, kurz nach der letzten Auktion, schlossen Curt und Maria den Bund der Ehe, während die berufliche Situation des Bräutigams zunehmend unhaltbar wurde.

Maria notierte, sie seien unmittelbar nach der kirchlichen Trauung über den Starnberger See in die Schweiz gefahren (Abb. 23). Unklar ist, wann genau sie dort eintrafen und ob sie in jenem Sommer überhaupt noch einmal in Berlin waren.[7] Als sie sich schliesslich in Ascona niederliessen, mieteten sie ein Haus und packten die 14 mit Kunst und Mobiliar gefüllten Kisten aus, die sie hatten mitnehmen können. Trotz des bequemen Daseins in ihrem neuen Zuhause war

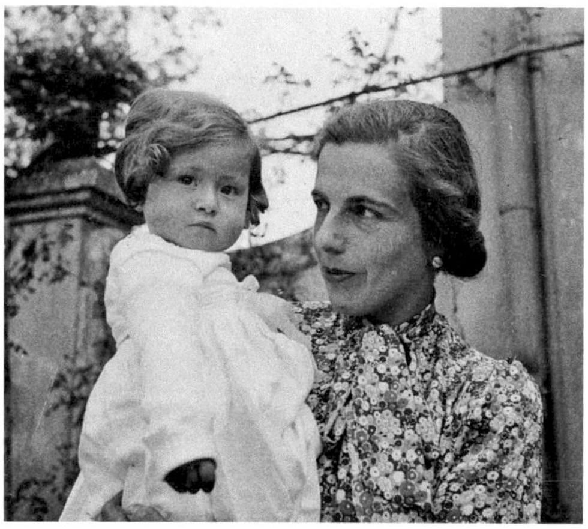

Abb. 60
Eva Renate Gertrud mit ihrer Mutter Maria Glaser, 1936

Curt zutiefst entmutigt vom Verlust seiner Berufstätigkeit, während Maria vermutlich dem Leben nachtrauerte, das sie in Berlin gehabt hatten. Am 22. Juli 1935 brachte sie ihre Tochter Eva Renate Gertrud (1935–1943, Abb. 6, 7, 60) zur Welt.
Im Frühjahr 1936 reisten Glasers nach Florenz, wo Curt mit einem Buch über die italienische Kunst des 15. Jahrhunderts vorankommen wollte.[8] Doch die Stimmung war getrübt. In einem Brief des in Florenz ansässigen Künstlers Hans Purrmann an den Kunstkritiker Karl Scheffler, einen engen Kollegen Glasers in Berlin, findet sich Ende 1936 ein seltener Hinweis auf die Tochter der Glasers. Purrmann schien die Entwicklungsstörung des 18 Monate alten Mädchens zu erahnen und deutete an, wie mühevoll es für die Eltern sein musste, sich mit der Situation abzufinden: «Dort [in Florenz] sehe ich oft Glaser, der nun ganz dort bleiben will, leider tut mir wehe, daß es mit dem Kinde und dessen Gedeihen nicht ganz stimmen will, und ich glaube oder fühle, er ist sich dieser Sache noch nicht bewußt, so daß ein beengendes Schweigen über diesen Fall zwischen uns ist, das ein freundschaftliches Verhältnis eigentlich nicht zulassen sollte!» Am 10. Januar 1937 antwortete Scheffler: «Was Sie von Glasers Kind sagen, trifft merkwürdig mit dem Eindruck zusammen, den die Bilder der Kleinen auf uns machten.»[9] Als sich Renates Entwicklung, wohl im Verlauf ihres zweiten Lebensjahrs, immer offensichtlicher verzögerte, wurde bei ihr wahrscheinlich Trisomie 21 diagnostiziert, das sogenannte Down-Syndrom. Soweit man weiss, kam Renate Glaser 1938 in die Obhut eines anthroposophischen Heims für Kinder mit Behinderungen in Brissago und später in ein Heim namens Sonnenhof in Arlesheim bei Basel, wo sie am 10. Februar 1943 starb.[10] 1939 gingen die Glasers aus Florenz zurück in die Schweiz, 1940 unterzeichnete Italien den Dreimächtepakt mit Deutschland und Japan und gehörte so offiziell zu den Achsenmächten des Zweiten Weltkriegs, und im Februar 1941 beschlossen Curt und Maria Glaser ihre Auswanderung in die USA. Ihre Tochter sahen sie nie wieder.
Kurz nach ihrer Ankunft in Amerika am 13. Mai 1941 ging Glaser auf Arbeitssuche. Eine einzelne Seite im Archiv des American Council for Émigrés in the Professions, eines Komitees, das Verfolgte aus Wissenschaft und intellektuellen Kreisen unterstützte, listet seine Veröffentlichungen, seinen beruflichen Werdegang und die Namen von Berufskollegen auf, die mit seinen Leistungen vertraut waren: «Er ist ein international bekannter Gelehrter und Experte. Die folgenden Wissenschaftler und Museumsdirektoren in Amerika werden sich für seine Gelehrtheit verbürgen – die Herren Bach, Kent und Ivins vom Metropolitan Museum in New York; Herr Fox vom Brooklyn Museum; Dres. Lehmann-Haupt und Schapiro von der Columbia University; Paul Sachs vom Fogg Museum, Harvard University; Dr. Walter Cook vom College of Fine Arts, N. Y. University; Dres. Shapley und E. F. Rothschild von der University of Chicago; Dr. Valentiner vom Detroit Museum; Herr Eugene Schoen, Architekt und Innenarchitekt in New York. Einige dieser Herren kennen ihn sehr gut und werden über seine Persönlichkeit und sein Verwaltungstalent Auskunft geben können.»[11]
Trotz seiner vielen namhaften Unterstützer fand Curt keine Anstellung. Nach einiger Zeit nahmen die Glasers seinen sich verschlechternden Gesundheitszustand zum Anlass, nach Lake Placid im Bundesstaat New York umzuziehen. Entgegen allen Hoffnungen, das Klima des Dorfes in den Adirondack Mountains würde sich als heilsam erweisen, starb Glaser im November 1943 an Tuberkulose.
Wie viel persönliche Habe die Glasers auf ihren Umwegen nach Amerika mitbrachten, ist nicht bekannt. Wir wissen jedoch, dass Glaser einen Teil seiner Zeichnungssammlung behielt. Und dass er für diese Zeichnungen vor seinem Tod eine Heimat suchte, ist durch einen Schriftwechsel mit dem Art Institute of Chicago belegt. Die Korrespondenz selbst hat sich nicht erhalten, doch Hinweise auf das Interesse des Chicagoer Museums am Erwerb von Zeichnungen aus Glasers Sammlung datieren aus dem Januar 1943.[12] Über das konkrete Angebot des Museums kann nur spekuliert werden, denn im Zuge einer Untersuchung «unamerikanischer Aktivitäten» durch die US-Regierung wurden die Korrespondenzakten der Jahre 1939 bis 1945 aus dem Büro

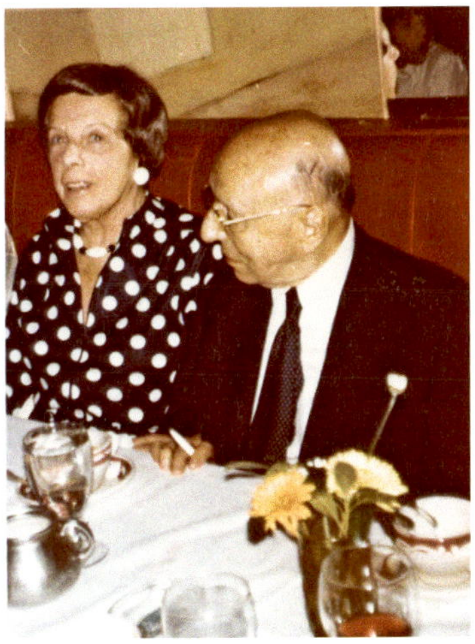

Abb. 61
Maria Glaser-Ash mit ihrem zweiten Ehemann Ernst Ash in New York, um 1972

des Museumsdirektors, Daniel Catton Rich, beschlagnahmt und von der Regierung niemals zurückgegeben. Da sich Rich um die Beziehungen des Museums zu Händler:innen und Sammler:innen grösstenteils selbst kümmerte, stammte das entsprechende Schreiben vermutlich von ihm und nicht von Carl O. Schniewind, dem Kurator für Zeichnungen. Damals beschlossen die Glasers, sich nicht von der Sammlung zu trennen, die nach Curts Ableben zusammen mit seinem übrigen Besitz an seine Frau überging. Eine kleine Gruppe dieser Zeichnungen behielt Maria für den Rest ihres Lebens bei sich und vermachte sie schliesslich der Morgan Library.

Nach dem Tod ihres Mannes ging Maria Glaser zurück nach New York, wo sie bis 1949 blieb. Zuerst bezog sie eine Wohnung in der West 96th Street (Nr. 27), nur einen halben Block entfernt von Central Park West, zog dann jedoch in eine mietpreisgebundene Wohnung, die auf der Nordseite des gepflegten Gramercy Park in der East 21st Street (Nr. 60) lag. Die Wohneinheit 9a mit Blick auf den eingezäunten Privatpark gab sie bis an ihr Lebensende nicht mehr auf. Umgeben von einem deutschen Freundes- und Bekanntenkreis, aber auch von Familienmitgliedern, die inzwischen nach New York übergesiedelt waren, nahm Maria ihr Leben wieder auf. Beim Weggang aus Berlin hatte sie einen Grossteil ihrer Familie zurückgelassen. Doch letztendlich ergriffen auch ihre Eltern und Geschwister die Flucht: Marias Schwester Gertrude emigrierte nach Brasilien, während ihre Mutter, die Schwestern Lotte und Ellen und ihr Bruder Ernst den Weg nach New York fanden.[13] Dass ihr Bruder im nächsten Häuserblock wohnte, gehörte für Maria zu den grossen Freuden ihres neuen Lebens ohne Curt.

Aus Briefen, die Maria Glaser 1949 und 1951 an das Kunstmuseum Basel schickte, geht hervor, dass sie sich nach dem Krieg über längere Phasen in Frankreich aufhielt.[14] Sie reiste an die Côte d'Azur, wo sie in Saint-Maxime nördlich von Saint-Tropez in der Villa Va et Vient wohnte, bevor sie nach Paris umzog und sich im 6. Arrondissement unweit des Jardin du Luxembourg in der Rue Cassette Nr. 29 eine Wohnung nahm. 1952 ging sie wieder nach New York, wo sie bis zu ihrem Tod 1981 lebte.

Zum New Yorker Freundeskreis ihres Bruders Ernst Milch gehörte ein Grosscousin gleichen Vornamens aus der Familie Milch: Ernst (Ernest) Eduard Ash (Asdi/Asch, 1890–1980).[15] Die beiden Namensvettern waren Arbeitskollegen und gute Freunde, sodass Maria Ernst Ash gewiss kannte. Sie könnten sich sogar schon begegnet sein, bevor Maria Berlin verliess. Einige Jahre nach ihrer Rückkehr nach New York heiratete die 55-jährige Maria Glaser am 1. August 1956 den kürzlich verwitweten Ernst Ash (Abb. 61). Ashs Zweig der Familie war in Posen (Poznań) geblieben, das nach dem Zweiten Weltkrieg an Polen überging. Er wuchs in Berlin auf, wurde Rechtsanwalt und floh 1938 mit seiner zweiten Frau und zwei Töchtern in die Niederlande. Nach seiner Ankunft in New York 1940 fing er als Börsenmakler an der Wall Street neu an und machte später als Investmentbanker Karriere. Seine zweite Frau, Hildegard Simon Ash, starb im Juli 1955.[16] Beide, Ernst Ash und Maria Glaser, standen Marias Bruder Ernst sehr nahe und teilten nicht nur einen ähnlichen biographischen Hintergrund, sondern auch ihr Interesse für Kunst und Musik.

Ernst zog zu Maria an den Gramercy Park – damals wie heute eines der elegantesten und exklusivsten Viertel New Yorks. Auf der anderen Parkseite liegt der National Arts Club, dem die Ashs seit 1972 als Mitglieder angehörten.[17] In ihrer Dreizimmerwohnung hängte Maria Glaser-Ash die gerahmten Zeichnungen aus Glasers Sammlung auf. Die Flure schmückte das Paar mit überwiegend gemeinsam gesammelter zeitgenössischer deutscher Kunst, Postkarten von Künstler:innen, Skulpturen, Gemälden und Keramik. Weil Ash praktisch seinen gesamten Besitz verloren hatte, als das Schiff, das ihn aus den Niederlanden herausbringen sollte, im Hafen von Rotterdam torpediert wurde, hatten sie viele Arbeiten erst in New York gekauft. Ashs Enkelkindern zufolge stapelte sich die Kunst überall in der Wohnung. Mit dem Älterwerden – und ohne eigene Kinder – begann Maria Glaser-Ash bald über das Schicksal der kleinen Gruppe von Zeichnungen nachzudenken, die Curt Glaser vor dem Krieg gesammelt hatte.

DAS VERMÄCHTNIS

Am 22. März 1974 schrieb Maria Glaser-Ash einen Brief an die Morgan Library mit der schlichten Anrede «Meine Herren». Sie bereitete ihr Testament vor und wollte wissen, ob die Bibliothek interessiert sei, die «kleine Sammlung italienischer Zeichnungen, zusammengestellt von meinem früheren Ehemann Dr. Curt Glaser, dessen Schriften zur Graphik und zu anderen Kunstthemen Ihnen vermutlich bekannt sind», als Vermächtnis entgegenzunehmen. Um die Aufmerksamkeit der Morgan Library zu gewinnen, berichtete sie: «[A]ls wir in den Vierzigerjahren in diesem Land ankamen, äusserte das Art Institute of Chicago Interesse am Erwerb dieser Zeichnungen.» Maria Glaser-Ash lud «jemanden» aus der Bibliothek ein, die Zeichnungen bei Interesse in ihrer Wohnung zu besichtigen, und bat zwecks Absprache eines Termins um einen Anruf. Dieser Brief ging mitsamt Anlage in der Post verloren,[18] sodass die Morgan Library erst von Marias Angebot erfuhr, als Ernst Ash mit einem weiteren Brief nachfasste, in dem er auf den Vorschlag seiner Frau Bezug nahm und sich verwundert über die ausbleibende Reaktion zeigte.

Ernst Ashs Brief landete auf dem Tisch von Felice Stampfle (1912–2000), die in der Morgan Library als Kuratorin für Zeichnungen tätig war und sich für den 11. Oktober 1974 zu einem Treffen mit Maria Glaser-Ash verabredete. Nach einem offensichtlich erfreulichen Besuch in Marias Wohnung schrieb Stampfle ihr: «Es war mir eine Freude, Sie heute Morgen kennenzulernen und die vielen interessanten Arbeiten an ihren Wänden zu sehen, besonders natürlich die älteren Zeichnungen, die von Ihrem ersten Ehemann, dem verstorbenen Dr. Curt Glaser, gesammelt wurden.» Stampfle hatte bereits den Zettelkatalog der Morgan Library durchsucht und berichtete, dass diese mehrere Bücher Glasers besass, darunter Bände über Hans Holbein d. Ä., Lucas Cranach d. Ä. und frühe deutsche Maler. Dann brachte sie das Interesse der Bibliothek an der Sammlung zum Ausdruck: «Wie ich Ihnen sagte, wären die etwa zwanzig Zeichnungen aus dem 16. und 17. Jahrhundert, die er zusammentrug, für die Zeichnungssammlung der Bibliothek eine höchst willkommene Ergänzung, sollten Sie sich, wie im Schreiben von Herrn Ash zuvor angedeutet, dazu entschliessen, sie als Vermächtnis zu hinterlassen. Sofern sie es wünschen, könnte das Vermächtnis zu seinen [Glasers] Ehren erfolgen, sodass die Zeichnungen für immer seinen Namen trügen.»[19] Obgleich auf dieses Schreiben keine verbriefte Antwort bekannt ist, nahm Maria Glaser-Ash das Vermächtnis in ihr Testament auf. Nach ihrem Tod im August 1981 kontaktierten ihre Nachlassverwalter, vertreten durch ihren Bruder Ernst Milch, in dieser Angelegenheit die Bibliothek. Im September 1981 suchten Stampfle und die Assistenzkuratorin Cara Dufour Denison die Ash-Wohnung auf, um die Zeichnungen abzuholen. Für den damaligen Direktor der Morgan Library, Charles Ryskamp (1928–2010), notierte Stampfle: «Mit wenigen Ausnahmen sind die Zeichnungen nicht zugeschrieben und werden einigen Forschungsaufwand erfordern. Zwei der besseren Bilder sind ein kleiner Bloemaert und eine Rötelzeichnung von Cantarini, doch die meisten von ihnen bleiben vermutlich ‹zweite Garnitur›.»[20] Zu diesem Zeitpunkt hatte die Morgan Library die gewaltige Studiensammlung des Cellisten und Kunstsammlers Janos Scholz noch nicht übernommen, eine Sammlung, die Hunderte von Blättern mit ungewisser Zuschreibung enthielt, als Archiv für das Studium der Zeichenkunst in Italien jedoch von herausragender Bedeutung ist. Weil die Arbeiten als Maria Glaser-Ashs Vermächtnis in Empfang genommen wurden, ist die Namensnennung zu Glasers Ehren unterblieben.

Doch wie entschied Maria Glaser-Ash, dass die Morgan Library der richtige Ort für Curt Glasers Sammlung war? Auf diese Frage gibt es mehrere mögliche Antworten. 1942 empfahl der nach Basel geflohene Kunsthistoriker Adolph Goldschmidt Glaser mehrere Forschungseinrichtungen in New York, bei denen er auf verständnisvolle Kollegen und Quellenmaterial für seine Arbeit stossen würde: «Sie haben 4 gute Bibliotheken zu Ihrer Verfügung: die Public Library, die in Bezug auf nicht kunsthistorische Dinge über einen reichhaltigen Bestand verfügt und in deren Spencer Collection, welche die Inkunabeln, Holzschnitte, Manuskripte usw. umfasst, Herr Cüp, dem Sie Grüsse ausrichten können, Assistent ist; des Weiteren die Pierpont Morgan Library mit ihren wundervollen Handschriften, der zugehörigen Literatur und nicht zuletzt der Bibliothekarin Fräulein Belle (da Costa) Greene.» Goldschmidt erwähnte ausserdem die von Dr. Hellmut Lehmann-Haupt, einem deutschen Kurator, geleitete Abteilung für «wertvolle Bücher» an der Columbia University und das Photoarchiv der Frick Art Reference Library, zu denen Glaser aufgrund der Beschränkungen für Deutsche bedauerlicherweise keinen Zutritt hatte.[21] Womöglich erinnerte sich Maria an diesen frühen Rat und sah in der Morgan Library die einzige dieser Einrichtungen, die sich lebhaft für Zeichnungen alter Meister interessierte.

Der aus New York stammende Kunsthändler Eugene V. Thaw (1927–2018) hatte seit den 1960er Jahren intensiver mit der Morgan Library zu tun und stellte dort 1975 erstmals seine Sammlung aus. Damals versprach er, der Bibliothek seine gesamte Zeichnungssammlung zu schenken, die sich zum Zeitpunkt seines Todes auf fast 500 Werke belief. In den 1960er Jahren hatte er eine Zeichnung direkt von Maria Glaser-Ash erworben, das 1914 entstandene Porträt von Elsa Glaser aus der Hand von Henri Matisse (Kat. 214). Thaw und der Kunsthändler Thomas Grange in London teilten sich das Eigentum an diesem Blatt und verkauften es 1964 an das Art Institute of Chicago. Könnte diese kurze, diskrete Beziehung zu Thaw, einem der grossen Förderer der Bibliothek, Maria veranlasst haben, sich an die Morgan Library als geeigneten Aufbewahrungsort für die Zeichnungssammlung ihres ersten Ehemanns zu wenden?

Eine andere Möglichkeit wäre, dass jemand aus Curt Glasers Umkreis ebenfalls enge Beziehungen zur Morgan Library hatte. Die Bibliothek, die auch als Museum diente, war für deutsche Geflüchtete in den 1930er und 1940er Jahren ein besonders einladender Ort. Viele berühmte Kunsthistoriker, die nach New York emigriert waren, hielten dort Vorträge. 1937 veranstaltete die Bibliothek einen Vortragsabend mit Paul Ganz, dem früheren Direktor des Kunstmuseums Basel, der über Hans Holbein d. J. referierte. 1938 folgte eine Vortragsreihe mit Jakob Rosenberg, der aus Berlin nach Boston übergesiedelt war, bevor sich 1939 Veranstaltungen mit Walter Friedländer und Meyer Schapiro anschlossen. Hanns Swarzenski, ein guter Freund Glasers aus Berliner Tagen, stand ebenfalls in enger Verbindung zur Morgan Library. Als Kunstgewerbespezialist und Kurator für Bildhauerei an der National Gallery of Art in Washington, D.C., wurde Swarzenski 1947 von der Bibliothek engagiert, um deren Sammlung von Kunstgegenständen zu katalogisieren. Sieht man aber von sämtlichen Spekulationen ab, so könnte die Antwort auch schlicht lauten, dass die Morgan Library für ihre Sammlung von Altmeisterzeichnungen berühmt war und nur 15 Häuserblocks von Marias Wohnung entfernt lag.

Nach Marias Tod verwalteten ihr Bruder Ernst, ihre Schwestern Ellen Fischer und Gertrude Meyer, die Stieftochter Ellen Ash Peters und Renate Brenneke, die Tochter ihrer Stieftochter Renate Metcalfe, den Nachlass der Verstorbenen. Glasers Zeichnungen wurden in die Zeichnungssammlung der Morgan Library aufgenommen und dort umgehend wissenschaftlich begutachtet, um Fragen der Zuschreibung zu klären und den Kontext dieser bescheidenen, aber faszinierenden Werke zu ergründen.

DIE ZEICHNUNGEN

Die 1984 von Richard Day vorgenommene Beurteilung der Zeichnungen in der Morgan-Sammlung unterstreicht den insgesamt bescheidenen Charakter der 17 Blätter, die letztendlich Maria Glaser-Ashs Vermächtnis an die Bibliothek ausmachten.[22] Trotz verschiedener über die Jahre geäusserter Vorschläge aus Expertenkreisen lassen sich nur wenige Zeichnungen bekannten Künstlern zuschreiben, während die Mehrzahl der Blätter weitgehend nord- und mitteleuropäischen oder italienischen Schulen zugeordnet wird. Ein genauerer Blick auf diese Zeichnungen lässt jedoch erahnen, welchen Reiz sie auf Glaser ausübten, und hilft uns Vermutungen anzustellen, warum sich manche Werke (von denen einige heute zur Morgan-Sammlung gehören) 1933 nicht verkaufen liessen und in Glasers Besitz waren, als er in New York eintraf.

Überraschend wenig ist darüber bekannt, wann Glaser die Altmeisterzeichnungen für seine Sammlung erwarb. Sein Interesse an Zeichnungen nahm wahrscheinlich seinen Anfang, als er in München Kunstgeschichte studierte. Während seiner Zeit im Berliner Kupferstichkabinett machte er sich mit den Beständen des Museums vertraut und lernte im Zuge von Ankäufen die Kunst- und Buchhändler kennen, die sich in Deutschland mit Zeichnungen beschäftigten. Curt und Elsa Glaser begannen ihre Sammlung nach der Hochzeit aufzubauen, konzentrierten sich dabei jedoch eher auf moderne und zeitgenössische Kunst, darunter Malerei und Skulpturen.[23] Ihre Zurückhaltung beim Erwerb älterer Zeichnungen könnte ein bewusster Versuch gewesen sein, Konflikte mit den beruflichen Verpflichtungen Glasers im Kupferstichkabinett zu vermeiden. Seine Beförderung zum Direktor der Kunstbibliothek 1924 befreite ihn womöglich von diesem Hemmnis und führte zu vermehrten Zeichnungsankäufen, was jedoch Spekulation bleibt, solange die Quellen seiner Erwerbungen nicht in grösserem Umfang präzise zu bestimmen sind. In einem Zeitschriftenartikel vom 31. März 1929 über die Kunstsalons der Glasers (Abb. 18) werden neben Zeichnungen von zeitgenössischen Künstlern und Freunden wie Edvard Munch, Lovis Corinth und Ernst Ludwig Kirchner auch solche aus der Zeit des nordeuropäischen Manierismus und des süddeutschen Rokoko angeführt.[24]

Anscheinend hatte Glaser eine Vorliebe für kleine Figurenzeichnungen, denen oft die gesicherte Zuschreibung fehlte. Diese Herausforderung könnte ihn gereizt haben, doch vermutlich war auch die Bezahlbarkeit der Arbeiten ein wichtiges Erwerbskriterium. Glaser war kein Sammler von Meisterzeichnungen, sondern betrachtete das Zusammentragen unprätentiöser Blätter von alten Meistern als intellektuelle und gesellschaftliche Betätigung. Zeichnungen zu sammeln, war in deutschen Bildungs- und Kulturkreisen weit verbreitet, wobei sich viele Sammler auf bestimmte Bereiche beschränkten. Kuratoren, Museumsdirektoren und Professoren sammelten Seite an Seite mit Kaufleuten und Fabrikanten, Anwälten und Ärzten. In den 1910er und 1920er Jahren wurden Zeichnungen in Deutschland oft über den Buchhandel vertrieben, was sowohl ihren stilleren Reiz in einem Nischenmarkt reflektiert als auch erklärt, warum viele Zeichnungen in gebundener Form auftauchten. Fast alle heute in der Morgan Library & Museum befindlichen Blätter aus Glasers Sammlung weisen Beschädigungen auf, die entstehen, wenn einzelne Werke in Alben oder Skizzenbüchern montiert oder daraus entfernt werden. Genauso lassen nahezu alle Arbeiten in geringem Masse Schäden durch Lichteinwirkung erkennen, was auf ein langes in Rahmen gefristetes Dasein an den Wänden der Besitzerin hindeutet. Dass die ältere Maria Glaser-Ash die Zeichnungen gerne um sich hatte, zeigt ein Photo (Abb. 59), auf dem im Hintergrund – gerahmt und mit Weihnachtsschmuck dekoriert – die Bartholomäus Spranger zugeschriebene Zeichnung (Kat. 225) zu erkennen ist. Dass andererseits ein

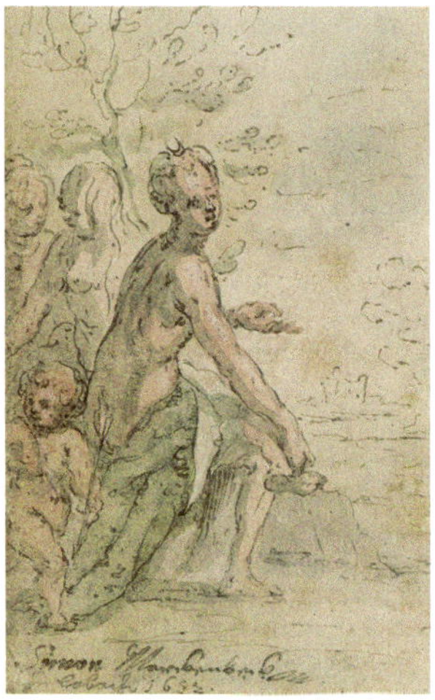

Abb. 62
Österreichische Schule, 17. Jh.
Diana mit ihren Nymphen und Cupido
Feder in Braunschwarz, laviert, Wasserfarbe, mit bleiweisser, teils oxidierter Wasserfarbe, über Graphit, 11,5 × 7,5 cm
The Morgan Library & Museum, New York, Bequest of Mrs. Ernest Ash

Berliner Intellektueller und Direktor der Kunstbibliothek mit einer mondänen Vierzehnzimmerwohnung und wöchentlichen Salons eine grössere Gruppe von Altmeisterzeichnungen zu besitzen suchte, um die Bandbreite seiner Interessen widerzuspiegeln, ist nicht überraschend – auch wenn daraus ein weiter gefasstes Modell für das Sammeln von Zeichnungen spricht als heutzutage üblich.

Die Quellen, aus denen Glaser seine Zeichnungen bezog, sind grösstenteils nicht dokumentiert. Die wenigen bekannten Provenienzen aber lassen erahnen, wann und wie er seine Sammlung aufbaute. Eines der attraktivsten Blätter aus dem Glaser-Ash-Vermächtnis ist die bereits erwähnte, lavierte Helldunkelstudie von Venus und Cupido, die Bartholomäus Spranger (1546–1611) zugeschrieben wurde (Kat. 225). Sie war 1924 im Rahmen einer von Edmund Schilling am Städelschen Kunstinstitut in Frankfurt am Main organisierten Ausstellung zu sehen, deren Inhalte Georg Swarzenski in einem Katalog zusammenfasste.[25] Alle ausgestellten Werke kamen als Leihgaben aus deutschen Sammlungen, zumeist aus Privatbesitz. Unter den bedeutenden Sammlern von Altmeisterzeichnungen konnte Glaser anhand der Spranger-Zeichnung identifiziert werden. Sie stellte ihn in eine Reihe mit Kunsthistorikerkollegen und Industriellen, denen die Liebe zur Handzeichnung gemein war.[26] Als Albrecht Niederstein 1931 seinen Katalog zum graphischen Werk Sprangers veröffentlichte, führte er die Zeichnung als zur «Sammlung Professor Glaser, Berlin» gehörig auf. Konrad Oberhuber erkannte sie in seiner Dissertation von 1958 vollumfänglich an und bekräftigte diese Auffassung 1982; ihr schloss sich auch der renommierte Hendrick-Goltzius-Spezialist E.K.J. Reznicek an. Seither jedoch haben mehrere Expertinnen und Experten, darunter Thomas DaCosta Kaufmann und Sally Metzler, Zweifel an der Zuschreibung geäussert.[27] Eine neuere Untersuchung des Blattes durch Austėja Mackelaitė aus dem Kurator:innen-Team der Morgan Library & Museum und Stijn Alsteens deutet darauf hin, dass es sich wahrscheinlich um eine Kopie nach einem verschollenen Original von Spranger oder um die Zeichnung eines Künstlers handelt, der um 1600 in dessen Manier tätig war.[28]

Wie das Spranger zugeschriebene Blatt andeutet, ist das Übergewicht von zeitnah gefertigten Kopien nach Zeichnungen oder Druckgraphiken anderer Künstler ein verbindendes Merkmal der Glaser-Zeichnungen in der Morgan Library & Museum. Als über die Zuschreibung eines Tondos mit der Darstellung von Cimon und Pero an Abraham Bloemaert (1564–1651) diskutiert wurde, nachdem Reznicek und andere behauptet hatten, es handele sich um eine Kopie, tauchte das Original bei einer Auktion in Antwerpen auf. Es befindet sich heute in einer belgischen Privatsammlung.[29] Erstaunlicherweise trägt das New Yorker Blatt auf der Rückseite einen modernen Sammlerstempel in Violett, der anzeigt, dass es aus der Sammlung Godin-Deheselle stammt, über die man so gut wie nichts weiss. Der erstmals 1969 bemerkte Stempel fand sich 2011 auch auf einer Gruppe von Drucken desselben Auktionsloses wieder, die der Kupferstecher Joseph Wagner nach Vorlagen von Jacopo Amigoni und Giuseppe Zocchi geschaffen hatte. Da Glaser sein Blatt jedoch nur vor 1941 erworben haben konnte, muss es in den ersten Jahrzehnten des 20. Jahrhunderts gestempelt worden sein. Eine ebenfalls aus der Sammlung Godin-Deheselle stammende Landschaft von Jacob van der Ulft, die sich heute im Nelson-Atkins Museum of Art in Kansas City befindet, gehörte Ernst Jürgen Otto (geb. 1906; Lugt 873b),[30] was den Schluss zulässt, dass die Sammlung irgendwann vor dem Zweiten Weltkrieg für deutsche Käufer:innen zugänglich war.

Ein zweites Blatt aus dem Glaser-Ash-Vermächtnis zeigt einen Krieger in klassischem Gewand (Kat. 223). Jaap Bolten warf die Frage auf, ob die Zeichnung mit einem Bildnis des Kaisers Domitian in Verbindung zu bringen sei, das Abraham Bloemaert zu einer Serie von Porträtgemälden der ersten zwölf römischen Kaiser beigesteuert hatte, einem Gemeinschaftsprojekt aus den Jahren 1616 bis 1625.[31] Doch dieses Bildnis, ein Bruststück in Profilansicht, scheint zu der Morgan-Skizze in keinerlei Beziehung zu stehen. Bolten hob hervor,

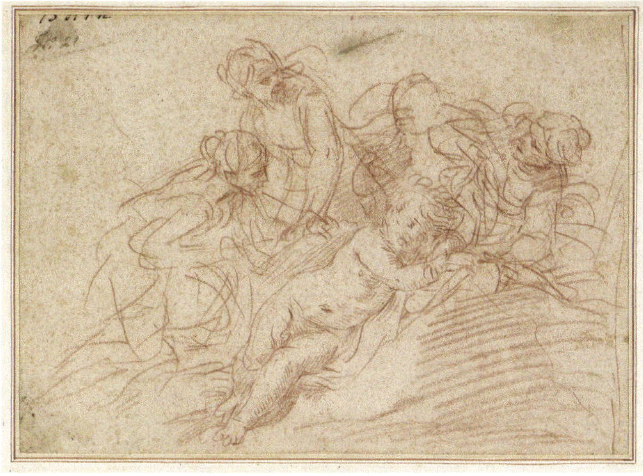

Abb. 63
Simone Cantarini
Venus und die Nymphen entwaffnen Cupido
Rötel, 20 × 28,3 cm
The Morgan Library & Museum, New York, Bequest of Mrs. Ernest Ash

das Zeichnungsformat sei einer Stichfolge näher, die Aegidius Sadeler um 1593 nach einer Serie römischer Kaiserporträts von Tizian und Bernardino Campi schuf. Während die «Handhabung der Feder», so Bolten, für den Künstler «ungewöhnlich» sei, kommen der kurze Strich und die dünnflüssige Lavierung über einer kräftigen Unterzeichnung in schwarzer Kreide in Bloemaerts Zeichnungen aus den 1630er Jahren tatsächlich vor.

Neben Kopien enthält das Glaser-Ash-Vermächtnis mehrere Blätter aus Skizzenbüchern von Künstlern oder aus aufgelösten Alben. Dass sie gebundenen Büchern entnommen wurden, legt ihren Erwerb im Buchhandel nahe. Zu den markantesten Blättern zählt eine Zeichnung der Diana mit Nymphen, die mit «Simon Merkenbenk» und der Jahreszahl 1632 oder 1652 signiert ist (Abb. 62). DaCosta Kaufmann zufolge könnte das Blatt aus einem Album amicorum stammen, da es das einzige bekannte Blatt ist, das mit dem Künstler in Verbindung gebracht werden kann. Solche Zeichnungsalben waren im 17. Jahrhundert in den Niederlanden, Deutschland und Mitteleuropa weit verbreitet. Bisweilen entpuppen sie sich als wahre Fundgruben für einzigartige Zeichnungen von sonst unbekannten Künstlern.[32] Ein ähnliches Blatt zeigt den Götterboten Merkur; es ist oberhalb der Bezeichnung «Zu prag Anno 1593» mit «Jorg Ramsler» signiert.[33] Die kleine Studie scheint ebenfalls aus einem Album zu kommen und ist wie das vorgenannte Blatt die einzige bekannte Zeichnung dieses Künstlers. Nach Ansicht von DaCosta Kaufmann war Ramsler vermutlich ein wandernder Künstler aus Süddeutschland, Österreich oder Böhmen, der am Prager Hof wirkte, wo Merkur ein häufiges und beliebtes Thema war.[34]

Ein beidseitig bezeichnetes Blatt mit einer gesicherten Zuschreibung an den Zeichner Simone Cantarini (1612–1648) wurde wahrscheinlich erst aus einem Skizzenbuch entfernt und dann auf eine Albumseite montiert (Abb. 63). Schnelle Kompositionsskizzen in zarten Rötelstrichen füllen das Blatt. Auf der Vorderseite entwaffnen Venus und ihre Nymphen Cupido, das Verso zeigt möglicherweise Venus und Adonis. 2014 kam ein Blatt mit dem gleichen Motiv als Recto, aber mit seitenverkehrtem Bildaufbau und präziser ausgearbeiteten Details zur Versteigerung. Das Blatt in der Morgan Library & Museum könnte als frühe Ideenskizze für diese querformatige Komposition gedient haben.[35]

Zu den italienischen Zeichnungen des Vermächtnisses zählen Studienblätter mit eher plausiblen Zuschreibungen, von denen einige einem bekannten historischen Hintergrund sicher zugeordnet werden konnten. 1983 bestätigte Nicholas Turner die Zuschreibung der *Anbetung der Könige* (Kat. 224) an Daniele Crespi und verwies dabei auf ein verwandtes Blatt im Schwedischen Nationalmuseum in Stockholm, das die *Anbetung der Hirten* zeigt.[36] Giulio Bora unterstützte die Zuschreibung und erkannte das Motiv als Entwurf für eines der heute verfallenen Fresken in den Arkaden der Klosteranlage Certosa di Pavia.[37] Die auf der Rückseite angebrachten Sammlerzeichen von G. Locarno (tätig 1826–40; Lugt 1691) und Giuseppe Pacini (tätig 1860–80; Lugt 2011), letzterer ein florentinischer Kunsthändler, verorten das Blatt im späten 19. Jahrhundert in Italien. Einige Blätter aus Pacinis Besitz wurden an Ferruccio Asta in Venedig verkauft, der 1941 in Mailand eine Galerie eröffnete. Könnte Curt Glaser das Blatt in Mailand oder Florenz erworben haben, entweder auf einer früheren Reise oder während der Jahre zwischen 1936 und 1939, die er mit Maria in Italien verbrachte, bevor sie 1941 in die USA ausreisten?[38] Offene Fragen bleiben, aber auch die Hoffnung, dass weitere Nachforschungen – im Zusammenspiel mit der immer schneller voranschreitenden Sammlungsdigitalisierung – ein wenig Licht auf viele Blätter des Glaser-Ash-Vermächtnisses werfen werden.

Zur Geschichte der Glaser-Zeichnungen in der Morgan Library & Museum gehören auch die Versteigerungen der Sammlung im Jahr 1933, in deren Verlauf das Kunstmuseum Basel sein Graphikkonvolut erwarb. Mindestens sechs der Zeichnungen, die Maria Glaser-Ash später der New Yorker Bibliothek hinterliess, wurden 1933 und 1934 auf Auktionen angeboten.[39] Der mit Anmerkungen versehene Auktionskatalog von 1933 aus dem Archiv des Kunstmuseums verzeichnet die Lose zwar als veräussert, nennt aber keine Käufernamen. Blieben sie doch unversteigert? Oder wurden sie zugeschlagen, aber nicht abgeholt? Randvermerke deuten darauf hin, dass für die beiden Bloemaert zugeschriebenen Blätter – eine Halbfigur im klassischen Gewand und die Darstellung von Cimon und Pero – nur jeweils die Hälfte des Schätzpreises geboten wurde. Das letzte Gebot für die auf 30 Reichsmark geschätzte Einzelfigur lag bei 15 RM, für Cimon und Pero, auf 40 RM geschätzt, war bei 20 RM Schluss. Nachdem sie ihr Limit verfehlt hatten, müssen diese Blätter bei Max Perl verblieben sein. Mit reduzierten Schätzpreisen – 20 RM für die Einzelfigur und 35 RM für Cimon und Pero – wurden sie 1934 ein zweites Mal angeboten,[40] jedoch abermals nicht verkauft und gingen anschliessend offenbar an Glaser zurück.

Diese unverkauften Arbeiten gehörten zum Hab und Gut, das Curt Glaser in die USA mitbrachte und für das Maria Glaser-Ash in den letzten Jahren vor ihrem Tod eine Heimat suchte. Ihr Vermächtnis an die Morgan Library & Museum, so bescheiden es in kunsthistorischer Hinsicht auch sein mag, spinnt letztlich einen Kontinuitätsfaden, der von den glanzvollen Tagen des Glaser'schen Kunstsalons in Berlin bis zu Marias neuem Leben in New York reicht. In der Geschichte dieser Zeichnungen spiegelt sich ein Stück Zeitgeschichte der ersten Hälfte des 20. Jahrhunderts – mit all ihren Möglichkeiten und Ungewissheiten.

1 Glaser besass noch einige Gemälde, die er bei seiner Abreise in die USA 1941 in der Schweiz zurückliess, siehe die Beiträge von Anita Haldemann und Noemi Scherrer sowie von Joachim Sieber, S. 17 und 138–139.
2 Glaser 1932.
3 Mein innigster Dank geht an Bettina Meyer Basanow, die als Nichte von Maria Glaser-Ash ihr Wissen, ihre Erfahrung und ihre Familiengeschichte mit mir geteilt hat, und an Valerie Sattler, die meine vielen Fragen beantwortet hat und mich grosszügig an den Erkenntnissen aus ihrem Familienphotoalbum teilhaben liess. Dankbar bin ich auch für die Unterstützung von Mitgliedern der Familie, die ihre Erinnerungen mit mir geteilt haben, darunter Renate Brenneke, Jim Peters, David Peters, Julie Dreisch und Benjamin Livant, wobei Jim Peters ein besonderer Dank für den Schnappschuss von Maria und Ernst gebührt, den er für diesen Essay aufgespürt hat. Ich danke schliesslich Richard Brooks, der mich mit der Familie Milch in Kontakt brachte, nachdem ich mich über den Blog zu seiner eigenen Familiengeschichte an ihn gewandt hatte.
4 Else war die Schwester von Ernst Kantorowicz (1895–1963), dem deutsch-amerikanischen Mittelalterhistoriker, dessen bemerkenswerte Karriere Robert E. Lerner in seinem Buch *Ernst Kantorowicz. Eine Biographie* (Stuttgart 2020) nachzeichnet.
5 Zu den in Posen gebliebenen Familienmitgliedern, die im Zweiten Weltkrieg Juden und Jüdinnen zur Flucht aus Osteuropa verhalfen, gehörte auch Ernst Kantorowicz.
6 Einer schriftlich verfassten Familiengeschichte der Milchs zufolge litt Elsa Glaser an Krebs, was sich jedoch nicht bestätigen lässt. Zu ihrer Krankheit siehe den Beitrag von Lynn Rother und Max Koss, S. 43 und 46, Anm. 19. Den Anfangszeitpunkt der Beziehung zwischen Maria Milch und Curt Glaser steuerte Marias Nichte, Bettina Meyer Basanow, bei.
7 Aus Briefen geht hervor, dass sich die Glasers im Juni und Juli in Paris aufhielten, im August in Ascona und im November in Ronco sopra Ascona. Strobl zufolge ist unklar, ob sie im Sommer 1933 nach Berlin zurückfuhren. Zu den Ereignissen, die 1933 den Auktionen vorausgingen, siehe den Beitrag von Anita Haldemann und Noemi Scherrer, S. 12–15.
8 Laut Strobl blieben sie, abgesehen von regelmässigen Reisen, von Frühjahr 1936 bis Herbst 1938 oder sogar 1939 in Florenz. Ein Entwurf Glasers für ein Buch über italienische Kunst des 15. Jahrhunderts ist in Walravens 2012 abgedruckt. Der Durchschlag des Typoskripts befindet sich im Leo Baeck Institute in New York. Mit Dank an Anita Haldemann für diesen Hinweis.
9 Siehe besonders die Briefe Nr. 15 und 16 in Billeter/Kennedy/Matelowski 2021, S. 77–82. Mit Dank an Judith Rauser für diesen Hinweis.
10 Siehe den Beitrag von Anita Haldemann und Noemi Scherrer, S. 18–19.
11 Archiv des American Council for Émigrés in the Professions, 1930–1974, Schachtel 3, Mappe 43. Mit Dank an Melissa McCullen, Projektarchivarin, M. E. Grenander Department of Special Collections & Archives, State University of New York at Albany.
12 Ich danke Nathaniel Parks und Bart Ryckbosch vom Art Institute of Chicago für ihre besonderen Bemühungen, diese Korrespondenz ausfindig zu machen. Als Maria Glaser-Ash 1974 erstmals Kontakt zur Morgan Library aufnahm, legte sie ihrem Schreiben eine Kopie des Briefs aus dem Art Institute bei. Ihr Schreiben ging jedoch in der Post verloren und wurde daher nie zugestellt. In einer Kopie ihres Schreibens – ohne die Anlage – erwähnt sie einen Brief vom 23.1.1943, in dem das Art Institute sein Interesse am Erwerb der Zeichnungen geäussert habe.
13 Ernst war im November 1938 verhaftet und für kurze Zeit ins Konzentrationslager Sachsenhausen nach Oranienburg gebracht worden. Das Lager wurde vor 1940 überwiegend für deutsche Staatsangehörige genutzt. Else Milch, die willensstarke Matriarchin der Familie, legte Papiere vor, aus denen hervorging, dass sie konfirmierte Protestanten waren, und überzeugte so die Nationalsozialisten von der Freilassung ihres Sohnes. Dieser floh daraufhin nach New York und bezog ebenfalls in der East 22nd Street (Nr. 122) eine Wohnung am Gramercy Park. Die Datenbank des United States Holocaust Memorial Museum weist aus, dass Ernst Milch in Sachsenhausen als «Gefangener 9080, Jude» geführt wurde: ushmm.org/online/hsv/person_view.php?PersonId=8510889.
14 Siehe Entscheid Basel 2018, S. 130–131.
15 Ernst Ashs Mutter, Anna Kantorowicz (1864–1929), war die Tochter von Wilhelm Kantorowicz (1836–1894) und die Nichte von dessen Bruder Maks «Max» Kantorowicz (1843–1904). Maks' Tochter Else, Annas Cousine, war die Mutter von Maria Milch.
16 Ashs ältere Tochter, Renata Ruth (1922–vor 1960), heiratete Richard G. Metcalf, dessen Erinnerungen an Ernst Ash unter dem Dach des Center for Jewish History in New York vom Leo Baeck Institute veröffentlicht wurden. Der Text ist nachzulesen unter archive.org/stream/lotteforrofamily1385unse/lotteforrofamily1385unse_djvu.
17 Mit Dank an Robert Yahner, Kurator und Registrar, National Arts Club, New York.
18 Siehe Anmerkung 12.
19 Felice Stampfle an Maria Glaser-Ash, 11.10.1974, Handakten, The Morgan Library & Museum, New York.
20 Felice Stampfle an Charles Ryskamp, 23.9.1981, Handakten, The Morgan Library & Museum, New York.
21 Adolph Goldschmidt an Curt Glaser, 1.11.1942, siehe Walravens 1990a, S. 109–110. Mit Dank an Anita Haldemann.
22 Für Informationen zu den hier nicht besprochenen Zeichnungen aus dem Vermächtnis siehe die einzelnen Einträge im Onlinekatalog der Morgan Library & Museum unter themorgan.org.
23 Siehe den Beitrag von Judith Rauser.
24 Augusta von Oertzen, «Berliner Salons: Ein Haus der Kunst», *Berliner Tageblatt*, 31.3.1929 («Weltspiegel»-Beilage), S. 4.
25 Mit Dank an Martin Sonnabend, der anhand eines kommentierten Katalogexemplars im Städel Museum das Eigentum Glasers an dem Blatt bestätigen konnte. Die Archivakte zu Ausstellung und Katalog – mit den Namen der vielen anonymen Leihgeber – war nicht aufzufinden, könnte aber im Verlauf der aktuellen Reorganisation des Museumsarchivs noch auftauchen.
26 Zum Who's who der Leihgeber zählten Johann Friedrich Lahmann (gest. 1938), Dresden, der Kunsthändler Walther Hauth (geb. 1885), Frankfurt am Main, der Kunsthistoriker Dr. Leo Baer (geb. 1880), Bad Homburg, der Verleger Dr. Curt Otto (1874–1929), Leipzig, und der Kunsthistoriker William Reinhold Valentiner (1880–1958), Berlin. Die Spranger-Zeichnung ist wie mehrere andere Blätter als «Privatbesitz, Berlin» gekennzeichnet, war jedoch das einzige Blatt, das mit Gewissheit Glaser gehörte.
27 Zu der mit einem Fragezeichen aufgeführten Spranger-Zeichnung in der Morgan Library & Museum siehe DaCosta Kaufmann 1985, S. 106, und Metzler 2014, S. 353, unter «Unbestimmte Werke», die «Sprangers Hand sehr nahekommen, für die die Zuschreibung jedoch offenbleibt».
28 Die Zeichnung wurde von Mackelaitė und Alsteens am 24.11.2021 untersucht und nicht als Original von Sprangers Hand, sondern als «Schule Sprangers» eingestuft.
29 Kopie nach Abraham Bloemaert, *Cimon und Pero im Gefängnis*, Feder und Tusche in Braun, schwarz laviert, über schwarzer Kreide, mit Bleiweiss (teilweise oxidiert) deckend gehöht, auf Papier, 30,3 × 20,1 cm, The Morgan Library & Museum, New York, Inv. 1981.34. Das Original befindet sich in der Sammlung von Cecile Kruyhooft, Antwerpen, siehe Bolten 2017, Abb. 157, Kat. 591a/887a. Für ein dem verschollenen Original ähnliches Werk siehe Bolten 2007, Nr. 591.
30 Siehe art.nelson-atkins.org/objects/10957/wooded-landscape-with-figures. Der Unternehmer und Kunstsammler Otto war vom 28.8.1945 bis Oktober 1947 Direktor des Kunstgutlagers Schloss Celle, der Sammelstätte für geraubte Kunst in der britischen Besatzungszone, und damit eine zentrale Persönlichkeit der Kunstwelt während der Nachkriegszeit.
31 Bolten 2007, S. 588.
32 Siehe zum Beispiel Robinson 2015. Das von Robinson besprochene Abrams-Album enthält nicht weniger als acht Blätter, von deren Künstlern qua Signatur keine weiteren Arbeiten bekannt sind.
33 Jorg Ramsler, *Merkur*, Feder in Schwarz, schwarz und ocker laviert, mit weisser Wasserfarbe deckend gehöht, über schwarzer Kreide auf Papier, 18,6 × 15 cm, The Morgan Library & Museum, New York, Inv. 1981.41.
34 Laut J. K. Rowlands (undatierte Notiz in Handakte) besitzt das British Museum in London eine Zeichnung desselben Künstlers. Jedoch stammen die Bezeichnung, das Datum 1613 und die Signatur des dortigen Blattes von einem Johannes Ramsler, dessen Beziehung zu Jorg Ramsler, sofern sie existiert, unbekannt ist; siehe die Erhebung in DaCosta Kaufmann 1985.
35 Christie's, London, 2.12.2014, Los 19.
36 Inv. NMH 1086/1863. Datierte Notiz in Handakte. Irgendwann vor 1985 schlug Richard Hemphill als Urheber des Blattes Antonio Molinari vor.
37 Bora 1984, S. 165.
38 Das in Lugano wohnhafte Sammlerehepaar Rudolf und Lore Heinemann besass ebenfalls Blätter aus ehemaligen Pacini-Beständen, genauso wie der Mailänder Sammler Carlo Prayer (1828–1900). Janos Scholz erwarb in den 1950er Jahren in Mailand Blätter aus der Sammlung.
39 Aukt.-Kat. Berlin 1933b, Lose 403, 406, 438, 528, 594, 611, und Aukt.-Kat. Berlin 1934. Das Los 446 aus dem 1933er-Katalog könnte eines der zwei Blätter sein, die von den Nachlassverwaltern zurückgerufen wurden. Mit Dank an Judith Rauser für diese Hinweise.
40 Aukt.-Kat. Berlin 1934, Lose 870 und 871.

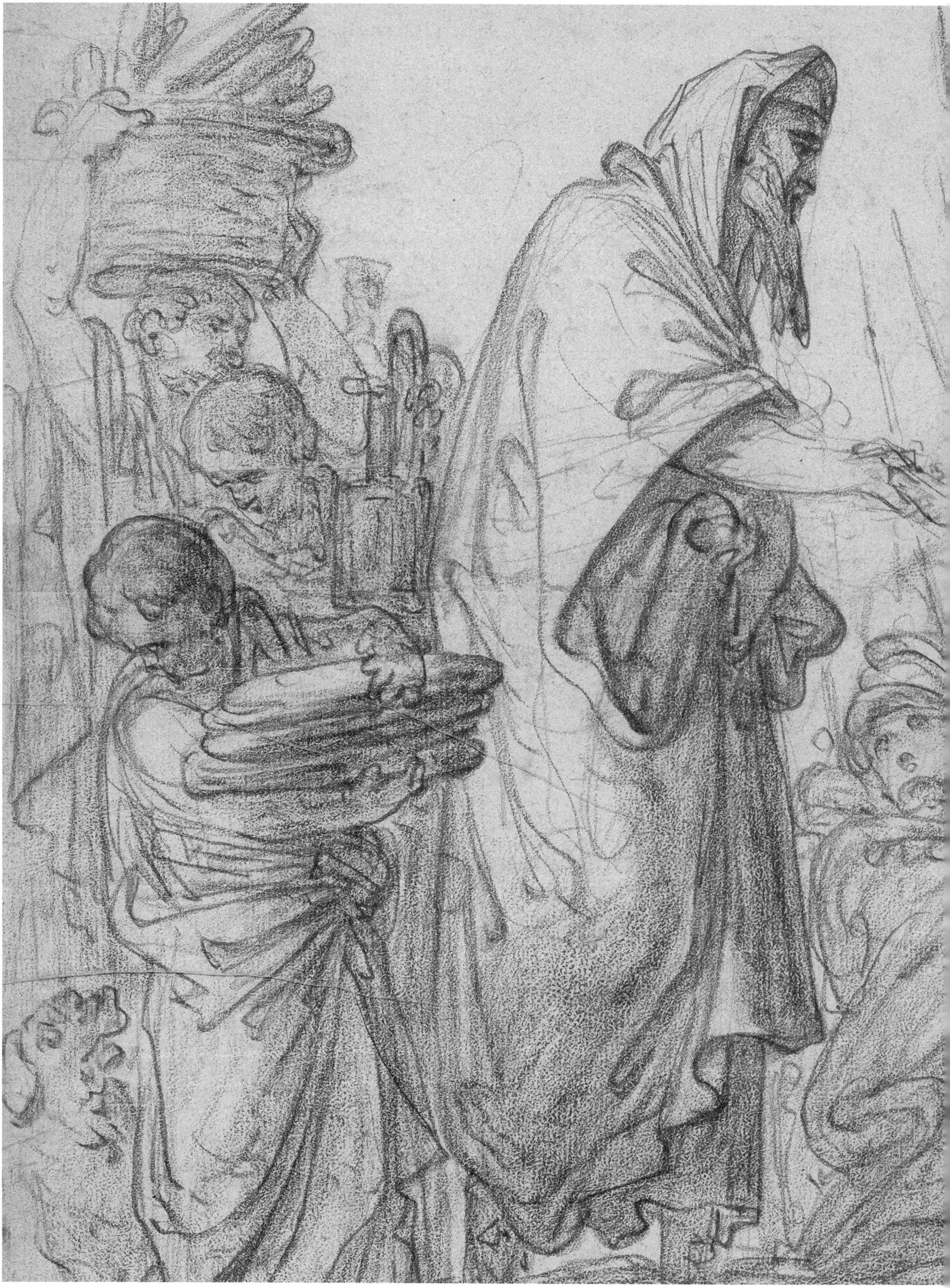

ALTE MEISTER

WERKE DES 19. JAHRHUNDERTS

Kat. 2
Anonym, Deutschland, 17. Jh.
Die Begegnung von Abraham und Melchisedek (Detail)
Kunstmuseum Basel, Kupferstichkabinett, Ankauf 1933

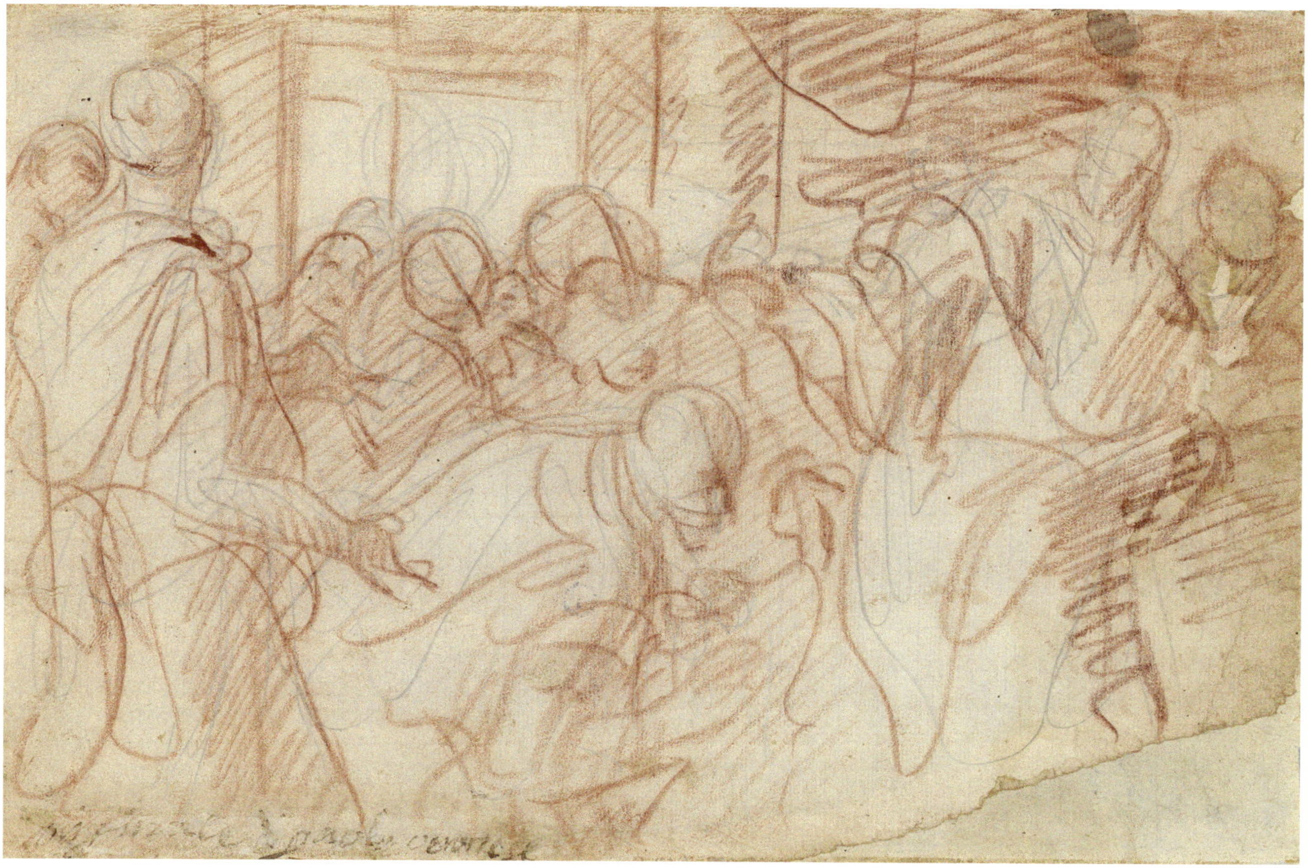

Kat. 173
Antonio Molinari, zugeschrieben
Figurengruppe
Kunstmuseum Basel, Kupferstichkabinett, Ankauf 1933

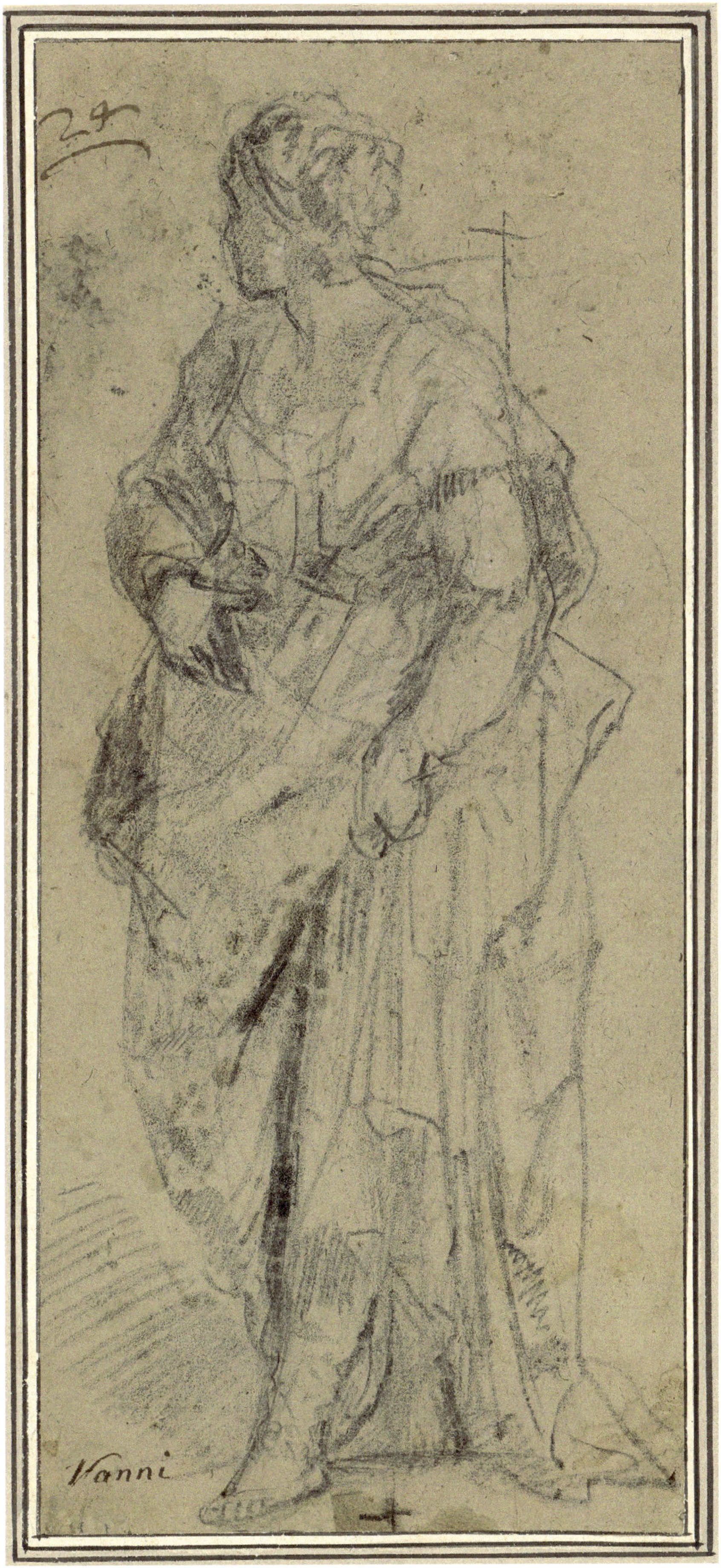

Kat. 198
Giovanni Battista Vanni (?)
Nach links schreitende Frau
Kunstmuseum Basel, Kupferstichkabinett, Ankauf 1933

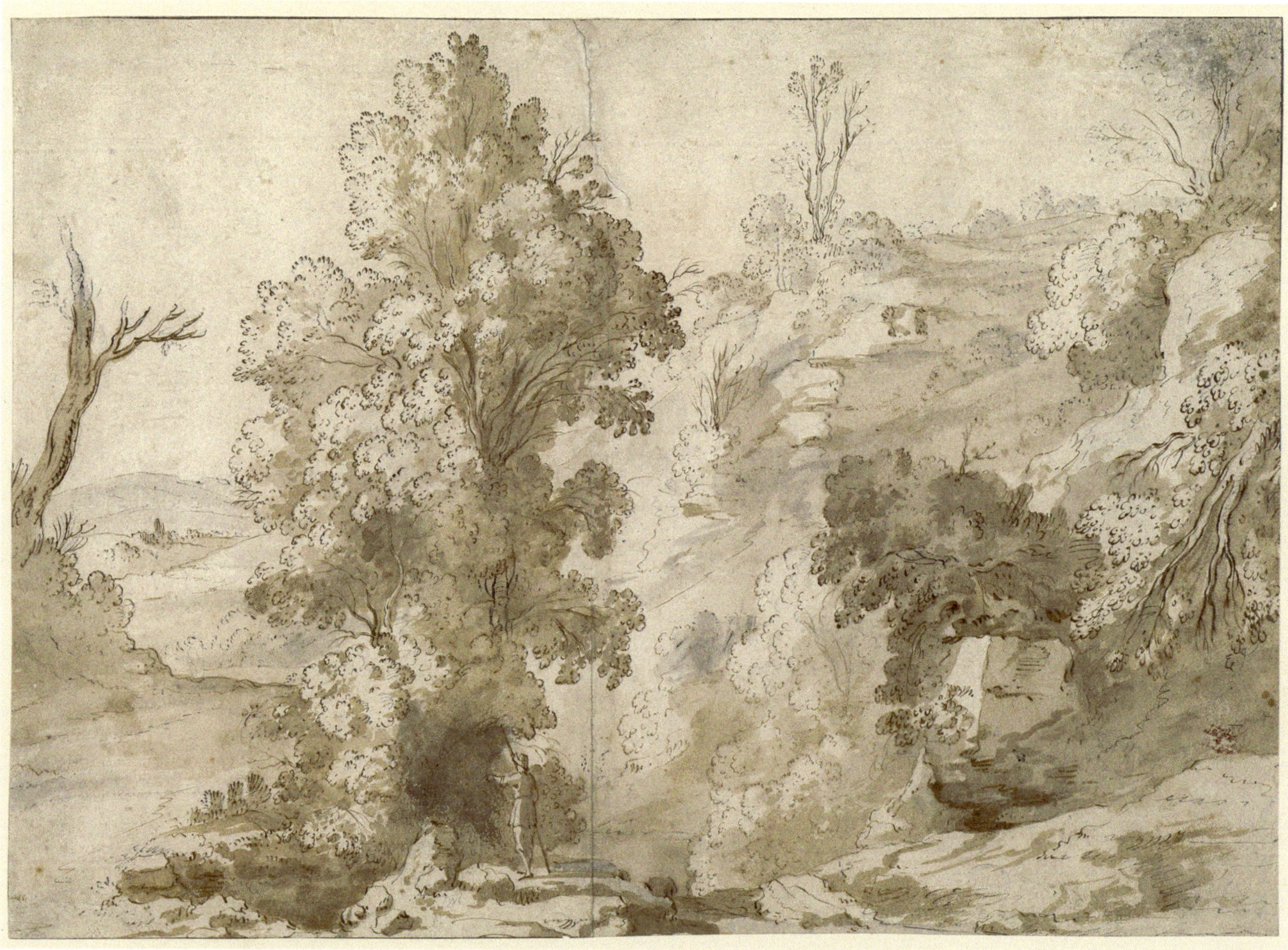

Kat. 185
Cornelis van Poelenburgh (?)
Landschaft mit baumbestandener Schlucht
Kunstmuseum Basel, Kupferstichkabinett, Ankauf 1933

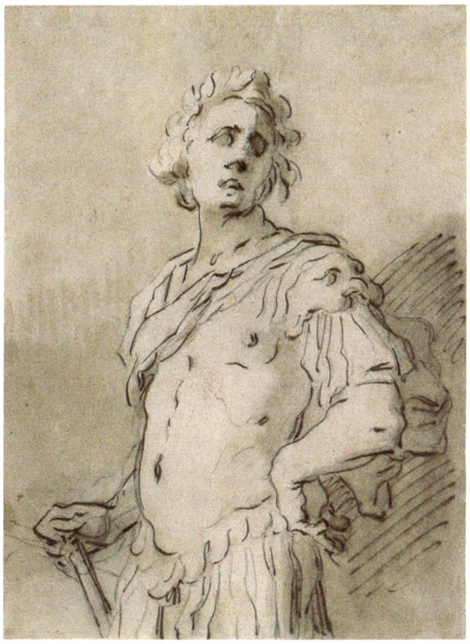

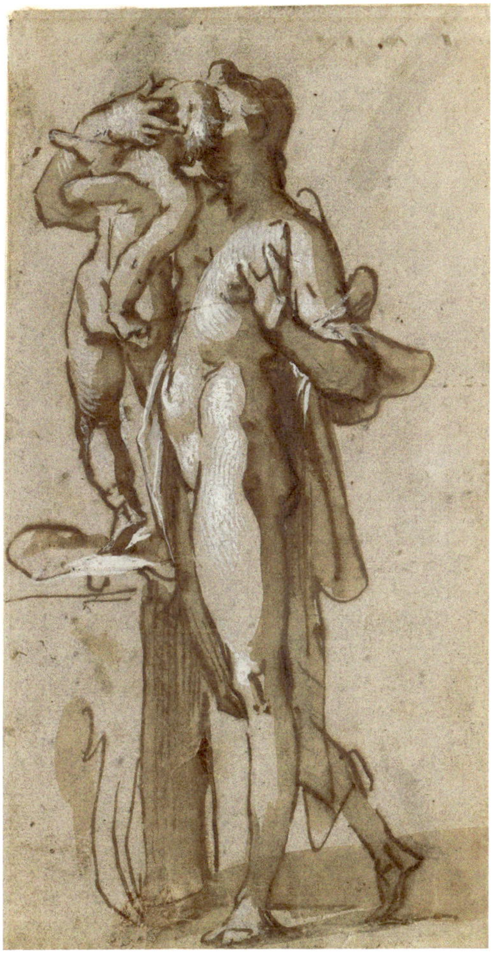

Kat. 223
Abraham Bloemaert
Soldat in antiker Rüstung
The Morgan Library & Museum, New York,
Bequest of Mrs. Ernest Ash

Kat. 225
Bartholomäus Spranger, Umkreis
Venus Cupido küssend, der in ihre Brust sticht
The Morgan Library & Museum, New York,
Bequest of Mrs. Ernest Ash

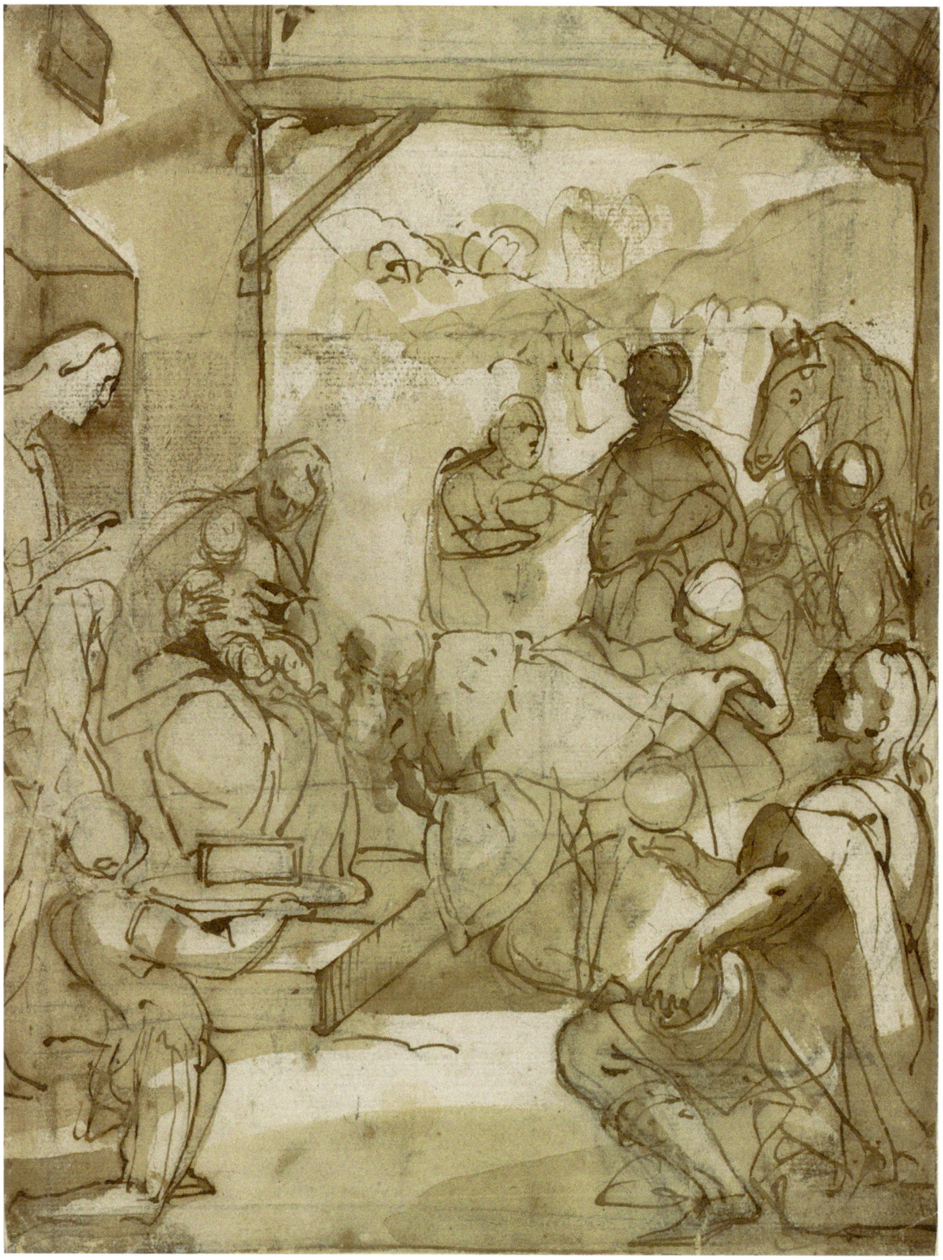

Kat. 224
Daniele Crespi
Die Anbetung der Könige
The Morgan Library & Museum, New York,
Bequest of Mrs. Ernest Ash

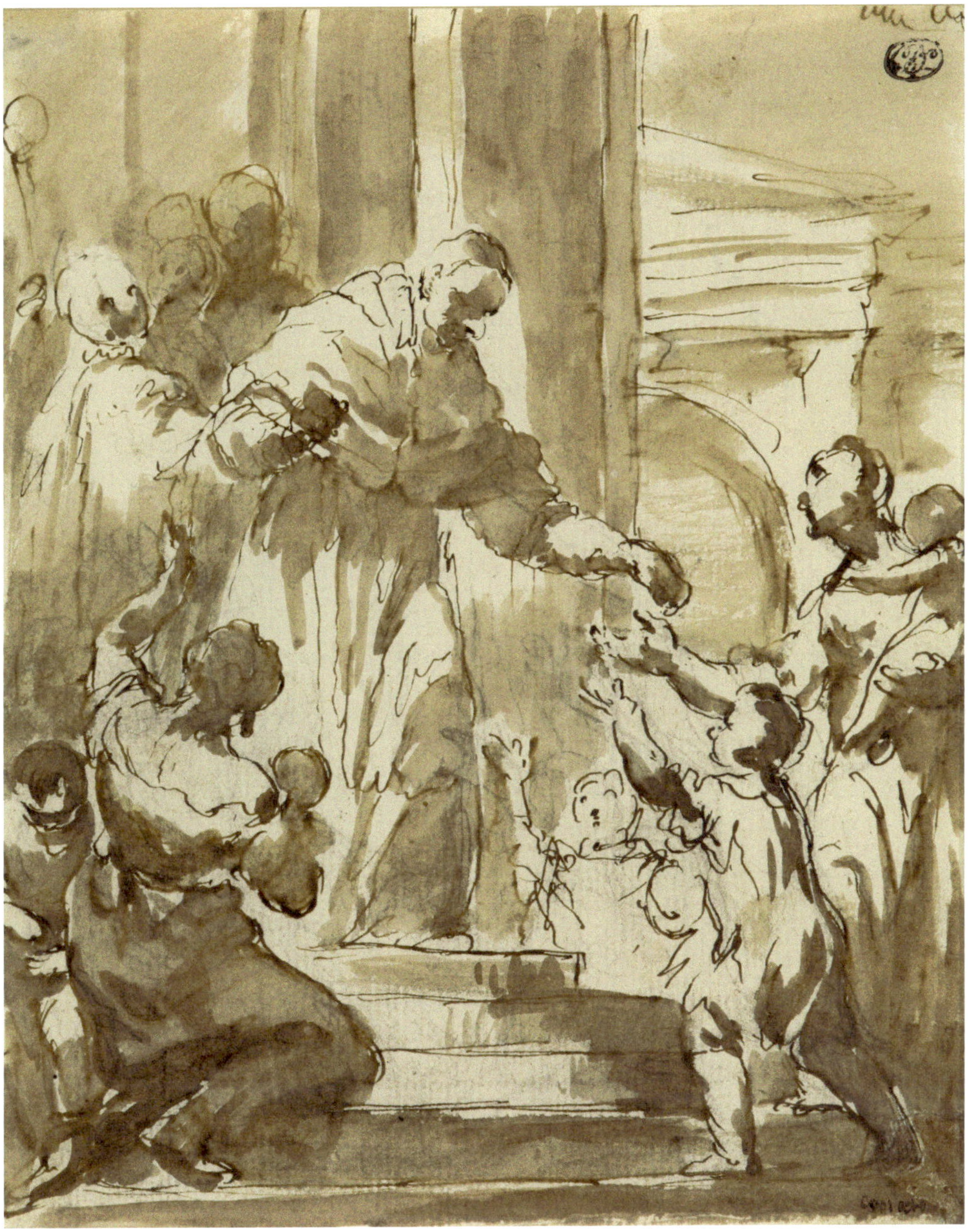

Kat. 219
Giovanni Battista Crosato
Der heilige Karl Borromeo
The Courtauld, London (Samuel Courtauld Trust)

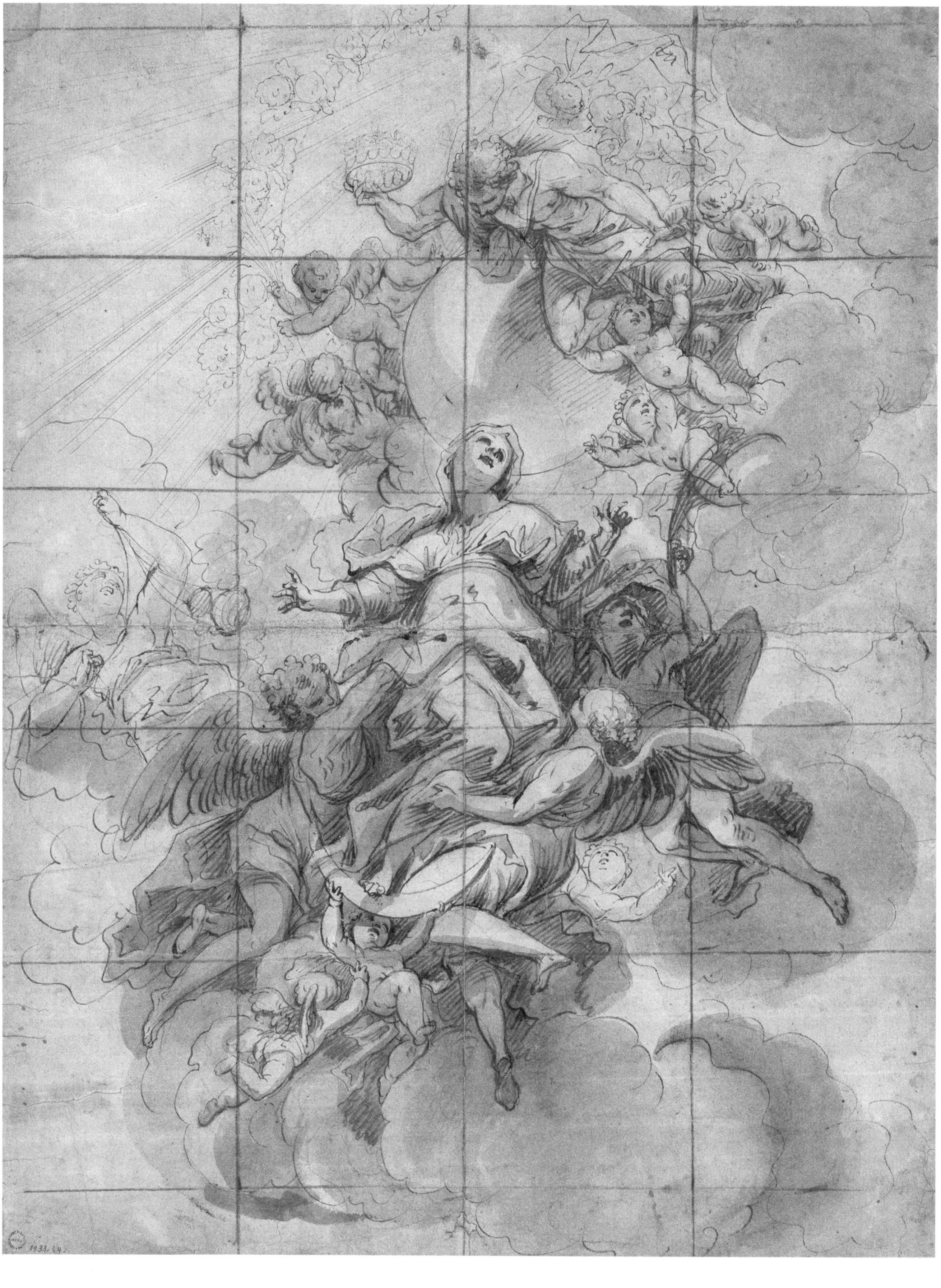

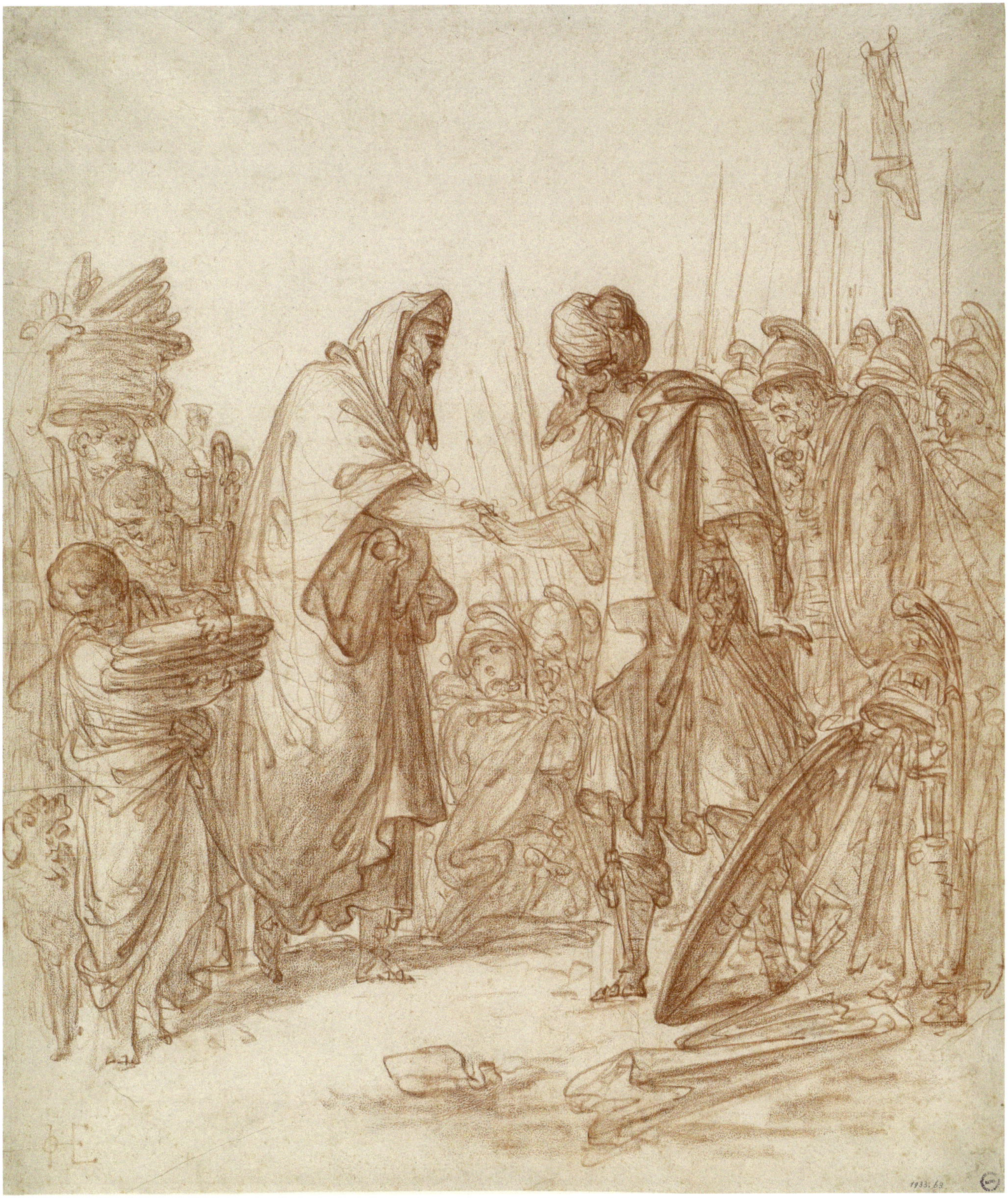

←
Kat. 194
Melchior Steidl
Die Himmelfahrt Mariä
1710/11
Kunstmuseum Basel, Kupferstichkabinett, Ankauf 1933

Kat. 2
Anonym, Deutschland, 17. Jh.
Die Begegnung von Abraham und Melchisedek
Kunstmuseum Basel, Kupferstichkabinett, Ankauf 1933

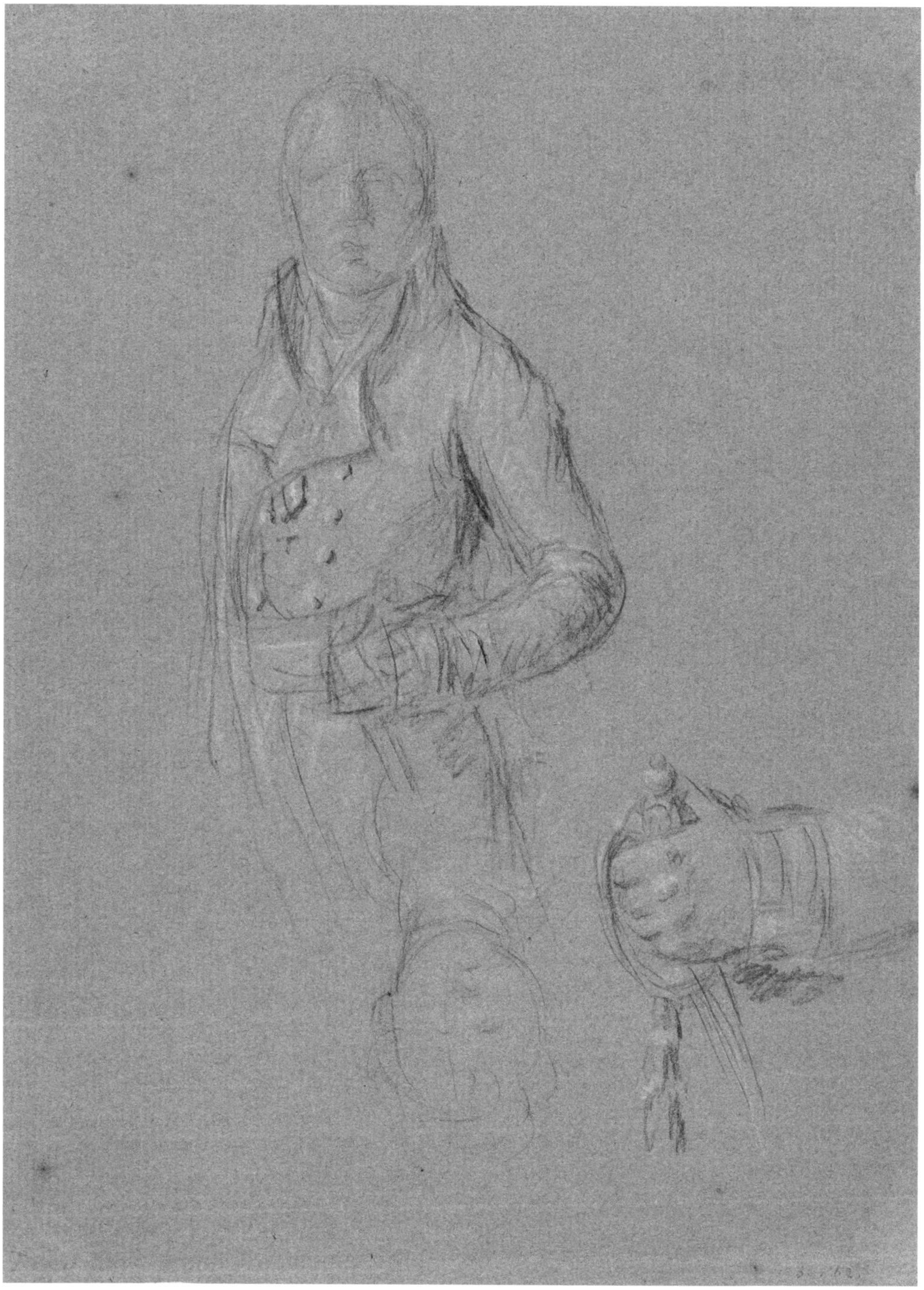

Kat. 197
Johann Friedrich August Tischbein (?)
Studie zum Bildnis eines Offiziers
Kunstmuseum Basel, Kupferstichkabinett,
Ankauf 1933

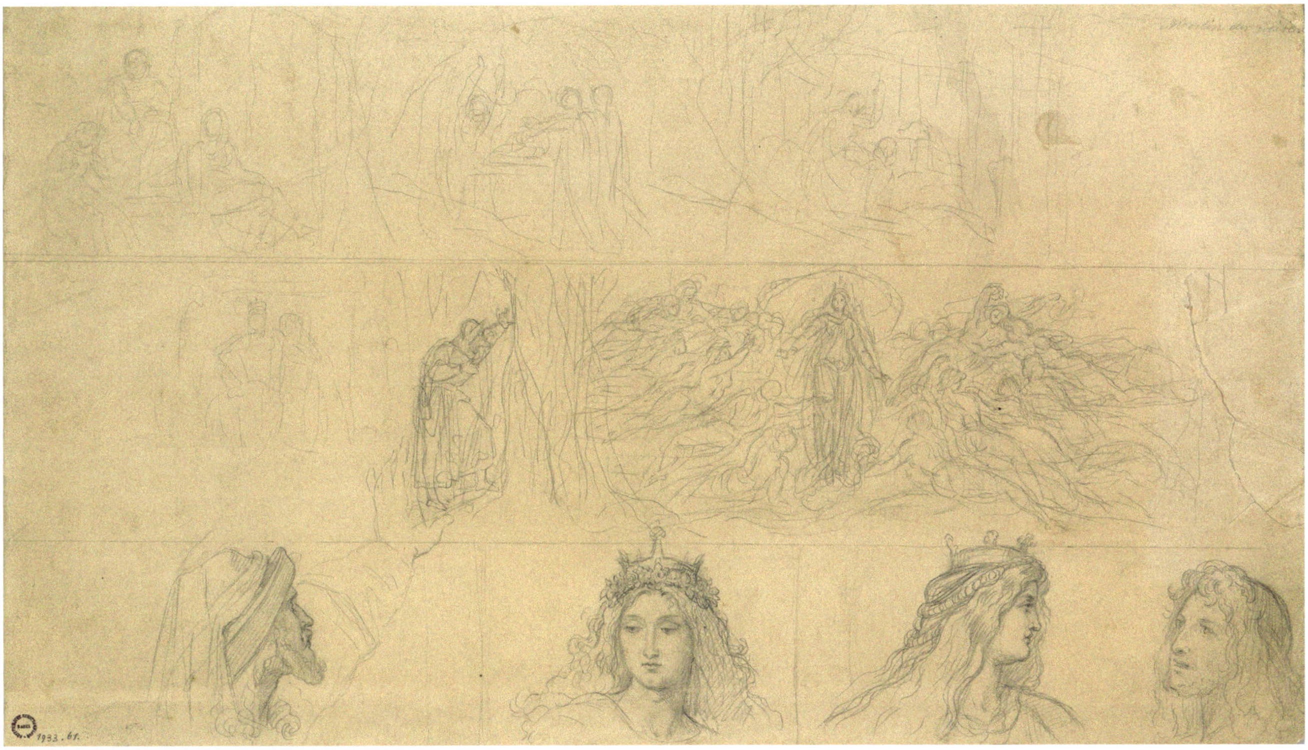

Kat. 190
Moritz von Schwind
Ideenskizzen zur «Schönen Melusine»
um 1868/69
Kunstmuseum Basel, Kupferstichkabinett,
Ankauf 1933

Felix Uhlmann

DER FALL CURT GLASER UND DIE HERAUSFORDERUNG DER SCHWEIZER MUSEEN UNTER DEN WASHINGTON PRINCIPLES

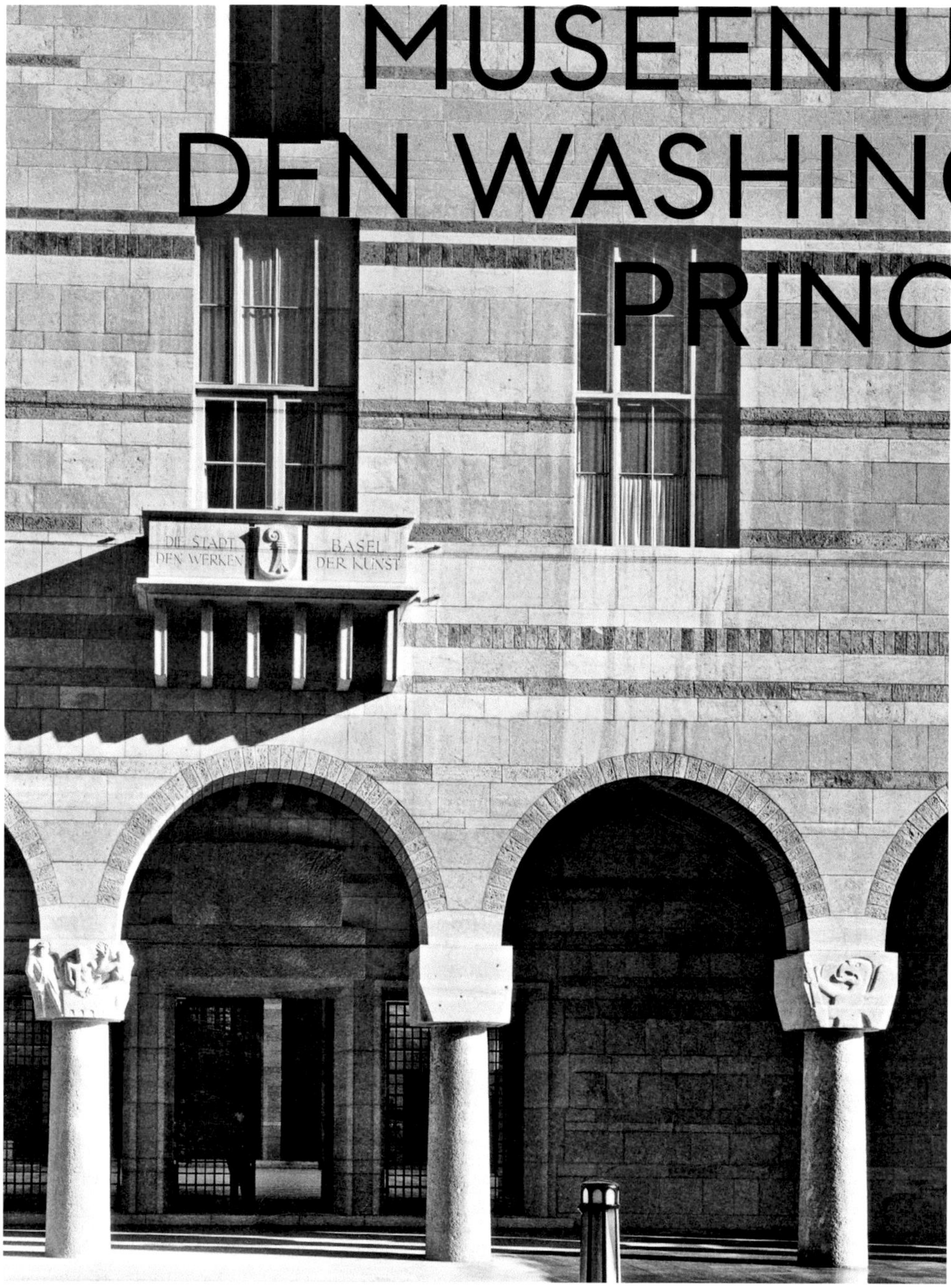

Abb. 64
Fassade des Hauptbaus, Kunstmuseum Basel, St. Alban-Graben 8, Basel, 1939
Kunstmuseum Basel, Archiv

I. EINLEITUNG

Curt Glasers Schicksal ist tragisch. Die Causa Glaser nicht minder. Aufgrund seiner jüdischen Abstammung verlor Glaser seine Stelle in Berlin. Er verkaufte seine umfangreiche Kunstsammlung, die er zusammen mit seiner ersten Ehefrau Elsa, geb. Kolker, erworben hatte. Curt Glaser immigrierte zunächst in die Schweiz, später in die USA. Beruflich konnte er nach seiner Emigration nicht wieder Fuss fassen.[1]

Das Kunstmuseum Basel (Abb. 64) erwarb im Mai 1933 bei einer öffentlichen Versteigerung in Berlin aus der Sammlung von Curt Glaser 200 Zeichnungen und Druckgraphiken. Im Jahr 2008 wurde das Kunstmuseum Basel von Glasers Erben kontaktiert, um die Umstände des Ankaufs zu diskutieren. Erste Verhandlungen scheiterten.[2] Nach erneuter Kontaktaufnahme durch die Erbenvertreter arbeitete das Kunstmuseum Basel zusammen mit der Kunstkommission den Fall Curt Glaser im Jahr 2018 nochmals auf. Dabei kamen Kunstmuseum und Kommission zu dem Schluss, dass Curt Glaser ein Opfer des Nationalsozialismus war und sein Fall deshalb unter der internationalen Übereinkunft der Washington Principles[3] zu beurteilen sei. Mit den Erben wurden Verhandlungen über eine gerechte und faire Lösung geführt, die Anfang 2020 erfolgreich abgeschlossen werden konnten. Anstelle einer Restitution der Werke erhielten die Erben eine finanzielle Kompensation. Das Kunstmuseum und die Kunstkommission entschieden zudem, das Leben Glasers mit einer Ausstellung zu würdigen (der vorliegende Katalog begleitet diese Ausstellung). Der Entscheid der Kunstkommission und des Kunstmuseums mit ausführlicher Begründung ist öffentlich zugänglich.[4]

Fragen von Restitutionen haben in der Schweiz wiederholt zu lebhaften Debatten geführt. Das Thema ist emotional aufgeladen, wie die Berichterstattungen um die Sammlung Bührle im Kunsthaus Zürich oder das Legat Gurlitt im Kunstmuseum Bern zeigen.[5] Die emotionale Debatte versperrt teilweise den Blick auf wichtige Fragen, die aufgrund ihrer vielleicht etwas «technischen» Natur in der Schweiz tendenziell unterschätzt werden. Gerade deshalb ist darauf zu bestehen, dass die Materie differenziert besprochen werden muss und Antworten nicht in vereinfachenden Imperativen zu finden sind. Der vorliegende Beitrag soll zur Schliessung dieser Lücken und zur Versachlichung der Debatte beitragen.

II. ZUSTÄNDIGKEIT UND VERFAHRENSFRAGEN

1. KULTURINSTITUTIONEN UND POLITIK

Im Gegensatz zu anderen europäischen Staaten[6] gibt es in der Schweiz keine zentrale Institution, die sich mit der Restitution von Raubkunst und Fluchtgut auseinandersetzt und entsprechende Empfehlungen abgibt. Beim Bundesamt für Kultur (BAK) wurde zwar die Anlaufstelle Raubkunst angesiedelt, diese hat allerdings keine Entscheidungskompetenz und nimmt im Wesentlichen eine Vermittlerrolle wahr.[7] Dies hängt mit der föderalistischen Struktur der Schweiz zusammen. Kulturpolitik ist in erster Linie eine Aufgabe der Kantone.[8] Die wichtigsten Kunstsammlungen stehen im Eigentum kantonaler, kommunaler Institutionen oder privater Institutionen, die massgeblich von Kantonen oder Städten unterstützt werden. Die kantonalen und kommunalen Museen sind rechtlich unterschiedlich konstituiert. Rechtlich handelt es sich oft um dezentrale Verwaltungsträger, die teilweise von kantonalen und kommunalen Institutionen beherrscht, teilweise durch diese stark subventioniert werden.[9] Im Fall des Kunstmuseums Basel besteht die Besonderheit, dass dieses gemäss §6 Abs.1 Gesetz über die Museen des Kantons Basel-Stadt vom 16. Juni 1999 (Museumsgesetz, SG 451.100) eine «Dienststelle des zuständigen Departements» ist (§6 Abs.1 Satz 1 Museumsgesetz). Daraus folgt, dass das Kunstmuseum grundsätzlich als staatliche Stelle zu behandeln ist.[10] Gleichzeitig garantiert das Museumsgesetz den staatlichen Museen aber auch Autonomie: «Im Rahmen der gesetzlichen Vorschriften und der entsprechenden Ausführungsvorschriften kommt den Museen inhaltliche, organisatorische, personelle und finanzielle Selbständigkeit zu» (§6 Abs.1 Satz 2 Museumsgesetz).[11] Bereits diese Regelung wirft die Frage auf, wer im Falle von Rückforderungsansprüchen eigentlich Ansprechpartner sein soll: Das Museum oder der Kanton?

Die Regelung wird noch komplizierter, wenn es um die Frage der Restitution und Alternativen dazu geht. Im Kanton Basel-Stadt bilden die Sammlungen der Museen Teil des Universitätsgutes und sind als solche unveräusserlich (§5 Museumsgesetz). Eine Restitution unter den Washington Principles stellt nach der hier vertretenen Auffassung eine Veräusserung dar, weil die Rückgabe nicht rechtlich erzwungen werden könnte.[12] Gemäss dem Museumsgesetz bedarf eine ausnahmsweise Veräusserung des Entscheides des Regierungsrates des Kantons Basel-Stadt, gestützt auf den gemeinsamen Antrag der betreffenden Museumsdirektion, der betreffenden Museumskommission sowie des Rektorats der Universität (§5 Abs.2 Satz 1 Museumsgesetz).[13]

Die in §5 Abs.2 Museumsgesetz genannten Museumskommissionen begleiten, beraten und unterstützen die Museumsdirektionen (§7 Abs.1 Satz 2 Museumsgesetz). Sie haben für die Wahl der Direktorin oder des Direktors ein Antragsrecht (§7 Abs.2 Museumsgesetz) und entscheiden über Ankäufe, Leihgaben und die Annahme von Schenkungen (§4 Abs.3 lit. a–c Museumsverordnung[14]).

Aus den gesetzlichen Grundlagen folgt, dass eine eigentliche Restitution ein Zusammenwirken von insgesamt vier Institutionen notwendig macht (Regierungsrat, Museumskommission, Museumsdirektion, Universität). Es ist nicht ohne Weiteres ersichtlich, wer in dieser Konstellation welche

Aufgaben und Zuständigkeiten hat. §5 Abs.2 Satz 2 Museumsgesetz spricht von einem Antrag von Museumsdirektion und Museumskommission, woraus sich ergibt, dass diese beiden Gremien im Falle von Restitutionsforderungen die Angelegenheit vorbereiten und beim Regierungsrat einen entsprechenden Antrag stellen. Dies erscheint einerseits mit Blick auf die vorhandenen Fachkenntnisse, andererseits mit Blick auf die in §6 Abs.1 Satz 2 Museumsgesetz garantierte Autonomie als sachgemässe Lösung. Juristisch selbstverständlich ist sie nicht.

Zusätzlich verkompliziert wird die Fragestellung, wenn man sich vor Augen führt, dass die Rückgabe nicht die einzige Möglichkeit ist, mit einem Restitutionsanspruch umzugehen. Die Washington Principles sprechen von einer gerechten und fairen Lösung.[15] Auch im Fall Glaser kam es nicht zu einer Rückgabe der Kunstwerke; vereinbart wurde vielmehr eine Entschädigungszahlung und Curt Glaser mit einer Ausstellung zu würdigen.[16] Die Durchführung einer Ausstellung liegt in der Kompetenz des Museums. Weniger eindeutig ist die Zuständigkeit bezüglich einer Zahlung im Rahmen einer gerechten und fairen Lösung. Nach § 6 Abs. 1 Satz 2 Museumsgesetz sind die staatlichen Museen grundsätzlich auch finanziell selbstständig, doch ist offensichtlich, dass sie in grossem Masse durch staatliche Mittel finanziert werden, womit mindestens faktisch ein starker staatlicher Einfluss vorhanden ist.

Die komplizierte Zuständigkeit mag in dieser Form nur für den Kanton Basel-Stadt existieren. In ihrer Unübersichtlichkeit ist sie indessen nicht ungewöhnlich. In den kantonalen und kommunalen Museen bestehen komplexe Beziehungsgeflechte zu Politik und Zivilgesellschaft. Eine Klärung war und ist nicht nur in Basel angezeigt, und idealerweise nicht erst, wenn – oft begleitet von medialem Druck – mit einer Restitutionsforderung umgegangen werden muss.

2. NATIONALE INSTANZ, AD-HOC-SCHIEDSGERICHT ODER ENTSCHEID DER KULTURINSTITUTION?

Wie dargelegt besitzt die Schweiz keine nationale Instanz zur Klärung von Restitutionsfällen unter den Washington Principles.[17] Die Stossrichtung der Vereinbarung geht in diese Richtung: «Nations are encouraged to develop national processes to implement these principles, particularly as they relate to alternative dispute resolution mechanisms for resolving ownership issues.»[18] Diese Bestimmung ist vor dem Hintergrund zu sehen, dass es für die Antragssteller häufig schwer ist, vor den staatlichen Gerichten eine gerechte und faire Lösung im Sinne der Washington Principles zu erlangen. Aufgrund der verstrichenen Zeit stellen sich Beweisprobleme und komplexe internationale Verfahren sind zeit- und kostenintensiv – am schwersten wiegt aber der Umstand, dass rechtliche Ansprüche aus der Zeit des Holocausts in den meisten Fällen verjährt sind.[19] Zur Umsetzung der Washington Principles sind also häufig Mittel der alternativen Streitbeilegung («alternative dispute resolution»[20]) nötig, die als Alternative zu den Gerichten dienen.[21] Zur Schaffung einer zentralen Instanz wurden in der Schweiz verschiedene parlamentarische Vorstösse eingereicht. Der Bundesrat stand diesen ursprünglich ablehnend gegenüber und lehnte auch die Ausstattung der Anlaufstelle Raubkunst mit zusätzlichen Kompetenzen ab.[22] Zuletzt signalisierte er allerdings Offenheit.[23] Jüngst sprachen sich auch Mitglieder der ehemaligen Bergier-Kommission für die Schaffung eines Gremiums aus.[24] Eine Lösung ist für die nächsten Jahre jedoch nicht absehbar, was bedeutet, dass die Schweiz bis auf Weiteres über keine nationale Instanz verfügt.

Das Fehlen einer nationalen Instanz hat zur Folge, dass Institutionen bzw. die dahinter stehenden kantonalen und kommunalen Behörden mit der Frage konfrontiert sind, wie sie mit Restitutionsansprüchen umgehen. Eigentlich verlangen die Washington Principles die Entscheidung einer Instanz, die «balanced», also «ausgewogen» (in der Übersetzung des BAK: «ausgeglichen»[25]) zusammengesetzt ist: «Commissions or other bodies established to identify art that was confiscated by the Nazis and to assist in addressing ownership issues should have a balanced membership.»[26]

Fünf ausländische Kommissionen vereinigen Expertise aus der Rechtswissenschaft, der (Kunst-)Geschichte, der Philosophie und der Museologie sowie Vertreter:innen aus dem Kunsthandel und der staatlichen Verwaltung.[27] Die Kunstkommission des Kunstmuseums Basel, welche den Fall Glaser beurteilt hat, vereinigt zusammen mit dem Kunstmuseum erhebliches Wissen, wenngleich das kunsthistorische gegenüber dem historischen Wissen (Geschichte des Zweiten Weltkriegs und der jüdischen Geschichte und Kultur) überwiegt.[28] Noch heikler ist ein anderer Aspekt: Die Museumskommissionen des Kantons Basel-Stadt sind in erster Linie den zugehörigen Museen verpflichtet, die ihrerseits als staatliche Dienststellen mit gewisser Autonomie konstituiert sind. Die Mitglieder der Kommission werden vom Regierungsrat und von der Universität eingesetzt.[29] Eine gewisse Nähe zur Verwaltung und zur Exekutive ist zwar auch bei ausländischen Gremien vorhanden und teilweise stark ausgeprägt,[30] dass aber Vertreter eines Museums über die eigenen Fälle entscheiden, steht im Spannungsverhältnis zu den Washington Principles und den allgemeinen (staatlichen) Verfahrensgarantien,[31] auch wenn die Präambel der Washington Principles festhält, dass die Teilnehmerstaaten unterschiedliche Rechtssysteme einschliesslich prozeduraler Unterschiede haben.[32]

Wie also sollen damit Kulturinstitutionen auf Restitutionsansprüche verfahrensrechtlich reagieren? Eine Möglichkeit besteht in der Einsetzung eines Ad-hoc-Schiedsgerichts.[33] Das Problem dieser Lösung liegt darin, dass dieses Vorgehen für eine staatliche Institution wie das Kunstmuseum Basel im geltenden Recht keinerlei Stütze findet. Ausserdem steht ein Ad-hoc-Schiedsgericht im Spannungsverhältnis zum Legalitätsprinzip. Zur Einsetzung müssten eigentlich die entsprechenden Rechtsgrundlagen erst geschaffen werden (was ein durchaus diskutables Desiderat ist). Institutionen in Privatrechtsform sind hier flexibler, auch wenn das starke Engagement des Gemeinwesens staatliche Bindungen, namentlich die Bindung an (Verfahrens-)Grundrechte, indiziert und dementsprechend die Vereinbarkeit mit übergeordnetem Recht mindestens zu prüfen ist.[34]

Ein Ad-hoc-Schiedsgericht birgt auch die Herausforderung, dass es erfahrungsgemäss schwierig ist, Personen zu finden, die einerseits über die nötigen Fachkenntnisse verfügen, andererseits von den Parteien eines Restitutionsverfahrens hinreichend unabhängig sind.[35] Zudem macht sich auch hier das Fehlen einer nationalen Instanz bemerkbar: Für einen Entscheid eines Schiedsgerichts fehlt es in der Schweiz an einer nationalen Praxis. Nicht einmal die anwendbaren Rechtsgrundlagen sind klar.[36] Dies macht einen Entscheid ausgesprochen unberechenbar, *nota bene* für beide Seiten. Verfahrensrechtlich müssten überdies verschiedene Punkte geklärt werden, etwa bezüglich der Frage, ob ein solcher Entscheid für die Parteien bindend ist oder nicht. Natürlich wäre bei einer Einsetzung eines Schiedsgerichts denkbar, alle diese Punkte zu klären, doch ist zu befürchten, dass die Verhandlungen über die Grundlagen fast gleich aufwendig würden wie die über eine gerechte und faire Lösung selbst.

Schliesslich ist zu bedenken, ob es nicht Aufgabe der Institution selbst sein sollte, sich zu positionieren und ihre eigene Praxis zu entwickeln. Sollen die Museen die Fragen einfach delegieren, obwohl sie selbst auf die Provenienzforschung verpflichtet sind?[37] Man mag kritisieren, dass die Institutionen nicht die gleiche Unabhängigkeit besitzen wie ein paritätisch zusammengesetztes Gremium, wenn sie über Restitutionsforderungen entscheiden. Aber völlig frei sind die Museen in ihren Entscheidungen natürlich nicht. Sind die Museen Dienststellen wie im Kanton Basel-Stadt oder in anderer Form an das Gemeinwesen gebunden, bedeutet dies, dass eine Entscheidung nicht nach Belieben gefällt werden kann.[38] Vielmehr sind die Museen als Teil der kantonalen Verwaltung rechtsstaatlichen Grundsätzen unterworfen. Für sie gelten allgemeine materielle Grundsätze wie das Willkürverbot (Art. 9 BV), die Verhältnismässigkeit (Art. 5 Abs. 2 BV), die Pflicht zur Wahrnehmung öffentlicher Interessen (Art. 5 Abs. 2 BV) etc. auf der einen Seite, formelle verfahrensrechtliche Pflichten wie die Gewährung des rechtlichen Gehörs (Art. 29 Abs. 1 BV) und die Begründung ihrer Entscheide etc. auf der anderen Seite.[39] Gemeinhin wird den Verwaltungsbehörden zugetraut, einen fairen Entscheid zu treffen, auch wenn sie nicht die Unabhängigkeit richterlicher Behörden haben. Eine Steuerverwaltung entscheidet über die Steuerforderung der Privaten, ohne dass ihr unterstellt wird, jeweils nur auf die Maximierung der kantonalen Einnahmen fixiert zu sein.[40] In dem Sinne darf einer staatlichen Kulturinstitution durchaus zugetraut werden, einen sachgerechten Entscheid zu fällen.

Zugegeben, es bleiben Einschränkungen. Bei (anderen) Entscheidungen von Verwaltungsbehörden ist in der Regel gerichtlicher Rechtsschutz möglich. Eine vergleichbare Kontrolle der Entscheide staatlicher Kulturinstitutionen ist bei einem abschliessenden Entscheid in Anwendung der Washington Principles nicht gewährleistet. Aus diesem Grund bleibt die Diskussion über eine nationale Instanz in jedem Fall aktuell, auch wenn kantonalen Kulturinstitutionen ein sachgerechtes Urteil zugetraut werden darf – übrigens nicht zuletzt mit Blick auf die Wahrung ihrer Reputation.

3. ANWENDBARES VERFAHRENSRECHT

Die Washington Principles sehen kein bestimmtes Verfahren vor, sondern erwarten, dass ein solches geschaffen wird: «Die Staaten werden dazu aufgerufen, staatliche Verfahren zur Umsetzung dieser Richtlinien zu entwickeln. Dies betrifft insbesondere die Einrichtung alternativer Lösungsmechanismen bei strittigen Eigentumsfragen.»[41] Auch die Rechtsgrundlagen im Kanton Basel-Stadt enthalten keine spezifische Regelung. Es ist daran zu erinnern, dass ein Restitutionsanspruch unter den Washington Principles kein eigentliches Verwaltungsverfahren oder ein gerichtliches Verfahren darstellt. Vielmehr musste und muss das Verfahrensrecht für diese Fälle eigenständig entwickelt werden.[42]

Aus einer rechtlichen Perspektive sind grundsätzlich zwei Zugänge denkbar. Auf der einen Seite kann man sich das Restitutionsverfahren ähnlich wie einen Zivilprozess zwischen zwei Parteien vorstellen, bei dem die Anspruchsteller sozusagen die Kläger sind, die Kulturinstitutionen die Beklagten. In der Tat folgen gewisse ausländische Modelle diesem Denken.[43] Sinngemäss findet ein Zivilverfahren vor einer unabhängigen Instanz statt. Auch bei einem Adhoc-Schiedsverfahren würde im Wesentlichen diese Logik vorherrschen. Vertreten wird dabei, dass die Washington Principles in Verbindung mit Art. 2 Abs. 2 ZGB eine gewisse Fairness auf Seiten der Institution gebieten, so etwa den Zugang zu den massgebenden Dokumenten.[44]

Aus meiner Sicht bietet sich für die Schweiz derzeit eher eine Parallele zum öffentlichen Recht an. Mit Blick auf den Kanton Basel-Stadt ist dies schon deswegen angezeigt, da die Museen kantonale Dienststellen sind und wie dargelegt sowohl materiell als auch verfahrensrechtlich den Prinzipien der schweizerischen Bundesverfassung sowie der Kantonsverfassung verpflichtet sind. Rein praktisch hat dies etwa zur Folge, dass die kantonalen Institutionen auch Elemente zugunsten einer Restitutionsforderung berücksichtigen müssen. Ihre Provenienzforschung sollte auf die vollständige Aufarbeitung des Sachverhalts und eine möglichst korrekte Wertung gerichtet sein. Ihre Position sollte nicht nur abwehrend sein – so würde sich typischerweise im Zivilprozess eine beklagte Partei verhalten –, sondern soweit möglich der materiellen Wahrheit verpflichtet sein (Untersuchungsmaxime).[45] Dies ist ein hoher Anspruch, aber aus meiner Sicht für staatsnahe Kulturinstitutionen letztlich die einzig vertretbare Position.

Ein zentraler Pfeiler eines fairen Verfahrens ist die Gewährung des rechtlichen Gehörs (Art. 29 Abs. 2 BV). Dies bedeutet, dass die Anspruchsberechtigten von Restitutionsforderungen nicht Objekt, sondern Subjekt des Verfahrens sind. Sie müssen im Verfahren gebührend zu Wort kommen. Rein praktisch sind verschiedene Konstellationen denkbar, wie die Gewährung des rechtlichen Gehörs sinnvollerweise verwirklicht wird.[46] Naheliegend ist, dass den Anspruchsberechtigten ein Entwurf des historischen Sachverhalts vorgelegt wird und sie sich dazu äussern können. Dies dient auch der Qualität der Arbeit der entsprechenden Institution. Selbstverständlich sollten sich die Anspruchsberechtigten auch zu den Konsequenzen aus dem historischen Sachverhalt unter den Washington Principles äussern können. Ob man die Anspruchsberechtigten auch mündlich anhört, ist rechtlich nicht entscheidend, kann aber im Interesse eines transparenten, sachlichen Dialogs auf Augenhöhe durchaus angezeigt sein.

Allerdings bleibt eine Schwierigkeit, die sich auch im Fall von Curt Glaser gestellt hat. Liegt die gerechte und faire Lösung nicht in der Restitution (oder in der vollständigen Ablehnung derselben), kommt es früher oder später unvermeidlich zu Verhandlungen. Die Verhandlungssituation ist von der dargestellten Aufarbeitung der Entscheidungsgrundlage verschieden. Im Gegensatz zur Erarbeitung der Entscheidungsgrundlage, für welche eine grösstmögliche Transparenz zu fordern ist, können Verhandlungen nur erfolgreich geführt werden, wenn sie in einer gewissen Vertraulichkeit stattfinden.[47] In Verhandlungen ist es auch legitim, wenn die Kulturinstitution ihre Interessen bestmöglich zu verwirklichen sucht (was üblicherweise auch die Gegenseite tut). Darüber hinaus bedarf es der Klärung, wie verfahrensrechtlich die Verhandlungssituation und die Positionierung der Kulturinstitution bei der Erarbeitung der Entscheidungsgrundlage aufeinander abgestimmt werden, sowohl zeitlich wie auch inhaltlich.

Im Fall von Curt Glaser gab es eine längere Vorgeschichte, die es als naheliegend erscheinen liess, dass sich das Kunstmuseum Basel und die Kunstkommission zunächst einmal inhaltlich positionierten. Aus diesem Grund war der Entscheidprozess den Verhandlungen vorgelagert. Ob dies in jedem Fall angezeigt ist oder ob nicht beide Verfahren zusammengenommen werden könnten, insbesondere in der Konstellation, dass eine Kulturinstitution auf mögliche Anspruchsberechtigte zugeht, ist hier nicht weiter zu vertiefen.[48] Gleichwohl scheint sachgerecht, dass im Falle von Differenzen die Anspruchsberechtigten verlangen können, dass sich das Museum in einem Entscheid positioniert. Dieser kann (und soll) in der Öffentlichkeit diskutiert werden.

III. RECHTSGRUNDLAGEN

1. WASHINGTON PRINCIPLES

Die Eidgenossenschaft hat die Washington Principles mitverabschiedet, als Soft Law aber nicht ratifiziert. Der Umsetzungsprozess soll im Rahmen des nationalen Rechts erfolgen.[49] Der Bund erachtet seine Museen als direkt verpflichtet, während für die kantonal und kommunal getragenen Institutionen die Selbstverpflichtung der Museen aus dem Jahre 1998 zur Anwendung kommt.[50] Eine gesetzliche Pflicht ist soweit ersichtlich in den kantonalen oder kommunalen Grundlagen nicht zu finden, ebenso wenig auf Bundesebene, obwohl sich der Bundesrat eigentlich zur Umsetzung verpflichtet hat.[51]

Private Museen unterliegen als solche nicht den Washington Principles – falls diese nicht in entsprechendes nationales Recht «umgegossen» wurden.[52] Soweit Kantone und Städte private Kulturinstitutionen unterstützen, können sie verlangen, dass die Kulturinstitutionen sich den Washington Principles unterwerfen. Aus verwaltungsrechtlicher Sicht erscheint dies als zulässige Nebenbedingung einer entsprechenden Subventionsverfügung.[53] Sinnvollerweise wird über diese Frage natürlich anlässlich des Abschlusses des Subventionsvertrages gesprochen, nicht erst, wenn eine Restitutionsforderung gestellt wird. Insgesamt dürften die Verpflichtungen sehr unterschiedlich sein, die in den verschiedenen kantonalen und kommunalen Rechtsgrundlagen oder in Subventionsverträgen von den Institutionen eingefordert werden. Hier sind weitere Untersuchungen notwendig.

Die Geltung der Washington Principles ist aber weitgehend unbestritten. Schon die Mitgliedschaft der meisten Museen im ICOM (International Council of Museums) lässt es als kaum vereinbar erscheinen, sich nicht gleichzeitig den Washington Principles zu verpflichten.[54] Soweit ersichtlich hat sich mindestens bei den kantonalen und kommunalen Institutionen kein Museum offen gegen deren Anwendung ausgesprochen – obwohl die Frage für die staatlichen Museen nicht offensichtlich ist, da die Handlungspflichten des Gemeinwesens sich nicht aus einer Selbstverpflichtung ergeben, sondern nur aufgrund anwendbaren Rechts, das, soweit es als wichtig erachtet wird, vom Gesetzgeber festzulegen ist.[55] Auch die Anwendung der Washington Principles als Gewohnheitsrecht ist wohl (noch) abzulehnen.[56]

2. ERKLÄRUNG VON TEREZIN

Die Unsicherheiten bei den Rechtsgrundlagen setzen sich fort bei der Erklärung von Terezin[57]. Hier fällt auf, dass die Eidgenossenschaft die Erklärung zwar mitverabschiedet hat,[58] bei der Beantwortung konkreter Fragen dann aber meist nur auf die Washington Principles verweist.[59] Der Bundesrat hat sich jeweils dahingehend geäussert, dass die Erklärung von Terezin die Washingtoner Richtlinien «bestätigt».[60] Die starke Bezugnahme auf die Washington Principles ist in der Erklärung von Terezin durch wiederholte Verweise angelegt. Im Aufbau und den Formulierungen sind die Quellen unterschiedlich: Während die Washington Principles die Struktur eines völkerrechtlichen Vertrages mit kurzer Präambel und anschliessender Auflistung von Artikeln aufweist, ist die Erklärung von Terezin in neun Kapitel gegliedert, die jeweils durch einen Fliesstext eingeleitet und teilweise durch numerierte Absätze ergänzt werden. Die numerierten Absätze sind fast alle, anders als bei den Washington Principles, als Aufrufe oder Appelle formuliert («We encourage all states...», «We urge all stakeholders...» etc.). Vor diesem Hintergrund erscheint es sinnvoll, bei der Prüfung von Ansprüchen die Washington Principles als Ausganspunkt zu nehmen – so auch zweifellos die (internationale) Praxis –, die Erklärung von Terezin aber als (für staatliche Stellen) grundsätzlich verbindliche Auslegung der Richtlinien zu verstehen.[61] Diese Fragen sind relevant, da der Wortlaut der beiden Grundlagen nicht immer identisch ist.[62] Die Washington Principles sprechen von Kunst, die von den Nationalsozialisten konfisziert («confiscated») wurde. Die Erklärung von Terezin spricht im Abschnitt zur Raubkunst von «Nazi-confiscated and looted art»[63], in einem weiteren Kontext von «wrongful property seizures, such as confiscations, forced sales and sales under duress of property».[64]

3. HANDREICHUNG DER DEUTSCHEN BUNDESREGIERUNG

Zur Umsetzung der Washington Principles und der «Gemeinsamen Erklärung»[65] haben in Deutschland der Bund, die Länder und die kommunalen Spitzenverbände die sogenannte «Handreichung»[66] veröffentlicht. Es handelt sich dabei um eine «rechtlich nicht verbindliche Orientierungshilfe».[67] Die Handreichung wird von der deutschen Beratenden Kommission angewendet.[68] Soweit ersichtlich nehmen die übrigen europäischen Raubgut-Kommissionen keinen Bezug auf die Handreichung. In der Schweiz ist die Handreichung für die Sammlung Gurlitt, die dem Kunstmuseum Bern vermacht wurde, zur Anwendung gekommen, dies basierend auf einem Vertrag zwischen dem Kunstmuseum Bern und der deutschen Regierung.[69] Eine Stellungnahme der Schweizer Museen zur deutschen Handreichung (wie auch zur Erklärung von Terezin) gibt es nicht.[70]

Im Fall von Curt Glaser haben sich das Kunstmuseum Basel und die Kunstkommission dahingehend entschieden, die Erklärung von Terezin vollumfänglich anzuwenden, dagegen die deutsche Handreichung nur mitzuberücksichtigen.[71] Letztere beruht auch nicht nur auf den Washington Principles, sondern auch auf der deutschen Restitutionspraxis unmittelbar nach dem Zweiten Weltkrieg. Punktuell erscheint es durchaus sinnvoll, die Praxis der Handreichung für einen Entscheid in der Schweiz zu berücksichtigen, nämlich dann, wenn in einer bestimmten Frage ein Erkenntnisgewinn möglich ist.[72] Ähnlich wie bei Verwaltungsverordnungen vor Schweizer Gerichten ist eine gewisse Mitberücksichtigung sicher angezeigt.[73] Eine vollständige Übernahme wird für die Schweiz soweit ersichtlich nicht vertreten.

4. SCHWEIZER ZIVILRECHT

Zu der Frage, welche Sorgfalt bei einem Erwerb von Kunstwerken hinsichtlich deren Provenienz anzuwenden ist, hat das Bundesgericht eine langjährige Praxis entwickelt.[74] Die schweizerischen Institutionen dürften sich dieser Praxis ohne Weiteres verpflichtet fühlen. Rechtlich finden diese Bestimmungen allerdings vielfach keine direkte Anwendung, da ein rechtlicher Anspruch nur selten geltend gemacht werden kann. In der Schweiz unterliegt der Anspruch auf Herausgabe von Eigentum zwar keiner Verjährung,[75] trotzdem wird dem Zeitablauf rechtlich Rechnung getragen. Eine abhandengekommene Sache kann auch vom gutgläubigen Erwerber herausverlangt werden (Art. 934 Abs. 1 ZGB), doch wird dieser rechtmässiger Eigentümer, wenn er die Sache ununterbrochen und unangefochten während fünf Jahren in gutem Glauben als Eigentum in seinem Besitz gehabt hat (Art. 728 Abs.1 ZGB).[76] Beim Weiterverkauf verschafft er dem neuen Erwerber Eigentum. Dies hat oft zur Folge, dass die Antragssteller nicht nur die Bösgläubigkeit der erwerbenden Institution nachweisen müssen, sondern auch die Bösgläubigkeit aller vorhergehender Besitzer (mit Besitz von mehr als fünf Jahren).[77] Dies ist naturgemäss, wenn überhaupt möglich, mit enormem Beweisaufwand verbunden.[78]

Der Umstand, dass kein rechtlicher Anspruch gegeben ist, schliesst indessen nicht aus, dass es sich um Kulturgut handelt, dessen Restitution unter den Washington Principles zu prüfen ist. Die Washington Principles sind zwar «non-binding» und sollen grundsätzlich innerhalb der Rechtsordnung zur Geltung kommen: «In developing a consensus on non-binding principles to assist in resolving issues relating to Nazi-confiscated art, the Conference recognizes that among participating nations there are differing legal systems and that countries act within the context of their own laws».[79] Sie sollen aber auch verhindern, dass sich Institutionen hinter dem Zivilrecht «verstecken» und unter Verweis auf die Rechtslage die Suche nach einer gerechten und fairen Lösung unterlassen. Rechtlich aufgefangen wird die Selbstverpflichtung der Institutionen durch den Grundsatz von Treu und Glauben: Wer sich den Washington Principles verpflichtet, verhält sich widersprüchlich, wenn er diese Grundlagen später nicht beizieht. Der Grundsatz von Treu und Glauben gilt im öffentlichen wie privaten Recht gleichermassen (Art. 5 Abs. 3 BV und Art. 2 ZGB).[80]

Das bedeutet indessen nicht, dass das Zivilrecht für die Anwendung der Washington Principles ohne Bedeutung wäre. Rechtsordnungen bringen immer eine Wertung zum Ausdruck.[81] Je angreifbarer die Rechtslage einer Institution ist, desto eher wird auch eine Restitution zu erwägen sein, und umgekehrt.[82] Das Fehlen eines rechtlich verbindlichen Anspruches kann aber natürlich nicht automatisch zur Abweisung eines Anspruchs führen. Genau dagegen sind die Washington Principles gerichtet.

IV. METHODISCHE FRAGEN

1. HIN- UND HERWANDERN DES BLICKES

Bei der Behandlung von Restitutionsfällen ist unbestritten, dass diesbezüglich ein interdisziplinäres Wissen vorhanden sein muss. Weniger untersucht ist indessen die Frage, wie sich insbesondere historische, kunsthistorische und rechtliche Ansätze unterscheiden.[83]

Die Beurteilung einer Restitutionsforderung setzt die Kenntnis des historischen Sachverhalts voraus. Gleichzeitig ist die Aufarbeitung des historischen Sachverhalts darauf angewiesen, Kenntnis davon zu haben, was letztlich für eine Beurteilung relevant ist; ansonsten wird die Aufarbeitung uferlos. Die Ausgangslage gleicht der Fragestellung nach dem Huhn und dem Ei: Einerseits sollten alle rechtlichen und moralischen Wertungen bekannt sein, andererseits der historische Sachverhalt vollständig vorliegen. In der Praxis wird dies selten der Fall sein.

Aus meiner Sicht ist ein pragmatisches Vorgehen angezeigt. In der Regel werden gewisse historische Fakten zu Beginn des Falles bekannt sein, womit eine Ersteinschätzung möglich ist. Soweit eine Institution einschätzen kann, welche Fragen für die Beurteilung relevant sein mögen, kann die Aufbereitung des Sachverhalts mit einem Schwergewicht auf diese Fragen vorangetrieben werden. Das ist mit dem «Hin- und Herwandern des Blickes» gemeint.[84] Gleichzeitig muss man bei diesem Vorgehen eine gewisse Offenheit bewahren. Die Anwendung der Washington Principles verlangt die Beurteilung jedes Einzelfalls (weswegen auch von zu starker Schematisierung zu warnen ist).[85] Bei der Positionierung muss eine Offenheit gegenüber Neuem und Unerwartetem erhalten bleiben.

Jurist:innen auf der einen Seite, Kunsthistoriker:innen auf der anderen Seite gehen bei der Aufarbeitung eines Sachverhalts unterschiedlich vor. Für Jurist:innen genügt es oft, wenn ein bestimmtes Sachverhaltselement von allen Beteiligten als unbestritten gilt. Wenn also etwa bei der Geltendmachung von Restitutionsansprüchen eingeräumt wird, dass ein bestimmter Verkaufserlös ins Ausland transferiert werden konnte, stellt sich die Frage, ob diese Tatsache von der Institution nachzuprüfen ist oder ob direkt darauf abgestellt werden kann (weil sie tendenziell gegen eine Restitution spricht). Jurist:innen würden sich mit solchen zugestandenen Tatsachen ohne Weiteres begnügen,[86] während (Kunst-)Historiker:innen hier kritischer sind und die Sachverhalte hinterfragen.[87] Weder die Washington Principles noch die Praxis anderer Institutionen schreiben diesbezüglich eine klare Vorgabe vor. Im Ergebnis dürfte auch hier ein pragmatisches Vorgehen angezeigt sein in dem Sinne, dass die historische Aufarbeitung bei unbestrittenen Fragen sicher weniger umfassend sein muss als in Bereichen, die von beiden Seiten stark unterschiedlich eingeschätzt werden.

2. DER UMGANG MIT LÜCKEN

Die Washington Principles schreiben vor, dass Lücken in der Provenienz nicht vorschnell zulasten der Anspruchssteller verwendet werden sollen: «consideration should be given to unavoidable gaps or ambiguities in the provenance in light of the passage of time and the circumstances of the Holocaust era [...].»[88] Die rechtliche Antwort auf Lücken im Sachverhalt liegt darin, dass die Rechtsgrundlagen festlegen, wer die Folgen der Beweislosigkeit zu tragen hat, d.h. ob eine solche zulasten der Kläger oder des Beklagten im Zivilprozess, oder hier der Anspruchssteller oder der Kulturinstitutionen, gehen soll. Der juristische Grundsatz findet sich in Art. 8 ZGB: «Wo das Gesetz es nicht anders bestimmt, hat derjenige das Vorhandensein einer behaupteten Tatsache zu beweisen, der aus ihr Rechte ableitet.»[89] Nach dieser Regel hätten also die Anspruchssteller nachzuweisen, dass ein Kunstwerk konfisziert wurde, dass die Käufer bösgläubig waren etc., sie tragen die volle Beweislast.[90] Diese Grundregel wird aber durch eine Vielzahl spezieller Beweisregeln ergänzt, insbesondere durch die Vermutung und die Fiktion.[91] In diesem Rahmen kann es zu einer Beweislastumkehr kommen.[92] Es ist zu überlegen, ob eine solche Beweislastumkehr in Restitutionsfällen im Sinne der Washington Principles angezeigt wäre. Einer solchen Logik folgt teilweise die Handreichung der deutschen Bundesregierung.[93] Für die Schweiz wird teilweise die Ansicht vertreten, dass die Bösgläubigkeit bei Transaktionen zwischen 1943 und dem Zeitpunkt der Gründung der Bundesrepublik Deutschland zu vermuten ist, und zwar aufgrund der «Londoner Erklärung» der Alliierten vom 5. Januar 1943, welche sich insbesondere an neutrale Staaten richtete und nach der jeder Handel mit Gütern aus den besetzten Gebieten potenziell ungültig war.[94]

Aus meiner Sicht besteht bei einer zu starken Gewichtung von Fragen des Beweises die Gefahr, einen schematischen Entscheid zu treffen. Sinnvoller erscheint es, bei jeder

Lücke einzelfallweise zu entscheiden, zu wessen Gunsten oder Ungunsten sich diese Lücke allenfalls auswirkt. Möglich ist auch, dass Lücken nicht binär die Anspruchssteller oder die Institution treffen, sondern in die Suche nach einer gerechten und fairen Lösung einfliessen, also sozusagen im Graubereich liegen – was gerade bei einem Verzicht auf eine Restitution und Verhandlungen über eine finanzielle Abfindung relevant sein kann.[95] Die Beweislosigkeit wirkt sich sozusagen zugunsten bzw. zuungunsten der beiden Seiten aus und wird in einem gewissen Sinne geteilt.[96]

Auf der anderen Seite bietet sich an, die Vorgabe zum Umgang mit Lücken in den Washington Principles nicht nur auf Sachverhaltslücken anzuwenden. Auch in Rechtsfragen können sich Unsicherheiten ergeben, so etwa bezüglich des zeitlichen Anwendungsbereichs der Washington Principles. Im Fall Curt Glaser stellte sich konkret die Frage, ob der Entscheid zum Verkauf der fraglichen Werke von Curt Glaser bereits vor Machtergreifung der Nationalsozialisten gefällt worden war.[97] Betrachtet man den Zeitpunkt des Verkaufsentscheides als relevant unter den Washington Principles (was plausibel scheint mit Blick auf das Element des Zwangsverkaufs), müsste eine formale Sicht zur Abweisung des Anspruchs führen, weil der zeitliche Geltungsbereich der Washington Principles nicht eröffnet ist. Eine solche Lösung erscheint indessen schematisch und eine flexiblere Handhabung auch der rechtlichen Grundlagen ist aus meiner Sicht in den Washington Principles durchaus angelegt.[98]

V. SCHLUSSBEMERKUNG

Fragen der Provenienz und der Restitution von Kunstwerken beschäftigen die Schweiz und werden sie auch weiterhin beschäftigen. Dabei ist eine Vielzahl von Entscheidungen zu treffen, beginnend mit der Zuständigkeit und dem richtigen Verfahren über die anwendbaren Rechtsgrundlagen bis hin zur geeigneten Methodik.

Holzschnittartige Vereinfachungen sind keine Lösung. Jeder Fall ist einzeln zu prüfen. Das schliesst nicht aus, dass man auch den skizzierten übergreifenden Fragen genügend Aufmerksamkeit schenkt, im Gegenteil. Die Schweiz hat noch Nachholbedarf.

Herrn MLaw Moritz Hany danke ich bestens für die wertvolle Durchsicht des Textes und die sorgfältige Erstellung der Anmerkungen.

1 Für den ausführlich dargestellten historischen Sachverhalt ist auf den Beitrag von Anita Haldemann und Noemi Scherrer zu verweisen sowie auf Entscheid Basel 2018.

2 Anfang 2008 lehnte der Regierungsrat des Kantons Basel-Stadt eine Restitution ab. Nachdem die Erbenvertreter die Anlaufstelle Raubkunst beim Bundesamt für Kultur kontaktiert hatten, teilte der Regierungsrat mit Schreiben vom 15.10.2010 mit, dass er keine Vermittlung durch den Bund wünsche. Dabei verwies er auch auf eine Entscheidung des *UK Spoliation Advisory Panel* aus dem Jahr 2009, in dem das *Panel* die Restitution von Werken aus der Glaser-Sammlung aus derselben Auktion, auf der auch das Basler Kunstmuseum seine Werke erstanden hatte, ablehnte; siehe Medienmitteilung Regierungsrat Basel-Stadt, *Rückgabeforderung an das Kunstmuseum Basel nicht gerechtfertigt*, 19.2.2008 (medien.bs.ch/nm/2008-02-19-rrbs-005.html) und Entscheid Basel 2018, S. 5.

3 Verfasst als Abschlusserklärung der Washington Conference on Holocaust-Era Assets 1998: Washington Principles 1998.

4 Entscheid Basel 2018.

5 «Streit um die Stiftung Bührle: Direktor Lukas Gloor droht, die Sammlung aus dem Kunsthaus abzuziehen», *NZZ*, 14.11.2021; «Bührle-Sammlung: Künstlerin will ihre Werke aus dem Kunsthaus abziehen», *NZZ*, 23.12.2021; «Stadtpräsidentin kritisiert den Kunsthausdirektor», *Tagesanzeiger*, 8.1.2022; «NS-Raubkunst: Wie das Kunstmuseum Bern mit der Gurlitt-Sammlung umgeht», *Süddeutsche Zeitung*, 15.12.2021.

6 In Umsetzung der Washington Principles wurden in fünf Staaten zentrale Stellen eingerichtet, siehe Campfens 2017, S. 332–334; CIVS 2019, S. 19–57. Zu nennen sind die *Beratende Kommission* in Deutschland (beratende-kommission.de), die *Commission pour l'indemnisation des victims de spoliations intervenues du fait des législations antisémites en vigueur pendant l'Occupation (CISV)* in Frankreich (civs.gouv.fr), das *Spoliation Advisory Panel* im Vereinigten Königreich (gov.uk/government/groups/spoliation-advisory-panel), die *Restitutiecommissie* in den Niederlanden (restitutiecommissie.nl/) und der *Kunstrückgabebeirat* in Österreich (bmkoes.gv.at/Kunst-und-Kultur/restitution/kunstrueckgabebeirat.html). Die jeweiligen Kompetenzen, Aufgaben und Verfahrensordnungen der Kommissionen weisen erhebliche Unterschiede auf, da immer auch der spezifische historische Hintergrund eines Landes berücksichtigt werden muss, siehe Campfens 2018, S. 206. Auch die Zahl der getroffenen Empfehlungen ist sehr unterschiedlich; während die österreichischen und niederländischen Stellen einige hundert Entscheidungen getroffen haben, bewegt sich die Zahl in Deutschland und dem Vereinigten Königreich zwischen 20 und 30, siehe Weller 2018, S. 84–86.

7 Bandle 2018, S. 101; Weller/Dewey 2020, S. 62.

8 Entscheid Basel 2018, S. 8.

9 Uhlmann 2019, S. 47–55. Die staatlichen Beiträge stellen für die grossen Schweizer Kunstmuseen 55–80% der gesamten Einnahmen dar, z. B. für das Kunstmuseum Basel 80% (für die Jahre 2018 und 2019 allerdings 70 bzw. 65%), für das Kunstmuseum Bern und das Museum Rietberg 70%, für das Zentrum Paul Klee 63% und für das Kunsthaus Zürich 55%; siehe Kunstmuseum Basel, *Jahresbericht 2020*, S. 59; Kunstmuseum Bern, *Jahresbericht 2020*, S. 42; Museum Rietberg, *Jahresbericht 2020*, S. 11; Zentrum Paul Klee, *Jahresbericht 2020*, S. 29; Kunsthaus Zürich, *Jahresbericht 2020*, S. 90 (Zahlen jeweils für das Jahr 2020).

10 Uhlmann 2019, S. 54–55.

11 Die Konkretisierung dieser Selbstständigkeit ist unter anderem Gegenstand einer geplanten Teilrevision zum Museumsgesetz. Insbesondere soll künftig klargestellt werden, dass die Museen den öffentlich-rechtlichen Grundlagen aus Personal-, Finanz- und Organisationsrecht unterliegen, siehe Regierungsrat Kanton Basel-Stadt, *Ratschlag zur Teilrevision Gesetz über die Museen des Kantons Basel-Stadt (Museumsgesetz)*, 24.6.2020 (RA 20.0907.01), S. 10; siehe auch die Motion Nr. 17.5235.01 von Claudio Miozzari und Konsorten vom 28.6.2017 und der diesbezügliche Bericht des Regierungsrates vom 24.6.2020 (RA 20.0907.0), ausserdem den Entwurf des Regierungsrates für die Vernehmlassung (RA 19.0402.01) (grosserrat.bs.ch).

12 Entscheid Basel 2018, S. 7. Zu den Washington Principles siehe Abschnitt III.1.

13 Ebd., S. 6–7.

14 Verordnung zum Gesetz über die Museen des Kantons Basel-Stadt vom 19.12.2000 (Museumsverordnung, SG 451.110; gesetzessammlung.bs.ch/app/de/texts_of_law/451.110).

15 Art. 8, Washington Principles 1998. Weiterführend dazu Campfens 2017, S. 317–318; Bundesamt für Kultur, *Faktoren bei gerechten und fairen Lösungen*, März 2019; für eine Übersicht über die Praxis in den europäischen Staaten, siehe Ebling/Bullinger 2019, S. 301–303.

16 Entscheid Basel 2018, S. 165.

17 Abschnitt II.1. Damit steht die Schweiz international nicht allein da. Nur fünf der vierzig teilnehmenden Staaten der Washingtoner Konferenz haben eine zentrale Instanz geschaffen, siehe Anm. 6. Die internationale Praxis geht also dahin, die Verpflichtungen auf andere Weise wahrzunehmen, zum Beispiel durch Vernetzung und informationelle Transparenz, siehe Weller 2018, S. 85.

18 Art. 11, Washington Principles 1998.

19 Campfens 2017, S. 334–335. In der Schweiz unterliegen Ansprüche aus bösgläubigem Erwerb keiner Verjährungsfrist, hier stellten sich aber wieder komplexe Beweisprobleme beim Nachweis der Bösgläubigkeit des ersten und aller nachfolgender Besitzer seit dem Verlust eines Werkes, siehe Abschnitt III.4.; Jolles 2015, S. 141–142.

20 Dazu ausführlich Campfens 2018.

21 Campfens 2017, S. 344; Raschèr 2009, S. 77; Art. 11 der Washington Principles soll der Erklärung «Leben einhauchen» und der tatsächlichen Durchsetzung der getroffenen Abmachungen dienen, so ein Mitglied der US-Delegation bei der Washingtoner Konferenz: Stuart E. Eizenstat, *Washington Conference on Holocaust-Era Assets. Proceedings*, 19.2.1999, S. 419 (commartrecovery.org/docs/WashingtonConferenceproceedings.pdf). Im Übrigen sind die Materialien («Proceedings») zur Washingtoner Konferenz für die Auslegung der Richtlinien aber nicht sehr ergiebig. Auch die Abschlusserklärung der Nachfolgekonferenz in Theresienstadt bekräftigt, dass entweder die staatlichen Gerichte oder «alternative processes» eine gerechte und faire Lösung umsetzen sollen, gerade dann, wenn die Anwendung rechtlicher Vorschriften eine Restitution verhindern würde: «Governments should consider all relevant issues when applying various legal provisions that may impede the restitution of art and cultural property, in order to achieve just and fair solutions, as well as alternative dispute resolution, where appropriate under law.» Terezin Declaration 2009 (o. S.).

22 Interpellation Nr. 13.4027 von Josiane Aubert vom 27.11.2013; Fragestunde, Nr. 15.5110 von Maximilian Reimann vom 9.3.2015 (parlament.ch).

23 Ein neuer Vorstoss wurde Ende 2021 eingereicht und vom Bundesrat grundsätzlich positiv beantwortet, siehe Motion Nr. 21.4403 von Jon Pult vom 9.12.2021 (parlament.ch); Catrina/Müller-Chen 2022.

24 «Hat die Stiftung Bührle gelogen? Mitglieder der Bergier-Kommission kritisieren, ihnen seien Akten vorenthalten worden», *NZZ*, 9.11.2021.

25 Die Washington Principles wurden auf Englisch veröffentlicht. Deshalb ist zur Auslegung in erster Linie die englische Fassung beizuziehen. Bei den deutschen Versionen handelt es sich um Übersetzungen der verantwortlichen Stellen.

26 Art. 10, Washington Principles 1998.

27 Woodhead 2019, S. 8–10. Eine solche Zusammensetzung wird gemeinhin als «balanced» bezeichnet, siehe CIVS 2019, S. 11; Jenkins 2015, S. 22. Teilweise wird auch eine je nach Fall wechselnde Zusammensetzung vorgeschlagen, damit immer die nötigen Fachkenntnisse vorhanden sind, siehe ebd. S. 23. In den Kommissionen sind Juristinnen und Juristen jeweils stark vertreten und besetzen auch häufig das Präsidium, siehe CIVS 2019, S. 11. Die Kommissionen sollen auch Mitglieder ausserhalb der Verwaltung sowie Vertreter der Organisationen der Opfer des Holocausts aufnehmen, siehe Raschèr 2009, S. 77; siehe auch Anm. 6.

28 Die Kunstkommission deckt fachlich ein breites Feld ab (Künstler:innen und Vertreter:innen aus der Kunstgeschichte, den Rechts-, Medien- und Naturwissenschaften). Ein Mitglied mit ausgewiesener Expertise in der Geschichte des Zweiten Weltkrieges oder der jüdischen Geschichte und Kultur wurde von den ausländischen Kommissionen teilweise für wichtig befunden, siehe Weller 2018, S. 90; CIVS 2019, S. 53.

29 Die Kunstkommission hat sich in ihrem *Entscheid in Sachen Curt Glaser* ausdrücklich zur Frage der Unabhängigkeit geäussert, siehe Entscheid Basel 2018, S. 8.

30 Woodhead 2019, S. 8–10.

31 Art. 30 BV, Art. 6 EMRK, § 12 Abs. 1 lit. d KV BS (SG 111.100); diese Grundlagen finden zwar in erster Linie auf gerichtliche Verfahren Anwendung (siehe BSK BV – Reich Art. 30 N 6–7), es stellt sich aber die Frage, ob zur Erfüllung von Art. 11 der Washington Principles nicht ein gerichtsähnliches Verfahren nötig wäre.

32 CIVS 2019, S. 12.

33 Entscheid Basel 2018, S. 8.

34 Uhlmann 2019, S. 54. Das Kunstmuseum Bern sieht sich im Wesentlichen im Aussenverhältnis in diesen Fragen dem Privatrecht

verpflichtet, siehe Brülhart u.a. 2021, S. 120–121, 137.

35 Zu Qualifikation und Unabhängigkeit bei Mitgliedern eines Schiedsgerichts siehe Girsberger/Voser 2016, S. 158–161; Berger/Kellerhals 2021, S. 288–292.

36 Die Kunstkommission stützte sich insbesondere auf die Washington Principles (mit der Erklärung von Terezin als «Auslegungsangebot»), den «Code of Ethics for Museums» des ICOM (International Council of Museums) und auf das Schweizerische Zivilgesetzbuch. Die sogenannte «Handreichung» der deutschen Bundesregierung fand dagegen nur punktuell Anwendung, wenn sie in einer bestimmten Frage einen «Erkenntnisgewinn» vermittelt, siehe Abschnitt III und Entscheid Basel 2018, S. 150–151. Im Gegensatz zu diesem Vorgehen wendet das Kunstmuseum Bern im Zusammenhang mit der Gurlitt-Sammlung die deutsche Handreichung aufgrund einer Abmachung mit der Bundesrepublik Deutschland und dem Freistaat Bayern direkt an, siehe *Vereinbarung zwischen der Bundesrepublik Deutschland und dem Freistaat Bayern und der Stiftung Kunstmuseum Bern*, 24.12.2014, S. 4 (siehe Abschnitt III.1).

37 Die Verpflichtung zur Provenienzforschung ergibt sich aus Section 2 des ICOM Code of Ethics for Museums, siehe ICOM Code 2017. Die meisten Schweizer Kunstmuseen, auch das Kunstmuseum Basel, sind Mitglieder von ICOM und haben sich nach Section 7 der Erklärung zur Befolgung der ICOM-Richtlinien verpflichtet, siehe Mosimann 2015, S. 107–108. Eine entsprechende Verpflichtung wäre auch auf die *Declaration of Swiss Museums* von 1998 zu stützen, siehe Mosimann 2015, S. 106–107 (die Erklärung ist abgedruckt in: Mosimann/Raschèr/Renold 2020, S. 1317). Vorgaben zur Provenienzforschung sollen im Kanton Basel-Stadt im Übrigen zukünftig auch auf gesetzlicher Stufe verankert werden, siehe Regierungsrat Kanton Basel-Stadt, *Ratschlag «Teilrevision Gesetz über die Museen des Kantons Basel-Stadt (Museumsgesetz)»*, 24.6.2020 (RA 20.0907.01), S. 8, 19 (grosserrat.bs.ch).

38 Zur staatlichen Beherrschung oder Eingliederung siehe Uhlmann 2019, S. 54–55.

39 Uhlmann 2019, S. 54–55; Entscheid Basel 2018, S. 7.

40 Entscheid Basel 2018, S. 8. Zur Unparteilichkeit von Verwaltungsbehörden im Allgemeinen siehe BSK BV–Waldmann Art. 29 N 33–36; Belser/Waldmann 2021, S. 331–332.

41 Art. 11, Washington Principles 1998; deutsche Übersetzung: bak.admin.ch/bak/de/home/kulturerbe/raubkunst/links.html.

42 Entscheid Basel 2018, S. 6–10.

43 Wichtig ist insbesondere die Frage, ob die Gremien auch einseitig angerufen werden können oder nur auf gemeinsamen Antrag der Antragssteller und der Institution. Eine einseitige Anrufbarkeit ist bei den Kommissionen im Vereinigten Königreich, in den Niederlanden und in Österreich möglich, während die *Beratende Kommission* in Deutschland nur auf beidseitigen Antrag tätig wird, siehe Weller 2018, S. 90.

44 BSK ZGB II–Ernst/Zogg Art. 934 N 17r.

45 Nach der sogenannten Untersuchungsmaxime obliegt die Beweisführung in öffentlich-rechtlichen Verfahren meist der zuständigen Behörde, während das Zivilprozessrecht vom Verhandlungsgrundsatz geleitet wird, siehe Kiener/Rütsche/Kuhn 2021, S. 26–27. Für ein Restitutionsverfahren hätte der öffentlich-rechtliche Charakter die Konsequenz, dass die Behörde insbesondere die aufwendigen historischen Nachforschungen übernähme, wie dies zum Beispiel bei der französischen CIVS der Fall ist, siehe CIVS 2019, S. 35–36. Zu klären wäre ausserdem die Frage, ob die zuständige Behörde nur auf Antrag einer oder mehrerer Parteien tätig würde oder ob sie auch von sich aus allfälliges Raubgut suchen und ein Verfahren einleiten würde.

46 Zum Vorgehen der Kunstkommission siehe Entscheid Basel 2018, S. 7, 9–10.

47 Zu bedenken ist allerding, dass ein Teil einer gerechten und fairen Lösung unter den Washington Principles gerade auch die Transparenz und das Übernehmen von Verantwortung durch die Institution sein kann. Eine Veröffentlichung der Verhandlungsergebnisse kommt diesen Zielsetzungen entgegen, siehe Hany 2022, S. 11.

48 Ein aktives Zugehen von staatlicher Seite auf Geschädigte wird in Österreich praktiziert, siehe Campfens 2017. Unter welchen Voraussetzungen ein Werk im österreichischen Bundeseigentum restituiert wird, ist allerdings gesetzlich normiert und wird von den zuständigen Ministerien in Absprache mit dem Kunstrückgabebeirat entschieden, § 1 u. 3 Kunstrückgabegesetz (KRG) BGBl I 181/1998. Die Verhandlungen dürften sich deshalb auf organisatorische Punkte beschränken. Auch in der Schweiz gab es Fälle, in denen eine Institution aktiv auf ehemalige Eigentümer zuging, siehe Medienmitteilung Historisches und Völkerkundemuseum St. Gallen, *HVM übergibt den Erben einer jüdischen Kunstsammlerin zwei Silberpokale in Segelschiff-Form*, 6.11.2017 (hvmsg.ch/medien_presse.php).

49 Siehe Anm. 18, 39.

50 Abgedruckt in: Mosimann/Raschèr/Renold 2020, S. 1317. Zur Geltung der Washington Principles für Schweizer Museen, siehe Mosimann 2015, S. 105–106.

51 Art. 11, Washington Principles 1998; Erwähnung finden die Washington Principles in Art. 4 Abs. 1 Bst. e der Verordnung des EDI über das Förderungskonzept für die Unterstützung von Museen, Sammlungen und Netzwerken Dritter zur Bewahrung des kulturellen Erbes vom 29.11.2016 (SR 442.121.1), siehe Catrina/Müller-Chen 2022.

52 Bandle 2018, S. 107–108. Der Bundesrat hat sich in einer Stellungnahme auf eine Motion im Jahr 2014 zur Frage der Ausweitung auf Private geäussert, siehe Stellungnahme des Bundesrats vom 20.8.2014 zur Motion «Raubkunst. Verbindlichkeit der Washingtoner Richtlinien international stärken», Nr. 14.3480 vom 18.6.2014 (parlamenta.ch). Der Bundesrat war nicht bereit, die Anwendbarkeit im Alleingang zu erweitern, betonte aber die «Signalfunktion» der Washington Principles auch für Private. Die Ausweitung der Geltung auf Private war eine der Forderungen in der Erklärung von Terezin, siehe Terezin Declaration 2009, S. 4.

53 Zu Nebenbestimmungen in Verfügungen siehe Karlen 2018, S. 206–207. Zu Subventionen im Kulturbetrieb siehe Uhlmann 2019, S. 47–49. Der neue Subventionsvertrag mit dem Kunsthaus Zürich ist nun öffentlich; für den Stadtratsbeschluss siehe STRB Nr. 0201/2022, online unter stadt-zuerich.ch/strb.

54 Insbesondere Section 6.3 des ICOM Code of Ethics for Museums: «When a country or people of origin seeks the restitution of an object or specimen that can be demonstrated to have been exported or otherwise transferred in violation of the principles of international and national conventions [...] the museum concerned should, if legally free to do so, take prompt and responsible steps to cooperate in its return.» ICOM Code 2017.

55 Zu denken ist an eine Verpflichtung aus Treu und Glauben, siehe Abschnitt III.4.

56 BSK ZGB II–Ernst/Zogg Art. 934 N 17p.

57 Terezin Declaration 2009.

58 EDI/EDA, *Bericht EDI/EDA über den Stand der Arbeiten des Bundes im Bereich der NS-Raubkunst im Zeitraum von 2011–2016*, 24.10.2019, S. 1 (bak.admin.ch).

59 Entscheid Basel 2018, S. 148.

60 Fragestunde, Nr. 14.5664 von Alec von Graffenried, 8.12.2014; Motion Nr. 14.3480 von Mathias Reynard, 18.6.2014 (parlament.ch).

61 So im Ergebnis die Kunstkommission, siehe Entscheid Basel 2018, S. 150–151. Zu beachten ist, dass die Erklärung von Terezin auch Thematiken anspricht, die in den Washington Principles nicht zur Sprache kommen, zum Beispiel den Umgang mit jüdischen Friedhöfen, historische Bildung und die Erinnerung an den Holocaust. Zu einer Auslegung der Washington Principles ist wohl in erster Linie das Kapitel zur Raubkunst («Nazi-confiscated and looted art») beizuziehen. Zur begrenzten Wirkung der Erklärung von Terezin in der internationalen Restitutionspraxis siehe Demarsin 2011, S. 144–145.

62 Entscheid Basel 2018, S. 148.

63 Terezin Declaration 2009, S. 4.

64 Ebd., S. 2.

65 *Erklärung der Bundesregierung, der Länder und der kommunalen Spitzenverbände zur Auffindung und zur Rückgabe NS-verfolgungsbedingt entzogenen Kulturgutes, insbesondere aus jüdischem Besitz*, 9.12.1999 (beratende-kommission.de).

66 *Handreichung zur Umsetzung der «Erklärung der Bundesregierung, der Länder und der kommunalen Spitzenverbände zur Auffindung und zur Rückgabe NS-verfolgungsbedingt entzogenen Kulturgutes, insbesondere aus jüdischem Besitz»*, Dezember 1999 (beratende-kommission.de).

67 Ebd., S. 31.

68 *Verfahrensordnung der Beratenden Kommission im Zusammenhang mit der Rückgabe NS-verfolgungsbedingt entzogenen Kulturguts, insbesondere aus jüdischem Besitz, 2.11.2016*, § 6 Abs. 3 lit. b (beratende-kommission.de).

69 Vereinbarung 2014.

70 Für die Bührle-Sammlung ergibt sich aus dem nunmehr öffentlich zugänglichen Leihvertrag zwischen der Zürcher Kunstgesellschaft und der Bührle-Stiftung, dass die Erklärung von Terezin für die Provenienzforschung zur Anwendung kommt, siehe *Vereinbarung zwischen der Stiftung Sammlung E.G. Bührle und der Zürcher Kunstgesellschaft*, 5.8.2021, S. 4 (kunsthaus.ch/sammlung/private-sammlungen/emil-buehrle/). Interessanterweise wird im Leihvertrag auf den Begriff der «NS verfolgungsbedingt entzogenen Kulturgüter» verwiesen, welcher in der vom Bundesamt für Kultur verwendeten Übersetzung der Erklärung nicht vorkommt, sondern in Deutschland verwendet wird, z. B. in der «Gemeinsamen

Erklärung» (siehe Anm. 65), der «Handreichung» (siehe Anm. 66) oder der von deutschen offiziellen Stellen verwendeten Übersetzung der Erklärung von Terezin (online unter kulturgutverluste.de, Stichwort «Theresienstaedter-Erklaerung»).

71 Entscheid Basel 2018, S. 150–151.

72 Ebd.

73 Zur «Aussenwirkung» von Verwaltungsverordnungen siehe Egli 2011, S. 1162–1163.

74 Exemplarisch das Urteil BGE 139 III 305 (https://bger.li/139-III-305). Ausführlich zum Thema: Mosimann 2015, S. 110–111.

75 Schönenberger 2015, S. 117.

76 Für Kulturgüter im Sinne von Art. 2 Abs. 1 des Kulturgütertransfergesetzes (KGTG) gelten spezielle Fristen. Das Rückforderungsrecht für Kulturgüter unterliegt einer relativen Frist von einem Jahr und einer absoluten Frist von 30 Jahren (Art. 934 Abs. 1bis ZGB). Die Ersitzungsfrist beträgt 30 Jahre (Art. 728 Abs. 1ter).

77 Bandle 2018, S. 106–107.

78 Siehe ebd., S. 107. Bei den Beratungen zur Erklärung von Terezin wurde deshalb eine Umkehr der Beweislast diskutiert, diese fand aber letztlich keine Aufnahme in den Schlusstext, siehe Jolles 2015, S. 140. Zumindest für den Umstand, dass ein Kunstwerk von den Nazis beschlagnahmt wurde, sieht allerdings Art. 4 der Washington Principles eine gewisse «Beweiserleichterung» vor, siehe Abschnitt IV.2.

79 Präambel, Washington Principles 1998.

80 Siehe Entscheid Basel 2018, S. 162. Zum treuwidrigen Verhalten durch Nichtbeachtung unverbindlicher Grundsätze, denen man sich selbst verpflichtet hat, insbesondere der «Handreichung», siehe Rudolph 2007, S. 288–290.

81 Zum Verhältnis von Recht und Moral siehe Entscheid Basel 2018, S. 145; Brülhart u. a. 2021, S. 130.

82 Entscheid Basel 2018, S. 158.

83 Zur Provenienzforschung gibt es eine kaum übersehbare Menge an historischer Literatur, dasselbe gilt für die Analyse der Rechtslage in der rechtlichen Literatur; interdisziplinäre Arbeiten sind dagegen seltener. Es gibt aber gewisse museale Leitfäden, die einen solchen Ansatz verfolgen: Deutsches Zentrum Kulturgutverluste, *Leitfaden Provenienzforschung zur Identifizierung von Kulturgut, das während der nationalsozialistischen Herrschaft verfolgungsbedingt entzogen wurde*, 2019 (kulturgutverluste.de/Webs/DE/Recherche/Leitfaden/Index.html); Deutscher Museumsbund, *Leitfaden Provenienzforschung und Restitution – eine Empfehlung*, Februar 2014 (museumsbund.de/wp-content/uploads/2017/04/2014-leitfaden-provenienzforschung-fg-naturwissenschaftliche-museen.pdf); Niedersächsisches Ministerium für Wissenschaft und Kultur, *Leitfaden zum Erwerb von Museumsgut*, Dezember 2013 (mwk.niedersachsen.de/live/search.php).

84 In der Rechtstheorie wird der Begriff des «Hin- und Herwanderns des Blickes» verwendet, um das juristische Vorgehen bei der Subsumtion des Sachverhalts unter einen Rechtssatz zu beschreiben, siehe Engisch 1963, S. 15; Pavčnik 2011, S. 159–161. Kramer 2019, S. 41. Es ermöglicht die «Gleichsetzung» des Sachverhaltes mit dem Tatbestand, siehe Pavčnik 2011, S. 159. In diesem Sinne ist bei einem Restitutionsfall zu eruieren, welche «Tatbestandsmerkmale» entscheidend sind, ob etwa Raubgut vorliegt oder ob die Kläger entschädigt wurden, um sich anschliessend bei der Erstellung des Sachverhaltes auf diese Fragen zu konzentrieren. Im Fall Curt Glaser hat die Kunstkommission auch spezifische Kriterien aufgestellt, auf welche sie ihre Abklärungen und Wertungen ausgerichtet hat, siehe Entscheid Basel 2018, S. 152–160.

85 Entscheid Basel 2018, S. 152; EDI/BAK, *Leitfaden für Museen zur Durchführung von Provenienzrecherchen*, Juni 2016, S. 2.

86 Dieser Grundsatz gilt auf jeden Fall für Verfahren, in denen die Verhandlungsmaxime herrscht, insbesondere im Zivilprozess, siehe Art. 55 Abs. 1 Schweizerische Zivilprozessordnung (ZPO). Nach Art. 150 Abs. 1 ZPO sind nur streitige Tatsachen Gegenstand des Beweises.

87 Zur unterschiedlichen Verwendung der zentralen Begriffe in (Kunst-)Geschichte und Recht siehe Goschler 2015, S. 50.

88 Art. 4, Washington Principles 1998; siehe auch Stuart E. Eizenstat, *Washington Conference on Holocaust-Era Assets Proceedings*, 19.2.1999, S. 417, commartrecovery.org/docs/WashingtonConferenceproceedings.pdf).

89 Baumgartner u. a. 2018, S. 262.

90 Nach Art. 3 Abs. 1 ZGB wird der gute Glaube beim Käufer vermutet, ausser er konnte bei der gebotenen Aufmerksamkeit nicht gutgläubig sein (Abs. 2), siehe Uhlmann 2020, S. 142–143.

91 Uhlmann 2020, S. 142.

92 Baumgartner u. a. 2018, S. 264–266.

93 Für jüdische Geschädigte gilt gemäss der deutschen Handreichung ab dem 30.1.1933 die Vermutung der Kollektivverfolgung, siehe Entscheid Basel 2018, S. 149. Die französische CIVS geht ausserdem bei ihren Untersuchungen immer davon aus, dass die Antragssteller in gutem Glauben handeln. Nach eigener Aussage erleichtert sie damit den Antragsstellern die Beweisführung («lightens the burden of proof on claimants»), siehe CIVS 2019, S. 33. Die Tragweite dieser Vermutung und ob es sich um eine eigentliche Beweislastumkehr handelt, ist aber unklar.

94 Zur Londoner Erklärung siehe Fiedler 2000; zur Rechtsprechung des Bundesgerichts zum guten Glauben im Kunsthandel während des Zweiten Weltkriegs und danach siehe Candrian 2018.

95 Mit Provenienzlücken musste sich unlängst auch das Kunstmuseum Bern im Zusammenhang mit dem Legat Gurlitt auseinandersetzen. Gemäss der Vereinbarung mit der Bundesrepublik Deutschland und dem Freistaat Bayern hat das Kunstmuseum Bern das Recht zu entscheiden, ob es Werke mit lückenhafter Provenienz behält oder an die Bundesrepublik Deutschland übergibt. Nach einem internen «Ampelsystem» hat das Kunstmuseum entschieden, Werke mit Provenienzlücken zwischen 1933 und 1945, bei denen aber keine Belege oder Hinweise auf NS-Raubkunst vorliegen (Kategorie Gelb-Grün), zu behalten, während Werke mit Provenienzlücken zwischen 1933 und 1945, bei denen zwar keine Belege, aber immerhin Hinweise auf NS-Raubkunst vorliegen (Kategorie Gelb-Rot), zu restituieren bzw. an die Bundesrepublik Deutschland zu übergeben, siehe Stiftung Kunstmuseum Bern, *Übernahmeentscheid, Erwägungen und Entscheidung der Stiftung Kunstmuseum Bern betreffend die Werke aus dem Legat Cornelius Gurlitt mit nicht vollständig geklärter Provenienz*, 5.11.2021 (kunstmuseumbern.de).

96 In eine ähnliche Richtung gehen Brülhart u. a. 2021, S. 130–132.

97 Entscheid Basel 2018, S. 154.

98 Ebd., S. 151, 154.

Kat. 211
Edvard Munch
Zwei Menschen (Die Einsamen) (Detail)
1895
Kupferstichkabinett, Staatliche Museen zu Berlin – Preußischer Kulturbesitz

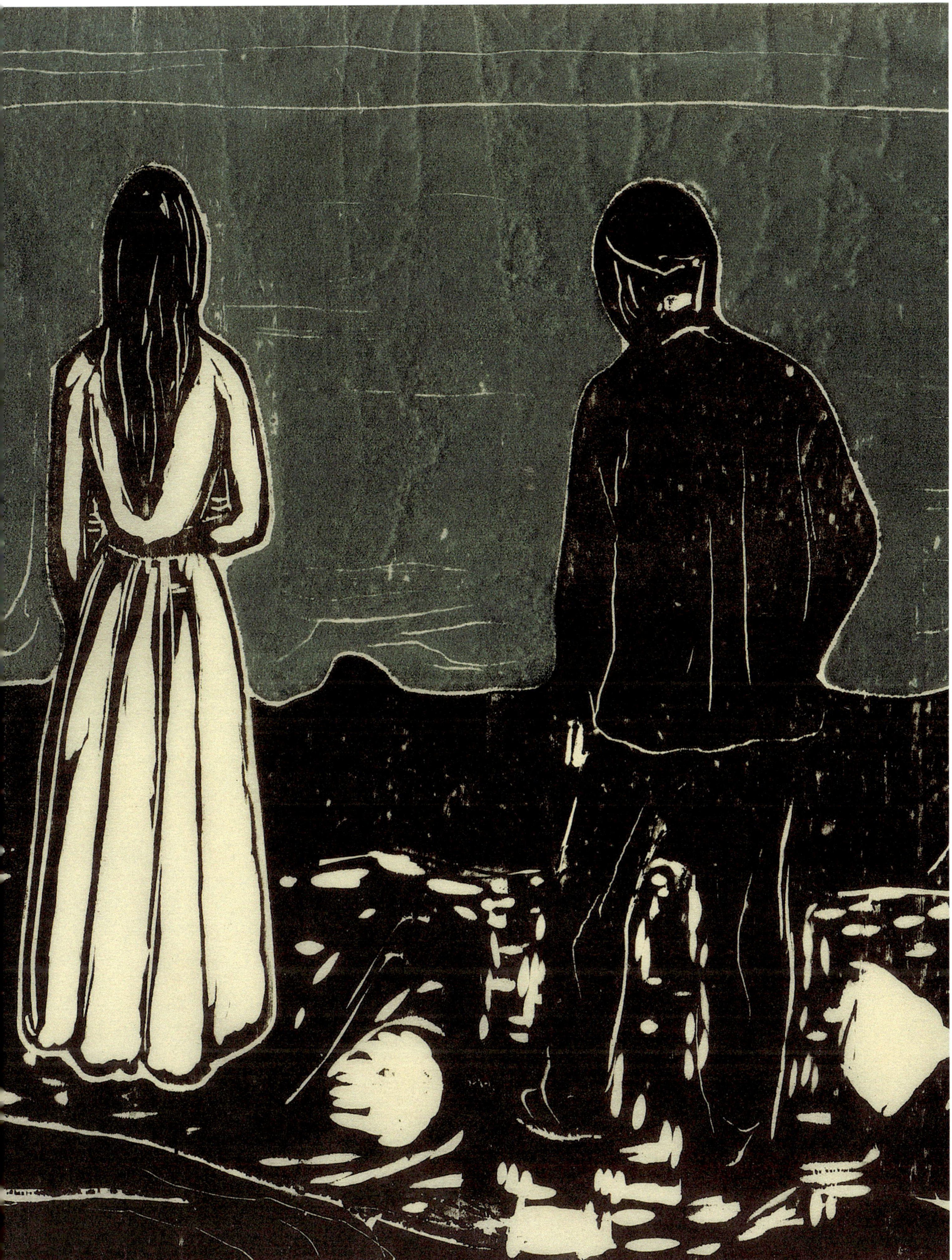

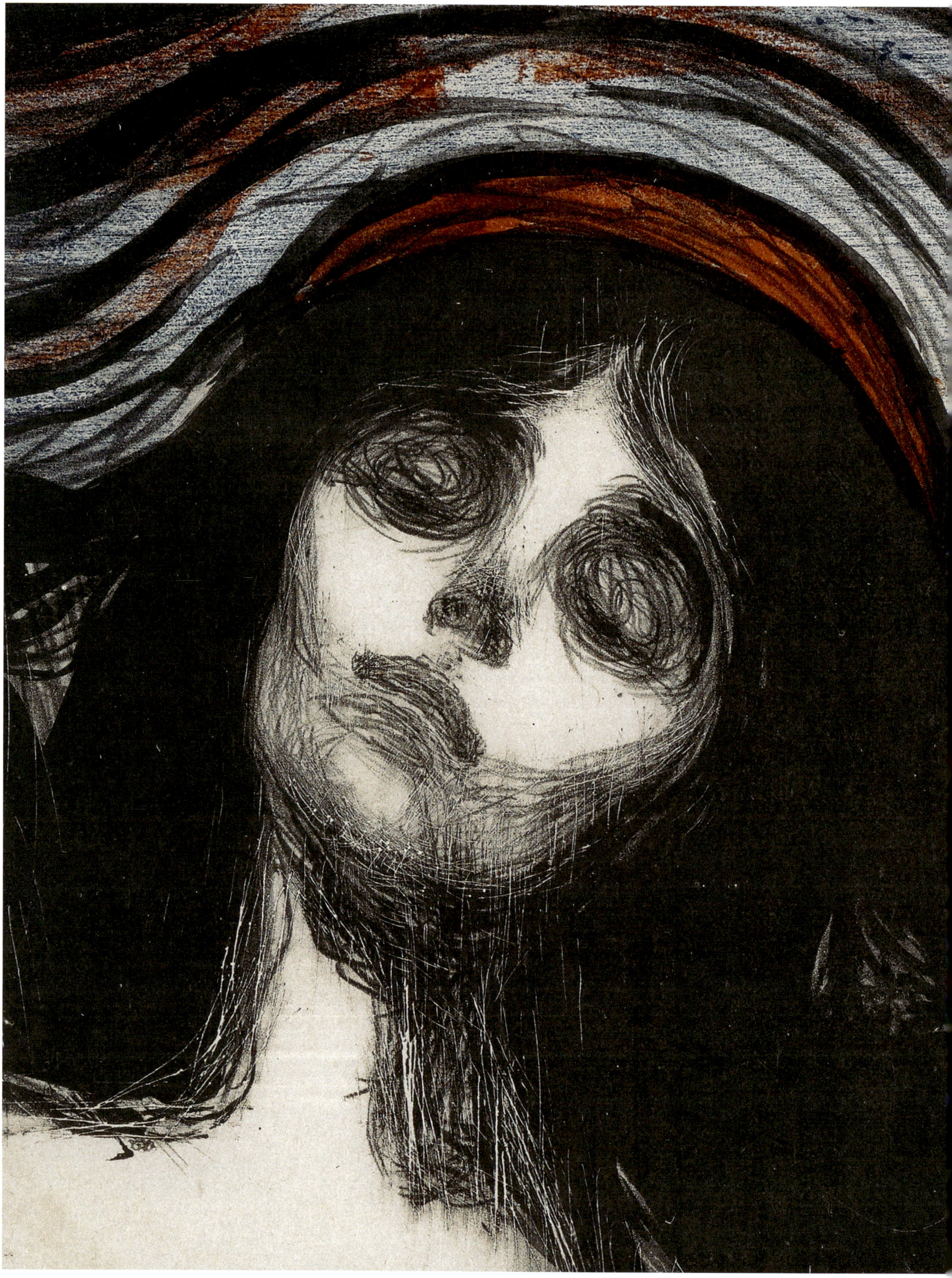

WERKLISTEN

Kat. 178
Edvard Munch
Madonna (Detail)
1895/1902
Kunstmuseum Basel, Kupferstichkabinett,
Ankauf 1933

ZEICHNUNGEN UND DRUCKGRAPHIKEN AUS DER SAMMLUNG GLASER IM KUNSTMUSEUM BASEL, KUPFERSTICHKABINETT

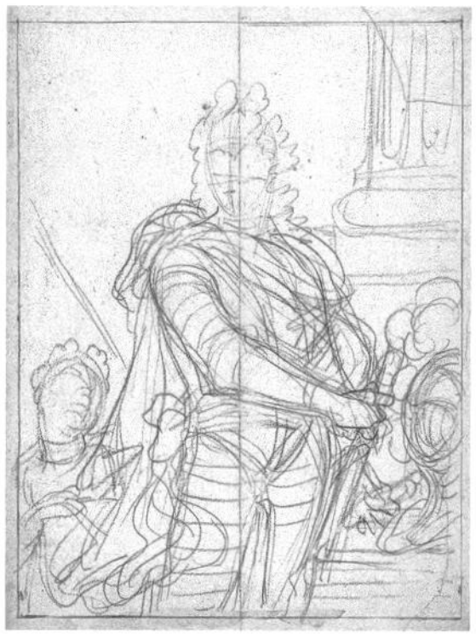

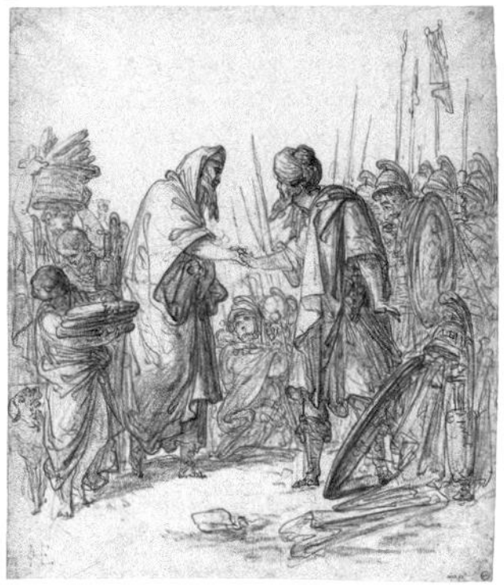

Alle aufgeführten Werke befanden sich von einem unbekanntem Zeitpunkt an in der Sammlung Curt und Elsa Glaser.
Sie wurden am 18./19. Mai 1933 im Auktionshaus Max Perl, Berlin, Auktion 180, versteigert und gelangten von dort als Ankauf ins Kupferstichkabinett des Kunstmuseums Basel. Wo in Einzelfällen weitere Eigentümer:innen vor Curt und Elsa Glaser bekannt sind, werden diese angeführt.

Ausgestellte Werke sind gekennzeichnet mit ◇.

Werke in der Ausstellung «Galop charivarique. Karikaturen von Daumier aus der Sammlung Curt und Elsa Glaser» in den Graphikkabinetten des Kunstmuseums Basel sind gekennzeichnet mit ○.

Kat. 1
Anonym, Deutschland (?), 2. Hälfte 17. Jh.
Entwurf zu dem als Kniestück geplanten Porträt eines Herrn in Allongéperücke und eiserner Rüstung
Verso: ***Segnung oder Taufe durch einen Bischof***
Rötel auf gelblichem Papier; verso: Rötel
Blatt 36/40,2 × 24/25,8 cm
Kunstmuseum Basel, Kupferstichkabinett, Inv. 1933.79, Ankauf 1933

Aukt.-Kat. Berlin 1933b, Los 448

Kat. 2 | S. 166, 175 ◇
Anonym, Deutschland, 17. Jh.
Die Begegnung von Abraham und Melchisedek
Rötel auf Papier
Blatt 48,4 × 42,1 cm
Kunstmuseum Basel, Kupferstichkabinett, Inv. 1933.63, Ankauf 1933

Aukt.-Kat. Berlin 1933b, Los 510 («J[oseph] Hein[t]z»)

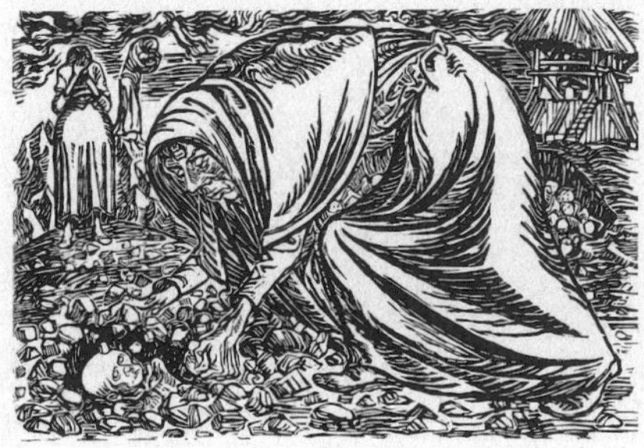

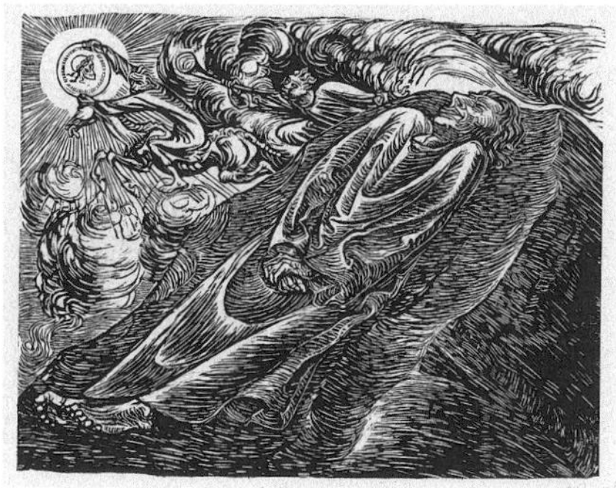

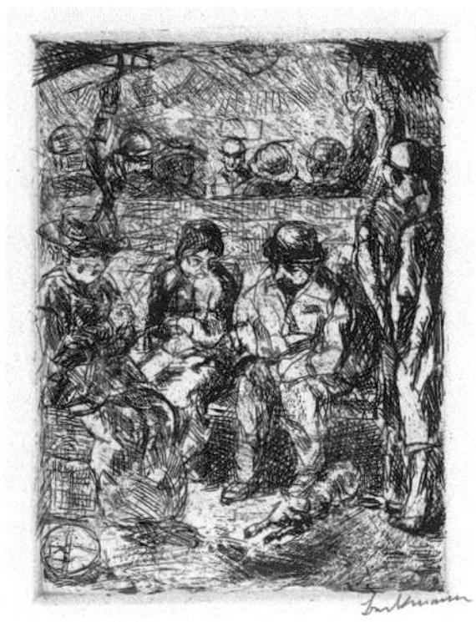

Kat. 3 | S. 131 ◇
Ernst Barlach (1870–1938)
Kindertod, 1919
Holzschnitt auf Büttenpapier
Blatt 36,4 × 44,9 cm, Bild 24 × 36 cm
Kunstmuseum Basel, Kupferstichkabinett, Inv. 1933.98, Ankauf 1933

Aukt.-Kat. Berlin 1933b, Los 730

Lit.: Laur 2001, Nr. 60

Kat. 4 | S. 130 ◇
Ernst Barlach (1870–1938)
Mors Imperator, 1919
Holzschnitt auf Büttenpapier
Blatt 36,6 × 44,6 cm, Bild 27,4 × 35,9 cm
Kunstmuseum Basel, Kupferstichkabinett, Inv. 1933.97, Ankauf 1933

Aukt.-Kat. Berlin 1933b, Los 729

Lit.: Laur 2001, Nr. 59

Kat. 5
Max Beckmann (1884–1950)
Vierter Klasse II, 1913
Radierung und Kaltnadel auf Papier
Blatt 52,3 × 37,7 cm, Platte 19,7 × 14,6 cm
Kunstmuseum Basel, Kupferstichkabinett, Inv. 1933.200, Ankauf 1933

Aukt.-Kat. Berlin 1933b, Los 733

Lit.: Hofmaier 1990, Nr. 58

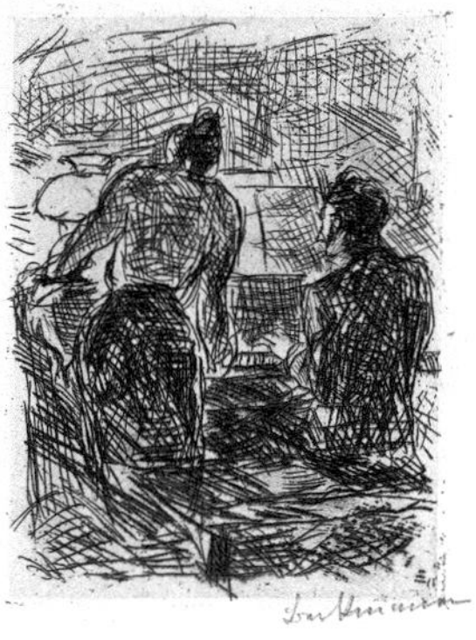

Kat. 6
Max Beckmann (1884–1950)
Am Klavier, 1913
Radierung auf Papier
Blatt 52,9 × 38,1 cm, Platte 11,8 × 8,7 cm
Kunstmuseum Basel, Kupferstichkabinett, Inv. 1933.201, Ankauf 1933

Aukt.-Kat. Berlin 1933b, Los 733

Lit.: Hofmaier 1990, Nr. 59

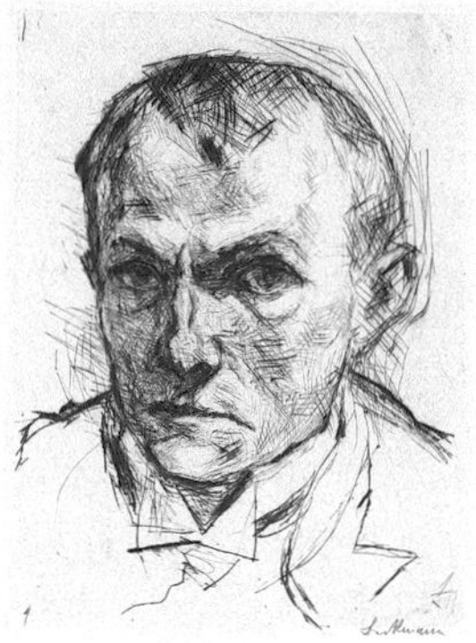

Kat. 7 | S. 112, 133 ◇
Max Beckmann (1884–1950)
Selbstbildnis, 1914
Hrsg. von I. B. Neumann, Berlin
Kaltnadel auf Büttenpapier
Blatt 43,3 × 32,3 cm, Platte 23,2 × 17,8 cm
Kunstmuseum Basel, Kupferstichkabinett, Inv. 1933.194, Ankauf 1933

Aukt.-Kat. Berlin 1933b, Los 733

Lit.: Hofmaier 1990, Nr. 74 I B b

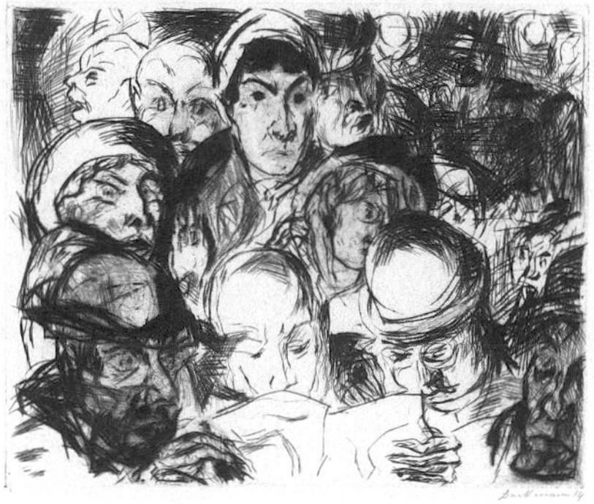

Kat. 8 | S. 132 ◇
Max Beckmann (1884–1950)
Die Kriegserklärung, 1914
Hrsg. von I. B. Neumann, Berlin
Kaltnadel auf Büttenpapier
Blatt 36,1 × 44,5 cm, Platte 19,8 × 24,5 cm
Kunstmuseum Basel, Kupferstichkabinett, Inv. 1933.192, Ankauf 1933

Aukt.-Kat. Berlin 1933b, Los 733

Lit.: Hofmaier 1990, Nr. 78 B a

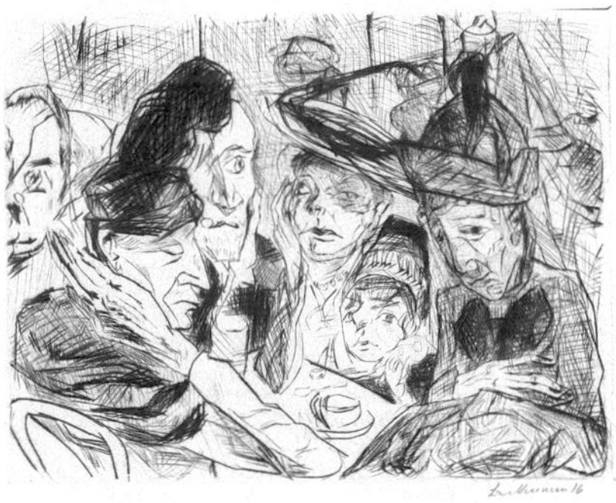

Kat. 9
Max Beckmann (1884–1950)
Café (Im Vordergrund zwei alte Frauen), 1916
Hrsg. von I. B. Neumann, Berlin
Kaltnadel auf Büttenpapier
Blatt 36 × 44,3 cm, Platte 17,4 × 23,2 cm
Kunstmuseum Basel, Kupferstichkabinett, Inv. 1933.193, Ankauf 1933

Aukt.-Kat. Berlin 1933b, Los 733

Lit.: Hofmaier 1990, Nr. 97 V B a

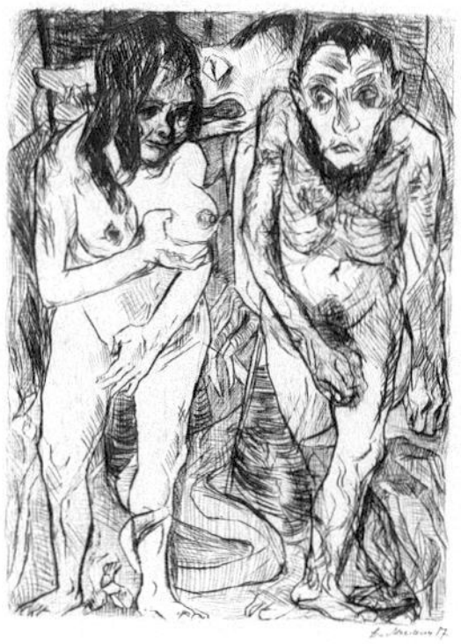

Kat. 10 | S. 132 ◇
Max Beckmann (1884–1950)
Adam und Eva, 1917
Hrsg. von I. B. Neumann, Berlin, 1918
Kaltnadel auf Büttenpapier
Blatt 44/44,5 × 35,4 cm, Platte 23 × 17,3 cm
Kunstmuseum Basel, Kupferstichkabinett, Inv. 1933.196, Ankauf 1933

Aukt.-Kat. Berlin 1933b, Los 733

Lit.: Hofmaier 1990, Nr. 110 III B c

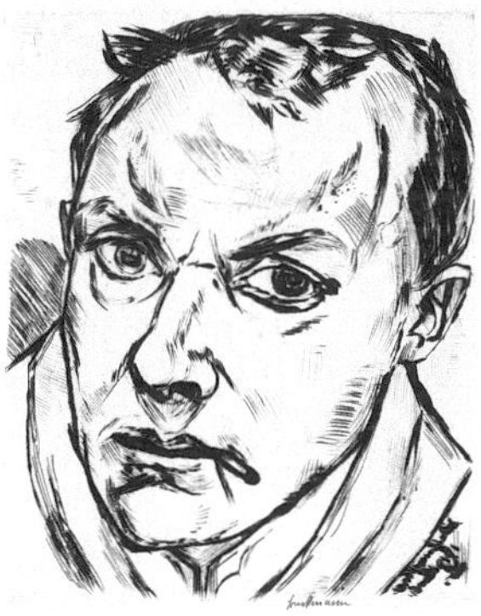

Kat. 11 | S. 135 ◇
Max Beckmann (1884–1950)
Grosses Selbstbildnis, 1919
Hrsg. von I. B. Neumann, Berlin
Kaltnadel auf Büttenpapier
Blatt 43,9 × 35,3 cm, Platte 23 × 19,1 cm
Kunstmuseum Basel, Kupferstichkabinett, Inv. 1933.191, Ankauf 1933

Aukt.-Kat. Berlin 1933b, Los 733

Lit.: Hofmaier 1990, Nr. 153 B

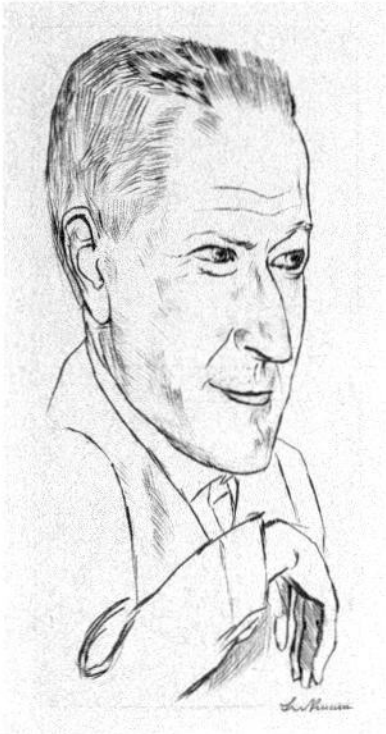

Kat. 12
Max Beckmann (1884–1950)
Bildnis Reinhard Piper, 1920
Kaltnadel auf Papier
Blatt 46,3 × 29,3 cm, Platte 29,9 × 14,9 cm
Kunstmuseum Basel, Kupferstichkabinett, Inv. 1933.190, Ankauf 1933

Aukt.-Kat. Berlin 1933b, Los 733

Lit.: Hofmaier 1990, Nr. 163

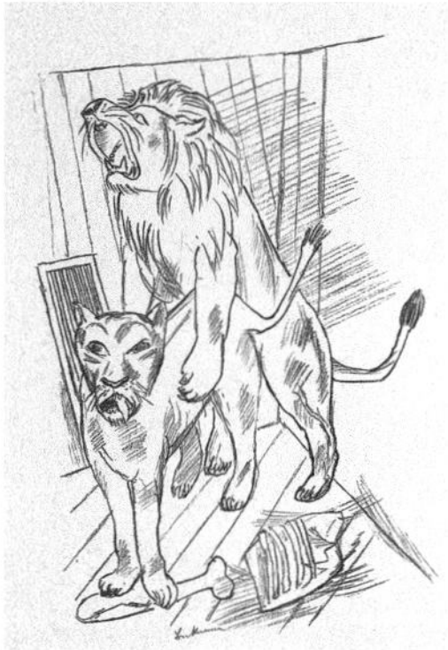

Kat. 13
Max Beckmann (1884–1950)
Löwenpaar, 1921
Hrsg. von R. Piper & Co., München
Kreidelithographie auf Papier
Blatt 53,2 × 38,1 cm, Bild 40,3 × 27,4 cm (grösste Masse)
Kunstmuseum Basel, Kupferstichkabinett, Inv. 1933.188, Ankauf 1933

Aukt.-Kat. Berlin 1933b, Los 735

Lit.: Hofmaier 1990, Nr. 184

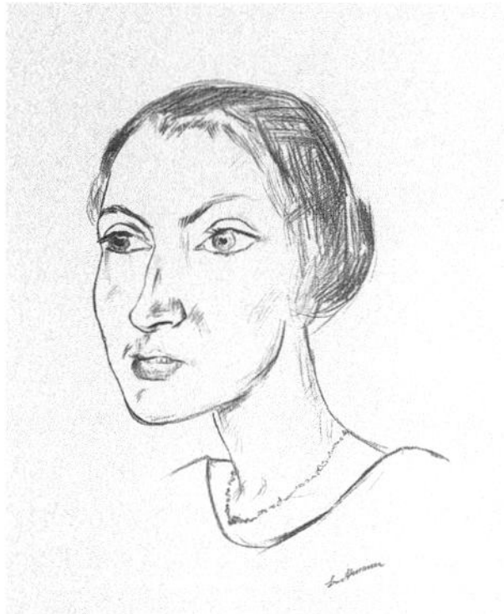

Kat. 14
Max Beckmann (1884–1950)
Frauenkopf mit Halskette (Frau Parcus), 1921
Kreidelithographie auf Papier
Blatt 60,1 × 51,4 cm, Bild 36 × 28 cm (grösste Masse)
Kunstmuseum Basel, Kupferstichkabinett, Inv. 1933.208, Ankauf 1933

Aukt.-Kat. Berlin 1933b, Los 735

Lit.: Hofmaier 1990, Nr. 206

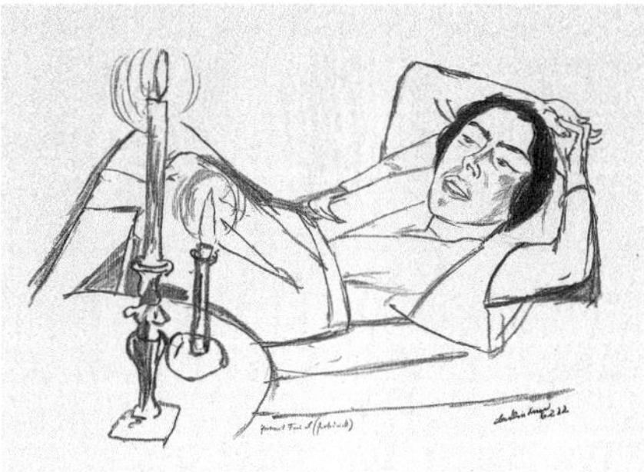

Kat. 15
Max Beckmann (1884–1950)
Liegende Frau (Bildnis Johanna Loeb), 1922
Kreidelithographie auf Papier
Blatt 43,7 × 57,8 cm, Bild 30,5 × 45,3 cm (grösste Masse)
Kunstmuseum Basel, Kupferstichkabinett, Inv. 1933.189, Ankauf 1933

Aukt.-Kat. Berlin 1933b, Los 735

Lit.: Hofmaier 1990, Nr. 210

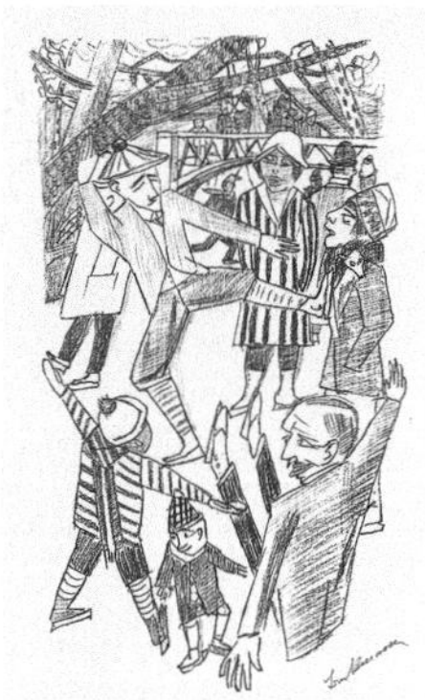

Kat. 16
Max Beckmann (1884–1950)
Eislauf, 1922
Kreidelithographie auf Papier
Blatt 59,8 × 45,1 cm, Bild 40,8 × 23,5 cm (grösste Masse)
Kunstmuseum Basel, Kupferstichkabinett, Inv. 1933.187, Ankauf 1933

Aukt.-Kat. Berlin 1933b, Los 735

Lit.: Hofmaier 1990, Nr. 223

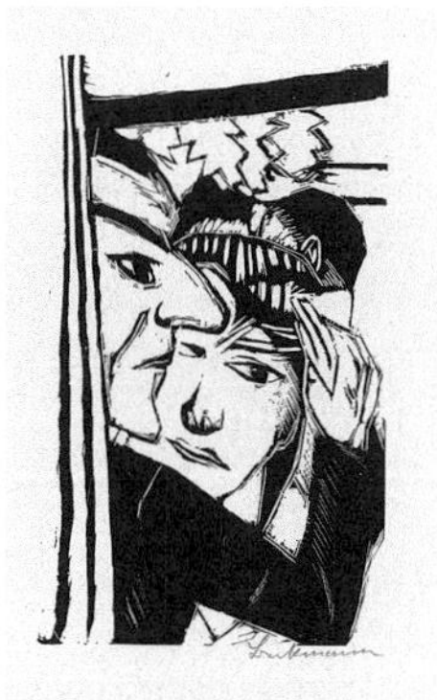

Kat. 17 | S. 134 ◇
Max Beckmann (1884–1950)
Tanzendes Paar, 1922
Hrsg. von R. Piper & Co., München
Holzschnitt auf Papier
Blatt 42 × 28,8 cm, Bild 18,2 × 11 cm (grösste Masse)
Kunstmuseum Basel, Kupferstichkabinett, Inv. 1933.203, Ankauf 1933

Aukt.-Kat. Berlin 1933b, Los 735

Lit.: Hofmaier 1990, Nr. 227B

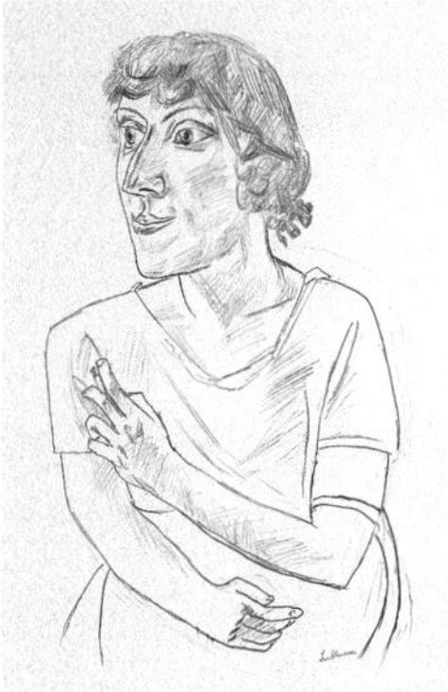

Kat. 18
Max Beckmann (1884–1950)
Sarika mit Zigarette, 1922
Kreidelithographie auf Papier
Blatt 70,5 × 52,3 cm, Bild 61,4 × 36,5 cm (grösste Masse)
Kunstmuseum Basel, Kupferstichkabinett, Inv. 1933.207, Ankauf 1933

Aukt.-Kat. Berlin 1933b, Los 735

Lit.: Hofmaier 1990, Nr. 229

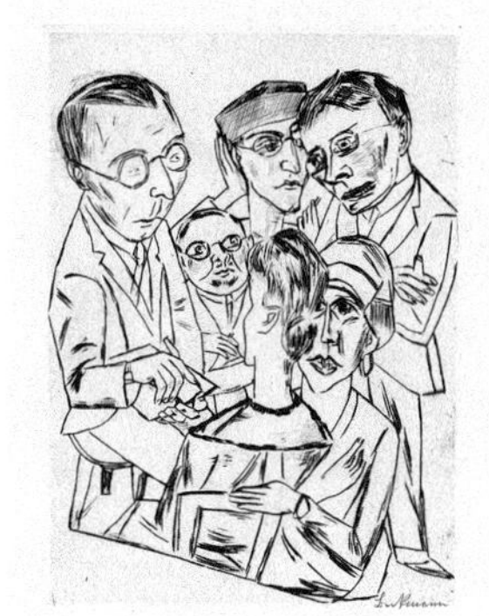

Kat. 19 | S. 134 ◇
Max Beckmann (1884–1950)
Der Zeichner in Gesellschaft, 1922
Hrsg. von R. Piper & Co., München
Kaltnadel auf Papier
Blatt 52,8 × 38 cm, Platte 32,4 × 23,9 cm
Kunstmuseum Basel, Kupferstichkabinett, Inv. 1933.199, Ankauf 1933

Aukt.-Kat. Berlin 1933b, Los 733

Lit.: Hofmaier 1990, Nr. 230

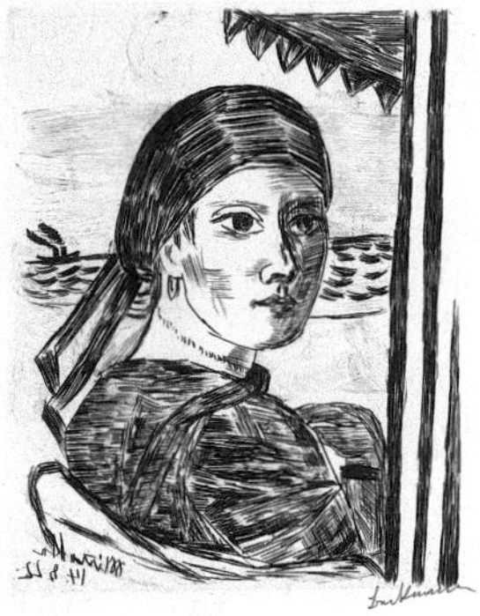

Kat. 20
Max Beckmann (1884–1950)
Minette, 1922
Kaltnadel auf Papier
Blatt 52,9 × 37,8 cm, Platte 25,1 × 20,3 cm
Kunstmuseum Basel, Kupferstichkabinett, Inv. 1933.197, Ankauf 1933

Aukt.-Kat. Berlin 1933b, Los 733

Lit.: Hofmaier 1990, Nr. 238

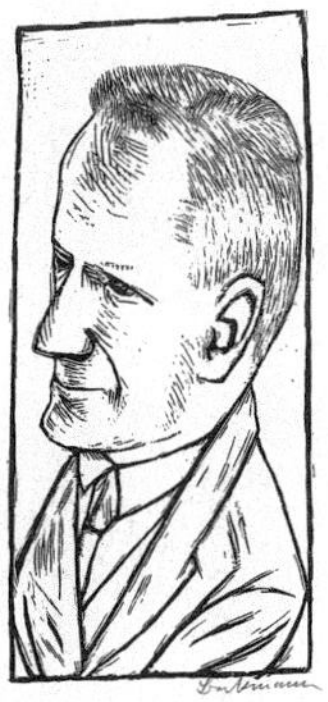

Kat. 21
Max Beckmann (1884–1950)
Bildnis Reinhard Piper, 1922
Holzschnitt auf Papier
Blatt 42,1 × 28,6 cm, Bild 21,8 × 10,3 cm
Kunstmuseum Basel, Kupferstichkabinett, Inv. 1933.202, Ankauf 1933

Aukt.-Kat. Berlin 1933b, Los 735

Lit.: Hofmaier 1990, Nr. 240

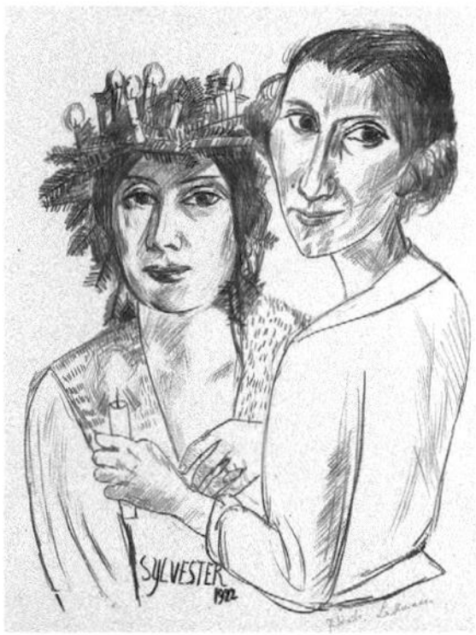

Kat. 22
Max Beckmann (1884–1950)
Sylvester, 1922
Verso: ***Zwei Frauen***
Kreidelithographie auf Papier, Probedruck; verso: Kreidelithographie
Blatt 59,3 × 47,6 cm, Bild recto: 50 × 38,8 cm (grösste Masse), Bild verso: 51 × 42 cm (grösste Masse)
Kunstmuseum Basel, Kupferstichkabinett, Inv. 1933.204, Ankauf 1933

Aukt.-Kat. Berlin 1933b, Los 735

Lit.: Hofmaier 1990, Nr. 249 A (r) / 245 I/II (v)

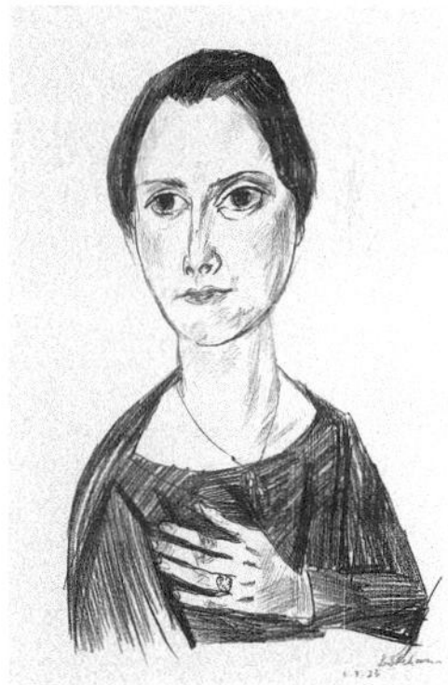

Kat. 23
Max Beckmann (1884–1950)
Bildnis Käthe von Porada, 1923
Kreidelithographie auf Papier
Blatt 69,1 × 50,7 cm, Bild 49,5 × 31,7 cm (grösste Masse)
Kunstmuseum Basel, Kupferstichkabinett, Inv. 1933.206, Ankauf 1933

Aukt.-Kat. Berlin 1933b, Los 735

Lit.: Hofmaier 1990, Nr. 254

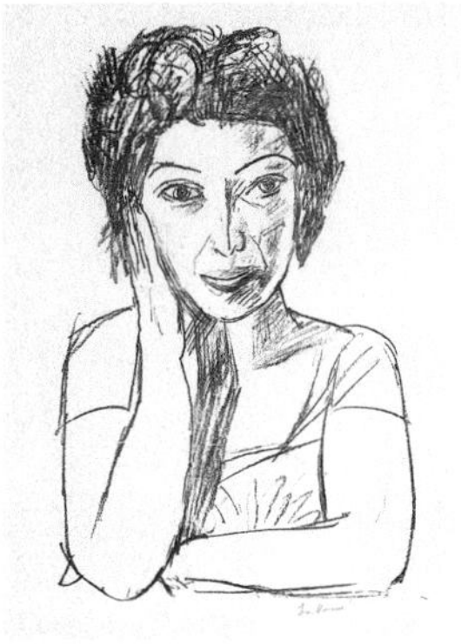

Kat. 24
Max Beckmann (1884–1950)
Bildnis einer Rumänin II (Halbfigur), 1923
Hrsg. von I. B. Neumann, Berlin
Kreidelithographie auf Papier
Blatt 70,5 × 53,5 cm, Bild 50 × 31,9 cm (grösste Masse)
Kunstmuseum Basel, Kupferstichkabinett, Inv. 1933.205, Ankauf 1933

Aukt.-Kat. Berlin 1933b, Los 735

Lit.: Hofmaier 1990, Nr. 256

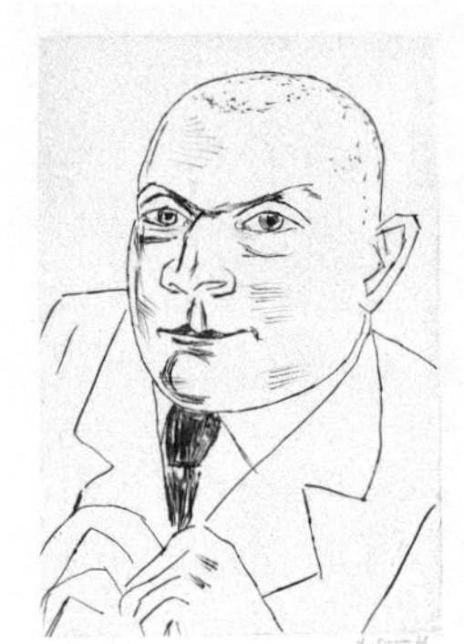

Kat. 25
Max Beckmann (1884–1950)
Bildnis Baron Simolin II (grosse Fassung), 1928
Kaltnadel auf Papier
Blatt 48,2/49 × 39,3 cm, Platte 37,4 × 25,8 cm
Kunstmuseum Basel, Kupferstichkabinett, Inv. 1933.198, Ankauf 1933

Aukt.-Kat. Berlin 1933b, Los 733

Lit.: Hofmaier 1990, Nr. 315

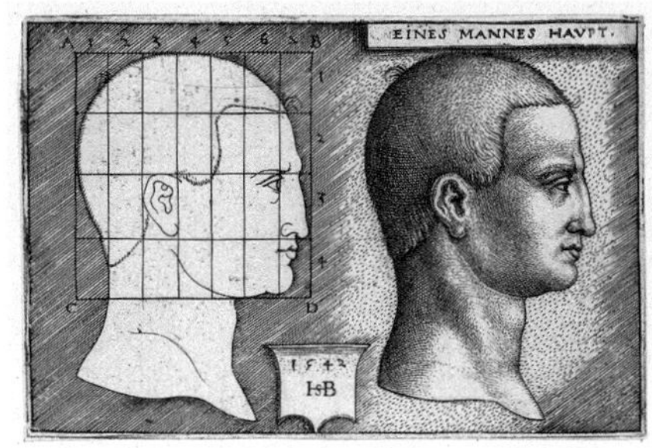

Kat. 26
Sebald Beham (1500–1550)
Eines Mannes Haupt, 1542
Kupferstich auf Papier
Platte 5,2 × 7,9 cm
Kunstmuseum Basel, Kupferstichkabinett, Inv. 1933.215, Ankauf 1933

Aukt.-Kat. Berlin 1933b, Los 387

Lit.: Pauli/Röttinger 1974, Nr. 220 III

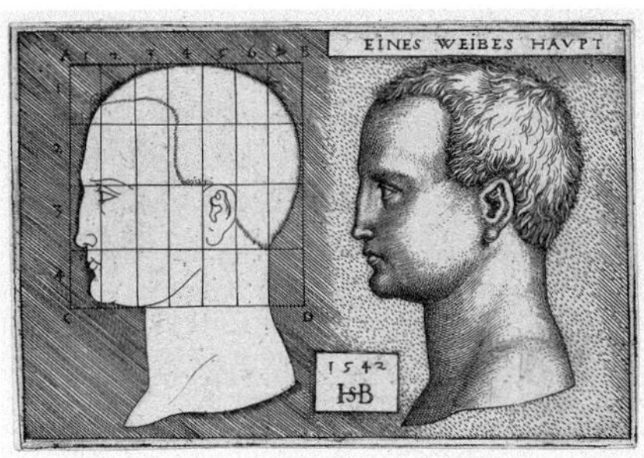

Kat. 27
Sebald Beham (1500–1550)
Eines Weibes Haupt, 1542
Kupferstich auf Papier
Platte 5,1 × 7,8 cm
Kunstmuseum Basel, Kupferstichkabinett, Inv. 1933.216, Ankauf 1933

Aukt.-Kat. Berlin 1933b, Los 387

Lit.: Pauli/Röttinger 1974, Nr. 221 II

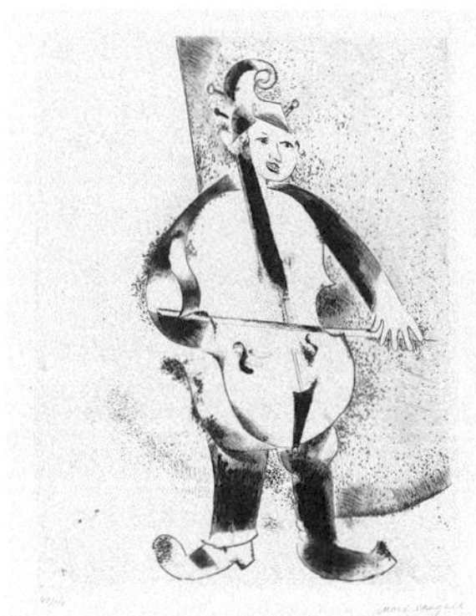

Kat. 28 | S. 78 ◇
Marc Chagall (1887–1985)
Der Musiker, 1922
Supplementblatt zur Folge «Mein Leben», hrsg. von Paul Cassirer, Berlin 1923
Radierung und Kaltnadel auf Büttenpapier
Blatt 44,4 × 34,8/35,3 cm, Platte 27,5 × 21,5 cm
Kunstmuseum Basel, Kupferstichkabinett, Inv. 1933.99, Ankauf 1933

Aukt.-Kat. Berlin 1933b, Los 741

Lit.: Kornfeld 1970, Nr. 23

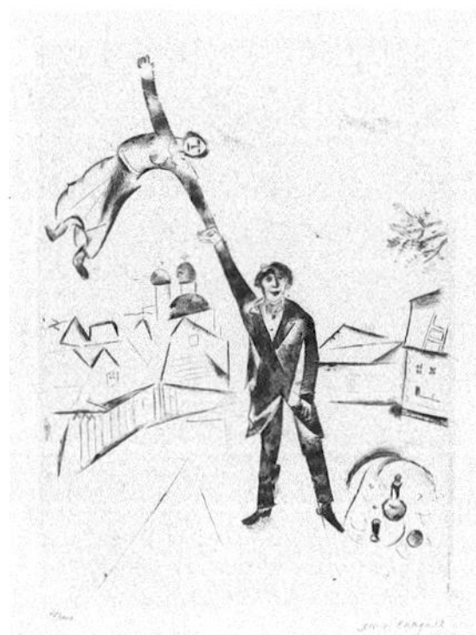

Kat. 29 | S. 78 ◇
Marc Chagall (1887–1985)
Spaziergang I, 1922
Supplementblatt zur Folge «Mein Leben», hrsg. von Paul Cassirer, Berlin 1923
Radierung und Kaltnadel auf Büttenpapier
Blatt 45,2 × 34,5 cm, Platte 27,9 × 18,8 cm
Kunstmuseum Basel, Kupferstichkabinett, Inv. 1933.100, Ankauf 1933

Aukt.-Kat. Berlin 1933b, Los 742

Lit.: Kornfeld 1970, Nr. 26 II

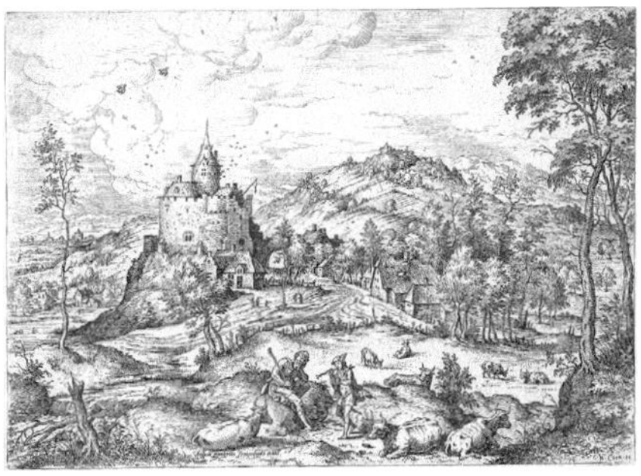

Kat. 30
Hieronymus Cock (1518–1570)
Landschaft mit Merkur und Argus, um 1558
Radierung auf Papier
Blatt (auf Plattengrösse beschnitten)
22,6 × 32,2 cm
Kunstmuseum Basel, Kupferstichkabinett,
Inv. 1933.275, Ankauf 1933

Aukt.-Kat. Berlin 1933b, Los 440

Lit.: Hollstein 1951, Nr. 13

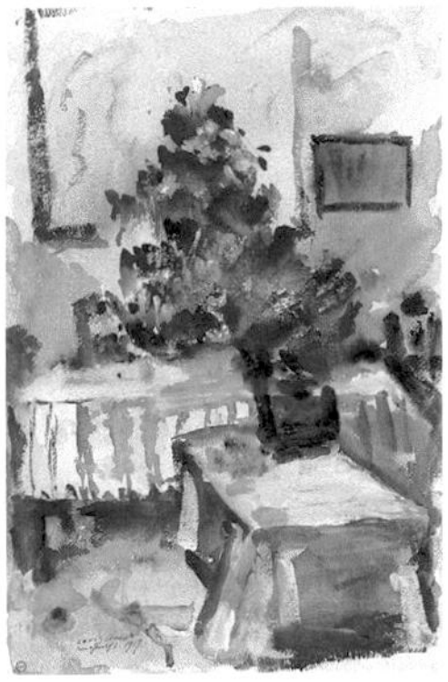

Kat. 31 | S. 101 ◇
Lovis Corinth (1858–1925)
Weihnacht, 1917
Aquarell und Deckfarbe auf Büttenpapier
Blatt 49,3 × 34 cm
Kunstmuseum Basel, Kupferstichkabinett,
Inv. 1933.65, Ankauf 1933

Aukt.-Kat. Berlin 1933b, Los 749 («Interieur mit Weihnachtsbaum»)

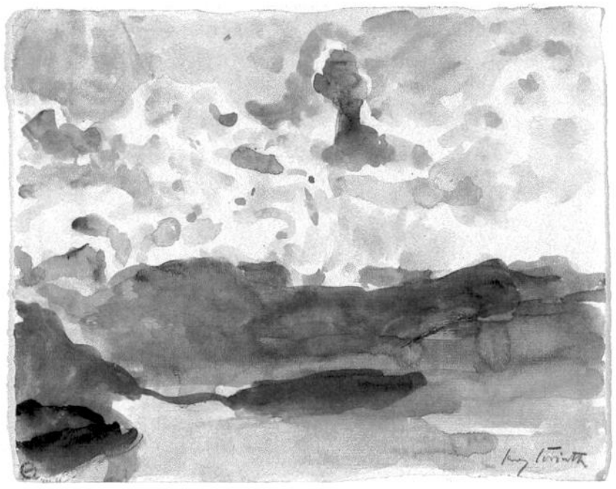

Kat. 32 | S. 102 ◇
Lovis Corinth (1858–1925)
Bergsee
Aquarell auf Büttenpapier
Blatt 21,8 × 28 cm
Kunstmuseum Basel, Kupferstichkabinett,
Inv. 1933.66, Ankauf 1933

Aukt.-Kat. Berlin 1933b, Los 751 («Walchensee»)

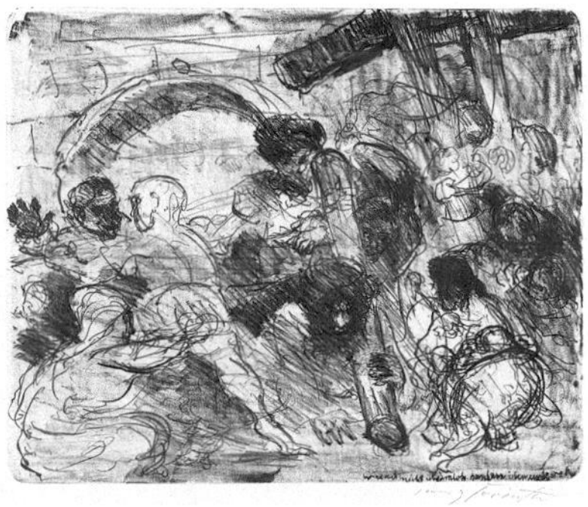

Kat. 33
Lovis Corinth (1858–1925)
Kreuztragung I, 1916
Verlag Fritz Gurlitt, Berlin
Lithographie auf Zinkplatte mit abgerundeten Ecken auf Papier
Blatt 45,9 × 59,4 cm, Platte 39,8 × 49,9 cm
Kunstmuseum Basel, Kupferstichkabinett,
Inv. 1933.94, Ankauf 1933

Aukt.-Kat. Berlin 1933b, Los 783

Lit.: Schwarz 1985, Nr. L 245

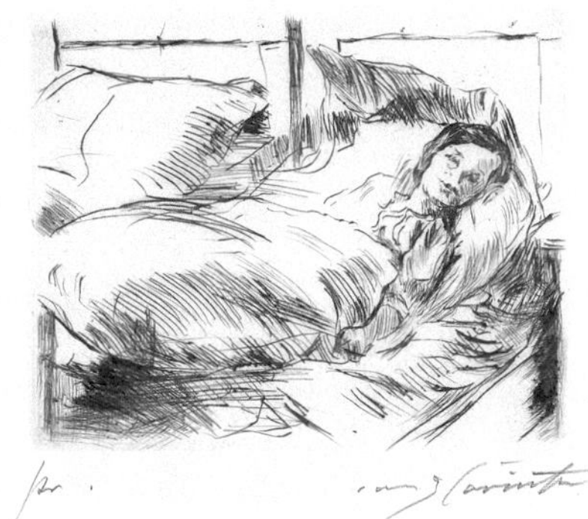

Kat. 34
Lovis Corinth (1858–1925)
Das kranke Kind, 1918
Verlag Fritz Gurlitt, Berlin
Radierung auf Papier
Blatt 35,7/36,2 × 45 cm, Platte 18,8 × 24,1 cm
Kunstmuseum Basel, Kupferstichkabinett,
Inv. 1933.87, Ankauf 1933

Aukt.-Kat. Berlin 1933b, Los 797

Lit.: Schwarz 1985, Nr. 333

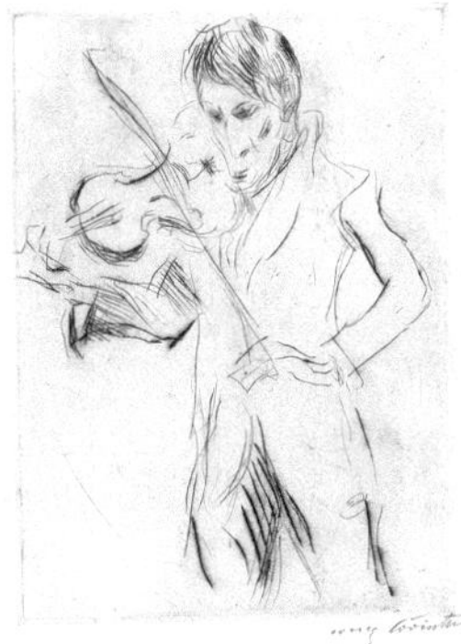

Kat. 35
Lovis Corinth (1858–1925)
Bildnis Andreas Weissgaerber, 1919
Zweite Fassung, Verlag Fritz Gulitt, Berlin
Radierung auf Büttenpapier
Blatt 38,7 × 29 cm, Platte 29,4 × 21,8 cm
Kunstmuseum Basel, Kupferstichkabinett,
Inv. 1933.90, Ankauf 1933

Aukt.-Kat. Berlin 1933b, Los 806

Lit.: Schwarz 1985, Nr. 377

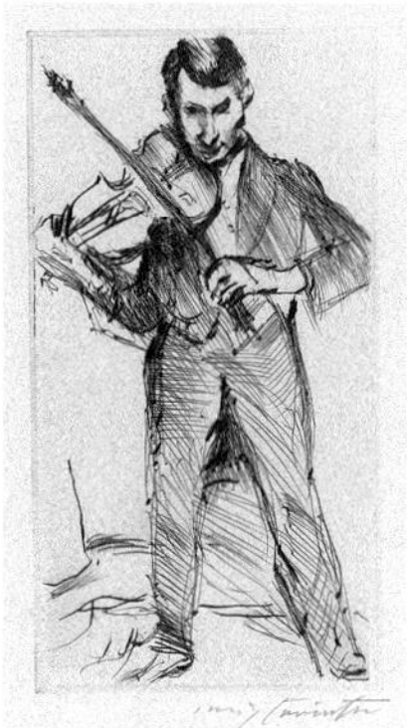

Kat. 36
Lovis Corinth (1858–1925)
Bildnis Andreas Weissgaerber, 1919
Dritte Fassung, nach einem Gemälde von 1919
Radierung auf Büttenpapier
Blatt 42,3 × 26,6 cm, Platte 25,7 × 14 cm
Kunstmuseum Basel, Kupferstichkabinett,
Inv. 1933.91, Ankauf 1933

Aukt.-Kat. Berlin 1933b, Los 807

Lit.: Schwarz 1985, Nr. 378

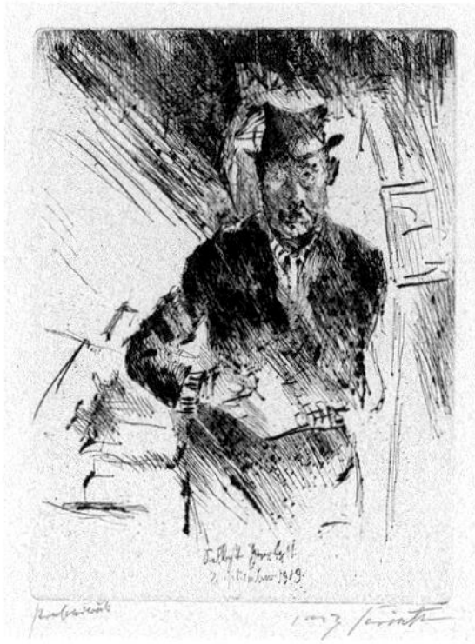

Kat. 37 | S. 97 ◇
Lovis Corinth (1858–1925)
Selbstbildnis, September 1919
Blatt 1 der Mappe «Bei den Corinthern»
Radierung und Kaltnadel auf Büttenpapier
Blatt 45,2 × 36 cm, Platte 32 × 24,5 cm
Kunstmuseum Basel, Kupferstichkabinett,
Inv. 1933.88, Ankauf 1933

Aukt.-Kat. Berlin 1933b, Los 808

Lit.: Schwarz 1985, Nr. 380 I

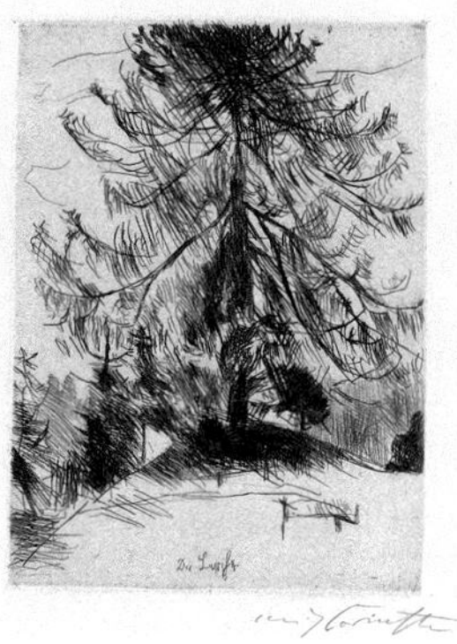

Kat. 38
Lovis Corinth (1858–1925)
Die Lärche, 1920
Blatt 6 der Mappe «Am Walchensee»
Verlag Fritz Gurlitt, Berlin
Radierung auf Büttenpapier
Blatt 39,6 × 31,5 cm, Platte 24,7 × 18,4 cm
Kunstmuseum Basel, Kupferstichkabinett,
Inv. 1933.89, Ankauf 1933

Aukt.-Kat. Berlin 1933b, Los 817

Lit.: Schwarz 1985, Nr. 432 VI

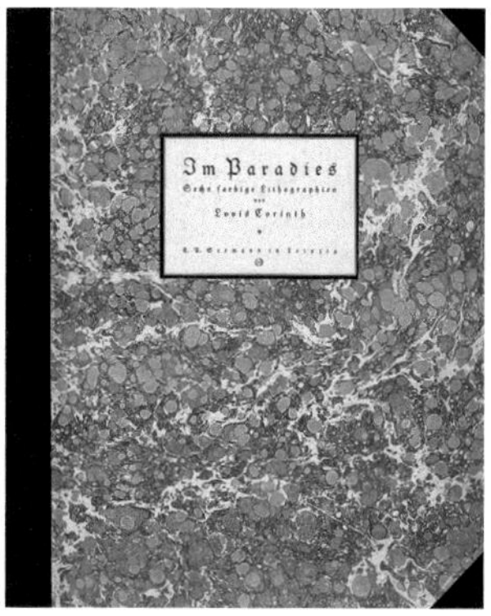

Kat. 39
Lovis Corinth (1858–1925)
Im Paradies, 1920/21
Hrsg. und gedruckt vom Verlag E. A. Seemann, Leipzig (o. J.)
Mappe mit sieben Farblithographien auf Büttenpapier (ein Titelblatt und sechs Drucke) und Begleittext
Mappe 59,7 × 49,7 × 1 cm
Kunstmuseum Basel, Kupferstichkabinett,
Inv. 1933.214.1-7, Ankauf 1933

Aukt.-Kat. Berlin 1933b, Los 825

Lit.: Müller 1994, Nr. 539–545

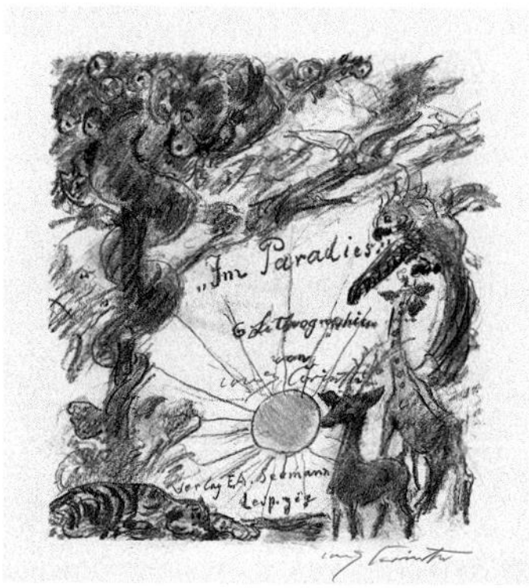

Kat. 39.1
Lovis Corinth (1858–1925)
Titelblatt der Mappe «Im Paradies», 1920/21
Kreidelithographie in Schwarz, Rot, Blau und Gelb auf Büttenpapier
Blatt 58 × 48,8 cm, Bild 33,5 × 31,4 cm (grösste Masse)
Kunstmuseum Basel, Kupferstichkabinett,
Inv. 1933.214.1, Ankauf 1933

Aukt.-Kat. Berlin 1933b, Los 825

Lit.: Müller 1994, Nr. 539

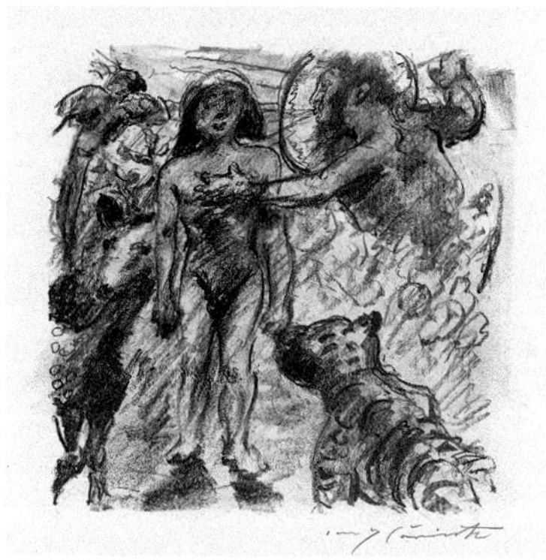

Kat. 39.2
Lovis Corinth (1858–1925)
Die Erschaffung Adams, 1920/21
Blatt 1 der Mappe «Im Paradies»
Kreidelithographie in Schwarz, Rot, Blau, Gelb und Ocker auf Büttenpapier
Blatt 57,6 × 48,7 cm, Bild 34 × 36,5 cm (grösste Masse)
Kunstmuseum Basel, Kupferstichkabinett,
Inv. 1933.214.2, Ankauf 1933

Aukt.-Kat. Berlin 1933b, Los 825

Lit.: Müller 1994, Nr. 540

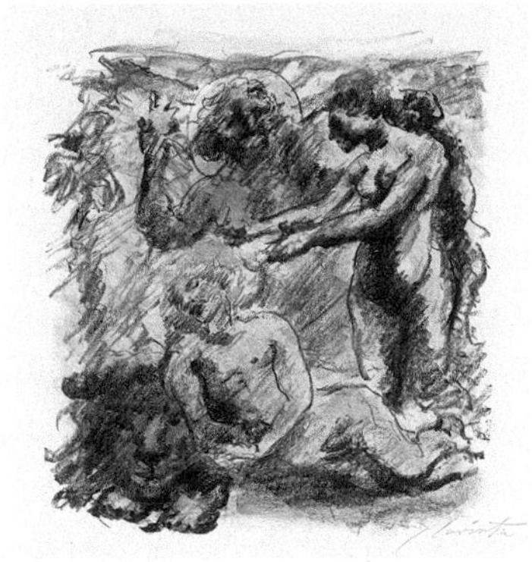

Kat. 39.3
Lovis Corinth (1858–1925)
Die Erschaffung Evas, 1920/21
Blatt 2 der Mappe «Im Paradies»
Kreidelithographie in Schwarz, Blau, Rot und Ocker auf Büttenpapier
Blatt 57,8 × 48,8 cm, Bild 34,5 × 31,4 cm (grösste Masse)
Kunstmuseum Basel, Kupferstichkabinett, Inv. 1933.214.3, Ankauf 1933

Aukt.-Kat. Berlin 1933b, Los 825

Lit.: Müller 1994, Nr. 541

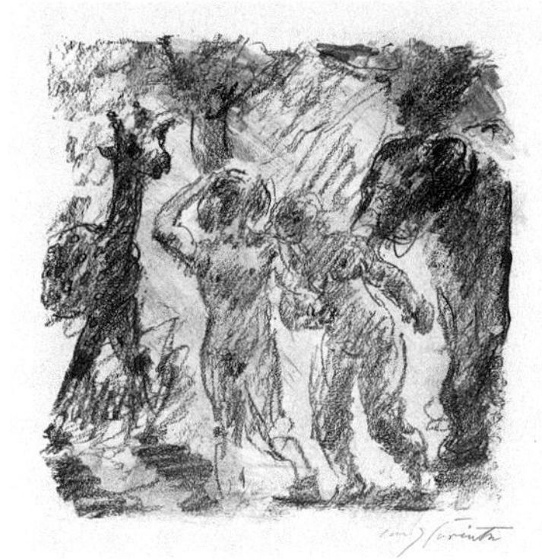

Kat. 39.4
Lovis Corinth (1858–1925)
Adam und Eva im Paradies, 1920/21
Blatt 3 der Mappe «Im Paradies»
Kreidelithographie in Schwarz, Blau, Gelb und Rot auf Büttenpapier
Blatt 58,1 × 48,8 cm, Blatt 33,5 × 33,4 cm (grösste Masse)
Kunstmuseum Basel, Kupferstichkabinett, Inv. 1933.214.4, Ankauf 1933

Aukt.-Kat. Berlin 1933b, Los 825

Lit.: Müller 1994, Nr. 542

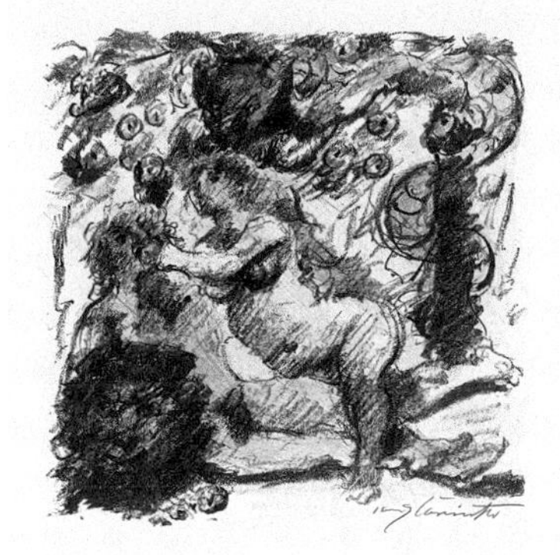

Kat. 39.5
Lovis Corinth (1858–1925)
Der Sündenfall, 1920/21
Blatt 4 der Mappe «Im Paradies»
Kreidelithographie in Schwarz, Rot, Gelb, Blau und Braun auf Büttenpapier
Blatt 58 × 48,8 cm, Bild 32,5 × 33,1 cm (grösste Masse)
Kunstmuseum Basel, Kupferstichkabinett, Inv. 1933.214.5, Ankauf 1933

Aukt.-Kat. Berlin 1933b, Los 825

Lit.: Müller 1994, Nr. 543

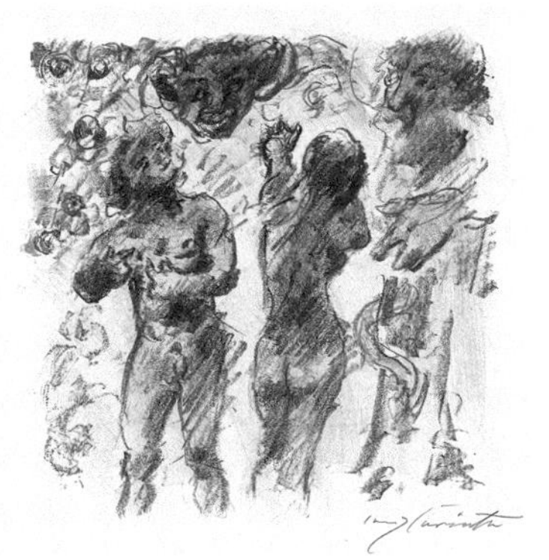

Kat. 39.6
Lovis Corinth (1858–1925)
Adam und Eva klagen die Schlange an, 1920/21
Blatt 5 der Mappe «Im Paradies»
Kreidelithographie in Schwarz, Gelb, Rot und Blau auf Büttenpapier
Blatt 58,1 × 48,9 cm, Bild 34,5 × 34,8 cm (grösste Masse)
Kunstmuseum Basel, Kupferstichkabinett, Inv. 1933.214.6, Ankauf 1933

Aukt.-Kat. Berlin 1933b, Los 825

Lit.: Müller 1994, Nr. 544

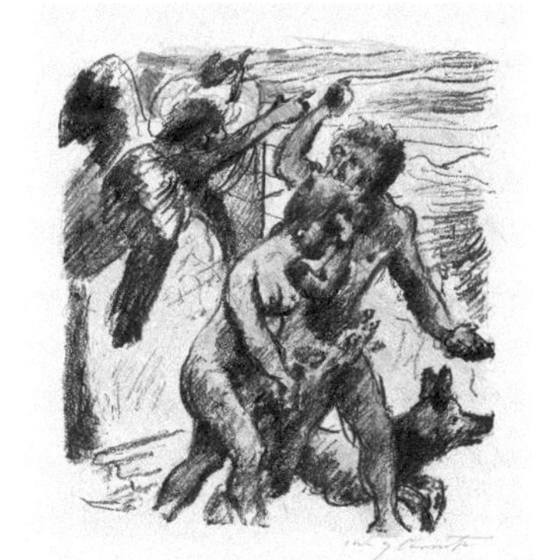

Kat. 39.7
Lovis Corinth (1858–1925)
Die Vertreibung aus dem Paradies, 1920/21
Blatt 6 der Mappe «Im Paradies»
Kreidelithographie in Schwarz, Blau, Rot, Gelb und Braun auf Büttenpapier
Blatt 58,1 × 48,8 cm, Bild 34,5 × 32 cm (grösste Masse)
Kunstmuseum Basel, Kupferstichkabinett, Inv. 1933.214.7, Ankauf 1933

Aukt.-Kat. Berlin 1933b, Los 825

Lit.: Müller 1994, Nr. 545

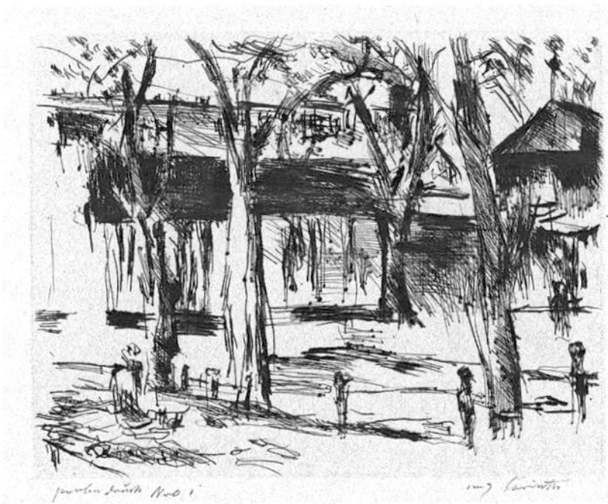

Kat. 40 | S. 98 ◇
Lovis Corinth (1858–1925)
Bahnhof Tiergarten zu Berlin, 1920/21
Aus der Folge «Der Tiergarten»
Radierung auf Büttenpapier
Blatt 32,5/33 × 48,2 cm, Platte 22,7 × 30,3 cm
Kunstmuseum Basel, Kupferstichkabinett, Inv. 1933.92, Ankauf 1933

Aukt.-Kat. Berlin 1933b, Los 834

Lit.: Müller 1994, Nr. 474

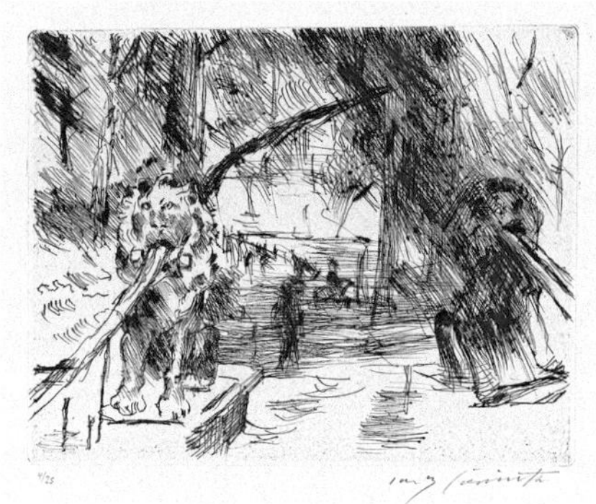

Kat. 41 | S. 94, 98 ◇
Lovis Corinth (1858–1925)
Die Löwenbrücke im Tiergarten, 1920/21
Aus der Folge «Der Tiergarten»
Radierung auf Büttenpapier
Blatt 39,8 × 59 cm, Platte 24,9 × 32,3 cm
Kunstmuseum Basel, Kupferstichkabinett,
Inv. 1933.93, Ankauf 1933

Aukt.-Kat. Berlin 1933b, Los 835

Lit.: Müller 1994, Nr. 477

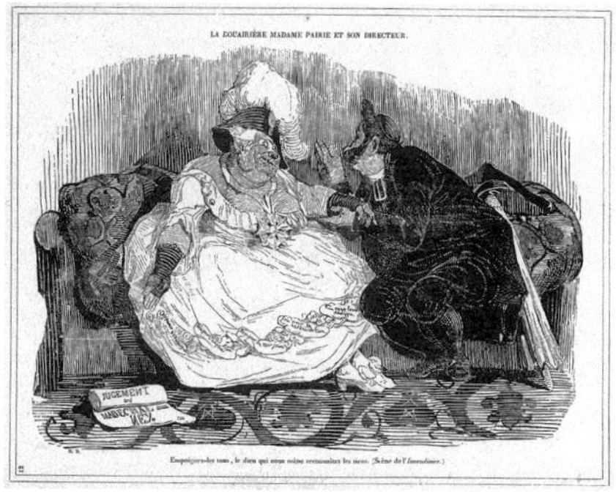

Kat. 42
Honoré Daumier (1808–1879)
La douairière madame Pairie et son directeur, 1834
erschienen in: ***Le Magasin charivarique***, 1834
Holzschnitt auf Papier
Blatt 24,9 × 31,4 cm
Kunstmuseum Basel, Kupferstichkabinett,
Inv. 1933.286.31, Ankauf 1933

Aukt.-Kat. Berlin 1933b, Los 846 (?)

Lit.: Delteil 1925–1930, app. Nr. 11/II

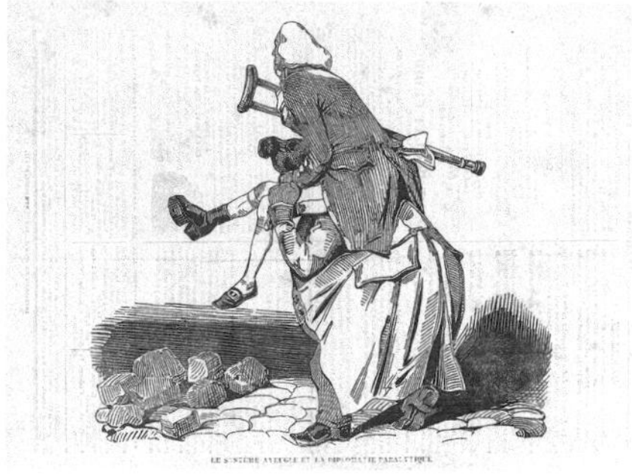

Kat. 43
Honoré Daumier (1808–1879)
Le système aveugle et la diplomatie paralytique, 1834
erschienen in: ***Le Charivari***, 22. Juli 1834
Holzschnitt auf Zeitungsdruckpapier
Blatt 24,9 × 32,6 cm
Kunstmuseum Basel, Kupferstichkabinett,
Inv. 1933.286.32, Ankauf 1933

Aukt.-Kat. Berlin 1933b, Los 846 (?)

Lit.: Delteil 1925–1930, app. Nr. 24/I

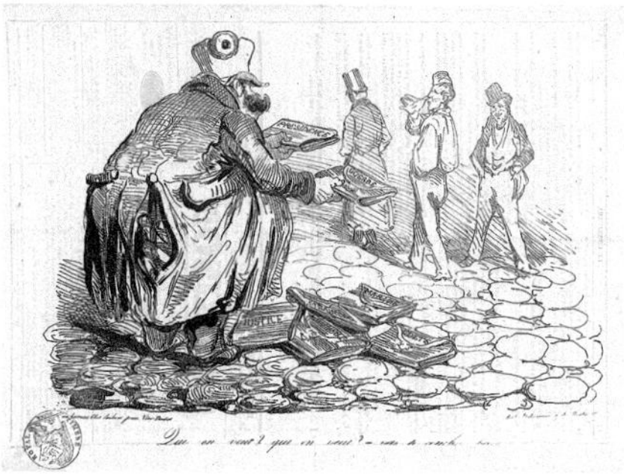

Kat. 44
Honoré Daumier (1808–1879)
Qui en veut ? [...], 1835
erschienen in: ***Le Charivari***, 4. Januar 1835
Federlithographie auf Zeitungsdruckpapier
Blatt 24,3 × 32,9 cm
Kunstmuseum Basel, Kupferstichkabinett,
Inv. 1933.286.34, Ankauf 1933

Aukt.-Kat. Berlin 1933b, Los 846 (?)

Lit.: Delteil 1925–1930, Nr. 220/I

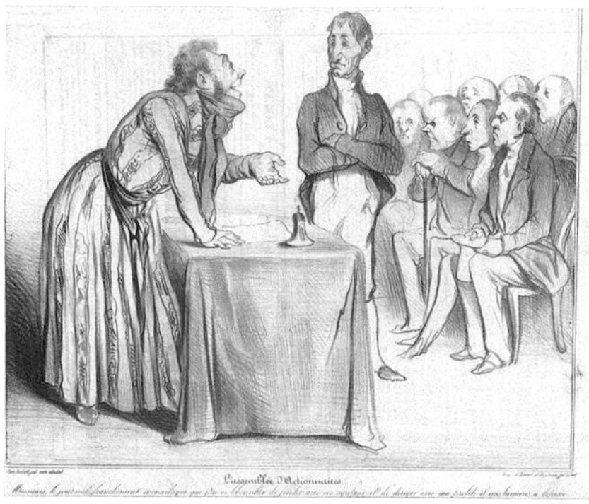

Kat. 45
Honoré Daumier (1808–1879)
L'assemblée d'Actionnaires, 1836
Blatt 6 der Serie «Caricaturana»; erschienen in:
Le Charivari, 30. September 1836
Kreidelithographie auf Zeitungsdruckpapier;
gedruckt von Aubert et Junca, Paris
Blatt 22,7 × 30,3 cm
Kunstmuseum Basel, Kupferstichkabinett,
Inv. 1933.284.1, Ankauf 1933

Aukt.-Kat. Berlin 1933b, Los 850

Lit.: Delteil 1925–1930, Nr. 359/II

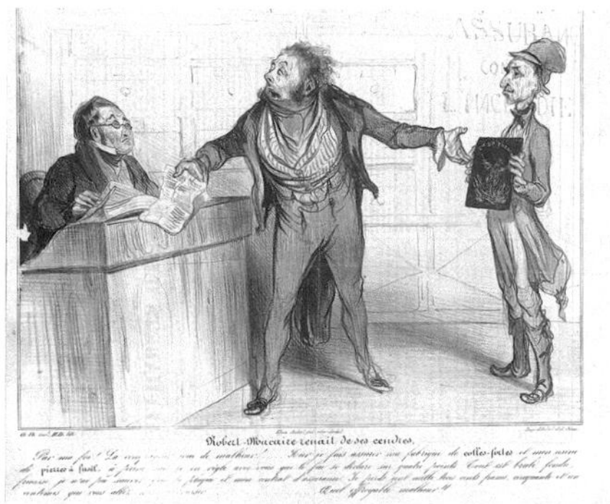

Kat. 46
Honoré Daumier (1808–1879)
Robert Macaire renait de ses cendres, 1837
Blatt 21 der Serie «Caricaturana»; erschienen in:
Le Charivari, 15. Januar 1837
Kreidelithographie auf Zeitungsdruckpapier;
gedruckt von Aubert et Junca, Paris
Blatt 23,8 × 30,3 cm
Kunstmuseum Basel, Kupferstichkabinett,
Inv. 1933.284.2, Ankauf 1933

Aukt.-Kat. Berlin 1933b, Los 850

Lit.: Delteil 1925–1930, Nr. 375/II

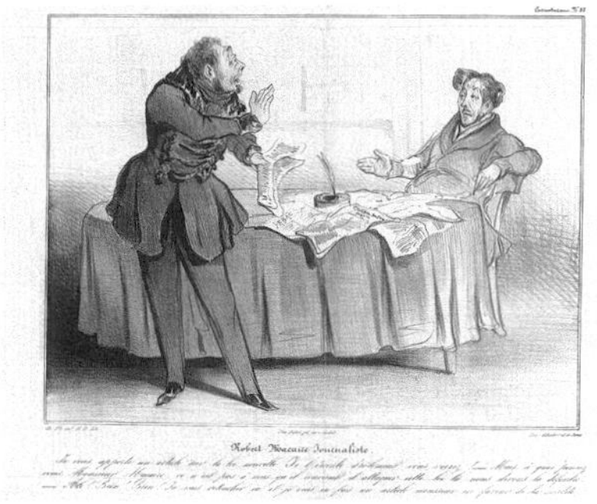

Kat. 47
Honoré Daumier (1808–1879)
Robert Macaire journaliste, 1837
Blatt 33 der Serie «Caricaturana»; erschienen in: ***Le Charivari***, 9. März 1837
Kreidelithographie auf Zeitungsdruckpapier; gedruckt von Aubert et Junca, Paris
Blatt 24,4 × 35,5 cm
Kunstmuseum Basel, Kupferstichkabinett, Inv. 1933.284.3, Ankauf 1933

Aukt.-Kat. Berlin 1933b, Los 850

Lit.: Delteil 1925–1930, Nr. 387/II

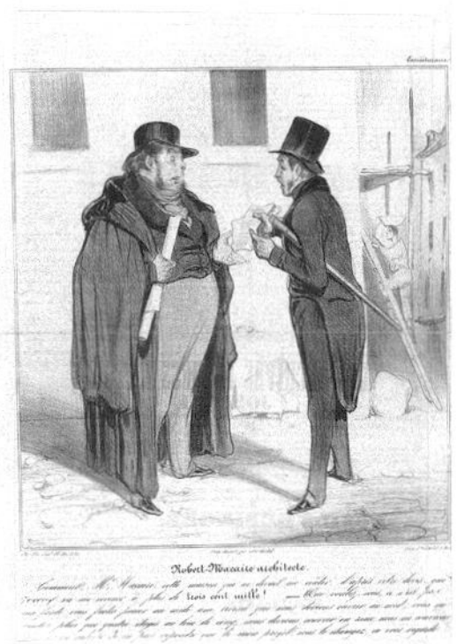

Kat. 48
Honoré Daumier (1808–1879)
Robert Macaire architecte, 1837
Blatt 41 der Serie «Caricaturana»; erschienen in: ***Le Charivari***, 9. April 1837
Kreidelithographie auf Zeitungsdruckpapier; gedruckt von Aubert et Junca, Paris
Blatt 35,3 × 24,1 cm
Kunstmuseum Basel, Kupferstichkabinett, Inv. 1933.284.4, Ankauf 1933

Aukt.-Kat. Berlin 1933b, Los 850

Lit.: Delteil 1925–1930, Nr. 395/I

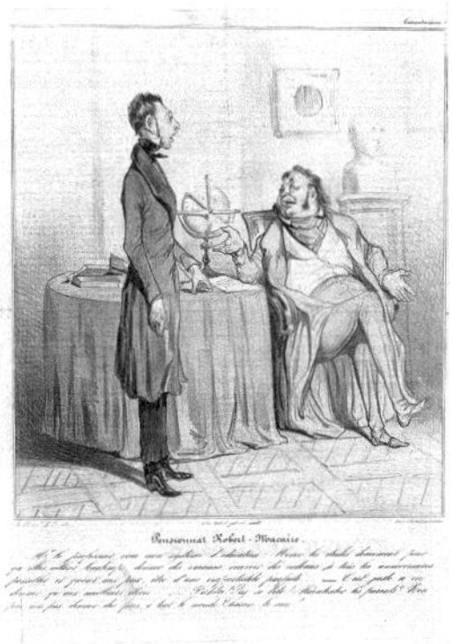

Kat. 49
Honoré Daumier (1808–1879)
Pensionnat Robert Macaire, 1837
Blatt 42 der Serie «Caricaturana»; erschienen in: ***Le Charivari***, 16. April 1837
Kreidelithographie auf Zeitungsdruckpapier; gedruckt von Aubert et Junca, Paris
Blatt 35,4 × 24,3 cm
Kunstmuseum Basel, Kupferstichkabinett, Inv. 1933.284.5, Ankauf 1933

Aukt.-Kat. Berlin 1933b, Los 850

Lit.: Delteil 1925–1930, Nr. 397/III

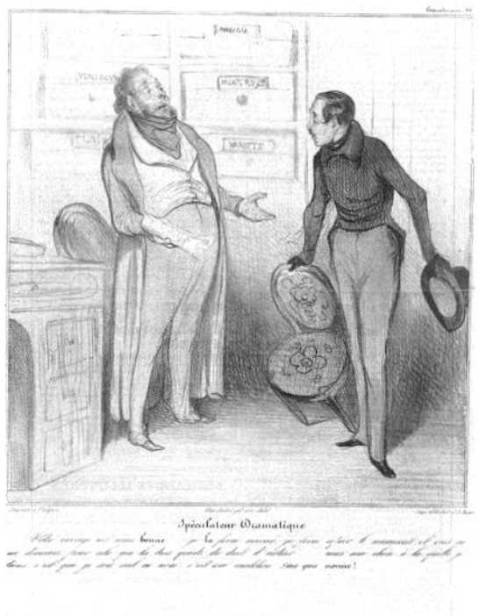

Kat. 50
Honoré Daumier (1808–1879)
Spéculateur dramatique, 1837
Blatt 46 der Serie «Caricaturana»; erschienen in: ***Le Charivari***, 7. Mai 1837
Kreidelithographie auf Zeitungsdruckpapier; gedruckt von Aubert et Junca, Paris
Blatt 35,3 × 24,4 cm
Kunstmuseum Basel, Kupferstichkabinett, Inv. 1933.284.6, Ankauf 1933

Aukt.-Kat. Berlin 1933b, Los 850

Lit.: Delteil 1925–1930, Nr. 401/I

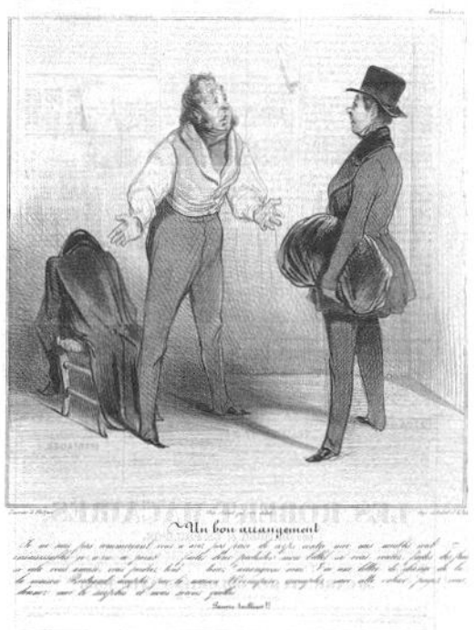

Kat. 51
Honoré Daumier (1808–1879)
Un Bon Arrangement, 1837
Blatt 52 der Serie «Caricaturana»; erschienen in: ***Le Charivari***, 11. Juni 1837
Kreidelithographie auf Zeitungsdruckpapier; gedruckt von Aubert et Junca, Paris
Blatt 35,3 × 24,3 cm
Kunstmuseum Basel, Kupferstichkabinett, Inv. 1933.284.7, Ankauf 1933

Aukt.-Kat. Berlin 1933b, Los 850

Lit.: Delteil 1925–1930, Nr. 407/I

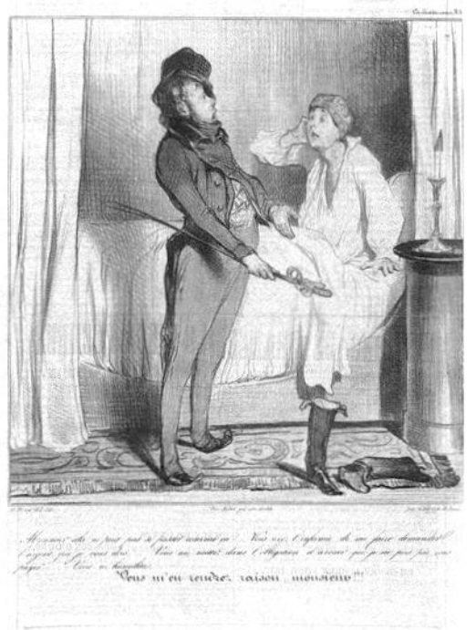

Kat. 52
Honoré Daumier (1808–1879)
Monsieur cela ne peut pas se passer comme ça ! [...], 1837
Blatt 54 der Serie «Caricaturana»; erschienen in: ***Le Charivari***, 25. Juni 1837
Kreidelithographie auf Zeitungsdruckpapier; gedruckt von Aubert et Junca, Paris
Blatt 35,4 × 24,3 cm
Kunstmuseum Basel, Kupferstichkabinett, Inv. 1933.284.8, Ankauf 1933

Aukt.-Kat. Berlin 1933b, Los 850

Lit.: Delteil 1925–1930, Nr. 409/III

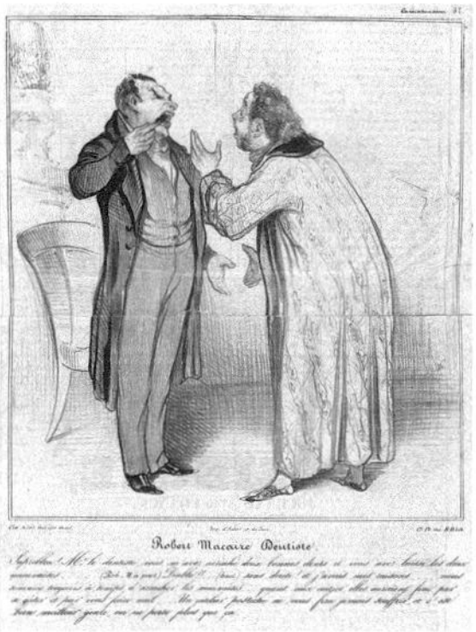

Kat. 53
Honoré Daumier (1808–1879)
Robert Macaire dentiste, 1837
Blatt 57 der Serie «Caricaturana»; erschienen in: ***Le Charivari***, 9. Juli 1837
Kreidelithographie auf Zeitungsdruckpapier; gedruckt von Aubert et Junca, Paris
Blatt 35,3 × 24,3 cm
Kunstmuseum Basel, Kupferstichkabinett, Inv. 1933.284.9, Ankauf 1933

Aukt.-Kat. Berlin 1933b, Los 850

Lit.: Delteil 1925–1930, Nr. 412/I

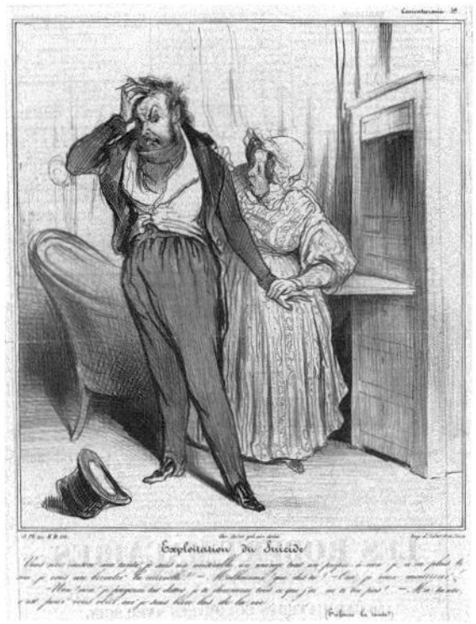

Kat. 54
Honoré Daumier (1808–1879)
Exploitation du suicide, 1837
Blatt 59 der Serie «Caricaturana»; erschienen in: ***Le Charivari***, 24. Juli 1837
Kreidelithographie auf Zeitungsdruckpapier; gedruckt von Aubert et Junca, Paris
Blatt 35,3 × 24,5 cm
Kunstmuseum Basel, Kupferstichkabinett, Inv. 1933.284.10, Ankauf 1933

Aukt.-Kat. Berlin 1933b, Los 850

Lit.: Delteil 1925–1930, Nr. 414/I

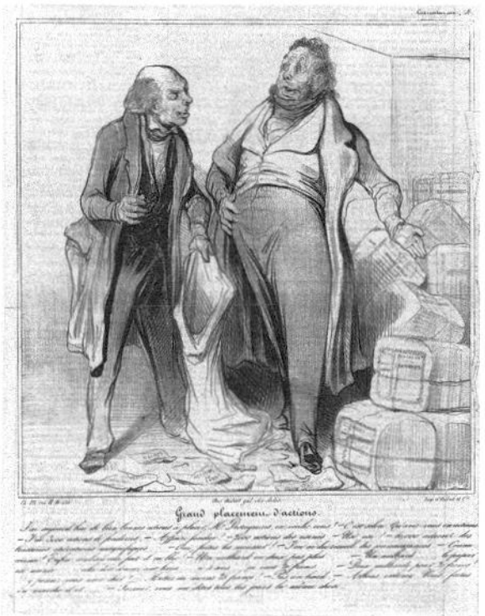

Kat. 55
Honoré Daumier (1808–1879)
Grand placement d'actions, 1837
Blatt 68 der Serie «Caricaturana»; erschienen in: ***Le Charivari***, 3. Dezember 1837
Kreidelithographie auf Zeitungsdruckpapier; gedruckt von Aubert & Cie., Paris
Blatt 35,4 × 24,1 cm
Kunstmuseum Basel, Kupferstichkabinett, Inv. 1933.284.11, Ankauf 1933

Aukt.-Kat. Berlin 1933b, Los 850

Lit.: Delteil 1925–1930, Nr. 423/II

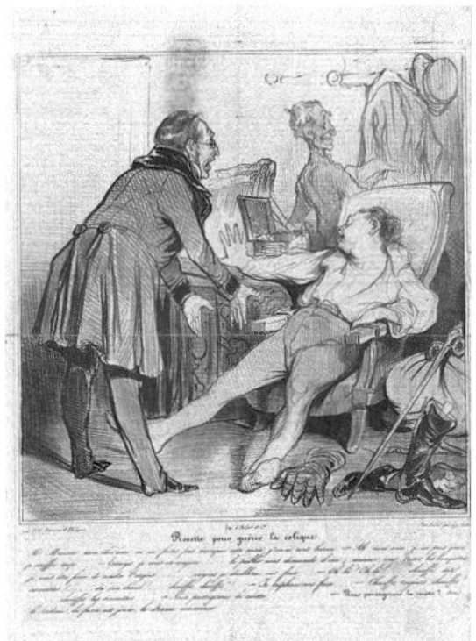

Kat. 56
Honoré Daumier (1808–1879)
Recette pour guérir la colique, 1838
Blatt 72 der Serie «Caricaturana»; erschienen in: ***Le Charivari***, 14. Januar 1838
Kreidelithographie auf Zeitungsdruckpapier; gedruckt von Aubert & Cie., Paris
Blatt 35,1 × 25,1 cm
Kunstmuseum Basel, Kupferstichkabinett, Inv. 1933.284.12, Ankauf 1933

Aukt.-Kat. Berlin 1933b, Los 850

Lit.: Delteil 1925–1930, Nr. 427/II

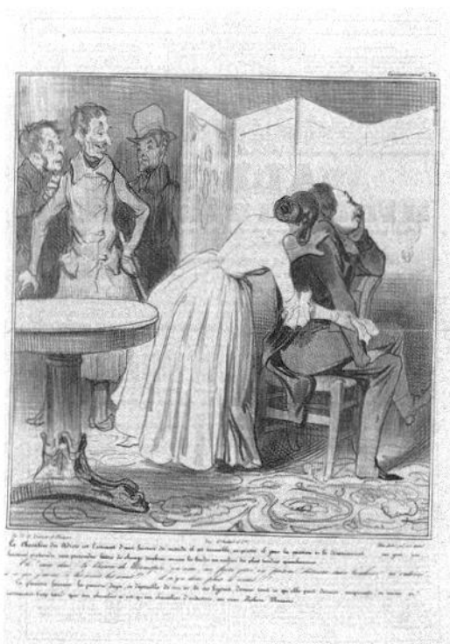

Kat. 57
Honoré Daumier (1808–1879)
Le Chevalier des Adrets est l'amant d'une femme du monde […], 1838
Blatt 74 der Serie «Caricaturana»; erschienen in: ***Le Charivari***, 19. Februar 1838
Kreidelithographie auf Zeitungsdruckpapier; gedruckt von Aubert & Cie., Paris
Blatt 35,3 × 25 cm
Kunstmuseum Basel, Kupferstichkabinett, Inv. 1933.284.13, Ankauf 1933

Aukt.-Kat. Berlin 1933b, Los 850

Lit.: Delteil 1925–1930, Nr. 429/II

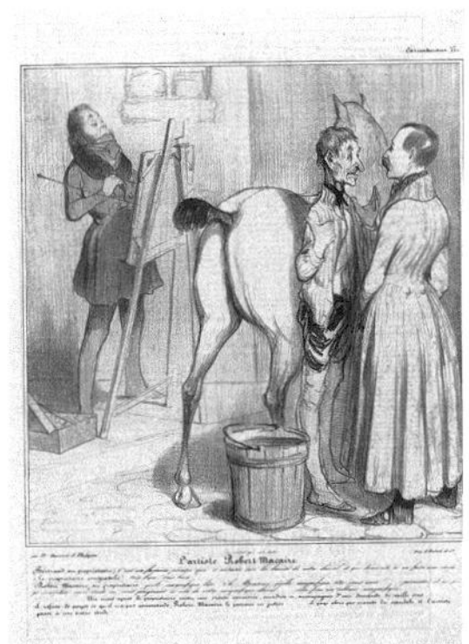

Kat. 58
Honoré Daumier (1808–1879)
L'artiste Robert Macaire, 1838
Blatt 77 der Serie «Caricaturana»; erschienen in: ***Le Charivari***, 26. März 1838
Kreidelithographie auf Zeitungsdruckpapier; gedruckt von Aubert & Cie., Paris
Blatt 35,3 × 25 cm
Kunstmuseum Basel, Kupferstichkabinett, Inv. 1933.284.14, Ankauf 1933

Aukt.-Kat. Berlin 1933b, Los 850

Lit.: Delteil 1925–1930, Nr. 432/I

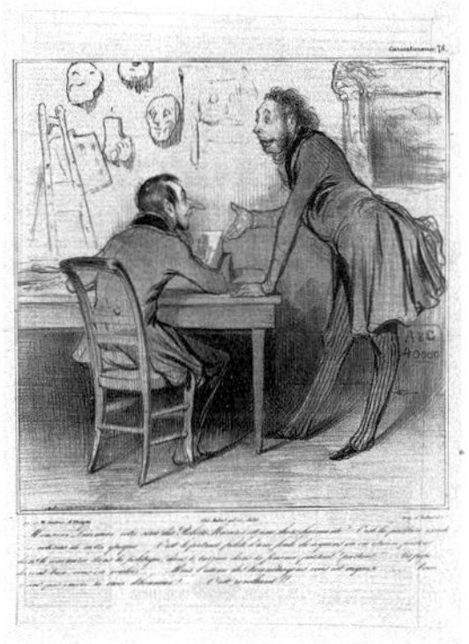

Kat. 59
Honoré Daumier (1808–1879)
Monsieur Daumier, votre série des Robert Macaires est une chose charmante ! […], 1838
Blatt 78 der Serie «Caricaturana»; erschienen in: ***Le Charivari***, 8. April 1838
Kreidelithographie auf Zeitungsdruckpapier; gedruckt von Aubert & Cie., Paris
Blatt 35,3 × 24,8 cm
Kunstmuseum Basel, Kupferstichkabinett, Inv. 1933.284.15, Ankauf 1933

Aukt.-Kat. Berlin 1933b, Los 850

Lit.: Delteil 1925–1930, Nr. 433/III

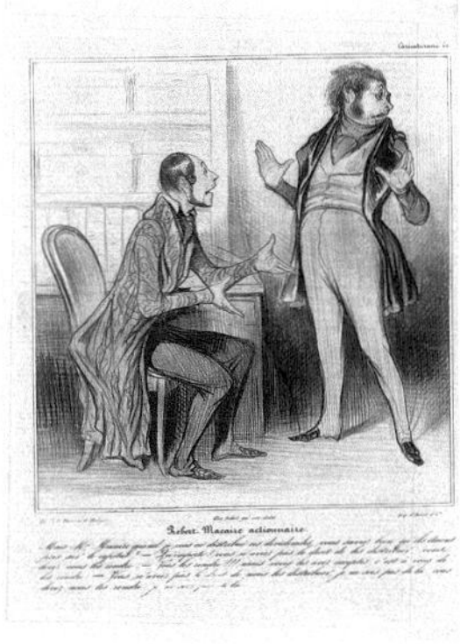

Kat. 60
Honoré Daumier (1808–1879)
Robert Macaire actionnaire, 1838
Blatt 80 der Serie «Caricaturana»; erschienen in: ***Le Charivari***, 13. Mai 1838
Kreidelithographie auf Zeitungsdruckpapier; gedruckt von Aubert & Cie., Paris
Blatt 35,2 × 25 cm
Kunstmuseum Basel, Kupferstichkabinett, Inv. 1933.284.16, Ankauf 1933

Aukt.-Kat. Berlin 1933b, Los 850

Lit.: Delteil 1925–1930, Nr. 435/II

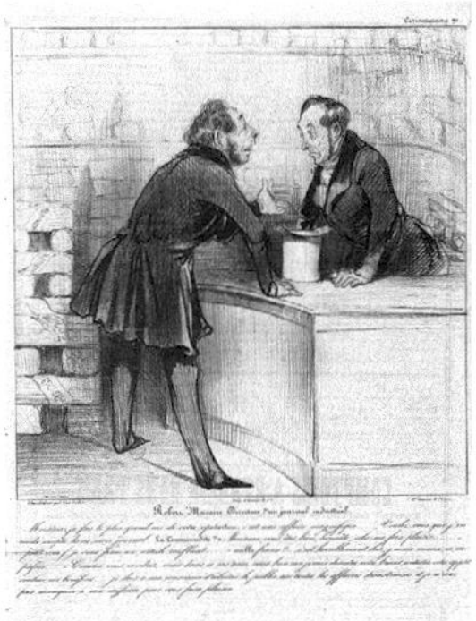

Kat. 61
Honoré Daumier (1808–1879)
Robert Macaire directeur d'un journal industriel, 1838
Blatt 91 der Serie «Caricaturana»; erschienen in: ***Le Charivari***, 30. September 1838
Kreidelithographie auf Zeitungsdruckpapier; gedruckt von Aubert & Cie., Paris
Blatt 35,3 × 25,2 cm
Kunstmuseum Basel, Kupferstichkabinett, Inv. 1933.284.17, Ankauf 1933

Aukt.-Kat. Berlin 1933b, Los 850

Lit.: Delteil 1925–1930, Nr. 446/III

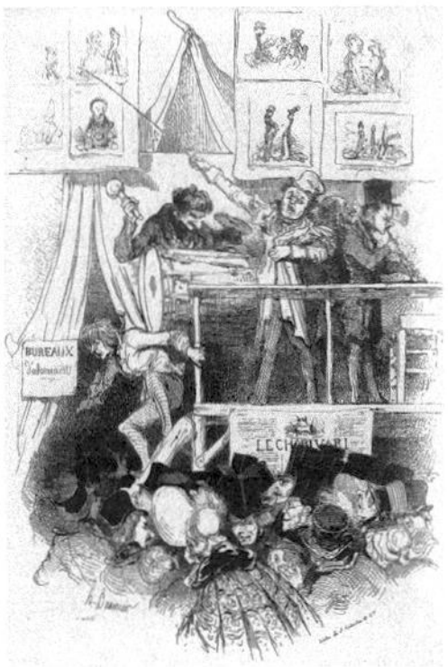

Kat. 62 ○
Honoré Daumier (1808–1879)
Parade du Charivari, 1839
erschienen in: ***Le Charivari***, 6. Januar 1839
Federlithographie auf Zeitungsdruckpapier
Blatt 36,7 × 25,4 cm
Kunstmuseum Basel, Kupferstichkabinett, Inv. 1933.286.38, Ankauf 1933

Aukt.-Kat. Berlin 1933b, Los 846 (?)

Lit.: Delteil 1925–1930, Nr. 554/II

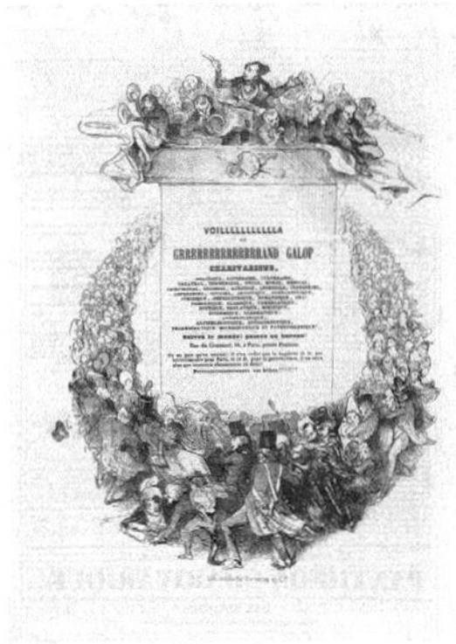

Kat. 63 ○
Honoré Daumier (1808–1879)
Voillllllllllà le grrrrrrrrrrrrrand galop charivarique […], 1839
erschienen in: ***Le Charivari***, 1. Mai 1839
Federlithographie auf Zeitungsdruckpapier
Blatt 35,5 × 25,7 cm
Kunstmuseum Basel, Kupferstichkabinett, Inv. 1933.286.35, Ankauf 1933

Aukt.-Kat. Berlin 1933b, Los 846 (?)

Lit.: Delteil 1925–1930, Nr. 558/III

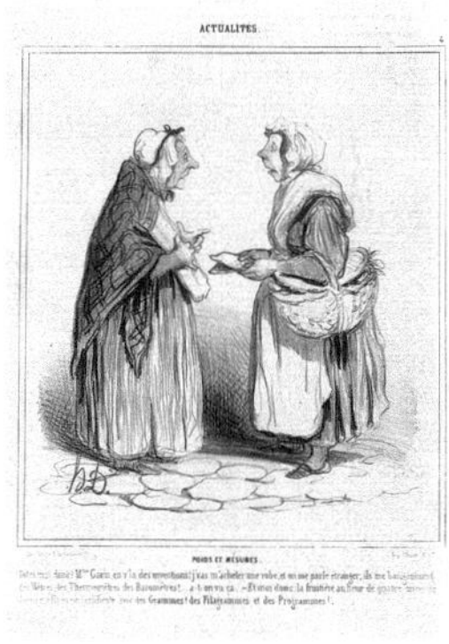

Kat. 64
Honoré Daumier (1808–1879)
Poids et mesures, 1840
Blatt 8 der Serie «Actualités»; erschienen in: ***Le Charivari***, 11. Februar 1840
Kreidelithographie auf Zeitungsdruckpapier; gedruckt von Aubert & Cie., Paris
Blatt 36,8 × 25,7 cm
Kunstmuseum Basel, Kupferstichkabinett, Inv. 1933.285.3, Ankauf 1933

Aukt.-Kat. Berlin 1933b, Los 848 (?)

Lit.: Delteil 1925–1930, Nr. 791/IV

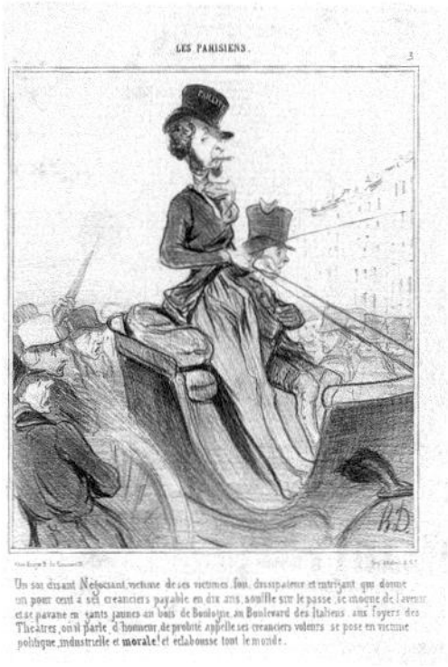

Kat. 65
Honoré Daumier (1808–1879)
Un soi disant Négociant [...], 1840
Blatt 3 der Serie «Les Parisiens»; erschienen in: ***Le Charivari***, 19. April 1840
Kreidelithographie auf Zeitungsdruckpapier; gedruckt von Aubert & Cie., Paris
Blatt 36,8 × 25,3 cm
Kunstmuseum Basel, Kupferstichkabinett, Inv. 1933.285.1, Ankauf 1933

Aukt.-Kat. Berlin 1933b, Los 848 (?)

Lit.: Delteil 1925–1930, Nr. 756/II

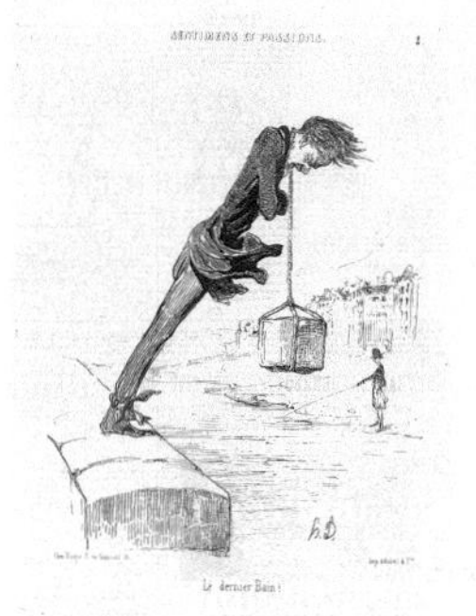

Kat. 66 ○
Honoré Daumier (1808–1879)
Le dernier bain !, 1840
Blatt 2 der Serie «Sentiments et passions»; erschienen in: ***Le Charivari***, 7. Juni 1840
Federlithographie auf Zeitungsdruckpapier; gedruckt von Aubert & Cie., Paris
Blatt 36,8 × 25,7 cm
Kunstmuseum Basel, Kupferstichkabinett, Inv. 1933.286.36, Ankauf 1933

Aukt.-Kat. Berlin 1933b, Los 846 (?)

Lit.: Delteil 1925–1930, Nr. 800/III

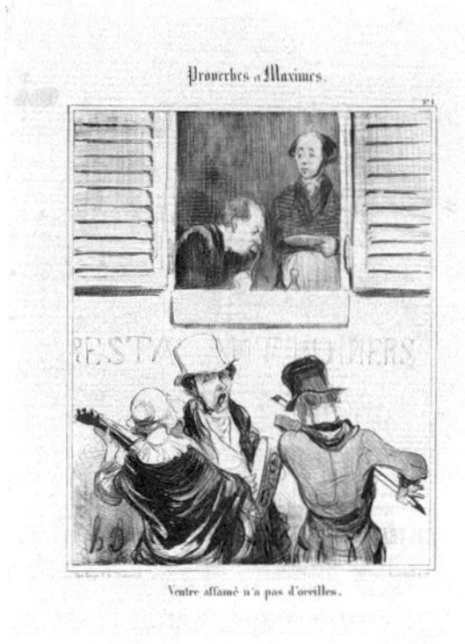

Kat. 67
Honoré Daumier (1808–1879)
Ventre affamé n'a pas d'oreilles, 1840
Blatt 1 der Serie «Proverbes et maximes»; erschienen in: ***Le Charivari***, 21. Juni 1840
Kreidelithographie auf Zeitungsdruckpapier; gedruckt von Aubert & Cie., Paris
Blatt 36,8 × 25,9 cm
Kunstmuseum Basel, Kupferstichkabinett, Inv. 1933.285.4, Ankauf 1933

Aukt.-Kat. Berlin 1933b, Los 848 (?)

Lit.: Delteil 1925–1930, Nr. 803/III

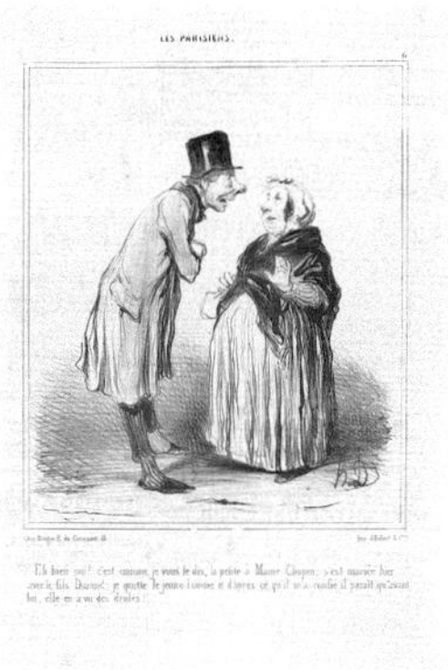

Kat. 68
Honoré Daumier (1808–1879)
Eh bien oui ! C'est comme je vous le dis [...], 1840
Blatt 6 der Serie «Les Parisiens»; erschienen in: ***Le Charivari***, 26. Juni 1840
Kreidelithographie auf Zeitungsdruckpapier; gedruckt von Aubert & Cie., Paris
Blatt 36,8 × 25,9 cm
Kunstmuseum Basel, Kupferstichkabinett, Inv. 1933.285.2, Ankauf 1933

Aukt.-Kat. Berlin 1933b, Los 848 (?)

Lit.: Delteil 1925–1930, Nr. 759/III

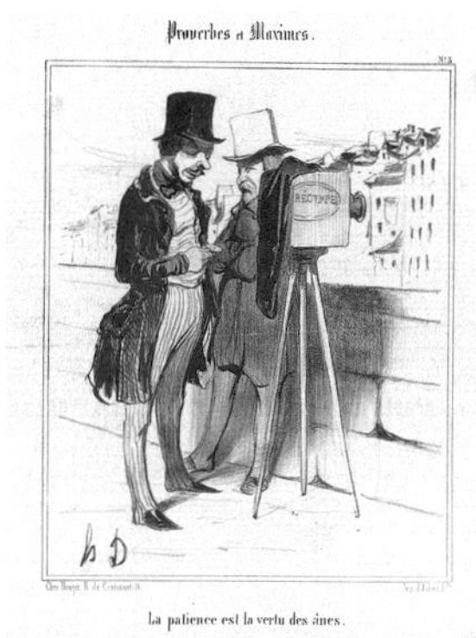

Kat. 69 ○
Honoré Daumier (1808–1879)
La patience est la vertu des ânes, 1840
Blatt 3 der Serie «Proverbes et maximes»; erschienen in: ***Le Charivari***, 2. Juli 1840
Kreide- und Pinsellithographie auf Zeitungsdruckpapier; gedruckt von Aubert & Cie., Paris
Blatt 29,4 × 23,5 cm
Kunstmuseum Basel, Kupferstichkabinett, Inv. 1933.285.5, Ankauf 1933

Aukt.-Kat. Berlin 1933b, Los 848 (?)

Lit.: Delteil 1925–1930, Nr. 805/III

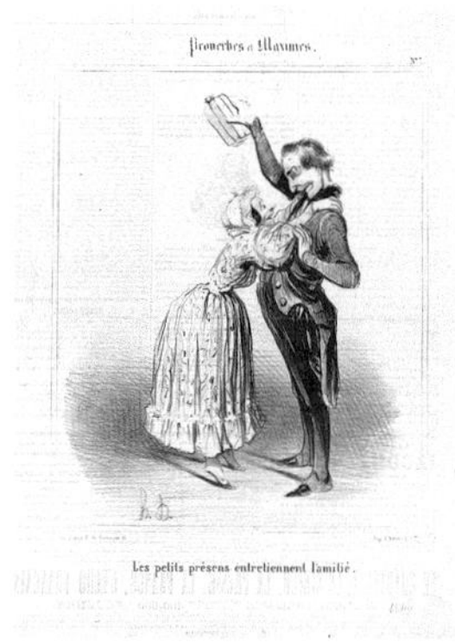

Kat. 70 ○
Honoré Daumier (1808–1879)
Les petits présents entretiennent l'amitié, 1840
Blatt 7 der Serie «Proverbes et maximes»; erschienen in: ***Le Charivari***, 24. Juli 1840
Kreidelithographie auf Zeitungsdruckpapier; gedruckt von Aubert & Cie., Paris
Blatt 35,3 × 25,6 cm
Kunstmuseum Basel, Kupferstichkabinett, Inv. 1933.285.6, Ankauf 1933

Aukt.-Kat. Berlin 1933b, Los 848 (?)

Lit.: Delteil 1925–1930, Nr. 809/III

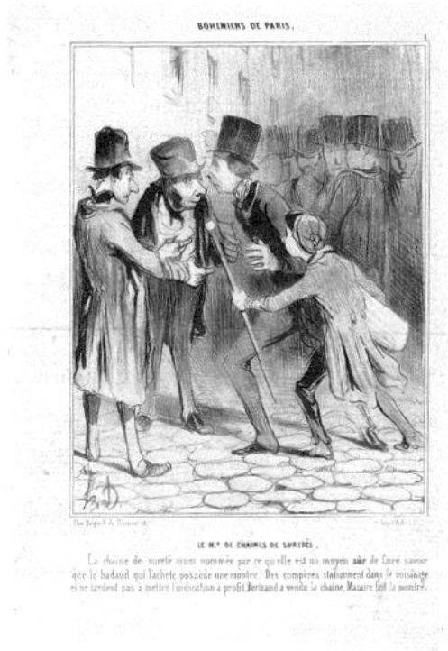

Kat. 71 ○
Honoré Daumier (1808–1879)
Le Md. de chaines suretés, 1840
Blatt 1 der Serie «Bohémiens de Paris»; erschienen in: ***Le Charivari***, 4. September 1840
Kreidelithographie auf Zeitungsdruckpapier; gedruckt von Aubert & Cie., Paris
Blatt 36,7 × 25,7 cm
Kunstmuseum Basel, Kupferstichkabinett, Inv. 1933.285.7, Ankauf 1933

Aukt.-Kat. Berlin 1933b, Los 848 (?)

Lit.: Delteil 1925–1930, Nr. 822/III

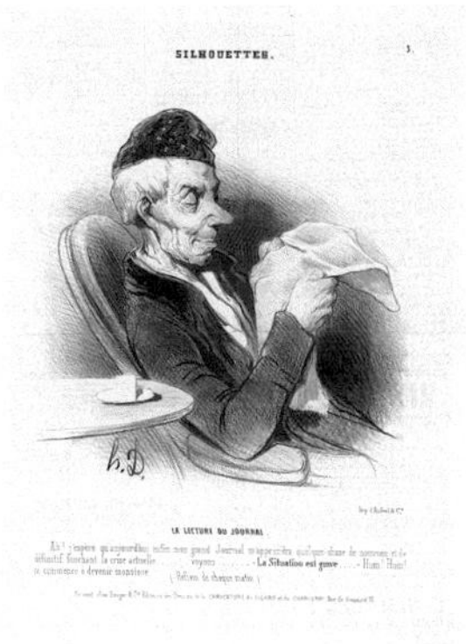

Kat. 72 ○
Honoré Daumier (1808–1879)
La lecture du journal, 1840
Blatt 3 der Serie «Silhouettes»; erschienen in: ***Le Charivari***, 1. November 1840
Kreidelithographie auf Zeitungsdruckpapier; gedruckt von Aubert & Cie., Paris
Blatt 37,2 × 25,5 cm
Kunstmuseum Basel, Kupferstichkabinett, Inv. 1933.285.8, Ankauf 1933

Aukt.-Kat. Berlin 1933b, Los 848 (?)

Lit.: Delteil 1925–1930, Nr. 852/II

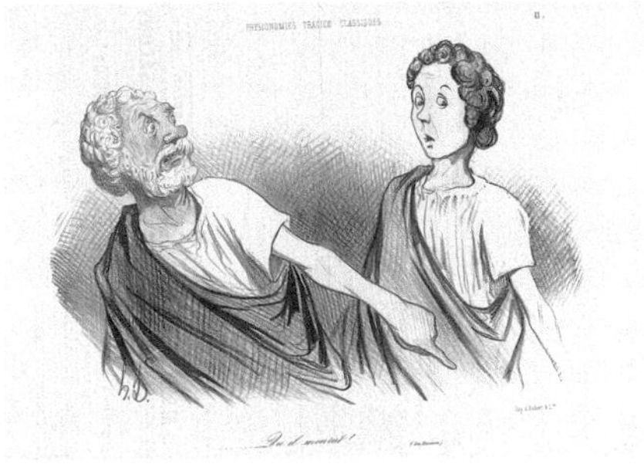

Kat. 73 ○
Honoré Daumier (1808–1879)
Qu'il mourut !...... (Les Horaces), 1841
Blatt 11 der Serie «Physionomies tragico-classiques»; erschienen in: ***Le Charivari***, 27. Februar 1841
Kreidelithographie auf Zeitungsdruckpapier; gedruckt von Aubert & Cie., Paris
Blatt 23,9 × 36,2 cm
Kunstmuseum Basel, Kupferstichkabinett, Inv. 1933.285.9, Ankauf 1933

Aukt.-Kat. Berlin 1933b, Los 848 (?)

Lit.: Delteil 1925–1930, Nr. 900/III

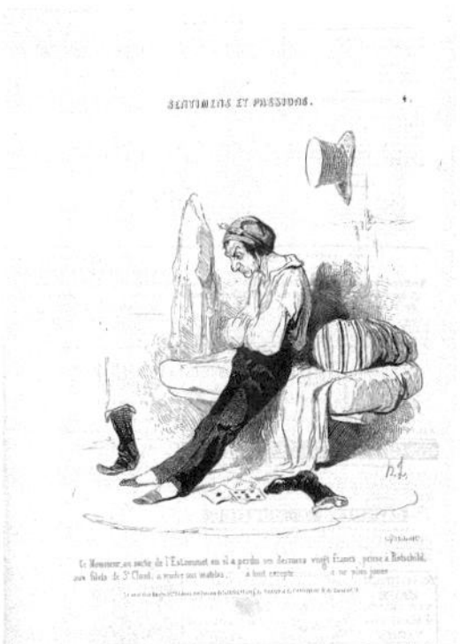

Kat. 74 ○
Honoré Daumier (1808–1879)
Ce Monsieur, au sortir de l'estaminet où il a perdu ses derniers vingt francs, pense à Rotschild [...], 1841
Blatt 4 der Serie «Sentiments et passions»; erschienen in: ***Le Charivari***, 8. Mai 1841
Federlithographie auf Zeitungsdruckpapier; gedruckt von Aubert & Cie., Paris
Blatt 35,1 × 24,9 cm
Kunstmuseum Basel, Kupferstichkabinett, Inv. 1933.286.37, Ankauf 1933

Aukt.-Kat. Berlin 1933b, Los 846 (?)

Lit.: Delteil 1925–1930, Nr. 802/II

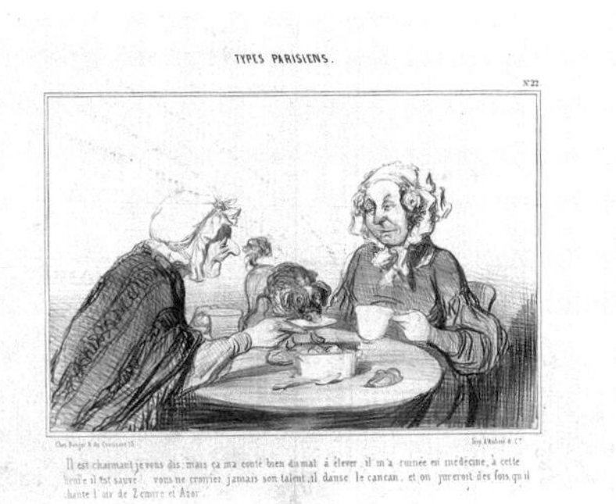

Kat. 75
Honoré Daumier (1808–1879)
Il est charmant je vous dis: mais ça m'a couté bien du mal à élever [...], 1841
Blatt 22 der Serie «Types parisiens»; erschienen in: ***Le Charivari***, 1. August 1841
Kreidelithographie auf Zeitungsdruckpapier; gedruckt von Aubert & Cie., Paris
Blatt 25,4 × 25,1 cm
Kunstmuseum Basel, Kupferstichkabinett, Inv. 1933.286.27, Ankauf 1933

Aukt.-Kat. Berlin 1933b, Los 846 (?)

Lit.: Delteil 1925–1930, Nr. 578/III

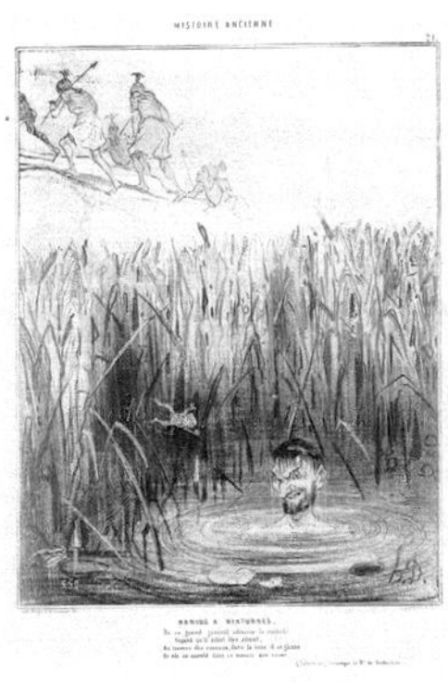

Kat. 76 ○
Honoré Daumier (1808–1879)
Marius à Minturnes, 1842
Blatt 21 der Serie «Histoire ancienne»; erschienen in: ***Le Charivari***, 25. August 1842
Kreidelithographie auf Zeitungsdruckpapier; gedruckt von Aubert & Cie., Paris
Blatt 31,3 × 23,4 cm
Kunstmuseum Basel, Kupferstichkabinett, Inv. 1933.285.10, Ankauf 1933

Aukt.-Kat. Berlin 1933b, Los 848 (?)

Lit.: Delteil 1925–1930, Nr. 945/III

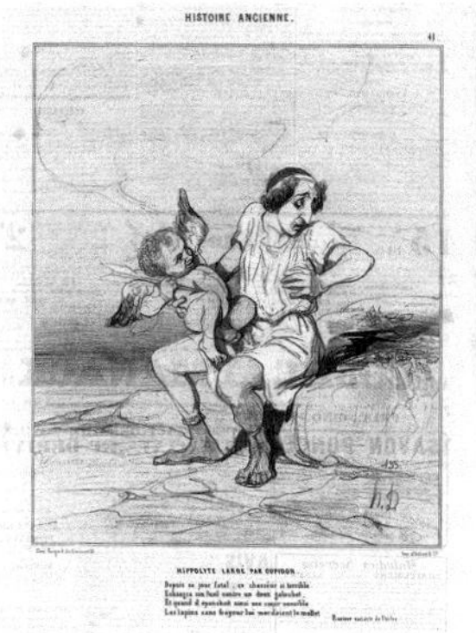

Kat. 77 ○
Honoré Daumier (1808–1879)
Hyppolyte lardé par Cupidon, 1842
Blatt 41 der Serie «Histoire ancienne»; erschienen in: ***Le Charivari***, 11. Dezember 1842
Kreidelithographie auf Zeitungsdruckpapier; gedruckt von Aubert & Cie., Paris
Blatt 29,8 × 23,4 cm
Kunstmuseum Basel, Kupferstichkabinett, Inv. 1933.285.11, Ankauf 1933

Aukt.-Kat. Berlin 1933b, Los 848 (?)

Lit.: Delteil 1925–1930, Nr. 965/III

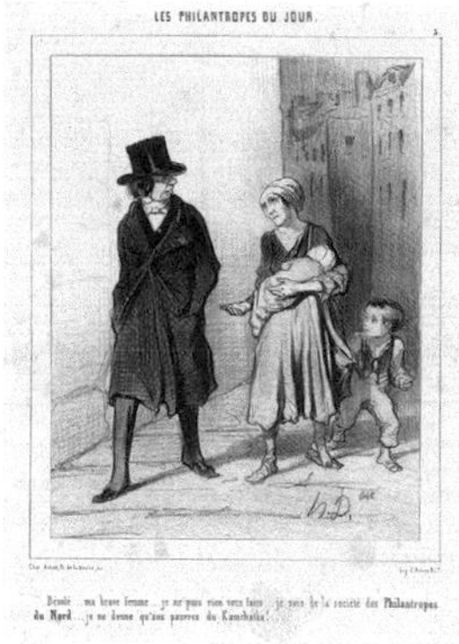

Kat. 78 ○
Honoré Daumier (1808–1879)
Désolé ... ma brave femme [...], 1844
Blatt 3 der Serie «Les Philantropes du jour»; erschienen in: ***Le Charivari***, 20. September 1844
Kreidelithographie auf Zeitungsdruckpapier; gedruckt von Aubert & Cie., Paris
Blatt 30,9 × 22,9 cm
Kunstmuseum Basel, Kupferstichkabinett, Inv. 1933.285.12, Ankauf 1933

Aukt.-Kat. Berlin 1933b, Los 848 (?)

Lit.: Delteil 1925–1930, Nr. 1294/II

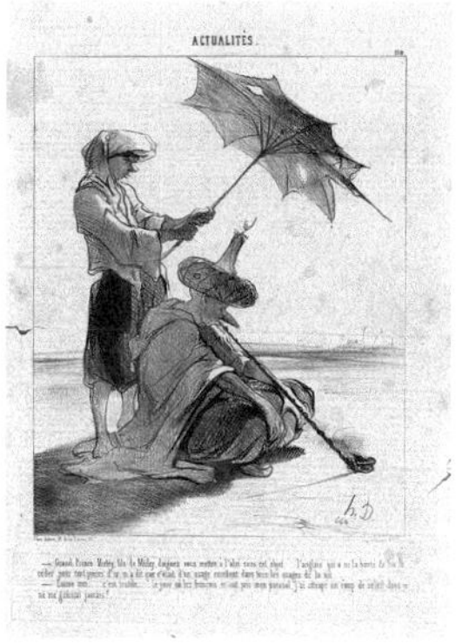

Kat. 79
Honoré Daumier (1808–1879)
Grand prince Muley, fils de Muley [...], 1844
Blatt 110 der Serie «Actualités»; erschienen in: ***Le Charivari***, 22. September 1844
Kreidelithographie auf Zeitungsdruckpapier; gedruckt von Aubert & Cie., Paris
Blatt 36,5 × 25,1 cm
Kunstmuseum Basel, Kupferstichkabinett, Inv. 1933.285.15, Ankauf 1933

Aukt.-Kat. Berlin 1933b, Los 848 (?)

Lit.: Delteil 1925–1930, Nr. 1327/II

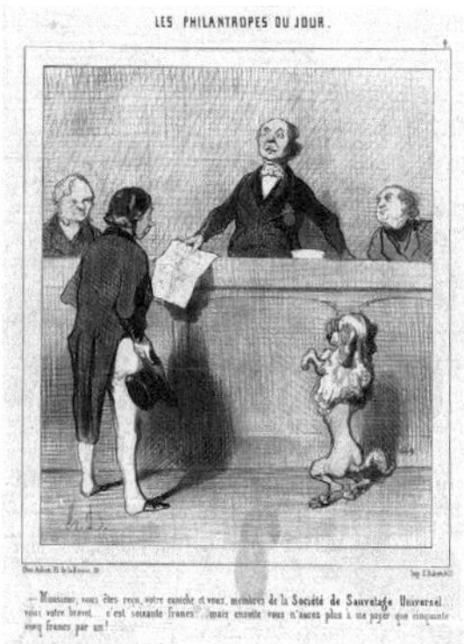

Kat. 80 ○
Honoré Daumier (1808–1879)
Monsieur, vous êtes reçu, votre caniche [...], 1844
Blatt 4 der Serie «Les Philantropes du jour»; erschienen in: ***Le Charivari***, 26. September 1844
Kreidelithographie auf Zeitungsdruckpapier; gedruckt von Aubert & Cie., Paris
Blatt 29,9 × 22,4 cm
Kunstmuseum Basel, Kupferstichkabinett, Inv. 1933.285.13, Ankauf 1933

Aukt.-Kat. Berlin 1933b, Los 848 (?)

Lit.: Delteil 1925–1930, Nr. 1295/II

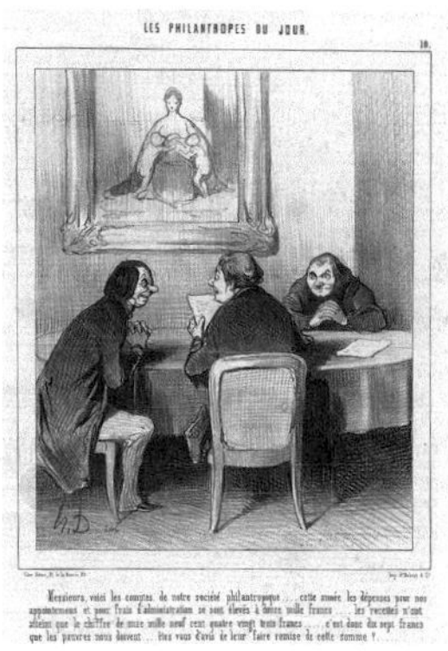

Kat. 81 ○
Honoré Daumier (1808–1879)
Messieurs, voici les comptes de notre société philantropique [...], 1844
Blatt 10 der Serie «Les Philantropes du jour»; erschienen in: ***Le Charivari***, 15. Oktober 1844
Kreidelithographie auf Zeitungsdruckpapier; gedruckt von Aubert & Cie., Paris
Blatt 29,8 × 21,7 cm
Kunstmuseum Basel, Kupferstichkabinett, Inv. 1933.285.14, Ankauf 1933

Aukt.-Kat. Berlin 1933b, Los 848 (?)

Lit.: Delteil 1925–1930, Nr. 1302/II

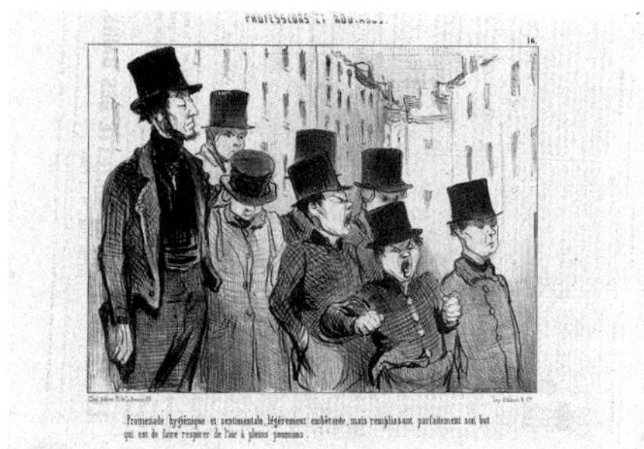

Kat. 82
Honoré Daumier (1808–1879)
Promenade hygiénique et sentimentale, 1846
Blatt 16 der Serie «Professeurs et moutards»; erschienen in: ***Le Charivari***, 23. Februar 1846
Kreidelithographie auf Zeitungsdruckpapier; gedruckt von Aubert & Cie., Paris
Blatt 24,9 × 36,3 cm
Kunstmuseum Basel, Kupferstichkabinett, Inv. 1933.285.16, Ankauf 1933

Aukt.-Kat. Berlin 1933b, Los 848 (?)

Lit.: Delteil 1925–1930, Nr. 1453/II

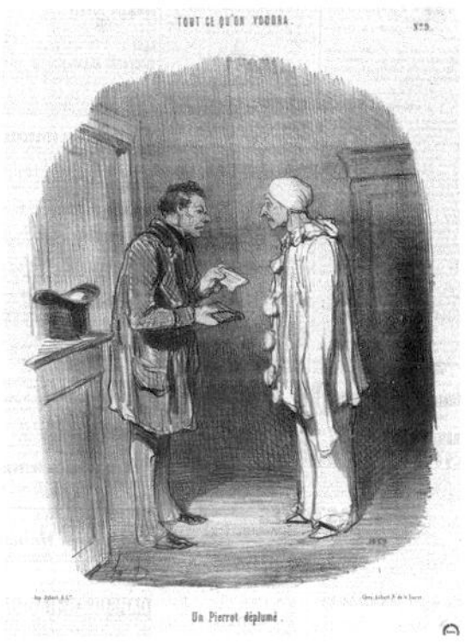

Kat. 83 ○
Honoré Daumier (1808–1879)
Un Pierrot déplumé, 1847
Blatt 9 der Serie «Tout ce qu'on voudra»;
erschienen in: ***Le Charivari***, 12. Juli 1847
Kreidelithographie auf Zeitungsdruckpapier;
gedruckt von Aubert & Cie., Paris
Blatt 29,6 × 22,3 cm
Kunstmuseum Basel, Kupferstichkabinett,
Inv. 1933.285.18, Ankauf 1933

Aukt.-Kat. Berlin 1933b, Los 848 (?)

Lit.: Delteil 1925–1930, Nr. 1655/II

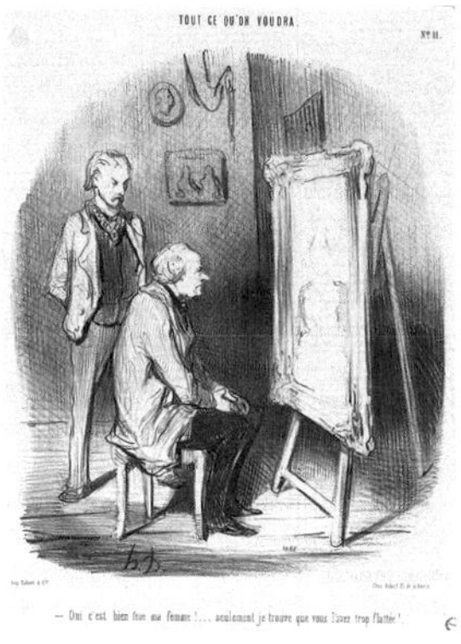

Kat. 84 ○
Honoré Daumier (1808–1879)
Oui c'est bien feue ma femme ! [...], 1847
Blatt 11 der Serie «Tout ce qu'on voudra»;
erschienen in: ***Le Charivari***, 11. August 1847
Kreidelithographie auf Zeitungsdruckpapier;
gedruckt von Aubert & Cie., Paris
Blatt 30,2 × 22,9 cm
Kunstmuseum Basel, Kupferstichkabinett,
Inv. 1933.285.19, Ankauf 1933

Aukt.-Kat. Berlin 1933b, Los 848 (?)

Lit.: Delteil 1925–1930, Nr. 1657/III

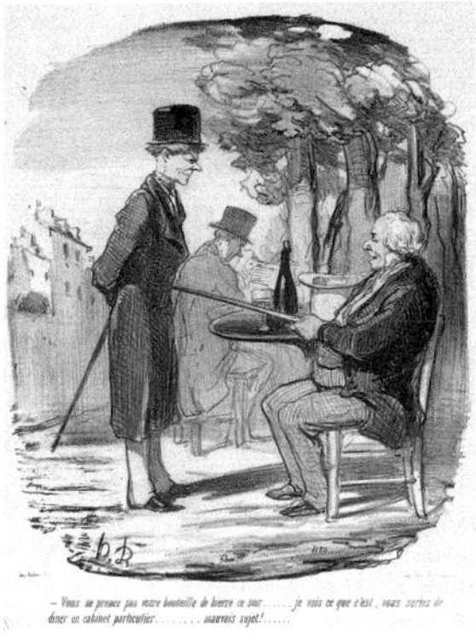

Kat. 85 ○
Honoré Daumier (1808–1879)
Vous ne prenez pas votre bouteille de bière ce soir [...], 1849
Blatt 81 der Serie «Les Bons Bourgeois»;
erschienen in: ***Le Charivari***, 25. Juni 1849
Kreidelithographie auf Zeitungsdruckpapier;
gedruckt von Aubert & Cie., Paris
Blatt 28,2 × 22,3 cm
Kunstmuseum Basel, Kupferstichkabinett,
Inv. 1933.285.17, Ankauf 1933

Aukt.-Kat. Berlin 1933b, Los 848 (?)

Lit.: Delteil 1925–1930, Nr. 1557/II

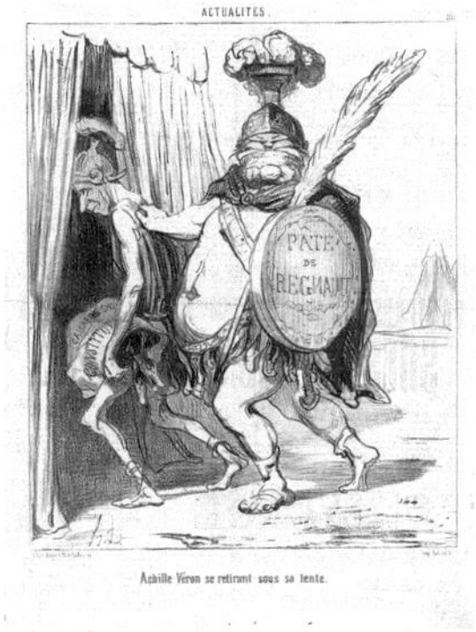

Kat. 86
Honoré Daumier (1808–1879)
Achille Véron se retirant sous sa tente, 1850
Blatt 80 der Serie «Actualités»; erschienen in:
Le Charivari, 1. März 1850
Kreidelithographie auf Zeitungsdruckpapier;
gedruckt von Aubert & Cie., Paris
Blatt 37,1 × 26,1 cm
Kunstmuseum Basel, Kupferstichkabinett,
Inv. 1933.285.20, Ankauf 1933

Aukt.-Kat. Berlin 1933b, Los 848 (?)

Lit.: Delteil 1925–1930, Nr. 1991/I

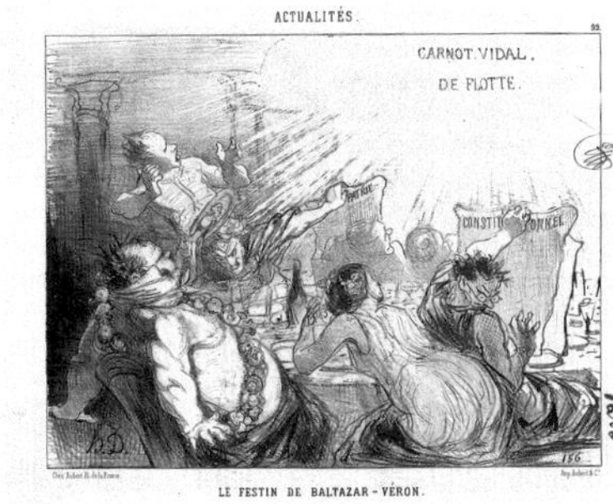

Kat. 87
Honoré Daumier (1808–1879)
Le festin de Baltazar-Véron, 1850
Blatt 99 der Serie «Actualités»; erschienen in:
Le Charivari, 27. März 1850
Kreidelithographie auf Zeitungsdruckpapier;
gedruckt von Aubert & Cie., Paris
Blatt 25,4 × 36,3 cm
Kunstmuseum Basel, Kupferstichkabinett,
Inv. 1933.285.21, Ankauf 1933

Aukt.-Kat. Berlin 1933b, Los 848 (?)

Lit.: Delteil 1925–1930, Nr. 1997/II

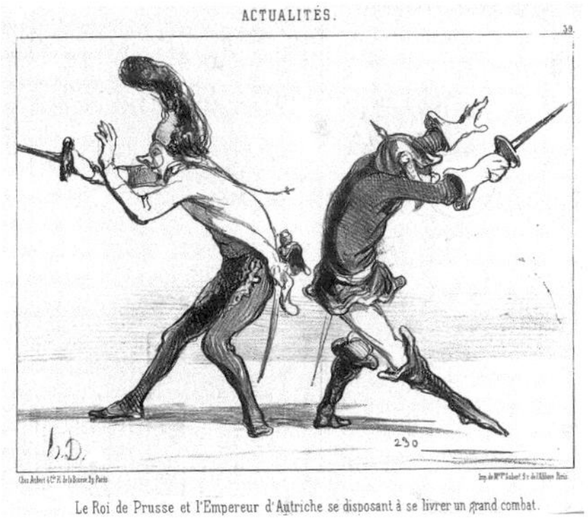

Kat. 88
Honoré Daumier (1808–1879)
Le Roi de Prusse et l'Empereur d'Autriche se disposant à se livrer un grand combat, 1850
Blatt 39 der Serie «Actualités»; erschienen in:
Le Charivari, 12. Dezember 1850
Kreidelithographie auf Zeitungsdruckpapier;
gedruckt von Aubert & Cie., Paris
Blatt 24,2 × 29 cm
Kunstmuseum Basel, Kupferstichkabinett,
Inv. 1933.285.22, Ankauf 1933

Aukt.-Kat. Berlin 1933b, Los 848 (?)

Lit.: Delteil 1925–1930, Nr. 2046/II

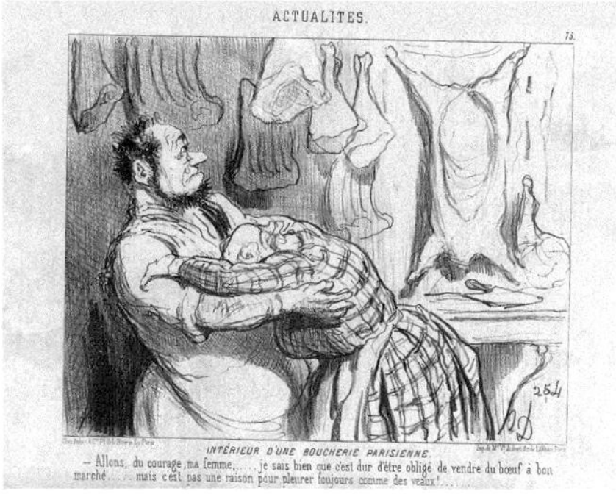

Kat. 89
Honoré Daumier (1808–1879)
Intérieur d'une boucherie parisienne, 1851
Blatt 75 der Serie «Actualités»; erschienen in:
Le Charivari, 21. Februar 1851
Kreidelithographie auf Zeitungsdruckpapier; gedruckt von Aubert & Cie., Paris
Blatt 24,5 × 36,2 cm
Kunstmuseum Basel, Kupferstichkabinett, Inv. 1933.285.23, Ankauf 1933

Aukt.-Kat. Berlin 1933b, Los 848 (?)

Lit.: Delteil 1925–1930, Nr. 2084/II

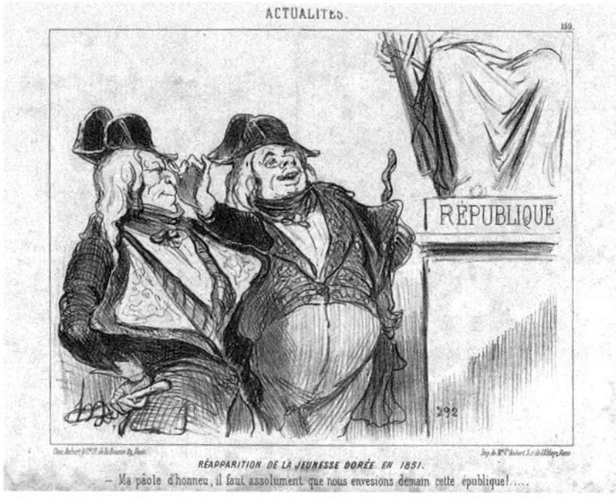

Kat. 90
Honoré Daumier (1808–1879)
Réapparition de la jeunesse dorée en 1851, 1851
Blatt 159 der Serie «Actualités»; erschienen in:
Le Charivari, 30. Juni 1851
Kreidelithographie auf Zeitungsdruckpapier; gedruckt von Aubert & Cie., Paris
Blatt 25,8 × 36 cm
Kunstmuseum Basel, Kupferstichkabinett, Inv. 1933.285.24, Ankauf 1933

Aukt.-Kat. Berlin 1933b, Los 848 (?)

Lit.: Delteil 1925–1930, Nr. 2121/II

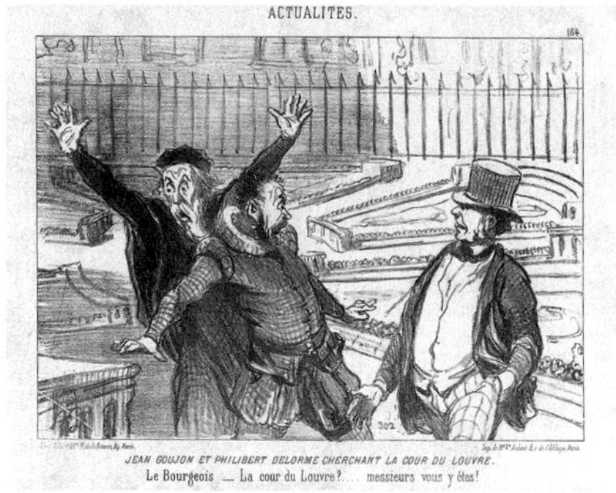

Kat. 91
Honoré Daumier (1808–1879)
Jean Goujon et Philibert Delorme cherchant la cour du Louvre, 1851
Blatt 164 der Serie «Actualités»; erschienen in:
Le Charivari, 7. Juli 1851
Kreidelithographie auf Zeitungsdruckpapier; gedruckt von Aubert & Cie., Paris
Blatt 24,6 × 36 cm
Kunstmuseum Basel, Kupferstichkabinett, Inv. 1933.285.25, Ankauf 1933

Aukt.-Kat. Berlin 1933b, Los 848 (?)

Lit.: Delteil 1925–1930, Nr. 2124/I

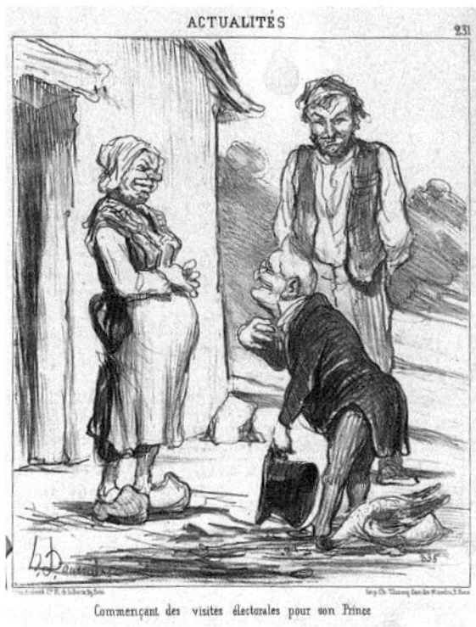

Kat. 92
Honoré Daumier (1808–1879)
Commençant des visites électorales pour son prince, 1851
Blatt 231 der Serie «Actualités»; erschienen in:
Le Charivari, 17. Oktober 1851
Kreidelithographie auf Zeitungsdruckpapier; gedruckt von Trinocq, Paris
Blatt 30,4 × 23,6 cm
Kunstmuseum Basel, Kupferstichkabinett, Inv. 1933.285.28, Ankauf 1933

Aukt.-Kat. Berlin 1933, Los 848 (?)

Lit.: Delteil 1925–1930, Nr. 2161/II

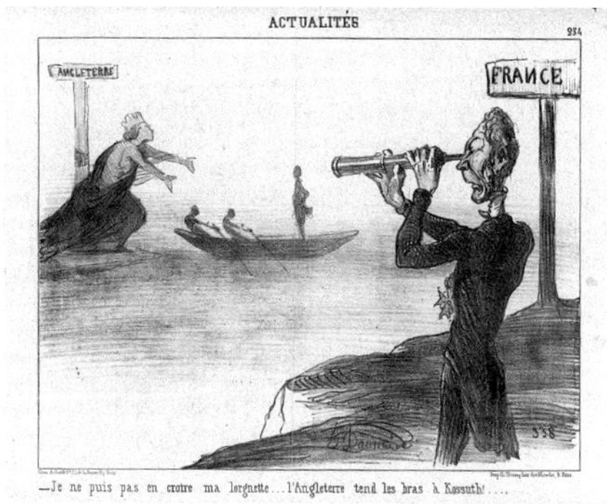

Kat. 93
Honoré Daumier (1808–1879)
Je ne puis pas en croire ma lorgnette [...], 1851
Blatt 234 der Serie «Actualités»; erschienen in:
Le Charivari, 18. Oktober 1851
Kreidelithographie auf Zeitungsdruckpapier; gedruckt von Aubert & Cie., Paris
Blatt 25,3 × 37,1 cm
Kunstmuseum Basel, Kupferstichkabinett, Inv. 1933.285.27, Ankauf 1933

Aukt.-Kat. Berlin 1933b, Los 848 (?)

Lit.: Delteil 1925–1930, Nr. 2159/II

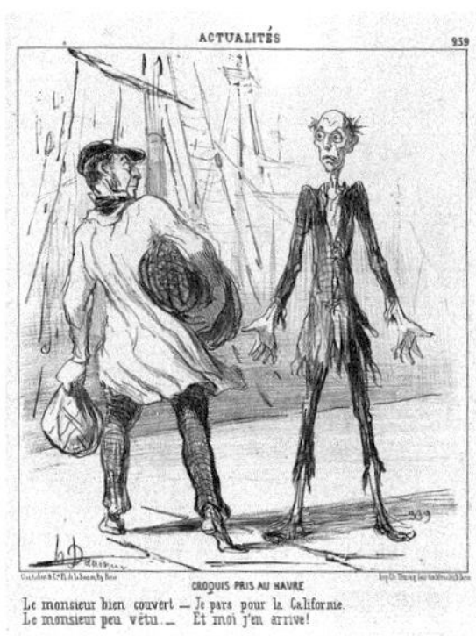

Kat. 94
Honoré Daumier (1808–1879)
Croquis pris au havre, 1851
Blatt 239 der Serie «Actualités»; erschienen in:
Le Charivari, 30. Oktober 1851
Kreidelithographie auf Zeitungsdruckpapier; gedruckt von Aubert & Cie., Paris
Blatt 36,8 × 25,5 cm
Kunstmuseum Basel, Kupferstichkabinett, Inv. 1933.285.26, Ankauf 1933

Aukt.-Kat. Berlin 1933b, Los 848 (?)

Lit.: Delteil 1925–1930, Nr. 2151/II

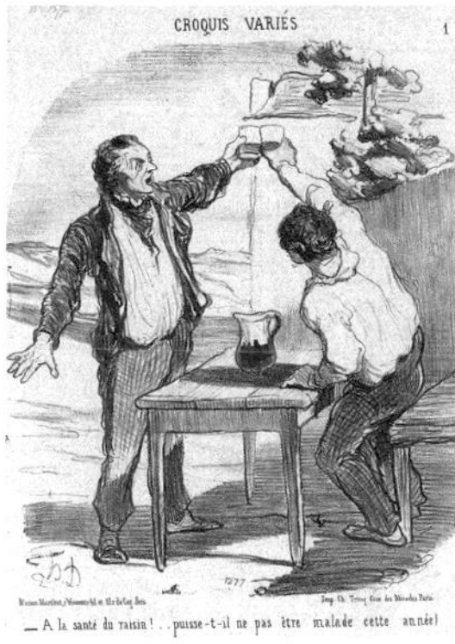

Kat. 95
Honoré Daumier (1808–1879)
A la santé du raisin ! […], 1852
Blatt 1 der Serie «Croquis variés»; erschienen in: ***Le Charivari***, 22. Mai 1852
Kreidelithographie auf Zeitungsdruckpapier; gedruckt von Trinocq, Paris
Blatt 28,9 × 23,2 cm
Kunstmuseum Basel, Kupferstichkabinett, Inv. 1933.285.29, Ankauf 1933

Aukt.-Kat. Berlin 1933b, Los 848 (?)

Lit.: Delteil 1925–1930, Nr. 2304/II

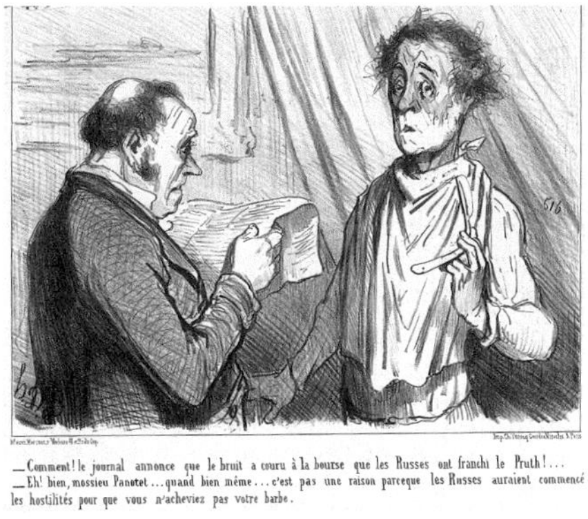

Kat. 96
Honoré Daumier (1808–1879)
Comment ! Le journal annonce que le bruit a couru à la bourse que les Russes on franchi le Pruth ! […], 1853
Blatt 24 der Serie «Actualités»; erschienen in: ***Le Charivari***, 24. Juni 1853
Kreidelithographie auf Zeitungsdruckpapier; gedruckt von Trinocq, Paris
Blatt 22,4 × 26,1 cm
Kunstmuseum Basel, Kupferstichkabinett, Inv. 1933.285.30, Ankauf 1933

Aukt.-Kat. Berlin 1933b, Los 848 (?)

Lit.: Delteil 1925–1930, Nr. 2364/II

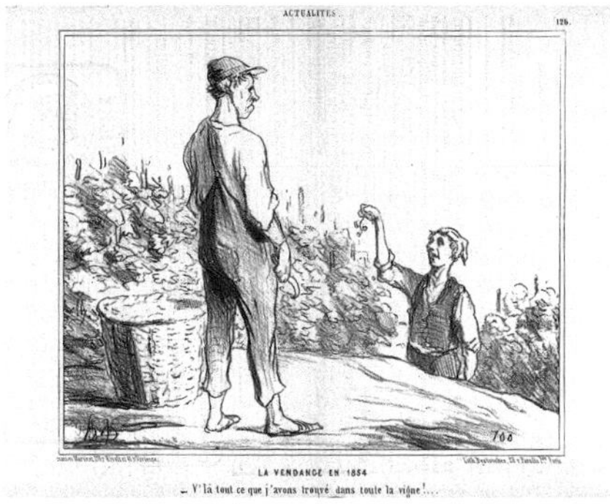

Kat. 97
Honoré Daumier (1808–1879)
La Vendange en 1854, 1854
Blatt 126 der Serie «Actualités»; erschienen in: ***Le Charivari***, 7. November 1854
Kreidelithographie auf Zeitungsdruckpapier
Blatt 24,8 × 36,6 cm
Kunstmuseum Basel, Kupferstichkabinett, Inv. 1933.285.32, Ankauf 1933

Aukt.-Kat. Berlin 1933b, Los 848 (?)

Lit.: Delteil 1925–1930, Nr. 2584/II

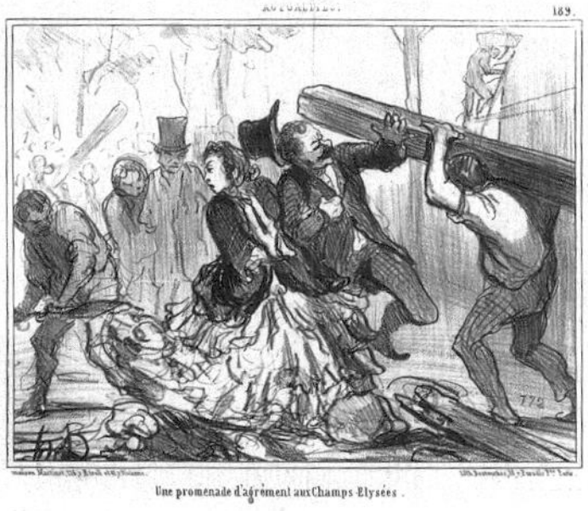

Kat. 98
Honoré Daumier (1808–1879)
Une promenade d'agrément aux Champs-Élysées, 1855
Blatt 189 der Serie «Actualités»; erschienen in: ***Le Charivari***, 10. Mai 1855
Kreidelithographie auf Zeitungsdruckpapier
Blatt 25,4 × 37,2 cm
Kunstmuseum Basel, Kupferstichkabinett, Inv. 1933.285.33, Ankauf 1933

Aukt.-Kat. Berlin 1933b, Los 848 (?)

Lit.: Delteil 1925–1930, Nr. 2623/II

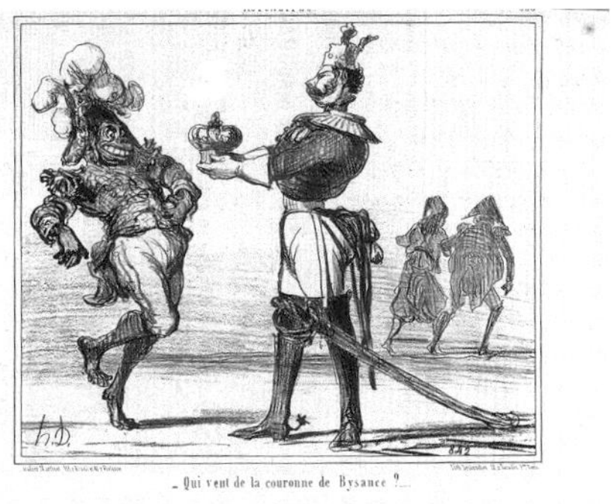

Kat. 99
Honoré Daumier (1808–1879)
Qui veut de la couronne de Bysance ?, 1855
Blatt 333 der Serie «Actualités»; erschienen in: ***Le Charivari***, 25. Oktober 1855
Kreidelithographie auf Zeitungsdruckpapier
Blatt 24,8 × 37,2 cm
Kunstmuseum Basel, Kupferstichkabinett, Inv. 1933.285.31, Ankauf 1933

Aukt.-Kat. Berlin 1933b, Los 848 (?)

Lit.: Delteil 1925–1930, Nr. 2556/II

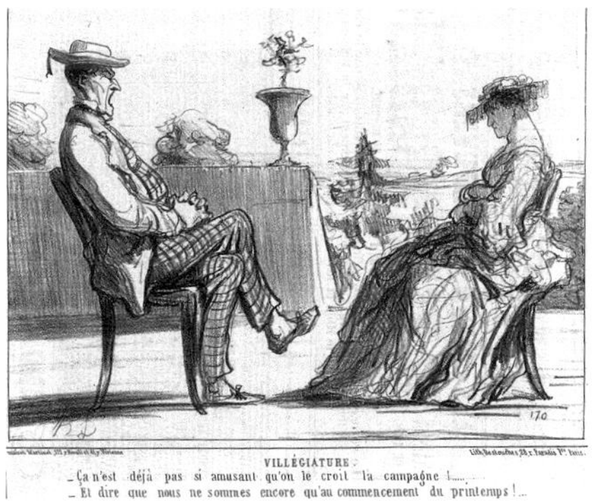

Kat. 100
Honoré Daumier (1808–1879)
Villégiature, 1858
Blatt 14 der Serie «Ces bons Parisiens»; erschienen in: ***Le Charivari***, 5. Mai 1858
Kreidelithographie auf Zeitungsdruckpapier
Blatt 21,3 × 26,1 cm
Kunstmuseum Basel, Kupferstichkabinett, Inv. 1933.285.34, Ankauf 1933

Aukt.-Kat. Berlin 1933b, Los 848 (?)

Lit.: Delteil 1925–1930, Nr. 2662/III

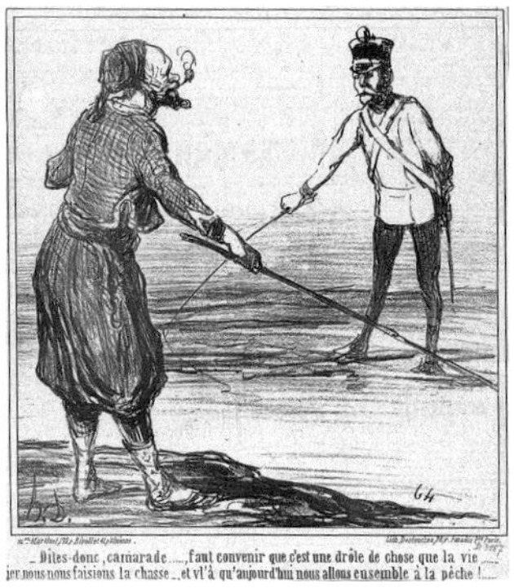

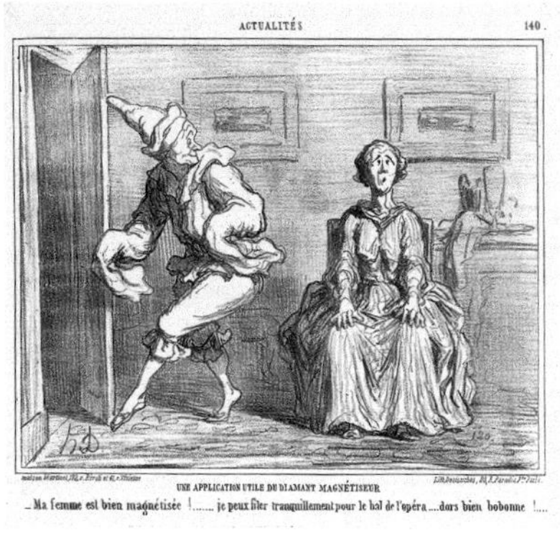

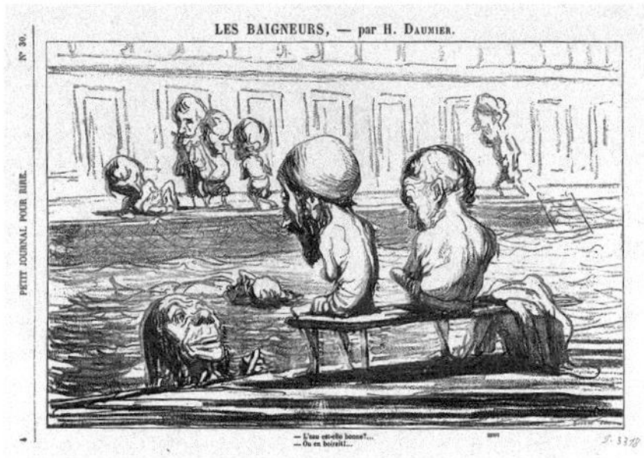

Kat. 101
Honoré Daumier (1808–1879)
Dites-donc, camarade [...], 1859
Blatt 1 der Serie «Pendant l'armistice»; erschienen in: ***Le Charivari***, 16. Juli 1859
Kreidelithographie auf Zeitungsdruckpapier
Blatt 26,6 × 24,4 cm
Kunstmuseum Basel, Kupferstichkabinett, Inv. 1933.286.29, Ankauf 1933

Aukt.-Kat. Berlin 1933b, Los 846 (?)

Lit.: Delteil 1925–1930, Nr. 3187/II

Kat. 102 ○
Honoré Daumier (1808–1879)
Une application utile du diamant magnétiseur, 1860
Blatt 140 der Serie «Actualités»; erschienen in: ***Le Charivari***, 24. Januar 1860
Kreidelithographie auf Zeitungsdruckpapier
Blatt 28 × 29,7 cm
Kunstmuseum Basel, Kupferstichkabinett, Inv. 1933.285.35, Ankauf 1933

Aukt.-Kat. Berlin 1933b, Los 848 (?)

Lit.: Delteil 1925–1930, Nr. 3230/II

Kat. 103
Honoré Daumier (1808–1879)
L'eau est-elle bonne ? [...], 1864
Blatt (nicht numeriert) der Serie «Les Baigneurs»; erschienen in: ***Petit Journal pour Rire***, 1864 (?), Nr. 30
Gillotage und Kreidelithographie auf Zeitungsdruckpapier
Blatt 20,7 × 29,1 cm
Kunstmuseum Basel, Kupferstichkabinett, Inv. 1933.286.30, Ankauf 1933

Aukt.-Kat. Berlin 1933b, Los 848 (?)

Lit.: Delteil 1925–1930, Nr. 3318/III

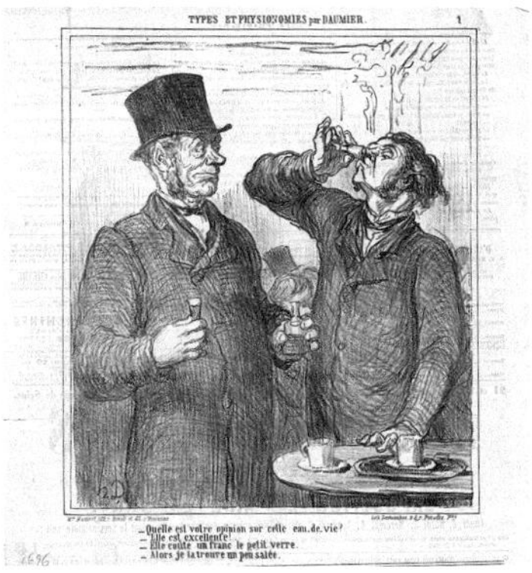

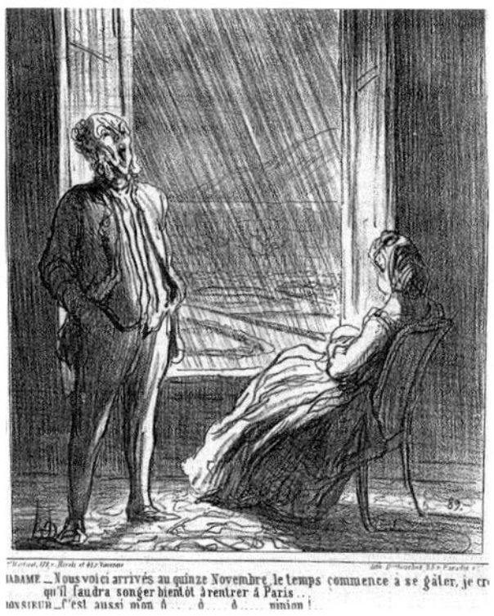

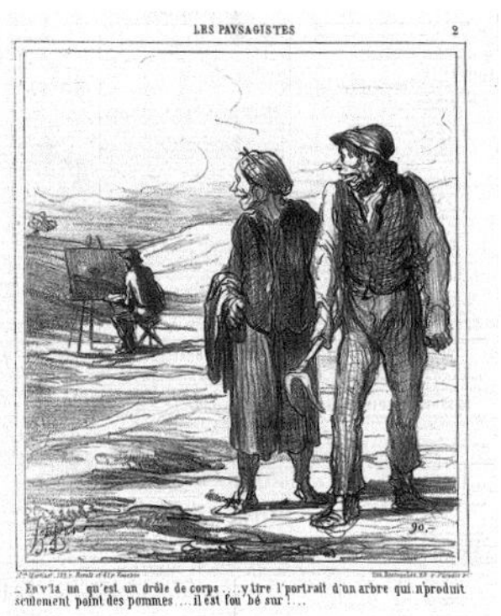

Kat. 104
Honoré Daumier (1808–1879)
Quelle est votre opinion sur cette eau-de-vie ? [...], 1864
Blatt 1 der Serie «Types et physionomies»; erschienen in: ***Le Charivari***, 2. Mai 1864
Kreidelithographie auf Zeitungsdruckpapier
Blatt 29,6 × 29,9 cm
Kunstmuseum Basel, Kupferstichkabinett, Inv. 1933.285.36, Ankauf 1933

Aukt.-Kat. Berlin 1933b, Los 848 (?)

Lit.: Delteil 1925–1930, Nr. 3283/II

Kat. 105
Honoré Daumier (1808–1879)
Nous voici arrivés au quinze Novembre [...], 1864
Blatt 1 der Serie «Les Gentilshommes campagnards»; erschienen in: ***Le Charivari***, 28. November 1864
Kreidelithographie auf Zeitungsdruckpapier
Blatt 25,2 × 21,7 cm
Kunstmuseum Basel, Kupferstichkabinett, Inv. 1933.285.37, Ankauf 1933

Aukt.-Kat. Berlin 1933b, Los 848 (?)

Lit.: Delteil 1925–1930, Nr. 3310/III

Kat. 106 ○
Honoré Daumier (1808–1879)
En v'la un qu'est un drôle de corps [...], 1864
Blatt 2 der Serie «Les Paysagistes»; erschienen in: ***Le Charivari***, 9. Dezember 1864
Kreidelithographie auf Zeitungsdruckpapier
Blatt 27,9 × 23,4 cm
Kunstmuseum Basel, Kupferstichkabinett, Inv. 1933.285.38, Ankauf 1933

Aukt.-Kat. Berlin 1933b, Los 848 (?)

Lit.: Delteil 1925–1930, Nr. 3428/II

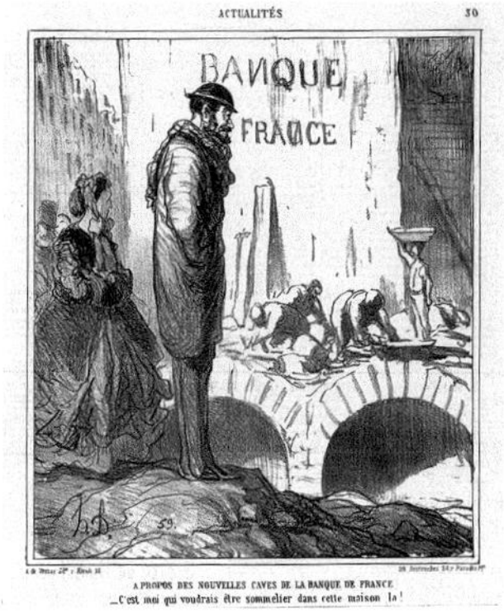

Kat. 107 ○
Honoré Daumier (1808–1879)
A propos des nouvelles caves de la Banque de France, 1866
Blatt 30 der Serie «Actualités»; erschienen in: ***Le Charivari***, 16. Februar 1866
Kreidelithographie auf Zeitungsdruckpapier
Blatt 29,1 × 25,4 cm
Kunstmuseum Basel, Kupferstichkabinett, Inv. 1933.285.39, Ankauf 1933

Aukt.-Kat. Berlin 1933b, Los 848 (?)

Lit.: Delteil 1925–1930, Nr. 3485/II

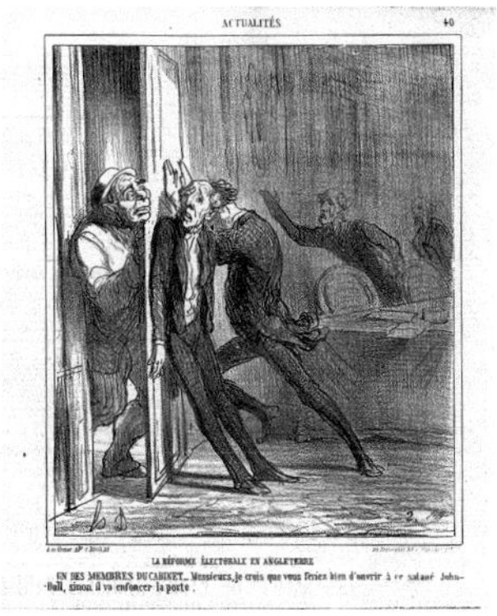

Kat. 108
Honoré Daumier (1808–1879)
La Réforme électorale en Angleterre, 1866
Blatt 40 der Serie «Actualités»; erschienen in: ***Le Charivari***, 26. Februar 1866
Kreidelithographie auf Zeitungsdruckpapier
Blatt 30 × 27 cm
Kunstmuseum Basel, Kupferstichkabinett, Inv. 1933.285.40, Ankauf 1933

Aukt.-Kat. Berlin 1933b, Los 848 (?)

Lit.: Delteil 1925–1930, Nr. 3487/I

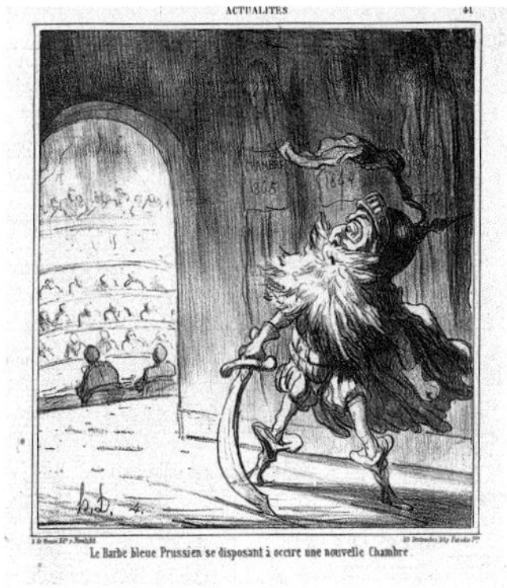

Kat. 109
Honoré Daumier (1808–1879)
Le Barbe bleue Prussien se disposant à occire une nouvelle Chambre, 1866
Blatt 41 der Serie «Actualités»; erschienen in: ***Le Charivari***, 13. März 1866
Kreidelithographie auf Zeitungsdruckpapier
Blatt 29,5 × 26,5 cm
Kunstmuseum Basel, Kupferstichkabinett, Inv. 1933.285.41, Ankauf 1933

Aukt.-Kat. Berlin 1933b, Los 848 (?)

Lit.: Delteil 1925–1930, Nr. 3489/III

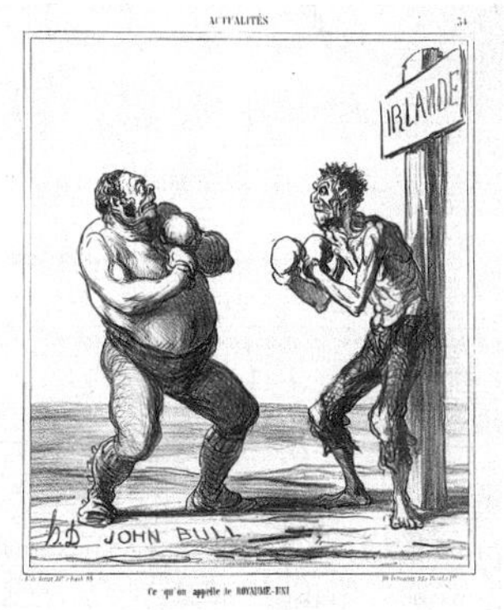

Kat. 110 ○
Honoré Daumier (1808–1879)
Ce qu'on appelle le Royaume-Uni, 1866
Blatt 54 der Serie «Actualités»; erschienen in: ***Le Charivari***, 21. März 1866
Kreidelithographie auf Zeitungsdruckpapier
Blatt 29 × 25,1 cm
Kunstmuseum Basel, Kupferstichkabinett, Inv. 1933.285.42, Ankauf 1933

Aukt.-Kat. Berlin 1933b, Los 848 (?)

Lit.: Delteil 1925–1930, Nr. 3491/II

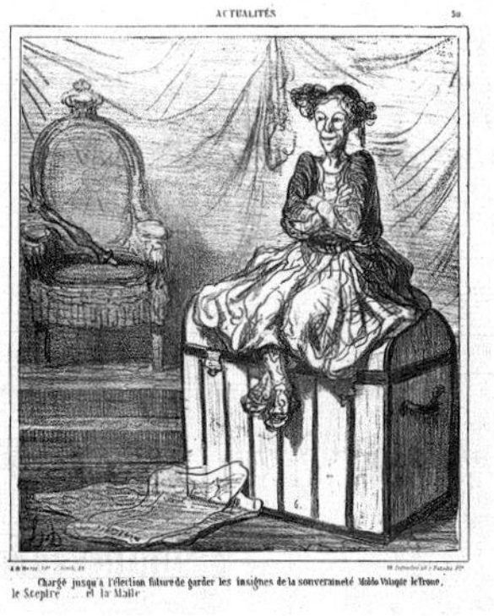

Kat. 111 ○
Honoré Daumier (1808–1879)
Chargé jusqu'à l'élection future de garder les insignes de la souveraineté Moldo Valaque [...], 1866
Blatt 50 der Serie «Actualités»; erschienen in: ***Le Charivari***, 30. März 1866
Kreidelithographie auf Zeitungsdruckpapier
Blatt 29,4 × 25,4 cm
Kunstmuseum Basel, Kupferstichkabinett, Inv. 1933.285.43, Ankauf 1933

Aukt.-Kat. Berlin 1933b, Los 848 (?)

Lit.: Delteil 1925–1930, Nr. 3493/IV

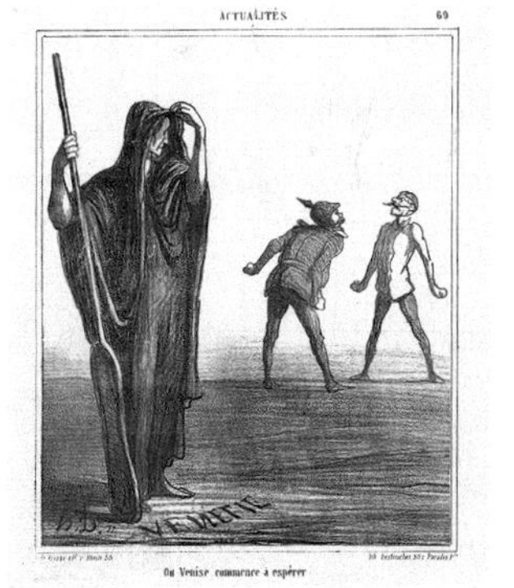

Kat. 112 ○
Honoré Daumier (1808–1879)
Ou Venise commence à espérer, 1866
Blatt 69 der Serie «Actualités»; erschienen in: ***Le Charivari***, 24. April 1866
Kreidelithographie auf Zeitungsdruckpapier
Blatt 29,5 × 25,1 cm
Kunstmuseum Basel, Kupferstichkabinett, Inv. 1933.285.44, Ankauf 1933

Aukt.-Kat. Berlin 1933b, Los 848 (?)

Lit.: Delteil 1925–1930, Nr. 3496/II

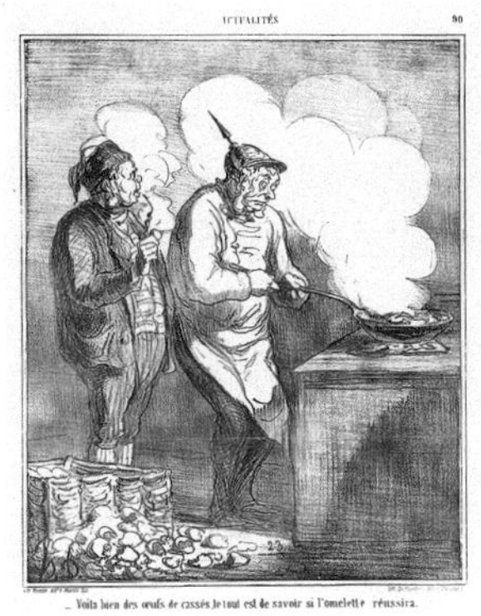

Kat. 113
Honoré Daumier (1808–1879)
Voilà bien des œufs de cassés [...], 1866
Blatt 90 der Serie «Actualités»; erschienen in:
Le Charivari, 2. Juni 1866
Kreidelithographie auf Zeitungsdruckpapier
Blatt 29 × 25 cm
Kunstmuseum Basel, Kupferstichkabinett,
Inv. 1933.285.45, Ankauf 1933

Aukt.-Kat. Berlin 1933b, Los 848 (?)

Lit.: Delteil 1925–1930, Nr. 3503/II

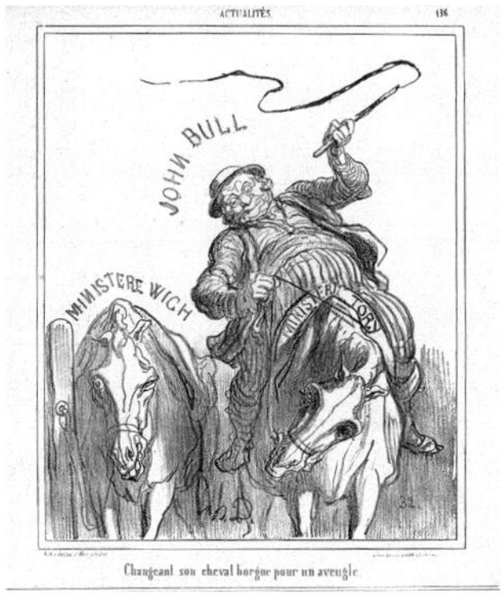

Kat. 114 ○
Honoré Daumier (1808–1879)
Changeant son cheval borgne pour un aveugle, 1866
Blatt 136 der Serie «Actualités»; erschienen in:
Le Charivari, 30. Juli 1866
Kreidelithographie auf Zeitungsdruckpapier
Blatt 29,5 × 29,9 cm
Kunstmuseum Basel, Kupferstichkabinett,
Inv. 1933.285.46, Ankauf 1933

Aukt.-Kat. Berlin 1933b, Los 848 (?)

Lit.: Delteil 1925–1930, Nr. 3512/II

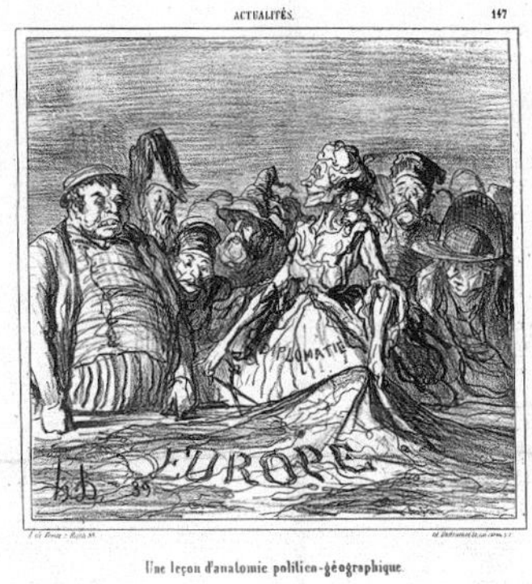

Kat. 115
Honoré Daumier (1808–1879)
Une leçon d'anatomie politico-géographique, 1866
Blatt 147 der Serie «Actualités»; erschienen in:
Le Charivari, 16.–17. August 1866
Kreidelithographie auf Zeitungsdruckpapier
Blatt 26,7 × 26 cm
Kunstmuseum Basel, Kupferstichkabinett,
Inv. 1933.285.47, Ankauf 1933

Aukt.-Kat. Berlin 1933b, Los 848 (?)

Lit.: Delteil 1925–1930, Nr. 3518/III

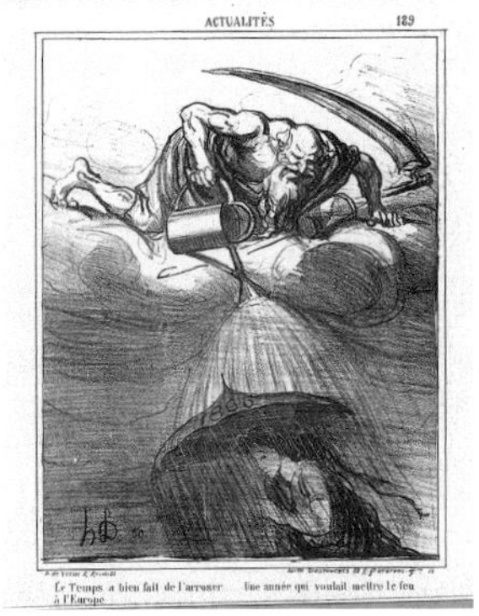

Kat. 116
Honoré Daumier (1808–1879)
Le Temps a bien fait de l'arroser [...], 1866
Blatt 189 der Serie «Actualités»; erschienen in:
Le Charivari, 8. Oktober 1866
Kreidelithographie auf Zeitungsdruckpapier
Blatt 30 × 24 cm
Kunstmuseum Basel, Kupferstichkabinett,
Inv. 1933.285.48, Ankauf 1933

Aukt.-Kat. Berlin 1933b, Los 848 (?)

Lit.: Delteil 1925–1930, Nr. 3527/III

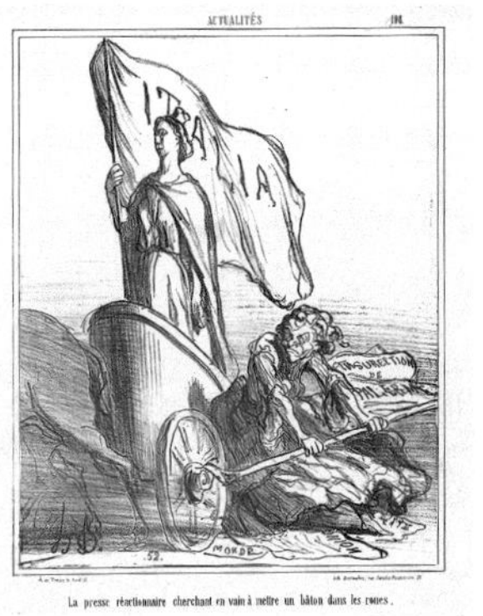

Kat. 117
Honoré Daumier (1808–1879)
La presse réactionnaire cherchant en vain à mettre un bâton dans les roues, 1866
Blatt 198 der Serie «Actualités»; erschienen in:
Le Charivari, 23. Oktober 1866
Kreidelithographie auf Zeitungsdruckpapier
Blatt 29,7 × 24,8 cm
Kunstmuseum Basel, Kupferstichkabinett,
Inv. 1933.285.49, Ankauf 1933

Aukt.-Kat. Berlin 1933b, Los 848 (?)

Lit.: Delteil 1925–1930, Nr. 3530/III

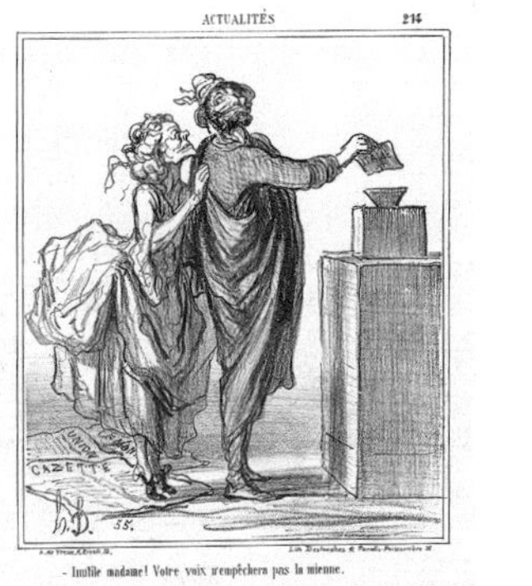

Kat. 118
Honoré Daumier (1808–1879)
Inutile madame ! Votre voix n'empêchera pas la mienne, 1866
Blatt 214 der Serie «Actualités»; erschienen in:
Le Charivari, 9. November 1866
Kreidelithographie auf Zeitungsdruckpapier
Blatt 29,1 × 23,3 cm
Kunstmuseum Basel, Kupferstichkabinett,
Inv. 1933.285.50, Ankauf 1933

Aukt.-Kat. Berlin 1933b, Los 848 (?)

Lit.: Delteil 1925–1930, Nr. 3533/IV

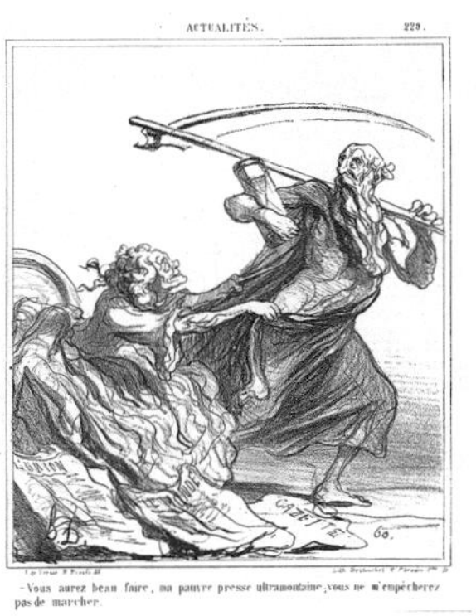

Kat. 119
Honoré Daumier (1808–1879)
Vous aurez beau faire, ma pauvre presse ultramontaine [...], 1866
Blatt 229 der Serie «Actualités»; erschienen in:
Le Charivari, 5. Dezember 1866
Kreidelithographie auf Zeitungsdruckpapier
Blatt 28,5 × 24,3 cm
Kunstmuseum Basel, Kupferstichkabinett, Inv. 1933.286.1, Ankauf 1933

Aukt.-Kat. Berlin 1933b, Los 846 (?)

Lit.: Delteil 1925–1930, Nr. 3539/IV

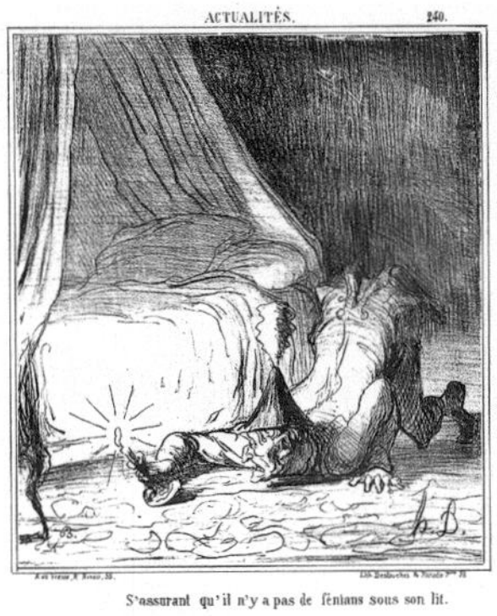

Kat. 120
Honoré Daumier (1808–1879)
S'assurant qu'il n'y a pas de féniant sous son lit, 1866
Blatt 240 der Serie «Actualités»; erschienen in:
Le Charivari, 21. Dezember 1866
Kreidelithographie auf Zeitungsdruckpapier
Blatt 27,5 × 24,9 cm
Kunstmuseum Basel, Kupferstichkabinett, Inv. 1933.286.2, Ankauf 1933

Aukt.-Kat. Berlin 1933, Los 846 (?)

Lit.: Delteil 1925–1930, Nr. 3542/II

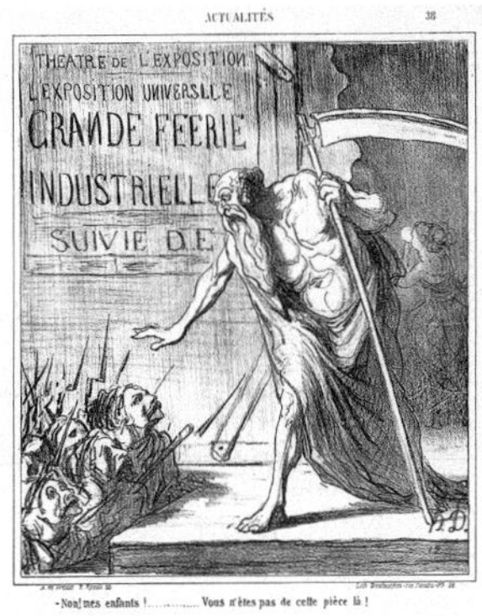

Kat. 121 ○
Honoré Daumier (1808–1879)
Non ! mes enfants ! [...], 1867
Blatt 38 der Serie «Actualités»; erschienen in:
Le Charivari, 8. März 1867
Kreidelithographie auf Zeitungsdruckpapier
Blatt 29,7 × 26,4 cm
Kunstmuseum Basel, Kupferstichkabinett, Inv. 1933.286.4, Ankauf 1933

Aukt.-Kat. Berlin 1933b, Los 846 (?)

Lit.: Delteil 1925–1930, Nr. 3559/II

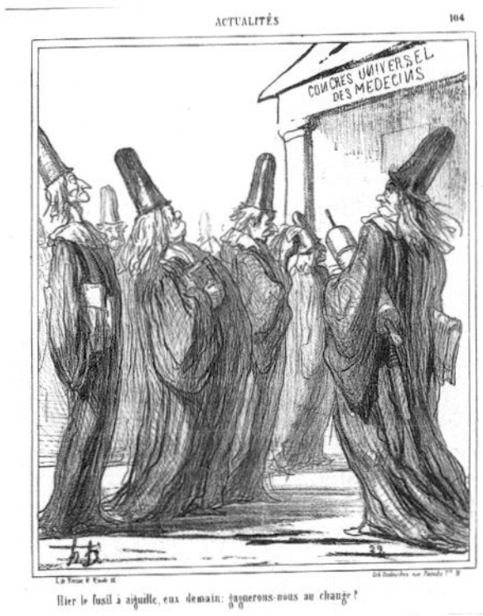

Kat. 122 ○
Honoré Daumier (1808–1879)
Hier le fusil à aiguille, eux demain: gagnerons-nous au change ?, 1867
Blatt 104 der Serie «Actualités»; erschienen in:
Le Charivari, 8. Juni 1867
Kreidelithographie auf Zeitungsdruckpapier
Blatt 30,6 × 26 cm
Kunstmuseum Basel, Kupferstichkabinett, Inv. 1933.286.5, Ankauf 1933

Aukt.-Kat. Berlin 1933b, Los 846 (?)

Lit.: Delteil 1925–1930, Nr. 3577/II

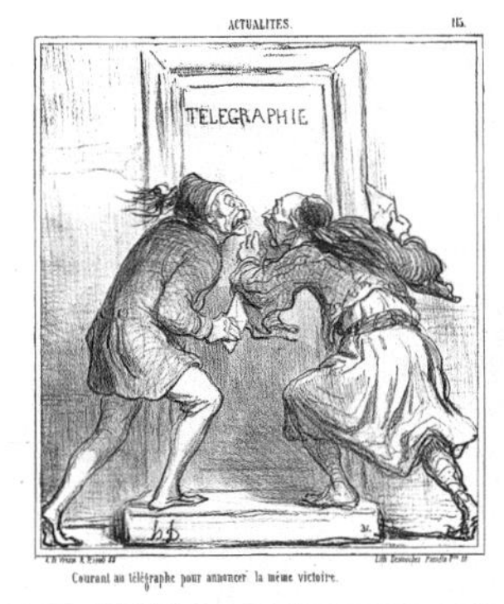

Kat. 123 ○
Honoré Daumier (1808–1879)
Courant au télégraphe pour annoncer la même victoire, 1867
Blatt 115 der Serie «Actualités»; erschienen in:
Le Charivari, 15. Juni 1867
Kreidelithographie auf Zeitungsdruckpapier
Blatt 29 × 25,3 cm
Kunstmuseum Basel, Kupferstichkabinett, Inv. 1933.286.3, Ankauf 1933

Aukt.-Kat. Berlin 1933b, Los 846 (?)

Lit.: Delteil 1925–1930, Nr. 3554/IV

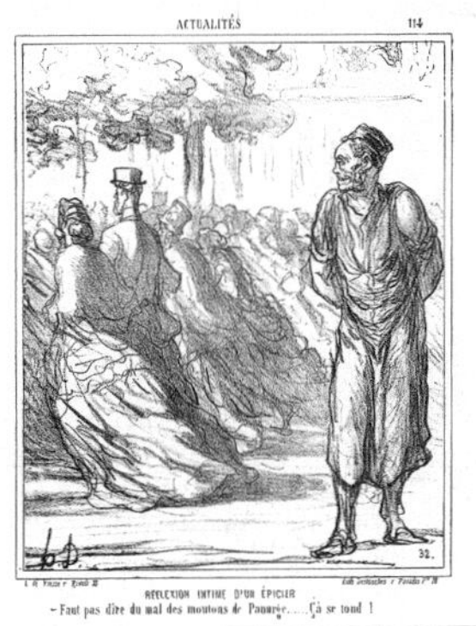

Kat. 124 ○
Honoré Daumier (1808–1879)
Réflexion intime d'un épicier, 1867
Blatt 114 der Serie «Actualités»; erschienen in:
Le Charivari, 20. Juni 1867
Kreidelithographie auf Zeitungsdruckpapier
Blatt 29,3 × 24,2 cm
Kunstmuseum Basel, Kupferstichkabinett, Inv. 1933.286.6, Ankauf 1933

Aukt.-Kat. Berlin 1933b, Los 846 (?)

Lit.: Delteil 1925–1930, Nr. 3579/III

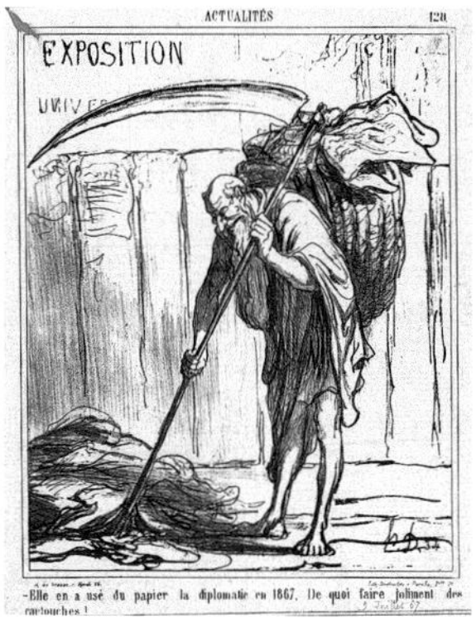

Kat. 125
Honoré Daumier (1808–1879)
Elle en a usé du papier la diplomatie en 1867 [...], 1867
Blatt 128 der Serie «Actualités»; erschienen in: ***Le Charivari***, 9. Juli 1867
Kreidelithographie auf Zeitungsdruckpapier
Blatt 29,4 × 23,5 cm
Kunstmuseum Basel, Kupferstichkabinett, Inv. 1933.286.7, Ankauf 1933

Aukt.-Kat. Berlin 1933b, Los 846 (?)

Lit.: Delteil 1925–1930, Nr. 3581/IV

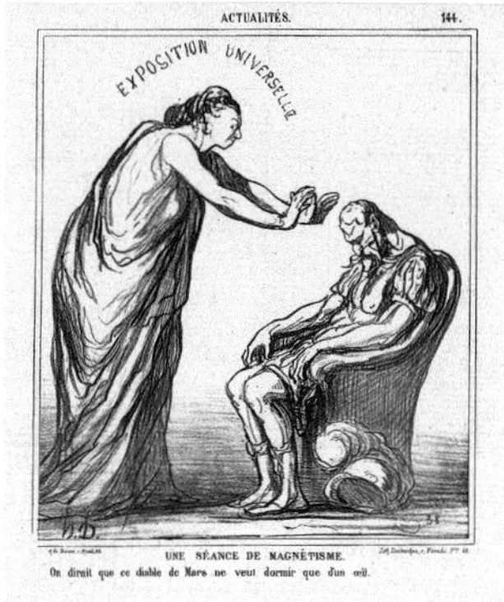

Kat. 126 ○
Honoré Daumier (1808–1879)
Une séance de magnétisme, 1867
Blatt 144 der Serie «Actualités»; erschienen in: ***Le Charivari***, 19. Juli 1867
Kreidelithographie auf Zeitungsdruckpapier
Blatt 29,2 × 25,4 cm
Kunstmuseum Basel, Kupferstichkabinett, Inv. 1933.286.8, Ankauf 1933

Aukt.-Kat. Berlin 1933b, Los 846 (?)

Lit.: Delteil 1925–1930, Nr. 3583/IV

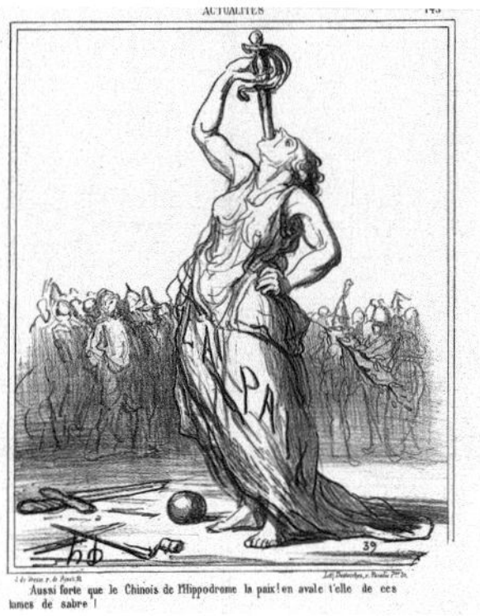

Kat. 127 ○
Honoré Daumier (1808–1879)
Aussi forte que le Chinois de l'Hippodrome la paix ! [...], 1867
Blatt 145 der Serie «Actualités»; erschienen in: ***Le Charivari***, 1. August 1867
Kreidelithographie auf Zeitungsdruckpapier
Blatt 28,9 × 24,9 cm
Kunstmuseum Basel, Kupferstichkabinett, Inv. 1933.286.9, Ankauf 1933

Aukt.-Kat. Berlin 1933b, Los 846 (?)

Lit.: Delteil 1925–1930, Nr. 3585/II

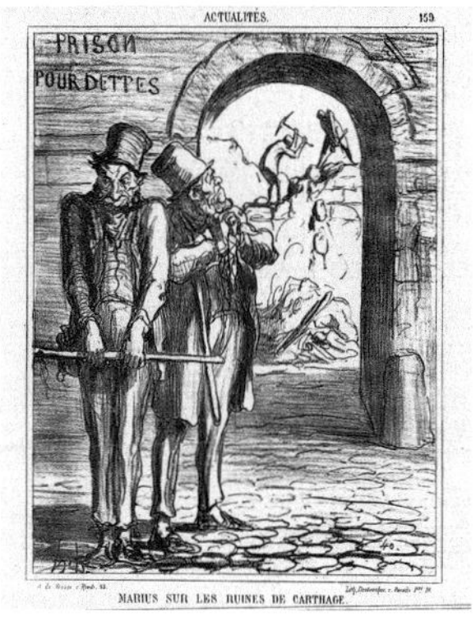

Kat. 128 ○
Honoré Daumier (1808–1879)
Marius sur les ruines de Carthage, 1867
Blatt 159 der Serie «Actualités»; erschienen in: ***Le Charivari***, 7. August 1867
Kreidelithographie auf Zeitungsdruckpapier
Blatt 29,6 × 24 cm
Kunstmuseum Basel, Kupferstichkabinett, Inv. 1933.286.10, Ankauf 1933

Aukt.-Kat. Berlin 1933b, Los 846 (?)

Lit.: Delteil 1925–1930, Nr. 3586/II

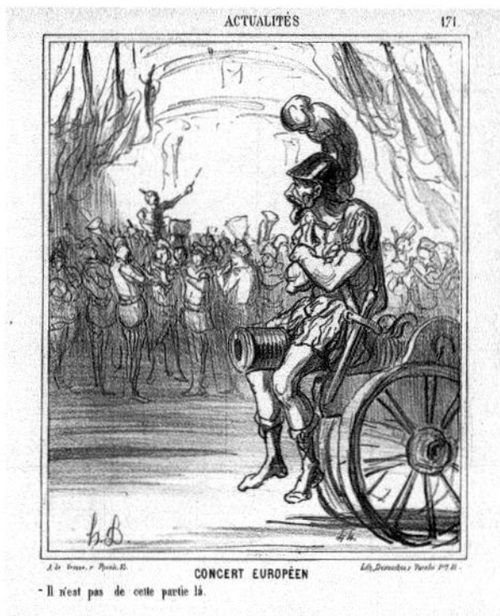

Kat. 129
Honoré Daumier (1808–1879)
Concert européen, 1867
Blatt 171 der Serie «Actualités»; erschienen in: ***Le Charivari***, 19. August 1867
Kreidelithographie auf Zeitungsdruckpapier
Blatt 29,4 × 29,1 cm
Kunstmuseum Basel, Kupferstichkabinett, Inv. 1933.286.11, Ankauf 1933

Aukt.-Kat. Berlin 1933, Los 846 (?)

Lit.: Delteil 1925–1930, Nr. 3589/II

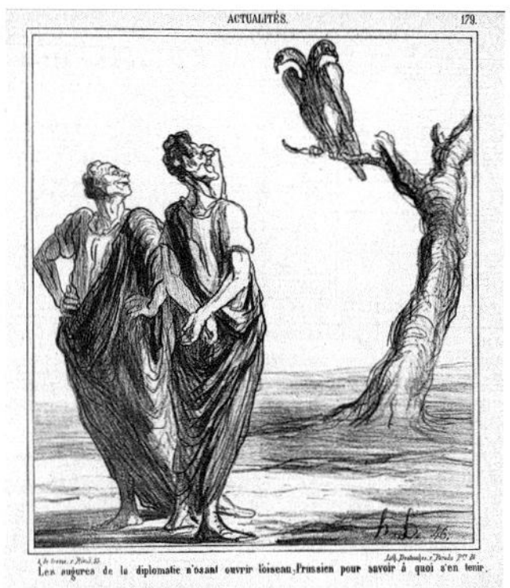

Kat. 130 ○
Honoré Daumier (1808–1879)
Les augures de la diplomatie n'osant ouvrir l'oiseau Prussien pour savoir à quoi s'en tenir, 1867
Blatt 179 der Serie «Actualités»; erschienen in: ***Le Charivari***, 3. September 1867
Kreidelithographie auf Zeitungsdruckpapier
Blatt 29 × 28,3 cm
Kunstmuseum Basel, Kupferstichkabinett, Inv. 1933.286.33, Ankauf 1933

Aukt.-Kat. Berlin 1933b, Los 846 (?)

Lit.: Hazard-Delteil 1904, Nr. 3276/I

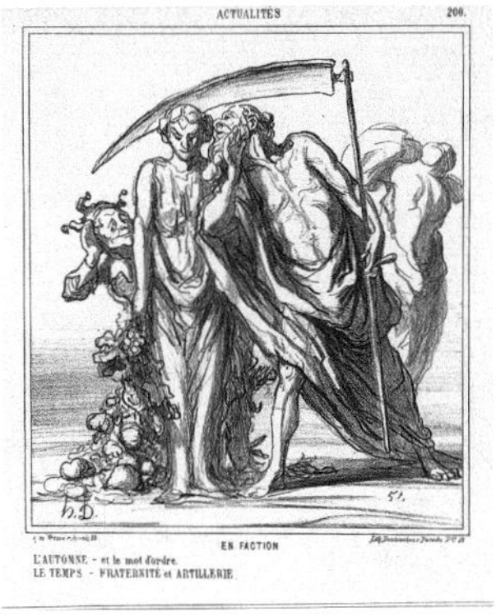

Kat. 131 ○
Honoré Daumier (1808–1879)
En faction, 1867
Blatt 200 der Serie «Actualités»; erschienen in:
Le Charivari, 30. September 1867
Kreidelithographie auf Zeitungsdruckpapier
Blatt 29,4 × 25 cm
Kunstmuseum Basel, Kupferstichkabinett,
Inv. 1933.286.12, Ankauf 1933

Aukt.-Kat. Basel 1933b, Los 846 (?)

Lit.: Delteil 1925–1930, Nr. 3595/III

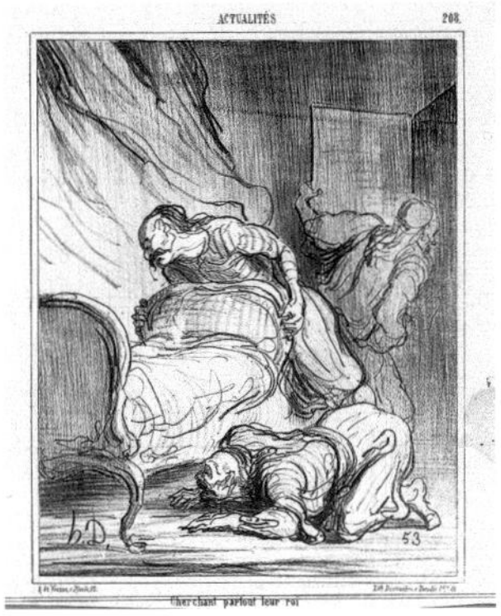

Kat. 132
Honoré Daumier (1808–1879)
Cherchant partout leur roi, 1867
Blatt 208 der Serie «Actualités»; erschienen in:
Le Charivari, 4. Oktober 1867
Kreidelithographie auf Zeitungsdruckpapier
Blatt 29 × 25 cm
Kunstmuseum Basel, Kupferstichkabinett,
Inv. 1933.286.13, Ankauf 1933

Aukt.-Kat. Berlin 1933b, Los 846 (?)

Lit.: Delteil 1925–1930, Nr. 3597/III

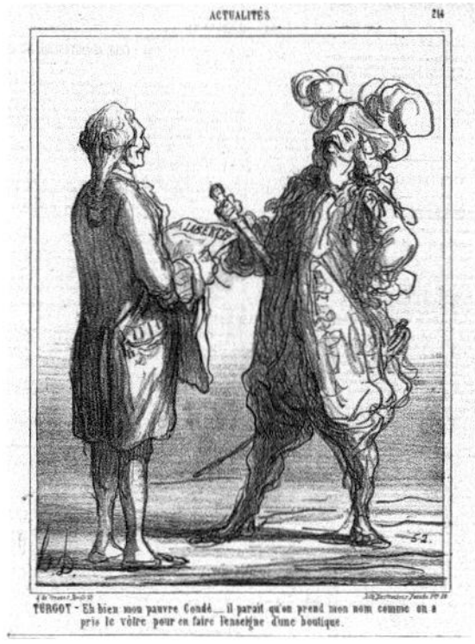

Kat. 133
Honoré Daumier (1808–1879)
Turgot - Eh bien mon pauvre Condé [...], 1867
Blatt 214 der Serie «Actualités»; erschienen in:
Le Charivari, 7. Oktober 1867
Kreidelithographie auf Zeitungsdruckpapier
Blatt 29,9 × 23,9 cm
Kunstmuseum Basel, Kupferstichkabinett,
Inv. 1933.286.14, Ankauf 1933

Aukt.-Kat. Berlin 1933b, Los 846 (?)

Lit.: Delteil 1925–1930, Nr. 3598/II

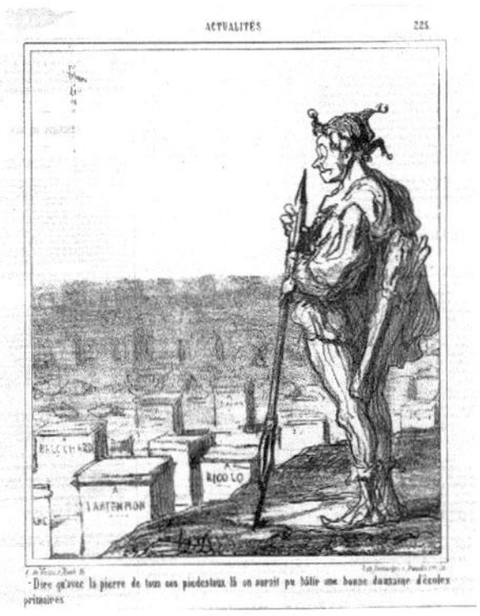

Kat. 134
Honoré Daumier (1808–1879)
Dire qu'avec la pierre de tous ces piédestaux là on aurait pu bâtir une bonne douzaine d'écoles primaires, 1867
Blatt 225 der Serie «Actualités»; erschienen in:
Le Charivari, 19. Oktober 1867
Kreidelithographie auf Zeitungsdruckpapier
Blatt 28,6 × 23,8 cm
Kunstmuseum Basel, Kupferstichkabinett,
Inv. 1933.286.15, Ankauf 1933

Aukt.-Kat. Berlin 1933b, Los 846 (?)

Lit.: Delteil 1925–1930, Nr. 3600/II

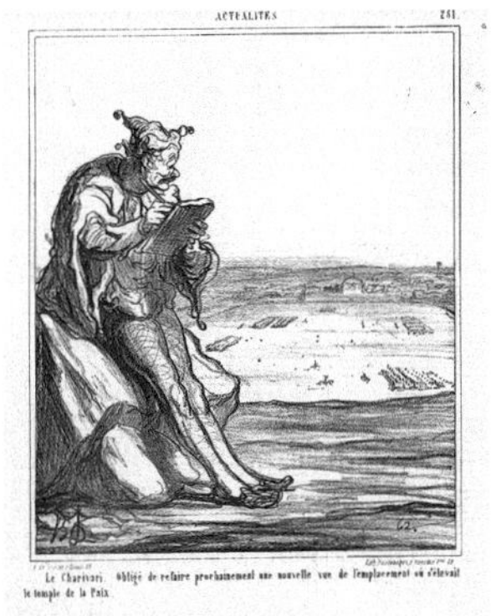

Kat. 135 ○
Honoré Daumier (1808–1879)
Le Charivari [...], 1867
Blatt 251 der Serie «Actualités»; erschienen in:
Le Charivari, 26. November 1867
Kreidelithographie auf Zeitungsdruckpapier
Blatt 29 × 24,4 cm
Kunstmuseum Basel, Kupferstichkabinett,
Inv. 1933.286.17, Ankauf 1933

Aukt.-Kat. Berlin 1933b, Los 846 (?)

Lit.: Delteil 1925–1930, Nr. 3610/II

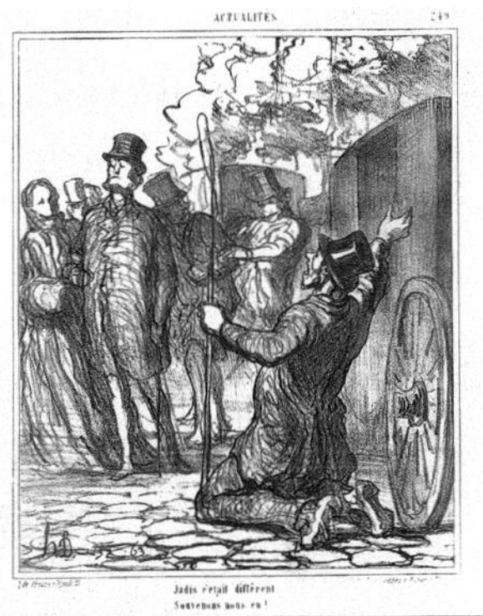

Kat. 136 ○
Honoré Daumier (1808–1879)
Jadis c'était différent [...], 1867
Blatt 249 der Serie «Actualités»; erschienen in:
Le Charivari, 29. November 1867
Kreidelithographie auf Zeitungsdruckpapier
Blatt 28,3 × 24,8 cm
Kunstmuseum Basel, Kupferstichkabinett,
Inv. 1933.286.16, Ankauf 1933

Aukt.-Kat. Berlin 1933b, Los 846 (?)

Lit.: Delteil 1925–1930, Nr. 3608/II

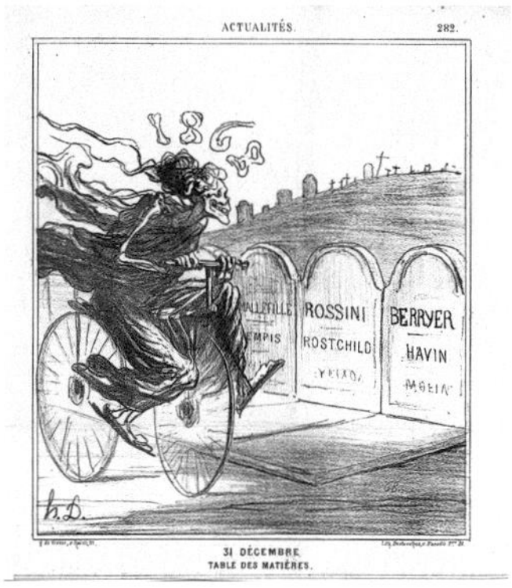

Kat. 137 ○
Honoré Daumier (1808–1879)
31 Décembre: Table des matières, 1868
Blatt 282 der Serie «Actualités»; erschienen in:
Le Charivari, 31. Dezember 1868
Kreidelithographie auf Zeitungsdruckpapier
Blatt 29,4 × 30,3 cm
Kunstmuseum Basel, Kupferstichkabinett,
Inv. 1933.286.18, Ankauf 1933

Aukt.-Kat. Berlin 1933b, Los 846 (?)

Lit.: Delteil 1925–1930, Nr. 3685/II

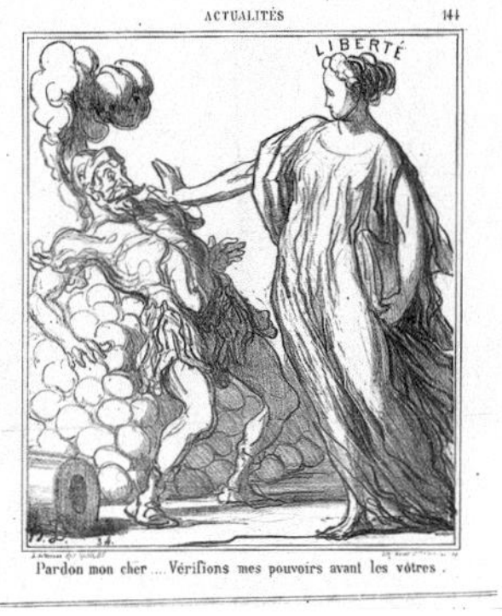

Kat. 138
Honoré Daumier (1808–1879)
Pardon mon cher [...], 1869
Blatt 144 der Serie «Actualités»; erschienen in:
Le Charivari, 16. Juli 1869
Kreidelithographie auf Zeitungsdruckpapier
Blatt 30,4 × 30,7 cm
Kunstmuseum Basel, Kupferstichkabinett,
Inv. 1933.286.19, Ankauf 1933

Aukt.-Kat. Berlin 1933b, Los 846 (?)

Lit.: Delteil 1925–1930, Nr. 3724/II

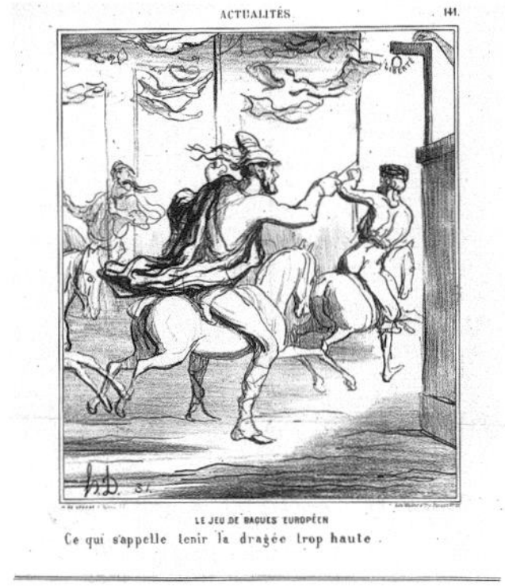

Kat. 139
Honoré Daumier (1808–1879)
Le jeu de bagues européen, 1869
Blatt 141 der Serie «Actualités»; erschienen in:
Le Charivari, 17. Juli 1869
Kreidelithographie auf Zeitungsdruckpapier
Blatt 30,4 × 30,4 cm
Kunstmuseum Basel, Kupferstichkabinett,
Inv. 1933.286.20, Ankauf 1933

Aukt.-Kat. Berlin 1933b, Los 846 (?)

Lit.: Delteil 1925–1930, Nr. 3725/II

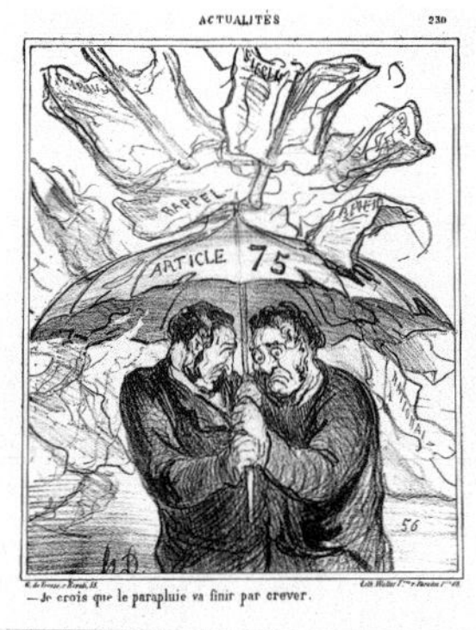

Kat. 140
Honoré Daumier (1808–1879)
Je crois que le parapluie va finir par crever, 1869
Blatt 230 der Serie «Actualités»; erschienen in:
Le Charivari, 23. Oktober 1869
Kreidelithographie auf Zeitungsdruckpapier
Blatt 28,7 × 24,8 cm
Kunstmuseum Basel, Kupferstichkabinett,
Inv. 1933.286.21, Ankauf 1933

Aukt.-Kat. Berlin 1933b, Los 846 (?)

Lit.: Delteil 1925–1930, Nr. 3743/II

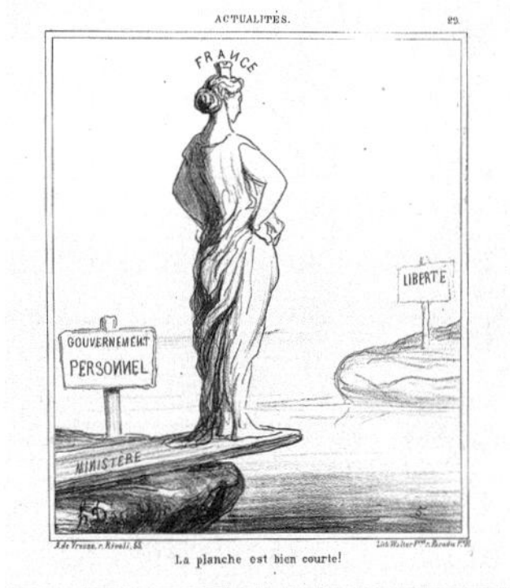

Kat. 141 ○
Honoré Daumier (1808–1879)
La planche est bien courte !, 1870
Blatt 29 der Serie «Actualités»; erschienen in:
Le Charivari, 12. Februar 1870
Kreidelithographie auf Zeitungsdruckpapier
Blatt 29,2 × 29,3 cm
Kunstmuseum Basel, Kupferstichkabinett,
Inv. 1933.286.22, Ankauf 1933

Aukt.-Kat. Berlin 1933b, Los 846 (?)

Lit.: Delteil 1925–1930, Nr. 3766/II

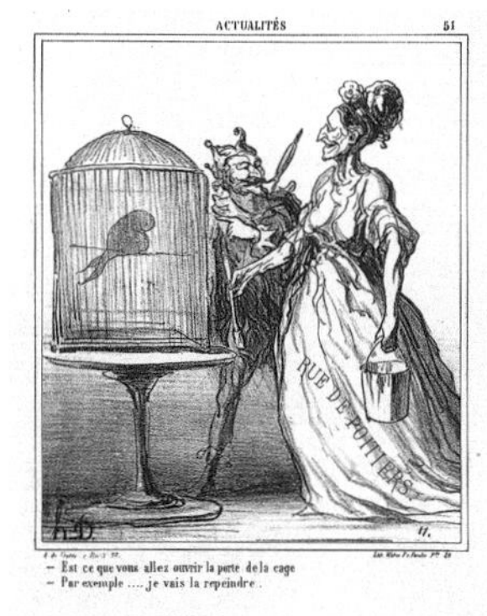

Kat. 142 ○
Honoré Daumier (1808–1879)
Est-ce que vous allez ouvrir la porte de la cage [...], 1870
Blatt 51 der Serie «Actualités»; erschienen in:
Le Charivari, 22. März 1870
Kreidelithographie auf Zeitungsdruckpapier
Blatt 29,6 × 24,3 cm
Kunstmuseum Basel, Kupferstichkabinett,
Inv. 1933.286.23, Ankauf 1933

Aukt.-Kat. Berlin 1933b, Los 846 (?)

Lit.: Delteil 1925–1930, Nr. 3772/III

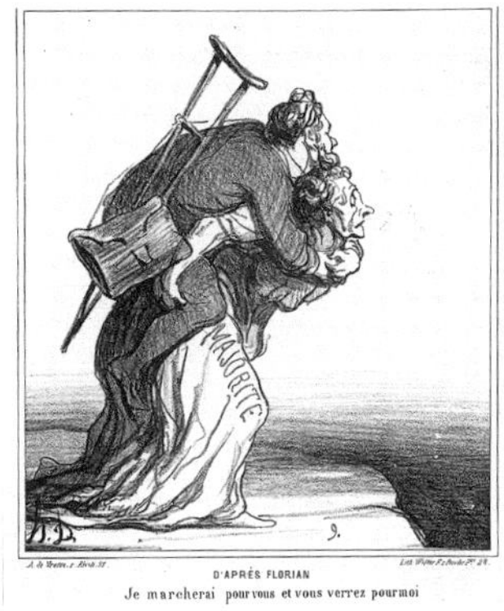

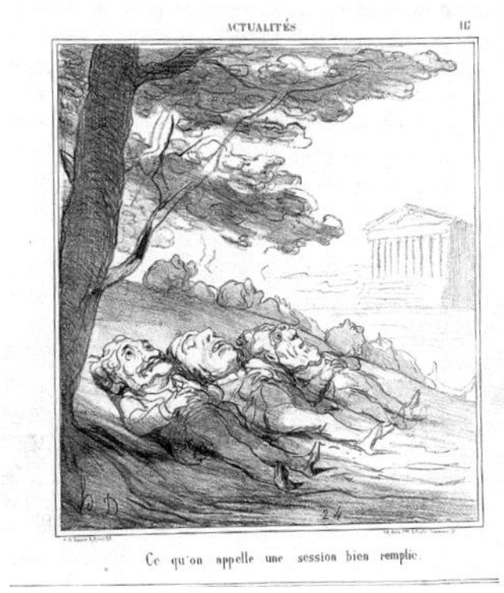

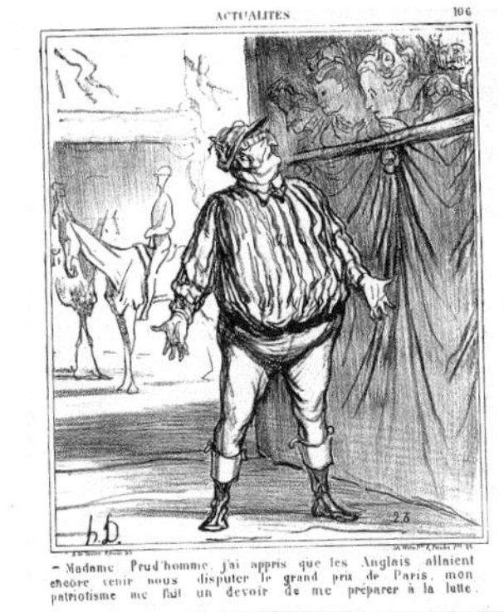

Kat. 143 ○
Honoré Daumier (1808–1879)
D'après Florian, 1870
Blatt 53 der Serie «Actualités»; erschienen in:
Le Charivari, 29. März 1870
Kreidelithographie auf Zeitungsdruckpapier
Blatt 25,7 × 22,5 cm
Kunstmuseum Basel, Kupferstichkabinett,
Inv. 1933.286.28, Ankauf 1933

Aukt.-Kat. Berlin 1933b, Los 846 (?)

Lit.: Delteil 1925–1930, Nr. 3774/III

Kat. 144
Honoré Daumier (1808–1879)
Ce qu'on appelle une session bien remplie, 1870
Blatt 117 der Serie «Actualités»; erschienen in:
Le Charivari, 25. Mai 1870
Kreidelithographie auf Zeitungsdruckpapier
Blatt 30,1 × 30,5 cm
Kunstmuseum Basel, Kupferstichkabinett,
Inv. 1933.286.24, Ankauf 1933

Aukt.-Kat. Berlin 1933b, Los 846 (?)

Lit.: Delteil 1925–1930, Nr. 3785/II

Kat. 145 ○
Honoré Daumier (1808–1879)
Madame Prud'homme, j'ai appris que les Anglais allaient encore venir nous disputer le grand prix de Paris [...], 1870
Blatt 106 der Serie «Actualités»; erschienen in:
Le Charivari, 1. Juni 1870
Kreidelithographie auf Zeitungsdruckpapier
Blatt 29,1 × 25,5 cm
Kunstmuseum Basel, Kupferstichkabinett,
Inv. 1933.286.25, Ankauf 1933

Aukt.-Kat. Berlin 1933b, Los 846 (?)

Lit.: Delteil 1925–1930, Nr. 3786/III

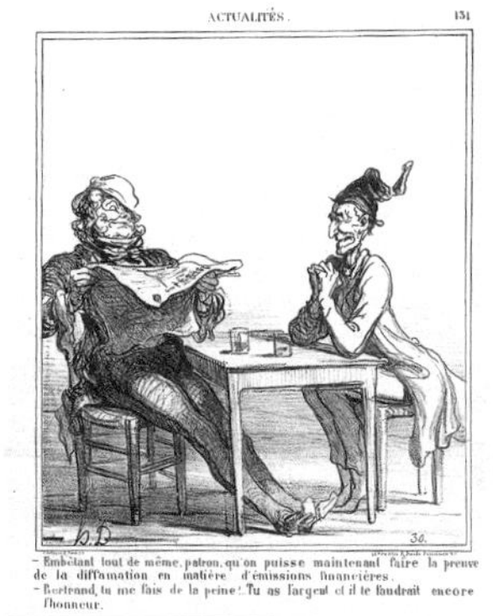

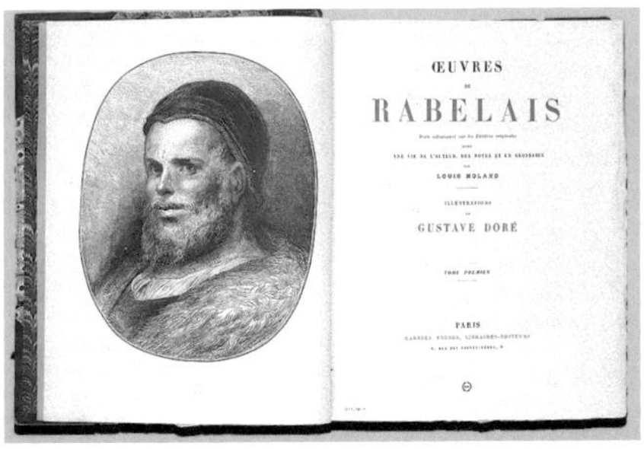

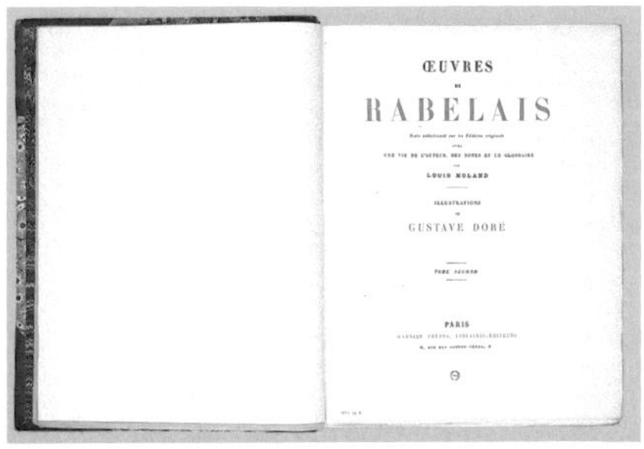

Kat. 146
Honoré Daumier (1808–1879)
Embêtant tout de même, patron, qu'on puisse maintenant faire la preuve de la diffamation en matière d'émissions financières [...], 1870
Blatt 131 der Serie «Actualités»; erschienen in:
Le Charivari, 10. Juni 1870
Kreidelithographie auf Zeitungsdruckpapier
Blatt 29,6 × 24,7 cm
Kunstmuseum Basel, Kupferstichkabinett,
Inv. 1933.286.26, Ankauf 1933

Aukt.-Kat. Berlin 1933b, Los 846 (?)

Lit.: Delteil 1925–1930, Nr. 3789/II

Kat. 147.1
Gustave Doré (1832–1883), Illustrator
François Rabelais (um 1494–1553), Autor
Œuvres de Rabelais. Texte collationné sur les Éditions originales avec une vie de l'auteur, des notes et un glossaire par Louis Moland. Illustrations de Gustave Doré,
Bd. 1, Paris: Garnier Frères, 1873
Buch mit Holzschnitten
Kunstmuseum Basel, Kupferstichkabinett,
Inv. 1933.39.1, Ankauf 1933

Aukt.-Kat. Berlin 1933b, Los 82

Kat. 147.2
Gustave Doré (1832–1883), Illustrator
François Rabelais (um 1494–1553), Autor
Œuvres de Rabelais. Texte collationné sur les Éditions originales avec une vie de l'auteur, des notes et un glossaire par Louis Moland. Illustrations de Gustave Doré,
Bd. 2, Paris: Garnier Frères, 1873
Buch mit Holzschnitten
Kunstmuseum Basel, Kupferstichkabinett,
Inv. 1933.39.2, Ankauf 1933

Aukt.-Kat. Berlin 1933b, Los 82

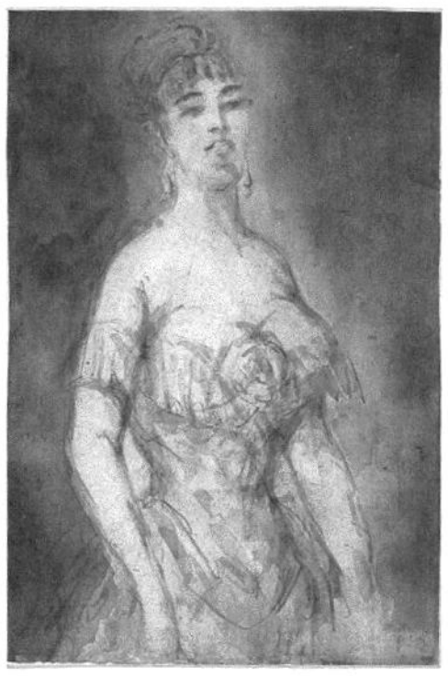

Kat. 148
Constantin Guys (1802–1892)
Dame mit Ohrgehänge
Pinsel in Schwarz über Bleistift auf Papier, aufgezogen
Blatt 26,1 × 17,9 cm
Kunstmuseum Basel, Kupferstichkabinett, Inv. 1933.69, Ankauf 1933

Aukt.-Kat. Berlin 1933b, Los 874 («Frauenbildnis»)

Provenienz:
17./18. März 1916 Auktion Max Perl, Nr. 53, Berlin, Los 218
[...]
[?] bis 18./19. Mai 1933 Curt Glaser, Berlin

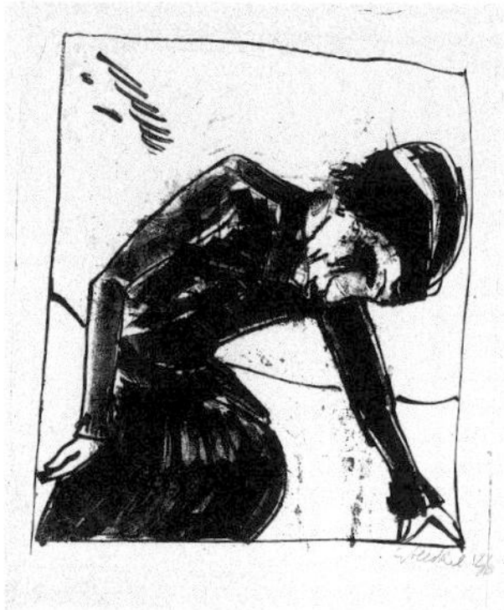

Kat. 149 | S. 123 ◇
Erich Heckel (1883–1970)
Müde (Müdes Mädchen), 1912/13
Lithographie auf Papier
Blatt 58 × 45 cm, Bild 44 × 38 cm (grösste Masse)
Kunstmuseum Basel, Kupferstichkabinett, Inv. 1933.172, Ankauf 1933

Aukt.-Kat. Berlin 1933b, Los 894 («Sich bückende Frau»)

Lit.: Dube 1964–1974, Bd. 2, Nr. L 194, II; Ebner/Gabelmann 2021, 560 L

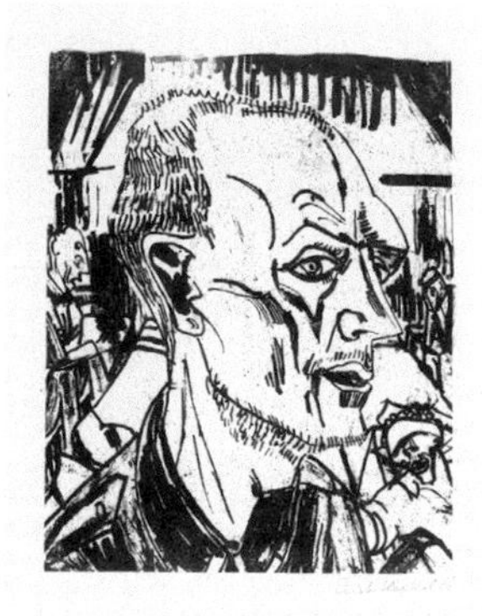

Kat. 150
Erich Heckel (1883–1970)
Irrer Soldat, 1916
Verlag Paul Cassirer, Berlin, 1920
Lithographie auf Büttenpapier
Blatt 50,4 × 35,5 cm, Bild 29,9 × 24,3 cm
Kunstmuseum Basel, Kupferstichkabinett, Inv. 1933.170, Ankauf 1933

Aukt.-Kat. Berlin 1933b, Los 898 («Männerköpfe»)

Lit.: Dube 1964–1974, Bd. 2, Nr. L 232, II; Ebner/Gabelmann 2021, 691 L

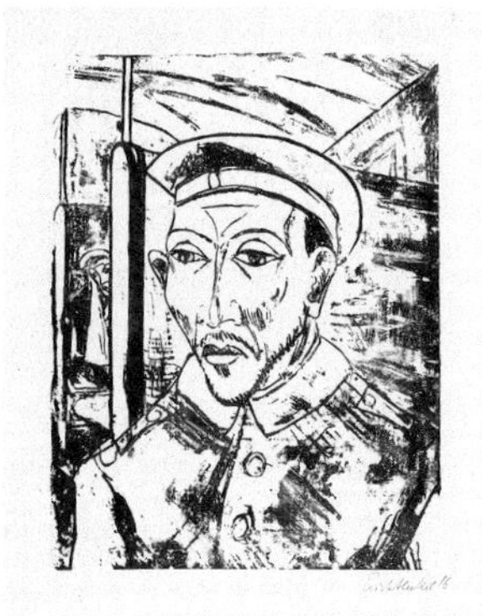

Kat. 151 | S. 121 ◇
Erich Heckel (1883–1970)
Armierungssoldat (Soldatenkopf), 1916
Verlag Paul Cassirer, Berlin, 1920
Lithographie auf Büttenpapier
Blatt 50,7 × 35,5 cm, Bild 30,5 × 24 cm
Kunstmuseum Basel, Kupferstichkabinett, Inv. 1933.169, Ankauf 1933

Aukt.-Kat. Berlin 1933b, Los 898 («Männerköpfe»)

Lit.: Dube 1964–1974, Bd. 2, Nr. L 234, III; Ebner/Gabelmann 2021, 692 L

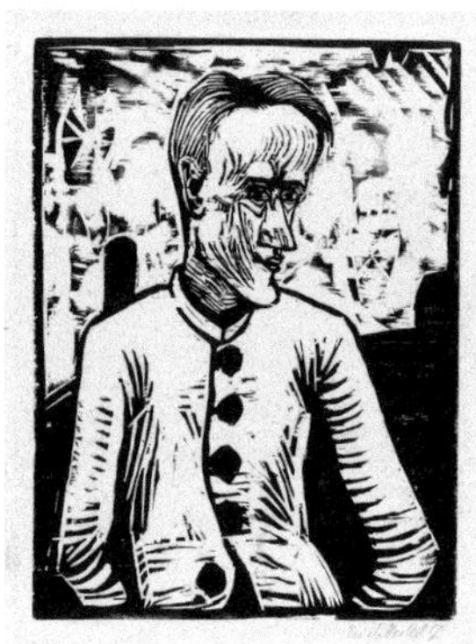

Kat. 152 | S. 118 ◇
Erich Heckel (1883–1970)
Der Narr (Der Wärter), 1917
Erschienen in: «Bauhausdrucke (Deutsche Künstler)», V. Mappe, hrsg. vom Staatlichen Bauhaus, Weimar 1923
Holzschnitt auf Japanpapier; gedruckt vom Staatlichen Bauhaus, Weimar
Blatt 41,5 × 32,1 cm, Bild 35,7 × 27,2 cm
Kunstmuseum Basel, Kupferstichkabinett, Inv. 1933.171, Ankauf 1933

Aukt.-Kat. Berlin 1933b, Los 898 («Männerköpfe»)

Lit.: Dube 1964–1974, Bd. 1, Nr. H 309, II.B; Ebner/Gabelmann 2021, 718 H

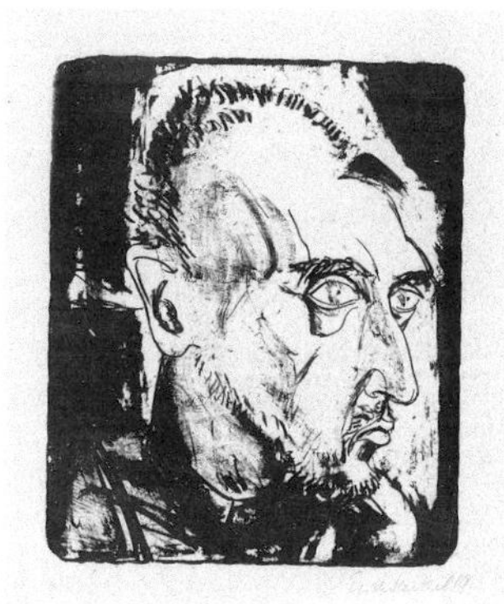

Kat. 153
Erich Heckel (1883–1970)
Bärtiger Mann (Männerkopf), 1919
Lithographie auf Papier
Blatt 57,9 × 44 cm, Bild 33 × 27,5 cm
Kunstmuseum Basel, Kupferstichkabinett, Inv. 1933.168, Ankauf 1933

Aukt.-Kat. Berlin 1933b, Los 898 («Männerköpfe»)

Lit.: Dube 1964–1974, Bd. 2, Nr. L 255; Ebner/Gabelmann 2021, 746 L

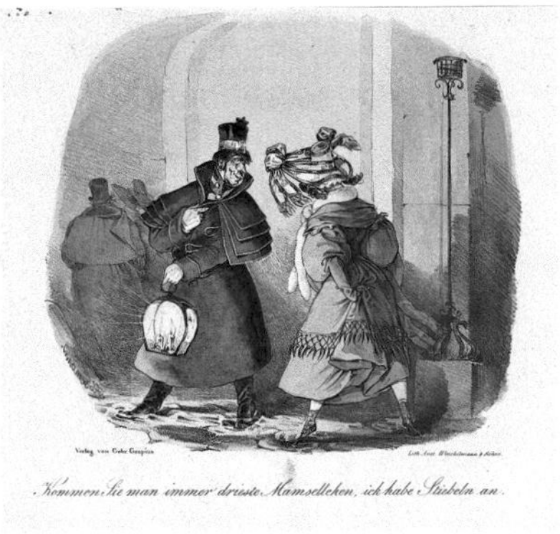

Kat. 154
Theodor Hosemann (1807–1875)
Kommen sie man immer drieste Mamselleken, ick habe Stiebeln an, um 1830
Aus der Folge «Berliner Witze und Anekdoten», hrsg. von Gebrüder Gropius, Berlin
Kreidelithographie, koloriert auf Velin-Papier; Lithographiert von der Anst[alt] Winckelmann & Söhne, Berlin
Blatt 20,5 × 22,5 cm, Bild 16,9 × 18,8 cm (grösste Masse)
Kunstmuseum Basel, Kupferstichkabinett, Inv. 1933.274, Ankauf 1933

Aukt.-Kat. Berlin 1933b, Los 64

Lit.: Brieger/Hobrecker 1920, Nr. 408

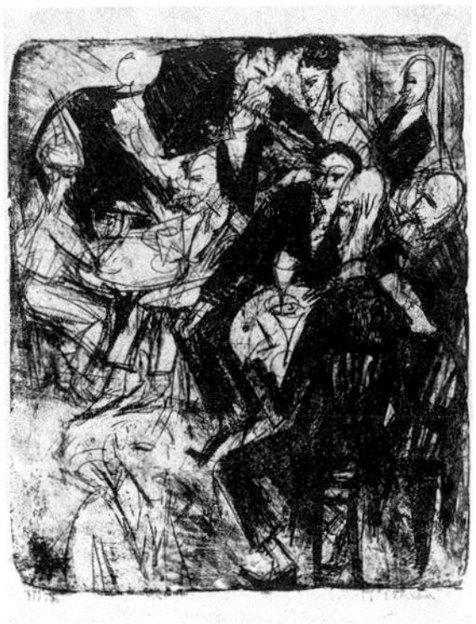

Kat. 155 | S. 125 ◇
Ernst Ludwig Kirchner (1880–1938)
Musikrestaurant, 1914
Kreidelithographie auf gelbem Papier
Blatt 67,2 × 52,1 cm, Bild 59,7 × 50,6 cm
Kunstmuseum Basel, Kupferstichkabinett, Inv. 1933.185, Ankauf 1933

Aukt.-Kat. Berlin 1933b, Los 971 («Kaffeehausszene»)

Lit.: Dube 1980, L 245 II

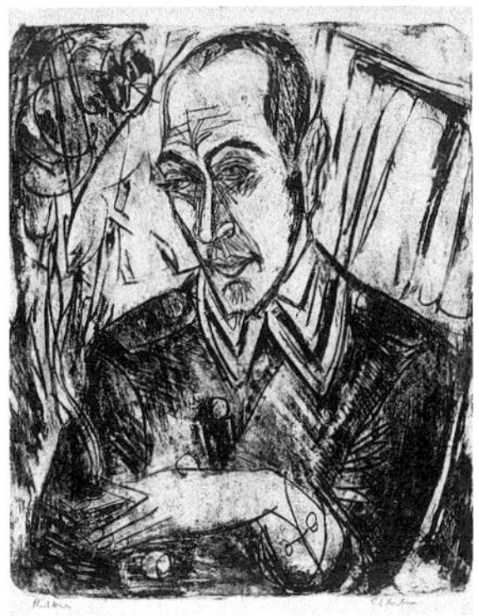

Kat. 156 | S. 127 ◇
Ernst Ludwig Kirchner (1880–1938)
Porträt Hugo Biallowons, 1915
Kreidelithographie auf satiniertem Halbkarton
Blatt 64,2 × 50 cm, Bild 59,2 × 50 cm
Kunstmuseum Basel, Kupferstichkabinett, Inv. 1933.186, Ankauf 1933

Aukt.-Kat. Berlin 1933b, Los 970 («Hugo»)

Lit.: Dube 1980, L 281 III

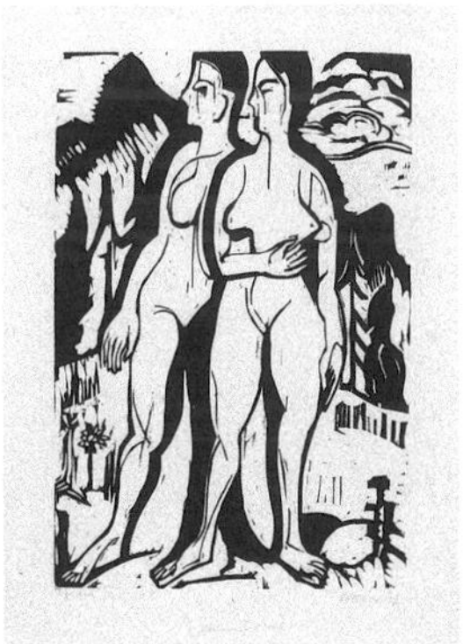

Kat. 157
Ernst Ludwig Kirchner (1880–1938)
Stehende nackte Frauen in der Sonne, 1928
Holzschnitt auf rosa Papier
Blatt 57,2 × 41,2 cm, Bild 46,3 × 31,6 cm
Kunstmuseum Basel, Kupferstichkabinett, Inv. 1933.184, Ankauf 1933

Aukt.-Kat. Berlin 1933b, Los 967 («Zwei nackte Frauen in der Sonne»)

Lit.: Dube 1980, H 604

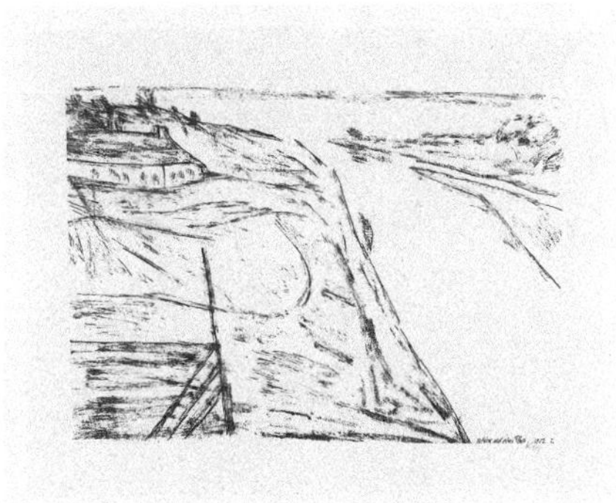

Kat. 158
Paul Klee (1879–1940)
Blick auf einen Fluss, 1912
Erschienen in der Mappe: «SEMA, 15 Originalsteinzeichnungen», München [1912]
Kreidelithographie auf Papier
Blatt 36,1 × 40,5 cm, Bild 19,8 × 28,7 cm
Kunstmuseum Basel, Kupferstichkabinett, Inv. 1933.177, Ankauf 1933

Aukt.-Kat. Berlin 1933b, Los 978

Lit.: Helfenstein/Rümelin 1998, Nr. 713

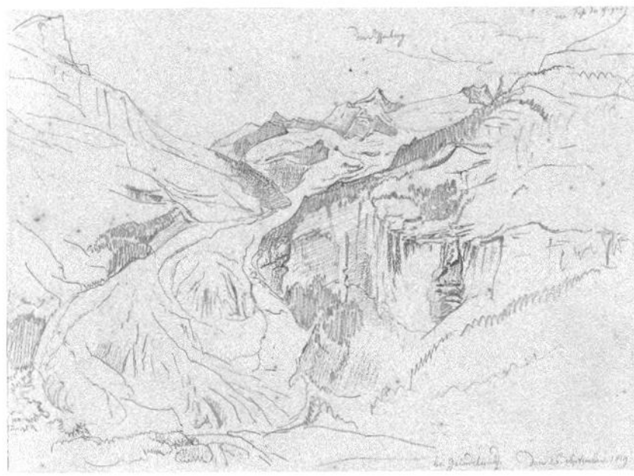

Kat. 159
Johann Adam Klein (1792–1875)
Studie des Grindelwaldgletschers, 16. September 1819
Verso: ***Tierstudien***
Bleistift, Farbstift und Aquarell auf bräunlichem Papier; verso: Bleistift und Aquarell
Blatt 13,9 × 19,4 cm
Kunstmuseum Basel, Kupferstichkabinett, Inv. 1933.78, Ankauf 1933

Aukt.-Kat. Berlin 1933b, Los 980 («Landschaft bei Grindelwald»)

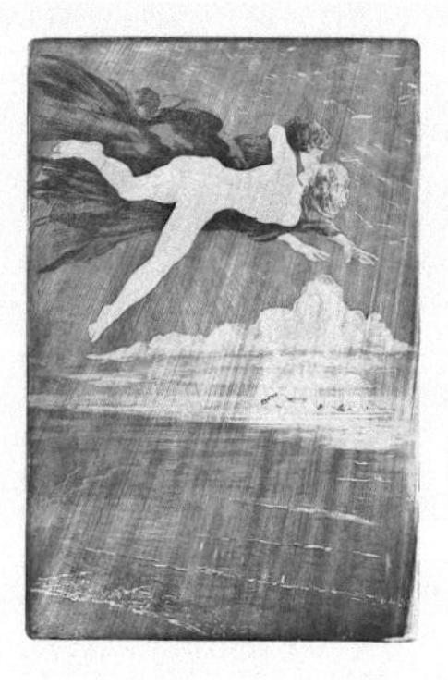

Kat. 160
Max Klinger (1857–1920)
Liebespaar über dem Meer schwebend
Aquatinta auf Japanpapier
Blatt 65 × 45,8 cm, Platte 49,8 × 33,7 cm
Kunstmuseum Basel, Kupferstichkabinett, Inv. 1933.179, Ankauf 1933

Aukt.-Kat. Berlin 1933b, Los 984 («Mann und Frau über eine weite Meerlandschaft fliegend»)

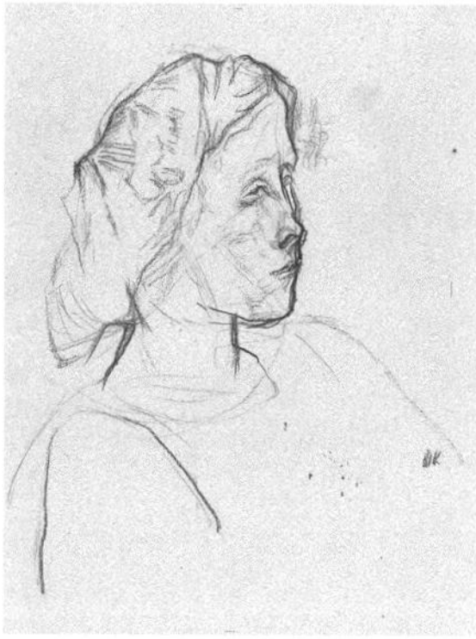

Kat. 161
Oskar Kokoschka (1886–1980)
Brustbildnis einer jungen Frau im Dreiviertelprofil nach rechts, 1912
Schwarze Kreide auf gelbbraunem Packpapier
Blatt 44,8 × 29,9 cm
Kunstmuseum Basel, Kupferstichkabinett, Inv. 1933.73, Ankauf 1933

Aukt.-Kat. Berlin 1933b, Los 987 («Frauenkopf»)

Lit.: Weidinger/Strobl 2008, Nr. 386

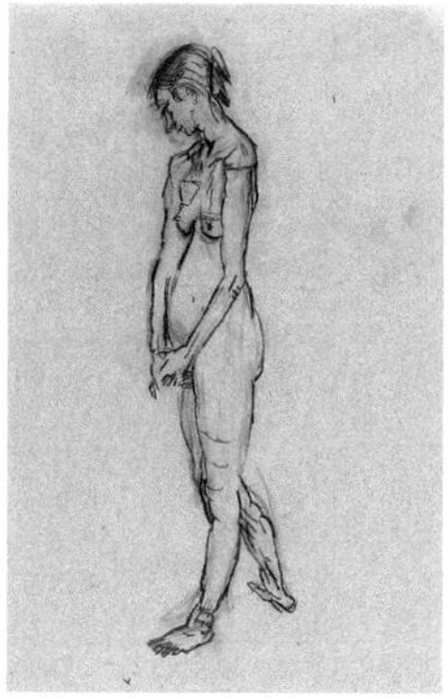

Kat. 162 | S. 115 ◇
Oskar Kokoschka (1886–1980)
Weiblicher Akt in Tanzpose, 1912
Schwarze Kreide auf Packpapier
Blatt 43,4 × 29,8 cm
Kunstmuseum Basel, Kupferstichkabinett, Inv. 1933.74, Ankauf 1933

Aukt.-Kat. Berlin 1933b, Los 988 («Stehender weiblicher Akt mit gefalteten Händen»)

Lit.: Weidinger/Strobl 2008, Nr. 462

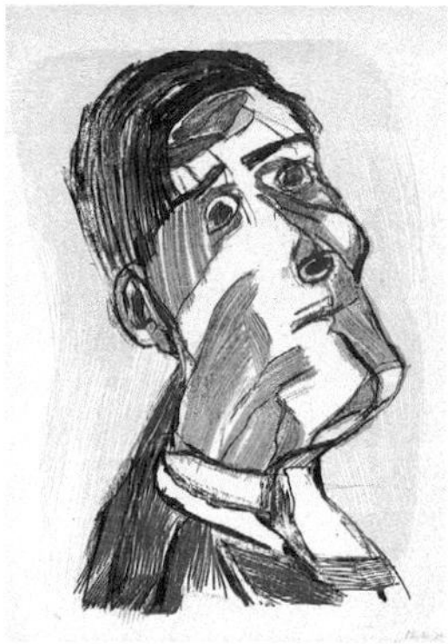

Kat. 163 | S. 129 ◇
Oskar Kokoschka (1886–1980)
Selbstbildnis von zwei Seiten, 1923
Kreidelithographie in Schwarz, Gelb, Rosa und Blau auf Papier
Blatt 70,2 × 50,1 cm, Bild 61,1 × 46,4 cm (grösste Masse)
Kunstmuseum Basel, Kupferstichkabinett, Inv. 1933.209, Ankauf 1933

Aukt.-Kat. Berlin 1933b, Los 990 («Selbstbildnis»)

Lit.: Wingler/Welz 1975, Nr. 163

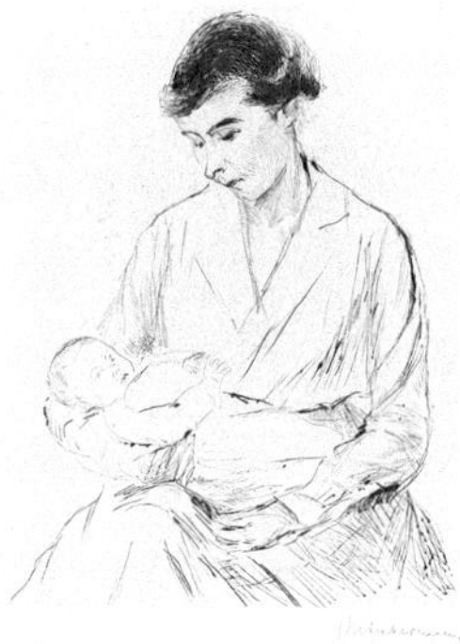

Kat. 164 | S. 97 ◇
Max Liebermann (1847–1935)
Mutter und Kind
Radierung und Kaltnadel auf Papier
Blatt 33,7 × 27,7 cm, Platte 23,7 × 19,3 cm
Kunstmuseum Basel, Kupferstichkabinett, Inv. 1933.176, Ankauf 1933

Aukt.-Kat. Berlin 1933b, Los 1029

Lit.: Schiefler 1923, Nr. 225

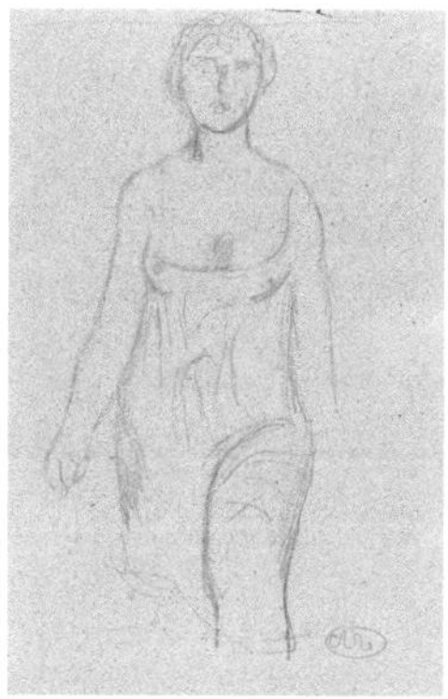

Kat. 165
Aristide Maillol (1861–1944)
Kniestück eines stehenden Mädchens
Bleistift auf bräunlichem Papier
Blatt 29,4 × 17,7 cm
Kunstmuseum Basel, Kupferstichkabinett, Inv. 1933.72, Ankauf 1933

Aukt.-Kat. Berlin 1933b, Los 1044 («Stehende Frau»)

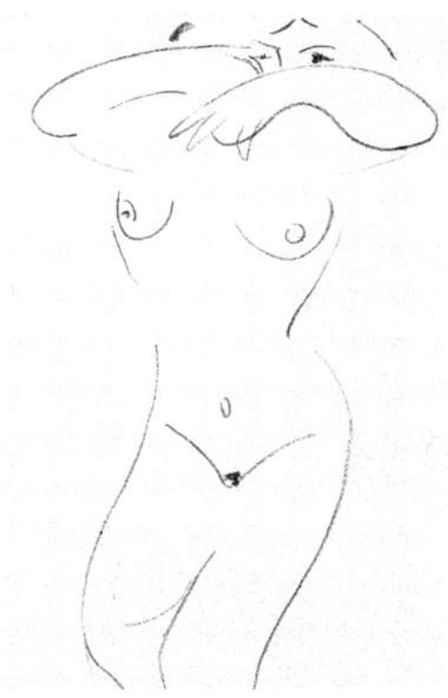

Kat. 166 | S. 80 ◇
Henri Matisse (1869–1954)
Frontaler Frauenakt mit hochgehobenen, das Gesicht teilweise verdeckenden Armen, 1906
Kreidelithographie auf Papier
Blatt 45,1 × 28,1 cm, Bild 43,3 × 24,6 cm (grösste Masse)
Kunstmuseum Basel, Kupferstichkabinett, Inv. 1933.175, Ankauf 1933

Aukt.-Kat. Berlin 1933b, Los 1070 («Stehender weiblicher Akt […]»)

Lit.: Duthuit-Matisse/Duthuit 1983, Nr. 392

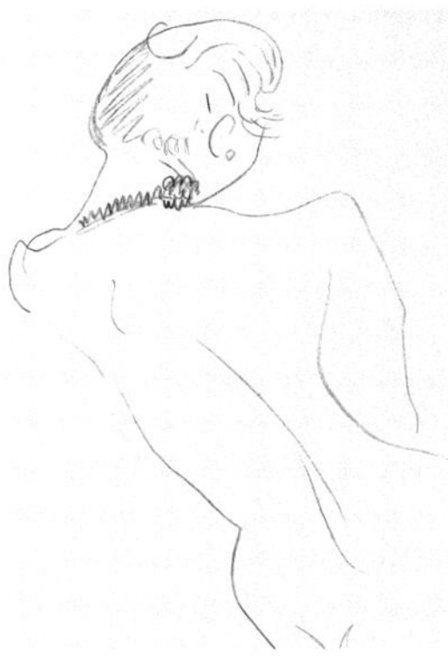

Kat. 167 | S. 80 ◇
Henri Matisse (1869–1954)
Rückenakt einer sitzenden Frau, 1906
Kreidelithographie auf Papier
Blatt 45 × 28,1 cm, Bild 41,4 × 27,3 cm (grösste Masse)
Kunstmuseum Basel, Kupferstichkabinett, Inv. 1933.174, Ankauf 1933

Aukt.-Kat. Berlin 1933b, Los 1067 («Weiblicher Rückenhalbakt»)

Lit.: Duthuit-Matisse/Duthuit 1983, Nr. 402

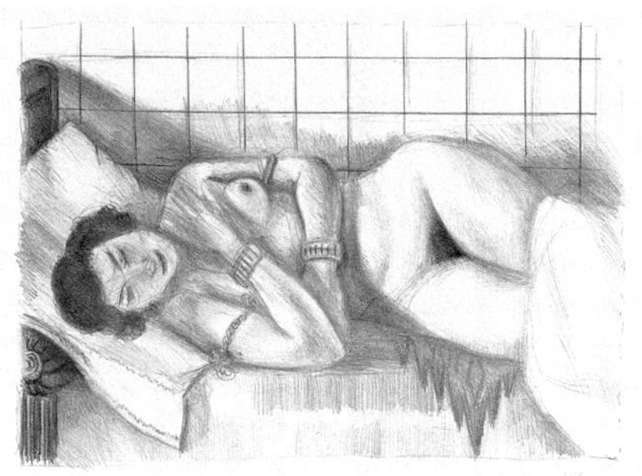

Kat. 168 | S. 79 ◇
Henri Matisse (1869–1954)
Liegender Frauenakt, 1929
Kreidelithographie auf Velin-Papier, auf Karton aufgezogen
Blatt 35,7 × 47,1 cm, Bild 27,2 × 37,9 cm
Kunstmuseum Basel, Kupferstichkabinett, Inv. 1933.173, Ankauf 1933

Aukt.-Kat. Berlin 1933b, Los 1062 («Liegender weiblicher Akt»)

Lit.: Duthuit-Matisse/Duthuit 1983, Nr. 511

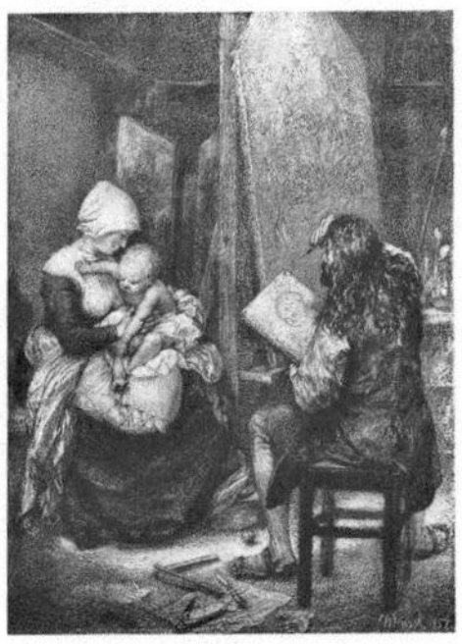

Kat. 169
Adolph von Menzel (1815–1905)
Meister Albrecht Dürer, 1858
Kreidelithographie auf Papier
Blatt 27,8 × 19,4 cm, Bild 19 × 14 cm
Kunstmuseum Basel, Kupferstichkabinett, Inv. 1933.180, Ankauf 1933

Aukt.-Kat. Berlin 1933b, Los 1074 («Genre-darstellungen»)

Lit.: Bock 1923, Nr. 83, II

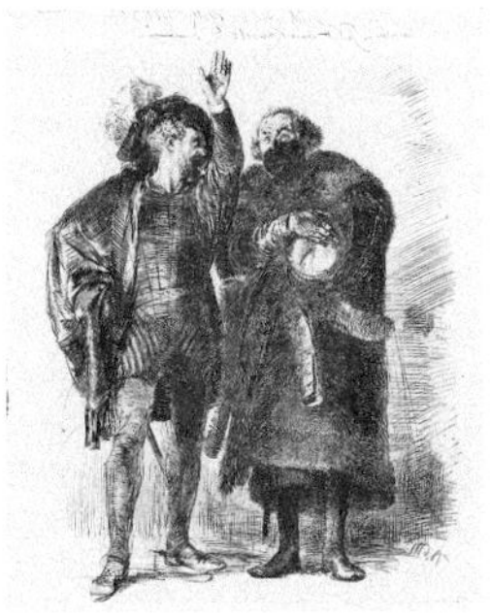

Kat. 170
Adolph von Menzel (1815–1905)
Hamlet und Polonius
Radierung auf Papier
Blatt 29,7 × 24,8 cm, Bild 22,2 × 18,1 cm
Kunstmuseum Basel, Kupferstichkabinett, Inv. 1933.183, Ankauf 1933

Aukt.-Kat. Berlin 1933b, Los 1074 («Genre-darstellungen»)

Lit.: Bock 1923, Nr. 1150, II

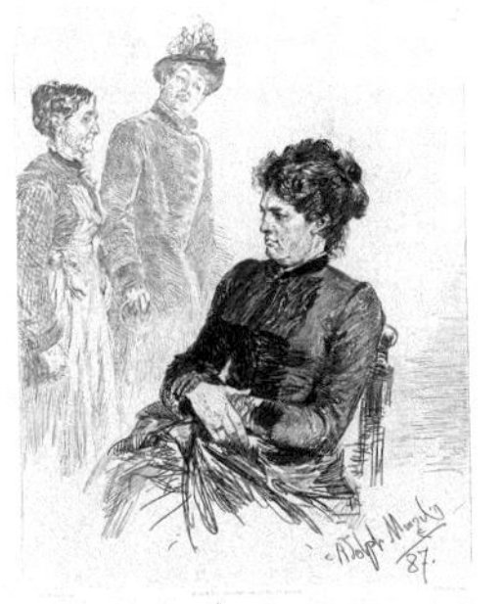

Kat. 171
Adolph von Menzel (1815–1905)
Stille Teilnahme (Drei Damen, Die erzürnte Hausfrau), 1887
Radierung auf Papier
Blatt 59,8 × 44,2 cm, Platte 29,6 × 22,7 cm
Kunstmuseum Basel, Kupferstichkabinett, Inv. 1933.182, Ankauf 1933

Aukt.-Kat. Berlin 1933b, Los 1074 («Genre-darstellungen»)

Lit.: Bock 1923, Nr. 1153, VI

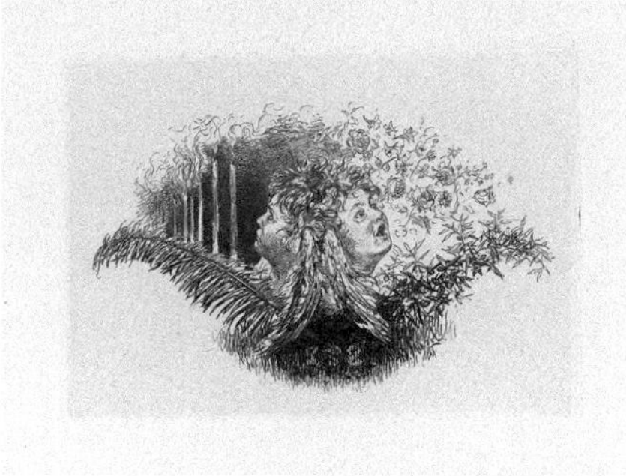

Kat. 172
Adolph von Menzel (1815–1905)
Zwei Engelsköpfe, 1882
Titelvignette für den Berliner Verein für Original-Radierung, Heft III, 1888
Radierung auf Papier
Blatt 36,5/37 × 48,3 cm, Platte 17,3 × 24,8 cm
Kunstmuseum Basel, Kupferstichkabinett, Inv. 1933.181, Ankauf 1933

Aukt.-Kat. Berlin 1933b, Los 1074 («Genredarstellungen»)

Lit.: Bock 1923, Nr. 1154, II

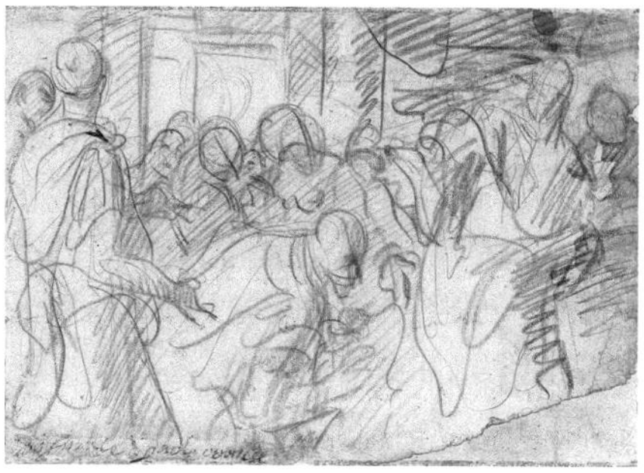

Kat. 173 | S.168 ◇
Antonio Molinari (1655–1704), zugeschrieben
Figurengruppe
Rötel und schwarzer Stift auf Papier, untere rechte Ecke ergänzt
Blatt 20,5 × 29,4 cm
Kunstmuseum Basel, Kupferstichkabinett, Inv. 1933.80, Ankauf 1933

Aukt.-Kat. Berlin 1933b, Los 532 («Italienisch, 17. Jahrh., Anbetung der Könige»; Zuschreibung an Antonio Molinari durch Heiko Damm, 2021)

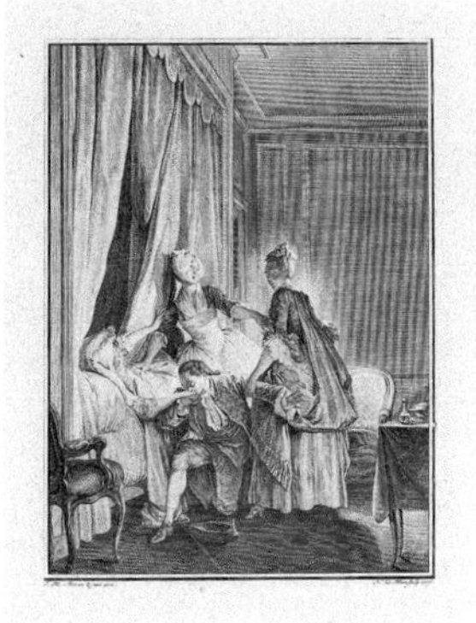

Kat. 174
Jean Michel Moreau le Jeune (1741–1814)
L'inoculation de l'amour, 1777
Illustration zu Jean-Jacques Rousseau, «La Nouvelle Héloïse»
Radierung auf Papier
Blatt 31,6 × 23,7 cm, Platte 29,5 × 22,2 cm, Bild 18,1 × 13,5 cm (ohne Text)
Kunstmuseum Basel, Kupferstichkabinett, Inv. 1933.276.1, Ankauf 1933

Aukt.-Kat. Berlin 1933b, Los 591

Lit.: Mahérault 1880, Nr. 245, VI

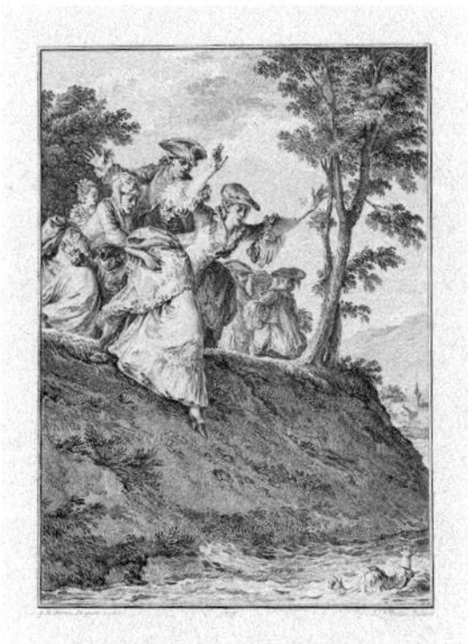

Kat. 175
Jean Michel Moreau le Jeune (1741–1814)
L'amour maternelle, 1777
Illustration zu Jean-Jacques Rousseau, «La Nouvelle Héloïse»
Radierung auf Papier
Blatt 30,9 × 22,5/23 cm, Platte 29,1 × 21,1 cm, Bild 18,2 × 13,2 cm (ohne Text)
Kunstmuseum Basel, Kupferstichkabinett, Inv. 1933.276.2, Ankauf 1933

Aukt.-Kat. Berlin 1933b, Los 591

Lit.: Mahérault 1880, Nr. 245, XII

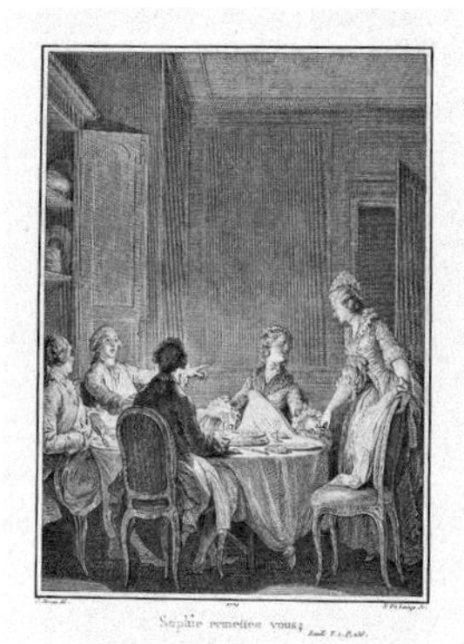

Kat. 176
Jean Michel Moreau le Jeune (1741–1814)
Sophie remettez vous, 1779
Illustration zu Jean-Jacques Rousseau, «Émile»
Radierung auf Papier
Blatt 31,5 × 23,4 cm, Platte 29,1 × 21,7 cm, Bild 18,2 × 13,5 cm (ohne Text)
Kunstmuseum Basel, Kupferstichkabinett, Inv. 1933.276.3, Ankauf 1933

Aukt.-Kat. Berlin 1933b, Los 591

Lit.: Mahérault 1880, Nr. 245, VIII

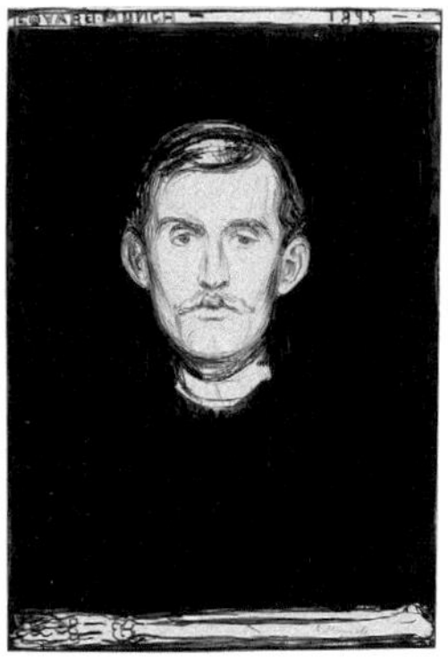

Kat. 177 | S. 153 ◇
Edvard Munch (1863–1944)
Selbstbildnis (frontal), 1895
Kreide- und Pinsellithographie, stellenweise gekratzt, auf Japanpapier
Blatt/Bild 45,6 × 31,6/32,1 cm
Kunstmuseum Basel, Kupferstichkabinett, Inv. 1933.213, Ankauf 1933

Aukt.-Kat. Berlin 1933b, Los 1095 («Selbstporträt mit der Knochenhand»)

Lit.: Schiefler 1974 (1907), Nr. 31

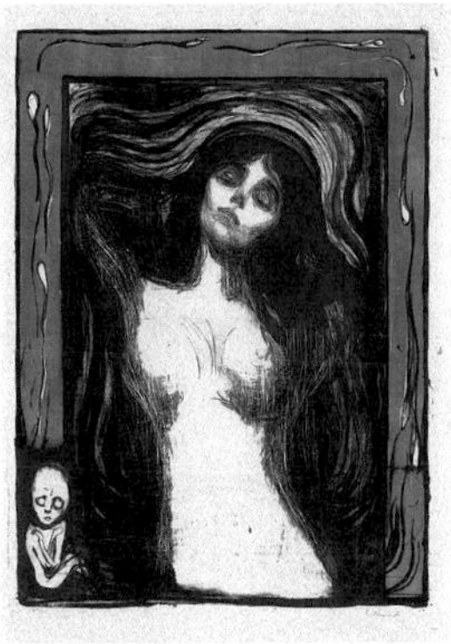

Kat. 178 | S. 155, 190 ◇
Edvard Munch (1863–1944)
Madonna, 1895/1902
Kreide- und Pinsellithographie von drei Steinen in Schwarz, Blau und Rot auf Papier
Blatt 69/69,5 × 48,8 cm, Bild 60 × 44 cm
Kunstmuseum Basel, Kupferstichkabinett, Inv. 1933.212, Ankauf 1933

Aukt.-Kat. Berlin 1933b, Los 1097

Lit.: Schiefler 1974 (1907), Nr. 33.A.b.I.

Provenienz:
[?] bis 18./19. Mai 1933 Curt Glaser, Berlin, als Geschenk erhalten von Edvard Munch

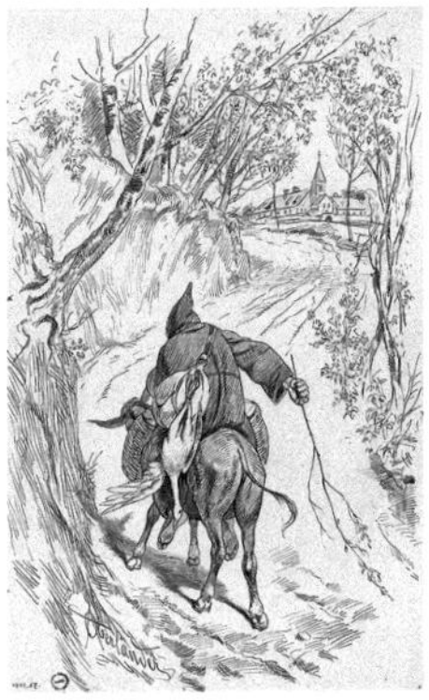

Kat. 179
Adolf Oberländer (1845–1923)
Bettelmönch, auf einem Esel reitend
Feder mit Tusche, laviert, auf Papier, auf Karton aufgezogen
Blatt 30,3 × 18,8 cm
Kunstmuseum Basel, Kupferstichkabinett, Inv. 1933.67, Ankauf 1933

Aukt.-Kat. Berlin 1933b, Los 1201 («Zum Kloster heimkehrender Bettelmönch auf einem Esel»)

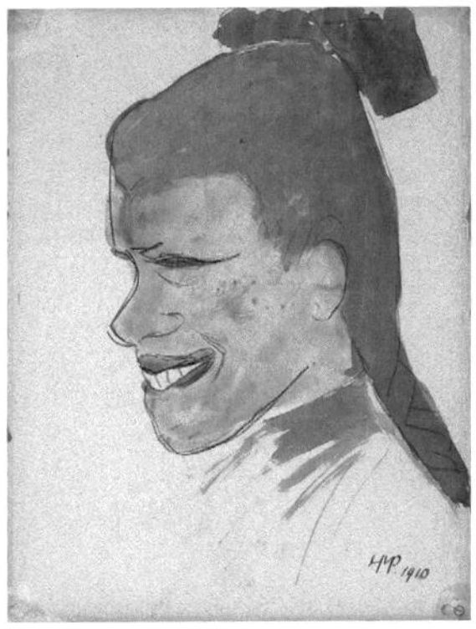

Kat. 180 | S. 119 ◇
Max Pechstein (1881–1955)
Bildnisstudie eines Mädchens im Profil nach links, 1910
Aquarell und Kreide auf Papier
Blatt 47,2 × 37 cm
Kunstmuseum Basel, Kupferstichkabinett, Inv. 1933.75, Ankauf 1933

Aukt.-Kat. Berlin 1933b, Los 1209 («Lachendes Mädchen»)

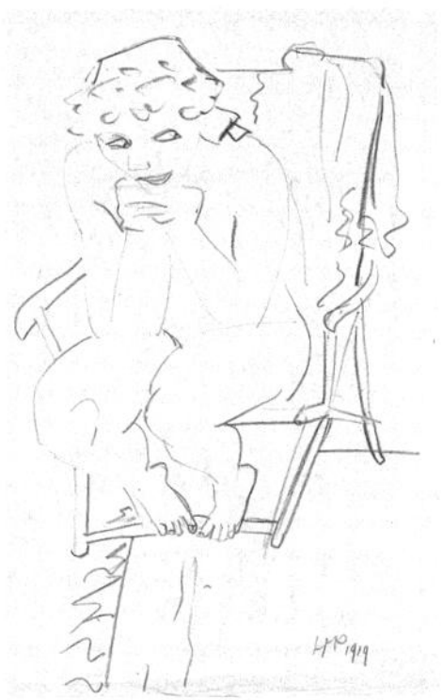

Kat. 181 | S. 117 ◇
Max Pechstein (1881–1955)
Sitzender weiblicher Akt, 1919
Schwarze Kreide auf Papier
Blatt 73,9/74,6 × 48,2 cm, Bild 69,8 × 44 cm (grösste Masse)
Kunstmuseum Basel, Kupferstichkabinett, Inv. 1933.76, Ankauf 1933

Aukt.-Kat. Berlin 1933b, Los 1218 («Im Lehnstuhl sitzender weiblicher Akt»)

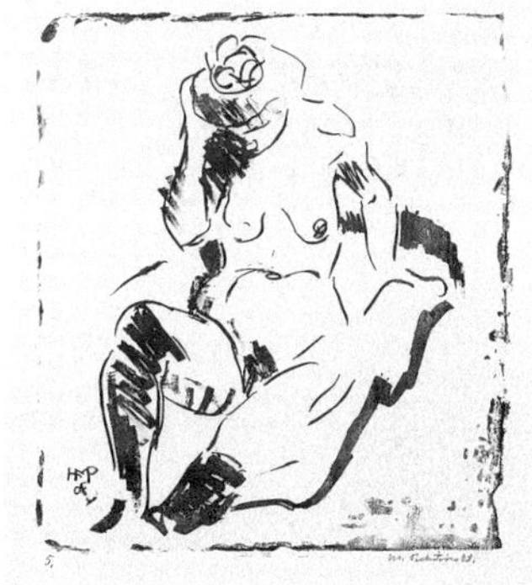

Kat. 182 | S. 120 ◇
Max Pechstein (1881–1955)
Betrübt, 1908
Lithographie auf Papier
Blatt 50 × 42,5 cm, Bild 39 × 35 cm (grösste Masse)
Kunstmuseum Basel, Kupferstichkabinett, Inv. 1933.165, Ankauf 1933

Aukt.-Kat. Berlin 1933b, Los 1231 («Sitzende weibliche Akte»)

Lit.: Krüger 1988, Nr. L 48

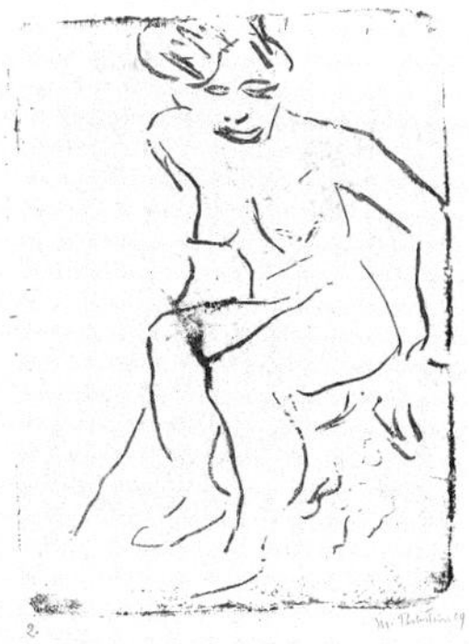

Kat. 183 | S. 120 ◇
Max Pechstein (1881–1955)
Sitzender Frauenakt, 1909
Lithographie auf Papier
Blatt 55,9 × 42,6 cm, Bild 43,8 × 33,2 cm (grösste Masse)
Kunstmuseum Basel, Kupferstichkabinett, Inv. 1933.166, Ankauf 1933

Aukt.-Kat. Berlin 1933b, Los 1231 («Sitzende weibliche Akte»)

Lit.: Krüger 1988, Nr. L 106

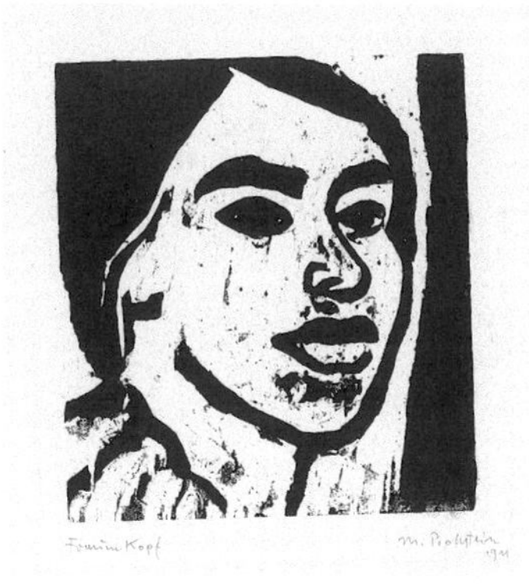

Kat. 184 | S. 118 ◇
Max Pechstein (1881–1955)
Frauenkopf, 1911
Holzschnitt in Schwarz auf Papier
Blatt 56 × 42,5 cm, Bild 22,5 × 20,8 cm
Kunstmuseum Basel, Kupferstichkabinett,
Inv. 1933.167, Ankauf 1933

Aukt.-Kat. Berlin 1933b, Los 1238

Lit.: Krüger 1988, Nr. H 129

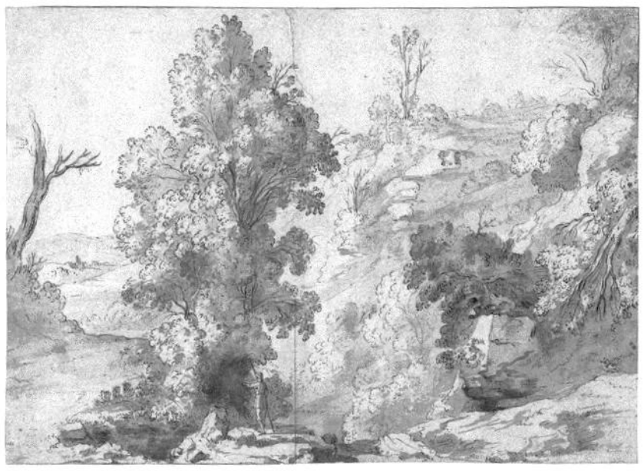

Kat. 185 | S. 170 ◇
Cornelis van Poelenburgh (1594/95–1667) (?)
Landschaft mit baumbestandener Schlucht
Feder in Braun, stellenweise in Schwarz, braun und grau laviert auf Papier, Blatt 25,8 × 36,9 cm
Kunstmuseum Basel, Kupferstichkabinett,
Inv. 1933.68, Ankauf 1933

Aukt.-Kat. Berlin 1933b, Los 660 («H[erman] van Swanevelt»)

Lit.: Ausst.-Kat. Basel 1973, Nr. 45

Provenienz:
[?] Heinrich Wilhelm Campe (1770–1862) (verso gestempelt: Lugt Online, Nr. 1391)
[...]
[?] bis 18./19. Mai 1933 Curt Glaser, Berlin

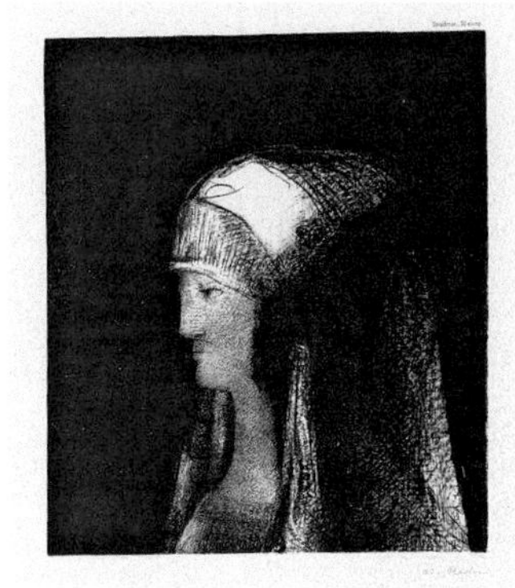

Kat. 186 | S. 76 ◇
Odilon Redon (1840–1916)
Druidesse, 1892
Kreidelithographie auf Chine collé
Blatt 27,2 × 23,7 cm, Bild 23,1 × 20,1 cm,
Träger 38,5 × 29,7 cm
Kunstmuseum Basel, Kupferstichkabinett,
Inv. 1933.86, Ankauf 1933

Aukt.-Kat. Berlin 1933b, Los 1257

Lit.: Mellerio 1923, Nr. 117

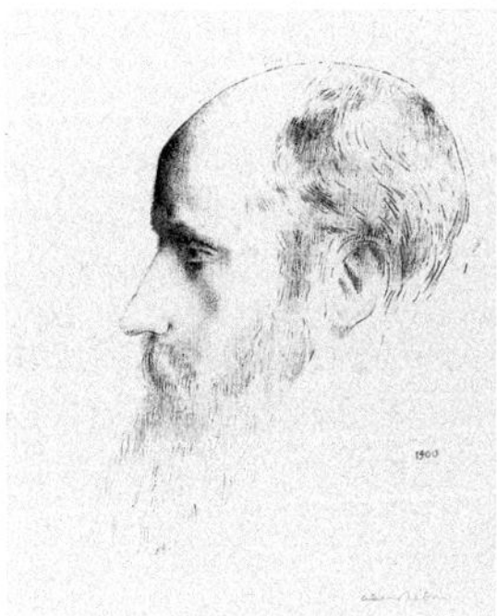

Kat. 187 | S. 76 ◇
Odilon Redon (1840–1916)
Édouard Vuillard, 1900
Kreidelithographie auf Chine collé
Blatt 24 × 19,8 cm, Bild 19,4 × 13,7 cm
(grösste Masse), Träger 35,2 × 26,5 cm
Kunstmuseum Basel, Kupferstichkabinett,
Inv. 1933.85, Ankauf 1933

Aukt.-Kat. Berlin 1933b, Los 1258 («Bildnis eines Mannes mit Vollbart und kahlem Kopf, im Profil nach rechts»)

Lit.: Mellerio 1923, Nr. 190

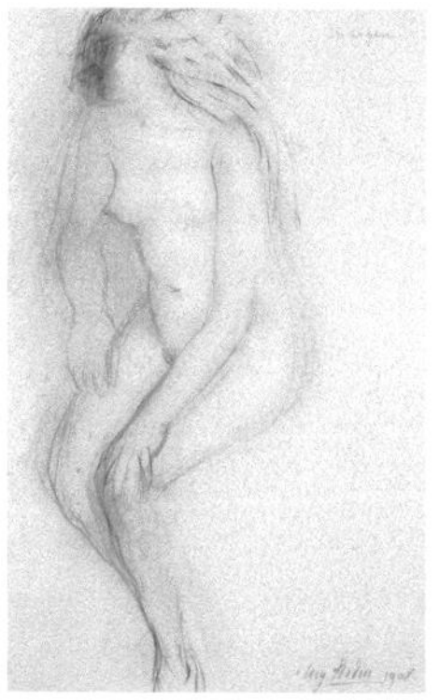

Kat. 188
Auguste Rodin (1840–1917)
Sitzender weiblicher Akt mit abgewandtem Kopf, 1908
Bleistift, gewischt und teilweise ausradiert auf Papier, aufgezogen, zusätzlich auf Büttenpapier aufgezogen
Blatt 31,1 × 19,8 cm, Träger 33,2 × 21,8 cm,
sekundärer Träger 42,9 × 33,1 cm
Kunstmuseum Basel, Kupferstichkabinett,
Inv. 1933.71, Ankauf 1933

Aukt.-Kat. Berlin 1933b, Los 1263
(«Sitzender weiblicher Akt»)

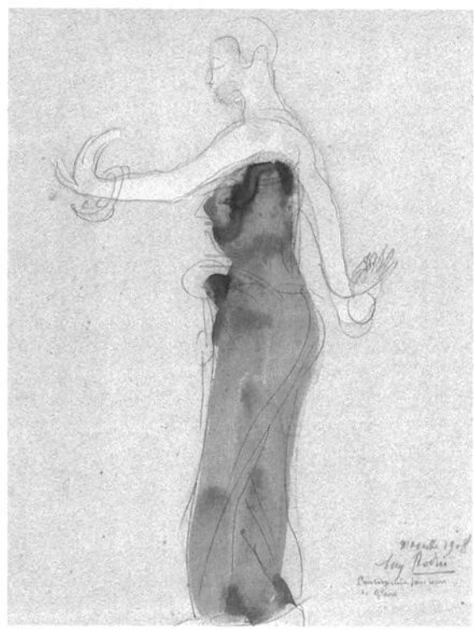

Kat. 189 | S. 74, 77 ◇
Auguste Rodin (1840–1917)
Nach links schreitende Tänzerin mit etruskisch bewegten Armen und Händen,
1908
Bleistift und Aquarell auf Papier, aufgezogen, zusätzlich auf Karton aufgezogen
Blatt 32 × 24,8 cm, Träger 34 × 26,8 cm,
sekundärer Träger 44,4 × 33,5 cm
Kunstmuseum Basel, Kupferstichkabinett,
Inv. 1933.70, Ankauf 1933

Aukt.-Kat. Berlin 1933b, Los 1262
(«Tanzende Kambodjanerin»)

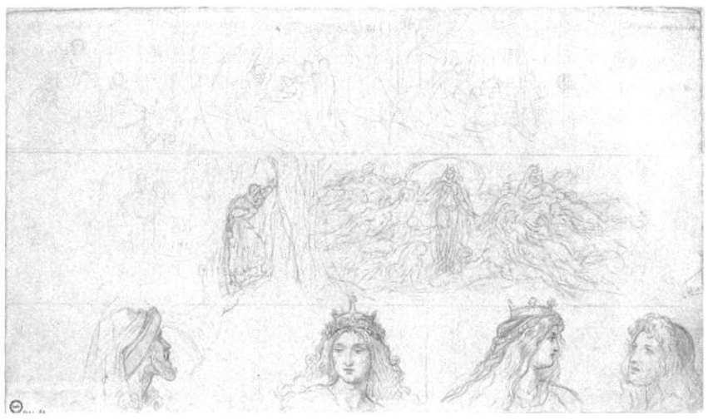

Kat. 190 | S. 177 ◇
Moritz von Schwind (1804–1871)
Ideenskizzen zur «Schönen Melusine»,
um 1868/69
Bleistift auf Papier
Blatt 24,5 × 43,1 cm
Kunstmuseum Basel, Kupferstichkabinett,
Inv. 1933.61, Ankauf 1933

Aukt.-Kat. Berlin 1933b, Los 1279 («Merlin. Skizzenblatt mit zwei Sagen-Darstellungen und vier Skizzen»)

Lit.: Slg.-Kat. Basel 1982, Nr. 140

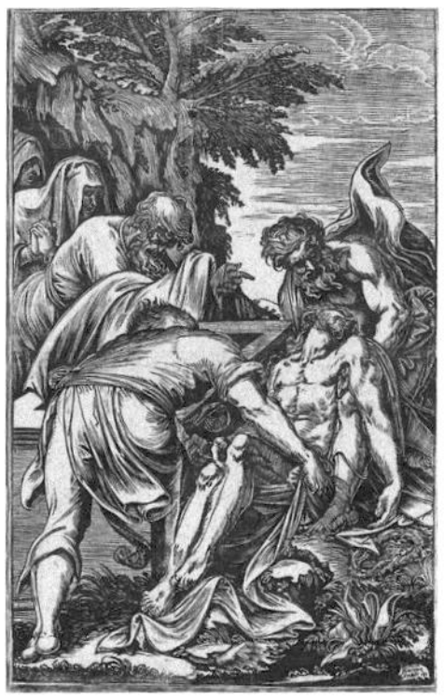

Kat. 191
Giuseppe Scolari (um 1560–1625)
Grablegung Christi, 1590
Holzschnitt auf Papier, auf Karton montiert
Blatt/Bild 67,5 × 43,8 cm, Träger 69,6 × 44,6 cm
Kunstmuseum Basel, Kupferstichkabinett,
Inv. 1936.41, Ankauf 1933
(Das Werk wurde aus unbekannten Gründen erst 1936 inventarisiert.)

Aukt.-Kat. Berlin 1933b, Los 638a («Grablegung»)

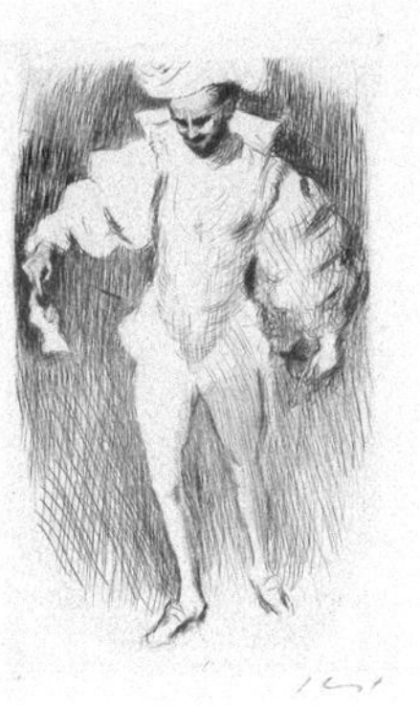

Kat. 192
Max Slevogt (1868–1932)
Francisco d'Andrade als Don Juan mit dem Hut auf dem Kopf, 1918/20
Radierung auf Papier
Blatt 24,8 × 16,4 cm, Platte 16,5 × 10,5 cm
Kunstmuseum Basel, Kupferstichkabinett,
Inv. 1933.96, Ankauf 1933

Aukt.-Kat. Berlin 1933b, Los 1289

Lit.: Söhn 2002, Nr. 61

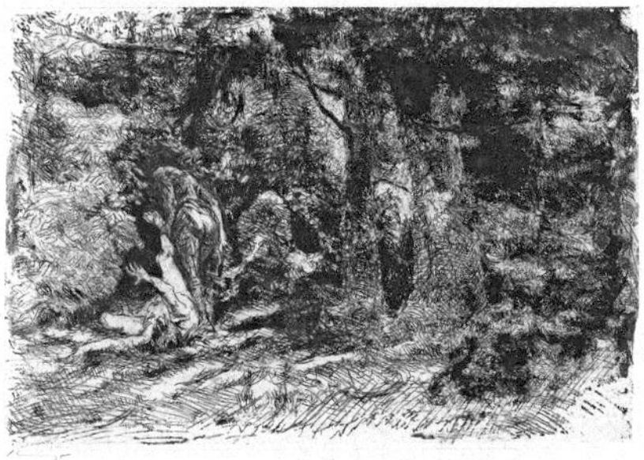

Kat. 193 | S. 99 ◇
Max Slevogt (1868–1932)
Überfall im Wald, 1923
Aus der Mappe «Abenteuer», Verlag Bruno Cassirer, Berlin, 1923
Radierung auf Papier, gedruckt von L. Angerer, Berlin
Blatt 29,3 × 36 cm, Platte 20,8 × 30,6 cm
Kunstmuseum Basel, Kupferstichkabinett,
Inv. 1933.95, Ankauf 1933

Aukt.-Kat. Berlin 1933b, Los 1288

Lit.: Söhn 2002, Nr. 571

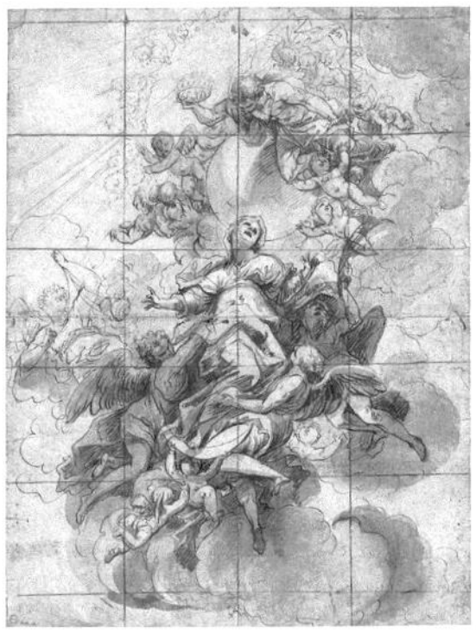

Kat. 194 | S. 174 ◇
Melchior Steidl (1657–1727)
Die Himmelfahrt Mariä, 1710/11
Entwurf für ein Deckenfresko im Langhaus der Wallfahrtskirche Schönenberg in Ellwangen
Feder in Braun, Pinsel in Graubraun und Grau, Vorzeichnung mit schwarzem Stift, Quadrierung mit Rötel, auf bräunlichem Papier, kaschiert
Blatt 53,3 × 41,1 cm
Kunstmuseum Basel, Kupferstichkabinett,
Inv. 1933.64, Ankauf 1933

Aukt.-Kat. Berlin 1933b, Los 656 («Süddeutsch 18. Jhrh. Krönung Mariae»)

Lit.: Ausst.-Kat. Basel 1978, Nr. 39

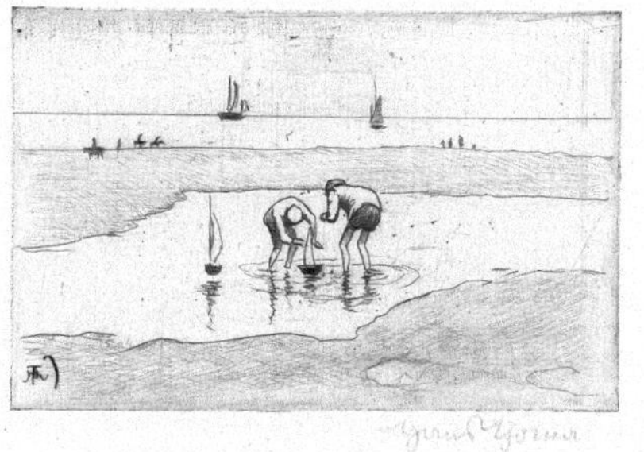

Kat. 195
Hans Thoma (1839–1924)
Am Strand
Radierung auf Papier
Blatt 26,5/27,1 × 32 cm, Platte 8,8 × 13,9 cm
Kunstmuseum Basel, Kupferstichkabinett,
Inv. 1933.210, Ankauf 1933

Aukt.-Kat. Berlin 1933b, Los 1298

Lit.: Beringer 1923, Nr. 213, III

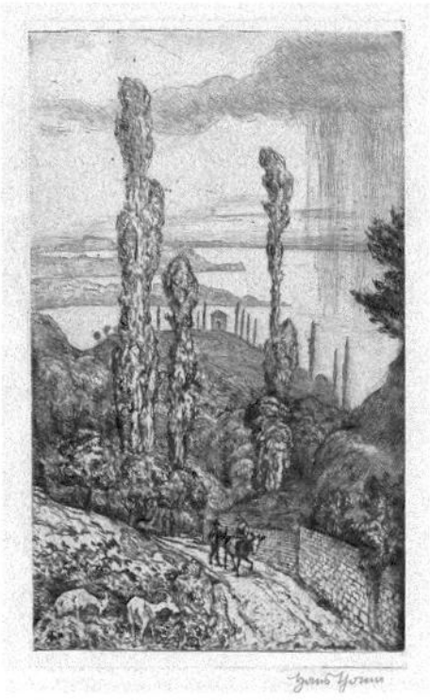

Kat. 196
Hans Thoma (1839–1924)
Am Gardasee, 1919
Radierung auf Papier
Blatt 47,6 × 35,6 cm, Platte 29,2 × 17,7 cm
Kunstmuseum Basel, Kupferstichkabinett,
Inv. 1933.211, Ankauf 1933

Aukt.-Kat. Berlin 1933b, Los 1300

Lit.: Beringer 1923, Nr. 239, II

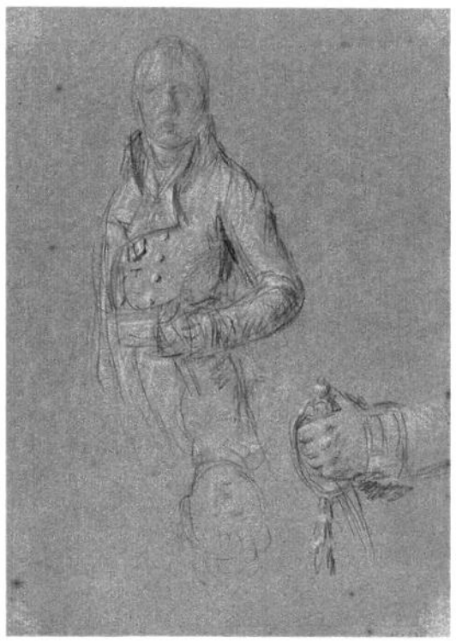

Kat. 197 | S. 176 ◇
Johann Friedrich August Tischbein
(1750–1812) (?)
Studie zum Bildnis eines Offiziers
Verso: ***Skizze eines männlichen Brustbildnisses***
Schwarze Kreide, weiss gehöht, auf blauem
Papier; verso: schwarze Kreide, weiss gehöht
Blatt 27,6 × 20,7 cm
Kunstmuseum Basel, Kupferstichkabinett,
Inv. 1933.62, Ankauf 1933

Aukt.-Kat. Berlin 1933b, Los 664 («F. A. Tischbein. Halbfigur eines Offiziers, darunter Kopf- und Handstudie»)

Lit.: Ausst.-Kat. Basel 1978, Nr. 40

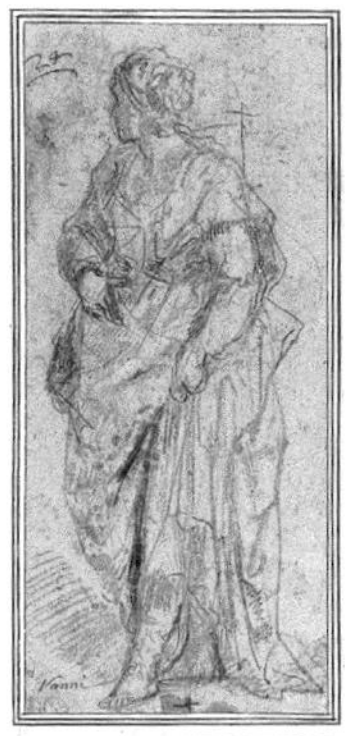

Kat. 198 | S. 169 ◇
Giovanni Battista Vanni (1599/1600–1660) (?)
Nach links schreitende Frau
Schwarzer Stift und Reste weisser Kreide auf
Papier, aufgezogen
Blatt 38,3 × 17,1 cm, Träger 40,8 × 19 cm
Kunstmuseum Basel, Kupferstichkabinett,
Inv. 1933.81, Ankauf 1933

Aukt.-Kat. Berlin 1933b, Los 671 («Stehendes Mädchen in faltenreichem Gewand»)

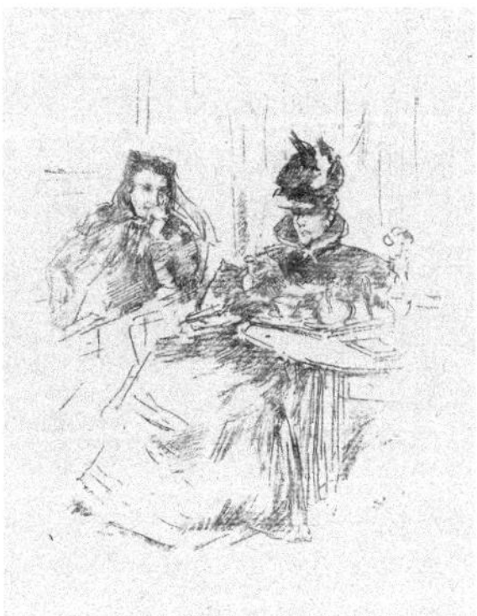

Kat. 199
James Abbott McNeill Whistler (1834–1903)
Afternoon Tea, um 1895
Kreidelithographie auf Papier, auf Karton
aufgezogen
Blatt 34,5 × 24,1 cm, Bild 18,6 × 15,8 cm
(grösste Masse)
Kunstmuseum Basel, Kupferstichkabinett,
Inv. 1933.178, Ankauf 1933

Aukt.-Kat. Berlin 1933b, Los 1321 («Zwei sitzende Frauen»)

Lit.: Levy 1975, Nr. 114

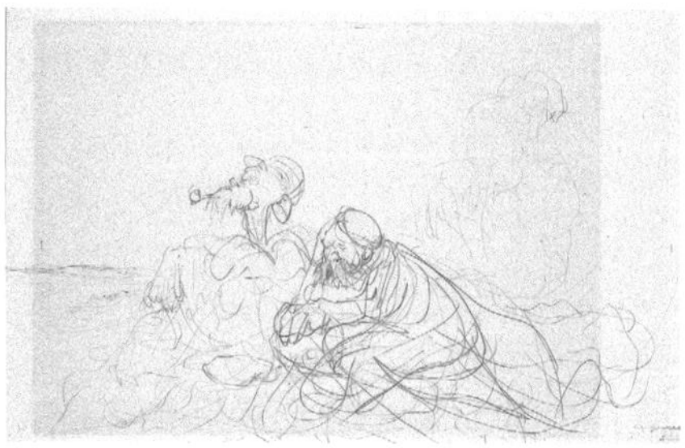

Kat. 200
Rudolf Wilke (1873–1908)
Karikatur zweier nebeneinander hockender Männer
Bleistift auf Papier
Blatt 32,8 × 47,6 cm
Kunstmuseum Basel, Kupferstichkabinett,
Inv. 1933.77, Ankauf 1933

Aukt.-Kat. Berlin 1933b, Los 1322 («Landstreicher»)

GEMÄLDE AUS DER SAMMLUNG GLASER IM KUNSTMUSEUM BASEL, GALERIE

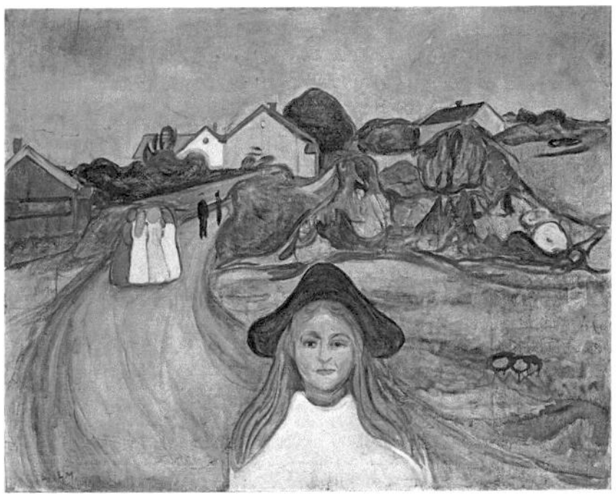

Kat. 201 | S. 149 ◇
Edvard Munch (1863–1944)
Strasse in Aasgaardstrand, 1901
Öl auf Leinwand
88,3 × 113,8 cm
Kunstmuseum Basel, Geschenk von Sigrid Schwarz von Spreckelsen und Sigrid Katharina Schwarz 1979, Inv. G 1979.8

Lit.: Woll 2009, Bd. II, Nr. 486

Provenienz
[?] bis 1913 Albert Kollmann, Übergang vom Künstler;
1913–28.10.1929 Curt Glaser, Berlin, Ankauf von Albert Kollmann;
28.10.1929–14.2.1934 Staatliche Kunsthalle Karlsruhe (damals Badische Kunsthalle), Ankauf von Curt Glaser;
14.2.1934–1979 Fritz und Sigrid Schwarz von Spreckelsen, Basel, Ankauf von der Badischen Kunsthalle, vermittelt durch Otto Fischer, Konservator des Kunstmuseums Basel;
seit 1979 Kunstmuseum Basel, Geschenk von Sigrid Schwarz von Spreckelsen und ihrer Tochter, Sigrid Katharina Schwarz, Basel

LEIHGABEN – EHEMALS SAMMLUNG GLASER

ERBENGEMEINSCHAFT GLASER

Kat. 202 | S. 145
Edvard Munch (1863–1944)
Elsa und Curt Glaser, 1913
Kreide, Kohle und Öl auf Leinwand
57,5 × 79 cm
Leihgabe der Erben von Ellen Milch Fischer und Gertrude Milch Meyer

Lit.: Woll 2009, Bd. III, Nr. 1065

Provenienz
bis 23.11.1943 Curt Glaser, Berlin/Ascona/New York, wohl Ankauf vom Künstler; 23.11.1943–1981 Maria Glaser-Ash, New York, als Erbe von Curt Glaser; 1981 Erben von Ellen Milch Fischer und Gertrude Milch Meyer, als Erbe von Maria Glaser-Ash

BERLIN

Kat. 203 | S. 65
Max Beckmann (1884–1950)
Frauenbad, 1922
Kaltnadel auf Papier, Probedruck
Blatt 43,7 × 28,6 cm, Platte 42,5 × 28,3 cm
Kupferstichkabinett, Staatliche Museen zu Berlin – Preußischer Kulturbesitz, Inv. 309-1923

Lit.: Hofmaier 1990, Nr. 234 II A

Provenienz
1923 Kupferstichkabinett, Staatliche Museen zu Berlin, Geschenk des Künstlers

Kat. 204 | S. 60
Lovis Corinth (1858–1925)
Der Künstler und der Tod II, 1916
Kaltnadel auf Papier
Blatt 24,6 × 20,6 cm, Platte 18 × 12,4 cm
Kupferstichkabinett, Staatliche Museen zu Berlin – Preußischer Kulturbesitz, Inv. 389-1919

Lit.: Schwarz 1985, Nr. 239 II

Provenienz
bis 1919 Galerie Fritz Gurlitt, Berlin; 1919 Kupferstichkabinett, Staatliche Museen zu Berlin, Ankauf

Kat. 205 | S. 66
Charles (Carl Fritz David) Crodel (1894–1973)
Figuren in Winterlandschaft, 1923
Farbholzschnitt auf Papier, Handdruck
Blatt 41 × 56 cm, Bild 32 × 40 cm
Kupferstichkabinett, Staatliche Museen zu Berlin – Preußischer Kulturbesitz, Inv. 204-1923

Lit.: Steckner 1986, Nr. 191

Provenienz
1923 Kupferstichkabinett, Staatliche Museen zu Berlin, Geschenk eines Ungenannten

Kat. 206 | S. 61
Rudolf Wilhelm Walther Grossmann (1882–1941)
Der Dichter (Kasimir Edschmid), 1918
Kaltnadel auf Papier
Blatt 48 × 32,5 cm, Platte 36 × 24 cm
Kupferstichkabinett, Staatliche Museen zu Berlin – Preußischer Kulturbesitz, Inv. 17-1921

Provenienz
1921 Kupferstichkabinett, Staatliche Museen zu Berlin, Ankauf vom Künstler

Kat. 207 | S. 58, 63
Ernst Ludwig Kirchner (1880–1938)
Kopf des Kranken (Selbstbildnis), 1917
Holzschnitt auf Papier
Blatt 58,6 × 43,6 cm, Bild 56,8 × 27,2 cm
Kupferstichkabinett, Staatliche Museen zu Berlin – Preußischer Kulturbesitz, Inv. 22-1933

Lit.: Dube 1980, Nr. H 327 II

Provenienz
bis 18./19.5.1933 Curt Glaser, Berlin, Ankauf vom Künstler; 18./19.5.1933 Auktion 180, Max Perl, Berlin, Nr. 962 («Brustbild einer Frau mit den Händen vor der Brust»); 1933 Kupferstichkabinett, Staatliche Museen zu Berlin, Geschenk eines Ungenannten aus der Auktion 180, Max Perl, Berlin

Kat. 208 | S. 63
Ernst Ludwig Kirchner (1880–1938)
Porträt Frau Marie-Luise Binswanger, 1917
Holzschnitt auf Papier
Blatt 58,8 × 40,1 cm, Bild 54,4 × 21,2 cm
Kupferstichkabinett, Staatliche Museen zu Berlin – Preußischer Kulturbesitz, Inv. 83-1922

Lit.: Dube 1980, Nr. H 315 II

Provenienz
1922 Kupferstichkabinett, Staatliche Museen zu Berlin, Geschenk eines Ungenannten (Ernst Ludwig Kirchner)

Kat. 209 | S. 62
Paul Kleinschmidt (1883–1949)
Überfall, 1923
Kaltnadel auf Papier
Blatt 37,5 × 50 cm, Platte 24,7 × 29,5 cm
Kupferstichkabinett, Staatliche Museen zu Berlin – Preußischer Kulturbesitz, Inv. 305-1924

Provenienz
bis 1924 Euphorion Verlag, Berlin; 1924 Kupferstichkabinett, Staatliche Museen zu Berlin, Geschenk des Euphorion Verlags, Berlin

Kat. 210 | S. 62
Marie Laurencin (1885–1956)
Frauenkopf (Selbstbildnis), um 1921
Lithographie auf Papier
Blatt 29,5 × 23,2 cm
Kupferstichkabinett, Staatliche Museen zu Berlin – Preußischer Kulturbesitz, Inv. 303-1923

Lit.: Marchesseau 1981, Nr. 53

Provenienz
bis 1923 Alfred Flechtheim, Berlin; 1923 Kupferstichkabinett, Staatliche Museen zu Berlin, Geschenk Alfred Flechtheim

Kat. 211 | S. 67, 189
Edvard Munch (1863–1944)
Zwei Menschen (Die Einsamen), 1895
Farbholzschnitt in Schwarz und Blaugrün auf Japanpapier
Blatt 50,7 × 66,6 cm, Bild 39,5 × 55,2 cm
Kupferstichkabinett, Staatliche Museen zu Berlin – Preußischer Kulturbesitz, Inv. 32-1933

Lit.: Schiefler 1974, Nr. 133; Woll 2012, Nr. 157-II 1b

Provenienz
bis 18./19.5.1933 Curt Glaser, Berlin, wohl Ankauf vom Künstler; 18./19.5.1933 Max Perl, Berlin, Auktion 180, Nr. 1135
Juni 1933 Kupferstichkabinett, Staatliche Museen zu Berlin, erworben aus dem Max J. Friedländer-Stiftungsfonds aus der Auktion 180, Max Perl, Berlin

Kat. 212 | S. 64
Edvard Munch (1863–1944)
Auf der Brücke, 1912/13
Kreidelithographie auf Papier
Blatt 43,2 × 61,7 cm, Bild 38,5 × 53,2 cm
Kupferstichkabinett, Staatliche Museen zu Berlin – Preußischer Kulturbesitz, Inv. 284-1927

Lit.: Schiefler 1974, Nr. 380; Woll 2012, Nr. 416

Provenienz
bis 1927 Curt Glaser, Berlin, wohl Ankauf vom Künstler;
1927 Kupferstichkabinett, Staatliche Museen zu Berlin, erworben von Curt Glaser

Kat. 213 | S. 61
Max Slevogt (1868–1932)
Selbstbildnis, im Atelier radierend, 1911
Kaltnadel auf Papier
Blatt 40 × 28,9 cm, Platte 18 × 12 cm
Kupferstichkabinett, Staatliche Museen zu Berlin – Preußischer Kulturbesitz, Inv. 256-1921

Lit.: Sievers/Waldmann 1962, Nr. 434 2

Provenienz
bis 1912 Alfons Jaffé, Berlin;
1912 Kupferstichkabinett, Staatliche Museen zu Berlin, Geschenk Alfons Jaffé

CHICAGO, IL

Kat. 214 | S. 81
Henri Matisse (1869–1954)
Porträt Elsa Glaser, 1914
Graphit, stellenweise ausradiert und gewischt, auf cremefarbenem Velin-Papier
Blatt 28,5 × 22,9 cm
The Art Institute of Chicago, Margaret Day Blake Collection, 1964.1

Lit.: Slg.-Kat. Chicago 2019, Nr. 19

Provenienz
bis 23.11.1943 Curt Glaser, Berlin/Ascona/New York, Ankauf vom Künstler;
23.11.1943–11.12.1963 Maria Glaser-Ash, New York, als Erbe von Curt Glaser;
11.12.1963–6.4.1964 Thomas Grange, London und E. V. Thaw and Company, New York, Ankauf von Maria Glaser-Ash;
6.4.1964 The Art Institute of Chicago, Ankauf von Thomas Grange und E. V. Thaw and Company

HAMBURG

Kat. 215 | S. 103
Lovis Corinth (1858–1925)
Walchensee, 1919
Aquarell auf Papier
Blatt 27,2 × 37,2 cm
Hamburger Kunsthalle, Kupferstichkabinett, Inv. 1949-214

Lit.: Ausst.-Kat. Hamburg 1989, Nr. 80

Provenienz
bis 18./19.5.1933 Curt Glaser, Berlin;
18./19.5.1933 Max Perl, Berlin, Auktion 180, Nr. 745 («Walchenseelandschaft»);
bis 1949 Sammlung Hermann Loepp, ehem. Tiegernhof/Westpreussen/Ockholm, Kreis Husum;
1949–2015 Hamburger Kunsthalle, Ankauf aus der Sammlung Hermann Loepp;
2015 Hamburger Kunsthalle, Restitution an die Erben von Curt Glaser und Rückerwerb

KÖLN

Kat. 216 | S. 116
Erich Heckel (1883–1970)
Tanzender Akt, um 1908/10
Kreide auf Papier
Blatt 45 × 35 cm
Museum Ludwig, Köln/Cologne, Stiftung Haubrich 1946 und Ankauf 2013, Inv. ML/Z 1950/096

Lit.: Slg.-Kat. Köln 1986, S. A19

Provenienz
bis 18./19.5.1933 Curt Glaser, Berlin;
18./19.5.1933 Max Perl, Berlin, Auktion 180, Nr. 880 («Tanzender weiblicher Akt»);
18./19.5.1933–1946 Josef Haubrich, Köln (Inv. 237), Ankauf aus der Auktion 180, Max Perl, Berlin;
1946–1976 Wallraf-Richartz-Museum & Fondation Corboud, Köln, Schenkung Josef Haubrich;
1976 Museum Ludwig, Köln, Überweisung des Wallraf-Richartz-Museum & Fondation Corboud, Köln;
2013 Museum Ludwig, Köln, Restitution an die Erben von Curt Glaser und Rückerwerb

Kat. 217 | S. 114
Ernst Ludwig Kirchner (1880–1938)
Hirte mit zwei Kälbern, um 1920
Aquarell und Bleistift auf Papier
Blatt 50,2 × 36,5 cm
Museum Ludwig, Köln/Cologne, Stiftung Haubrich 1946 und Ankauf 2013, Inv. ML/Z 1950/112

Lit.: Slg.-Kat. Köln 1986, S. A24

Provenienz
bis 18./19.5.1933 Curt Glaser, Berlin;
18./19.5.1933 Max Perl, Berlin, Auktion 180, Nr. 956 («Bauer mit zwei Kälbern»);
18./19.5.1933–1946, Josef Haubrich, Köln (Inv. 217), Ankauf aus der Auktion 180, Max Perl, Berlin;
1946–1976 Wallraf-Richartz-Museum & Fondation Corboud, Köln, Schenkung Josef Haubrich 1946;
1976 Museum Ludwig, Köln, Überweisung des Wallraf-Richartz-Museum & Fondation Corboud, Köln;
2013 Museum Ludwig, Köln, Restitution an die Erben von Curt Glaser und Rückerwerb

LONDON

Kat. 218 | S. 96
Lovis Corinth (1858–1925)
Sich umarmende Kentauren, 1911
Graphit auf Papier
Blatt 48,3 × 33,4 cm
The Courtauld, London (Samuel Courtauld Trust), Inv. D.1978.PG.263

Provenienz
bis 18./19.5.1933 Curt Glaser, Berlin;
18./19.5.1933 Max Perl, Berlin, Auktion 180, Nr. 757 (Studie zu «Umarmung»);
18./19.5.1933–1978 Antoine Graf von Seilern, Ankauf aus der Auktion 180, Max Perl, Berlin;
1978 The Courtauld Institute of Art, London, Vermächtnis Antoine Graf von Seilern («The Princes Gate Bequest»)

Kat. 219 | S. 173
Giovanni Battista Crosato (um 1697–1758)
Der heilige Karl Borromeo
Feder und Tinte, Wasserfarbe und Graphit auf Papier
Blatt 21 × 17,4 cm
The Courtauld, London (Samuel Courtauld Trust), Inv. D.1978.PG.127

Provenienz
bis 18./19.5.1933 Curt Glaser, Berlin;
18./19.5.1933 Max Perl, Berlin, Auktion 180, Nr. 443 («Almosen verteilender Priester»);
18./19.5.1933–1978 Antoine Graf von Seilern, Ankauf aus der Auktion 180, Max Perl, Berlin;
1978 The Courtauld Institute of Art, London, Vermächtnis Antoine Graf von Seilern («The Princes Gate Bequest»)

Kat. 220 | S. 77
Pierre-Auguste Renoir (1841–1919)
Wäscherinnen, 1885–89
Graphit, Feder und Tinte auf Papier
Blatt 31,4 × 22,5 cm
The Courtauld, London (Samuel Courtauld Trust), Inv. D.1978.PG.243

Lit.: Ausst.-Kat. London 1988, Nr. 31

Provenienz
bis 18./19.5.1933 Curt Glaser, Berlin;
18./19.5.1933 Max Perl, Berlin, Auktion 180, Nr. 1261a («Zwei Wäscherinnen [die eine kniend, die andere Wäsche aufhängend]»);
18./19.5.1933–1978 Antoine Graf von Seilern, Ankauf aus der Auktion 180, Max Perl, Berlin;
1978 The Courtauld Institute of Art, London, Vermächtnis Antoine Graf von Seilern («The Princes Gate Bequest»)

MINNEAPOLIS, MN

Kat. 221 | S. 85
Franz Marc (1880–1916)
Die grossen blauen Pferde, 1911
Öl auf Leinwand
104 × 180 cm
Collection Walker Art Center, Minneapolis, Gift of the T. B. Walker Foundation, Gilbert M. Walker Fund, 1942 , Inv. 1942.1

Lit.: Hoberg/Jansen 2004, Nr. 159

Provenienz
1912 Curt Glaser, Berlin, Ankauf aus der ersten Ausstellung des «Blauen Reiters», wohl aus der Berliner Ausstellungs-station;
[?] Galerie Karl Caspari, München;
1919 Kunstsalon Wolfsberg, Zürich;
1919 F. J. Weck, Gut Katzensee, Regensdorf, Kanton Zürich, Ankauf von Kunstsalon Wolfsberg;
1940 Karl Nierendorf Gallery, New York;
1941 Mrs. Gilbert Walker, Ankauf für die T. B. Walker Foundation;
1942 Walker Art Center, Minneapolis, Geschenk der T. B. Walker Foundation, Gilbert M. Walker Fund

Kat. 222 | S. 83
Henri Matisse (1869–1954)
Junge mit Schmetterlingsnetz, 1907
Öl auf Leinwand
177,2 × 116,7 cm
Minneapolis Institute of Art, The Ethel Morrison Van Derlip Fund, Inv. 51.18

Lit.: Slg.-Kat. Minneapolis 1970, Nr. 168, Kropmanns 1997, S. 81–82

Provenienz
[?] Galerie Bernheim-Jeune, Paris;
4.6.1912 Curt Glaser, Berlin, Ankauf in der Galerie Bernheim-Jeune, Paris;
wohl vor 1914 Sammlung Oskar und Greta Moll, Breslau, im Tausch mit Curt Glaser;
[?] C. L. Hodebert, Meudon;
1932 Galeries Georges Petit, Paris;
1.1.1932 Dr. Albert C. Barnes, Merion, PA;
2.1.1936 Bignou Gallery, New York;
1949 Carstairs Gallery, New York;
1951 Minneapolis Institute of Art, Ankauf

NEW YORK, NY

Kat. 223 | S. 171
Abraham Bloemaert (1564–1651)
Soldat in antiker Rüstung
Feder und Tinte in Braun, braun laviert über schwarzer Kreide auf Papier
Blatt 15,6 × 11,8 cm
The Morgan Library & Museum, New York, Bequest of Mrs. Ernest Ash, Inv. 1981.35

Lit.: Slg.-Kat. New York 1991, Nr. 33.

Provenienz
bis 1943 Curt Glaser, Berlin/Ascona/New York;
23.11.1943–1981 Maria Glaser-Ash, New York, als Erbe von Curt Glaser;
1981 The Morgan Library & Museum, New York, Vermächtnis von Mrs. Ernest Ash

Kat. 224 | S. 172
Daniele Crespi (1597/1600–1630)
Die Anbetung der Könige,
Feder und Tinte in Braun, braun laviert über schwarzer Kreide auf Papier
Blatt 26,6 × 20,2 cm
The Morgan Library & Museum, New York, Bequest of Mrs. Ernest Ash, Inv. 1981.40

Lit.: Ryskamp 1984, S. 250–251.

Provenienz
[?] Locarno (Lugt Online, Nr. 1691);
[?] Giuseppe (?) Pacini (Lugt Online, Nr. 2011);
bis 1943 Curt Glaser, Berlin/Ascona/New York;
23.11.1943–1981 Maria Glaser-Ash, New York, als Erbe von Curt Glaser;
1981 The Morgan Library & Museum, New York, Vermächtnis von Mrs. Ernest Ash

Kat. 225 | S. 171
Bartholomäus Spranger (1546–1611), **Umkreis**
Venus Cupido küssend, der in ihre Brust sticht
Feder und Tinte in Braun, braun laviert, gehöht mit weisser Kreidelavierung, über schwachen Spuren von schwarzer Kreide auf hellbraunem Papier, leicht berieben mit schwarzer Kreide
Blatt 25,2 × 13,6 cm
The Morgan Library & Museum, New York, Bequest of Mrs. Ernest Ash, Inv. 1981.36

Lit.: Slg.-Kat. New York 1991, Nr. 90

Provenienz
bis 1943 Curt Glaser, Berlin/Ascona/New York;
23.11.1943–1981 Maria Glaser-Ash, New York, als Erbe von Curt Glaser;
1981 The Morgan Library & Museum, New York, Vermächtnis von Mrs. Ernest Ash

SAINT LOUIS, MS

Kat. 226 | S. 6
Max Beckmann (1884–1950)
Bildnis Curt Glaser, 1929
Öl auf Leinwand
94 × 74,3 cm
Saint Louis Art Museum, Bequest of Morton D. May, Inv. 845:1983

Lit. Göpel 1976, Nr. 304; Göpel/Tiedemann 2021, Nr. 304

Provenienz
1929–1943 Curt Glaser, Berlin/Ascona/New York, Ankauf vom Künstler;
23.11.1943–1956 Maria Glaser-Ash, New York, als Erbe von Curt Glaser;
1957 Walter Feilchenfeldt, Zürich, Ankauf von Maria Glaser-Ash;
1957 Arnhard Scheidt, Essen, Ankauf von Walter Feilchenfeldt;
8.8.1957–1983 Morton D. May, Saint Louis, USA, Ankauf von Arnhard Scheidt;
1983 Saint Louis Art Museum, Vermächtnis Morton D. May

ZÜRICH

Kat. 227 | S. 142, 147
Edvard Munch (1863–1944)
Musik auf der Karl Johan Strasse, 1889
Öl auf Leinwand
140,5 × 101,5 cm
Kunsthaus Zürich, 1941, Inv. 2534

Lit.: Woll 2009, Bd. I, Nr. 176

Provenienz
[?] M. With, Oslo;
[...]
höchstens bis 1916 Oskar Moll, Breslau;
spätestens ab 1916 bis 1933 Curt Glaser, Berlin, im Tausch von Oskar Moll;
1933–1939 Nationalgalerie, Staatliche Museen zu Berlin, als Schenkung in Erinnerung an Elsa Glaser;
1939–1941 Curt Glaser, Ascona/New York, Leihgabe an die Zürcher Kunstgesellschaft | Kunsthaus Zürich;
1941 Zürcher Kunstgesellschaft | Kunsthaus Zürich, Ankauf von Curt Glaser, Ascona

Kat. 228 | S. 150
Edvard Munch (1863–1944)
Bildnis Albert Kollmann, um 1901/02
Öl auf Leinwand
81,5 × 66 cm
Kunsthaus Zürich, 1943, Inv. 2620

Lit.: Woll 2009, Bd. II, Nr. 499

Provenienz
[?] Albert Kollmann, Hamburg;
1913–1943 Curt Glaser, Berlin/Ascona/New York;
1935–1943 Curt Glaser, Ascona/New York, Leihgabe an die Zürcher Kunstgesellschaft | Kunsthaus Zürich;
1943 Zürcher Kunstgesellschaft | Kunsthaus Zürich, Ankauf von Curt Glaser, New York

Kat. 229 | S. 144
Edvard Munch (1863–1944)
Bildnis Elsa Glaser, 1913
Öl auf Leinwand
120,5 × 85 cm
Kunsthaus Zürich, 1946, Inv. 1946/0001

Lit.: Woll 2009, Bd. III, Nr. 1066

Provenienz
1913 Curt Glaser, Berlin, Ankauf vom Künstler;
1935–1943 Curt Glaser, Ascona/New York, Leihgabe an die Zürcher Kunstgesellschaft | Kunsthaus Zürich;
23.11.1943–1946, Maria Glaser, New York, als Erbe von Curt Glaser;
1946 Zürcher Kunstgesellschaft | Kunsthaus Zürich, Ankauf von Maria Glaser, New York

Kat. 230 | S. 151
Edvard Munch (1863–1944)
Hafen von Lübeck, 1907
Öl auf Leinwand
81 × 122 cm
Kunsthaus Zürich, 1946, Inv. 1946/0002

Lit.: Woll 2009, Bd. II, Nr. 748

Provenienz
1907–1910 Paul Cassirer, Berlin;
1910–1943 Curt Glaser, Berlin/Ascona/New York, Ankauf von Paul Cassirer;
1935–1943 Curt Glaser, Ascona/New York, Leihgabe an die Zürcher Kunstgesellschaft | Kunsthaus Zürich;
23.11.1943–1946 Maria Glaser, New York, als Erbe von Curt Glaser;
1946 Zürcher Kunstgesellschaft | Kunsthaus Zürich, Ankauf von Maria Glaser, New York

BIBLIOGRAPHIE

SCHRIFTEN VON CURT GLASER

Eine umfassende Bibliographie der Schriften Curt Glasers findet sich in Strobl 2006, S. 236–284.

Glaser 1908
Hans Holbein der Ältere, Leipzig 1908

Glaser 1915/1916
«Carl Einstein. Negerplastik», in: *Ostasiatische Zeitschrift*, 4, 1915/1916, S. 140–141

Glaser 1916
«Franz Marc» [zur Gedächtnisausstellung in der Galerie «Der Sturm»], in: *Kunstchronik*, NF 28, 1916/1917, Nr. 7, 10.11.1916, Sp. 57–59

Glaser 1917
Edvard Munch, Berlin 1917

Glaser 1920
Der Holzschnitt, Berlin 1920

Glaser 1922
«Farbkunst. Kandinsky – Rohlfs – Kokoschka», in: *Berliner Börsen-Courier*, Nr. 213, 7.5.1922

Glaser 1927a
«Das Cézanne-Buch Joachim Gasquets [1]», in: *Kunst und Künstler. Illustrierte Monatsschrift für bildende Kunst und Kunstgewerbe*, 25, 1927, Heft 8, S. 286–290

Glaser 1927b
«Das Cézanne-Buch Joachim Gasquets [2]», in: *Kunst und Künstler. Illustrierte Monatsschrift für bildende Kunst und Kunstgewerbe*, 25, 1927, Heft 9, S. 325–330

Glaser 1929
«Die van Gogh-Affäre», in: *Kunst und Künstler. Illustrierte Monatsschrift für bildende Kunst und Kunstgewerbe*, 27, 1929, Heft 4, S. 131–136

Glaser 1930
«Das Deutsche Bildarchiv», in: *Berliner Museen*, 51, 1930, Heft 1, S. 17–18

Glaser 1931
«Wassily Kandinsky», in: *Berliner Börsen-Courier*, Nr. 63, 7.2.1931

Glaser 1932
Amerika baut auf!, Berlin 1932

ÜBERSETZUNGEN VON ELSA GLASER

Gasquet 1929
Joachim Gasquet, «Aus dem Leben Cézannes», übersetzt von Elsa Glaser, in: *Kunst und Künstler. Illustrierte Monatsschrift für bildende Kunst und Kunstgewerbe*, 27, 1929, Heft 7, S. 276–283

Gasquet 1930a
Joachim Gasquet, *Cézanne*, übersetzt von Elsa Glaser, Berlin 1930

Gasquet 1930b
Joachim Gasquet, «Cézanne. Anekdoten und Aussprüche», übersetzt von Elsa Glaser, in: *Kunst und Künstler. Illustrierte Monatsschrift für bildende Kunst und Kunstgewerbe*, 28, 1930, Heft 3, S. 109–111

Zervos 1930
Christian Zervos, «Raoul Dufy», übersetzt von Elsa Glaser, in: *Kunst und Künstler. Illustrierte Monatsschrift für bildende Kunst und Kunstgewerbe*, 28, 1930, Heft 1, S. 30–34

AUKTIONSKATALOGE

Aukt.-Kat. Berlin 1933a
Sammlung und Bibliothek eines Berliner Kunstfreundes. Beiträge aus verschiedenem Sammlerbesitz, illustrierter Katalog Nr. 156, Internationales Kunst- und Auktions-Haus GmbH, Berlin, 9. Mai 1933

Aukt.-Kat. Berlin 1933b
Bücher, Handzeichnungen, Gemälde, Graphik des 16.–20. Jahrhunderts (darunter eine Munch-Sammlung), Plastik, Japan. Holzschnitte, Kunstgewerbe, Katalog Nr. 180, Max Perl, Berlin, 18./19. Mai 1933

Aukt.-Kat. Berlin 1934
Bücher des 16.–20. Jahrhunderts. Handzeichnungen, Gemälde, Graphik alter und moderner Künstler, Katalog Nr. 184, Max Perl, Berlin, 2./3. März 1934

AUSSTELLUNGSKATALOGE

Ausst.-Kat. Basel 1973
Zeichnungen des 17. Jahrhunderts aus dem Basler Kupferstichkabinett, Ausst.-Kat. Kupferstichkabinett, Kunstmuseum Basel, bearb. von Tilman Falk, Basel 1973

Ausst.-Kat. Basel 1978
Zeichnungen des 18. Jahrhunderts aus dem Basler Kupferstichkabinett, Ausst.-Kat. Kupferstichkabinett, Kunstmuseum Basel, bearb. von Yvonne Boerlin-Brodbeck, Basel 1978

Ausst.-Kat. Basel 1985
Edvard Munch. Sein Werk in Schweizer Sammlungen, Ausst.-Kat. Kunstmuseum Basel, mit Beiträgen und Kommentaren von Christian Geelhaar, Dieter Koepplin u. a., Basel 1985

Ausst.-Kat. Basel 2017
Der verborgene Cézanne. Vom Skizzenbuch zur Leinwand, Ausst.-Kat. Kunstmuseum Basel, hrsg. von Anita Haldemann, München 2017

Ausst.-Kat. Basel 2022
Zerrissene Moderne. Die Basler Ankäufe «entarteter» Kunst, Ausst.-Kat. Kunstmuseum Basel, hrsg. von Eva Reifert und Tessa Rosebrock, Berlin 2022

Ausst.-Kat. Berlin 1928a
National-Galerie, Ausstellung neuerer deutscher Kunst aus Berliner Privatbesitz, Ausst.-Kat. Nationalgalerie, Berlin 1928

Ausst.-Kat. Berlin 1928b
National-Galerie, Zweite Ausstellung deutscher nach-impressionistischer Kunst aus Berliner Privatbesitz, Ausst.-Kat. Nationalgalerie, Berlin 1928

Ausst.-Kat. Berlin/München 1996
Manet bis van Gogh. Hugo von Tschudi und der Kampf um die Moderne, Ausst.-Kat. Nationalgalerie, Staatliche Museen zu Berlin und Neue Pinakothek, Bayerische Staatsgemäldesammlungen, München, hrsg. von Johann Georg Prinz von Hohenzollern und Peter Klaus Schuster, München 1996

Ausst.-Kat. Berlin 2003
Sigrid Achenbach, *Edvard Munch. Die Graphik im Berliner Kupferstichkabinett*, Ausst.-Kat. Kupferstichkabinett, Staatliche Museen zu Berlin, Berlin 2003

Ausst.-Kat. Berlin 2004
Anita Beloubek-Hammer, *Ernst Ludwig Kirchner. Erstes Sehen*, Ausst.-Kat. Kupferstichkabinett, Staatliche Museen zu Berlin, München u. a. 2004

Ausst.-Kat. Berlin 2005
Brücke und Berlin. 100 Jahre Expressionismus, Ausst.-Kat. Kupferstichkabinett und Neue Nationalgalerie, Staatliche Museen zu Berlin, hrsg. von Anita Beloubek-Hammer, Magdalena M. Moeller, Dieter Scholz u. a., Berlin 2005

Ausst.-Kat. Berlin 2013
Verlorene Schätze. Die Kunstsammlung von Max Liebermann, Ausst.-Kat. Liebermann-Villa am Wannsee, hrsg. für die Max-Liebermann-Gesellschaft Berlin von Martin Faass, Berlin 2013

Ausst.-Kat. Bonn 2013
Villa Romana. Gegenwart eines Künstlerhauses, Ausst.-Kat. Bundeskunsthalle Bonn, hrsg. von der Kunst- und Ausstellungshalle der Bundesrepublik Deutschland GmbH, Bonn, Bönen 2013

Ausst.-Kat. Chemnitz 2003
Edvard Munch. Käte und Hugo Perls, 1913, Ausst.-Kat. Kunstsammlungen Chemnitz, mit Beiträgen von Kerstin Drechsel u. a., Berlin 2003

Ausst.-Kat. Hamburg 1989
Von Dürer bis Baselitz. Deutsche Zeichnungen aus dem Kupferstichkabinett der Hamburger Kunsthalle, Ausst.-Kat. Hamburger Kunsthalle, Hamburg 1989

Ausst.-Kat. London 1988
Impressionists, Post-Impressionists and related drawings from the Courtauld Collections, Ausst.-Kat. Courtauld Institute Galleries, London 1988

Ausst.-Kat. Zürich 1922a
Edvard Munch. Vollständiger Katalog, Ausst.-Kat. Kunsthaus Zürich, [ohne Ort] 1922

Ausst.-Kat. Zürich 1922b
Edvard Munch. Kleiner Katalog, Ausst.-Kat. Kunsthaus Zürich, [ohne Ort] 1922

Ausst.-Kat. Zürich 1923
Ausstellung Max Liebermann im Zürcher Kunsthaus. Juni/Juli 1923, Ausst.-Kat. Kunsthaus Zürich, Zürich 1923

Ausst.-Kat. Zürich 1925
Internationale Kunstausstellung. August/September 1925, Ausst.-Kat. Kunsthaus Zürich, Zürich 1925

Ausst.-Kat. Zürich 1929
Ausstellung [Deutsche Graphik], mit einem Vorwort von Curt Glaser, Ausst.-Kat. Kunsthaus Zürich, [ohne Ort] 1929

Ausst.-Kat. Zürich 1930
Max Beckmann, Ausst.-Kat. Kunsthaus Zürich, Zürich 1930

Ausst.-Kat. Zürich 1932
Edvard Munch, Paul Gauguin, Ausst.-Kat. Kunsthaus Zürich, [ohne Ort] 1932

SAMMLUNGSKATALOGE

Slg.-Kat. Basel 1982
Zeichnungen deutscher Künstler des 19. Jahrhunderts aus dem Basler Kupferstichkabinett, Sammlungskatalog erschienen anlässlich der Ausstellung im Kunstmuseum Basel, bearb. von Eva Maria Krafft, Basel 1982

Slg.-Kat. Köln 1986
Alfred M. Fischer und Agnes von der Borch, *In der Zeichnung liegt die Wahrheit der Kunst. 100 Arbeiten auf Papier aus der Graphischen Sammlung des Museums Ludwig Köln mit Bestandsverzeichnis der Zeichnungen*, hrsg. vom Museum Ludwig, Köln 1986

Slg.-Kat. Minneapolis 1970
Catalogue of European Paintings in The Minneapolis Institute of Arts, The Minneapolis Institute of Arts, Minneapolis, Minnesota, [ohne Ort] 1970

Slg.-Kat. New York 1991
Felice Stampfle, Ruth S. Kraemer und Jane Shoaf Turner, *Netherlandish Drawings of the Fifteenth and Sixteenth Centuries and Flemish Drawings of the Seventeenth and Eighteenth Centuries in the Pierpont Morgan Library*, New York 1991

ONLINE VERFÜGBARE SCHRIFTEN

Brülhart u. a. 2021
Marcel Brülhart, Nikola Doll, Katharina Garbers-von Boehm und Andrea F. G. Raschèr, *Bericht zuhanden der Stiftung Kunstmuseum Bern betreffend die Werke aus dem Legat Cornelius Gurlitt mit nicht vollständig geklärter Provenienz*, Bern 5.11.2021, kunstmuseumbern.ch/service/medien/medienmitteilungen-2021/10-12-2021-legat-cornelius-gurlitt-2592.html

BV
Bundesverfassung der Schweizerischen Eidgenossenschaft vom 18. April 1999, fedlex.data.admin.ch/eli/cc/1999/404

Slg.-Kat. Chicago 2019
Matisse Paintings, Works on Paper, Sculpture, and Textiles at the Art Institute of Chicago, hrsg. von Stephanie D'Alessandro, Chicago 2019, publications.artic.edu/matisse/reader/works/section/24/24_anchor

CIVS 2019
Commission pour l'indemnisation des victims de spoliations intervenues du fait des législations antisémites en vigueur pendant l'Occupation (CIVS), *Guide to the Work of the Restitution Committees*, Dezember 2019, provenienzforschung.gv.at/wp-content/uploads/Guide-to-the-work-of-the-Restitution-Committees.pdf

EDI/EDA
Eidgenössisches Departement für auswärtige Angelegenheiten/Eidgenössisches Departement des Innern, *Bericht EDI/EDA über den Stand der Arbeiten des Bundes im Bereich der NS-Raubkunst im Zeitraum von 2011–2016*, 24.10.2019,

bak.admin.ch/bak/de/home/suche.html#Bericht%20EDI%2FEDA%20über%20den%20Stand%20der%20Arbeiten%20

EMRK
Europäische Menschenrechtskonvention, www.coe.int/en/web/conventions/full-list?module=treaty-detail&treatynum=005; *Konvention zum Schutze der Menschenrechte und Grundfreiheiten in der Fassung der Protokolle Nr. 11, 14 und 15*, Rom 4.11.1950, rm.coe.int/1680a6eaba

Entscheid Basel 2018
Entscheid der Kunstkommission in Sachen Curt Glaser, unterzeichnetes Gesamtdokument, 21.11.2018, kunstmuseumbasel.ch/curtglaser

Göpel/Tiedemann 2021
Max Beckmann. Die Gemälde, basierend auf dem Werkverzeichnis von Barbara und Erhard Göpel, aktualisiert und ergänzt von Anja Tiedemann, hrsg. von der Kaldewei Kulturstiftung, Frankfurt am Main 2021, beckmann-gemaelde.org

Hany 2022
Moritz Hany, «Museale Restitutionspraxis im Fall Glaser. Rechtliche Analyse und Reflexion auf der Grundlage Luhmannscher Systemtheorie», in: *i-call Working Paper*, Universität Zürich, Nr. 1, 2022, https://www.ius.uzh.ch/dam/jcr:69aab44d-76e7-4a98-a16a-227a6378589c/202203_icall_WP_MHany_Museale%20Restitutionspraxis%20im%20Fall%20Glaser.pdf

ICOM Code 2017
Code of Ethics for Museums, 2017, icom.museum/wp-content/uploads/2018/07/ICOM-code-En-web.pdf

Jenkins 2015
Paul Jenkins, *Independent Review of the Spoliation Advisory Panel*, März 2015, assets.publishing.service.gov.uk/government/uploads/system/uploads/attachment_data/file/415966/SAP_-_Final_Report.pdf

KV BS
SG 111.100 – Verfassung des Kantons Basel-Stadt, 23. März 2005 (Stand 5. Juli 2018), gesetzessammlung.bs.ch/app/de/texts_of_law/111.100/versions/4657

Lugt Online
Frits Lugt, *Les Marques de Collections de Dessins et d'Estampes*: marquesdecollections.fr/

Terezin Declaration 2009
Terezin Declaration on Holocaust Era Assets and Related Issues, 30.6.2009, state.gov/prague-holocaust-era-assets-conference-terezin-declaration/

Vereinbarung 2014
Vereinbarung zwischen der Bundesrepublik Deutschland und dem Freistaat Bayern und der Stiftung Kunstmuseum Bern, Berlin, 24.11.2014, bundesregierung.de/resource/blob/974430/388578/3192e43f5e3c20d597f6fdc9ce2e76d7/2014-11-24-vereinbarung-bund-freistaat-bayern-stiftung-kunstmuseum-bern-data.pdf?download=1

Washington Principles 1998
Washington Conference Principles on Nazi-Confiscated Art, 3.12.1998, state.gov/washington-conference-principles-on-nazi-confiscated-art/

Woodhead 2019
Charlotte Woodhead, *Implementing Recommendation 3 of the 2017 London Conference Action Plan*, März 2019, civs.gouv.fr/images/pdf/woodhead-recommendation-3-final-report-october-2019.pdf

LITERATUR

Achenbach 1995
Sigrid Achenbach, *Käthe Kollwitz (1867–1945). Zeichnungen und seltene Graphik im Berliner Kupferstichkabinett* (Bilderhefte der Staatlichen Museen zu Berlin – Preußischer Kulturbesitz, 79–81), Berlin 1995

Achenbach 1996
Sigrid Achenbach, «Das Berliner Kupferstichkabinett und die französische Kunst unter Friedrich Lippmann und Max Lehrs», in: Ausst.-Kat. Berlin/München 1996, S. 318–331

Achenbach 2022
Sigrid Achenbach, «Schwarz-Weiss in Berlin. Die Graphik Liebermanns im Berliner Kupferstichkabinett und Max J. Friedländer», in: Lucy Wasensteiner (Hrsg.), *S/W. Max Liebermanns Druckgraphik*, Ausst.-Kat. Liebermann-Villa am Wannsee, Berlin 2022, S. 98–123

Anger 2018
Jenny Anger, *Four Metaphors of Modernism: From Der Sturm to the Société Anonyme*, Minneapolis 2018

Anonym 1924
«Museumschronik», in: *Berliner Museen. Berichte aus den Preussischen Kunstsammlungen*, 45, 1924, Heft 3, S. 64

Anonym 1933
«Die Staatliche Kunstbibliothek in Berlin», in: *Deutsche Kultur-Wacht, Blätter des Kampfbundes für deutsche Kultur*, 11, 1933, S. 14–15

Augustin 2018
Anna-Carolin Augustin, *Berliner Kunstmatronage. Sammlerinnen und Förderinnen bildender Kunst um 1900*, Göttingen 2018

Bambi 2015
Andrea Bambi, «Marchand Amateur. Auf der Suche nach der privaten Sammlung Alfred Flechtheims», in: *Alfred Flechtheim*, hrsg. von Andrea Bambi und Axel Drecoll, in Zusammenarbeit mit Andrea Baresel-Brand, Berlin u. a. 2015, S. 71–82

Bandle 2018
Anne Laure Bandle, «Fair und gerecht? Bilanz und Lösungsansätze bezüglich der Restitution von Raubkunst in der Schweiz», in: Peter Mosimann und Beat Schönenberger (Hrsg.), *Kunst & Recht 2018/Art & Law 2018*, Referate zur gleichnamigen Veranstaltung der Juristischen Fakultät der Universität Basel vom 15. Juni 2018, Bern 2018, S. 97–122

Baumgartner u. a. 2018
Samuel Baumgartner, Annette Dolge, Alexander R. Markus und Karl Spühler, *Schweizerisches Zivilprozessrecht, mit Grundzügen des internationalen Zivilprozessrechts*, 10. Aufl., Bern 2018

Belser/Waldmann 2021
Eva Maria Belser und Bernhard Waldmann, *Grundrechte II, Die einzelnen Grundrechte*, 2. Aufl., Zürich/Basel/Genf 2021

Benz/Königseder 2010
Wolfgang Benz und Angelika Königseder, *Gutachten über die historischen Umstände des Verlustes der Kunstsammlung Prof. Dr. Curt Glaser im Jahr 1933*, Zentrum für Antisemitismusforschung an der TU Berlin, 31. Mai 2010

Berger/Kellerhals 2021
Bernhard Berger und Franz Kellerhals, *International and Domestic Arbitration in Switzerland*, 4. Aufl., Bern 2021

Beringer 1923
Joseph August Beringer, *Hans Thoma. Radierungen. Vollständiges Verzeichnis der radierten Platten und ihrer Zustände*, München 1923

Billeter/Kennedy/Matelowski 2021
Felix Billeter, Julie Kennedy und Anke Matelowski, *Künstler und Kritiker.*

Hans Purrmann und Karl Scheffler in Briefen 1920–1951, Berlin 2021

Bock 1923
Elfried Bock, *Adolph Menzel. Verzeichnis seines graphischen Werkes*, Berlin 1923

Bolten 2007
Jaap Bolten, *Abraham Bloemaert, c. 1565–1651. The Drawings*, Bd. 1, Leiden 2007

Bolten 2017
Jaap Bolten, «The Drawings of Abraham Bloemaert. A Supplement», in: *Master Drawings*, 55, 2017, Heft 1, S. 3–120

Bora 1984
Giulio Bora, «Ruolo e Significato del Disegno in Daniele Crespi», in: Pietro C. Marani (Hrsg.), *Fra Rinascimento Manierismo e Realità. Scritti di Storia dell'arte in memoria di Anna Maria Brizio*, Florenz 1984, S. 157–167

Botstein 2005
Leon Botstein, «Music, Femininity, and Jewish Identity. The Tradition and Legacy of the Salon», in: *Jewish Women and Their Salons. The Power of Conversation*, Ausst.-Kat. Jewish Museum, New York, hrsg. von Emily D. Bilski und Emily Braun, New York 2005, S. 159–170

Brand 2004
Joachim Brand, «Zur Geschichte der Bibliotheken der Staatlichen Museen zu Berlin – Preußischer Kulturbesitz», in: *Bibliothek und Wissenschaft*, 37, 2004, S. 69–173

Brand/Schulze Altcappenberg 2014
Joachim Brand und Hein-Th. Schulze Altcappenberg, «Curt Glaser und die Staatlichen Museen zu Berlin», in: *Jahrbuch Preußischer Kulturbesitz 2012*, Bd. XLVIII, hrsg. von Hermann Parzinger, Berlin 2014, S. 369–387

Brieger/Hobrecker 1920
Lothar Brieger und Karl Hobrecker, *Theodor Hosemann. Ein Altmeister Berliner Malerei*, München 1920

BSK ZGB II-Bearbeiter
Thomas Geiser und Stephan Wolf (Hrsg.), *Basler Kommentar, Zivilgesetzbuch II*, 7. Aufl., Basel 2022

BSK BV
Bernhard Waldmann, Eva Maria Belser und Astrid Epiney (Hrsg.), *Basler Kommentar, Bundesverfassung*, Basel 2015

Campfens 2017
Evelien Campfens, «Nazi-Looted Art. A Note in Favour of Clear Standards and Neutral Procedures», in: *Art, Antiquity and Law Journal*, 22, 2017, Heft 4, S. 315–345

Campfens 2018
Evelien Campfens, «Restitution of Looted Art. What About Access to Justice?», in: *Santander Art and Culture Law Review*, 4, 2018, Heft 2, S. 185–220

Candrian 2018
Jérome Candrian, «La bonne foi du possesseur d'une œuvre d'art dans la jurisprudence fédérale depuis la fin de la Seconde Guerre mondiale», in: *Zeitschrift für Schweizerisches Recht*, 137, 2018, Heft 1, S. 75–102

Catrina/Müller-Chen 2022
Ramona Catrina und Markus Müller-Chen, «Unabhängige Kommission für während des Nationalsozialismus gestohlene resp. verfolgungsbedingt entzogene Kulturgüter?», in: Peter Mosimann und Beat Schönenberger (Hrsg.), *Kunst & Recht 2022/Art & Law 2022*, Referate zur gleichnamigen Veranstaltung der Juristischen Fakultät der Universität Basel vom 17. Juni 2022, Bern 2022 (im Erscheinen)

Chichester/Sölch 2021
K. Lee Chichester und Brigitte Sölch, «Einleitung und editorische Notiz», in: *Kunsthistorikerinnen 1910–1980. Theorien, Methoden, Kritiken*, hrsg. von K. Lee Chichester und Brigitte Sölch, Berlin 2021, S. 9–37

DaCosta Kaufmann 1985
Thomas DaCosta Kaufmann, «A Census of Drawings from the Holy Roman Empire, 1540–1680, in North American Collections», in: *Central European History*, 18, 1985, Heft 1, S. 70–113

Daemgen 2005
Anke Daemgen, «Ein Schlüssel zum individuellen Erfolg. Die Künstler der Brücke in Berliner Ausstellungen von 1906 bis 1913», in: Ausst.-Kat. Berlin 2005, S. 325–333

Delteil 1925–1930
Loys Delteil, *Le Peintre-Graveur Illustré (XIXe et XXe siècles), T. 20–29bis. Honoré Daumier*, Paris 1925–1930

Demarsin 2011
Bert Demarsin, «Let's Not Talk about Terezin. Restitution of Nazi Era Looted Art and the Tenuousness of Public International Law», in: *Brooklyn Journal of International Law*, 37, 2011, Heft 1, S. 117–185

Dorrmann 2008
Michael Dorrmann, «Ein Corinth aus der Sammlung Glaser. Das Gemälde ‹Römische Campagna›, in: *Raub und Restitution. Kulturgut aus jüdischem Besitz von 1933 bis heute*, hrsg. von Inka Bertz und Michael Dorrmann im Auftrag des Jüdischen Museums Berlin und des Jüdischen Museums Frankfurt am Main, Göttingen 2008, S. 46–60

Dube 1964–1974
Annemarie und Wolf-Dieter Dube, *Erich Heckel. Das graphische Werk*, 3 Bde., New York 1964–1974

Dube 1980
Annemarie und Wolf-Dieter Dube, *E. L. Kirchner. Das graphische Werk*, 2 Bde., 2. erweiterte Aufl., München 1980

Duthuit-Matisse/Duthuit 1983
Marguerite Duthuit-Matisse und Claude Duthuit, *Henri Matisse. Catalogue raisonné de l'œuvre gravé*, Paris 1983

Ebling/Bullinger 2019
Klaus Ebling und Winfried Bullinger, *Praxishandbuch Recht der Kunst*, München 2019

Ebner/Gabelman 2021
Renate Ebner und Andreas Gabelmann, *Erich Heckel. Werkverzeichnis der Druckgraphik*, 3 Bde., München 2021

Egli 2011
Patricia Egli, «Verwaltungsverordnungen als Rechtsquellen des Verwaltungsrechts?», in: *Aktuelle juristische Praxis – Pratique juridique actuelle, AJP/PJA*, 9/2011, S. 1159–1168

Engel 2018
Ute Engel, *Stil und Nation. Barockforschung und deutsche Kunstgeschichte, ca. 1830–1933*, Paderborn 2018

Engisch 1963
Karl Engisch, *Logische Studien zur Gesetzesanwendung*, 3. Aufl., Heidelberg 1963

Fiedler 2000
Wilfried Fiedler, «Die Alliierte (Londoner) Erklärung vom 5.1.1943. Inhalt, Auslegung und Rechtsnatur in der Diskussion der Nachkriegsjahre», in: Jürgen Basedow, Isaak Meier u. a. (Hrsg.), *Private Law in the International Arena. Privatrecht in der internationalen Arena. From National Conflict Rules Towards Harmonization and Unification, Liber Amicorum Kurt Siehr*, Den Haag/Zürich 2000, S. 197–218

Fischer 1908
Otto Fischer, Die *altdeutsche Malerei in Salzburg* (Kunstgeschichtliche Monographien, Bd. 12), Leipzig 1908

Fischer 1936
Otto Fischer, «Geschichte der Öffentlichen Kunstsammlung», in: *Festschrift zur Eröffnung des Kunstmuseums*, Öffentliche Kunstsammlung Basel, Basel 1936, S. 7–118

Fischer 1986
Otto Fischer. Ein Kunsthistoriker des zwanzigsten Jahrhunderts, Reutlingen 1886–Basel 1948, Sonderdruck aus den *Reutlinger Geschichtsblättern*, NF 25, hrsg. von der Stadt Reutlingen, [o. O.] 1986

Fischer 2010
Otto Fischer, *Chinesische Landschaftsmalerei*, 3., neu bearbeitete und bereicherte Aufl., Berlin 1943 (Erstauflage München 1923; Reprint 2010)

Friedländer 1922
Max J. Friedländer (Hrsg.), *Max Liebermanns Graphische Kunst. Mit 105 Nachbildungen* (Arnolds Graphische Bücher), 2. Aufl., Dresden 1922

Friedländer 1924
Max J. Friedländer, «Slevogts Benvenuto Cellini», und ders., «Neue Slevogt Bücher», in: *Max Slevogt. Ein Verzeichnis der von ihm illustrierten Bücher, Mappenwerke und Graphiken*, Berlin o. J. (ca. 1924), S. 5–7 bzw. 7–9

Friedländer 1998
Saul Friedländer, *Das Dritte Reich und die Juden*. Bd. 1: Die Jahre der Verfolgung 1933–1939, 2., durchges. Aufl., München 1998

Gedenkreden 1926
Gedenkreden bei der Trauerfeier für Geheimrat Dr. Peter Jessen in der Staatlichen Kunstbibliothek, Berlin, am 20. Mai 1926, Berlin 1926

Geelhaar 1992
Christian Geelhaar, *Kunstmuseum Basel. Die Geschichte der Gemäldesammlung und eine Auswahl von 250 Meisterwerken*, hrsg. vom Verein der Freunde des Kunstmuseums Basel, Basel 1992

Gercken 2013–2021
Günther Gercken, *Ernst Ludwig Kirchner. Kritisches Werkverzeichnis der Druckgraphik*, 7 Bde., Bern 2013–2021

Girsberger/Voser 2016
Daniel Girsberger und Nathalie Voser, *International Arbitration, Comparative and Swiss Perspectives*, 3. Aufl., Zürich/Basel/Genf 2016

Göpel 1976
Barbara und Erhard Göpel, *Max Beckmann. Katalog der Gemälde*, Bern 1976

Goschler 2015
Constantin Goschler, «Kunstrestitution zwischen Gerechtigkeit, Ökonomie und Identität», in: Andrea Bambi und Axel Drecoll (Hrsg.), *Alfred Flechtheim. Raubkunst und Restitution*, Berlin/Boston 2015, S. 47–53

Hans 2017
Henrike Hans, «Wie das Kupferstichkabinett Basel zur weltweit bedeutendsten Zeichnungssammlung von Paul Cézanne wurde», in: Ausst.-Kat. Basel 2017, S. 32–39

Hazard-Delteil 1904
Nicolas-Auguste Hazard und Loys Delteil, *Catalogue raisonné de l'Oeuvre lithographié de Honoré Daumier*, Orrouy 1904

Heid/Paucker 1992
Ludger Heid und Arnold Paucker (Hrsg.), *Juden und deutsche Arbeiterbewegung bis 1933. Soziale Utopien und religiös-kulturelle Traditionen* (Schriftenreihe wissenschaftlicher Abhandlungen des Leo-Baeck-Instituts, Bd. 49), Tübingen 1992

Heimat und Exil 2006
Heimat und Exil. Emigration der deutschen Juden nach 1933, hrsg. von der Stiftung Jüdisches Museum Berlin, Frankfurt am Main 2006

Helfenstein/Rümelin 1998
Paul Klee. Catalogue raisonné, hrsg. von der Paul-Klee-Stiftung, Kunstmuseum Bern, Projektleitung Josef Helfenstein und Christian Rümelin, 9 Bde., Bd. 1, Bern 1998

Heller 1993
Reinhold Heller, «‹Das Schwarze Ferkel› and the Institution of an Avant-Garde in Berlin, 1892–1895», in: *Künstlerischer Austausch*, hrsg. von Thomas W. Gaehtgens, Berlin 1993, Bd. 3, S. 509–519

Henze 1990
Wolfgang Henze (Hrsg.), *Ernst Ludwig Kirchner – Gustav Schiefler. Briefwechsel 1910–1935/1938. Mit Briefen von und an Luise Schiefler und Erna Kirchner sowie weiteren Dokumenten aus Schieflers Korrespondenz-Ablage*, Stuttgart 1990

Hoberg/Jansen 2004
Annegret Hoberg und Isabelle Jansen, *Franz Marc – Werkverzeichnis*, Bd. 1, Gemälde. Erarbeitet von der Städtischen Galerie im Lenbachhaus München, hrsg. von der Franz Marc Stiftung Kochel am See, München 2004

Höfliger 1977
Yvonne Höfliger, «Bildnis Frau Else Glaser, 1913», in: *Edvard Munch im Kunsthaus Zürich*, hrsg. von Jacqueline Burckhardt, Universität Zürich und Kunsthaus Zürich (Sammlungsheft 6), Zürich 1977, S. 70–76

Höfliger 1985
Yvonne Höfliger, «Munch und Zürich – Spuren einer Begegnung», in: Ausst.-Kat. Basel 1985, S. 97–103

Hofmaier 1990
James Hofmaier, *Max Beckmann. Catalogue raisonné of his Prints*, hrsg. von der Galerie Kornfeld, Bern, 2 Bde., Bern 1990

Hollstein 1951
F. W. H. Hollstein, *Hollstein's Dutch & Flemish Etchings, Engravings, and Woodcuts ca. 1450–1700*, Bd. IV, Amsterdam 1951

Illner 2013
Eberhard Illner (Hrsg.), *Eduard von der Heydt. Kunstsammler, Bankier, Mäzen*, München 2013

Jahresbericht 1910
Öffentliche Kunstsammlung Basel, Jahresbericht 1910, NF VII, Basel 1911

Jahresbericht 1927
«Bericht über das Jahr 1927», in: *Öffentliche Kunstsammlung Basel, Jahresberichte 1928–1930*, NF XXV–XXVII, Basel 1931, S. 3–31

Jahresbericht 1928
Öffentliche Kunstsammlung Basel, Jahresbericht 1928, NF XXIV, Basel 1928

Jahresbericht 1933
«Bericht über das Jahr 1933», in: *Öffentliche Kunstsammlung Basel, Jahresberichte 1933–1935*, NF XXX–XXXII, Basel 1936, S. 5–20

Jawlensky 1991
Maria Jawlensky, Lucia Pieroni-Jawlensky und Angelica Jawlensky (Hrsg.), *Alexej von Jawlensky, Catalogue Raisonné of the Oil Paintings*, Bd. 1, München 1991

Jolles 2015
Alexander Jolles, «Fluchtkunst ist nicht Raubkunst – schweizerische Rechtslage bei Fluchtkunst», in: Peter Mosimann und Beat Schönenberger (Hrsg.), *Kunst & Recht 2018/Art & Law 2018*, Referate zur gleichnamigen Veranstaltung der Juristischen Fakultät der Universität Basel vom 15. Juni 2018, Bern 2018, S. 137–147

Karlen 2018
Peter Karlen, *Schweizerisches Verwaltungsrecht. Gesamtdarstellung unter Einbezug des europäischen Kontextes*, Zürich/Basel/Genf 2018

Kiener/Rütsche/Kuhn 2021
Regina Kiener, Bernhard Rütsche und Mathias Kuhn, *Öffentliches Verfahrensrecht*, 3. Aufl., Zürich/St. Gallen 2021

Kinoshita 2012
Mokutarô Kinoshita, «Besichtigung der Schätze», übersetzt von Setsuko Kuwabara, in: Hartmut Walravens (Hrsg.), *Curt Glaser, Historiker der ostasiatischen Kunst* (Neuerwerbungen der Ostasienabteilung. Staatsbibliothek zu Berlin – Preußischer Kulturbesitz: Sonderheft 31), Berlin 2012, S. 75–84

Klemm/Gloor 2016
Christian Klemm und Lukas Gloor, *Edvard Munch und die Familie Esche. Die Bildnisse, die Sammlung*, hrsg. von der Zürcher Kunstgesellschaft, Zürich 2016

Kornfeld 1970
Eberhard W. Kornfeld, *Verzeichnis der Kupferstiche, Radierungen und Holzschnitte von Marc Chagall*, Bern 1970

Kramer 2019
Ernst A. Kramer, *Juristische Methodenlehre*, 6. Aufl., Bern 2019

Kratz-Kessemeier 2008
Kristina Kratz-Kessemeier, *Kunst für die Republik. Die Kunstpolitik des preußischen Kultusministeriums 1918 bis 1932*, Berlin 2008

Krohn 1998
Claus-Dieter Krohn (Hrsg.), *Handbuch der deutschsprachigen Emigration 1933–1945*, Darmstadt 1998

Kropmanns 1997
Peter Kropmanns, «Matisse und die Molls, seine bedeutendsten deutschen Sammler», in: *Oskar Moll. Gemälde und Aquarelle*, Ausst.-Kat. Landesmuseum Mainz, Köln 1997, S. 76–92

Krüger 1988
Günter Krüger, *Das druckgraphische Werk Max Pechsteins*, hrsg. vom Max Pechstein-Archiv, Hamburg, Tökendorf 1988

Kunz 2005
Tobias Kunz, «Zur Geschichte der Berliner Sammlungen zur Brücke-Kunst: Kupferstichkabinett», in: Ausst.-Kat. Berlin 2005, S. 337–339

Kuwabara 2012
Setsuko Kuwabara, «Curt Glaser in Japan», in: Walravens 2012, S. 69–74

Landolt 1965
Hanspeter Landolt, «Die Tätigkeit am Kupferstichkabinett», in: *Rudolf Riggenbach. Gesehen von Photographen, Freunden und Fachgenossen*, hrsg. von der Freiwilligen Basler Denkmalpflege durch Paul-Henry Boerlin und Wolfgang D. Wackernagel, Basel 1965, S. 70–72

Laur 2001
Elisabeth Laur, *Ernst Barlach. Die Druckgraphik*, hrsg. von der Ernst und Hans Barlach Lizenzverwaltung, Leipzig 2001

Levy 1975
Mervin Levy, *Whistler Lithographs. A Catalogue Raisonné*, London 1975

Mahérault 1880
Marie-Joseph-François Mahérault, *L'Œuvre de Moreau le Jeune. Catalogue raisonné et descriptif avec notes iconographiques et bibliographiques*, Paris 1880

Manet 1922
Edouard Manet. Faksimiles nach Zeichnungen und Aquarellen, mit einer Vorrede von Curt Glaser, München 1922

Marchessau 1981
Daniel Marchessau, *Marie Laurencin. Catalogue raisonné de l'oeuvre gravé*, Tokio 1981

Meier 1986
Nikolaus Meier, *Die Stadt Basel den Werken der Kunst*, Basel 1986

Meier 2009
Nikolaus Meier, «Wissenschaft, Glück und Kreativität. Zur Geschichte des Kupferstichkabinetts der Öffentlichen Kunstsammlung Basel», in: *Von Dürer bis Gober. 101 Meisterzeichnungen aus dem Kupferstichkabinett des Kunstmuseums Basel*, Ausst.-Kat. Kunstmuseum Basel, hrsg. von Christian Müller, München 2009, S. 20–35

Meier 2012
Nikolaus Meier, «Ars una: Der Kunsthistoriker Otto Fischer (1886–1948)», in: *Reutlinger Geschichtsblätter*, NF 50, 2011, Reutlingen 2012, S. 147–208

Mellerio 1923
André Mellerio, *Odilon Redon. Peintre, dessinateur et graveur*, Paris 1923

Metzler 2014
Sally Metzler, *Bartholomeus Spranger. Splendor and Eroticism in Imperial Prague. The Complete Works*, New York 2014

Mönig 2018
Roland Mönig (Hrsg.), *Max Slevogt. Briefe 1989–1932*, bearbeitet und kommentiert von Eva Wolf, Saarlandmuseum Saarbrücken, Saarbrücken 2018

Mosimann 2015
Peter Mosimann, «Provenienzforschung der Museen als Rechtserfordernis», in: ders. und Beat Schönenberger (Hrsg.), *Kunst & Recht 2018/Art & Law 2018*, Referate zur gleichnamigen Veranstaltung der Juristischen Fakultät der Universität Basel vom 15. Juni 2018, Bern 2018, S. 103–114

Mosimann/Raschèr/Renold 2020
Peter Mosimann, Andrea F. G. Raschèr und Marc-André Renold (Hrsg.), *Kultur Kunst Recht. Schweizerisches und internationales Recht*, 2. Aufl., Basel 2020

Müller 1994
Heinrich Müller, *Die späte Graphik von Lovis Corinth/Lovis Corinth. The Late Graphic Work. 1913–1925*, 2. Aufl., San Francisco 1994

Niederacher 2012
Sonja Niederacher, *Eigentum und Geschlecht. Jüdische Unternehmerfamilien in Wien (1900–1960)* (L'Homme Schriften: Reihe zur Feministischen Geschichtswissenschaft, Bd. 20), Köln/Weimar/Wien 2012

Novotny 1932
Fritz Novotny, «Das Problem des Menschen Cézanne im Verhältnis zu seiner Kunst», in: *Zeitschrift für Ästhetik und allgemeine Kunstwissenschaft*, 26, 1932, Heft 3, S. 268–298

Pauli/Röttinger 1974
Gustav Pauli und Heinrich Röttinger, *Hans Sebald Beham. Ein kritisches Verzeichnis seiner Kupferstiche, Radierungen und Holzschnitte*, Nachdruck der Ausgaben 1901, 1911, 1927, Baden-Baden 1974

Pavčnik 2011
Marijan Pavčnik, «Das ‹Hin- und Herwandern des Blickes› (Über die Natur der Gesetzesanwendung)», in: Shing-I Liu und Ulfrid Neumann (Hrsg.), *Gerechtigkeit – Theorie und Praxis, Justice – Theory and Practice*, Baden-Baden 2011, S. 157–172

Perls 1962
Hugo Perls, *Warum ist Camilla so schön? Von Kunst, Künstlern und Kunsthandel*, München 1962

Piechorowski 1986
Arno Piechorowski, «Otto Fischer. Ein Gelehrtenleben für Museum und Wissenschaft», in: Fischer 1986, S. 21–27

Pophanken/Billeter 2001
Andrea Pophanken und Felix Billeter (Hrsg.), *Die Moderne und ihre Sammler. Französische Kunst in deutschem Privatbesitz*

vom Kaiserreich bis zur Weimarer Republik (Passagen/Passages, Bd. 3), Berlin 2001

Przybyszewski 1894
Stanisław Przybyszewski (Hrsg.), *Das Werk des Edvard Munch. Vier Beiträge*, Berlin 1894

Raschèr 2009
Andrea F. G. Raschèr, «Washingtoner Raubkunst-Richtlinien – Entstehung, Inhalt und Anwendung», in: *KUR. Kunst und Recht. Journal für Kunstrecht, Urheberrecht und Kulturpolitik*, 3/4, 2009, S. 75–78

Robinson 2015
William W. Robinson, «The Abrams Album. An album amicorum of Dutch Drawings from the Seventeenth Century», in: *Master Drawings*, 53, 2015, Heft 1, S. 3–58

Rudolph 2007
Sabine Rudolph, *Restitution von Kunstwerken aus jüdischem Besitz*, Berlin 2007

Ryskamp 1984
Charles Ryskamp (Hrsg.), *Twentieth Report to the Fellows of the Pierpont Morgan Library, 1981–1983*, New York 1984, S. 250–251

Sauerlandt 1957
Max Sauerlandt, *Im Kampf um die moderne Kunst. Briefe 1902–1933*, hrsg. von Kurt Dingelstedt, München 1957

Schapire 1930
Rosa Schapire, «Bücher über die Bildende Kunst», in: *Der Kreis. Zeitschrift für künstlerische Kultur*, 7, 1930, Heft 12, S. 712–716

Scheffler 1927
Karl Scheffler, «Die Generaldirektion der Berliner Museen», in: *Kunst und Künstler. Illustrierte Monatsschrift für bildende Kunst und Kunstgewerbe*, 25, 1927, Heft 8, S. 283–285

Scheffler 1932
Karl Scheffler, *Rede am Sarge der Verstorbenen [Elsa Glaser]*, Privatdruck, 1932

Scheffler 1946
Karl Scheffler, *Die fetten und die mageren Jahre. Ein Arbeits- und Lebensbericht*, München 1946

Schiefler 1923
Gustav Schiefler, *Max Liebermann. Sein graphisches Werk*, 3. Aufl., Berlin 1923

Schiefler 1974 (1907)
Gustav Schiefler, *Verzeichnis des graphischen Werks Edvard Munchs bis 1906*, Nachdruck der Ausgabe 1907, Oslo 1974

Schiefler 1974 (1927)
Gustav Schiefler, *Edvard Munch. Das graphische Werk 1906–1926*, Nachdruck der Ausgabe 1927, Oslo 1974

Schmidt-Burkhardt 1988
Astrit Schmidt-Burkhardt, «Curt Glaser – Skizze eines Munch-Sammlers», in: *Zeitschrift des deutschen Vereins für Kunstwissenschaft*, 42, 1988, Heft 3, S. 63–75

Schmitz 1931
Hermann Schmitz, *Revolution der Gesinnung! Preussische Kulturpolitik und Volksgemeinschaft seit dem 9. November 1918*, Babelsberg 1931

Schönenberger 2015
Beat Schönenberger, «Der Einfluss des Zeitablaufs auf Restitutionsbegehren», in: ders. und Peter Mosimann (Hrsg.), *Kunst & Recht 2018/Art & Law 2018*, Referate zur gleichnamigen Veranstaltung der Juristischen Fakultät der Universität Basel vom 15. Juni 2018, Bern 2018, S. 115–128

Schulze Altcappenberg 2009
Hein-Th. Schulze Altcappenberg, «Das Kupferstichkabinett im Neuen Museum. Räume der Kunstgeschichte», in: Elke Blauert (Hrsg.), *Neues Museum. Architektur – Sammlung – Geschichte*, Berlin 2009, S. 224–231

Schwarz 1985
Karl Schwarz, *Das graphische Werk von Lovis Corinth/The Graphic Work of Lovis Corinth*, 3. erweiterte Aufl., San Francisco 1985

Senger 1996
Nina Senger, «... ein sehr gefälliger kleiner jüdischer Herr... », in: *Berliner Lebenswelten der zwanziger Jahre. Bilder einer untergegangenen Kultur*, photographiert von Marta Huth, hrsg. vom Bauhaus-Archiv Berlin und der Landesbildstelle Berlin mit Jan Thomas Köhler, Jan Maruhn und Nina Senger, Frankfurt am Main, 1996, S. 58–61

Sievers 1966
Johannes Sievers, *Aus meinem Leben*, Berlin 1966

Sievers/Waldmann 1962
Johannes Sievers und Emil Waldmann, *Max Slevogt. Das druckgraphische Werk. Radierungen, Lithographien, Holzschnitte, 1890–1914*, Bd. 1, Heidelberg/Berlin 1962

Söhn 2002
Gerhart Söhn (Hrsg.), *Max Slevogt. Das druckgraphische Werk. Mappen, Bücher, Zeitschriften, 1914–1933*, Bd. 2, Düsseldorf 2002

Spode 1994
Hasso Spode, «Das Kunstgewerbemuseum und die Unterrichtsanstalt des Kunstgewerbemuseums Prinz-Albrecht-Straße (heute Niederkirchnerstraße)», in: *Geschichtslandschaft Berlin, Orte und Ereignisse*, Bd. 5 Kreuzberg, mit Beiträgen von Eva Brücker u. a., Berlin 1994, S. 36–39

Steckner 1986
Cornelius Steckner, *Charles Crodel. Das graphische Werk 1919–1960*, München 1986

Stirnimann 2021
Charles Stirnimann, *Baumeister des Roten Basel. Fritz Hauser (1884–1941) in seiner Zeit*, Basel 2021

Strobl 2006
Andreas Strobl, *Curt Glaser, Kunsthistoriker – Kunstkritiker – Sammler. Eine deutsch-jüdische Biographie*, Köln/Weimar/Wien 2006

Strobl 2012
Andreas Strobl, «‹Man bleibt mit Worten immer draussen›. Curt Glaser – zwischen Kunstkritik und Sammellust», in: Anna-Dorothea Ludewig, Julius H. Schoeps und Ines Sonder (Hrsg.), *Aufbruch in die Moderne. Sammler, Mäzene und Kunsthändler in Berlin 1880–1933*, Köln 2012, S. 234–249

Tacier-Eugster 2019
Heidi Tacier-Eugster, *Das Museum Rietberg Zürich und Elsy Leuzinger. Vom Sehen und Wissen*, Basel 2019

Teeuwisse 1987
Nicolaas Teeuwisse, «Bilder einer verschollenen Welt. Aufstieg und Niedergang der Berliner Privatsammlungen 1871–1933», in: *Der unverbrauchte Blick. Kunst unserer Zeit in Berliner Sicht*, eine Ausstellung aus Privatsammlungen in Berlin zusammengestellt von Christos M. Joachimides, Ausst.-Kat. Martin-Gropius-Bau Berlin, Berlin 1987, S. 13–39

Thielecke 2014
Carola Thielecke, «Restitution von Werken aus der Sammlung von Prof. Curt Glaser», in: *Jahrbuch Preußischer Kulturbesitz 2012*, Bd. XLVIII, hrsg. von Hermann Parzinger, Berlin 2014, S. 389–391

Tisa Francini 2013
Esther Tisa Francini, «‹Ein Füllhorn künstlerischer Schätze› – Die Sammlung aussereuropäischer Kunst von Eduard von der Heydt», in: *Eduard von der Heydt. Kunstsammler – Bankier – Mäzen*, hrsg. von Eberhard Illner, München 2013, S. 136–199

Topographie des Terrors 2008
Topographie des Terrors. Gestapo, SS und Reichssicherheitshauptamt in der Wilhelm- und Prinz-Albrecht-Straße. Eine Dokumentation, hrsg. von der Stiftung Topographie des Terrors, Berlin 2008

Tuchel/Schattenfroh 1987
Johannes Tuchel und Reinold Schattenfroh, *Zentrale des Terrors. Prinz-Albrecht-Straße 8, das Hauptquartier der Gestapo*, Berlin 1987, S. 32–36

Uebe/Bossmann 2004
Alice Uebe und Annette Bossmann, «Cornelie Richter: ‹…Fühlen, wie ich ihre Herzen in der Hand halte›. Ein Frauenleben zwischen Tradition und Moderne», in: Sven Kuhrau und Kurt Winkler (Hrsg.), *Juden, Bürger, Berliner. Das Gedächtnis der Familie Beer-Meyerbeer-Richter*, Leipzig 2004, S. 125–140

Uhlmann 2018
Felix Uhlmann, «Kulturinstitutionen unter staatlicher, privater und gemeinsamer Verantwortung – unter besonderer Berücksichtigung des Public Private Partnership (PPP)», in: Peter Mosimann und Beat Schönenberger (Hrsg.), *Kunst & Recht 2018/Art & Law 2018*, Referate zur gleichnamigen Veranstaltung der Juristischen Fakultät der Universität Basel vom 15. Juni 2018, Bern 2018, S. 43–64

Uhlmann 2020
Felix Uhlmann, «Wahrheit und Recht», in: Urs Breitenstein (Hrsg.), *Wahrheit und Wissen, Interdisziplinäre Veranstaltungen der Aeneas-Silvius-Stiftung*, Vorträge der Aeneas-Silvius-Stiftung an der Universität Basel, Bd. LII, Basel 2020, S. 137–157

von der Heydt/von Rheinbaben 1958
Eduard von der Heydt und Werner von Rheinbaben, *Auf dem Monte Verità. Erinnerungen über Menschen, Kunst und Politik*, Zürich 1958.

von Erdberg 1985
Eleanor von Erdberg, «Die Anfänge der ostasiatischen Kunstgeschichte in Deutschland», in: *Kategorien und Methoden der deutschen Kunstgeschichte 1900–1930*, hrsg. von Lorenz Dittmann, Stuttgart 1985, S. 185–207.

von Reibnitz 1928
Kurt von Reibnitz, *Gestalten rings um Hindenburg. Führende Köpfe der Republik und die Berliner Gesellschaft von heute*, Dresden 1928

Walravens 1990a
Hartmut Walravens, «Curt Glaser (1879–1943). Zum Leben und Werk eines Berliner Museumsdirektors», in: *Jahrbuch Preußischer Kulturbesitz*, Bd. 26, Berlin 1990, S. 99–121

Walravens 1990b
Hartmut Walravens, «Deutsche Ostasienwissenschaften und Exil (1933–1945). Curt Glaser * 29. Mai 1879 in Leipzig, † 23. November 1943 in New York. Ein vorläufiges Schriftenverzeichnis», in: ders. (Hrsg.), *Bibliographie und Berichte. Festschrift für Werner Schochow*, München/London/New York u. a. 1990, S. 231–266

Walravens 2012
Hartmut Walravens (Hrsg.), *Curt Glaser. Historiker der ostasiatischen Kunst. Mit seinem nachgelassenen Werk «Materialien zu einer Kunstgeschichte des Quattrocento in Italien»*, mit Einleitung, Schriftenverzeichnis und Register (Staatsbibliothek zu Berlin. Neuerwerbungen der Ostasienabteilung, Sonderheft 31), Berlin 2012

Walk 1981
Joseph Walk (Hrsg.), *Das Sonderrecht für die Juden im NS-Staat. Eine Sammlung der gesetzlichen Massnahmen und Richtlinien, Inhalt und Bedeutung*, Heidelberg 1981

Weber 2008
Annette Weber, «Zwischen Altruismus und Akzeptanz: Sammeln als Inbegriff bürgerlicher Selbstverwirklichung», in: *Sammeln, Stiften, Fördern. Jüdische Mäzene in der deutschen Gesellschaft*, hrsg. von der Koordinierungsstelle für Kulturgutverluste Magdeburg (Veröffentlichungen der Koordinierungsstelle für Kulturgutverluste, Bd. 6), Magdeburg 2008, S. 27–52

Weidinger/Strobl 2008
Alfred Weidinger und Alice Strobl, *Oskar Kokoschka. Die Zeichnungen und Aquarelle, 1897–1916*, Bd. 1, Salzburg 2008

Weller 2018
Matthias Weller, «20 Jahre ‹Washington Principles›: Zeit für ein Restatement of Restitution Principles », in: Peter Mosimann und Beat Schönenberger (Hrsg.), *Kunst & Recht 2018/Art & Law 2018*, Referate zur gleichnamigen Veranstaltung der Juristischen Fakultät der Universität Basel vom 15. Juni 2018, Bern 2018, S. 83–96

Weller/Dewey 2020
Matthias Weller und Anne Dewey, «Warum ein ‹Restatement of Restitution Rules for Nazi-Confiscated Art?› Das Beispiel ‹Fluchtgut›», in: Matthias Weller u. a. (Hrsg.), *Raubkunst und Restitution – Zwischen Kolonialzeit und Washington Principles*, Baden-Baden 2020, S. 61–82

Wendland 1933
Winfried Wendland, «Nationalsozialistische Kunstpolitik im neuen Preußen», in: *Deutsche Kultur-Wacht*, 2, 1933, Heft 28, S. 1

Wendland 1998
Ulrike Wendland, *Biographisches Handbuch deutschsprachiger Kunsthistoriker im Exil. Leben und Werk der unter dem Nationalsozialismus verfolgten und vertriebenen Wissenschaftler. Teil 1: A–K. Teil 2: L–Z*, München 1998

Westheim 1930
Paul Westheim, «Gezeichnet oder geknipst? Zur Kunstblatt-Ausstellung Portrait-Zeichnungen, -Graphik und -Photos im Reckendorfhaus, Berlin. Februar 1930», in: *Das Kunstblatt*, 14, 1930, Nr. 2, S. 33–45

Wingler/Welz 1975
Hans Maria Wingler und Friedrich Welz, *Oskar Kokoschka. Das druckgraphische Werk*, Salzburg 1975

Woll 2001
Gerd Woll, *Edvard Munch. Werkverzeichnis der Graphik*, München 2001

Woll 2009
Gerd Woll, *Edvard Munch. Complete Paintings*, 4 Bde., London 2009

Woll 2012
Gerd Woll, *Edvard Munch. The Complete Graphic Works (revised and updated edition)*, London 2012

ABBILDUNGSNACHWEIS

FÜR ALLE AUFNAHMEN

Kunstmuseum Basel, Kupferstichkabinett, Photo: Martin P. Bühler / Jonas Hänggi

AUSGENOMMEN

Akademie der Künste, Berlin, Karl-Scheffler-Archiv, Scheffler 368: S. 27 (unten);
Ancestry.com, New York, USA, bundesstaatliche und föderale Einbürgerungsregister, 1794–1943, Provo, UT, USA, 2013, ancestry.de/search/collections/2280/: S. 35, 37;
Ancestry.com, Überseeische Auswanderungen aus der Schweiz, 1910–1953, Provo, UT, USA 2008, www.ancestry.de/search/collections/1315/: S. 34, 36;
© Archiv der Erben von Ellen Milch Fischer und Gertrude Milch Meyer: S. 17, 157, 158, 159;
© 2022 Artists Rights Society (ARS), New York: Cover, S. 6;
© bpk / The Art Institute of Chicago / Art Resource, NY: S. 81;
© bpk / Hamburger Kunsthalle / Photo: Christoph Irrgang: S. 103; Photo: Elke Walford: S. 139;
© bpk / Kunstbibliothek, Staatliche Museen zu Berlin – Preußischer Kulturbesitz, Photothek Willy Römer / Willy Römer: S. 24; Kunstbibliothek, Staatliche Museen zu Berlin – Preußischer Kulturbesitz: S. 14, 15; Archiv: S. 68, 69;
© bpk / Kupferstichkabinett, Staatliche Museen zu Berlin – Preußischer Kulturbesitz / Photo: Dietmar Katz: S. 48, 49, 53, 54, 55, 60, 61, 62, 64, 66 / Photo: Jörg P. Anders: S. 58, 63, 67, 189 / Photo: Volker-H. Schneider: S. 52, 65;
Landesarchiv Berlin / Photo: Martha Huth, F Rep. 290-05-01 Nr. 72: S. 4; F Rep. 290-05-01 Nr. 71: S. 28 (unten); F Rep. 290-05-01 Nr. 70: S. 29; F Rep. 290-05-01 Nr. 68: S. 88;
© bpk / Staatsbibliothek zu Berlin: S. 30, 136;
© bpk / Staatsgalerie Stuttgart: S. 108;
© bpk / Zentralarchiv, Staatliche Museen zu Berlin – Preußischer Kulturbesitz: S. 31 (oben);
© The Courtauld / Bridgeman Images: S. 77 (rechts), 96, 173;
Deutsches Literaturarchiv Marbach: S. 40, 43 (rechts);
© The Epstein Family Collection, Washington, D.C.: S. 43 (links);
Otto Fischer. Ein Kunsthistoriker des zwanzigsten Jahrhunderts, Reutlingen 1886 – Basel 1948, Sonderdruck aus den Reutlinger Geschichtsblättern, NF 25, hrsg. von der Stadt Reutlingen, o. O. 1986, S. 4: S. 105;
© Kunsthalle Bremen – Lars Lohrisch – ARTOTHEK: S. 87;
Kunsthaus Zürich: S. 137 (rechts), 142, 144, 147, 150, 151;
Kunsthaus Zürich, Archiv: S. 33, 38;
Kunstmuseum Basel, Bibliothek: S. 32 (oben);
Kunstmuseum Basel, Fotoarchiv: S. 104, 106;
Munchmuseet Oslo: S. 22, 26, 137 (links);
MM K 2395: S. 27 (oben); MM K 2384: S. 31 (unten); MM K 2388: S. 32 (unten), 156;
© 2022 Museum of Fine Arts, Boston: S. 90;
© Petegorsky/Gipe for Smith College Museum of Art, Northampton, Massachusetts: S. 145;
Joseph Popp, *Bruno Paul. Mit 319 Abb. von Häusern und Wohnungen*, München [1916], S. 249: S. 71;
© Rheinisches Bildarchiv Köln, rba_d035227: S. 114; rba_d035224: S. 116;
© Succession H. Matisse / Artists Rights Society (ARS), New York: S. 83;
Staatliche Graphische Sammlung, München: S. 86;
The Metropolitan Museum of Art, New York: S. 89;
© The Morgan Library & Museum, New York, S. 162, 163, 164, 171, 172;
TU Berlin Architekturmuseum: S. 70;
© bild- ullstein bild / Photo: Transocean-Gesellschaft: S. 10; Photo: Ludwig Boedecker: S. 28 (oben):
Universitätsbibliothek Bern, BeZ PAB 3912-1930: S. 25;
Walker Art Center, Minneapolis: S. 85

Herausgeber und Redaktion waren bemüht, alle Bildrechte einzuholen. Sollten versehentlich Inhaber von Rechten nicht berücksichtigt worden sein, werden deren Ansprüche selbstverständlich im Rahmen der üblichen Vereinbarungen abgegolten.

Dieser Katalog erscheint anlässlich der Ausstellung

DER SAMMLER CURT GLASER
Vom Verfechter der Moderne zum Verfolgten
Kunstmuseum Basel,
22. Oktober 2022 bis 12. Februar 2023

AUSSTELLUNG

Kuratorinnen
Anita Haldemann, Leiterin Kupferstichkabinett, und Judith Rauser, Assistenzkuratorin Kupferstichkabinett

Ausstellungsassistenz
Amanda Kopp, Wissenschaftliche Praktikantin Kupferstichkabinett

BEGLEITAUSSTELLUNG

GALOP CHARIVARIQUE
KARIKATUREN VON DAUMIER
AUS DER SAMMLUNG CURT GLASER
Kunstmuseum Basel, Hauptbau, Grafikkabinette, 22. Oktober 2022 bis 5. Februar 2023
Kuratiert von Fabienne Ruppen, Assistenzkuratorin Kupferstichkabinett

KATALOG

Herausgeberinnen
Anita Haldemann und Judith Rauser

Redaktion
Judith Rauser

Redaktionsassistenz
Amanda Kopp

Projektmanagement Verlag
Luzie Diekmann

Herstellung Verlag
Kerstin Protz

Übersetzung (aus dem Deutschen)
Anna Brailovsky

Übersetzung (aus dem Englischen)
Kurt Rehkopf

Lektorat (deutsch)
Michael Konze

Lektorat (englisch)
Rebecca van Dyck

Gestaltung und Satz
Verena Gerlach

Druck und Bindung
Grafisches Centrum Cuno, Calbe

Verlag
Deutscher Kunstverlag GmbH Berlin München
Lützowstraße 33
10785 Berlin
www.deutscherkunstverlag.de

Ein Unternehmen der Walter de Gruyter GmbH
Berlin Boston
www.degruyter.com

Die Deutsche Nationalbibliothek verzeichnet diese Publikation in der Deutschen Nationalbibliografie; detaillierte bibliographische Daten sind im Internet über http://dnb.dnb.de abrufbar.

ISBN 978-3-422-98876-7 (Deutsche Ausgabe)
ISBN 978-3-422-98879-8 (Deutsch-englische Ausgabe)

Abbildung Umschlag vorne:
Max Beckmann, *Bildnis Curt Glaser*, 1929, Saint Louis Art Museum, Bequest of Morton D. May, Kat. 226 (Detail)

Abbildung Umschlag englischer Beileger:
Edvard Munch, *Bildnis Elsa Glaser*, 1913, Kunsthaus Zürich, Kat. 229 (Detail)

Kunstmuseum Basel

Direktor
Josef Helfenstein

Stellvertretende Direktorin, Leiterin Kunst & Wissenschaft
Anita Haldemann

Leiter Art Care
Werner Müller

Leiter Finanzen und Operations a.i.
Tim Kretschmer

Leiterin Marketing
Mirjam Baitsch

Leiter Archiv und Bibliothek
Rainer Baum

Leiterin Provenienzforschung
Tessa Rosebrock

Kurator Programme
Daniel Kurjaković

Bildung und Vermittlung
Hannah Horst, Hanna Banholzer

Restauratorische Betreuung
Caroline Wyss Illgen, Kristin Bucher, Sophie Eichner, Sónia Fontana, Annette Palmbach, Monika Lüthi, Esther Rapoport, Annegret Seger, Lina Wyss

Studienraum, Bildrechte und Reproduktionen
Annika Baer und Iris Müller

Wissenschaftlicher Photograph
Jonas Hänggi

Leiter Ausstellungsmanagement
Matthias Fellmann

Leiterin Sammlungsmanagement
Svenja Held

Registrarin
Monika Mascus

Art Handling
Claude Bosch, Felix Böttiger, Sophie Brönnimann, Urs Cavelti, Dominique Gfeller, Stefano Schaller

Technischer Dienst
Urs Nachbur, Philipp Guéniat

Leiterin Kommunikation
Karen N. Gerig

Digitale Medien
Ana Brankovic

Marketing
Vera Reinhard

Ausstellung und Katalog wurden unterstützt durch den Regierungsrat des Kantons Basel-Stadt und durch die Stiftung für das Kunstmuseum Basel.

Kunstmuseum Basel
St. Alban-Graben 16
CH-4051 Basel
www.kunstmuseumbasel.ch

kunstmuseum basel